최대리
전산회계 1급
(실기 + 필기)

최남규 편저

도서출판 최대리

들어가기 전에

1. 본서의 특징

① 최신 기출문제 출제경향을 완벽 반영한 2025년 최신 개정판
② 이론 학습 후 관련 실기를 바로 풀어보며 이론을 정리할 수 있도록 연결하여 집필하였다.
③ 실기 프로그램의 단계적인 학습을 위해 [길라잡이] ➡ [따라하기] ➡ [기출문제]로 전개하였다.
　㉠ [길라잡이] : 한국세무사회 KcLep(케이렙) 프로그램을 세부 메뉴별로 자세하게 설명하고 있다.
　㉡ [따라하기] : 책을 보고 순서대로 따라하기만 해도 프로그램을 다룰 수 있도록 작업진행 단계별로 화면을 캡쳐하여 제공하고 있다.
④ 기출 모의고사(총 2회)를 통하여 자격시험에 적응력을 높이도록 하였다.
⑤ 와우패스(wowpass.com)의 합격환급반(합격시 수강료 전액 환급) 또는 와우패스 내일배움카드 과정으로 부담없이 최대리와 함께 공부하실 수 있습니다.

2. 프로그램 다운받아 설치하기

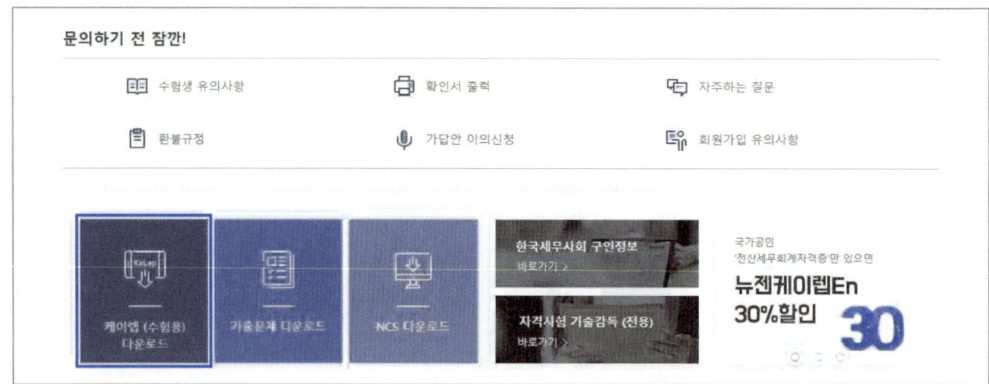

① 한국세무사회 자격시험 홈페이지(http://license.kacpta.or.kr)에 접속하여 좌측 하단에 케이렙(수험용) 다운로드 베너를 클릭하여 프로그램을 바탕화면에 저장하고 더블클릭하여 설치한다.
② 본서(1쇄) 출간 시점 현재의 저장된 파일의 이름은 KcLepSetup_2024.04.19.이다. 추후에 업데이트되면 새로운 버전을 다시 다운받아 설치한다.

※ 설치동영상 : 네이버 카페(최대리 전산회계)의 [도서출판 최대리]>[DATA 자료실]에서 제공 ※

http://cafe.naver.com/choidairi

네이버 카페의 [도서출판 최대리] > [정오표] 게시판을 꼭 확인해 주세요.

일련번호 : account607

전산회계1급 기출문제 해설강의 최대 80강 무료제공 !!

STEP 1.	STEP 2.	STEP 3.
와우패스 홈페이지 접속	핵심용어강의 버튼 클릭	일련번호 입력
검색창에 와우패스 또는 www.wowpass.com 을 입력하세요.	홈페이지 하단 중앙의 「핵심용어강의」를 클릭하세요.	교재에 표시된 일련번호를 입력하세요.

본서를 구입하신 후에도 네이버 카페 최대리 전산회계(http://cafe.naver.com/choidairi)에서 자격시험 및 교재와 관련된 궁금증을 언제든지 도움 받을 수 있으며, 추후에 일부 개정된 내용이 발표되면 네이버 카페 [도서출판 최대리]>[개정 자료실] 게시판에서 관련 자료를 문서로 정리하여 제공해 드리는 사후서비스를 제공하고 있습니다. 최선을 다했으나 미처 발견하지 못한 오류는 없는지 두려움이 남습니다. 부족한 부분은 독자 여러분의 격려와 충고를 통해 계속하여 보완해 나갈 것을 약속드립니다.

본서가 전산회계 자격취득을 희망하는 여러분에게 좋은 지침서가 될 것으로 확신하며, 수험생 여러분의 앞날에 합격의 영광이 있기를 기원합니다.

2025. 2.
최남규

최대리 전산회계 1급(실기+필기)

최·대·리·전·산·세·무·회·계

2025년 전산세무회계자격시험 시행공고

2025년도 시행 국가공인 전산세무회계자격시험과 한국세무사회인증 세무회계자격시험의 시행계획을 다음과 같이 공고합니다.

1. 시험일정

회 별	등 급	인터넷 원서접수	시험일자	합격자 발표
제118회	전산세무 (1·2급) 전산회계 (1·2급)	01.02. ~ 01.08.	02.09(일)	02.27(목)
제119회		03.06. ~ 03.12.	04.05(토)	04.24(목)
제120회		05.02. ~ 05.08.	06.07(토)	06.26(목)
제123회		07.03. ~ 07.09.	08.02(토)	08.21(목)
제122회		08.28. ~ 09.03.	09.28(일)	10.23(목)
제123회		10.30. ~ 11.05.	12.06(토)	12.24(수)

2. 시험시간

종 목	전산세무회계			
등 급	전산세무 1급	전산세무 2급	전산회계 1급	전산회계 2급
시험시간	15:00 ~ 16:30	12:30 ~ 14:00	15:00 ~ 16:00	12:30 ~ 13:30
	90분	90분	60분	60분

3. 시험종목 및 평가범위

종목	등급		평가범위
전산세무회계	전산세무 1급	이론	재무회계(10%), 원가회계(10%), 세무회계(10%)
		실무	재무회계 및 원가회계(15%), 부가가치세(15%), 원천제세(10%), 법인세무조정(30%)
	전산세무 2급	이론	재무회계(10%), 원가회계(10%), 세무회계(10%)
		실무	재무회계 및 원가회계(35%), 부가가치세(20%), 원천제세(15%)
	전산회계 1급	이론	회계원리(15%), 원가회계(10%), 세무회계(5%)
		실무	기초정보의 등록·수정(15%), 거래 자료의 입력(30%), 부가가치세(15%), 입력자료 및 제 장부 조회(10%)
	전산회계 2급	이론	회계원리(30%)
		실무	기초정보의 등록·수정(20%), 거래 자료의 입력(40%), 입력자료 및 제 장부 조회(10%)

⇨ 세부적인 평가범위는 홈페이지의 "수험정보"의 "개요 및 요강"란을 참고하기 바람.

4. 시험장소

서울, 부산, 대구, 광주, 대전, 인천, 울산, 춘천, 원주, 안양, 안산, 수원, 평택, 의정부, 청주, 천안, 당진, 포항, 구미, 안동, 창원, 김해, 진주, 전주, 순천, 목포, 제주 등
- 상기지역은 상설시험장이 설치된 지역이나 응시인원이 일정 인원에 미달할 때는 인근지역을 통합하여 실시함.
- 상기지역 내에서의 시험장 위치는 응시원서 접수결과에 따라 시험시행일 일주일 전부터 한국세무사회 홈페이지에 공고함.

5. 시험방법

이론시험(30%)은 객관식 4지 선다형 필기시험으로, 실무시험(70%)는 PC에 설치된 전산세무회계프로그램을 이용한 실기시험으로 함.

⇨ 수험용 프로그램 : 전산세무회계 자격시험용 표준프로그램 KcLep(케이렙)

6. 합격자 결정기준

- 전산세무 1급·2급, 전산회계 1급·2급 : 100점 만점에 70점 이상

7. 응시자격

제한 없음.

8. 원서접수

- 접수기간 : 각 회별 원서접수기간 내 접수
- 접수방법 : 한국세무사회 국가공인자격시험 홈페이지(http://license.kacpta.or.kr)로 접속하여 단체 및 개인별 접수(회원가입 및 사진등록)
- 응시료 납부방법 : 원서접수시 공지되는 입금기간 내에 금융기관을 통한 계좌이체

종 목	전산세무회계			
등 급	전산세무 1급	전산세무 2급	전산회계 1급	전산회계 2급
응시료	30,000원	30,000원	30,000원	30,000원

9. 합격자발표

- 해당 합격자 발표일에 한국세무사회 홈페이지에 공고하며, 자동응답전화(060-700-1921)를 통해 확인할 수 있음.
- 자격증은 홈페이지의 [자격증발급] 메뉴에서 신청가능하며, 취업희망자는 한국세무사회의 인력뱅크를 이용하시기 바람.

10. 기타 사항

기타 자세한 사항은 한국세무사회 자격시험 홈페이지(http://license.kacpta.or.kr)를 참고하거나 전화로 문의바람.

문의 : TEL (02) 521-8398, FAX (02) 521-8396

차례

제1편 재/무/회/계

제1부 기초정보관리
- 제1장 회사등록   14
- 제2장 거래처등록   25
- 제3장 계정과목 및 적요등록   35
- 제4장 전기이월 작업   42
  - 제1절 전기분 재무상태표   42
  - 제2절 전기분 원가명세서   47
  - 제3절 전기분 손익계산서   51
  - 제4절 전기분 잉여금처분계산서   55
  - 제5절 거래처별 초기이월   62

제2부 계정과목별 회계처리
- 제1장 일반전표입력   70
- 제2장 유동자산   81
  - 제1절 당좌자산   81
  - 제2절 재고자산   134
- 제3장 비유동자산   151
  - 제1절 투자자산   151
  - 제2절 유형자산   157
  - 제3절 무형자산   182
  - 제4절 고정자산등록   190
  - 제5절 기타비유동자산   200
- 제4장 부채   204

제1절 유동부채	204
제2절 비유동부채	219
제5장 자본	**230**
제1절 자본금	230
제2절 자본잉여금	233
제3절 자본조정	234
제4절 기타포괄손익누계액과 이익잉여금	237
제6장 손익계산서 계정	**248**
제1절 매출액·매출원가	248
제2절 판매비와관리비	252
제3절 영업외수익과 비용	265

제3부 부가가치세

제1장 부가가치세법	**280**
제1절 부가가치세의 기초	280
제2절 총칙	286
제3절 과세거래	298
제4절 공급시기	309
제5절 영세율과 면세	317
제6절 과세표준과 세율	327
제7절 거래징수와 세금계산서	339
제2장 매입매출전표입력	**353**
제1절 매출거래	357
제2절 매입거래	382

제3장 부가가치세신고서 및 세금계산서합계표　　　412
　제1절 납부세액의 계산　　　412
　제2절 신고와 납부　　　423
　제3절 환급　　　424
　제4절 부가가치세신고서　　　428
　제5절 세금계산서합계표　　　437

제4부 결산 및 재무제표

제1장 결산의 의의 및 절차　　　446
　제1절 결산의 의의　　　446
　제2절 결산의 절차　　　446

제2장 결산의 예비절차　　　448
　제1절 시산표의 작성　　　448
　제2절 재고조사표　　　449
　제3절 결산정리분개　　　450
　제4절 결산자료입력　　　462

제3장 결산의 본절차　　　469
　제1절 손익 계정의 설정　　　469
　제2절 수익·비용 계정의 마감　　　469
　제3절 순손익의 자본 계정 대체　　　470
　제4절 재무상태표 계정의 마감　　　473

제4장 재무제표 작성　　　477
　제1절 제조원가명세서　　　477
　제2절 손익계산서　　　479
　제3절 이익잉여금처분계산서　　　480
　제4절 재무상태표　　　482

제5장 마감후이월　　　483

제5부 제 장부의 조회

제1장 현금출납장	499
제2장 계정별원장	500
제3장 거래처원장	501
제4장 일계표(월계표)	502
제5장 합계잔액시산표	504
제6장 총계정원장	505
제7장 분개장	507
제8장 매입매출장	508

제2편　원/가/회/계

제1장 원가계산의 기초	519
제1절 회계의 의의와 분류	519
제2절 원가회계의 의의와 목적	520
제3절 원가의 개념과 분류	523
제4절 원가의 구성	537
제5절 원가의 흐름	540
제6절 원가계산	556
제2장 요소별 원가계산	561
제1절 재료비	561
제2절 노무비	562
제3절 제조경비	563
제4절 제조간접비의 배부	567

제3장 부문별 원가계산 　　　　　　　　　　　　580
　　제1절 부문별 원가계산의 기초　　　　　　580
　　제2절 부문별 원가계산의 절차　　　　　　581

제4장 제품별 원가계산 　　　　　　　　　　　　591
　　제1절 개별원가계산　　　　　　　　　　　591
　　제2절 종합원가계산　　　　　　　　　　　596

[부록] 기출 모의고사(총 2회) 　　　　　　　　　621
　　▣ 답안 및 해설　　　　　　　　　　　　　643

제1편  재무회계

제1부 기초정보관리

제2부 계정과목별 회계처리

제3부 부가가치세

제4부 결산 및 재무제표

제5부 제 장부의 조회

제1부

기초정보관리

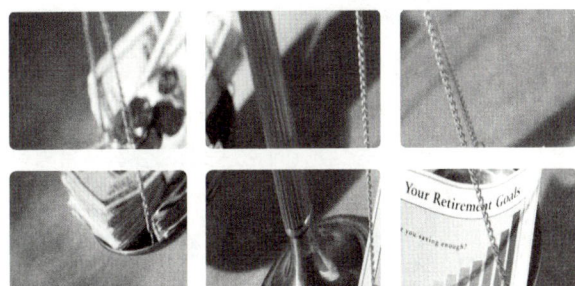

- 제1장 회사등록
- 제2장 거래처등록
- 제3장 계정과목 및 적요등록
- 제4장 전기이월 작업

제 1 장 회사등록

[회사등록] 메뉴는 회계처리 하고자 하는 회사를 프로그램에 등록하는 작업으로 프로그램 운영상 가장 먼저 실행해야 하는 작업이다. [회사등록] 메뉴에 입력된 내용은 각종 신고서 및 출력물 등 프로그램 전반에 걸쳐 사용되므로 정확하게 입력해야 한다. 회사등록은 사업자등록증을 보고 입력한다.

KcLep 길라잡이

- 처음으로 회사를 등록하는 경우에는 바탕화면에 아이콘을 더블클릭하면 나타나는 화면(이하 "로그인" 화면이라 한다)에서 종목선택(전산회계1급)과 드라이브(C:₩KcLepDB)를 선택하고, 화면 우측 하단에 있는 을 클릭하면 다음과 같은 화면이 나타난다.

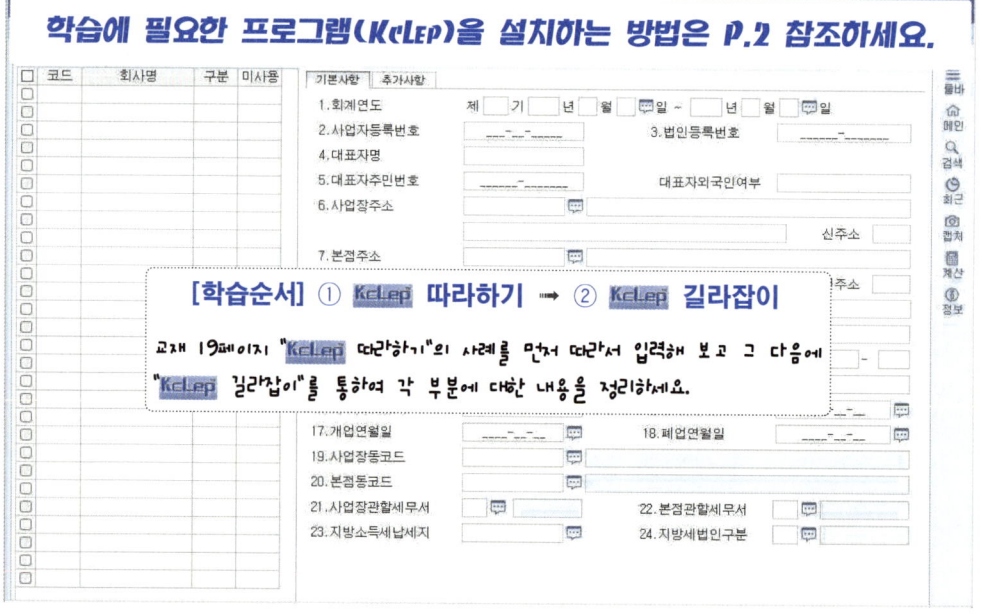

• [회사등록(법인)] 화면 •

참고 회사 추가등록

이미 등록한 회사 이외에 또 다른 회사를 추가로 등록하고자 하는 경우에는 [로그인] 화면에서 "종목선택"과 "드라이브"를 선택하고 [회사코드]란에서 ▣을 클릭한다. 「회사코드도움」 보조창에서 기존에 등록된 회사코드를 선택하고 확인Enter 을 클릭한다. 그리고 [재무회계]>[기초정보관리]>[회사등록] 메뉴를 선택하고 회사를 추가로 등록할 수도 있다.

☐	코드	회사명	구분	미사용
☐				

▶ **코드**

등록할 회사의 코드번호를 "101 ~ 9999"까지의 범위 안에서 숫자로 입력한다.

▶ **회사명**

사업자등록증에 기재된 상호명을 입력한다.

▶ **구분**(1:법인, 2:개인)

등록할 회사가 법인인 경우에는 "1:법인"을 선택하고, 개인인 경우에는 "2:개인"을 선택한다. 전산회계 1급 자격시험의 회계처리 대상은 법인사업자이다.

▶ **미사용**(0:사용, 1:미사용)

해당 회사의 사용 여부를 선택한다. 키보드의 Enter↵ 키를 치면 "0:사용"이 기본값으로 입력된다. 해당 회사를 더 이상 사용하지 않을 경우 "1:미사용"을 선택하면 [로그인] 화면에서 🔍 을 클릭해도 조회되지 않는다.

✽ 『기본사항』 탭

기본사항	추가사항							
1.회계연도		제	기	년	월	일 ~	년	월	일
2.사업자등록번호		- -			3.법인등록번호		-	

1.회계연도

회사의 기수와 회계연도를 입력한다. [회계연도]란은 회사를 임의로 등록하여 연습하고자 할 경우 회사등록에 필요한 최소한의 내용이므로 반드시 기수와 회계연도를 모두 정확히 입력해야 프로그램이 정상적으로 실행된다.

2.사업자등록번호 / 3.법인등록번호

사업자등록증상의 사업자등록번호와 법인등록번호를 입력한다.

[참고] **사업자등록번호 검증기능**

사업자등록번호는 일정한 규칙에 의하여 부여된 번호이다. 그러므로 잘못된 번호를 입력하면 프로그램에서는 이를 검증하여 적색으로 표시하도록 되어 있다. 사업자등록번호(×××-××-×××××) 10자리는 다음과 같이 구성되어 있다.

- 최초 3자리 : 최초로 사업자 등록을 한 사업장의 세무서코드
- 가운데 2자리
  - 개인사업자
    - 개인과세사업자 : 01 ~ 79까지
    - 개인면세사업자 : 90 ~ 99까지
  - 법인사업자
    - 영리법인의 본점 : 81, 86, 87
    - 영리법인의 지점 : 85
    - 비영리법인의 본점 및 지점 : 82
- 마지막 5자리 : 앞 4자리는 일련번호이고 마지막 1자리는 검증번호이다.

```
4.대표자명            [                ]
5.대표자주민번호      [      -       ]    대표자외국인여부 [        ]
6.사업장주소          [    ]💬[              ]
                     [                              ]  신주소 [  ]
7.본점주소            [    ]💬[              ]
                     [                              ]  신주소 [  ]
8.업태                [              ]        9.종목 [              ]
```

4.대표자명

사업자등록증상의 대표자명을 입력한다.

5.대표자 주민번호 / 대표자 외국인 여부(0.부, 1.여)

대표자가 내국인인 경우에는 주민등록번호를 입력하고, 외국인인 경우에는 외국인등록번호를 입력한다. 대표자의 외국인 여부를 선택한다. 키보드의 Enter↵ 키를 치면 "0.부"가 기본값으로 입력된다.

6.사업장주소 / 7.본점주소

사업자등록증상의 사업장소재지와 본점소재지를 입력한다. 우편번호와 함께 입력하고자 하는 경우에는 [   ]란에 커서가 위치할 때 💬를 클릭하거나, 키보드의 F2 키를 누르면 나타나는「우편번호 검색」보조창에서 도로명 등을 입력하고 키보드의 Enter↵ 키를 친다. 해당 주소를 찾아 클릭하고 나머지 주소를 입력한다.

> 한마디 … 모든 메뉴에서 도움말 보조창은 💬를 클릭하거나 키보드의 F2 키를 누르면 나타난다. 이하 본서에서는 그 중에서 키보드의 F2 키를 누르는 방법으로 설명하기로 한다.

8.업태 / 9.종목

사업자등록증상의 업태와 종목을 입력한다.

> **참고** 업태와 종목
> 업태란 어떤 형태의 사업을 하는가를 나타내는 부분이며(예 제조, 도매, 소매, 서비스 등), 종목이란 해당 업태에서 무엇을 제조·판매하는가 하는 구체적인 취급 품목을 입력하는 부분이다(예 문구, 가방, 가구 등).

10.주업종코드			
11.사업장전화번호		12.팩스	
13.법인구분		14.법인종류별구분	
15.중소기업여부		16.설립연월일	
17.개업연월일		18.폐업연월일	
19.사업장동코드			
20.본점동코드			
21.사업장관할세무서		22.본점관할세무서	
23.지방소득세납세지		24.지방세법인구분	

10.주업종코드

전자신고에 수록되는 사업장의 주업종코드를 입력한다. 키보드의 F2 키를 누르고 「주업종도움」보조창의 [전체]란에 업종을 입력하고, 해당 업종을 선택하고 확인(Enter) 을 클릭한다.

11.사업장 전화번호 / 12.팩스

사업장 전화번호와 팩스번호를 지역번호와 함께 입력한다.

13.법인구분 / 14.법인종류별구분

법인의 구분과 종류별 구분을 선택한다.

15.중소기업 여부(0.부, 1.여)

중소기업 여부를 선택한다. 키보드의 Enter 키를 치면 "1.여"가 기본값으로 입력된다. [13]란부터 [15]란에 입력된 내용은 전산세무 1급 [법인조정] 메뉴에서 사용하게 된다.

16.설립연월일 / 17.개업연월일 / 18.폐업연월일

법인의 설립 및 개업 연, 월, 일을 입력한다. 사업장 폐업시 폐업 연, 월, 일을 입력한다.

19. 사업장동코드 / 20. 본점동코드

사업장과 본점의 주소지 법정동코드를 입력한다. 키보드의 F2 키를 누르면 나타나는 「동코드도움」 보조창 상단의 [검색]란에 동명을 입력하고 키보드의 Enter↵ 키를 친다. 해당 동을 선택하고 확인(Enter)을 클릭한다.

21. 사업장 관할세무서 / 22. 본점 관할세무서

사업장 관할세무서와 본점 관할세무서를 코드번호 세 자리로 입력한다. 키보드의 F2 키를 누르면 나타나는 「세무서도움」 보조창 상단의 [전체]란에 세무서명을 입력하고 확인(Enter)을 클릭한다(위 [사업장동코드]란과 [본점동코드]란을 입력하면 자동 반영됨).

23. 지방소득세 납세지

지방소득세 납세지명을 입력한다. 지방소득세(종업원분)의 납세지는 사업장소재지이다(위 [사업장동코드]란을 입력하면 자동 반영됨).

24. 지방세 법인구분

지방소득세 법인세분 신고시의 법인의 구분을 선택한다. 키보드의 F2 키를 누르면 나타나는 「지방소득세 법인구분」 보조창에서 법인구분명을 선택하고 확인(Enter)을 클릭한다.

> 한마디 … 『추가사항』 탭 전체의 내용은 자격시험과 무관하므로 설명을 생략한다.

본서(1쇄) 출간시점의 프로그램 버전은 V20240419 입니다. 이후 업데이트로 인하여 메뉴에 변동이 생기면 네이버카페(**최대리 전산회계**)의 [도서출판 최대리] > [개정 자료실] 게시판에 해당 원고와 동영상 해설 강좌를 올리도록 하겠습니다.

네이버 카페 : 최대리 전산회계(http://cafe.naver.com/choidairi)

KcLep 따라하기

회사등록 따라하기

다음은 ㈜최대리의 사업자등록증이다. [회사등록] 메뉴에 코드 3001번으로 등록하시오. 회계연도는 제15기(2025.1.1. ~ 2025.12.31.)이다. 제시된 자료 이외의 내용은 기본값을 적용하거나 입력을 생략한다.

사 업 자 등 록 증
(법인사업자용)
등록번호 : 141 - 81 - 12349

1. 상 호 명 : ㈜최대리
2. 대 표 자 명 : 최대리
3. 개 업 연월일 : 2011년 01월 01일
4. 법인등록번호 : 110111 - 1234569
5. 사업장소재지 : 경기도 파주시 책향기로 371
6. 사업의 종류 : [업태] 제조   [종목] 가방
7. 교 부 사 유 : 신규
8. 공 동 사업장 :
9. 주류판매신고번호 :

2011년 1월 6일

파 주 세 무 서 장   (인)

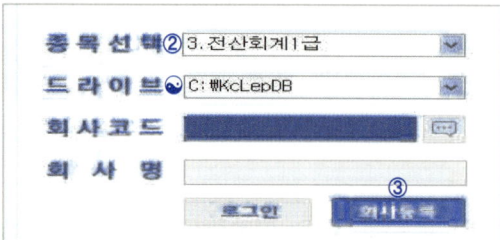

① 바탕화면에 아이콘을 더블클릭한다.
② "로그인" 화면에서 종목선택(전산회계1급) 및 드라이브(C:\KcLepDB)를 선택한다.
③ 화면 우측 하단의 회사등록을 클릭한다.

 🔵 한마디 … [드라이브]란은 작업한 데이터가 저장될 장소를 선택하는 것이다.

④ [코드]란에 코드번호 "3001"을 입력한다.
⑤ [회사명]란에 상호명 "㈜최대리"를 입력한다.
⑥ 법인사업자이므로 [구분]란에 "1"을 입력하고 [미사용]란에 "0"을 입력한다.

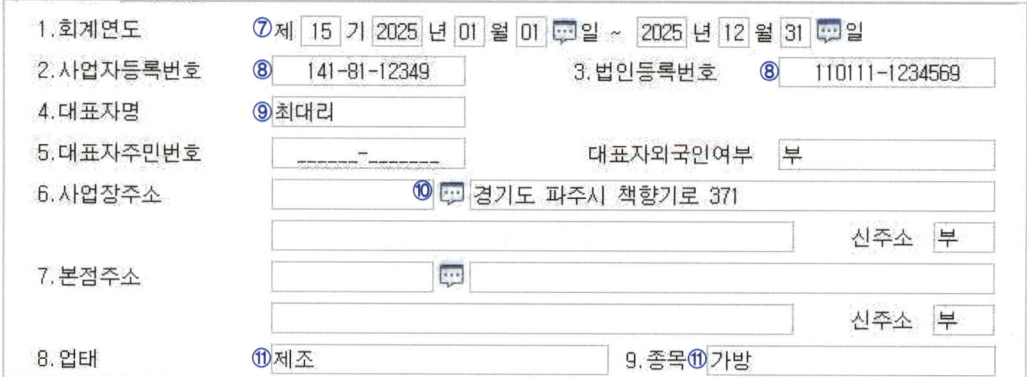

⑦ [회계연도]란에 기수 "15"를 입력하고 키보드의 Enter 키를 치고 "2025 01 01 ~ 2025 12 31"을 입력한다. 기수는 개업연도인 2011년이 제1기이므로 2025년은 제15기이다.
⑧ [사업자등록번호]란에 "141 81 12349"를 입력하고 [법인등록번호]란에 "110111 1234569"를 입력한다.
⑨ [대표자명]란에 "최대리"를 입력하고 [대표자외국인여부]란에서 키보드의 Enter 키를 친다.
⑩ [사업장주소]란에 "경기도 파주시 책향기로 371"을 입력한다(우편번호 입력 생략).
⑪ [업태]란에 "제조"를 입력하고 [종목]란에 "가방"을 입력한다.

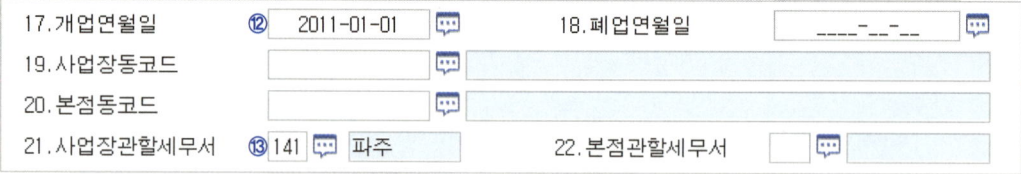

⑫ [개업연월일]란에 "2011 01 01"을 입력한다.
⑬ [사업장관할세무서]란에서 키보드의 F2 키를 누르고 「세무서도움」 보조창 상단의 [전체]란에 "파주"를 입력하고 확인(Enter)을 클릭한다.

데이터 설치하기

연습문제(실기)를 학습하기 위해서는 다음과 같이 작업할 회사(3002.㈜세연상사, 3003.㈜세희상사)의 데이터를 설치해야 합니다.

> **Notice** 본 작업 전에 프로그램(KcLep)이 설치되어 있어야 합니다(P.2 참조).
> **KcLep 길라잡이**

❶ 네이버 카페 최대리 전산회계(http://cafe.naver.com/choidairi)에 접속한다.

❷ [도서출판 최대리]>[DATA 자료실] 게시판에서 "[2025] 최대리 전산회계1급(실기+필기) Data"의 첨부파일(1)을 바탕화면(또는 본인이 원하는 위치)에 다운받는다.

❸ 다운받은 파일을 마우스 오른쪽 클릭하고 보조창에서 "2025 최대리 전산회계1급(실기+필기..."에 압축풀기(W)를 클릭한다.

❹ 압축이 풀린 폴더를 더블클릭하고 그 속에 숫자 4자리 폴더(3002와 3003)를 복사해서 로컬 디스크(C:)에 KcLepDB > KcLep 폴더 속에 붙여 넣는다.

❺ 케이렙 프로그램을 실행하고 [로그인] 화면 [종목선택]란에 "전산회계1급", [드라이브]란에 "C:\KcLepDB", [회사코드]란에서 "3001.㈜최대리"를 선택하고 확인(Enter) 을 클릭한다.

❻ [재무회계]>[기초정보관리]>[회사등록] 메뉴에서 상단 툴바의 "F4 회사코드재생성" 버튼을 클릭한다.

❼ [전체메뉴]로 돌아와서 우측 상단에 회사 버튼을 클릭한다. 「회사변경」 보조창에서 작업할 회사코드를 선택하고 변경 을 클릭한다.

※ 도서출판 최대리 홈페이지(http://www.choidairi.co.kr)의 [자료실]>[데이터 자료실]에서도 다운 받을 수 있습니다.

> 데이터 설치하기가 잘 안되시는 분은 네이버 카페의 [도서출판 최대리] > [DATA 자료실] 게시판에서 "[2025] 최대리 전산회계1급(실기+필기) 데이터 설치하기" 동영상을 수강하세요.

기/출/문/제 (실기)

01 다음은 ㈜세연상사(회사코드 : 3002)의 사업자등록증이다. [회사등록] 메뉴에 입력된 내용을 검토하여 누락분은 추가입력하고 잘못된 부분은 정정하시오(주소 입력시 우편번호는 입력하지 않아도 무방함).

사 업 자 등 록 증
(법인사업자용)

등록번호 : 214 - 81 - 29129

① 법인명(단체명) : ㈜세연상사

② 대　　표　　자 : 최세연

③ 개 업 년 월 일 : 2011년 7월 1일

④ 법인등록번호　 : 110111 - 3776387

⑤ 사업장소재지　 : 서울특별시 서초구 서초중앙로 195

⑥ 사 업 의 종 류 : [업태] 제조

　　　　　　　　　[종목] 스포츠용품

⑦ 교 부 사 유 : 신규

2011년 7월 1일

서 초 세 무 서 장

한마디 … 본 과정을 학습하기 위해서는 P.21의 **데이터 설치하기**에 따라 데이터가 설치되어 있어야 합니다.

02 다음은 사업장을 이전하면서 새로 교부받은 ㈜세희상사(회사코드 : 3003)의 사업자등록증이다. 새로 교부받은 사업자등록증의 내용대로 회사등록 사항을 수정하시오. 단, 주소 입력시 우편번호는 입력하지 않고 주소만 직접 입력한다.

사 업 자 등 록 증
(법인사업자용)

등록번호 : 211 - 81 - 12347

① 법 인 명(단체명) : ㈜세희상사
② 대   표   자 : 최세희
③ 개 업 년 월 일 : 2011년 6월 26일
④ 법인등록번호   : 110111 - 1754864
⑤ 사업장소재지   : 서울특별시 서초구 서운로 138
⑥ 사 업 의 종 류 : [업태] 제조, 도매
                    [종목] 휴대폰부품, 무역
⑦ 교 부 사 유 : 사업장 이전

2025년 10월 17일

서 초 세 무 서 장

 KcLep 도우미

해설 1

- 바탕화면에 아이콘을 더블클릭하고 [로그인] 화면에서 종목선택(전산회계1급) 및 드라이브 (C:\KcLepDB)를 선택한다. [회사코드]란의 🔍를 클릭하면 나타나는 「회사코드도움」 보조창에서 "3002.㈜세연상사"를 선택하고 확인(Enter)을 클릭한다.
- [재무회계]>[기초정보관리]>[회사등록]을 선택하고 제시된 자료에 따라 수정 또는 추가 입력한다.

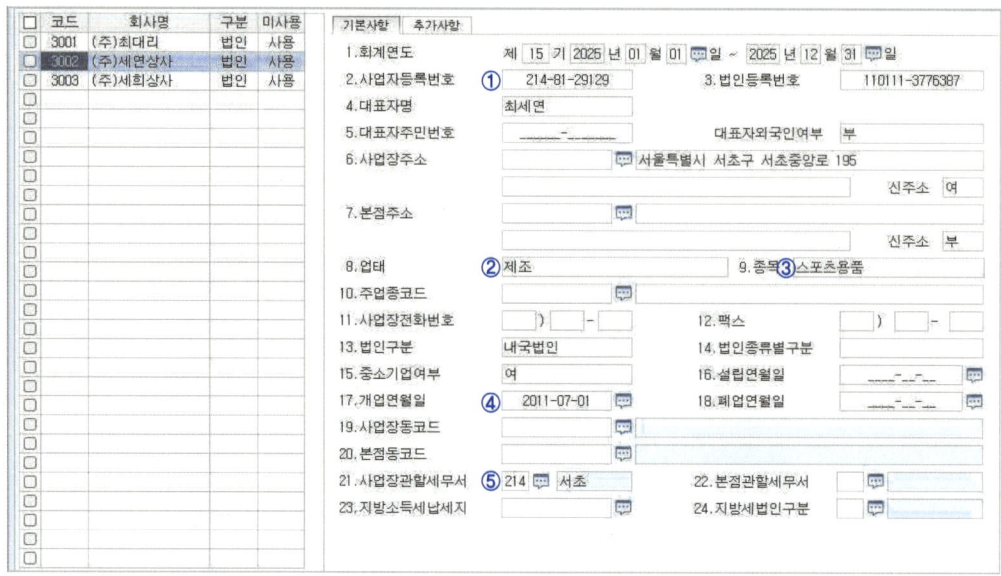

① [사업자등록번호] : "105-86-54182" ➡ "214-81-29129"로 수정 입력
② [업태] : "도매" ➡ "제조"로 수정 입력
③ [종목] : "휴대폰부품" ➡ "스포츠용품"으로 수정 입력
④ [개업연월일] : "2011-01-01" ➡ "2011-07-01"로 수정 입력
⑤ [사업장관할세무서] : "211.강남" ➡ "214.서초"로 수정 입력

해설 2

- [전체메뉴] 우측 상단의 [회사] 버튼을 클릭하여 회사를 "3003.㈜세희상사"로 변경한다.
- [재무회계]>[기초정보관리]>[회사등록]을 선택하고 제시된 자료에 따라 수정 또는 추가 입력한다.

① [사업장주소] : "서울특별시 강남구 강남대로 480" ➡ "서울특별시 서초구 서운로 138"로 수정 입력
② [업태] : "제조" ➡ "제조, 도매"로 수정 입력
③ [종목] : "휴대폰부품" ➡ "휴대폰부품, 무역"으로 수정 입력
④ [개업연월일] : "2011-05-26 ➡ "2011-06-26"으로 수정 입력
⑤ [사업장관할세무서] : "211.강남" ➡ "214.서초"로 수정 입력

한마디 ··· [회사등록] 메뉴에서 출제되는 문제의 형태는 문제지에 제시된 사업자등록증을 보고 이미 등록된 회사의 『기본사항』 탭의 내용과 문제지에 제시된 사업자등록증을 비교하여, 잘못 입력된 부분은 수정하고 누락된 부분은 추가로 입력하는 형태이다.

제 2 장 거래처등록

[거래처등록] 메뉴에는 거래처원장에서 관리하고자 하는 거래처를 등록한다. 등록된 거래처는 [재무회계]>[전표입력]>[일반전표입력] 및 [매입매출전표입력] 메뉴에서 거래 자료 입력 시 [거래처]란 또는 [공급처명]란에 코드번호를 입력해주면 보조원장인 거래처원장이 자동으로 작성된다. 거래처등록은 회사등록과 마찬가지로 거래처의 사업자등록증 사본을 받아 등록하는 것이 가장 정확하지만, 사업자등록증의 내용이 그대로 반영되어 있는 세금계산서나 일반영수증을 보고 입력할 수도 있다.

 KcLep 길라잡이

- [재무회계]>[기초정보관리]>[거래처등록]을 선택하면 다음과 같은 화면이 나타난다.

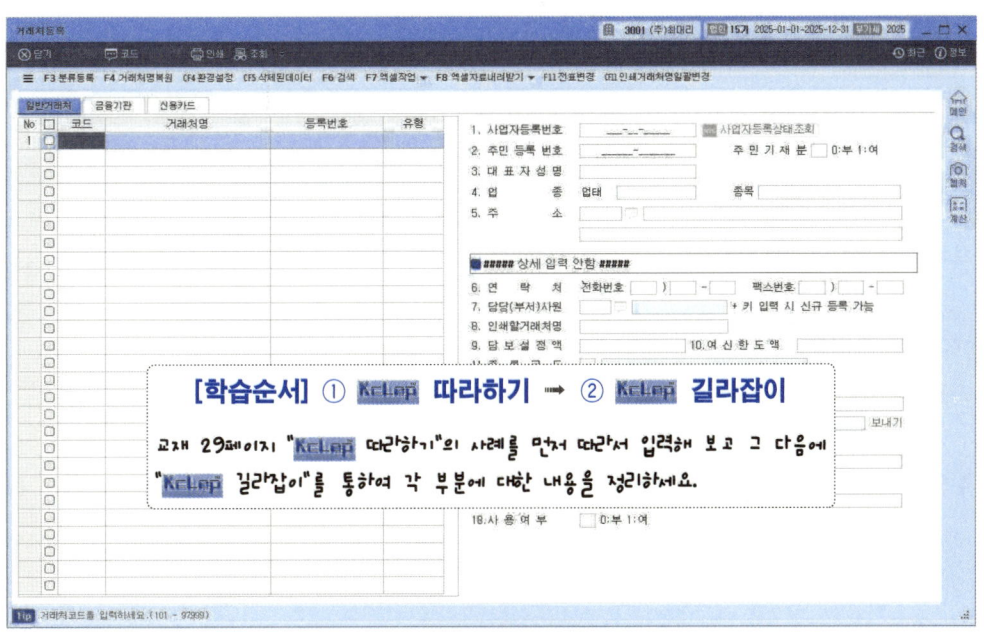

• [거래처등록] 화면 •

❶ 『일반거래처』 탭

▶ 코드

"101 ~ 97999"의 범위 내에서 코드번호를 입력한다. 코드범위를 벗어난 숫자를 입력하면 입력되지 않는다(이하 본 메뉴는 모두 동일).

▶ 거래처명

거래처의 사업자등록증상 상호명(비사업자의 경우 성명)을 입력한다.

▶ 등록번호

화면 우측 [사업자등록번호]란 또는 [주민등록번호]란에 입력된 내용이 자동 반영된다.

▶ 유형(1:매출, 2:매입, 3:동시)

거래처의 유형을 선택한다.

1. 사업자등록번호

거래처의 사업자등록번호를 입력한다(잘못 입력된 번호는 적색으로 표시됨).

2. 주민등록번호 / 주민기재분(0:부, 1:여)

거래처가 사업자등록증이 없는 일반인(비사업자)인 경우에는 주민등록번호를 입력하면 우측 [주민기재분]란은 "여"로 입력된다(잘못 입력된 번호는 적색으로 표시됨).

3. 대표자 성명

거래처의 대표자 성명을 입력한다.

4. 업종

거래처의 사업자등록증상의 업태와 종목을 입력한다.

5. 주소

거래처의 사업장소재지를 입력한다. 우편번호와 함께 입력하고자 하는 경우에는 [　　　]란에 커서가 위치할 때 키보드의 F2 키를 누르면 나타나는 「우편번호 검색」 보조창에서 도로명 등을 입력하고 키보드의 Enter↵ 키를 친다. 해당 주소를 찾아 클릭하고 나머지 주소를 입력한다.

> 한마디 … 『일반거래처』 탭의 나머지 내용은 자격시험과 무관하므로 설명을 생략한다.

❷ 『금융기관』 탭

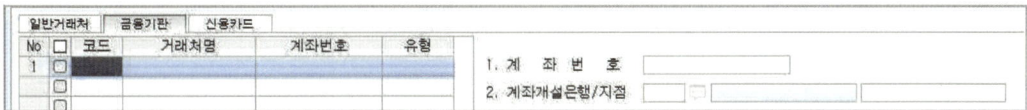

▶ 코드

"98000 ~ 99599"의 범위 내에서 코드번호를 입력한다. 순차적으로 코드번호를 부여하고자 하는 경우에는 98000번은 "0"을 입력하고, 98001번은 "1"을 입력하면 빠르게 입력할 수 있다.

▶ 거래처명

금융기관명을 입력한다.

▶ 계좌번호

화면 우측 [계좌번호]란에 입력된 내용이 자동 반영된다.

▶ 유형(1:보통예금, 2:당좌예금, 3:정기적금, 4:정기예금, 5:기타)

해당 금융기관의 금융상품 유형을 선택한다.

1. 계좌번호

해당 금융상품의 계좌번호를 입력한다.

> 한마디 … 『금융기관』 탭의 나머지 내용은 자격시험과 무관하므로 설명을 생략한다.

❸ 『신용카드』 탭

▶ **코드**

"99600 ~ 99999"의 범위 내에서 코드번호를 입력한다. 순차적으로 코드번호를 부여하고자 하는 경우에는 99600번은 "0"을 입력하고, 99601번은 "1"을 입력하면 빠르게 입력할 수 있다.

▶ **거래처명 / 가맹점(카드)번호**

카드명(또는 카드사명)을 입력한다. [가맹점(카드)번호]란은 화면 우측에 입력된 내용이 자동 반영된다.

▶ **유형**(1:매출, 2:매입)

[거래처명]란이 카드인 경우 "2:매입"을 선택하고, [거래처명]란이 카드사인 경우 "1:매출"을 선택한다.

1.사업자등록번호 / 2.가맹점번호 / 3.카드번호(매입)

[유형]란이 "1:매출"인 경우 카드사의 사업자등록번호와 가맹점번호를 입력하고, [유형]란이 "2:매입"인 경우 카드사의 사업자등록번호와 카드번호를 입력한다.

> 최대리 … 『신용카드』 탭의 나머지 내용은 자격시험과 무관하므로 설명을 생략한다.

[참고] **거래처 삭제 및 변경**

등록된 거래처를 삭제하고자 할 때는 해당 거래처에 커서를 놓고 키보드의 F5 키를 누르면 나타나는 대화창에서 예(Y) 를 클릭한다. 한번 등록된 거래처의 코드번호는 변경할 수 없으며 거래처명은 변경할 수 있다. 실무상 거래처의 코드번호를 변경해야 할 일이 발생하였다면 [재무회계]>[데이터관리]>[기타코드변환(거래처코드변환)] 메뉴를 이용하면 된다. 다만, 자격시험에서는 이러한 기능을 사용하지 않으므로 거래처 등록시 코드번호가 잘못 입력된 경우에는 삭제하고 다시 입력한다.

[참고] **삭제된 데이터 복구 및 완전삭제**

삭제된 거래처를 복구하고자 할 경우에는 상단 툴바의 CF5 삭제된데이타 를 클릭하면 나타나는 「삭제된 거래처 관리」 보조창에서 복구할 거래처를 선택하고 데이터복구(F4) 를 클릭하고 대화창에서 예(Y) 를 클릭한다. 삭제된 데이터를 완전히 삭제하고자 하는 경우에는 「삭제된 거래처관리」 보조창에서 완전히 삭제할 거래처를 선택하고 휴지통 비우기(F5) 를 클릭하고 대화창에서 예(Y) 를 클릭한다.

 KcLep 따라하기

거래처등록 따라하기

다음 자료에 의하여 ㈜최대리(회사코드 : 3001)의 거래처를 등록하시오(우편번호 입력은 생략).

구 분	일반거래처(유형 : 동시)		금융기관	신용카드
코 드 번 호	101	201	98000	99600
거 래 처 명	광주상사	서울상사	우리은행	삼성카드
사업자등록번호	409-81-12342	212-81-35421	유형 : 보통예금 계좌번호 : 1002 - 429 - 55600	유형 : 매출 가맹점번호 : 3000
대 표 자 명	우여란	박주명		
업 태	소매업	제조업		
종 목	가 방	가 죽		
사 업 장 주 소	광주광역시 남구 대남대로 101	서울특별시 마포구 신촌로 102		

단, 다만 … 다음 과정의 학습을 위하여 『신용카드』 탭에 코드(99601), 거래처명(엘지카드), 카드번호 (1111-2222-3333-4444), 유형(매입)으로 추가로 등록하시오.

(1) 일반거래처

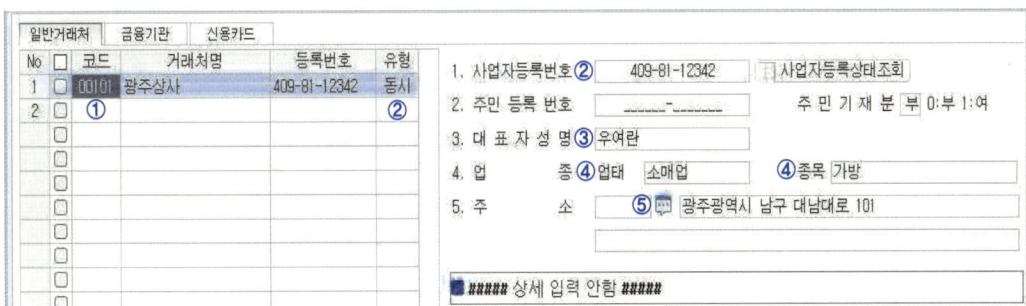

① [코드]란에 "101"을 입력하고 [거래처명]란에 "광주상사"를 입력한다.
② [유형]란에서 "3:동시"를 선택하고 [사업자등록번호]란에 "409 81 12342"를 입력한다.
③ [대표자성명]란에 "우여란"을 입력한다.
④ [업태]란에 "소매업"을 입력하고 [종목]란에 "가방"을 입력한다.
⑤ [주소]란에 사업장 주소를 입력한다.

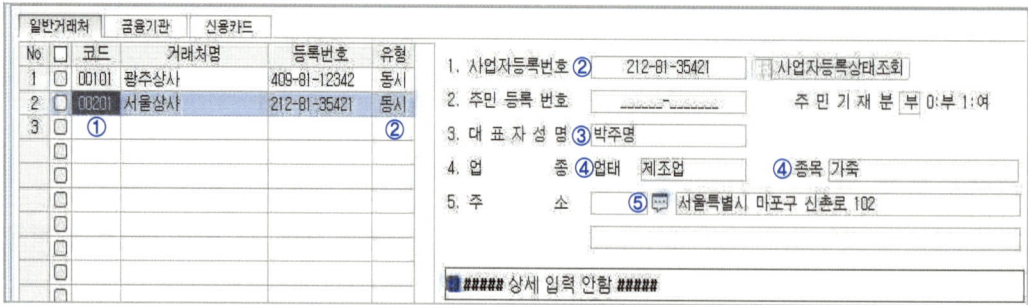

① [코드]란에 "201"을 입력하고 [거래처명]란에 "서울상사"를 입력한다.
② [유형]란에서 "3:동시"를 선택하고 [사업자등록번호]란에 "212 81 35421"을 입력한다.
③ [대표자성명]란에 "박주명"을 입력한다.
④ [업태]란에 "제조업"을 입력하고 [종목]란에 "가죽"을 입력한다.
⑤ [주소]란에 사업장 주소를 입력한다.

(2) 금융기관

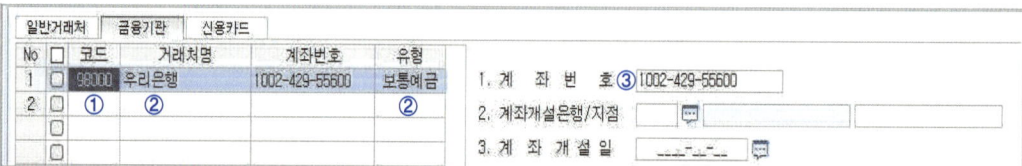

① 『금융기관』 탭을 선택하고 [코드]란에 "98000"을 입력한다.
② [거래처명]란에 "우리은행"을 입력하고 [유형]란에서 "1:보통예금"을 선택한다.
③ [계좌번호]란에 "1002-429-55600"을 입력한다.

(3) 신용카드

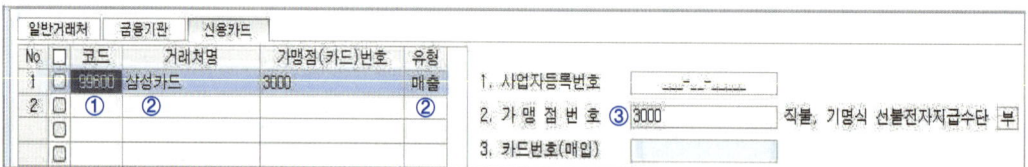

① 『신용카드』 탭을 선택하고 [코드]란에 "99600"을 입력한다.
② [거래처명]란에 "삼성카드"를 입력하고 [유형]란에 "1:매출"을 선택한다.
③ [가맹점번호]란에 "3000"을 입력한다.

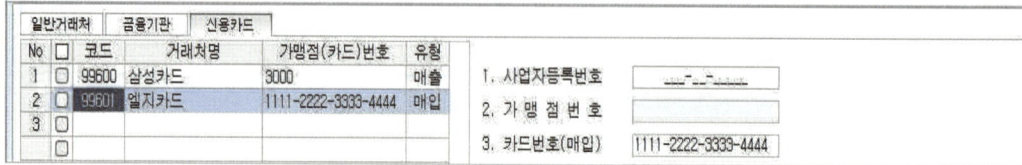

기/출/문/제 (실기)

다음 자료에 의하여 ㈜세연상사(회사코드 : 3002)의 거래처를 등록하시오(우편번호 입력은 생략).

01 다음의 거래처를 [거래처등록] 메뉴에 추가로 입력하시오(유형 : 동시).

코드	상호	사업자등록번호	대표자	업태	종목	사업장소재지
201	㈜독도전자	513-81-53773	울릉도	도소매	컴퓨터	대구광역시 달서구 성서4차 첨단로 103

02 다음의 거래처를 [거래처등록] 메뉴에 추가로 입력하시오(유형 : 동시).

코드	상호	사업자등록번호	대표자	업태	종목	사업장소재지
202	㈜슈퍼전자	133-81-26269	김재원	제조, 소매	전자부품	서울 서초구 서초대로 101

03 사업자등록증이 없는 개인 권형식(코드번호 : 203)에게 주민등록번호로 세금계산서를 발행하기 위하여 거래처를 등록하시오(유형 : 동시).

- 이   름 : 권형식
- 주민등록번호 : 701013 - 1247015

04 별빛은행에서 통장을 개설하였다. 다음 내용을 [거래처등록] 메뉴에 입력하시오.

- 코드 : 98100
- 유형 : 보통예금
- 거래처명 : 별빛은행
- 계좌번호 : 871110-88-101033

05 정기적금 가입에 따른 다음 내역을 [거래처등록] 메뉴에 등록하시오.

- 코드 : 99000
- 계좌번호 : 123-123-123
- 거래처명 : 미래은행
- 유형 : 정기적금

06
신용카드 유효기간 만료로 인하여 사업용 신용카드인 법인카드를 새로 발급받았다. 다음의 내용을 [거래처등록] 메뉴에 입력하시오.

- 코드 : 99800
- 거래처명 : 국민카드
- 카드번호 : 9440-2657-1111-5558
- 유형 : 매입
- 카드종류(매입) : 사업용카드

한마디 … 본 과정을 학습하기 위해서는 P.21의 **데이터 설치하기**에 따라 데이터가 설치되어 있어야 합니다.

KcLep 도우미

해설

- [전체메뉴] 우측 상단의 버튼을 클릭하여 회사를 "3002.㈜세연상사"로 변경한다.
- [재무회계]>[기초정보관리]>[거래처등록]을 선택하고 제시된 자료에 따라 추가 입력한다.

01
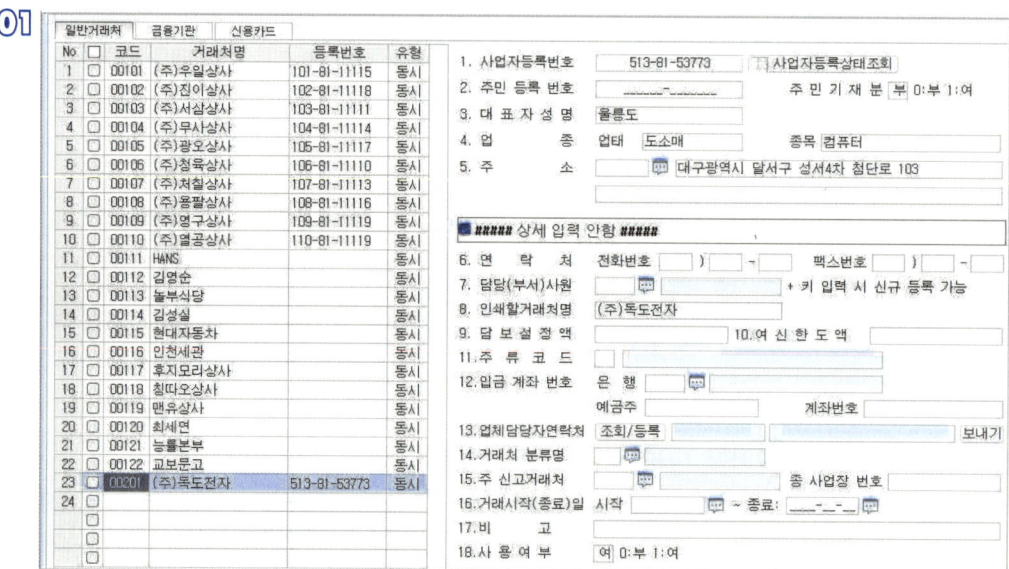

제1부 기초정보관리

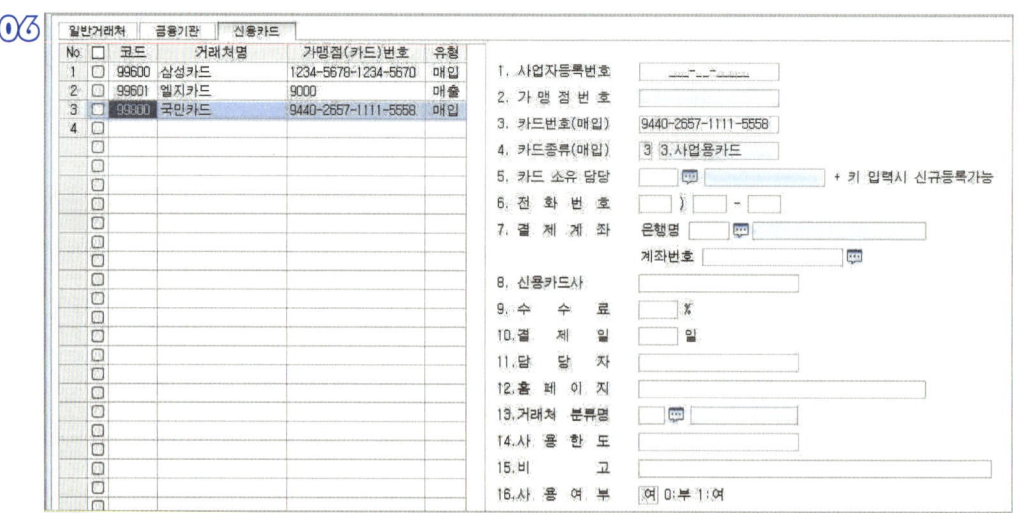

한대리 … [거래처등록] 메뉴에서 출제되는 문제의 형태는 ① 문제지에 제시된 거래처의 인적사항에 따라 거래처를 신규로 등록하거나, ② 이미 등록된 거래처의 기본사항과 문제지에 제시된 거래처의 기본사항을 비교하여 잘못 입력된 부분은 수정하고 누락된 부분은 추가로 입력하는 형태이다.

제3장 계정과목 및 적요등록

[계정과목 및 적요등록] 메뉴는 기본적으로 등록되어 있는 계정과목 이외에 회사에서 사용할 계정과목을 추가로 등록하거나, 거래 자료 입력시 빈번히 사용되는 적요를 미리 등록하여 입력의 편의와 능률향상을 도모하기 위함이다. 일반적으로 사용되는 계정과목과 적요가 이미 등록되어 있는 상태이므로 기업이 수행하는 경영활동의 성격, 기업의 규모에 따라 필요한 계정과목과 적요를 추가로 등록하면 된다. 계정과목은 시스템 전반에 영향을 미치므로 프로그램을 처음 사용하는 시점에서 정확하게 설정하여야 한다.

KcLep 길라잡이

- [재무회계]>[기초정보관리]>[계정과목 및 적요등록]을 선택하면 다음과 같은 화면이 나타난다.

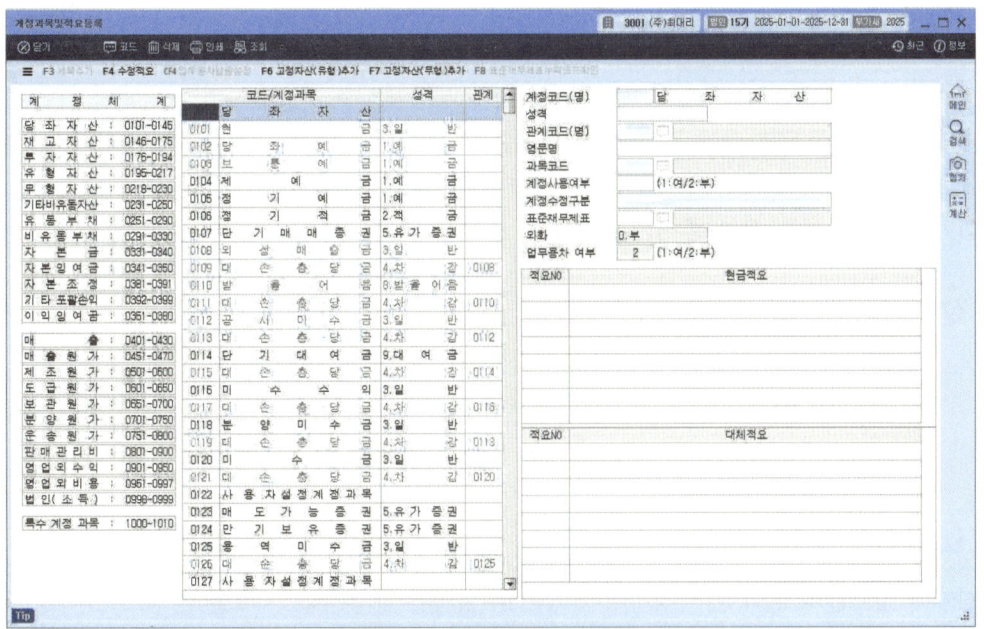

• [계정과목 및 적요등록] 화면 •

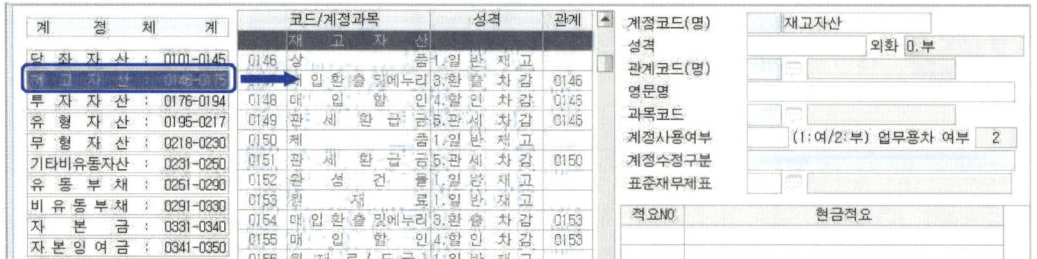

▶ 계정체계

계정과목 코드번호는 101번부터 999번(특수 계정과목은 제외)으로 구성되어 있는데, [계정체계]란은 계정과목 코드번호가 어떤 순서로 정리되어 있는지를 보여준다. [계정체계]란의 항목 중 어느 하나를 선택(예 재고자산)하면 [코드/계정과목]란이 해당 항목(146.상품 ~)부터 표시되는 형태로 바뀐다.

▶ 코드/계정과목

본 프로그램은 일반기업회계기준에서 예시하는 계정과목(통합계정)이 아니라 실무에서 사용하는 관리적 측면의 구체적인 계정과목이 등록되어 있다. 예를 들어, 일반적인 상거래에서 발생된 외상매출금과 받을어음은 매출채권으로 재무상태표에 표시되어야 함이 일반기업회계기준의 원칙이다. 그러나 실무에서 매출채권이라는 통합계정을 사용한다면 관리적인 측면에서 문제가 많을 것이다. 따라서 본 프로그램에서는 실제 사용시에는 구체적인 계정과목(외상매출금, 받을어음)을 사용하고, 외부보고용 재무상태표(제출용) 작성시에는 일반기업회계기준에서 예시한 통합계정으로 자동 표시되는 형식을 취하고 있다.

▶ 성격

성격은 해당 계정과목의 프로그램상 특성이다. 전산으로 재무제표를 자동 작성하기 위해서는 각 계정과목이 갖는 특성을 설정해 주어야 할 필요가 있다. 이미 등록된 계정과목들에 대해서는 정확하게 선택되어 있으므로 변경하지 말고 그대로 사용하면 된다.

▶ 관계

계정과목 상호간의 관계를 설정하여 전산으로 자동분개 및 재무제표를 자동으로 작성하게 해주는 것이다. 이미 정확하게 선택되어 있으므로 변경하지 말고 그대로 사용하면 된다.

> [참고] 계정과목 검색 기능
> 키보드의 F2 키를 누르고 「찾기」 보조창에서 찾을 내용을 두 글자 이상 입력하고 Enter↵ 키를 치면 해당 글자가 포함된 계정과목으로 커서가 이동한다. Enter↵ 키를 계속치면서 찾고자 하는 계정과목으로 이동한다.

> ### 계정과목 등록 및 수정
>
> **1. 신규등록** : 신규로 등록하고자 하는 계정과목의 성질(자산, 부채, 자본 등)을 파악하고 좌측 [계정체계]란의 항목 중 해당 항목(당좌자산, 재고자산 등)을 클릭하여 이에 맞는 계정체계 범위를 조회한다. 해당 번호내의 "사용자설정계정과목"을 선택하고 화면 우측 [계정코드(명)]란에 커서를 놓고 덧씌워 입력한다.
>
> **2. 수정등록** : 이미 등록되어 있는 계정과목의 이름을 수정하고자 하는 경우에는 해당 계정과목을 선택하고 화면 우측 [계정코드(명)]란에 커서를 놓고 덧씌워 입력한다. 해당 계정과목으로 빠르게 이동하기 위해서는 [코드]란에 커서를 놓고 해당 코드번호를 직접 입력하면 자동으로 이동된다. 빨간색 계정과목은 프로그램운영상 특수한 성격이 있으므로 수정하지 않는 것이 바람직하다. 실무상 부득이하게 수정해야 할 경우에는 해당 계정과목에 커서를 놓고 키보드의 Ctrl 키를 누른 상태에서 F2 키를 누르면 우측 [계정코드(명)]란이 활성화 되어 덧씌워 입력이 가능하다.

적요란 거래내역을 간략하게 요약한 일종의 메모이다. 이는 전표 출력시에 해당 분개에 대한 간략한 내용을 제공함으로써 거래의 내용을 자세히 알 수 있게 해주는 역할을 한다. "811.복리후생비"의 적요를 예시하면 다음과 같다.

적요NO	현금적요
1	일 숙직비 지급
2	직원식대및차대 지급
3	직원야유회비용 지급
4	직원식당운영비 지급
5	직원회식대 지급
6	회사부담 국민건강보험료 지급
7	임직원경조사비 지급
8	임직원피복비 지급

적요NO	대체적요
1	직원식당운영비 대체
2	직원회식대 미지급

▶ 현금적요

[재무회계]>[전표입력]>[일반전표입력]에서 거래 자료 입력시 [구분]란에서 "1.출금" 또는 "2.입금"을 선택하면 하단에 나타나는 적요로서, 이미 기본적인 내용이 등록되어 있으며 추가등록 및 수정시에는 해당란에 커서를 놓고 해당 내용을 직접 입력한다.

▶ 대체적요

[재무회계]>[전표입력]>[일반전표입력]에서 거래 자료 입력시 [구분]란에서 "3.차변" 또는 "4.대변"을 선택하면 하단에 나타나는 적요로서, 이미 기본적인 내용이 등록되어 있으며 추가등록 및 수정시에는 해당란에 커서를 놓고 해당 내용을 직접 입력한다.

[참고] 고정적요
"146.상품"이나 "813.기업업무추진비" 등을 선택하면 고정적요가 나타난다. 고정적요는 프로그램운영상 특수한 기능이 있으므로 수정할 수 없다. 그에 관한 자세한 학습은 전산세무 2급에서 하기로 한다.

계정과목 및 적요등록 따라하기

다음의 내용을 ㈜최대리(코드 : 3001)의 [계정과목 및 적요등록] 메뉴에 등록하시오.

(1) 계정과목 코드 127번에 카드미수금(성격 : 3.일반) 계정을 등록하시오.

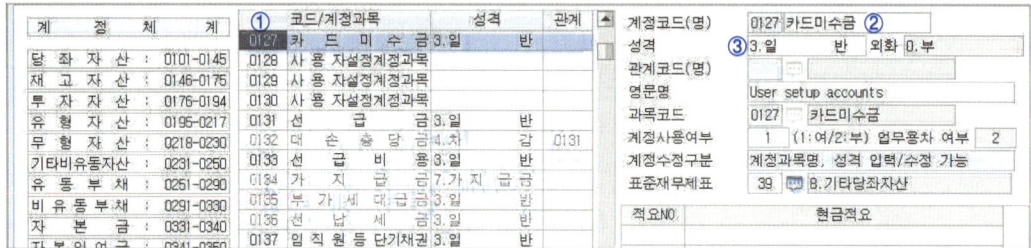

① [코드]란에 커서를 놓고 키보드의 숫자 "127"을 입력하면 커서가 해당란으로 이동한다.
② [계정코드(명)]란의 "사용자설정계정과목"에 커서를 놓고 "카드미수금"을 덧씌워 입력한다.
③ [성격]란에서 "3.일반"을 선택한다.

> 한마디 … 계정과목의 수정도 위 방법과 동일하다.

(2) 계정과목 코드 811.복리후생비의 현금적요 적요No 6에 "직원자녀 학자금 지급"을 등록하시오.

① [코드]란에 커서를 놓고 키보드의 숫자 "811"을 입력하면 커서가 해당란으로 이동한다.
② 현금적요 [적요No 6]란에 커서를 놓고 "직원자녀 학자금 지급"을 덧씌워 입력한다.

> 한마디 … 적요의 신규등록도 위 방법과 동일하다. 빈칸에 적요를 신규로 등록한 후 삭제하고자 하는 경우에는 키보드의 F5 키를 누르고 대화창에서 예(Y) 를 클릭하거나 키보드의 Enter↵ 키를 친다. 단, 기본값으로 입력된 적요는 삭제할 수 없다.

기/출/문/제 (실기)

다음 자료에 의하여 ㈜세연상사(회사코드 : 3002)의 계정과목 및 적요를 등록하시오.

01 국고보조금 계정과목을 코드 217번에 차감(기계장치 계정과목에서 차감) 항목으로 등록하시오.

02 제조경비 중 기계수선과 관련하여 수선외주용역비의 비중이 크므로 계정과목을 별도로 설정하고자 한다. 아래의 계정과목을 추가 등록하시오.

> ① 코드 : 537　　② 계정과목 : 수선외주용역비　　③ 성격 : 제조경비

03 외상매입금 계정과목 대체적요 9번에 "외상매출금과 상계"를 추가등록 하시오.

04 생산부 직원들에게 매출증가에 따른 성과급을 지급하기로 하였다. 제조원가의 상여금 계정에 다음 내용의 적요를 등록하시오.

> 현금적요 5.　　직원성과급 지급

05 계정과목 적요등록 중 819.임차료 계정의 현금적요 7번에 "법인승용차 리스료 지급"을 등록하시오.

06 영업외수익의 임대료 계정과목 대체적요에 "6.임대료수익의 선수수익 대체"를 추가 등록 하시오.

> 한마디 ··· 본 과정을 학습하기 위해서는 P.21의 **데이터 설치하기**에 따라 데이터가 설치되어 있어야 합니다.

KcLep 도우미

해설

- [전체메뉴] 우측 상단의 버튼을 클릭하여 회사를 "3002.㈜세연상사"로 변경한다.
- [재무회계]>[기초정보관리]>[계정과목 및 적요등록]을 선택하고 제시된 자료에 따라 수정 또는 추가 입력한다.

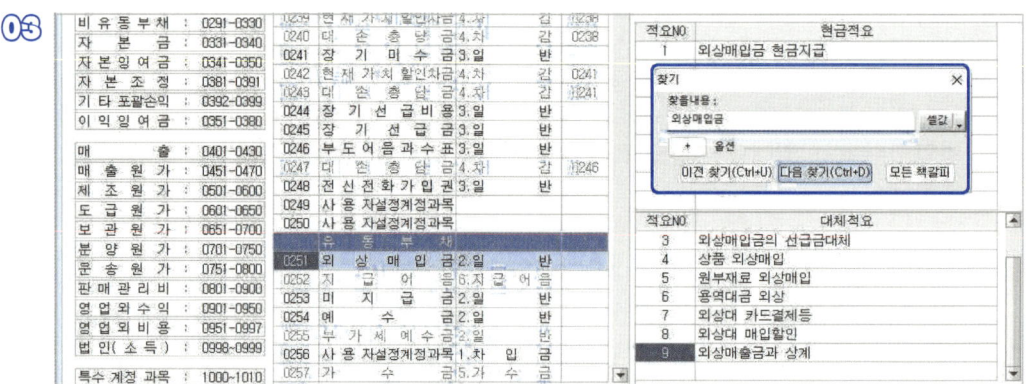

한마디 … 코드번호를 알려주지 않는 경우에는 커서를 [코드]란에 놓고 키보드의 F2 키를 누르고 「찾기」보조창에서 찾고자 하는 계정과목 이름을 입력하고 Enter↵ 키를 친다. 코드번호를 알려주면 [코드]란에 커서를 놓고 직접 코드번호를 입력하면 빠르게 이동한다.

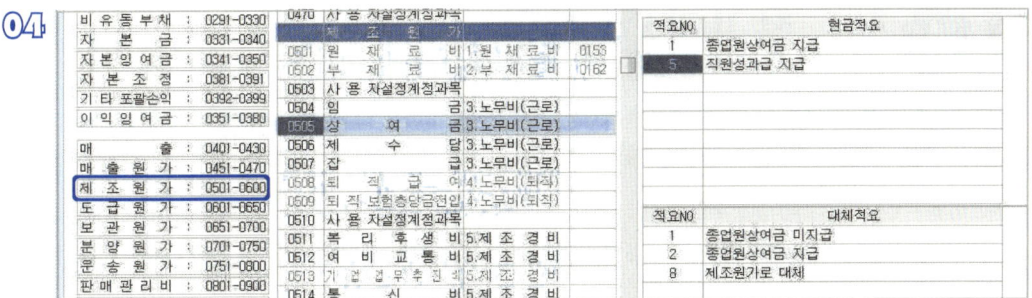

넷째 … 화면 좌측 계정체계의 [제조원가]란을 클릭하고 "505.상여금"을 찾는다.

여섯째 … 화면 좌측 계정체계의 [영업외수익]란을 클릭하고 "904.임대료"를 찾는다.

덧째 … [계정과목 및 적요등록] 메뉴에서 출제되는 문제의 형태는 문제지에 제시된 지문에 따라 ① 해당 코드번호에 계정과목을 등록 및 수정하거나, ② 현금적요 및 대체적요의 [적요No]란에 적요내용을 등록하는 형태이다.

제 4 장 전기이월 작업

전기이월 작업은 본 프로그램으로 전기에 결산을 하고 [재무회계]>[전기분 재무제표]>[마감후 이월]에서 마감작업을 하면 자동으로 반영되므로 작업할 필요가 없다. 하지만 계속사업자가 당기에 프로그램을 처음 사용하는 경우에는, 전기에 대한 자료가 없기 때문에 결산이 완료된 전기분 재무상태표 등을 보고 입력하여 전기의 자료를 이월 받는 것이다.

제1절 전기분 재무상태표

[전기분 재무상태표] 메뉴는 전기분 재무상태표를 보고 입력한다. 입력된 자료는 각 계정과목별로 전기 잔액을 이월시킴과 동시에 ① 비교식 재무상태표의 작성, ② [전기분 손익계산서]의 기말상품재고액과 기말제품재고액의 표시, ③ [전기분 원가명세서]의 기말원재료재고액과 기말재공품재고액의 표시, ④ [거래처별 초기이월]에 기초자료를 제공한다.

 **KcLep 길라잡이**

- [재무회계]>[전기분 재무제표]>[전기분 재무상태표]를 선택하면 다음 화면이 나타난다.

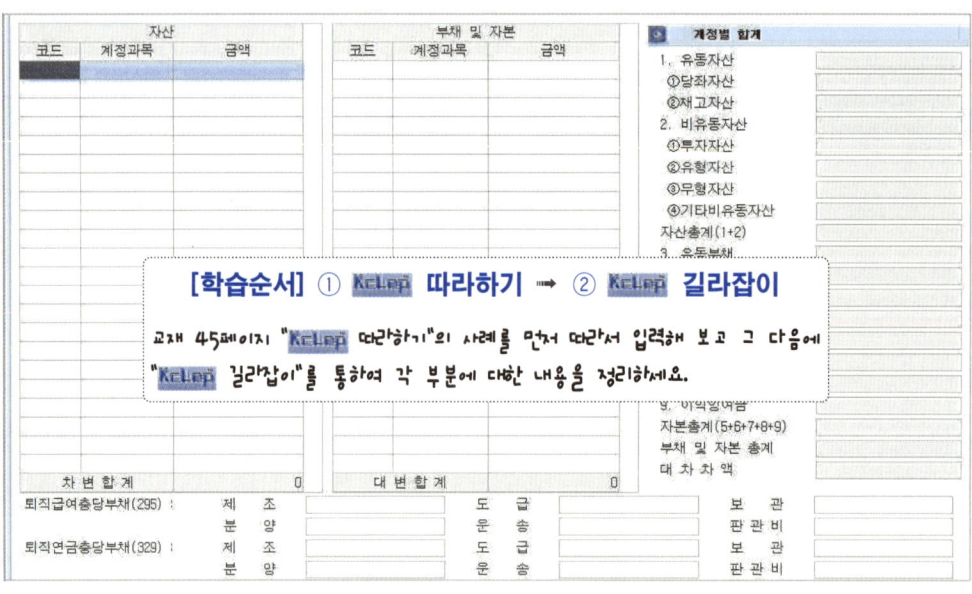

• [전기분 재무상태표] 화면 •

▶ **자산 / 부채 및 자본**

화면 왼쪽(차변)에는 자산항목만 입력 및 조회가 가능하고, 화면 오른쪽(대변)에는 부채 및 자본항목만 입력 및 조회가 가능하도록 구성되어 있다.

▶ **코드 / 계정과목 / 금액**

전기분 재무상태표를 보고 계정과목 코드번호 세 자리와 금액을 입력한다. 금액 입력시 키보드의 플러스키(➕)를 누르면 1,000원 단위로 입력되므로 이를 이용하면 빠르게 입력할 수 있다. 계정과목 코드번호를 모를 경우 입력하는 방법은 다음과 같다.

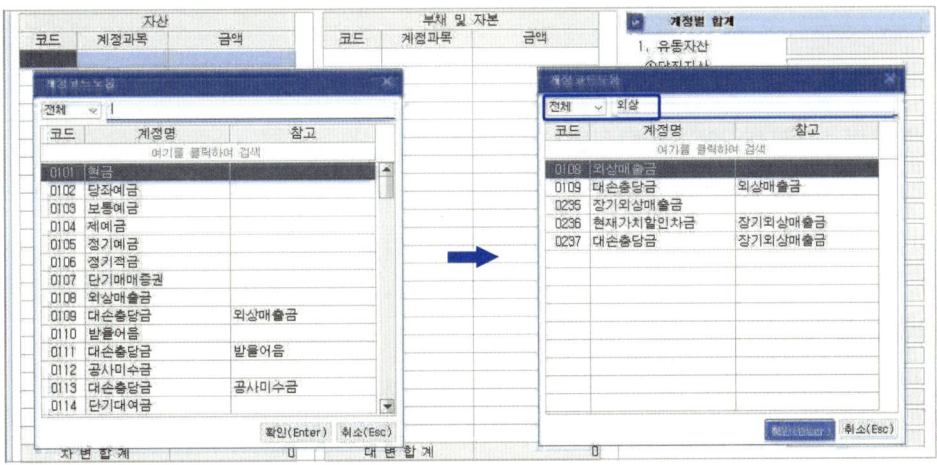

[방법1] [코드]란에 커서를 놓고 키보드의 F2 키를 누르고 「계정코드도움」 보조창의 [전체]란에 입력하고자 하는 계정과목명 두 글자(예 외상) 또는 그 이상(예 외상매출금)을 입력하면 해당 글자가 포함되어 있는 모든 계정과목명이 조회된다. 이 때 해당 계정과목으로 커서를 옮기고 키보드의 Enter↵ 키를 치거나 확인(Enter)을 클릭한다.

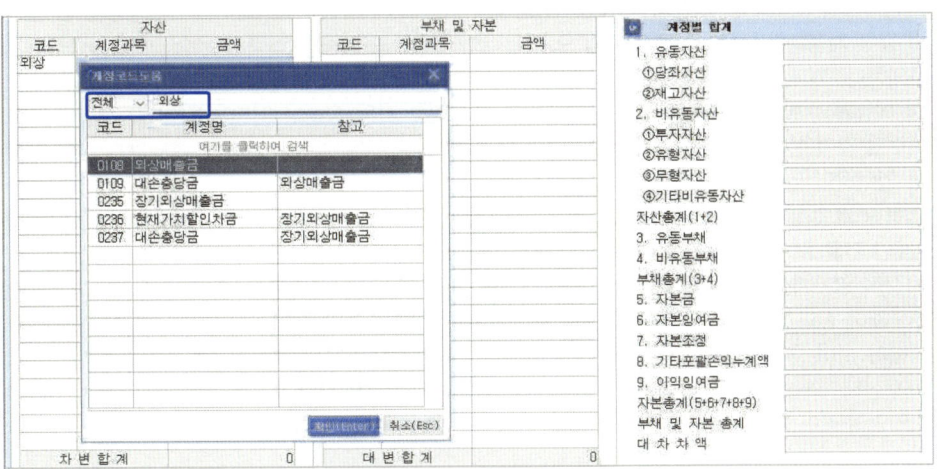

[방법2] [코드]란에 커서를 놓고 입력하고자 하는 계정과목명 두 글자(예 외상) 또는 그 이상(예 외상매출금)을 입력하고 키보드의 Enter↵ 키를 치면 「계정코드도움」 보조창에 해당 글자가 포함되어 있는 모든 계정과목명이 조회된다. 이 때 해당 계정과목으로 커서를 옮기고 키보드의 Enter↵ 키를 치거나 확인(Enter) 을 클릭한다.

한마디 … 이하 모든 메뉴에서 계정과목 코드를 모를 경우에는 위 방법 중 한 가지를 선택하면 된다.

차 변 합 계	0	대 변 합 계	0	대 차 차 액	
퇴직급여충당부채(295) :	제 조		도 급		보 관
	분 양		운 송		판 관 비
퇴직연금충당부채(329) :	제 조		도 급		보 관
	분 양		운 송		판 관 비

▶ 퇴직급여충당부채(295) / 퇴직연금충당부채(329)

화면 오른쪽(대변)에 "295.퇴직급여충당부채" 또는 "329.퇴직연금충당부채"를 입력하면 원가별로 나누어 입력할 수 있도록 화면 하단이 활성화된다.

▶ 계정별 합계

계정과목별로 좌측에 입력된 내용을 반영하여 자동 표시해 주는 계정별 합계액이다.

▶ 대차차액

입력된 자료가 왼쪽(차변)이 크면 차액만큼 양수(+)로 표시되고, 오른쪽(대변)이 크면 차액만큼 음수(-)로 표시된다. 작업이 완료되면 대차차액이 발생해서는 안된다.

[참고] 전기분 재무상태표 입력시 유의사항
 ① 계정과목의 코드와 금액은 차변·대변 구분 없이 모두 양수(+)로 입력하며, 각종 충당금 및 결손금 등의 경우 계정과목 [성격]란에 "4.차감"으로 입력되어 있으므로 금액 입력시 음수(-)로 입력하지 않도록 주의한다.
 ② 본 메뉴를 종료하면 입력된 자료는 코드번호 순서대로 자동 정렬이 되므로 입력에는 순서가 없다. 그러므로 입력하던 도중 하나의 계정과목이 빠진 경우에는 위에 입력된 내용을 삭제하지 않고 가장 아래에 입력하면 된다.
 ③ 입력된 코드 및 금액을 삭제하고자 하는 경우에는 해당 코드에 커서를 놓고 키보드의 F5 키를 누르고 Enter↵ 키를 치거나 예(Y) 를 클릭한다. 모든 메뉴에서 입력된 자료의 삭제는 이와 동일하다.
 ④ 차감적 평가계정(대손충당금, 감가상각누계액)은 해당 계정과목의 바로 아래에 있는 계정과목의 코드번호를 선택해야 한다. 예를 들면, "108.외상매출금"의 대손충당금은 바로 아래에 있는 "109.대손충당금"을 선택해야 하며, "110.받을어음"의 대손충당금은 "111.대손충당금"을 선택해야 한다.
 ⑤ 재무상태표에는 이익잉여금처분전의 재무상태를 표시하여야 한다. 다만 프로그램에서는 "377.미처분이익잉여금"이 아닌 **"375.이월이익잉여금"**으로 입력해야 함에 주의한다. 이는 프로그램의 특성이다.

KcLep 따라하기

전기분 재무상태표 따라하기

다음 자료를 이용하여 ㈜최대리(회사코드 : 3001)의 전기분 재무상태표를 입력하시오.

재 무 상 태 표
제14기 2024.12.31. 현재

회사명 : ㈜최대리 (단위 : 원)

과 목	금 액		과 목	금 액	
자 산			부 채		
유 동 자 산		89,940,000	유 동 부 채		54,800,000
당 좌 자 산		69,340,000	외 상 매 입 금		12,300,000
현 금		4,500,000	미 지 급 금		12,500,000
보 통 예 금		50,000,000	단 기 차 입 금		30,000,000
외 상 매 출 금	12,500,000		비 유 동 부 채		0
대 손 충 당 금	220,000	12,280,000	부 채 총 계		54,800,000
받 을 어 음		2,560,000			
재 고 자 산		20,600,000	자 본		
제 품		15,000,000	자 본 금		10,000,000
원 재 료		5,000,000	자 본 금		10,000,000
재 공 품		600,000	자 본 잉 여 금		0
비 유 동 자 산		33,500,000	자 본 조 정		0
투 자 자 산		0	기타포괄손익누계액		0
유 형 자 산		18,500,000	이 익 잉 여 금		58,640,000
차 량 운 반 구	15,000,000		미처분이익잉여금		58,640,000
감가상각 누계액	10,500,000	4,500,000	자 본 총 계		68,640,000
비 품		14,000,000			
무 형 자 산		0			
기 타 비 유 동 자 산		15,000,000			
임 차 보 증 금		15,000,000			
자산 총계		123,440,000	부채와 자본총계		123,440,000

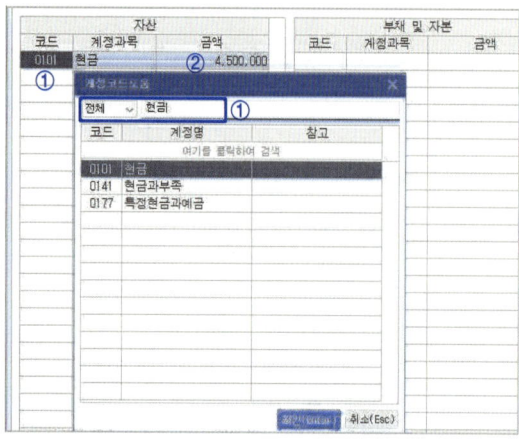

① [코드]란에 커서를 놓고 F2 키를 눌러 「계정코드도움」 보조창의 [전체]란에 "현금"을 입력하고, "101.현금"을 선택하고 Enter↵ 키를 치거나 확인(Enter)을 클릭한다. 또는 [코드]란에 "현금"을 입력하고 Enter↵ 키를 친다(이름을 다 입력한 경우에는 보조창 없이 바로 입력되거나 보조창이 바로 나타난다).

② [금액]란에 "4,500,000"을 입력한다.

한마디 … 이하의 계정과목 코드의 입력은 모두 이와 같은 방식으로 진행하면 된다.

③ "보통예금"부터 순서대로 입력한다.

④ "대손충당금"과 "감가상각누계액"은 해당 계정과목의 바로 다음번호를 입력한다.

한마디 … 외상매출금과 차량운반구처럼 차감적 평가계정이 존재하는 것의 입력은 왼쪽의 계산식만을 입력한다.

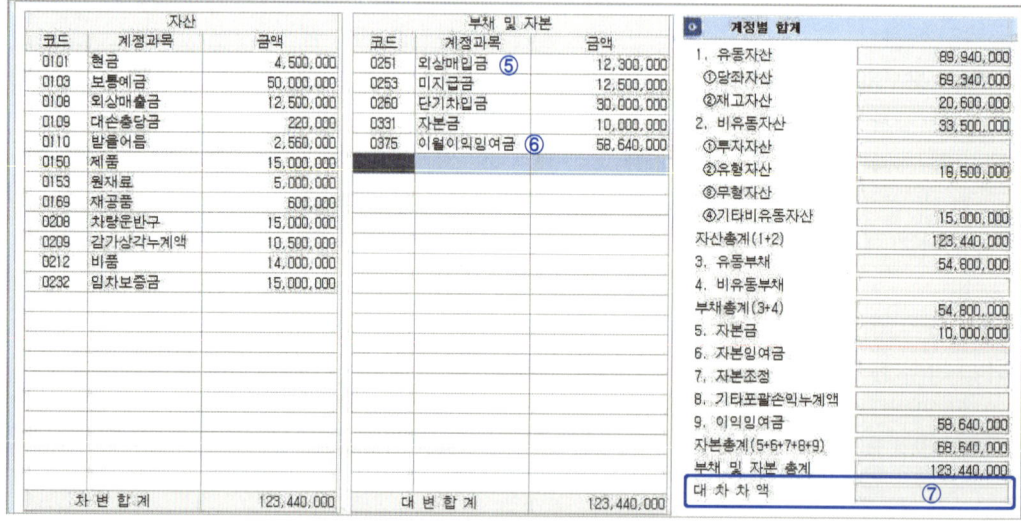

⑤ 키보드의 탭(⇥) 키를 누르고 오른쪽(대변)에 "외상매입금"부터 순서대로 입력한다.
⑥ "미처분이익잉여금"은 "375.이월이익잉여금"으로 입력한다. 이는 프로그램의 특성이다.
⑦ 입력이 완료되면 [대차차액]란에 금액이 없어야 한다.

제2절 전기분 원가명세서

[전기분 원가명세서] 메뉴는 전기분 원가명세서를 보고 입력한다. 입력된 자료는 비교식 원가명세서의 전기분 자료를 제공하게 된다.

 KcLep 길라잡이

- [재무회계]>[전기분 재무제표]>[전기분 원가명세서]를 선택하면 다음과 같은 「매출원가 및 경비선택」 보조창이 나타난다.

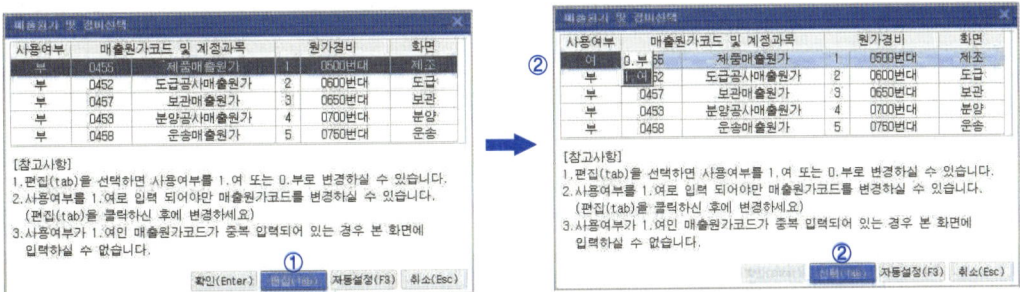

① 제조업의 매출원가코드 "455.제품매출원가"를 선택하고 편집(Tab) 을 클릭한다.
② [사용여부]란에서 "1.여"를 선택하고 선택(Tab) 을 클릭한다.
③ 확인(Enter) 을 클릭하고, 메시지 창에서 확인 을 클릭한다.

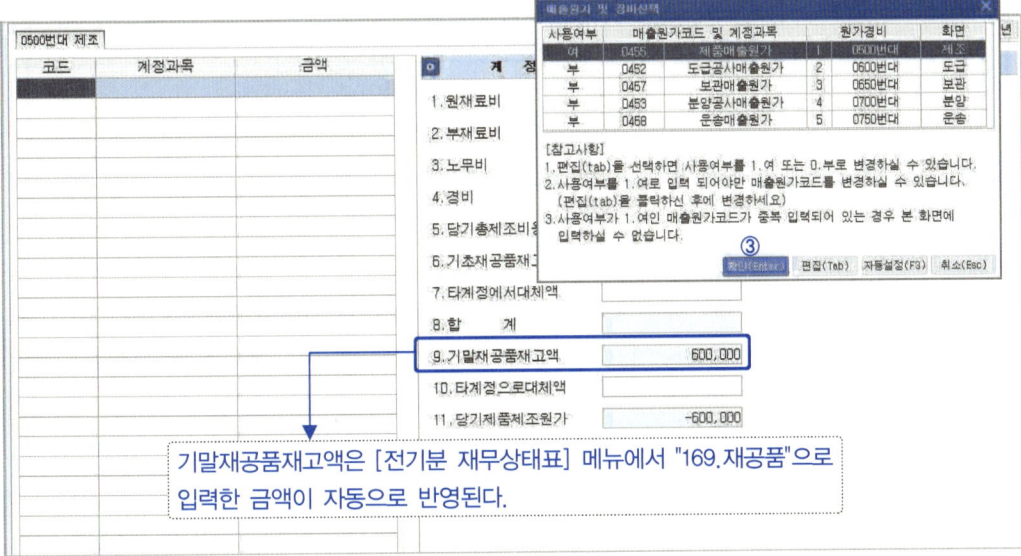

기말재공품재고액은 [전기분 재무상태표] 메뉴에서 "169.재공품"으로 입력한 금액이 자동으로 반영된다.

• ㈜최대리 [전기분 원가명세서] 화면 •

▶ 코드 / 계정과목 / 금액

전기분 원가명세서를 보고 계정과목 코드번호 세 자리를 입력하고 금액을 입력한다. 계정과목 코드번호와 금액을 입력하는 방법은 [전기분 재무상태표] 메뉴에서 설명한 내용과 동일하다.

▶ 원재료비의 입력방법

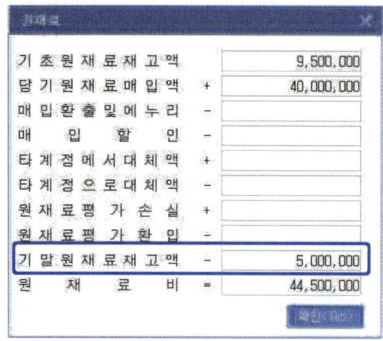

• ㈜최대리 원재료비 입력 화면 •

[코드]란에 "501.원재료비"를 입력하면 「원재료」 보조창이 나타난다. 이곳에 기초원재료재고액과 당기원재료매입액 등을 입력하고 키보드의 [Enter↲] 키를 계속치고 진행한다. 기말원재료재고액은 [전기분 재무상태표] 메뉴에서 "153.원재료"로 입력한 금액이 자동 반영되어 표시되므로 본 메뉴에서는 입력할 수 없다. 원재료비는 기초원재료재고액과 당기원재료매입액을 합한 금액에서 기말원재료재고액을 차감한 금액이 자동으로 표시된다.

> **다시 한번 정리하면...**
>
> 제조원가명세서의 표시 형태는 아래와 같으나, 원재료비 입력시에는 해당 계정과목을 차례대로 입력하지 않고 프로그램에서의 입력방법을 잘 알고 작업해야 한다. 위 입력방법을 정리하면 다음과 같다.
>
> | 원 재 료 비 | 44,500,000 | ⇐ [(기초+당기−기말)을 계산하여 자동으로 표시됨] |
> | 기초원재료재고액 | 9,500,000 | ⇐ [보조창에서 직접 입력] |
> | 당기원재료매입액 | 40,000,000 | ⇐ [보조창에서 직접 입력] |
> | 기말원재료재고액 | 5,000,000 | ⇐ [전기분 재무상태표에서 자동반영] |
>
> *(원재료비 44,500,000 = 기초 9,500,000 + 당기 40,000,000 − 기말 5,000,000)

▶ 재공품재고액의 입력방법

기초재공품재고액이 있는 경우에는 화면 우측 계정별합계의 [기초재공품재고액]란에 직접 입력하며, [기말재공품재고액]란은 [전기분 재무상태표] 메뉴에서 "169.재공품"으로 입력된 금액이 자동 반영되어 표시되므로 본 메뉴에서는 입력할 수 없다.

▶ 계정별 합계

계정과목별로 좌측에 입력된 내용을 반영하여 자동 표시해 주는 계정별 합계액이다.

KcLep 따라하기

전기분 원가명세서 따라하기

다음 자료를 이용하여 ㈜최대리(회사코드 : 3001)의 전기분 원가명세서를 입력하시오.

제 조 원 가 명 세 서
2024.1.1. ~ 2024.12.31.

회사명 : ㈜최대리 (단위 : 원)

과 목	금 액	
Ⅰ. 원 재 료 비		44,500,000
기초원재료재고액	9,500,000	
당기원재료매입액	40,000,000	
계	49,500,000	
기말원재료재고액	5,000,000	
Ⅱ. 노 무 비		10,000,000
임　　　　금	10,000,000	
Ⅲ. 경 비		4,600,000
복 리 후 생 비	500,000	
통 　 신 　 비	200,000	
전 　 력 　 비	400,000	
감 가 상 각 비	2,000,000	
소 　 모 품 　 비	1,500,000	
Ⅳ. 당 기 총 제 조 비 용		59,100,000
Ⅴ. 기 초 재 공 품 재 고 액		1,100,000
Ⅵ. 합 　 　 　 　 계		60,200,000
Ⅶ. 기 말 재 공 품 재 고 액		600,000
Ⅷ. 타 계 정 으 로 대 체 액		0
Ⅸ. 당 기 제 품 제 조 원 가		59,600,000

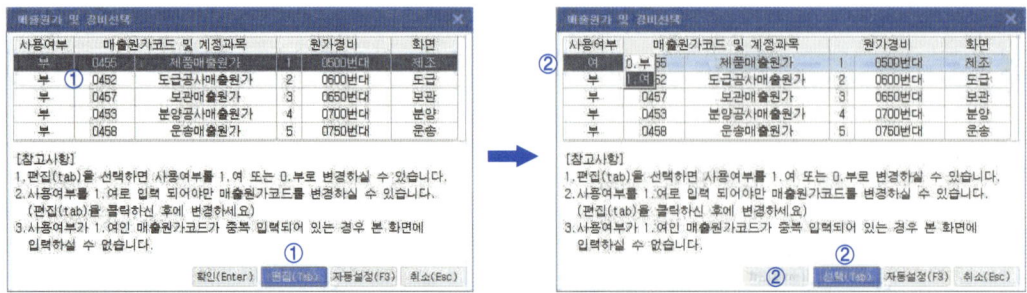

① 「매출원가 및 경비선택」 보조창에서 제조업의 매출원가코드 "455.제품매출원가"를 선택하고 편집(Tab) 을 클릭한다.

② [사용여부]란에서 "1.여"를 선택하고 선택(Tab) 을 클릭하고 확인(Enter) 을 클릭한다.

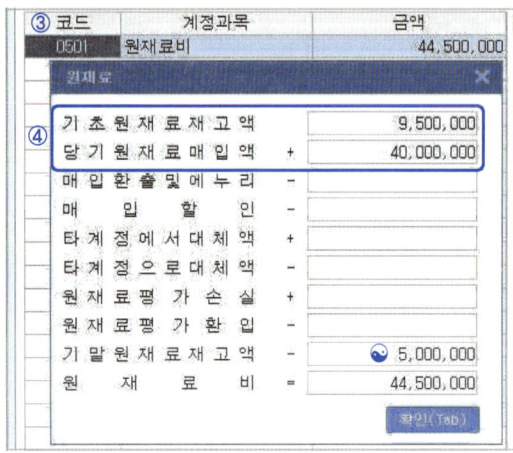

③ [코드]란에 "501.원재료비"를 입력하면 「원재료」 보조창이 나타난다.

④ 기초원재료재고액과 당기원재료매입액을 입력하고 키보드의 Enter↵ 키를 계속치고 빠져 나오면 원재료비가 자동 계산된다.

> 한마디 … 기말원재료재고액은 [전기분 재무상태표] 메뉴에서 "153.원재료"로 입력된 금액이 자동 반영되며, 본 메뉴에서는 입력할 수 없다.

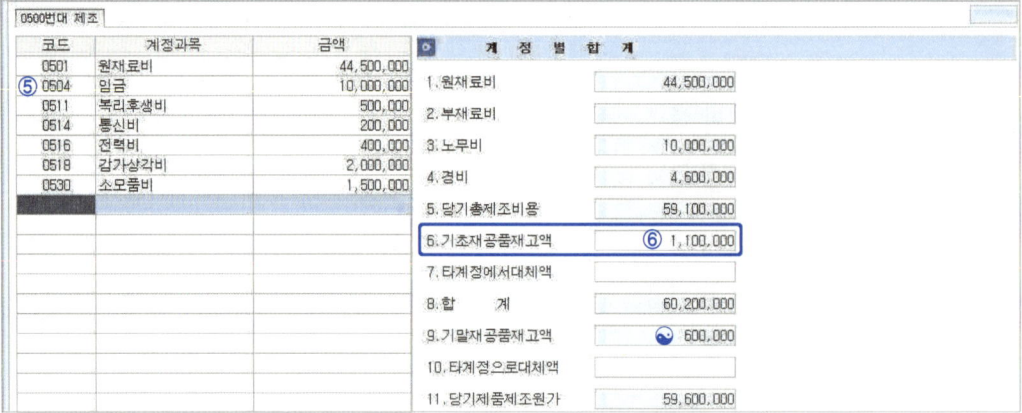

⑤ "임금"부터 "소모품비"까지 입력한다.

⑥ 화면 우측 [기초재공품재고액]란에 커서를 위치하고 기초재공품재고액을 직접 입력한다.

> 한마디 … [기말재공품재고액]란은 [전기분 재무상태표] 메뉴에서 "169.재공품"으로 입력된 금액이 자동 반영되어 표시되므로 본 메뉴에서는 입력할 수 없다.

제3절 전기분 손익계산서

[전기분 손익계산서] 메뉴는 전기분 손익계산서를 보고 입력한다. 입력된 자료는 비교식 손익계산서의 전기분 자료를 제공하게 된다.

 KcLep 길라잡이

- [재무회계]>[전기분 재무제표]>[전기분 손익계산서]를 선택하면 다음과 같은 화면이 나타난다.

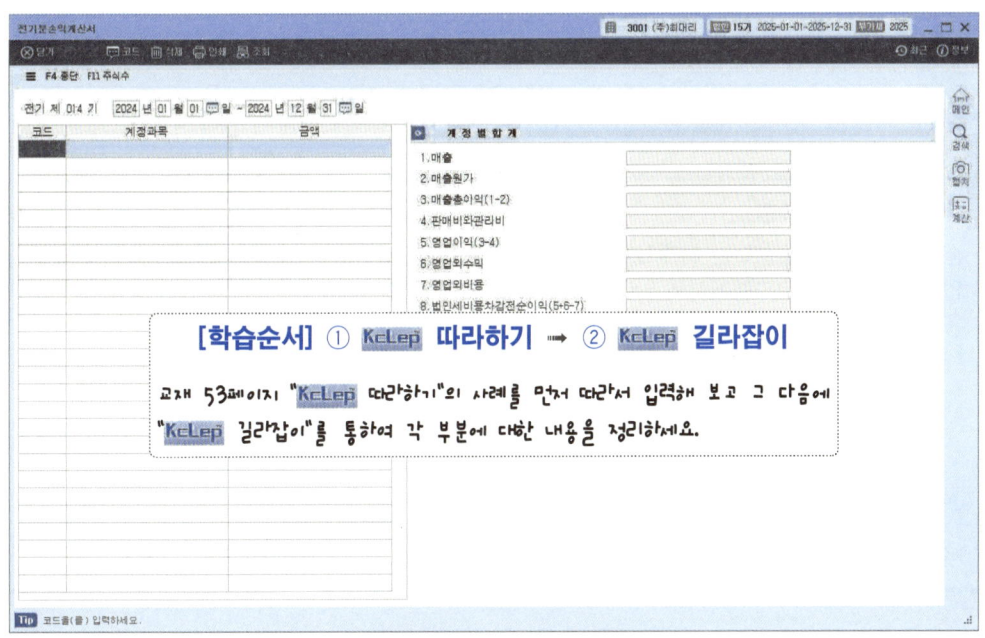

• [전기분 손익계산서] 화면 •

▶ 코드 / 계정과목명 / 금액

전기분 손익계산서를 보고 계정과목 코드번호 세 자리와 금액을 입력한다. 계정과목 코드번호와 금액을 입력하는 방법은 [전기분 재무상태표] 메뉴에서 설명한 내용과 동일하다.

▶ 제품매출원가의 입력방법

[코드]란에 "455.제품매출원가"를 입력하면 아래와 같은 「매출원가」 보조창이 나타난다. 이곳에 기초제품재고액과 당기제품제조원가 등을 입력하고 키보드의 [Enter↲] 키를 계속치고 진

행한다. 기말제품재고액은 [전기분 재무상태표] 메뉴에서 "150.제품"으로 입력한 금액이 자동 반영되어 표시되므로 본 메뉴에서는 입력할 수 없다. 따라서 본 메뉴 작업 전에 반드시 [전기분 재무상태표] 메뉴를 먼저 작업해야 한다. 제품매출원가는 기초제품재고액과 당기제품제조원가를 합한 금액에서 기말제품재고액을 차감한 금액이 자동으로 표시된다.

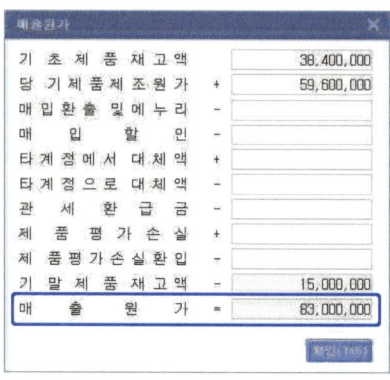

• ㈜최대리 제품매출원가 입력 화면 •

> **다시 한번 정리하면...**
> 손익계산서의 표시 형태는 아래와 같으나, 제품매출원가 입력시에는 해당 계정과목을 차례대로 입력하지 않고 프로그램에서의 입력방법을 잘 알고 작업해야 한다. 위 입력방법을 정리하면 다음과 같다.
>
> | | | |
> |---|---|---|
> | 제 품 매 출 원 가 | 83,000,000 | ⇐ [(기초+당기-기말)을 계산하여 자동으로 표시됨] |
> | 기초제품재고액 | 38,400,000 | ⇐ [보조창에서 직접 입력] |
> | 당기제품제조원가 | 59,600,000 | ⇐ [보조창에서 직접 입력] |
> | 기말제품재고액 | 15,000,000 | ⇐ [전기분 재무상태표에서 자동반영] |
>
> * (제품매출원가 83,000,000 = 기초 38,400,000 + 당기 59,600,000 - 기말 15,000,000)

▶ 계정별 합계

계정과목별로 좌측에 입력된 내용을 반영하여 자동 표시해 주는 계정별 합계액이다.

 KcLep 따라하기

전기분 손익계산서 따라하기

다음 자료를 이용하여 ㈜최대리(회사코드 : 3001)의 전기분 손익계산서를 입력하시오.

손 익 계 산 서
제14기 2024.1.1. ~ 2024.12.31.

회사명 : ㈜최대리 (단위 : 원)

과 목	금 액
매 출 액	169,000,000
제 품 매 출	169,000,000
매 출 원 가	83,000,000
제 품 매 출 원 가	83,000,000
기 초 제 품 재 고 액	38,400,000
당 기 제 품 제 조 원 가	59,600,000
기 말 제 품 재 고 액	15,000,000
매 출 총 이 익	86,000,000
판 매 비 와 관 리 비	58,590,000
급　　　　　여	36,000,000
복 리 후 생 비	5,855,000
여 비 교 통 비	6,365,000
기 업 업 무 추 진 비	1,655,000
통　신　비	412,000
수 도 광 열 비	633,000
임　차　료	2,400,000
운 반 비	200,000
소 모 품 비	4,850,000
대 손 상 각 비	220,000
영 업 이 익	27,410,000
영 업 외 수 익	0
영 업 외 비 용	1,850,000
이 자 비 용	1,850,000
법 인 세 차 감 전 순 이 익	25,560,000
법 인 세 비 용	0
당 기 순 이 익	25,560,000

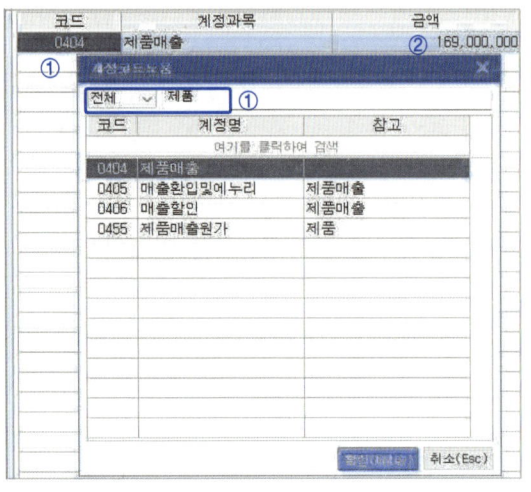

① [코드]란에 커서를 놓고 키보드의 F2 키를 누르고 「계정코드도움」 보조창의 [전체]란에 "제품"을 입력하고, "404.제품매출"을 선택하고 Enter↵ 키를 치거나 확인(Enter)을 클릭한다. 또는 [코드]란에 "제품매출"을 입력하고 Enter↵ 키를 친다(이름을 다 입력한 경우에는 보조창 없이 바로 입력되거나 보조창이 바로 나타난다).

② [금액]란에 "169,000,000"을 입력한다.

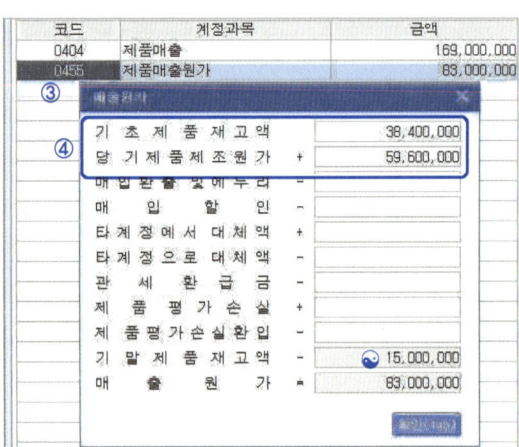

③ [코드]란에 "455.제품매출원가"를 입력한다.

④ 「매출원가」 보조창에 기초제품재고액과 당기제품제조원가를 입력한다. 그리고 키보드의 Enter↵ 키를 계속쳐서 보조창을 빠져나오면 제품매출원가가 자동 계산되어 표시된다.

> 한마디 … 기말제품재고액은 [전기분 재무상태표] 메뉴에서 입력한 "150.제품"의 금액이 자동 반영되며, 본 메뉴에서는 입력할 수 없다.

⑤ "급여"부터 "이자비용" 까지 입력한다.

제4절 전기분 잉여금처분계산서

[전기분 잉여금처분계산서] 메뉴는 전기분 이익잉여금처분계산서를 보고 입력한다. 입력된 자료는 비교식 이익잉여금처분계산서의 전기분 자료를 제공하게 된다.

 KcLep 길라잡이

- [재무회계]>[전기분 재무제표]>[전기분 잉여금처분계산서]를 선택하면 다음과 같은 화면이 나타난다.

• ㈜최대리 [전기분 잉여금처분계산서] 화면 •

참고) 전기분 잉여금처분계산서 입력시 유의사항
① [당기순이익]란은 [전기분 손익계산서] 메뉴에서 자동 반영되며 수정도 가능하다.
② 프로그램에 기본적으로 제시된 항목 이외에 추가로 등록할 사항이 있는 경우에는 상단 툴바의 F4 칸추가 를 클릭하여 항목을 추가로 설정할 수 있다. F4 칸추가 는 커서가 [당기순이익]란, [Ⅱ.임의적립금 등의 이입액]란 아래칸, [Ⅳ.차기이월미처분이익잉여금]란에 위치한 경우에만 활성화 된다.
③ 전기이월미처리결손금은 [전기이월미처분이익잉여금]란에 음수(-)로 입력하고, 당기순손실은 [당기순이익]란에 음수(-)로 표시된다.

KcLep 따라하기

전기분 잉여금처분계산서 따라하기

다음 자료를 이용하여 ㈜최대리(회사코드 : 3001)의 전기분 잉여금처분계산서를 입력하시오.

이익잉여금처분계산서
2024.1.1. ~ 2024.12.31.
(처분확정일 2025.2.25.)

회사명 : ㈜최대리 (단위 : 원)

과목	금액	
미처분이익잉여금		58,640,000
전기이월미처분이익잉여금	33,080,000	
당기순이익	25,560,000	
임의적립금 등의 이입액		0
합계		58,640,000
이익잉여금처분액		0
차기이월미처분이익잉여금		58,640,000

① [처분확정일자]란에 "2025년 2월 25일"을 입력한다.
② [전기이월미처분이익잉여금]란에 "33,080,000"을 입력한다. [당기순이익]란은 [전기분 손익계산서] 메뉴에서 자동 반영된다(또는 상단 툴바의 F6 불러오기 를 클릭하고 대화창에서 예(Y) 를 클릭).

《요약 정리》 재무제표 등의 상호관계

3001. ㈜최대리의 재무제표 등의 내용 중 자격시험에서 문제 풀이시 꼭 알아야 할 중요한 내용만을 정리하면 다음과 같다.

> 전기분 재무제표 등 메뉴의 상호간 연결고리
> - [원가명세서]의 당기제품제조원가 = [손익계산서]의 매출원가란의 당기제품제조원가
> - [손익계산서]의 당기순이익 = [잉여금처분계산서]의 당기순이익
> - [잉여금처분계산서]의 미처분이익잉여금 = [재무상태표]의 375.이월이익잉여금

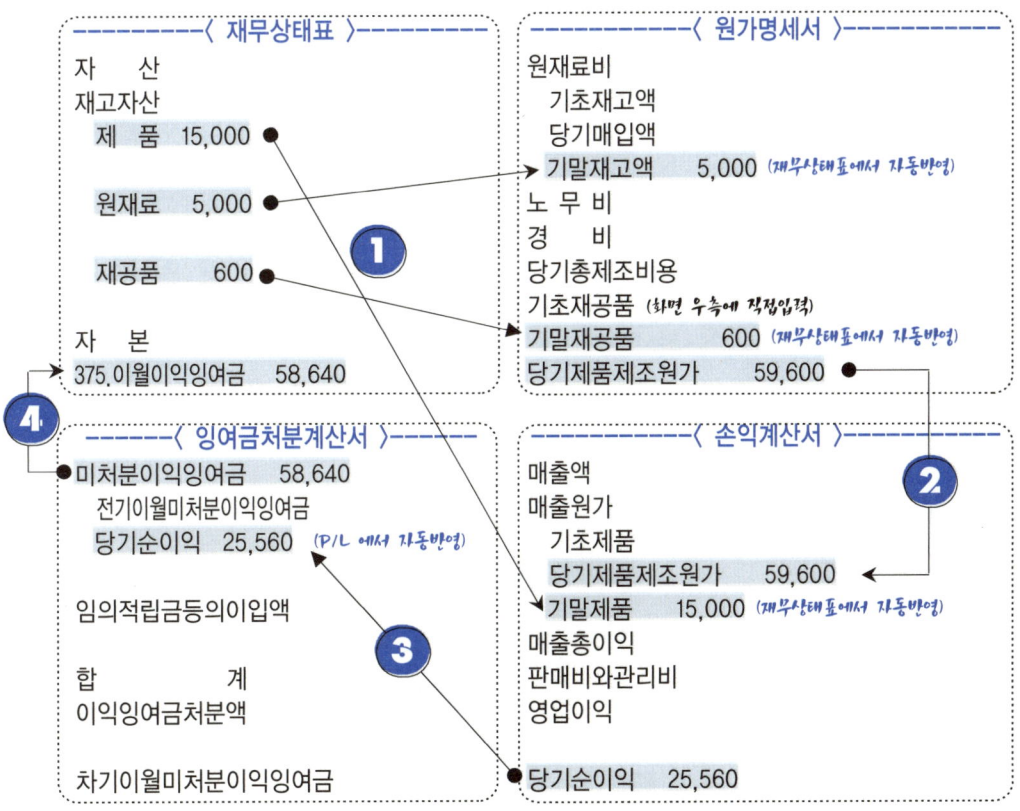

한마디 … 자격시험에서는 제시된 자료를 토대로 해당 메뉴를 조회하여 잘못된 금액을 수정하거나 누락된 금액을 입력한 다음, 위 그림처럼 다른 메뉴와의 연결고리를 찾아가서 해당 메뉴까지 수정하는 방식이다.

기/출/문/제 (실기)

01 다음은 ㈜세연상사(회사코드 : 3002)의 전기분 자료 중 원재료, 재공품, 제품의 기말재고액이다. 주어진 자료로 추가 및 수정 입력하여 관련 전기분 재무제표를 수정하시오.

- 원재료 4,000,000원
- 재공품 8,000,000원
- 제품 12,000,000원

02 다음은 ㈜세희상사(회사코드 : 3003)의 전기분 자료 중 원재료, 재공품, 제품의 기초재고액이다. 주어진 자료로 수정 및 추가 입력하여 관련 전기분 재무제표를 수정하시오.

- 기초원재료재고액 : 1,500,000원
- 기초재공품재고액 : 3,500,000원
- 기초제품재고액 : 6,500,000원

KcLep 도우미

해설 1

- [전체메뉴] 우측 상단의 버튼을 클릭하여 회사를 "3002.㈜세연상사"로 변경한다.

① [재무회계]>[전기분 재무제표]>[전기분 재무상태표]에서 다음과 같이 입력한다.
  ㉠ 153.원재료 "3,500,000원" ➡ "4,000,000원"으로 수정 입력
  ㉡ 169.재공품 "7,000,000원" ➡ "8,000,000원"으로 수정 입력
  ㉢ 150.제품 "10,500,000원" ➡ "12,000,000원"으로 수정 입력

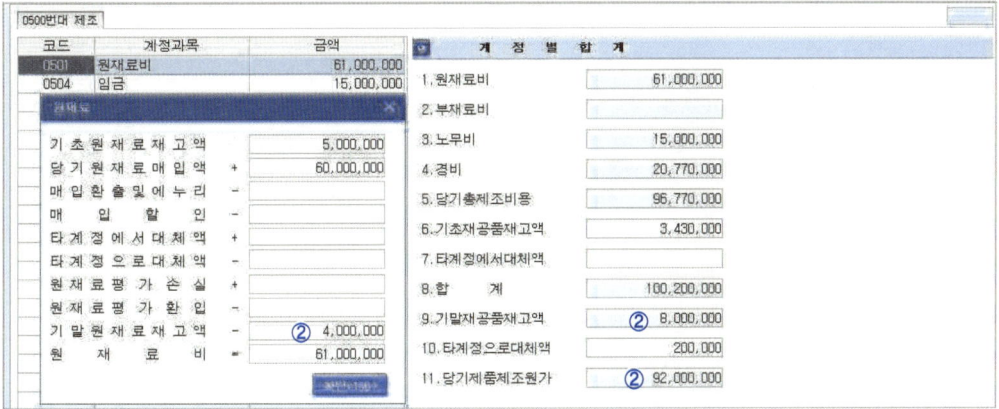

② [전기분 원가명세서] 메뉴에서 [501.원재료비]란에 커서를 놓고 키보드의 Enter↵ 키를 치고 「원재료」 보조창의 [기말원재료재고액]란 4,000,000원을 확인한다. 「원재료」 보조창을 닫고 화면 우측 [기말재공품재고액]란 8,000,000원과 [당기제품제조원가]란 92,000,000원을 확인한다.

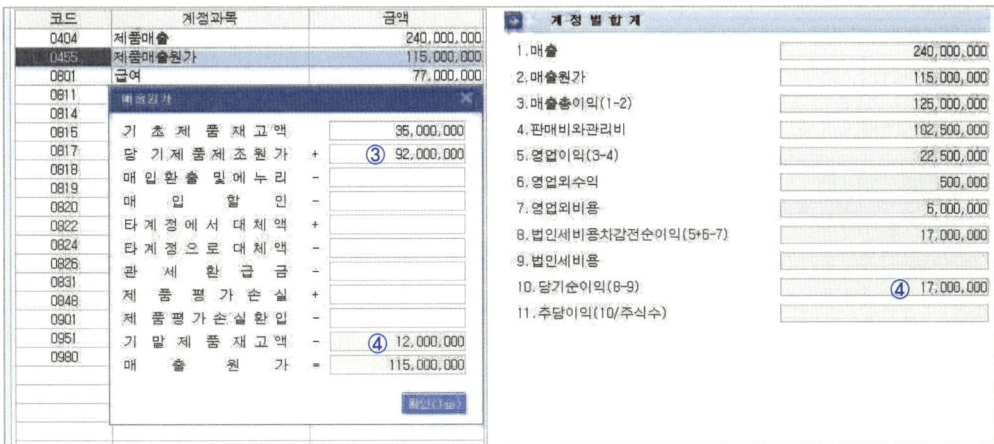

③ [전기분 손익계산서] 메뉴에서 [455.제품매출원가]란에 커서를 놓고 키보드의 Enter↵ 키를 치고 「매출원가」 보조창의 [당기제품제조원가]란 "93,500,000원" ➡ "92,000,000원"으로 수정 입력한다.

④ [기말제품재고액]란 12,000,000원을 확인한다. 「매출원가」 보조창을 닫고 [당기순이익]란 17,000,000원을 확인한다.

⑤ [전기분 잉여금처분계산서] 메뉴에서 상단 툴바의 F6 불러오기 를 클릭하고 대화창에서 예(Y) 를 클릭하여 [당기순이익]란 17,000,000원을 확인(또는 직접 입력)한다.

⑥ [Ⅰ.미처분이익잉여금]란 32,000,000원을 확인하고, [전기분 재무상태표] 메뉴에서 [375.이월이익잉여금]란 32,000,000원을 확인한다.

해설 2

• [전체메뉴] 우측 상단의 회사 버튼을 클릭하여 회사를 "3003.㈜세희상사"로 변경한다.

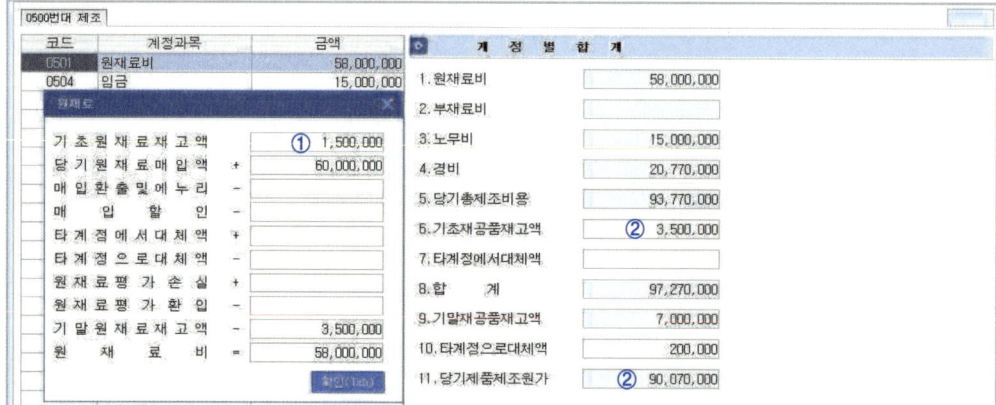

① [전기분 재무제표]>[전기분 원가명세서]에서 [501.원재료비]란에 커서를 놓고 Enter ↵ 키를 치고 「원재료」보조창의 [기초원재료재고액]란에 1,500,000원을 입력하고 「원재료」보조창을 닫는다.

② 화면 우측 [기초재공품재고액]란 "3,430,000원" → "3,500,000원"으로 수정 입력하고, [당기제품제조원가]란 90,070,000원을 확인한다.

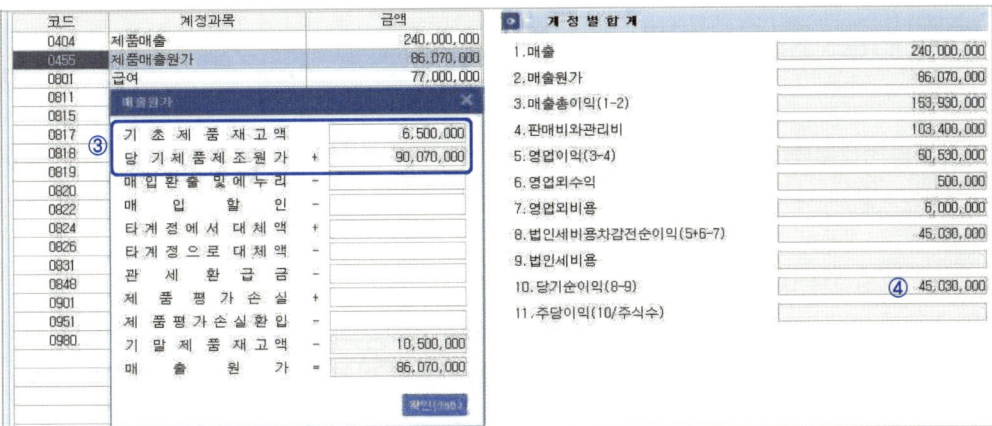

③ [전기분 손익계산서] 메뉴에서 [455.제품매출원가]란에 커서를 놓고 키보드의 Enter 키를 치고「매출원가」보조창의 [기초제품재고액]란 "35,000,000원" ➡ "6,500,000원"으로 수정 입력하고, [당기제품제조원가]란 "93,500,000원" ➡ "90,070,000원"으로 수정 입력한다.

④ 「매출원가」보조창을 닫고 [당기순이익]란 45,030,000원을 확인한다.

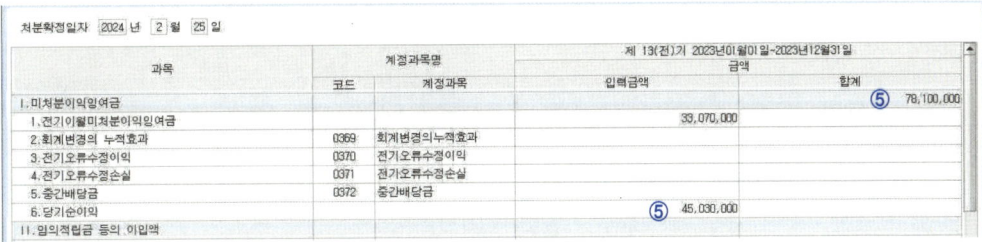

⑤ [전기분 잉여금처분계산서] 메뉴에서 [당기순이익]란 45,030,000원과 [미처분이익잉여금]란 78,100,000원을 확인한다.

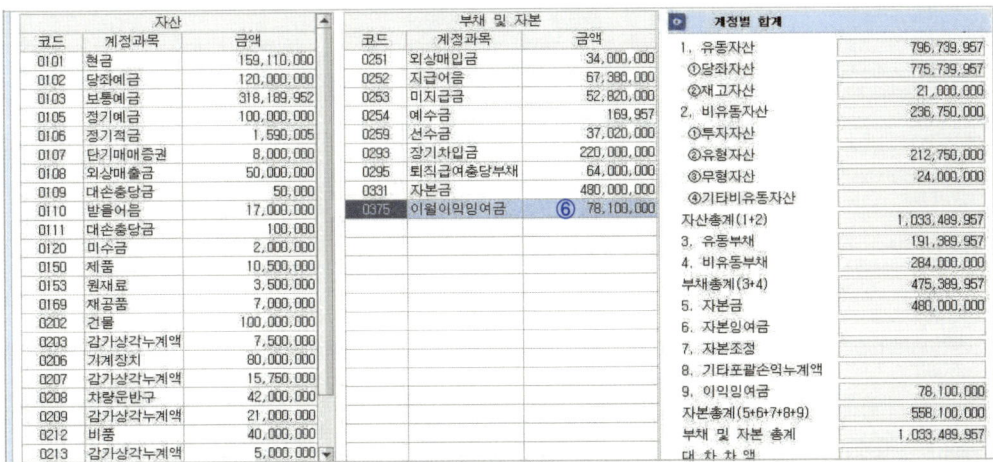

⑥ [전기분 재무상태표] 메뉴에서 [375.이월이익잉여금]란 "35,000,000원" ➡ "78,100,000원" 으로 수정 입력한다.

제5절 거래처별 초기이월

[거래처별 초기이월] 메뉴는 거래처원장에 각 거래처별로 전기이월 자료를 제공하기 위하여 입력하는 메뉴이다. [재무회계]>[장부관리]>[거래처원장]에서는 전기이월 자료를 직접 입력할 수 없기 때문에 [거래처별 초기이월] 메뉴에서 거래처원장에서 관리하고자 하는 계정과목별로 각 거래처별 전기이월 금액을 입력하는 것이다. 다만, 본 프로그램으로 전기에 회계처리를 한 경우에는 [재무회계]>[전기분 재무제표]>[마감후 이월]에서 마감작업을 하면 거래처별 잔액이 다음 기수의 거래처원장에 전기이월로 자동 반영되므로 작업할 필요가 없다.

 KcLep 길라잡이

- [재무회계]>[전기분 재무제표]>[거래처별 초기이월]을 선택하고 상단 툴바의 F4 불러오기 를 클릭하여 [전기분 재무상태표] 메뉴에서 작업한 내용을 불러온다.

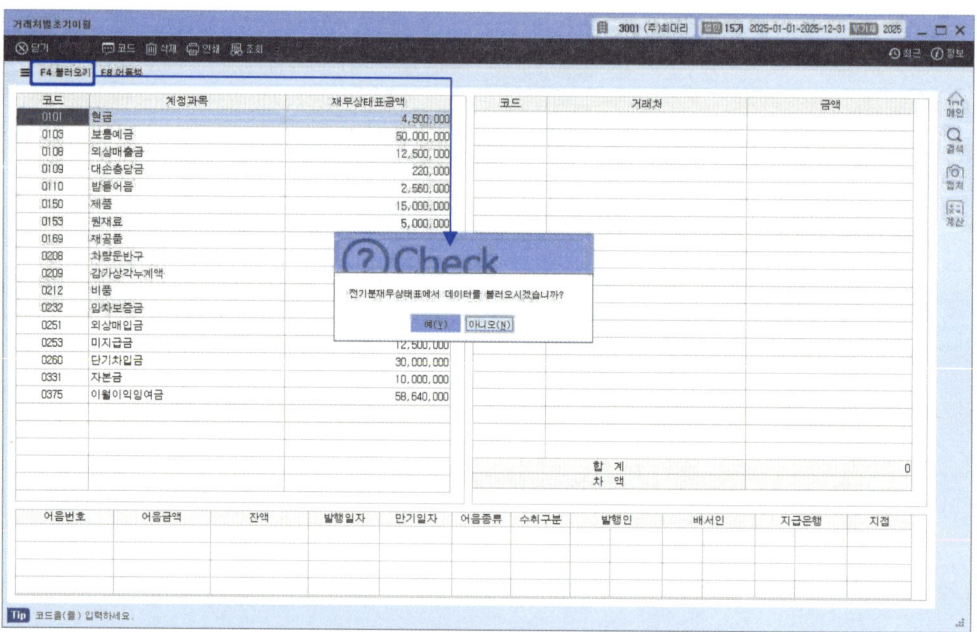

• ㈜최대리 [거래처별 초기이월] 화면 1 •

- 화면 좌측의 기초자료는 본 메뉴에서 직접 입력할 수 없으므로 본 메뉴 작업 이전에 [전기분 재무상태표] 메뉴를 먼저 작업해야 한다.

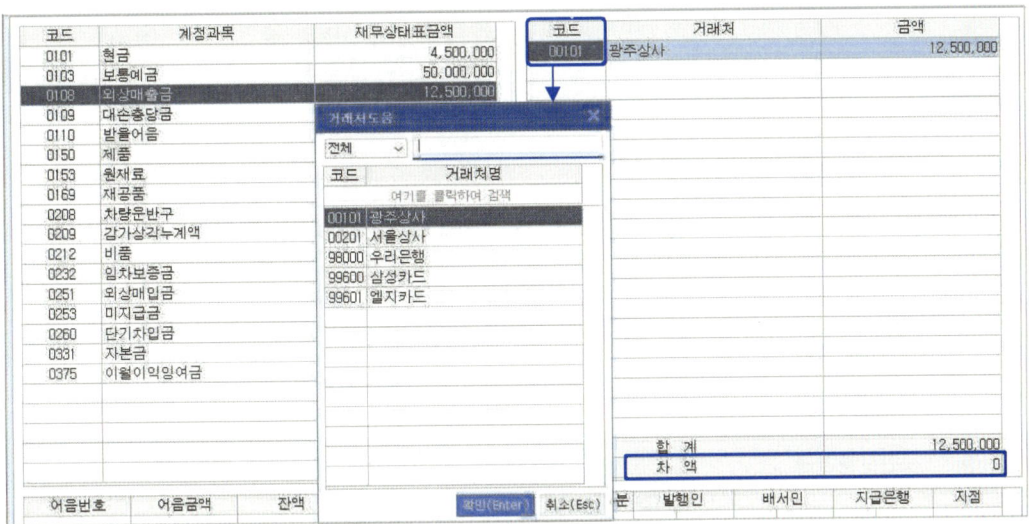

• ㈜최대리 [거래처별 초기이월] 화면 2 •

▶ 코드 / 거래처 / 금액

기초자료를 참고하여 거래처원장에서 관리하고자 하는 계정과목을 선택하고, 화면 우측 [코드]란에 커서를 놓고 키보드의 F2 키를 눌러 「거래처도움」 보조창에서 해당 거래처를 선택하고 확인(Enter)을 클릭한다. 각 거래처별로 전기이월 금액을 입력하여 화면 우측 하단 [차액]란에 금액이 없도록 한다. 이처럼 입력된 자료는 아래와 같이 [재무회계]>[장부관리]>[거래처원장]에 반영되어 각 계정과목에 따른 거래처별 전기이월 자료를 제공하게 된다.

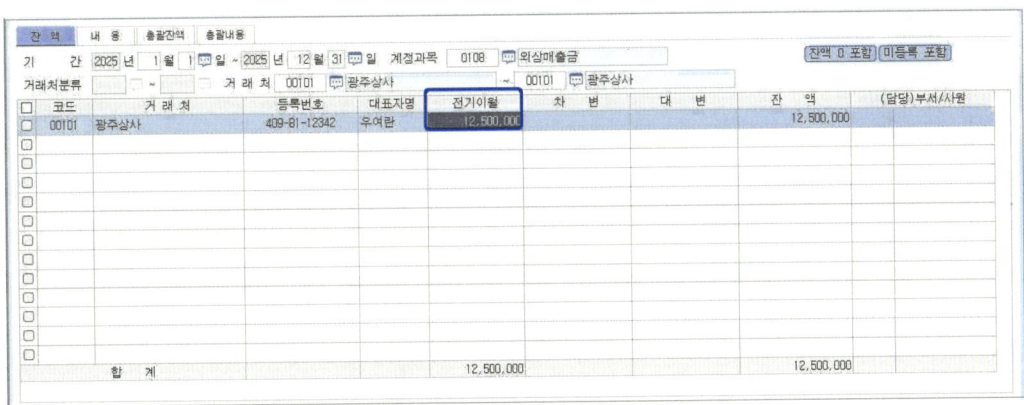

• ㈜최대리 [거래처원장(잔액)] 화면 •

거래처별 초기이월 따라하기

다음 자료를 이용하여 ㈜최대리(코드 : 3001)의 거래처별 초기이월 자료를 입력하시오.

계정과목	거래처명	금 액
외상매출금	광주상사	12,500,000원
받을어음	광주상사	2,560,000원
외상매입금	서울상사	12,300,000원
미지급금	서울상사	12,500,000원

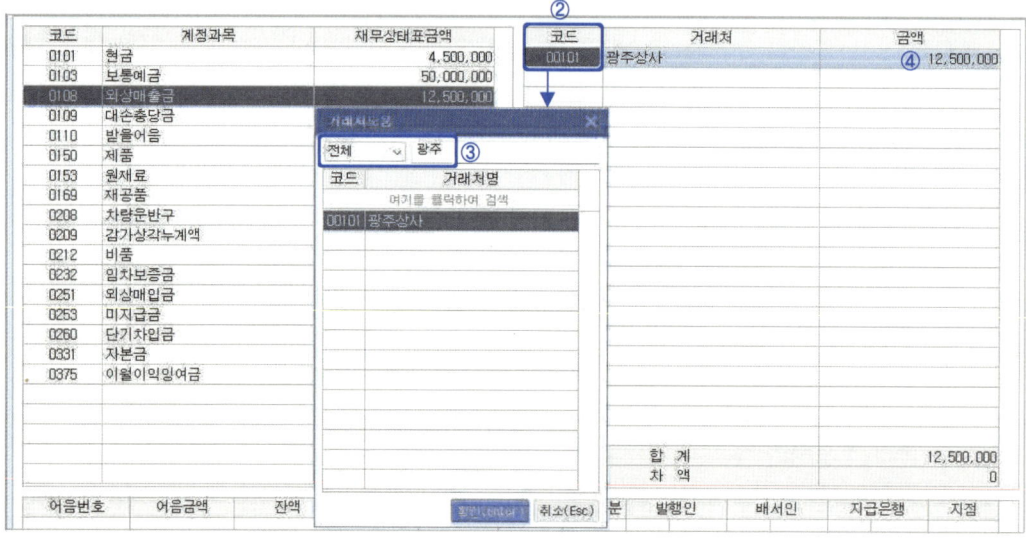

① 상단 툴바의 [F4 불러오기]를 클릭하고 대화창에서 [예(Y)]를 클릭하면 [전기분 재무상태표] 메뉴에서 작업한 내용을 불러온다.
② 화면 좌측에서 "108.외상매출금"을 선택하고 우측 [코드]란에 커서를 놓고 키보드의 F2 키를 누른다.
③ 「거래처도움」 보조창의 [전체]란에 "광주"를 입력하고 [확인(Enter)]을 클릭한다.
④ [금액]란에 "12,500,000"을 입력한다.

⑤ 화면 좌측에서 "110.받을어음"을 선택하고 [코드]란에서 키보드의 F2 키를 눌러 「거래처도움」 보조창에서 "101.광주상사"를 선택하고 확인(Enter)을 클릭한다. [금액]란에 "2,560,000"을 입력한다.

> 한마디 … 받을어음과 지급어음 계정 등의 경우 어음번호 등을 관리할 필요가 있는 경우에는 메뉴 하단에 추가로 해당 내용을 입력한다(자격시험에서는 이를 사용하지 않음).

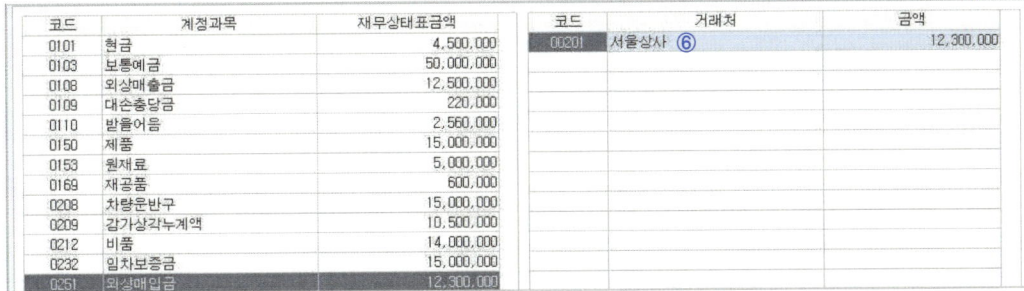

⑥ 화면 좌측에서 "251.외상매입금"을 선택하고 우측 [코드]란에서 F2 키를 눌러 「거래처도움」 보조창에서 "201.서울상사"를 선택하고 확인(Enter)을 클릭한다. [금액]란에 "12,300,000"을 입력한다.

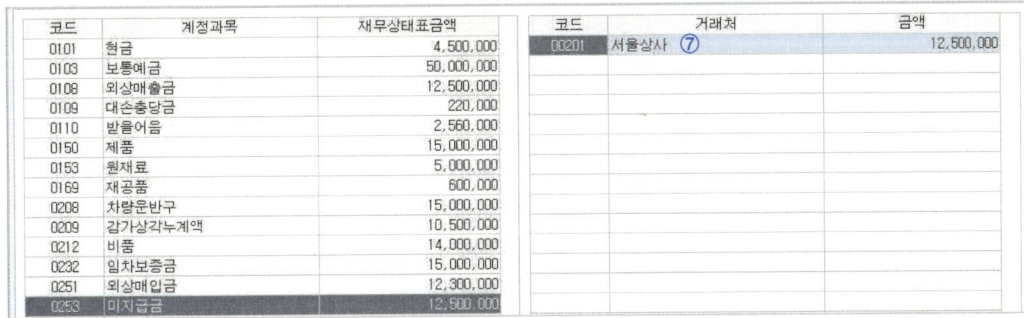

⑦ 화면 좌측에서 "253.미지급금"을 선택하고 우측 [코드]란에서 F2 키를 눌러 「거래처도움」 보조창에서 "201.서울상사"를 선택하고 확인(Enter)을 클릭한다. [금액]란에 "12,500,000"을 입력한다.

기/출/문/제 [실기]

01 ㈜세연상사(회사코드 : 3002)의 거래처별 초기이월 자료를 검토하여 수정 또는 추가 입력하시오.

계정과목	거래처	금액	비고
받을어음	㈜우일상사	4,200,000원	17,000,000원
	㈜진이상사	3,600,000원	
	㈜서삼상사	9,200,000원	
선수금	㈜무사상사	3,400,000원	37,020,000원
	㈜광오상사	31,720,000원	
	㈜청육상사	1,900,000원	

02 ㈜세희상사(회사코드 : 3003)의 거래처별 초기이월 자료를 검토하여 수정 또는 추가 입력하시오.

계정과목	거래처	금액	비고
미수금	㈜스피드	500,000원	2,000,000원
	㈜시리즈	1,500,000원	
외상매입금	㈜부산	28,600,000원	34,000,000원
	㈜대행상사	3,200,000원	
	㈜선행상사	2,200,000원	

한마디 ··· 본 과정을 학습하기 위해서는 P.21의 **데이터 설치하기**에 따라 데이터가 설치되어 있어야 합니다.

KcLep 도우미

해설 1

- [전체메뉴] 우측 상단의 [회사] 버튼을 클릭하여 회사를 "3002.㈜세연상사"로 변경한다.
- [재무회계]>[전기분 재무제표]>[거래처별 초기이월]을 선택하고 제시된 자료에 따라 수정 또는 추가 입력한다.

코드	계정과목	재무상태표금액
0108	외상매출금	56,000,000
0110	받을어음	17,000,000
0251	외상매입금	40,000,000
0259	선수금	37,020,000

코드	거래처	금액
00101	㈜우일상사	① 4,200,000
00102	㈜진이상사	3,600,000
00103	㈜서삼상사	② 9,200,000

① 받을어음 계정에 ㈜우일상사 "9,200,000원" → "4,200,000원"으로 수정 입력
② 받을어음 계정에 ㈜서삼상사 "4,200,000원" → "9,200,000원"으로 수정 입력

코드	계정과목	재무상태표금액
0108	외상매출금	56,000,000
0110	받을어음	17,000,000
0251	외상매입금	40,000,000
0259	선수금	37,020,000

코드	거래처	금액
00104	㈜무사상사	③ 3,400,000
00105	㈜광오상사	31,720,000
00106	㈜청육상사 ④	1,900,000

③ 선수금 계정에 ㈜무사상사 "3,000,000원" → "3,400,000원"으로 수정 입력
④ 선수금 계정에 "106.㈜청육상사 1,900,000원" 추가 입력

해설 2

- [전체메뉴] 우측 상단의 [회사] 버튼을 클릭하여 회사를 "3003.㈜세희상사"로 변경한다.
- [재무회계]>[전기분 재무제표]>[거래처별 초기이월]을 선택하고 제시된 자료에 따라 수정 또는 추가 입력한다.
  ① 미수금 계정에 "106.㈜스피드 500,000원" 추가 입력
  ② 미수금 계정에 "108.㈜시리즈 1,500,000원" 추가 입력
  ③ 외상매입금 계정에 "110.㈜대행상사 3,200,000원" 추가 입력
  ④ 외상매입금 계정에 "111.㈜선행상사 2,200,000원" 추가 입력

한대디 … [거래처별 초기이월] 메뉴에서 출제되는 문제의 형태는 문제지에 제시된 자료를 보고 이미 등록된 내용 중 오류를 수정하거나 입력이 누락된 내용을 추가 입력하는 형태이다.

memo

제2부

계정과목별 회계처리

↘ 제1장 일반전표입력

↘ 제2장 유동자산

↘ 제3장 비유동자산

↘ 제4장 부채

↘ 제5장 자본

↘ 제6장 손익계산서 계정

제 1 장 일반전표입력

[일반전표입력] 메뉴는 회계상의 거래가 발생하면 증빙서류 등을 보고 프로그램이 요구하는 형식에 맞추어 입력하는 메뉴이다. 입력된 자료는 자동으로 정리, 분류, 집계되어 [분개장] 및 [총계정원장] 등의 메뉴에서 필요한 내용을 조회 및 출력을 할 수 있게 한다.

KcLep 길라잡이

- [재무회계]>[전표입력]>[일반전표입력]을 선택하면 다음과 같은 화면이 나타난다.

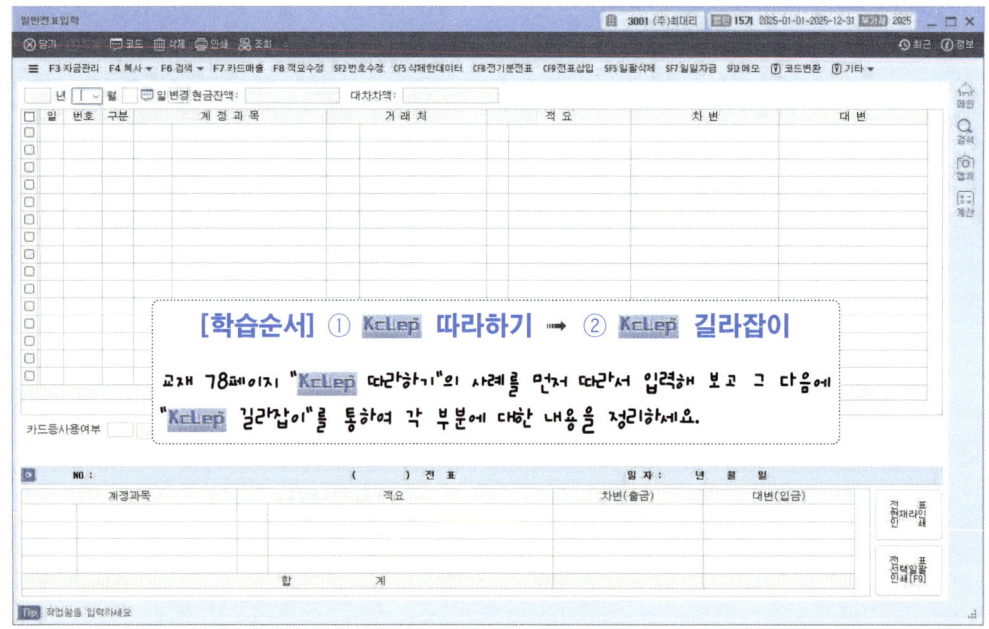

• [일반전표입력] 화면 •

▶ **입력방식**(□월 □일변경 또는 □월~ □년 □월변경)

거래가 발생한 일자를 입력하는 방식에는 기본값인 "**월별입력**" 방식과 "**기간입력**" 방식이 있다. "**기간입력**" 방식으로 변경하고자 하는 경우에는 제목표시줄의 변경을 클릭한다. 다시 기본값을 적용하고자 하는 경우에는 제목표시줄의 변경을 클릭한다. 이하 본서에서는 "**월별입력**" 방식으로 설명하도록 한다.

▶ 월

거래가 발생한 월을 입력한다.

[참고] 현금잔액
　[현금잔액]란에 표시된 금액은 [전기분 재무상태표] 메뉴에서 현금으로 입력한 금액이며, 전기말 현금잔액이 당기의 기초현금으로 표시되는 것이다.

▶ 일

거래가 발생한 일을 입력한다. [일]란은 상황에 따라 두 가지 방법으로 입력할 수 있다.

[방법1] 상단의 [월]란에는 "월"을 입력하고 [일]란에는 "일"을 입력한다. 그 다음 [일]란에는 상단에 입력한 일이 자동 표시되는 방법이다. 이 방법은 동일한 화면 내에서 하루 동안의 거래를 연속적으로 입력하는 방법이다.

[방법2] 상단의 [월]란에는 "월"을 입력하고 [일]란에서 Enter↵ 키를 치고 진행하여 [일]란은 입력하지 않는다. 그 다음 [일]란에 "일"을 입력하면서 작업하는 방법이다. 이 방법은 동일한 화면 내에서 한 달 동안의 거래를 연속적으로 입력하는 방법이다. 자격시험에서는 문제에 제시된 상황에 따라 빨리 입력 및 조회할 수 있는 방법을 사용하면 된다.

▶ 번호

전표번호를 말하는데, 이는 "00001"부터 일자별로 자동 부여되며, 일자가 바뀌면 새로이 "00001"부터 부여된다. 즉, 1월 1일의 첫 번째 전표를 입력하면 차변과 대변이 일치할 때까지 계속하여 "00001"번이 부여된다. 1월 1일의 두 번째 전표를 입력하면 차변과 대변이 일치할 때까지 "00002"번이 부여된다. 1월 2일 또는 2월 1일처럼 일이나 월을 바꾸어 첫 번째 전표를 입력하면 차변과 대변이 일치할 때까지 "00001"번이 부여되는 방식으로 진행된다.

[참고] 전표번호가 잘못 부여된 경우
　전표번호는 자동부여 되므로 커서가 들어가지 않도록 구성되어 있다. 그러나 전표를 잘못 입력하여 하나의 전표가 서로 다른 번호로 부여된 경우에는 상단 툴바의 [SF2 번호수정]을 클릭하고 [번호]란에 커서를 놓고 직접 번호를 부여하여 수정한다. 번호를 수정한 후에는 다시 [SF2 번호수정]을 클릭하여 원래의 모드로 복귀한다.

▶ 구분

전표의 구분을 입력한다. 해당란에 커서가 위치하면 화면 하단 메시지창에 아래와 같은 도움말이 나타난다. [구분]란은 숫자로 입력한다.

> 1.출금,   2.입금,   3.차변,   4.대변,   5.결산차변,   6.결산대변

위의 구분 중에서 해당 거래에 적합한 구분을 선택한다.

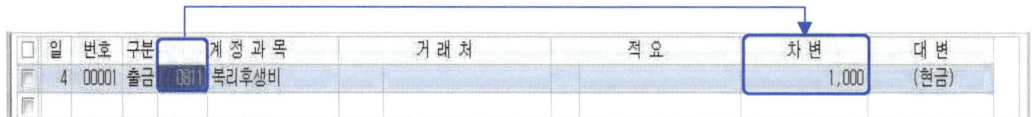

[1.출금] 출금전표를 의미하는 것으로 현금 감소의 거래일 때 선택한다. 현금 감소의 거래이기 때문에 대변에 자동으로 현금 계정이 표시되므로 차변 계정과목만 선택하면 된다. 이 경우 차변 계정과목은 현금 계정이 될 수 없으므로 "101.현금"은 입력되지 않는다.
  (차) <u>입력해야 할 계정과목</u> ××× / (대) 현금   ×××

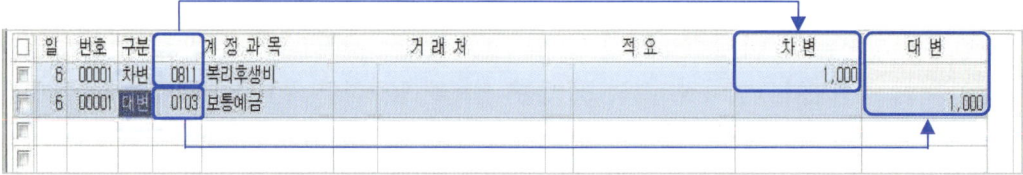

[2.입금] 입금전표를 의미하는 것으로 현금 증가의 거래일 때 선택한다. 현금 증가의 거래이기 때문에 차변에 자동으로 현금 계정이 표시되므로 대변 계정과목만 선택하면 된다. 이 경우 대변 계정과목은 현금 계정이 될 수 없으므로 "101.현금"은 입력되지 않는다.
  (차) 현금   ××× / (대) <u>입력해야 할 계정과목</u> ×××

[3.차변]
[4.대변] 대체전표를 의미하는 것으로 현금이 포함되지 않은 거래이거나 또는 현금이 일부만 포함된 경우에 선택하며 차변과 대변의 계정과목을 모두 선택한다.
  (차) <u>입력해야 할 계정과목</u> ××× / (대) <u>입력해야 할 계정과목</u> ×××

<u>한마디</u> … 현금의 증감거래라고 해서 반드시 "1.출금"이나 "2.입금"을 선택해서 입력해야 하는 것은 아니고 "3.차변"과 "4.대변"을 이용하여 입력해도 그 결과만 동일하면 상관없다. "5.결산차변"과 "6.결산대

변"은 기말에 결산정리분개를 [결산자료입력] 메뉴를 이용하여 자동으로 할 때 나타나는 것으로 성격은 "3.차변"과 "4.대변"과 동일하다.

▶ **계정과목**

해당 거래의 계정과목은 코드번호의 입력 또는 선택으로 이루어진다. 계정과목 코드번호를 입력 또는 선택하면 [계정과목]란은 자동으로 표시된다. 계정과목 코드번호를 모를 경우 입력하는 방법은 다음과 같다.

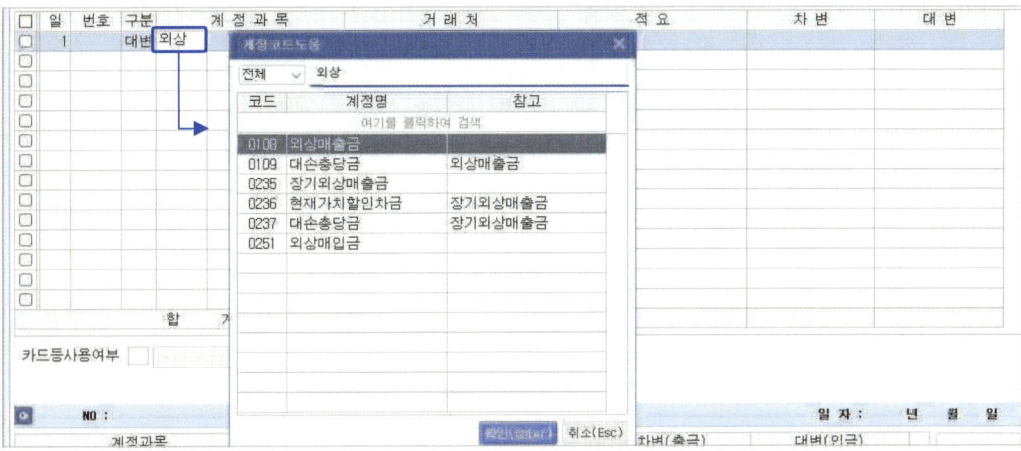

[방법1] [코드]란에 커서를 놓고 입력하고자 하는 계정과목명 두 글자(⑩ 외상)를 입력하고, 키보드의 Enter↵ 키를 치면 「계정코드도움」 보조창에 해당 글자가 포함되어 있는 모든 계정과목명이 조회된다. 이 때 해당 계정과목으로 커서를 옮기고 키보드의 Enter↵ 키를 치거나 확인(Enter)을 클릭한다.

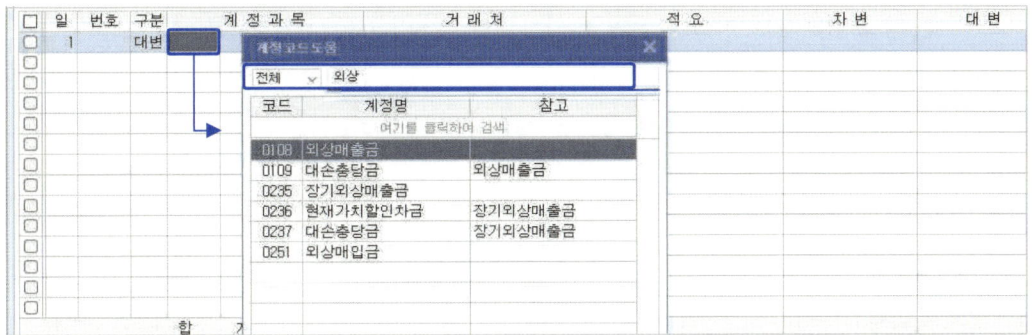

[방법2] [코드]란에 커서를 놓고 키보드의 F2 키를 누르고 「계정코드도움」 보조창의 [전체]란에 입력하고자 하는 계정과목명 두 글자(⑩ 외상) 또는 그 이상(⑩ 외상매출금)을 입력하면 해당 글자가 포함되어 있는 모든 계정과목명이 조회된다. 이 때 해당 계정과목으로 커서를 옮기고 키보드의 Enter↵ 키를 치거나 확인(Enter)을 클릭한다.

▶ 거래처

해당 거래의 거래처는 코드번호의 입력 또는 선택으로 이루어진다. 거래처의 코드번호를 입력하면 [거래처]란은 자동으로 표시된다. 실무에서는 거래처원장에서 관리할 필요가 있는 거래처는 모두 코드번호를 입력해야 하며, 거래처원장에서 관리할 필요가 없는 거래처는 코드번호를 입력하지 않고 [거래처]란에 이름만 직접 입력하면 된다. 단, 자격시험에서는 채권(외상매출금, 받을어음 등)·채무(외상매입금, 지급어음 등)와 관련된 계정과목들은 별도의 제시가 없어도 반드시 거래처의 코드번호를 입력해야 하며, 나머지 계정과목은 별도의 제시가 없으면 입력하지 않아도 된다. 거래처 코드번호를 모를 경우 입력하는 방법은 다음과 같다.

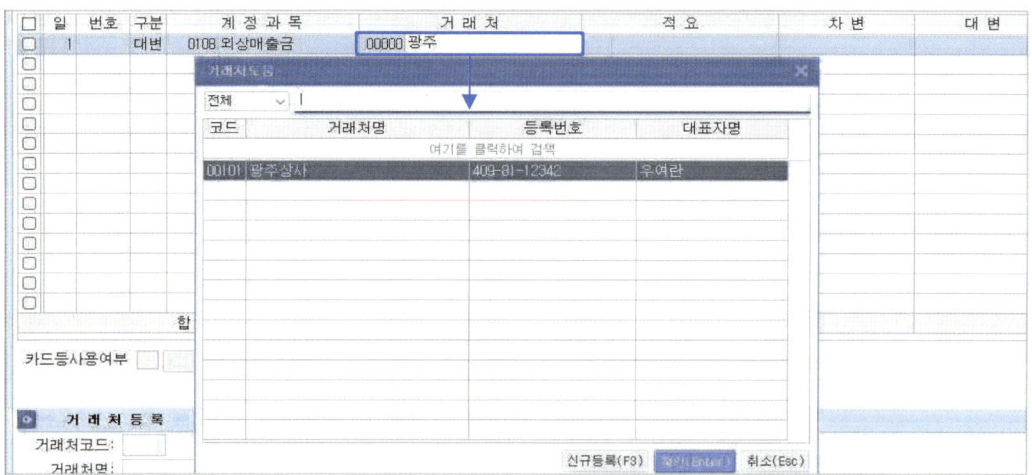

[방법1] [코드]란에 커서를 놓고 키보드의 플러스키(＋)를 누르거나 또는 숫자 "00000"을 입력하고, 거래처명 두 글자(예 광주) 또는 그 이상(예 광주상사)을 입력하고 Enter↵ 키를 치면 「거래처도움」 보조창에 해당 글자가 포함되어 있는 모든 거래처가 조회된다. 이때 해당 거래처로 커서를 옮기고 키보드의 Enter↵ 키를 치거나 확인(Enter)을 클릭한다.

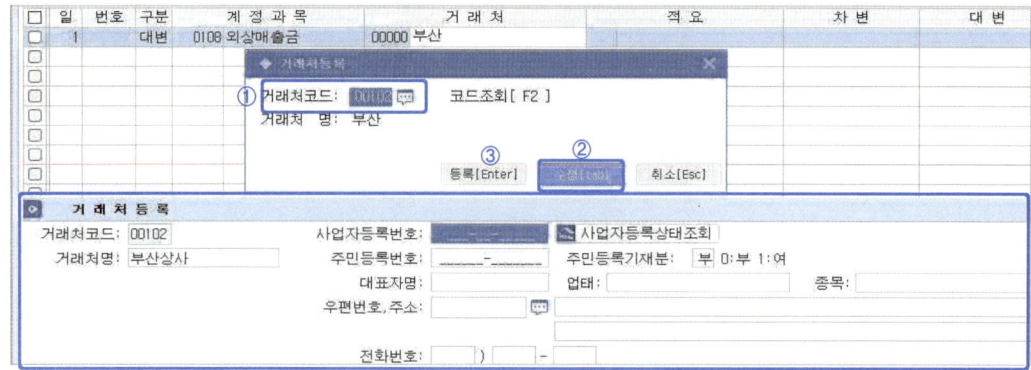

다만, 입력된 내용의 거래처명이 없는 경우에는 거래처를 신규로 등록하는 작업이 진행되는데, ① 「거래처등록」 보조창에서 자동 부여된 거래처코드 번호를 등록하고자 하는 번호로

수정하고, ② 수정[tab]을 클릭하고 화면 하단의 『거래처등록』창에 해당 거래처의 나머지 인적사항을 입력한다. ③ 키보드의 Enter↵키를 치거나 등록[Enter]을 클릭한 경우로서 거래처의 나머지 인적사항을 입력하고자 하는 경우에는, 커서를 다시 [거래처]란에 놓고 화면 하단의 『거래처등록』창에 입력한다. 번호가 잘못 부여된 경우에는 [재무회계]>[기초정보관리]>[거래처등록]에서 삭제하고 다시 등록해야 한다.

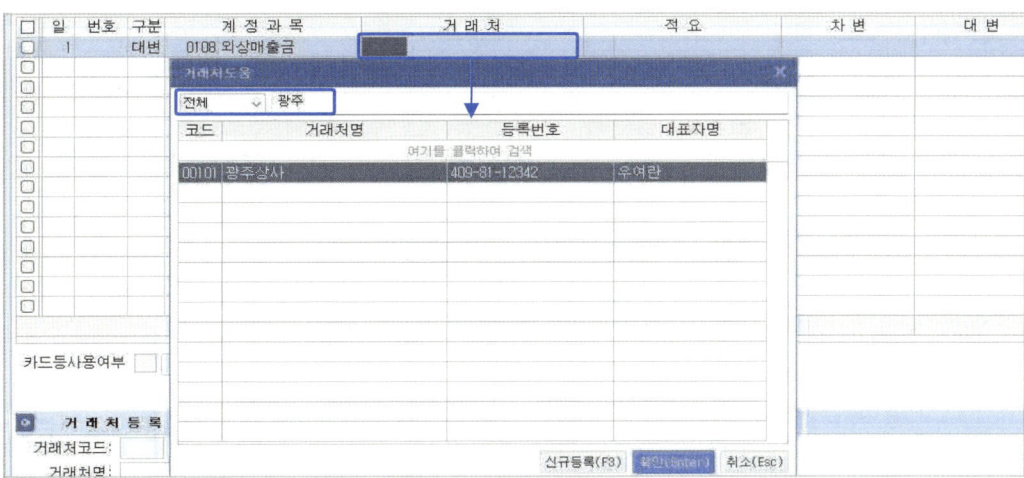

[방법2] [코드]란에 커서를 놓고 키보드의 F2 키를 누르고 「거래처도움」 보조창의 [전체]란에 입력하고자 하는 거래처명 두 글자(⑩ 광주) 또는 그 이상(⑩ 광주상사)을 입력하면, 해당 글자가 포함되어 있는 모든 거래처가 조회된다. 이 때 해당 거래처로 커서를 옮기고 키보드의 Enter↵ 키를 치거나 확인(Enter)을 클릭한다.

[방법3] [코드]란에서 거래처명 두 글자(⑩ 광주)를 입력하고 키보드의 Enter↵ 키를 치면, 「거래처도움」 보조창에 해당 글자가 포함된 모든 거래처가 조회된다. 이 때 해당 거래처로 커서를 옮기고 키보드의 Enter↵ 키를 치거나 확인(Enter)을 클릭한다. 이 방법이 거래처를 가장 빠르게 입력하는 방법이다.

▶ 적요

거래내용을 간단하게 입력하여 전표에 표시해 주는 부분으로, 등록된 적요의 내용 중 적당한 것을 선택하여 숫자로 입력한다. 적당한 내용이 없는 경우에는 해당 내용을 직접 입력한다. 자격시험에서는 적요의 등록을 요구하는 경우에만 입력한다.

▶ 차변 / 대변

거래금액을 입력한다. [구분]란이 "1.출금"과 "3.차변"인 경우에는 [차변]란에 입력되며, [구분]란이 "2.입금"과 "4.대변"인 경우에는 [대변]란에 입력된다. 금액 입력시 키보드의 플러스 키(+)를 누르면 1,000원 단위로 입력되므로 이를 이용하면 빠르게 입력할 수 있다.

> [참고] **데이타 정렬방식**

전표를 입력한 후 [일반전표입력] 메뉴를 종료하고 다시 들어가 보면 입력된 전표는 일자순(기본값)으로 자동 정렬이 된다. 가장 최근에 입력된 순서대로 보고 싶으면 동 메뉴의 아무 곳에나 커서를 놓고 마우스 오른쪽을 클릭하여 [데이타 정렬방식 ▶] ➡ [입력순]을 선택하여 볼 수 있다. 자격시험에서는 이미 전표가 입력되어 있는 상황에서 추가로 전표를 입력하게 된다. 이 경우 본인이 입력한 자료를 확인할 때 이 기능을 사용하면 유용할 것이다.

> [참고] **입력된 전표의 삭제**

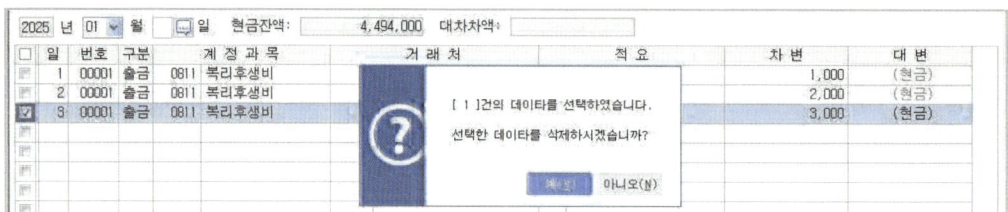

입력된 전표를 삭제하고자 하는 경우에는 삭제하고자 하는 전표를 체크하고, 키보드의 F5 키를 누르면 나타나는 대화창에서 키보드의 Enter↵ 키를 치거나 예(Y) 를 클릭한다.

> [참고] **삭제한 데이타 복구 및 완전삭제**

삭제한 데이타를 복구하고자 할 경우에는 상단 툴바의 CF5 삭제한데이타 를 클릭하면 나타나는 「삭제데이타 조회기간 입력」 보조창에서 조회일자를 입력하고 확인(Tab) 을 클릭한다. 복구할 데이타를 선택하고 CF6 데이타복구 를 클릭하고 대화창에서 예(Y) 를 클릭한다. 삭제한 데이타를 완전히 삭제하고자 하는 경우에는 CF7 휴지통비우기 를 클릭하고 대화창에서 예(Y) 를 클릭한다.

> [참고] **대차차액**

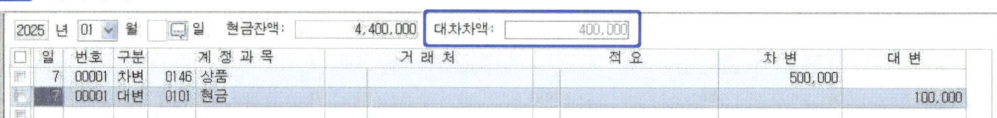

[구분]란에 "3.차변"을 입력하고 금액(500,000원)을 입력하면 화면 상단 [대차차액]란에 [500,000]이 표시되며, [구분]란에 "4.대변"을 입력하고 금액(100,000원)을 입력하면 [대차차액]란이 [400,000]으로 표시된다. [대차차액]란은 차변 금액이 큰 경우에는 양수(+)로 표시되고, 대변 금액이 큰 경우에는 음수(−)로 표시된다. 이는 차변과 대변의 금액이 차이가 발생하지 않게 확인하는 것이며, 대차차액이 발생한 상황에서 종료하는 경우에는 아래와 같은 대화창이 나타나므로 확인하고 종료해야 한다.

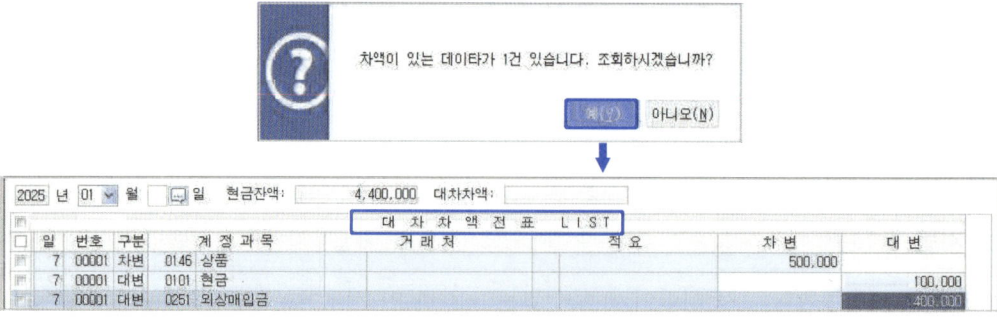

대화창에서 예(Y) 를 클릭하면 대차차액이 발생한 전표만을 보여준다. 대차차액이 없어지도록 차액 내역을 입력하고 키보드의 Esc 키를 눌러 빠져 나온다.

[참고] 전표삽입 및 대차차액 자동입력

하나의 완성된 전표 사이에 수정할 사항이 있어서 계정을 추가하려면 추가하려는 자리의 밑 라인(103.보통예금)에 커서를 놓고 상단 툴바의 [CF9전표삽입]을 클릭한다.

추가할 계정과 금액을 입력하면 대차차액이 2,000원 발생하는데, 위 사례의 경우 대변 금액을 차변 합계인 1,002,000원으로 수정해야 한다면 금액을 직접 입력하지 않고 키보드의 [Space Bar]를 누르면 자동 계산되어 입력된다.

[참고] 카드등 사용여부

사업자는 자기의 사업과 관련하여 사업자로부터 재화 또는 용역을 공급받고 그 대가를 지출하는 경우에는 적격증빙(세금계산서, 계산서, 신용카드매출전표, 현금영수증)을 받아 5년간 보관하여야 한다. 이를 수취하지 아니하면 증빙불비가산세를 부담해야 한다. 단, 거래 건당 3만원(기업업무추진비는 1만원) 이하의 금액에 대하여는 적격증빙을 수취하지 않더라도 증빙불비가산세를 적용하지 않는다. 이와 관련해서 실무상 제출하는 서류가 "영수증수취명세서"인데 이 서식을 자동으로 작성하기 위해 사용되는 메뉴가 [카드등 사용여부]란이다. 따라서 본 메뉴는 자격시험 범위에 맞지 않아 메뉴가 활성화 되지 않는다.

[참고] 500번대(제조경비)와 800번대(판매비와관리비)의 구분

500번대(제조경비)는 해당 비용이 제품의 원가를 구성하는 제조경비인 경우에 사용하며, 800번대(판매비와관리비)는 해당 비용이 판매비와관리비인 경우에 사용한다. 제조경비를 사용하면 해당 비용은 제조원가명세서에 제조경비로 반영되며, 당기제품제조원가에 포함되어 제품의 원가를 구성하게 된다. 그리고 당기제품제조원가는 손익계산서의 매출원가로 반영된다. 판매비와관리비를 사용하면 해당 비용은 곧바로 손익계산서에 판매비와관리비에 반영된다. 따라서 해당 비용의 성격을 잘 파악하고 코드번호를 선택해야 한다. 예를 들면, 제조업의 경우 공장 직원의 복리후생비는 "511.복리후생비" 계정을 사용해야 하고, 본사 사무실 직원의 복리후생비는 "811.복리후생비" 계정을 사용해야 한다. 이하 모든 비용은 이와 같은 기준에 의하여 선택하여야 한다. 자격시험에서 잘못된 코드번호의 선택은 0점 처리 된다.

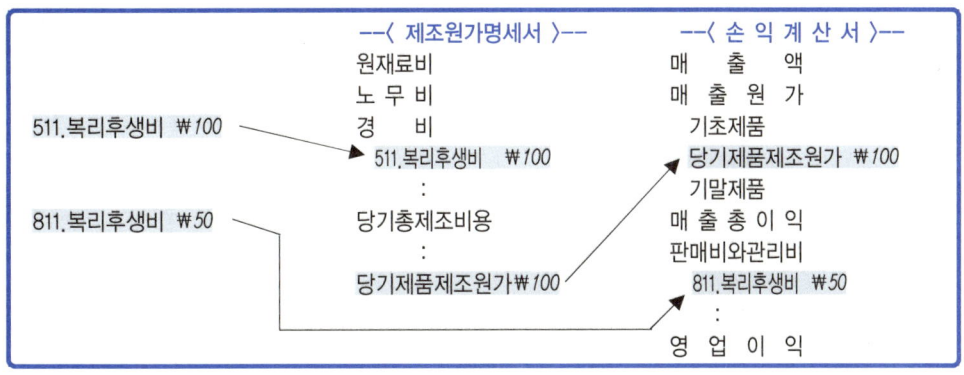

 **KcLep 따라하기**

(1) 출금전표 따라하기

㈜최대리는 1월 2일 용궁가든에서 본사 직원 회식을 하고 식사대 320,000원을 현금으로 지급하였다.

[분개] (차) 복리후생비(판)   320,000   /   (대) 현금   320,000

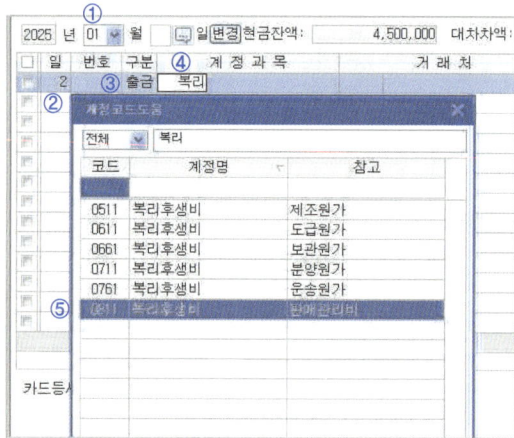

① [월]란에 거래가 발생한 월인 "01"을 선택하고, [일]란에서 키보드의 Enter 키를 치고 진행하여 [일]란은 입력하지 않는다.
② [일]란에 거래가 발생한 일인 "2"를 입력하고 키보드의 Enter 키를 친다.
③ [구분]란에 "1.출금"을 입력한다.
④ [코드]란에 계정과목 이름 두 글자 "복리"라고 입력하고 키보드의 Enter 키를 친다.
⑤ 「계정코드도움」 보조창에서 "811.복리후생비/판매관리비"를 선택하고 Enter 키를 친다.

● 한마디 … 비용 계정과목은 동일한 명칭이 여러 가지가 있는데 전산회계 1급 자격시험은 제조업을 시험 대상으로 하고 있으므로 500번대(제조원가)와 800번대(판매관리비) 중 하나를 선택한다.

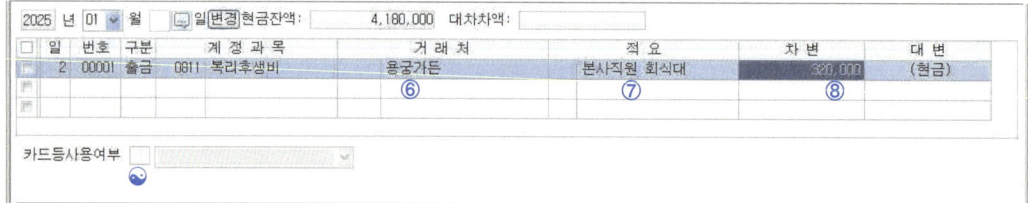

⑥ 거래처원장에서 관리할 필요가 없는 거래처이므로 [거래처]란에 "용궁가든"을 직접 입력한다. 단, 자격시험에서는 입력하지 않는다.
⑦ [적요]란에 "본사직원 회식대"라고 입력한다. 단, 자격시험에서는 적요의 등록을 요구하는 경우에만 적요를 입력하면 된다.
⑧ [차변]란에 거래금액을 입력한다. 금액 입력시 키보드의 플러스키(+)를 누르면 1,000원 단위로 빠르게 입력할 수 있다.

● 한마디 … 메뉴 하단의 [카드등 사용여부]란은 자격시험의 범위에 속하지 않는 메뉴이므로 활성화 되지 않는다. 만약 활성화 된다 하더라도 선택하지 않고 키보드의 Enter 키를 치면서 진행한다.

(2) 입금전표 따라하기

㈜최대리는 2월 5일 광주상사에 외상매출한 제품판매 대금 2,500,000원을 전액 현금으로 회수하였다.

[분개] (차) 현금   2,500,000   /   (대) 외상매출금   2,500,000
                                                 (거래처 : 광주상사)

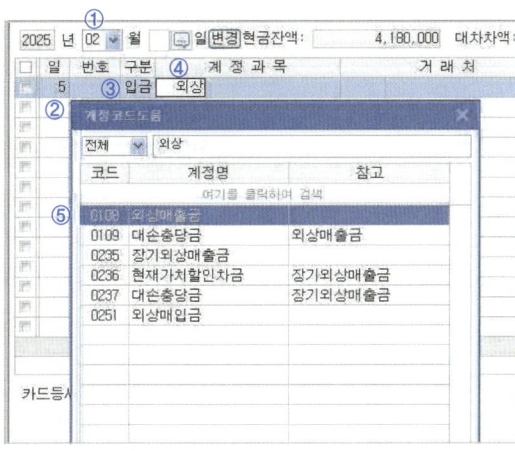

① [월]란에 거래가 발생한 월인 "02"를 선택하고, [일]란에서 키보드의 Enter↵ 키를 치고 진행하여 [일]란은 입력하지 않는다.
② [일]란에 거래가 발생한 일인 "5"를 입력하고 키보드의 Enter↵ 키를 친다.
③ [구분]란에 "2.입금"을 입력한다.
④ [코드]란에 계정과목 이름 두 글자 "외상"이라고 입력하고 키보드의 Enter↵ 키를 친다.
⑤ 「계정코드도움」 보조창에서 "외상매출금"을 선택하고 키보드의 Enter↵ 키를 친다.

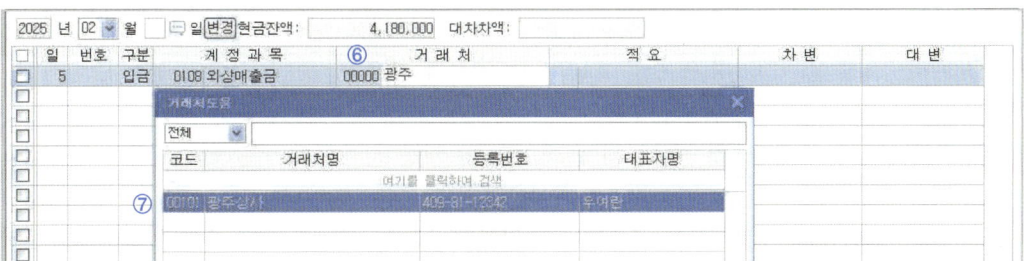

⑥ 외상매출금은 채권이므로 거래처를 입력해야한다. [코드]란에서 키보드의 플러스키(➕)를 누르고 [거래처]란에 "광주"를 입력하고 키보드의 Enter↵ 키를 친다.
⑦ 「거래처도움」 보조창에서 "101.광주상사"를 선택하고 키보드의 Enter↵ 키를 친다.

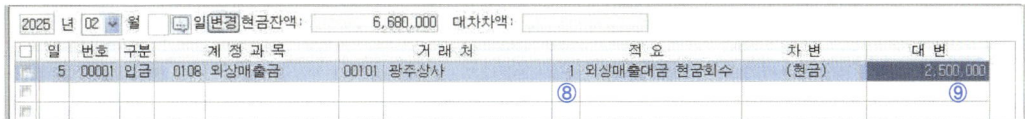

⑧ [적요]란에 숫자 "1"을 입력하면 기 등록된 적요 "외상매출대금 현금회수"라고 입력된다. 단, 자격시험에서는 적요의 등록을 요구하는 경우에만 입력한다.
⑨ [대변]란에 거래금액을 입력한다.

(3) 대체전표 따라하기

㈜최대리는 3월 15일 서울상사로부터 원재료 500,000원을 매입하고 대금은 현금으로 100,000원을 지급하고 나머지는 한 달 후에 지급하기로 하였다.

[분개] (차) 원재료　　　500,000　　　／　　(대) 현　　　금　　　100,000
　　　　　　　　　　　　　　　　　　　　　　(대) 외상매입금　　　400,000
　　　　　　　　　　　　　　　　　　　　　　　　(거래처 : 서울상사)

① [월]란에 거래가 발생한 월인 "03"을 선택하고, [일]란에서 키보드의 Enter↵ 키를 치고 진행하여 [일]란은 입력하지 않는다. [일]란에 거래가 발생한 일인 "15"를 입력하고 Enter↵ 키를 친다.
② [구분]란에 "3.차변"을 입력하고, [코드]란에 "원재료"를 입력하고 키보드의 Enter↵ 키를 친다.
③ [차변]란에 거래금액 "500,000"을 입력한다. 상단에 [대차차액 : 500,000]란이 양수(+)로 표시되는 것을 확인할 수 있다.

④ [일]란에 "15"를 입력하거나 또는 키보드의 Enter↵ 키를 치면 동일한 일자가 입력된다.
⑤ [구분]란에 "4.대변"을 입력한다.
⑥ [코드]란에 "101.현금"을 입력하고 키보드의 Enter↵ 키를 친다. [대변]란에 대차차액 자동입력 기능에 따라 자동 반영된 "500,000"을 거래금액 "100,000"으로 수정한다. 상단에 [대차차액 : 400,000]란이 양수(+)로 표시되는 것을 확인할 수 있다. 이는 아직도 차변이 400,000원 더 큰 상황이므로 대변에 400,000원을 더 입력해야 한다는 의미이다.

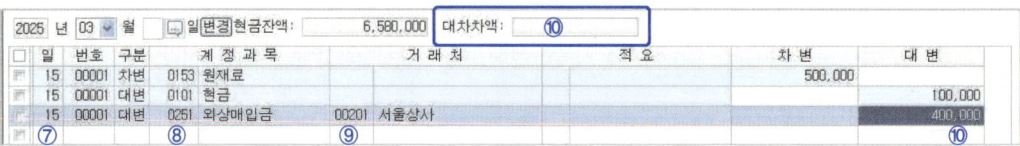

⑦ [일]란에서 키보드의 Enter↵ 키를 치고 [구분]란에서 키보드의 Enter↵ 키를 친다.
⑧ [코드]란에 "외상"을 입력하고 키보드의 Enter↵ 키를 친다. 「계정코드도움」보조창에서 "외상매입금"을 선택하고 Enter↵ 키를 친다.
⑨ 외상매입금은 채무이므로 [코드]란에서 플러스키(+)를 누르고, 거래처명 "서울"을 입력하고 키보드의 Enter↵ 키를 친다. 「거래처도움」보조창에서 "서울상사"를 선택하고 Enter↵ 키를 친다.
⑩ 대차차액 자동입력 기능에 따라 [대변]란에 거래금액 "400,000"이 자동 입력된다. 차변과 대변의 금액이 일치하므로 상단에 [대차차액]란이 표시되지 않는다.

제 2 장 유동자산

유동자산이란 보고기간 종료일로부터 1년 이내에 현금화 또는 실현될 것으로 예상되는 자산으로 그 성격에 따라 당좌자산과 재고자산으로 분류한다.

제1절 당좌자산

당좌자산이란 판매과정을 거치지 않고 보고기간 종료일로부터 1년 이내에 현금화 할 수 있는 자산이다.

1. 현금및현금성자산

현금및현금성자산은 현금과 예금 및 현금성자산으로 한다.

(1) 현금(101) ← 숫자는 프로그램의 계정과목 코드번호를 의미합니다. 중요한 것만 표시하니 암기할 것 !!!

현금이란 재화나 용역을 구입하거나 채무를 상환하는데 사용되는 교환의 대표적인 수단이다. 회계상 현금으로 처리되는 것은 **통화**뿐만 아니라 **언제든지 아무런 제약없이 통화로 전환할 수 있는 통화대용증권**까지 포함된다.

> **현 금**
> ① 통화 : 동전, 지폐
> ② 통화대용증권 : 타인(동점)발행당좌수표, 은행발행자기앞수표, 송금수표, 가계수표, 여행자수표, 우편환증서, 전신환증서, 만기가 된 공사채 이자표, 만기가 된 어음, 배당금지급통지표 등

 다음 거래를 회계처리 하시오.

(1) 수철상회에서 원재료 500,000원을 매입하고, 대금은 은행발행자기앞수표로 지급하였다.
(2) 창제상회에 제품 300,000원을 매출하고, 대금은 동점발행당좌수표로 받았다.

해설 (1) (차) 원재료　　　　　　　500,000　/　(대) 현금　　　　　　　500,000
(2) (차) 현금　　　　　　　　300,000　/　(대) 제품매출　　　　　300,000
　　　* 동점이란 창제상회(타인)를 가리키며 타인발행 당좌수표는 통화대용증권이므로 현금으로 처리한다.

(2) 예금

당좌예금(102), 보통예금(103) 및 기타 제예금으로서 기한이 보고기간 종료일로부터 1년 이내에 도래하는 예금으로 한다. 당좌예금이란 기업이 은행과 당좌거래계약을 체결하여 당좌예금계좌에 현금을 예입하고 기업이 대금결제수단으로 수표를 발행하면, 수표소지인은 해당 은행에 수표를 제시하여 현금을 지급받을 수 있도록 하는 무이자의 예금이다. 수표소지인이 은행에 당좌수표를 제시하면 발행인의 당좌예금계좌에서 인출되어 즉시 현금으로 지급받을 수 있다. 따라서 발행인은 당좌수표를 발행한 시점에서 당좌예금의 감소로 처리하고, 수표소지인은 타인발행당좌수표(통화대용증권)를 수취한 시점에서 현금의 증가로 처리한다.

 다음 거래를 회계처리 하시오.

(1) 신한은행과 당좌거래계약을 체결하고 당좌예금계좌에 1,000,000원을 현금으로 입금하였다.
(2) 수철상회로부터 원재료 600,000원을 매입하고, 대금은 당좌수표를 발행하여 지급하였다.
(3) 창제상회에 제품 250,000원을 매출하고, 대금 중 150,000원은 현금으로 받고 나머지는 동점발행의 당좌수표로 받았다.

해설 (1) (차) 당좌예금　　　　　1,000,000　/　(대) 현금　　　　　　1,000,000
(2) (차) 원재료　　　　　　 600,000　/　(대) 당좌예금　　　　 600,000
　　＊ 당좌수표를 발행한 시점에서 당좌예금의 감소로 처리한다.
(3) (차) 현금　　　　　　　 250,000　/　(대) 제품매출　　　　 250,000
　　＊ 타인(동점)발행당좌수표는 통화대용증권이므로 현금으로 처리한다.

(3) 현금성자산

현금성자산이란 큰 거래비용 없이 현금으로 전환이 용이하고 이자율변동에 따른 가치변동의 위험이 경미한 금융상품으로서 취득 당시 만기일(또는 상환일)이 3개월 이내인 것을 말한다. 그 예는 다음과 같다.

① 취득 당시 만기가 3개월 이내에 도래하는 채권 및 단기금융상품
② 환매채(3개월 이내의 환매조건)
③ 투자신탁의 계약기간이 3개월 이하인 초단기수익증권(MMF)

2. 단기금융상품(=단기예금)

금융기관이 취급하는 정기예금, 정기적금 및 기타 정형화된 상품 등으로 **단기적 자금운용 목적으로 소유하거나 만기가 보고기간 종료일로부터 1년 이내에 도래하는 것**은 **단기금융상품**(유동자산)으로 분류하고, 만기가 보고기간 종료일로부터 1년 이후에 도래하는 것은 **장기금융상품**(비유동자산)으로 분류한다. 이들 금융상품 중 사용이 제한되어 있는 예금에 대해서는 그 내용을 주석(재무제표에 표시된 정보에 추가하여 별도로 제공되는 정보)으로 기재한다.

[참고] **사용이 제한되어 있는 예금**
① 차입금에 대한 담보로 제공된 예금, ② 당좌거래개설 보증금, ③ 금융기관에서 기업에 대출할 때 대출액의 일정비율 만큼을 대출기간 중 예금 또는 적금으로 예치하도록 한 양건예금 등

(1) 정기예적금

금융기관이 취급하는 **정기예금, 정기적금**으로 보고기간 종료일로부터 1년 이내에 만기가 도래하는 것으로 한다.

 다음 거래를 회계처리 하시오.

(1) 신한은행에 정기예금(만기 : 6개월) 500,000원에 가입하고 대금은 당사 보통예금계좌에서 대체하여 입금하였다.
(2) 신한은행에 예입한 정기예금(만기 : 6개월)이 만기가 되어 원금 500,000원과 이자 20,000원이 당사 보통예금계좌로 입금되었다.

[해설] (1) (차) 정기예금　　　　　　　500,000　／　(대) 보통예금　　　　　　500,000
　　　(2) (차) 보통예금　　　　　　　520,000　／　(대) 정기예금　　　　　　500,000
　　　　　　　　　　　　　　　　　　　　　　　　　　　　이자수익　　　　　　 20,000

(2) 기타 단기금융상품

금융기관이 취급하는 기타의 정형화된 상품으로서 만기가 보고기간 종료일로부터 1년 이내에 도래하는 것으로 한다. 기타의 정형화된 상품에는 기업어음(CP), 어음관리구좌(CMA), 양도성예금증서(CD), 환매채(RP), 표지어음, 기업금전신탁 등이 있다.

[참고] **용어정리**
- 기업어음(CP) : 신용도 높은 우량기업이 단기 운영자금을 조달하기 위해 발행하는 단기의 무담보 융통어음
- 어음관리구좌(CMA) : 투자금융회사가 고객이 맡긴 예금을 기업어음, 할인어음 등에 투자하여 얻은 수익을 고객에게 돌려주는 상품
- 양도성예금증서(CD) : 은행이 정기예금에 대해 발행하는 무기명 예금증서
- 환매채(RP) : 환매조건부채권의 줄임말로 발행기관이 일정기간 경과 후 다시 매입하는 조건으로 판매하는 채권

기/출/문/제 [실기]

다음 거래 자료를 ㈜세연상사(회사코드 : 3002)의 [일반전표입력] 메뉴에 추가 입력하시오.

> **입력시 유의사항**
> - 적요와 기초코드등록 및 카드등 사용여부란의 입력은 생략한다.
> - 채권·채무와 관련된 거래는 별도의 요구가 없는 한 반드시 기 등록되어 있는 거래처코드를 선택하는 방법으로 거래처명을 입력한다.
> - 제조경비는 500번대 계정코드를 판매비와관리비는 800번대 계정코드를 사용한다.
> - 타계정 대체거래는 적요 입력시 반드시 적요번호를 선택한다.
> - 회계처리 과목은 별도 제시가 없는 한 등록되어 있는 계정과목 중 가장 적절한 과목으로 한다.

01 1월 1일 ㈜우일상사에 제품 8,000,000원을 판매하고 대금은 전액 은행발행자기앞수표를 받았다.

02 1월 2일 ㈜진이상사에 제품 1,000,000원을 매출하고 대금은 동점발행당좌수표로 회수하였다.

03 1월 3일 사무용 책상을 구입하고 은행발행자기앞수표로 500,000원을 지급하였다.

04 1월 4일 본사 당좌예금계좌의 잔액부족에 대비하여 본사의 보통예금계좌에서 당좌예금계좌로 30,000,000원을 계좌이체 하였다.

05 1월 5일 ㈜광오상사에서 원재료 2,000,000원을 매입하고, 현금 1,000,000원을 지불하고 나머지는 당좌수표를 발행하였다.

06 1월 6일 정기예금(만기 6개월)에 가입하고 현금 1,000,000원을 입금하였다.

07 1월 7일 거래은행인 신한은행에 1월분 정기적금 1,000,000원을 예금하기 위해 당사 보통예금계좌에서 대체 입금하였다.

08 1월 8일 정기예금 100,000,000원을 해약해서 보통예금계좌에 입금하였다(단, 수입이자 2,000,000원도 함께 입금됨).

KcLep 도우미

01 1월 1일 : (차) 101.현금　　　　8,000,000　/　(대) 404.제품매출　　8,000,000
　　* 은행발행자기앞수표는 통화대용증권이므로 현금으로 처리한다.

02 1월 2일 : (차) 101.현금　　　　1,000,000　/　(대) 404.제품매출　　1,000,000
　　* 동점이란 ㈜진이상사(타인)를 가리키는 말이며, 타인발행당좌수표는 통화대용증권이므로 현금으로 처리한다.

03 1월 3일 : (차) 212.비품　　　　　500,000　/　(대) 101.현금　　　　　500,000

04 1월 4일 : (차) 102.당좌예금　　30,000,000　/　(대) 103.보통예금　　30,000,000

05 1월 5일 : (차) 153.원재료　　　2,000,000　/　(대) 101.현금　　　　1,000,000
　　　　　　　　　　　　　　　　　　　　　　　　　　(대) 102.당좌예금　　1,000,000

06 1월 6일 : (차) 105.정기예금　　1,000,000　/　(대) 101.현금　　　　1,000,000

07 1월 7일 : (차) 106.정기적금　　1,000,000　/　(대) 103.보통예금　　1,000,000
　　* 자격시험에서 특별히 만기가 제시되지 않은 경우에는 단기라고 가정하고 회계처리 한다.

08 1월 8일 : (차) 103.보통예금　　102,000,000　/　(대) 105.정기예금　　100,000,000
　　　　　　　　　　　　　　　　　　　　　　　　　　(대) 901.이자수익　　2,000,000

한마디 … 연습문제(실기)의 문제를 풀이하는 "3002.㈜세연상사"는 분개만을 연습하는 회사이므로 거래하는 품목이 맞지 않거나, 장부상 현금잔액 및 거래처원장 등의 잔액이 음수가 되더라도 이를 무시하고 각각의 분개만 연습하기로 한다.

두마디 … 자격시험에서는 전표의 "구분(유형)"을 채점대상으로 하지 않는다. 따라서 출금 또는 입금거래라 하더라도 대체전표로 입력해도 된다. 즉, 본인이 편한 방법으로 분개만 맞게 입력하면 되는 것이다. 다만, 하나의 거래 또는 문제를 여러 개로 분리해서 입력해서는 안된다. 처음 시작하는 단계에서는 모든 거래를 대체전표(차변과 대변으로)로 입력하는 것이 더 바람직하다.

유가증권

I. 유가증권의 의의

유가증권이란 **재산권을 나타내는 증권**을 말하며, 실물이 발행된 경우도 있고 명부에 등록만 되어 있을 수도 있다. 유가증권은 적절한 액면금액단위로 분할되고 시장에서 거래되거나 투자의 대상이 된다.

II. 유가증권의 종류

유가증권에는 지분증권과 채무증권이 있다.

(1) 지분증권

지분증권이란 회사, 조합 또는 기금 등의 **순자산에 대한 소유지분을 나타내는 유가증권**(보통주, 우선주 등)과 일정금액으로 소유지분을 취득할 수 있는 권리 또는 소유지분을 처분할 수 있는 권리를 나타내는 유가증권 및 이와 유사한 유가증권을 말한다.

(2) 채무증권

채무증권이란 발행자에 대하여 **금전을 청구할 수 있는 권리를 표시하는 유가증권** 및 이와 유사한 유가증권을 말한다. 채무증권은 국채, 공채, 사채 등을 포함한다.

III. 유가증권의 분류

유가증권은 취득한 후에 단기매매증권, 만기보유증권, 그리고 매도가능증권 중의 하나로 분류한다.

① **단기매매증권** : 주로 단기간 내의 매매차익을 목적으로 취득한 유가증권으로서 매수와 매도가 적극적이고 빈번하게 이루어지는 것을 말한다.
② **만기보유증권** : 만기가 확정된 채무증권으로서 상환금액이 확정되었거나 확정이 가능한 채무증권을 만기까지 보유할 적극적인 의도와 능력이 있는 경우에는 만기보유증권으로 분류한다.
③ **매도가능증권** : 단기매매증권이나 만기보유증권으로 분류되지 아니하는 유가증권은 매도가능증권으로 분류한다.

유가증권의 보유의도와 보유능력에 변화가 있어 재분류가 필요한 경우에는 다음과 같이 처리한다.

① 단기매매증권은 다른 범주로 재분류할 수 없으며, 다른 범주의 유가증권의 경우에도

단기매매증권으로 재분류할 수 없다. 다만, 드문 상황에서 더 이상 단기간 내의 매매차익을 목적으로 보유하지 않는 단기매매증권은 매도가능증권이나 만기보유증권으로 분류할 수 있으며, **단기매매증권이 시장성을 상실한 경우에는 매도가능증권으로 분류**하여야 한다.
② 매도가능증권은 만기보유증권으로 재분류할 수 있으며 만기보유증권은 매도가능증권으로 재분류할 수 있다.

[참고] **유가증권의 구분**

구 분	당좌자산	투자자산	
	단기매매증권	매도가능증권	만기보유증권
지분증권	○	○	×
채무증권	○	○	○

* 지분증권은 만기의 개념이 없으므로 만기보유증권으로 분류할 수 없다.

IV. 재무제표 표시

① 단기매매증권은 유동자산으로 분류한다. 이 경우, 단기매매증권을 "단기투자자산"의 과목으로 통합하여 재무상태표에 표시할 수 있다.
② 매도가능증권과 만기보유증권은 투자자산으로 분류한다. 다만, 보고기간 종료일로부터 1년 내에 만기가 도래하거나 또는 매도 등에 의하여 처분할 것이 거의 확실한 매도가능증권과 보고기간 종료일로부터 1년 내에 만기가 도래하는 만기보유증권은 유동자산으로 분류한다.
③ 매도가능증권과 만기보유증권을 투자자산으로 분류하는 경우에는 "장기투자증권"의 과목으로 통합하여 표시할 수 있고, 유동자산으로 분류하는 경우에는 "단기투자자산"의 과목으로 통합하여 재무상태표에 표시할 수 있다.

[참고] **통합표시**

단기투자자산	장기투자증권
① 단기매매증권 ② 보고기간 종료일로부터 1년 내에 만기가 도래하거나 또는 매도 등에 의하여 처분할 것이 거의 확실한 매도가능증권(123) ③ 보고기간 종료일로부터 1년 내에 만기가 도래하는 만기보유증권(124)	① 매도가능증권(178) ② 만기보유증권(181)

* 당좌자산에 속하는 매도가능증권은 "123.매도가능증권"을 사용하고, 투자자산에 속하는 매도가능증권은 "178.매도가능증권"을 사용한다.
* **단기투자자산**은 기업이 여유자금의 활용 목적으로 보유하는 단기예금, 단기매매증권, 단기대여금 및 유동자산으로 분류되는 매도가능증권과 만기보유증권 등의 자산을 포함한다.

3. 단기매매증권

단기매매증권은 주로 단기간 내의 매매차익을 얻을 목적으로 취득한 유가증권으로서 매수와 매도가 적극적이고 빈번하게 이루어지는 증권을 말한다.

> [참고] 시장성 있는 유가증권
> 시장성 있는 유가증권이란 한국증권거래소가 개설한 유가증권시장, 코스닥시장 또는 공신력 있는 외국의 증권거래시장에서 거래되는 유가증권을 말한다.

(1) 최초 인식과 측정(취득원가)

단기매매증권은 계약당사자가 되는 때(매매일)에 재무상태표에 인식하며, 최초 인식시 공정가치로 측정한다. 이 때 취득과 직접 관련되는 거래원가(대리인 또는 중개인에게 지급하는 수수료, 증권거래소의 거래수수료 및 세금 등)는 최초 인식하는 공정가치에 가산하지 않고 당기비용으로 처리한다. 최초 인식시 공정가치는 일반적으로 거래가격(제공한 대가의 공정가치)이다.

 다음 거래를 회계처리 하시오.

(1) 단기간 매매차익을 목적으로 삼성전자의 주식 10주(액면 @5,000원)를 @6,000원(공정가치)에 현금으로 매입하였다.
(2) 단기간 매매차익을 목적으로 엘지전자의 사채 10좌(액면 @10,000원)를 @7,000원(공정가치)에 현금으로 매입하였다.
(3) 단기간 매매차익을 목적으로 롯데전자의 주식 10주(액면 @5,000원)를 @8,000원(공정가치)에 매입하고 거래수수료 4,000원과 함께 현금으로 지급하였다.

[해설] (1) (차) 단기매매증권　　　　　　60,000　　/　(대) 현금　　　　　　60,000
　　　　 * 10주 × @6,000 = 60,000
　　　　 * 액면금액은 주식이나 채권을 발행한 회사의 회계처리에 필요한 정보이며 이는 자본과 비유동부채에서 학습하게 된다.
　　　(2) (차) 단기매매증권　　　　　　70,000　　/　(대) 현금　　　　　　70,000
　　　　 * 10주 × @7,000 = 70,000
　　　(3) (차) 단기매매증권　　　　　　80,000　　/　(대) 현금　　　　　　84,000
　　　　　　 수수료비용　　　　　　　 4,000
　　　　 * 단기매매증권의 취득과 직접 관련되는 거래원가는 당기비용으로 처리한다. 이 경우 당사가 금융업이라면 판매비와관리비에 해당하지만, 일반기업이라면 영업외비용으로 처리해야 한다.

(2) 배당금수익과 이자수익

보통주나 우선주 등의 지분증권에 투자한 경우에는 배당금수익을 얻을 수 있으며, 사채나 국·공채 등 채무증권에 투자한 경우에는 이자수익을 얻게 된다. 현금배당의 경우 배당금을 받을 권리와 금액이 확정되는 시점에 배당금수익(영업외수익)으로 인식하고, 이자수익은 보유

기간 중의 액면이자상당액을 기간 경과분 만큼 이자수익(영업외수익)으로 인식한다. 단, **주식배당의 경우**에는 순자산 변동없이 이익잉여금을 자본에 전입하고 무상주를 교부한 거래이므로 발행회사에 대한 투자회사의 몫은 변동이 없기 때문에 수익을 인식하지 아니하고 **보유주식의 수량과 단가의 변동을 비망 기록**한다.

 다음 거래를 회계처리 하시오.
  (1) 삼성전자의 주식에 투자한 대가로 현금배당 2,000원이 확정되어 보통예금계좌로 입금되었다.
  (2) 엘지전자의 사채에 투자한 대가로 이자 8,000원이 보통예금계좌로 입금되었다.
  (3) 롯데전자의 주식에 투자한 대가로 2주(액면 @5,000원)의 주식배당이 확정되었다.

해설 (1) (차) 보통예금   2,000 / (대) 배당금수익   2,000
     (2) (차) 보통예금   8,000 / (대) 이자수익   8,000
     (3) 회계처리하지 않고 보유주식 수량과 단가의 변동을 비망 기록한다.

(3) 후속 측정(기말평가)

단기매매증권을 취득하여 결산일 현재 보유하고 있는 경우에는 이를 **공정가치로 평가**하며, **공정가치의 변동분**(미실현보유손익)**은 당기손익 항목**(단기매매증권평가손익)**으로 처리**한다. 시장성 있는 유가증권은 시장가격을 공정가치로 보며, 시장가격은 보고기간말 현재의 종가로 한다. 다만, 보고기간말 현재의 종가가 없으며 보고기간말과 해당 유가증권의 직전 거래일 사이에 중요한 경제적 상황의 변화가 없는 경우에는 직전 거래일의 종가로 할 수 있다.

평가이익과 평가손실이 동시에 발생한 경우에는 평가손익을 서로 상계하지 않고 각각 총액으로 보고하는 것이 원칙이지만, 그 금액이 중요하지 않은 경우에는 이를 상계하여 순액으로 표시할 수 있다.

 다음 거래를 회계처리 하시오.
  (1) 보유 중인 단기매매증권의 장부금액은 750,000원, 기말의 공정가치는 800,000원이다. 기말 평가에 관한 회계처리를 하시오.
  (2) 보유 중인 단기매매증권의 취득금액은 700,000원, 장부금액은 750,000원, 기말의 공정가치는 740,000원이다. 기말 평가에 관한 회계처리를 하시오.

해설 (1) (차) 단기매매증권   50,000 / (대) 단기매매증권평가이익   50,000
     (2) (차) 단기매매증권평가손실   10,000 / (대) 단기매매증권   10,000
       * 기말 공정가치와 장부금액을 비교하여 평가손익을 인식한다.

(4) 후속 측정(처분)

단기매매증권을 처분하는 경우에는 **처분금액과 장부금액을 비교**하여 그 차액을 단기매매증권처분손익(영업외손익)으로 처리한다. 이때 **처분금액은** 단기매매증권의 **매각대금에서 매각과 관련된 수수료를 차감한 금액**이다.

한편, 동일한 유가증권을 여러 번에 걸쳐 각각 서로 다른 가격으로 구입한 경우, 이를 처분하는 시점에서 단가를 산정해야 할 필요가 있는데, 이 경우 단가 산정은 개별법, 총평균법, 이동평균법 또는 다른 합리적인 방법을 사용하되, 동일한 방법을 매기 계속 적용한다.

 다음 거래를 회계처리 하시오.

(1) 단기매매차익 목적으로 취득한 상장회사 주식(장부금액 160,000원)을 200,000원에 처분하고 대금은 현금으로 받았다.
(2) 단기매매차익 목적으로 취득한 상장회사 주식 10주(장부금액 @25,000원)를 1주당 20,000원에 처분하고 대금은 현금으로 받았다.
(3) 단기매매증권(장부금액 1,500,000원)을 2,000,000원에 처분하고 매각수수료 50,000원을 차감한 잔액 1,950,000원은 현금으로 받았다.
(4) 단기매매차익 목적으로 상장회사의 주식 100주를 2월 1일에 주당 5,000원에 취득하고, 2월 2일에 동일 주식 200주를 주당 6,500원에 취득한 상황에서 2월 3일 동일 주식 100주를 주당 5,500원에 매각하고 대금은 현금으로 회수하였다(이동평균법 적용).

해설 (1) (차) 현금　　　　　　　　　　　200,000 　/　 (대) 단기매매증권　　　　　　160,000
　　　　　　　　　　　　　　　　　　　　　　　　　　　　　단기매매증권처분이익　　 40,000
　　　* 처분금액(200,000) - 장부금액(160,000) = 40,000(처분이익)
(2) (차) 현금　　　　　　　　　　　200,000 　/　 (대) 단기매매증권　　　　　　250,000
　　　단기매매증권처분손실　　 50,000
　　　　* 처분금액(200,000) - 장부금액(250,000) = -50,000(처분손실)
(3) (차) 현금　　　　　　　　　　 1,950,000 　/　 (대) 단기매매증권　　　　 1,500,000
　　　　　　　　　　　　　　　　　　　　　　　　　　　　　단기매매증권처분이익　　450,000
　　　　* 매각대금(2,000,000) - 매각수수료(50,000) = 처분금액 1,950,000원
　　　　* 처분금액(1,950,000) - 장부금액(1,500,000) = 450,000(처분이익)
　　　　* 매각과 관련된 수수료는 비용으로 처리하지 않고 매각대금에서 차감하여야 한다.
(4) (차) 현금　　　　　　　　　　　 550,000 　/　 (대) 단기매매증권　　　　 *600,000
　　　단기매매증권처분손실　　 50,000
　　　　* {(100주×@5,000) + (200주×@6,500)} ÷ 300주 = @6,000
　　　　* @6,000 × 100주 = 600,000

따따리 … 이동평균법으로 단가를 산정하는 방법은 전산회계 2급의 재고자산편에서 이미 학습한 내용이다. 다만, 전산회계 1급을 바로 시작하는 수험생이라면 제2절 재고자산편을 학습하고 나면 이해가 될 것이니 지금은 그냥 패스하도록 한다.

기/출/문/제 (실기)

다음 거래 자료를 ㈜세연상사(코드 : 3002)의 [일반전표입력] 메뉴에 추가 입력하시오.

01 1월 11일 단기간 내 매매차익을 목적으로 상장회사인 ㈜도전의 주식 100주를 주당 15,000원(액면가액 5,000원)에 구입하고 매입수수료 5,000원을 포함하여 당사의 보통예금계좌에서 인터넷뱅킹으로 지급하였다.

02 1월 12일 단기매매를 목적으로 ㈜서초의 주식을 1주당 20,000원에 100주를 매입하였다. 매입수수료는 매입가액의 1%이며, 매입관련 대금은 모두 현금으로 지급하였다 (단, 매입수수료는 영업외비용으로 처리하며 하나의 전표로 회계처리 한다).

03 기말(12월 31일) 현재 당사가 단기매매차익을 목적으로 보유하고 있는 주식현황과 기말 현재 공정가치는 다음과 같다.

주식명	보유주식수	주당 취득원가	기말 공정가치
㈜삼화 보통주	1,000주	15,000원	주당 16,000원
㈜동성 보통주	500주	20,000원	주당 21,000원

04 기말(12월 31일) 현재 당사가 단기매매차익을 목적으로 보유하고 있는 주식현황과 기말 현재 공정가치는 다음과 같다.

주식명	보유주식수	주당 취득원가	기말 공정가치
㈜한성 보통주	2,000주	10,000원	주당 12,000원
㈜강화 보통주	1,500주	8,000원	주당 10,000원
㈜도전 보통주	100주	15,000원	주당 15,000원

05 기말(12월 31일) 현재 보유하고 있는 단기매매증권 평가액은 다음과 같다. 기말 평가에 대한 회계처리를 하시오.

종 류	장부금액	취득금액	공정가치
㈜오한실업 보통주	3,100,000원	2,500,000원	3,000,000원

06 기말(12월 31일) 현재 보유하고 있는 단기매매증권 평가액은 다음과 같다. 기말 평가에 대한 회계처리를 하시오.

구 분	장부금액	공정가치
㈜임실기계 보통주	4,200,000원	4,000,000원

07 기말(12월 31일) 현재 보유하고 있는 단기매매증권 평가액은 다음과 같다. 기말 평가에 대한 회계처리를 하시오. (세무2급)

종 류	장부금액	평가액
㈜서울산업 보통주	1,500,000원	1,600,000원
㈜임실기계 보통주	4,200,000원	4,000,000원

08 1월 18일 단기보유목적으로 구입한 ㈜태양의 주식 500주(장부금액 8,000,000원)를 10,000,000원에 처분하였으며, 대금은 당사의 보통예금계좌에 입금하였다.

09 1월 19일 단기간의 매매차익을 목적으로 총액 7,000,000원에 구입한 상장회사 ㈜구노물산의 주식 200주 중 80주를 주당 40,000원에 처분하였으며 처분대금은 소망은행 보통예금에 입금되다.

10 1월 20일 단기간 매매차익 목적으로 구입하였던 상장회사 ㈜한솔기구의 주식 800주를 다음과 같이 처분하고 거래수수료 100,000원을 제외한 대금은 모두 현금으로 받았다. (세무2급)

- 장부금액 : @30,000원   • 처분금액 : @32,000원

11 1월 21일 단기보유목적으로 1주당 50,000원에 구입한 삼성회사 주식 1,000주를 1주당 48,000원에 처분하고 대금은 현금으로 받았다.

12 1월 22일 일시보유목적으로 취득한 시장성 있는 ㈜세정전자 주식 100주(장부금액 1,600,000원)를 주당 15,000원에 전부 처분하고 대금은 보통예금계좌로 이체 받았다. 단, 주식 처분과 관련하여 발생한 수수료 50,000원은 현금으로 지급하였다(하나의 전표로 회계처리 하시오).

13 1월 23일 단기매매증권인 ㈜기흥전자의 주식 300주를 주당 22,000원에 매각하고 매각대금은 현금으로 받았다. ㈜기흥전자의 주식은 모두 1월 10일에 주당 19,000원에 400주를 취득한 것으로서 취득시에 수수료 등 제비용이 70,000원 지출되었다. 주식 매각시 분개를 행하시오.
(세무2급)

14 1월 24일 단기간 매매차익 목적으로 취득한 ㈜삼성의 주식 10주를 주당 300,000원에 매각하고 대금은 현금으로 회수하였다(단, ㈜삼성의 주식 취득현황은 다음과 같으며 단가산정은 이동평균법을 적용할 것).
(세무2급)

〈주식 취득현황〉

- 1월 1일 : 10주,   주당 200,000원
- 1월 12일 : 10주,   주당 300,000원

15 1월 25일 단기매매증권인 ㈜강철전자의 주식 500주를 주당 13,000원에 매각하고, 매각수수료 250,000원을 제외한 매각대금을 신한은행 보통예금으로 송금받았다. ㈜강철전자 주식에 대한 거래현황은 다음 자료 이외에는 없다고 가정하며, 단가의 산정은 이동평균법에 의한다.
(세무2급)

취득일자	주식수	취득단가	취득금액
1월 7일	300주	13,200원	3,960,000원
1월 20일	400주	12,500원	5,000,000원

단대디 … 자격시험 "전산회계 1급"의 출제 경향을 보면 바로 윗 급수인 "전산세무 2급"에서 자주 출제되는 문제가 간혹 출제되어 시험의 난이도를 조절하는 경향이 있다. 따라서 본서의 기출문제(실기)에서는 이런 문제까지를 학습하고자 "전산세무 2급"에서 자주 출제되는 유형의 문제를 포함시키고 있으며, 그 표시를 (세무2급)이라고 하고 있다.

투대디 … 2025년 프로그램 개정과목 기본값이 더 넓은 표현으로 아래와 같이 변경되었습니다. 자격시험장 프로그램에는 변경된 우측의 명칭으로 보일 것입니다.

* 905.단기매매증권평가이익 ⇨ 905.단기투자자산평가이익
* 906.단기매매증권처분이익 ⇨ 906.단기투자자산처분이익
* 957.단기매매증권평가손실 ⇨ 957.단기투자자산평가손실
* 958.단기매매증권처분손실 ⇨ 958.단기투자자산처분손실

도우미

01 1월 11일 : (차) 107.단기매매증권   1,500,000   /   (대) 103.보통예금   1,505,000
            (차) 984.수수료비용   5,000

* 단기매매증권의 취득과 직접 관련되는 거래원가는 당기비용으로 처리한다. 당사는 제조업을 영위하는 기업으로 단기매매증권을 취득하는 거래가 판매활동과 관리활동이 아니므로 주식 매입수수료는 영업외비용의 범위에 있는 수수료비용으로 처리해야 한다.

02 1월 12일 : (차) 107.단기매매증권   2,000,000   /   (대) 101.현금   2,020,000
            (차) 984.수수료비용   20,000

* (@20,000 × 100주) × 1% = 20,000원

03 12월31일 : (차) 107.단기매매증권   1,500,000   /   (대) 905.단기매매증권평가이익   1,500,000

* ㈜삼화 보통주 : 1,000주 × (@16,000 − @15,000) = 1,000,000원(평가이익)
* ㈜동성 보통주 : 500주 × (@21,000 − @20,000) = 500,000원(평가이익)

04 12월31일 : (차) 107.단기매매증권   7,000,000   /   (대) 905.단기매매증권평가이익   7,000,000

* ㈜한성 보통주 : 2,000주 × (@12,000 − @10,000) = 4,000,000원(평가이익)
* ㈜강화 보통주 : 1,500주 × (@10,000 − @8,000) = 3,000,000원(평가이익)
* ㈜도전 보통주 : 100주 × (@15,000 − @15,000) = 0원

05 12월31일 : (차) 957.단기매매증권평가손실 100,000   /   (대) 107.단기매매증권   100,000

* 공정가치(3,000,000) − 장부금액(3,100,000) = −100,000원(평가손실)
* 기말 공정가치와 장부금액을 비교하여 평가손익을 계산한다.

06 12월31일 : (차) 957.단기매매증권평가손실 200,000   /   (대) 107.단기매매증권   200,000

* 공정가치(4,000,000) − 장부금액(4,200,000) = −200,000원(평가손실)

07 12월31일 : (차) 107.단기매매증권   100,000   /   (대) 905.단기매매증권평가이익   100,000
    12월31일 : (차) 957.단기매매증권평가손실 200,000   /   (대) 107.단기매매증권   200,000

* 평가이익과 평가손실이 동시에 발생한 경우에는 평가손익을 서로 상계하지 않고 각각 총액으로 보고하는 것이 원칙이지만, 그 금액이 중요하지 않은 경우에는 이를 서로 상계하여 순액으로 표시할 수 있다.

08 1월 18일 : (차) 103.보통예금   10,000,000   /   (대) 107.단기매매증권   8,000,000
                                            (대) 906.단기매매증권처분이익   2,000,000

* 처분금액(10,000,000) − 장부금액(8,000,000) = 2,000,000원(처분이익)

09 1월 19일 : (차) 103.보통예금   3,200,000   /   (대) 107.단기매매증권   2,800,000
                                                                                             (대) 906.단기매매증권처분이익   400,000

* (7,000,000 ÷ 200주) = @35,000원(취득단가)
* 처분금액(80주×@40,000) − 장부금액(80주×@35,000) = 400,000원(처분이익)

10 1월 20일 : (차) 101.현금   25,500,000   /   (대) 107.단기매매증권   24,000,000
                                                                                              (대) 906.단기매매증권처분이익   1,500,000

* 처분금액{(800주×@32,000) − 100,000} − 장부금액(800주×@30,000) = 1,500,000원(처분이익)
* 처분금액은 매각대금(800주×@32,000)에서 매각과 관련된 수수료(100,000)를 차감한 금액이다.

11 1월 21일 : (차) 101.현금   48,000,000   /   (대) 107.단기매매증권   50,000,000
               (차) 958.단기매매증권처분손실   2,000,000

* 처분금액(@48,000×1,000주) − 장부금액(@50,000×1,000주) = −2,000,000원(처분손실)

12 1월 22일 : (차) 103.보통예금   1,500,000   /   (대) 107.단기매매증권   1,600,000
               (차) 958.단기매매증권처분손실   150,000   (대) 101.현금   50,000

* 처분금액{(100주×@15,000) − 50,000} − 장부금액(1,600,000) = −150,000원(처분손실)
* 처분금액은 매각대금(100주×@15,000)에서 매각과 관련된 수수료(50,000)를 차감한 금액이다.

13 1월 23일 : (차) 101.현금   6,600,000   /   (대) 107.단기매매증권   5,700,000
                                                                                              (대) 906.단기매매증권처분이익   900,000

* 처분금액(300주×@22,000) − 장부금액(300주×@19,000) = 900,000원(처분이익)
* 주식 취득시 수수료는 영업외비용으로 처리하기 때문에 취득단가는 @19,000원이다.

14 1월 24일 : (차) 101.현금   3,000,000   /   (대) 107.단기매매증권   2,500,000
                                                                                              (대) 906.단기매매증권처분이익   500,000

* {(10주×@200,000) + (10주×@300,000)} ÷ 20주 = @250,000원(이동평균 단가)
* 처분금액(10주×@300,000) − 장부금액(10주×@250,000) = 500,000원(처분이익)

15 1월 25일 : (차) 103.보통예금   6,250,000   /   (대) 107.단기매매증권   6,400,000
               (차) 958.단기매매증권처분손실   150,000

* (3,960,000 + 5,000,000) ÷ 700주 = @12,800원(취득단가)
* 처분금액{(500주×@13,000) − 250,000} − 장부금액(500주×@12,800) = −150,000원(처분손실)
* 처분금액은 매각대금(500주×@13,000)에서 매각과 관련된 수수료(250,000)를 차감한 금액이다.

기/출/문/제 (필기)

01 다음 중 현금및현금성자산으로 분류될 수 없는 것은?
① 취득 당시 만기가 3개월 이내에 도래하는 채권
② 3개월 이내의 환매조건부 채권
③ 사용이 제한된 예금
④ 당좌예금

[풀이] 현금및현금성자산은 현금(통화, 통화대용증권)과 예금(당좌예금, 보통예금) 및 현금성자산으로 한다. 사용이 제한된 예금은 사용이 제한된 기간에 따라 단기금융상품 또는 장기금융상품으로 분류된다.

02 다음 중 일반기업회계기준상 현금및현금성자산이 아닌 것은?
① 통화
② 통화대용증권
③ 요구불예금
④ 취득당시 만기가 1년 이내 도래하는 금융상품

[풀이] 요구불예금이란 예금주의 요구가 있을 때 언제든지 지급할 수 있는 예금의 총칭(보통예금과 당좌예금 등)이다. 취득당시 만기가 3개월 이내에 도래하는 채권 및 단기금융상품이 현금성자산에 해당한다.

03 다음 중 재무상태표의 현금및현금성자산에 포함되지 않는 것은?
① 통화 및 타인발행수표 등 통화대용증권
② 단기매매증권
③ 취득 당시 만기일(또는 상환일)이 3개월 이내인 금융상품
④ 당좌예금과 보통예금

04 다음 중 현금및현금성자산에 해당하지 않는 것은?
① 우편환증서
② 배당금지급통지표
③ 타인발행약속어음
④ 만기도래한 국채이자표

05 거래처로부터 외상매출금 100,000원을 자기앞수표(타인발행수표)로 받았다. 옳은 분개는?

① (차) 현금　　　　　100,000원　/　(대) 매출채권　　100,000원
② (차) 당좌예금　　　100,000원　/　(대) 매출채권　　100,000원
③ (차) 받을어음　　　100,000원　/　(대) 매출채권　　100,000원
④ (차) 매출채권　　　100,000원　/　(대) 당좌예금　　100,000원

[풀이] 자기앞수표(타인발행수표)는 통화대용증권이므로 현금 계정의 증가로 처리한다.

06 다음 자료에 의할 때 현금및현금성자산에 기록될 금액은?

- 지폐　5,000,000원　　• 배당금지급통지표　500,000원　　• 선일자수표　200,000원

① 5,000,000원　② 5,200,000원　③ 5,500,000원　④ 5,700,000원

[풀이] 선일자수표란 실제의 발행일보다 장래의 어느 일자를 발행일로 하여 발행하는 수표를 말한다. 선일자수표는 장래의 어느 일자까지는 어음과 같은 기능을 지니기 때문에 일반적인 상거래와 관련된 경우라면 매출채권(받을어음)으로 분류한다.

07 다음 중 결산 재무상태표에 표시되는 현금및현금성자산은 얼마인가?

㉠ 당좌예금　　150,000원　　㉡ 보통예금　　　　　　　120,000원
㉢ 자기앞수표　500,000원　　㉣ 양도성예금증서(30일 만기)　500,000원

① 1,270,000원　② 1,500,000원　③ 620,000원　④ 270,000원

08 다음은 유가증권과 관련된 내용이다. 틀린 것은?

① 지분증권과 채무증권으로 구성되어 있다.
② 지분증권은 주식 등을 말한다.
③ 채무증권은 국채, 공채, 회사채를 말한다.
④ 만기보유증권은 지분증권이다.

[풀이] 만기보유증권은 채무증권이다. 지분증권은 만기의 개념이 없으므로 만기보유증권으로 분류될 수 없다.

09 다음 중 일반기업회계기준에 의한 유가증권의 분류로서 적합하지 않은 것은?

① 단기매매증권　　　　② 만기보유증권
③ 매도가능증권　　　　④ 장기보유증권

10 다음 중 유가증권에 대한 내용으로 옳지 않은 것은?

① 유가증권은 취득 후에 만기보유증권, 단기매매증권, 매도가능증권 중의 하나로 분류한다.
② 유가증권의 분류는 취득시 결정되면 그 후에 변동되지 않는다.
③ 주로 단기간 내의 매매차익을 목적으로 취득한 유가증권으로서 매수와 매도가 적극적이고 빈번하게 이루어지는 것은 단기매매증권이다.
④ 만기가 확정된 채무증권으로서 상환금액이 확정되었거나 확정이 가능한 채무증권을 만기까지 보유할 적극적인 의도와 능력이 있는 경우에는 만기보유증권이다.

[풀이] 유가증권을 취득한 후에 보유의도와 보유능력에 변화가 있어 재분류가 필요한 경우에는 다른 범주로 재분류할 수 있다.

11 일반기업회계기준상 단기 시세차익 목적으로 시장성 있는 사채를 취득하는 경우 가장 적합한 계정과목은 무엇인가?

① 만기보유증권 ② 매도가능증권
③ 단기매매증권 ④ 지분법적용투자주식

12 ㈜한국의 주식 1,000주를 @3,000원에 매입하고 그 대금은 수수료 200,000원과 함께 현금으로 지급한 경우 옳은 분개는?

① (차) 단기매매증권　　3,000,000원 / (대) 현금　　　　　3,200,000원
　　　 수수료비용　　　 200,000원
② (차) 현금　　　　　　3,200,000원 / (대) 단기매매증권　3,000,000원
　　　　　　　　　　　　　　　　　　　　 수수료비용　　　 200,000원
③ (차) 단기매매증권　　3,200,000원 / (대) 현금　　　　　3,200,000원
④ (차) 현금　　　　　　3,200,000원 / (대) 단기매매증권　3,200,000원

[풀이] 단기매매증권의 취득과 직접 관련된 거래원가는 당기 비용으로 처리한다.

13 시장성 있는 ㈜A의 주식 10주를 1주당 56,000원에 구입하고, 거래수수료 5,600원을 포함하여 보통예금계좌에서 결제하였다. 당해 주식은 단기매매차익을 목적으로 보유하는 경우이며, 일반기업회계기준에 따라 회계처리하는 경우 발생하는 계정과목으로 적절치 않은 것은?

① 단기매매증권 ② 만기보유증권
③ 수수료비용 ④ 보통예금

14 단기간 내의 매매차익을 목적으로 A사 주식 10주를 주당 3,000원에 취득하고, 거래수수료 2,000원을 지급하였다. 결산일 현재 A사 주식의 공정가치는 주당 3,100원이다. 일반기업회계기준에 의할 경우 결산일의 회계처리로 올바른 것은?

① 단기매매증권평가이익 1,000원을 계상한다.
② 단기매매증권평가손실 1,000원을 계상한다.
③ 단기매매증권은 취득원가로 평가하므로 별다른 회계처리가 필요 없다.
④ 단기매매증권평가충당금 1,000원을 계상한다.

[풀이] 공정가치(31,000) − 취득원가(30,000) = 1,000원(평가이익)

15 다음은 ㈜한강이 보유중인 유가증권(시장성이 있으며, 단기매매목적임)에 대한 내역이다. 기말 재무상태표상 유가증권의 장부금액은 얼마인가?

구 분	갑회사
보유주식수	100주
취득단가	@1,000원
기말공정가치	@2,000원

① 200,000원   ② 300,000원   ③ 400,000원   ④ 500,000원

[풀이] 기말 장부금액 : 100주 × @2,000 = 200,000원

16 기말 현재 단기매매증권 보유상황은 다음과 같다. 일반기업회계기준에 의하여 기말 평가하는 경우 올바른 분개는?

	취득원가	공정가치
• A사 주식	300,000원	250,000원
• B사 주식	180,000원	200,000원

① (차) 단기매매증권   20,000원 / (대) 단기매매증권평가이익 20,000원
② (차) 단기매매증권평가손실 30,000원 / (대) 단기매매증권   30,000원
③ (차) 단기매매증권   30,000원 / (대) 단기매매증권평가이익 30,000원
④ (차) 단기매매증권평가손실 50,000원 / (대) 단기매매증권   50,000원

[풀이] A사 주식 : 공정가치(250,000) − 취득원가(300,000) = −50,000(평가손실)
B사 주식 : 공정가치(200,000) − 취득원가(180,000) = 20,000원(평가이익)
따라서 순액으로 계산하면 단기매매증권평가손실 30,000원이라고 할 수도 있다.

17 기말 현재 단기매매증권 보유현황은 다음과 같다. 단기매매증권을 보유함에 따라 손익계산서에 반영할 영업외손익의 금액은 얼마인가?

- A사 주식의 취득원가는 200,000원이고 기말공정가액은 300,000원이다
- A사 주주총회를 통해 현금배당금 60,000원을 받다.
- B사 주식의 취득원가는 150,000원이고 기말공정가액은 120,000원이다.

① 70,000원   ② 100,000원   ③ 130,000원   ④ 160,000원

[풀이] A사 주식 : 공정가치(300,000) − 취득원가(200,000) = 100,000(평가이익)
B사 주식 : 공정가치(120,000) − 취득원가(150,000) = −30,000원(평가손실)
따라서 순액으로 계산하면 단기매매증권평가이익 70,000원이라고 할 수도 있다. 배당금수익 60,000원과 단기매매증권평가이익 70,000원은 영업외수익이다.

18 다음의 자료로 20×2년 5월 5일 현재 주식수와 주당금액을 계산한 것으로 맞는 것은?

- ㈜갑의 주식을 20×1년 8월 5일 100주를 주당 10,000원(액면가액 5,000원)에 취득하였다. 회계처리시 계정과목은 단기매매증권을 사용하였다.
- ㈜갑의 주식을 20×1년 12월 31일 주당 공정가치는 7,700원이었다.
- ㈜갑으로부터 20×2년 5월 5일에 무상으로 주식 10주를 수령하였다.

① 100주, 7,000원/주   ② 100주, 7,700원/주
③ 110주, 7,000원/주   ④ 110주, 7,700원/주

[풀이] 20×2년 5월 5일 현재 보유 주식수 : 취득 주식(100주) + 주식배당(10주) = 110주
장부금액(100주 × @7,700) ÷ 보유주식수(110주) = 7,000원(주당금액)

19 다음 자료는 ㈜대한물산이 단기간 내의 매매차익을 목적으로 취득하여 보유중인 ㈜세계물산 주식내역으로 당사는 단기매매증권으로 분류하여 회계처리하고 있다. 20×2년 2월 11일 처분시 분개로 가장 옳은 것은?

- 20×1. 11. 1. 취득금액 : 1,500,000원
- 20×1. 12. 31. 결산일 현재 공정가치 : 1,600,000원
- 20×2. 2. 11. 처분금액 : 1,400,000원

① (차) 현금   1,400,000 / (대) 단기매매증권   1,400,000
② (차) 현금   1,400,000 / (대) 단기매매증권   1,500,000
      단기매매증권처분손실   100,000
③ (차) 현금   1,400,000 / (대) 단기매매증권   1,600,000
      단기매매증권처분손실   200,000
④ (차) 현금   1,400,000 / (대) 단기매매증권   1,500,000
      단기매매증권평가손실   100,000

20 다음 유가증권거래로 인하여 당기손익에 미치는 영향을 바르게 설명한 것은?

> ㈜달무리는 2월 5일에 시장성 있는 단기매매증권 1,000주(주당 @10,000원)를 취득하면서, 수수료비용 500,000원을 포함하여 현금으로 결제하였다. 다음날 600주를 주당 @11,000원에 현금 처분하였다.

① 당기순이익이 600,000원 증가한다.　② 당기순이익이 600,000원 감소한다.
③ 당기순이익이 100,000원 증가한다.　④ 당기순이익이 300,000원 증가한다.

[풀이] (1주당 처분이익 1,000원 × 600주) − 수수료비용(500,000) = 당기순이익 100,000원 증가

21 ㈜서원은 ×1년 6월 1일 은행으로부터 30,000,000원(상환기간 2년, 이자율 12%)을 차입하여 단기투자 목적으로 ㈜삼성전자 주식을 매입하였다. 주가가 상승하여 ×1년 10월 10일 일부를 처분하였다. 이와 관련하여 ×1년 재무제표에 나타나지 않는 계정과목은?

① 단기매매증권　　　　② 단기매매증권처분이익
③ 이자비용　　　　　　④ 단기차입금

[풀이] 은행으로부터 장기간 차입한 자금은 장기차입금으로 재무상태표에 나타나며, 동 자금으로 단기매매증권을 취득하여 주가가 상승한 상황에서 처분하였으므로 단기매매증권처분이익이 손익계산서에 나타난다. 단기매매증권을 일부만 처분하였으므로 나머지는 재무상태표에 나타나며 은행 차입금에 대한 이자는 손익계산서에 이자비용으로 나타난다.

22 다음은 ㈜고려개발이 단기매매목적으로 매매한 ㈜삼성가전 주식의 거래내역이다. 기말에 ㈜삼성가전의 공정가치가 주당 20,000원인 경우 손익계산서상의 단기매매증권평가손익과 단기매매증권처분손익은 각각 얼마인가? 단, 취득원가의 산정은 이동평균법을 사용한다.

거래일자	매입수량	매도(판매)수량	단위당 매입금액	단위당 매도금액
6월 1일	200주		20,000원	
7월 6일	200주		18,000원	
7월 20일		150주		22,000원
8월 10일	100주		19,000원	

① 단기매매증권평가손실 450,000원, 단기매매증권처분이익 350,000원
② 단기매매증권평가이익 450,000원, 단기매매증권처분이익 350,000원
③ 단기매매증권평가이익 350,000원, 단기매매증권처분손실 450,000원
④ 단기매매증권평가이익 350,000원, 단기매매증권처분이익 450,000원

[풀이] 취득단가 : {(200주×@20,000) + (200주×@18,000)} ÷ 400주 = @19,000원
　　　처분손익 : (@22,000 − @19,000) × 150주 = 450,000원(처분이익)
　　　기말단가 : {(250주×@19,000) + (100주×@19,000)} ÷ 350주 = @19,000원
　　　평가손익 : (@20,000 − @19,000) × 350주 = 350,000원(평가이익)

23 ㈜영광은 제1기(1.1. ~ 12.31.)의 1월 2일에 단기적인 시세차익 목적으로 상장주식 100주(주당 20,000원)를 현금으로 취득하였다. 12월 31일의 1주당 시가는 25,000원이었다. ㈜영광은 제2기(1.1. ~ 12.31.) 1월 1일에 1주당 30,000원에 50주를 매각하였다. 제2기 12월 31일의 1주당 시가는 20,000원이었다. 일련의 회계처리 중 잘못된 것을 고르면?

① 주식 취득시 : (차) 단기매매증권   2,000,000원 / (대) 현금   2,000,000원
② 제1기 12월 31일 : (차) 단기매매증권   500,000원 / (대) 단기매매증권평가이익   500,000원
③ 제2기 1월 1일 : (차) 현금   1,500,000원 / (대) 단기매매증권   1,000,000원
                                                   단기매매증권처분이익   500,000원
④ 제2기 12월 31일 : (차) 단기매매증권평가손실 250,000원 / (대) 단기매매증권   250,000원

[풀이] 제2기 1월 1일 : (차) 현금   1,500,000 / (대) 단기매매증권   1,250,000
                                               단기매매증권처분이익   250,000

처분가액(@30,000×50주) − 장부가액(@25,000×50주) = 250,000원(처분이익)

제2기 12월 31일 : 50주 × (@20,000 − @25,000) = −250,000원(평가손실)

24 다음 중 일반기업회계기준상 단기투자자산이 아닌 것은?

① 단기매매증권   ② 보통예금
③ 단기대여금   ④ 단기금융상품(단기예금)

[풀이] 단기투자자산은 기업이 여유자금의 활용 목적으로 보유하는 단기금융상품(단기예금), 단기매매증권, 단기대여금 및 유동자산으로 분류되는 매도가능증권과 만기보유증권 등의 자산을 포함한다.

정답

1. ③   2. ④   3. ②   4. ③   5. ①   6. ③   7. ①   8. ④   9. ④   10. ②
11. ③   12. ①   13. ②   14. ①   15. ①   16. ②   17. ③   18. ③   19. ③   20. ③
21. ④   22. ④   23. ③   24. ②

4. 매출채권

매출채권은 일반적인 상거래에서 발생한 채권으로 외상매출금과 받을어음으로 구분된다. 일반적인 상거래라 함은 당해 기업의 사업목적을 위한 경상적 영업활동에서 발생하는 거래로서 판매기업의 경우에는 상품매출 거래를, 제조기업의 경우에는 제품매출 거래를 말한다.

(1) 외상매출금(108)

외상매출금이란 일반적인 상거래에서 발생한 채권, 즉 상품이나 제품을 외상으로 판매하고 아직 그 대금을 회수하지 않은 미수액으로, 보고기간 종료일로부터 1년 이내에 회수될 금액을 말한다.

 다음 거래를 회계처리 하시오.
 (1) 창제상회에 제품 200,000원을 매출하고 100,000원은 자기앞수표로 받고 나머지는 다음 달 10일에 받기로 하였다.
 (2) 수철상회에 제품 250,000원을 매출하고 150,000원은 동점발행당좌수표로 받고 나머지는 한 달 후에 받기로 하였다.

[해설] (1) (차) 현금　　　　　　　　　　100,000　 / 　(대) 제품매출　　　　　　200,000
　　　　　　외상매출금　　　　　　　100,000
　　　　　* 자기앞수표는 통화대용증권이므로 현금으로 처리한다.
　　　　(2) (차) 현금　　　　　　　　　　150,000　 / 　(대) 제품매출　　　　　　250,000
　　　　　　외상매출금　　　　　　　100,000
　　　　　* 타인(동점)발행당좌수표는 통화대용증권이므로 현금으로 처리한다.

(2) 받을어음(110)

받을어음이란 일반적인 상거래에서 발생한 어음상의 권리로서, 그 지급기일이 보고기간 종료일로부터 1년 이내에 도래하는 어음을 말한다. 어음에는 약속어음과 환어음이 있다.
 ① 약속어음 : 약속어음이란 발행인(채무자)이 수취인(채권자)에게 일정한 기일에 일정한 금액을 지급할 것을 약속한 "지급약속증권"이다.
 ② 환어음 : 환어음이란 발행인이 지명인(채무자)에게 일정한 기일에 일정한 금액을 수취인(채권자)에게 지급할 것을 위탁한 "지급위탁증권"이다. 환어음의 수취인은 지명인에게 어음을 제시하여 지급의 승낙을 받아야 한다. 지명인이 지급을 승낙하여 환어음의 인수란에 서명함으로써 지명인은 지급인이 된다. 따라서 환어음의 수취인은 어음의 인수를 받음으로써 어음상의 채권을 갖게 되고, 지명인은 인수를 함으로써 어음상의 채무를 지게 된다. 일반적으로는 약속어음이 많이 쓰이고 환어음은 국제거래의 결제 이외에는 거의 사용되지 않고 있다.

다음 거래를 회계처리 하시오.

(1) 수철상회에 제품 400,000원을 매출하고 100,000원은 현금으로 받고 나머지는 동점발행약속어음(만기 : 1년 이내)으로 받았다.
(2) 창제상회의 외상매출금 100,000원에 대하여 동점발행약속어음(만기 : 1년 이내)으로 받았다.

해설 (1) (차) 현금　　　　　　　　　100,000　/　(대) 제품매출　　　　　400,000
　　　　　　 받을어음　　　　　　 300,000
　　　(2) (차) 받을어음　　　　　　 100,000　/　(대) 외상매출금　　　 100,000

5. 어음의 배서(背書)

어음의 소지인이 당해 어음의 만기일 이전에 어음상의 권리를 타인에게 양도하는 것을 어음의 배서라고 한다. 배서는 어음소지인(배서인)이 어음의 뒷면에 양도의 의사를 표시하고 기명날인하여 양수인(피배서인)에게 어음을 교부하는 것이다. 어음의 배서에는 ① 추심위임배서, ② 배서양도, ③ 어음할인을 위한 배서 세 가지 경우가 있다.

(1) 추심위임배서

타인이 발행한 어음의 대금회수(추심)를 거래은행에 의뢰하는 경우, 어음의 뒷면에 배서하고 어음을 은행에 넘겨주는 것을 추심위임배서라고 한다. 이 경우 추심 의뢰한 어음에 대해서는 소유권 이전이 아니므로 회계처리하지 않고 추심료 지급에 대한 것만 수수료비용으로 회계처리 한다. 그리고 만기일에 은행으로부터 추심되었다는 통지를 받으면 어음상의 권리를 소멸시키고 해당 자산을 증가시킨다.

 다음 거래를 회계처리 하시오.

(1) 창제상회에 제품 400,000원을 매출하고 대금은 동사가 발행한 약속어음(만기 : 1년 이내)으로 받았다.
(2) 받을어음 400,000원을 거래은행에 추심의뢰하고 추심료 10,000원을 현금으로 지급하였다.
(3) 받을어음 400,000원이 만기일에 추심되어 당사의 보통예금계좌에 입금되었다는 통지를 받았다.

해설 (1) (차) 받을어음　　　　　　 400,000　/　(대) 제품매출　　　　　400,000
　　　(2) (차) 수수료비용　　　　　 10,000　/　(대) 현금　　　　　　　 10,000
　　　(3) (차) 보통예금　　　　　　 400,000　/　(대) 받을어음　　　　 400,000

(2) 배서양도

어음소지인이 당해 어음의 만기일 이전에 어음상의 권리를 타인에게 양도하는 것을 어음의 배서양도라고 한다. 배서양도는 어음에 대한 소유권이 이전되므로 배서양도 하는 시점에서 어음상의 권리를 소멸시킨다.

 다음 거래를 회계처리 하시오.

(1) 창제상회에 제품 400,000원을 매출하고 대금은 동점이 발행한 약속어음(만기 : 1년 이내)으로 받았다.
(2) 수철상회의 외상매입금 600,000원을 결제하기 위하여 창제상회 발행의 약속어음(만기 : 1년 이내) 400,000원을 배서양도하고 잔액은 현금으로 지급하였다.

해설 (1) (차) 받을어음　　　　　　400,000　/　(대) 제품매출　　　　　400,000
　　　(2) (차) 외상매입금　　　　　600,000　/　(대) 받을어음　　　　　400,000
　　　　　　　　　　　　　　　　　　　　　　　　 현금　　　　　　　　200,000

* 외상매입금이란 일반적인 상거래에서 발행한 매입채무를 말한다. 즉 상품이나 원재료를 외상으로 매입하고 아직 그 대금을 지급하지 않은 미지급액으로, 보고기간 종료일로부터 1년 내에 지급해야 할 금액을 말한다.

(3) 어음할인

어음은 만기일 이전에 금융기관에 배서하고 할인료를 차감한 잔액을 받아 자금을 융통할 수 있는데, 이를 어음의 할인이라고 한다. 할인료는 받을어음의 만기 지급금액에 대한 신용제공기간 동안의 선이자(先利子)에 해당하는데 다음과 같이 계산된다.

> 할인료 = 어음금액 × 연이자율 × 일수(신용제공기간)/365

일반적으로 매출채권을 금융기관 등에서 할인하는 거래에 대하여는, 해당 금융자산의 미래 경제적효익에 대한 양수인의 통제권에 특정한 제약이 없는 한 매각거래로 회계처리 한다.

[매각거래]　　　　　　　　　　　　　　　　[차입거래]

① 할인받는 시점

차 변		대 변	
현　금	×××	받을어음	×××
매출채권처분손실	×××		

차 변		대 변	
현　금	×××	단기차입금	×××
이자비용	×××		

② 어음만기일

차 변	대 변
분개 없음	

차 변		대 변	
단기차입금	×××	받을어음	×××

다음 거래를 회계처리 하시오.

(1) 창제상회에 제품 400,000원을 매출하고 대금은 동사가 발행한 약속어음(만기 : 1년 이내)으로 받았다.
(2) 창제상회에서 받은 약속어음(만기 : 1년 이내) 400,000원을 거래은행에서 할인하고 할인료 50,000원을 차감한 실수령액은 당좌예금계좌에 입금하였다(매각거래로 처리할 것).

해설 (1) (차) 받을어음　　　　　　　　400,000　/　(대) 제품매출　　　　　　　400,000
　　　(2) (차) 당좌예금　　　　　　　　350,000　/　(대) 받을어음　　　　　　　400,000
　　　　　　매출채권처분손실　　　　 50,000

6. 외화채권 · 채무

국제간의 거래가 활발해짐에 따라 외화거래가 빈번하게 발생하게 되는데, 외화거래란 대금의 수취와 지급이 외국통화로 이루어지는 거래를 말한다. 외화거래를 장부에 기록하기 위해서는 원화로 환산하는 과정이 필요한데 일반적인 외화거래를 설명하면 다음과 같다.

(1) 거래발생

외화거래가 발생한 경우에는 **발생시점의 환율로 환산**하여 회계처리 한다.

 다음 거래를 회계처리 하시오.

×1년 8월 1일 $10,000의 제품을 수출하고 대금은 다음연도 2월 10일 회수하기로 하였다. 동 일자의 환율은 1,000/$이다.

해설 (차) 외상매출금　　　　　　　10,000,000　/　(대) 제품매출　　　　　　10,000,000

(2) 기말평가

기말 현재 외화채권 · 채무가 있는 경우에는 **보고기간 종료일 현재의 환율로 환산**하고, 장부상 표시된 외화채권 · 채무의 잔액과의 차액은 **외화환산이익(손실)**의 과목으로 하여 **영업외수익(비용)**으로 처리한다.

 다음 거래를 회계처리 하시오.

×1년 12월 31일 외상매출금 10,000,000원($10,000)에 대하여 기말평가를 하시오. 기말 현재 환율은 1,020/$이다.

해설 (차) 외상매출금　　　　　　200,000　／　(대) 외화환산이익　　　　*200,000
　　　　* $10,000 × (1,020/$ − 1,000/$) = 200,000

(3) 거래종료

외화채권·채무의 대금을 수취하거나 지급하여 **거래가 종료되는 경우에는 그 시점의 환율을 적용**하여 회계처리하고 장부상 금액과의 차액은 **외환차익(차손)**의 과목으로 하여 **영업외수익(비용)**으로 처리한다.

 다음 거래를 회계처리 하시오.

　×2년 2월 10일 전기의 외상매출금 10,200,000원($10,000)이 회수되어 보통예금계좌에 입금하였다. 전기말 평가시의 적용환율은 1,020/$이며, 동 일자의 환율은 1,030/$이다.

해설 (차) 보통예금　　　　　*10,300,000　／　(대) 외상매출금　　　　10,200,000
　　　　　　　　　　　　　　　　　　　　　　　　외환차익　　　　　　100,000
　　　　* $10,000 × 1,030/$ = 10,300,000

기/출/문/제 (실기)

다음 거래 자료를 ㈜세연상사(코드 : 3002)의 [일반전표입력] 메뉴에 추가 입력하시오.

01 2월 1일 ㈜우일상사에 제품 7,000,000원을 외상으로 매출하고 대금은 한 달 후에 받기로 하였다.

02 2월 2일 ㈜진이상사의 외상매출금 5,500,000원이 신한은행 보통예금계좌에 입금된 사실이 확인되었다.

03 2월 3일 거래처 ㈜서삼상사로부터 외상매출대금 중 3,000,000원을 당사의 당좌예금 계좌에 입금하였다는 연락을 받았다.

04 2월 4일 매출처 ㈜무사상사의 2월 4일 현재 외상매출금(₩36,650,000) 전부를 동사 발행약속어음(만기 : 1년 이내)으로 회수하였다.

05 2월 5일 매출처 ㈜광오상사의 외상매출금 20,000,000원 중 5,000,000원은 현금으로 받고 잔액은 어음(만기 : 1년 이내)으로 받았다(대체전표로 작성할 것).

06 2월 6일 ㈜청육상사와 2월 6일 현재까지 거래분에 대한 외상매출금 55,000,000원이 전액 다음과 같이 회수되었다.
(세무2급)

> 4,000,000원은 다음연도 1월 10일 만기 약속어음으로 받고 잔액은 당사 보통예금(신한은행) 계좌에 입금됨.

07 2월 7일 매출처 ㈜처칠상사에 대한 받을어음 10,000,000원을 당사 거래은행인 신한 은행에 추심의뢰 하였는바, 추심료 25,000원을 차감한 잔액이 당사의 당좌예금계좌 에 입금되었음을 통보받았다.

08 2월 8일 ㈜용팔상사에 대한 받을어음 16,500,000원이 만기가 도래하여 추심수수료 150,000원을 차감한 금액이 우리은행에 당좌예입 되었다.

09 2월 9일 ㈜영구상사의 외상매입금 15,000,000원을 결제하기 위하여 당사가 제품매출 대가로 받아 보유하고 있던 ㈜서삼상사의 약속어음 15,000,000원을 배서하여 지급하였다.

10 2월 10일 매입처 ㈜열공상사의 외상매입금 4,000,000원을 다음과 같이 결제하였다. 1,000,000원은 매출처 ㈜서삼상사에서 받아 보유중인 약속어음(만기 : 1년 이내)을 지급하였고, 잔액은 당좌수표를 발행하여 지급하였다. 〈세무2급〉

11 2월 11일 ㈜우일상사로부터 수취한 받을어음 10,000,000원을 은행에서 할인하였다. 단, 매각거래로 간주하며, 어음할인료는 1,000,000원이고 나머지는 보통예금계좌에 입금하였다.

12 2월 12일 ㈜진이상사에 대한 받을어음(만기 : 4월 12일) 12,000,000원을 신한은행에서 할인율 연 10%로 할인받고, 그 할인받은 금액이 당좌예금계좌에 입금되었다. 받을어음의 만기일은 2개월 남았으며, 매각거래로 처리하고 할인액은 월 단위로 계산한다.

13 12월 31일 단기차입금 중에는 HANS사의 외화차입금 12,000,000원(미화 $10,000)이 포함되어 있다(재무상태표일 현재 환율 : 미화 $1당 1,100원).

14 12월 31일 단기대여금 중에는 HANS사의 외화대여금 15,000,000원(미화 $8,000)이 포함되어 있다(재무상태표일 현재 환율 : 미화 $1당 1,200원).

15 2월 15일 HANS사에 수출(선적일자 2월 1일)한 제품 외상매출금이 보통예금계좌에 원화로 환전되어 입금되었다.

• 외상매출금 : 3,000달러
• 2월 1일 환율 : 1,200원/달러   • 2월 15일 환율 : 1,300원/달러

16 2월 16일 HANS사에 수출(선적일자 2월 2일)한 제품 외상매출금이 보통예금계좌에 원화로 환전되어 입금되었다.

• 외상매출금 : $2,000   • 2월 2일 환율 : 1,200원/$ • 2월 16일 환율 : 1,100원/$

도우미

01 2월 1일 : (차) 108.외상매출금   7,000,000 / (대) 404.제품매출   7,000,000
        (거래처 : ㈜우일상사)

* 자격시험에서 채권과 채무에 관련된 거래는 반드시 거래처명을 입력해야 한다. 거래처명을 입력한다는 것은 아래의 그림처럼 [코드]란에 숫자로 입력되어야 하는 것을 말한다. [코드]란에 숫자 없이 [거래처]란에 "㈜우일상사"라고 입력하는 것은 거래처를 입력한 것이 아니다. 반드시 입력해야 할 거래처명을 본서의 답안에서는 해당 계정과목 아래에 표시하는 방식을 취하고 있다.

일	번호	구분	계정과목	거래처	적요	차변	대변
1	00001	대변	0404 제품매출				7,000,000
1	00001	차변	0108 외상매출금	00101 (주)우일상사		7,000,000	

02 2월 2일 : (차) 103.보통예금   5,500,000 / (대) 108.외상매출금   5,500,000
                                            (거래처 : ㈜진이상사)

03 2월 3일 : (차) 102.당좌예금   3,000,000 / (대) 108.외상매출금   3,000,000
                                            (거래처 : ㈜서삼상사)

04 2월 4일 : (차) 110.받을어음   36,650,000 / (대) 108.외상매출금   36,650,000
        (거래처 : ㈜무사상사)   (거래처 : ㈜무사상사)

* 본서의 연습문제(실기)의 기출문제 지문에 괄호안의 금액(₩36,650,000)은 실제 자격시험에서는 [재무회계]>[장부관리]>[거래처원장] 메뉴에서 본인이 직접 조회하여 찾아야 하는 금액을 의미한다.

05 2월 5일 : (차) 101.현금   5,000,000 / (대) 108.외상매출금   20,000,000
        (차) 110.받을어음   15,000,000   (거래처 : ㈜광오상사)
        (거래처 : ㈜광오상사)

06 2월 6일 : (차) 110.받을어음   4,000,000 / (대) 108.외상매출금   55,000,000
        (거래처 : ㈜청육상사)   (거래처 : ㈜청육상사)
        (차) 103.보통예금   51,000,000

07 2월 7일 : (차) 831.수수료비용   25,000 / (대) 110.받을어음   10,000,000
        (차) 102.당좌예금   9,975,000   (거래처 : ㈜처칠상사)

08 2월 8일 : (차) 831.수수료비용   150,000 / (대) 110.받을어음   16,500,000
        (차) 102.당좌예금   16,350,000   (거래처 : ㈜용팔상사)

09 2월 9일 : (차) 251. 외상매입금   15,000,000 / (대) 110. 받을어음   15,000,000
              (거래처 : ㈜영구상사)   (거래처 : ㈜서삼상사)

10 2월 10일 : (차) 251. 외상매입금   4,000,000 / (대) 110. 받을어음   1,000,000
               (거래처 : ㈜열공상사)   (거래처 : ㈜서삼상사)
                                                (대) 102. 당좌예금   3,000,000

11 2월 11일 : (차) 956. 매출채권처분손실 1,000,000 / (대) 110. 받을어음   10,000,000
              (차) 103. 보통예금   9,000,000   (거래처 : ㈜우일상사)

12 2월 12일 : (차) 956. 매출채권처분손실   200,000 / (대) 110. 받을어음   12,000,000
              (차) 102. 당좌예금   11,800,000   (거래처 : ㈜진이상사)
    * (12,000,000×10%) × 2개월/12개월 = 200,000원

13 12월31일 : (차) 260. 단기차입금   1,000,000 / (대) 910. 외화환산이익   1,000,000
               (거래처 : HANS)
    * 기말 평가액($10,000×1,100/$) − 장부금액(12,000,000) = −1,000,000원(환산이익)
    * 부채가 감소하므로 외화환산이익이 발생하는 것이다.

14 12월31일 : (차) 955. 외화환산손실   5,400,000 / (대) 114. 단기대여금   5,400,000
                                                (거래처 : HANS)
    * 기말 평가액($8,000×1,200/$) − 장부금액(15,000,000) = −5,400,000원(환산손실)

15 2월 15일 : (차) 103. 보통예금   3,900,000 / (대) 108. 외상매출금   3,600,000
                                                (거래처 : HANS)
                                           (대) 907. 외환차익   300,000
    * $30,000 × (1,300/$ − 1,200/$) = 300,000원(외환차익)

16 2월 16일 : (차) 103. 보통예금   2,200,000 / (대) 108. 외상매출금   2,400,000
              (차) 952. 외환차손   200,000   (거래처 : HANS)
    * 외상매출금 : $2,000 × 1,200/$ = 2,400,000원
    * 보통예금 : $2,000 × 1,100/$ = 2,200,000원

7. 단기대여금

단기대여금이란 회수기한이 보고기간 종료일로부터 1년 이내에 도래하는 대여금을 말한다. 대여금은 기간의 장·단기에 따라 단기대여금과 장기대여금(투자자산)으로 구분된다. 금액이 중요할 경우 차입자가 누구인가에 따라 주주·임원·종업원단기대여금, 관계회사단기대여금 등으로 분류하여 사용할 수 있다.

 다음 거래를 회계처리 하시오.

(1) 차용증서를 받고 창제상회에 현금 500,000원을 1개월간 대여하였다.
(2) 창제상회에 대여한 단기대여금 500,000원과 이자 30,000원을 현금으로 회수하였다.

[해설] (1) (차) 단기대여금   500,000 / (대) 현금   500,000
      (2) (차) 현금   530,000 / (대) 단기대여금   500,000
                                          이자수익   30,000

8. 미수금(120)

미수금이란 일반적인 상거래 이외의 거래에서 발생한 채권을 말한다. 즉, 상품·제품이 아닌 차량이나 비품의 매각대금 등이 입금되지 않은 경우를 말한다. 미수금 중 보고기간 종료일로부터 만기가 1년 이내에 도래하는 것은 유동자산으로 분류하고, 1년 이후에 도래하는 것은 비유동자산 중 기타비유동자산(장기미수금)으로 분류한다.

 다음 거래를 회계처리 하시오.

(1) 업무용 컴퓨터(취득원가 500,000원)를 400,000원에 매각하고 대금은 10일 후에 받기로 하였다.
(2) 미수금 400,000원이 보통예금계좌에 입금되었다.
(3) 비품(취득원가 700,000원)을 900,000원에 매각하고 대금은 약속어음(만기 : 1년 이내)으로 받았다.

[해설] (1) (차) 미수금   400,000 / (대) 비품   500,000
           유형자산처분손실   100,000
      (2) (차) 보통예금   400,000 / (대) 미수금   400,000
      (3) (차) 미수금   900,000 / (대) 비품   700,000
                                          유형자산처분이익 200,000

* 비품을 매각하는 거래는 일반적인 상거래가 아니므로 약속어음을 받았다 하더라도 받을어음 계정을 사용해서는 안된다.

기/출/문/제 [실기]

다음 거래 자료를 ㈜세연상사(코드 : 3002)의 [일반전표입력] 메뉴에 추가 입력하시오.

01 2월 21일 매입처 ㈜우일상사에 대여일로부터 3개월 후 상환 조건으로 차용증서를 받고 현금 3,000,000원을 대여하였다.

02 2월 22일 ㈜진이상사에 3,000,000원을 1개월간 대여하기로 하고 선이자 30,000원을 공제한 2,970,000원을 당사의 보통예금계좌에서 계좌이체 하였다.

03 2월 23일 거래처인 ㈜서삼상사에 1년 이내 회수 목적으로 100,000,000원을 대여하기로 하고 80,000,000원은 보통예금에서 지급하였고, 나머지 20,000,000원은 ㈜서삼상사에 대한 외상매출금을 대여금으로 전환하기로 약정하였다.

04 2월 24일 본사 총무과 김영순 대리의 결혼소요자금을 1개월간 대여하기로 하고, 현금 5,000,000원을 김영순 계좌에 입금하였다.

05 2월 25일 업무용으로 사용하던 차량운반구(취득원가 5,000,000원)를 ㈜광오상사에 4,000,000원에 처분하고 대금은 한 달 후에 받기로 하였다(감가상각누계액은 없다고 가정함).

06 2월 26일 자금부족으로 인하여 업무용으로 사용하던 토지(장부금액 19,000,000원)를 35,000,000원에 ㈜청육상사에 처분하고, 대금은 ㈜청육상사가 발행한 어음(90일 만기)을 받았다.

07 12월 31일 총무과 대리 김영순에 대한 장기대여금 10,000,000원에 대하여 연이율 10%의 이자를 계산하여 매년 말일까지 지급받기로 약정되어 있으나 12월 31일 현재 400,000원만 보통예금계좌에 입금되었다.

(세무2급)

KcLep 도우미

01 2월 21일 : (차) 114.단기대여금 3,000,000 / (대) 101.현금 3,000,000
         (거래처 : ㈜우일상사)

02 2월 22일 : (차) 114.단기대여금 3,000,000 / (대) 901.이자수익 30,000
         (거래처 : ㈜진이상사)   (대) 103.보통예금 2,970,000

03 2월 23일 : (차) 114.단기대여금 100,000,000 / (대) 103.보통예금 80,000,000
         (거래처 : ㈜서삼상사)   (대) 108.외상매출금 20,000,000
                                  (거래처 : ㈜서삼상사)

04 2월 24일 : (차) 137.임직원등단기채권 5,000,000 / (대) 101.현금 5,000,000
         (거래처 : 김영순)

05 2월 25일 : (차) 120.미수금 4,000,000 / (대) 208.차량운반구 5,000,000
         (거래처 : ㈜광오상사)
         (차) 970.유형자산처분손실 1,000,000

06 2월 26일 : (차) 120.미수금 35,000,000 / (대) 201.토지 19,000,000
         (거래처 : ㈜청육상사)   (대) 914.유형자산처분이익 16,000,000
   * 토지를 매각하는 거래는 일반적인 상거래가 아니므로 약속어음을 받았다 하더라도 받을어음 계정을 사용해서는 안된다.

07 12월31일 : (차) 103.보통예금 400,000 / (대) 901.이자수익 1,000,000
         (차) 120.미수금 600,000
         (거래처 : 김영순)
   * 10,000,000 × 10% = 1,000,000원

9. 선급금(131)

선급금이란 상품·원재료 등의 매입이나 외주가공을 위하여 선 지급한 금액을 말한다. 이는 상품·원재료 등 재고자산의 확실한 구입을 위하여 선 지급하거나, 제품 및 부분품의 외주가공을 위하여 선 지급한 계약금 등으로 장차 재고자산 계정 등으로 대체 정리될 계정이다.

 다음 거래를 회계처리 하시오.

(1) 창제상회에 원재료 500,000원을 주문하고 계약금 100,000원을 당좌수표를 발행하여 지급하였다.
(2) 주문한 원재료가 도착하여 물품을 인수하고 계약금 100,000원을 제외한 잔금 400,000원은 은행발행자기앞수표로 지급하였다.

[해설] (1) (차) 선급금   100,000 / (대) 당좌예금   100,000
     (2) (차) 원재료   500,000 / (대) 선급금   100,000
                                              현금   400,000

※ 은행발행자기앞수표는 통화대용증권이므로 현금으로 처리한다.

10. 가지급금

가지급금이란 실제로 현금 등의 지출은 있었으나, 계정과목이나 금액을 확정할 수 없을 때 일시적으로 처리하는 자산 계정이다. 추후에 계정과목이나 금액이 확정되면 해당 계정으로 대체한다.

 다음의 연속된 거래를 회계처리 하시오.

(1) 영업부 사원 이창제씨에게 목포 출장을 명하고 개산여비 500,000원을 현금으로 지급하였다.
(2) 출장간 이창제씨가 귀사하여 여비를 정산한 바 여비교통비로 사용한 영수증의 금액은 480,000원이며 잔액은 현금으로 회수하였다.

[해설] (1) (차) 가지급금   500,000 / (대) 현금   500,000
     (2) (차) 여비교통비   480,000 / (대) 가지급금   500,000
           현금   20,000

※ 위 사례 (1)의 경우 실무에서는 가지급금보다는 전도금 계정을 많이 사용하는데, 최근 기출문제에서는 위 (1)의 경우 전도금 계정으로 처리되어 있다고 출제된 적이 있다. 이런 경우라면 (2)의 대변의 회계처리는 전도금이 된다.

기/출/문/제 (실기)

다음 거래 자료를 ㈜세연상사(코드 : 3002)의 [일반전표입력] 메뉴에 추가 입력하시오.

01 3월 1일 ㈜우일상사에서 제품포장지 4,000,000원을 구입하기로 계약을 맺고, 계약금 200,000원을 자기앞수표로 지급하였다.

02 3월 2일 공장이전을 위해 김성실씨로부터 토지를 200,000,000원에 매입하기로 계약을 체결하고, 계약금 20,000,000원을 자기앞수표로 지급하였다.

03 3월 3일 영업부에서 영업용으로 사용할 중형승용차 1대를 현대자동차에서 구입하기로 하고 계약금 150,000원을 현금으로 지급하였다. 동 승용차는 15일 후에 인도받기로 하였다.

04 3월 4일 ㈜무사상사에서 기계장치를 50,000,000원에 구입하기로 계약을 맺고 계약금 5,000,000원을 자기앞수표로 지급하였다.

05 3월 5일 ㈜광오상사에 주문한 제품포장지 4,000,000원을 인수하고 계약금 200,000원을 제외한 잔금 3,800,000원은 당좌수표를 발행하여 지급하였다(제조경비의 소모품비로 처리할 것).

06 3월 6일 사원 김영순의 지방거래처 출장비 400,000원을 현금으로 가지급 하였다(가지급금 계정에 거래처 입력할 것).

07 3월 7일 직원들에게 복리후생을 위해 100,000원을 현금으로 가지급 하였다. 동 현금에 대해서는 차후 실제로 사용되었을 때 영수증을 첨부하여 경비처리 한다.

08 3월 8일 출장갔던 생산직사원 김영순이 복귀하여 가지급금으로 처리하였던 출장비 150,000원을 정산하고, 초과지출분 16,000원을 추가로 현금지급 하였다(가지급금 계정에 거래처 입력할 것).

09 3월 9일 출장을 마친 영업부직원 김성실으로부터 출장비 사용명세서를 보고받고 잔액은 현금으로 회수하였다(2월 1일 거래를 확인한 후 회계처리 할 것).

사용 내역	금 액	비 고
숙박비	60,000원	
교통비	35,000원	출장비 전액을 여비교통비
식 대	24,000원	계정으로 처리할 것.
계	119,000원	

10 3월 10일 가지급금 계정의 잔액 800,000원은 거래처 ㈜열공상사에 다음연도 3월 30일까지 상환받기로 약정하고 대여한 것으로 확인되었다.

11 기말(12월 31일) 현재 가지급금의 잔액 200,000원은 전부 영업부 직원의 여비교통비로 확인되었다.

KcLep 도우미

01 3월 1일 : (차) 131.선급금   200,000   /   (대) 101.현금   200,000
(거래처 : ㈜우일상사)

02 3월 2일 : (차) 131.선급금   20,000,000   /   (대) 101.현금   20,000,000
(거래처 : 김성실)

03 3월 3일 : (차) 131.선급금   150,000   /   (대) 101.현금   150,000
(거래처 : 현대자동차)

04 3월 4일 : (차) 131.선급금　　　5,000,000　／　(대) 101.현금　　　5,000,000
　　　　　　　　(거래처 : ㈜무사상사)

05 3월 5일 : (차) 530.소모품비　　4,000,000　／　(대) 131.선급금　　　200,000
　　　　　　　　　　　　　　　　　　　　　　　　(거래처 : ㈜광오상사)
　　　　　　　　　　　　　　　　　　　　　　(대) 102.당좌예금　　3,800,000

06 3월 6일 : (차) 134.가지급금　　　400,000　／　(대) 101.현금　　　　400,000
　　　　　　　　(거래처 : 김영순)

07 3월 7일 : (차) 134.가지급금　　　100,000　／　(대) 101.현금　　　　100,000

08 3월 8일 : (차) 512.여비교통비　　166,000　／　(대) 134.가지급금　　150,000
　　　　　　　　　　　　　　　　　　　　　　　　(거래처 : 김영순)
　　　　　　　　　　　　　　　　　　　　　　(대) 101.현금　　　　　16,000

09 3월 9일 : (차) 812.여비교통비　　119,000　／　(대) 134.가지급금　　140,000
　　　　　　　(차) 101.현금　　　　　21,000　　　　(거래처 : 김성실)
　　＊ [일반전표입력] 메뉴에서 2월 1일 출장비 지급시 가지급금으로 처리된 금액을 확인한 후 회계처리
　　　하여야 한다. 가지급금 지급시 거래처가(직원 명) 입력되어 있다면, 이를 정리할 때도 거래처를 입력
　　　해야 한다.

10 3월 10일 : (차) 114.단기대여금　　800,000　／　(대) 134.가지급금　　800,000
　　　　　　　　(거래처 : ㈜열공상사)
　　＊ 가지급금은 자산 계정이므로 잔액이 차변에 남게 된다.

11 12월31일 : (차) 812.여비교통비　　200,000　／　(대) 134.가지급금　　200,000

11. 선납세금

선납세금이란 기중에 원천징수[1] 된 법인세나 중간예납 한 법인세 등이 처리되는 계정이다. 이는 기말 결산시 법인세비용 계정으로 대체되는데 이에 대한 내용은 유동부채의 미지급세금에서 설명하기로 한다.

 다음 거래를 회계처리 하시오.

(1) 보통예금에 대한 이자 100,000원이 발생하여 원천징수 14,000원을 제외한 금액이 보통예금통장에 입금되었다.
(2) 당해 사업연도의 법인세 중간예납세액 500,000원을 현금으로 납부하였다.

해설 (1) (차) 보통예금　　　　　　　　　86,000　/　(대) 이자수익　　　　　　　100,000
　　　　　 선납세금　　　　　　　　　14,000
　　 (2) (차) 선납세금　　　　　　　　　500,000　/　(대) 현금　　　　　　　　　500,000

12. 현금과부족

현금의 실제잔액과 장부상잔액은 항상 일치하여야 하지만 기록의 잘못이나 분실, 도난 등으로 인하여 장부상잔액과 일치하지 않을 경우가 있다. 이러한 경우에 그 불일치의 원인이 확인될 때까지 일시적으로 현금과부족 계정을 설정하여 장부상잔액과 실제 현금보유액을 일치시켜야 한다. 그 후 그 원인이 판명되면 해당 계정으로 대체하고, 결산시까지 그 원인이 판명되지 않으면 현금시재 부족액은 잡손실 계정으로, 초과액은 잡이익 계정으로 대체한다.

 다음의 연속된 거래를 회계처리 하시오.

(1) 현금의 실제보유액은 100,000원인데, 장부상 현금 계정의 잔액은 120,000원이다. 부족액에 대한 원인은 아직 알 수 없다.
(2) 현금시재 부족액 20,000원의 원인을 조사한 결과 15,000원은 사무실 직원의 복리후생비로 판명되고 나머지 잔액은 계속 조사 중이다.
(3) 결산일까지 현금시재 부족액 5,000원의 원인이 밝혀지지 않았다.

해설 (1) (차) 현금과부족　　　　　　　20,000　/　(대) 현금　　　　　　　　　20,000
　　 (2) (차) 복리후생비　　　　　　　15,000　/　(대) 현금과부족　　　　　15,000
　　 (3) (차) 잡손실　　　　　　　　　5,000　/　(대) 현금과부족　　　　　5,000

---

[1] 원천징수란 상대방의 소득이 되는 금액을 지급할 때 이를 지급하는 자(원천징수의무자)가 그 금액을 받는 사람(납세의무자)이 내야 할 세금을 미리 떼어서 대신 납부하는 제도를 말한다.

기/출/문/제 [실기]

다음 거래 자료를 ㈜세연상사(코드 : 3002)의 [일반전표입력] 메뉴에 추가 입력하시오.

01 3월 11일 보통예금계좌에서 300,000원의 이자수익이 발생하였으며, 원천징수법인세를 제외한 나머지 금액이 보통예금계좌로 입금되었다. 원천징수법인세율은 14%로 가정한다.

02 3월 12일 기업은행에 예입한 정기예금이 만기가 되어 다음과 같이 해약하고 해약금액은 모두 당좌예금계좌에 입금하였다(원천징수액은 자산으로 처리한다).

- 정기예금 : 50,000,000원
- 이자수익 : 4,000,000원
- 법인세 원천징수액 : 616,000원
- 차감지급액 : 53,384,000원

03 3월 13일 당해 사업연도 법인세의 중간예납세액 24,000,000원을 현금으로 납부하였다(단, 법인세납부액은 자산 계정으로 처리할 것).

04 3월 14일 현금 시재를 확인한 결과 장부잔액보다 현금잔고가 50,000원 더 많은 것을 확인하였으나 그 원인이 밝혀지지 않았다.

05 3월 15일 현금 시재를 확인한 결과 장부잔액보다 현금잔고가 100,000원 더 적은 것을 확인하였으나 그 원인이 밝혀지지 않았다.

06 기말(12월 31일) 현재 현금과부족 계정 차변잔액 300,000원은 기말까지 원인이 밝혀지지 않았다.

07 기말(12월 31일) 결산시 현금과부족 계정 금액 50,000원이 기말까지 판명되지 않아 잡이익으로 회계처리 하였다.

08 결산일(12월 31일) 현재 실제 보유하고 있는 현금 잔액은 58,000,000원이며 장부상 잔액은 58,120,000원이다. 차이 금액은 잡손실로 처리하기로 하였다.

KcLep 도우미

01 3월 11일 : (차) 136.선납세금　　　42,000　　/　(대) 901.이자수익　　　300,000
　　　　　　　(차) 103.보통예금　　　258,000
　　＊ 원천징수세액 : 300,000 × 14% = 42,000원

02 3월 12일 : (차) 136.선납세금　　　616,000　　/　(대) 105.정기예금　　50,000,000
　　　　　　　(차) 102.당좌예금　　53,384,000　　　(대) 901.이자수익　　 4,000,000

03 3월 13일 : (차) 136.선납세금　　24,000,000　　/　(대) 101.현금　　　24,000,000

04 3월 14일 : (차) 101.현금　　　　50,000　　/　(대) 141.현금과부족　　　50,000
　　＊ 장부잔액보다 현금잔고가 더 많다는 것은 장부상 현금이 부족하다는 것이므로 장부상의 현금을 증가시킨다.

05 3월 15일 : (차) 141.현금과부족　　100,000　　/　(대) 101.현금　　　　100,000
　　＊ 장부잔액보다 현금잔고가 더 적다는 것은 장부상 현금이 많다는 것이므로 장부상의 현금을 감소시킨다.

06 12월 31일 : (차) 980.잡손실　　　300,000　　/　(대) 141.현금과부족　　300,000

07 12월 31일 : (차) 141.현금과부족　　50,000　　/　(대) 930.잡이익　　　 50,000

08 12월 31일 : (차) 980.잡손실　　　120,000　　/　(대) 101.현금　　　　120,000
　　＊ 현금과부족 계정은 기중에 현금의 실제잔액과 장부상잔액이 차이가 발생한 경우에 일시적으로 사용하는 계정이다. 따라서 기말에 현금의 실제잔액과 장부상잔액이 차이가 발생한 경우에는 아래의 분개처럼 두 개의 전표로 입력하지 않고 하나의 전표가 되도록 위 답안처럼 처리해야 한다.
　　① 12월 31일 : (차) 현금과부족　　120,000　/ (대) 현금　　　　120,000
　　② 12월 31일 : (차) 잡손실　　　　120,000　/ (대) 현금과부족　　120,000

대손회계

Ⅰ. 대손회계(貸損會計)의 의의

대손이란 거래처의 파산 등의 사유로 매출채권 등의 회수가 불가능하게 되어 이를 손실로 인식하는 것을 말하며, 대손회계란 이러한 대손을 중심으로 대손의 회계처리를 다루는 것으로, 실제로 발생한 대손의 처리와 회수불능채권의 예상에 의한 대손추정의 문제를 다루는 회계이다.

(1) 대손상각비

회수불능채권에 대한 손실을 계상하는 비용계정이다. 매출채권에 대한 대손비용은 판매비와관리비(대손상각비)로, 기타채권에 대한 대손비용은 영업외비용(기타의대손상각비)으로 처리한다.

(2) 대손충당금(109·111)

충당금설정법에 의하여 설정되는 것으로 수취채권(매출채권과 기타채권)의 잔액 중 회수불능채권의 추정금액을 나타내는 것이다. 이것은 수취채권의 평가계정으로서 수취채권의 장부금액(또는 순실현가능가액)을 나타내기 위해 수취채권으로부터 차감하는 형식으로 표시한다.

※ 프로그램 운영상 주의할 점은 대손충당금의 코드번호는 해당 자산의 바로 아래에 있는 코드번호를 사용해야 하는 것이다. 즉, "108.외상매출금"의 대손충당금은 "109.대손충당금"을 사용해야 하며, "110.받을어음"의 대손충당금은 "111.대손충당금"을 사용해야 하는 것이다.

(3) 대손충당금환입

충당금설정법에 의하여 대손충당금을 설정하였으나 전기에 설정한 대손충당금잔액이 당기에 새로 설정할 대손충당금보다 많아 차액을 환입하는 경우에 나타난다. 매출채권에 대한 대손충당금환입은 판매비와관리비의 부(−)의 금액으로 표시하고, 기타채권에 대한 대손충당금환입은 영업외수익으로 표시한다.

Ⅱ. 대손처리 방법(충당금설정법)

대손처리 방법에는 "직접상각법"과 "충당금설정법"이 있으나, 본서에서는 일반기업회계기준에서 인정하는 충당금설정법에 대해서만 학습하기로 한다. 충당금설정법이란 재무상태표상의 기말 채권 잔액을 기초로 하여 과거의 대손경험률이나 기간경과분석 등을 통하여 기말 대손충당금 잔액을 먼저 확정하고, 이에 대한 당기 대손상각비를 역으로 추정하는 방법이다.

(1) ×1년말 결산시 대손예상액을 추정하여 대손충당금 설정

재무상태표상 수취채권을 순실현가능가액으로 나타내기 위하여 기말 채권잔액에 회수불능채권 금액을 추정하여 대손충당금을 설정한다.

(차) 대손상각비　　　　　×××　/　(대) 대손충당금　　　　　×××

(2) ×2년 중 대손확정시

회수가 불가능한 채권은 대손충당금과 상계하고 대손충당금 잔액이 부족한 경우에는 그 부족액을 대손상각비로 처리한다.

거래내역	차 변		대 변	
① 대손충당금이 충분한 경우	대손충당금	×××	매출채권	×××
② 대손충당금이 부족한 경우	대손충당금 대손상각비	××× ×××	매출채권	×××
③ 대손충당금이 없는 경우	대손상각비	×××	매출채권	×××

(3) ×2년 중 대손처리된 채권의 회수

전기 이전에 대손처리된 채권을 회수한 경우에는 대손충당금을 증가시키고, 당기에 대손처리한 채권을 회수한 경우에는 당기 대손발생시 회계처리한 차변 분개의 내용을 대변으로 분개하면 된다.

거래내역	차 변		대 변	
① 전기 이전에 대손처리된 외상매출금을 회수	현 금	×××	대손충당금	×××
② 당기에 대손처리한 외상매출금을 회수	현 금	×××	대손충당금	×××
	현 금	×××	대손충당금 대손상각비	××× ×××
	현 금	×××	대손상각비	×××

(4) ×2년말 결산시 대손예상액을 추정하여 대손충당금 설정

기말에 외상매출금 등의 채권잔액에 대하여 과거경험률 및 기간경과분석 등을 토대로 회수불가능한 금액을 추정하여 실제 대손에 대비한다. 기말에 대손충당금을 설정하는 방법에는 총액법과 보충법 두 가지가 있으며 일반기업회계기준에서는 보충법에 따르도록 하고 있다. 따라서 본서는 보충법으로 회계처리 한다.
  ① **총액법** : 결산정리 전 대손충당금잔액을 모두 환입하고 당기 말 현재 대손추산액을 전액 설정하는 방법
  ② **보충법** : 당기말 현재 대손추산액과 결산정리 전 대손충당금잔액을 서로 비교하여 부족분은 추가로 설정하고 초과분은 환입하는 방법

> 기말설정액 = 기말채권잔액 × 대손추정율(%) - 대손충당금잔액

거래내역	차 변		대 변	
① 대손충당금 잔액이 없을 경우	대손상각비	×××	대 손 충 당 금	×××
② 대손예상액>대손충당금 잔액	대손상각비	×××	대 손 충 당 금	×××
③ 대손예상액<대손충당금 잔액	대손충당금	×××	대손충당금환입	×××

예제

다음의 연속된 거래를 회계처리 하시오.

(1) ×1년 12월 31일 : 외상매출금 잔액 1억원에 대하여 1%의 대손충당금을 설정한다.
(2) ×2년 2월 : 전기의 외상매출금 500,000원을 거래처의 파산으로 대손처리 하였다.
(3) ×2년 3월 : 전기의 외상매출금 800,000원을 거래처의 파산으로 대손처리 하였다.
(4) ×2년 4월 : 전기의 외상매출금 400,000원을 거래처의 파산으로 대손처리 하였다.
(5) ×2년 8월 : 전기에 거래처의 파산으로 대손이 확정되어 대손충당금과 상계처리 했던 외상매출금 300,000원을 현금으로 회수하였다.
(6) ×2년 9월 : 3월에 대손처리 했던 외상매출금 800,000원을 현금으로 회수하였다.
(7) ×2년 12월 31일 : 기말 외상매출금 잔액은 2억원이며 이에 대하여 1%의 대손충당금을 설정하였다(보충법).

해설

(1) (차) 대손상각비   1,000,000 / (대) 대손충당금   1,000,000
  * 100,000,000 × 1% = 1,000,000원
(2) (차) 대손충당금   500,000 / (대) 외상매출금   500,000
  * 충당금잔액이 많으므로 모두 충당금의 감소로 처리한다(이후 대손충당금 잔액 500,000원).
(3) (차) 대손충당금   500,000 / (대) 외상매출금   800,000
    대손상각비   300,000
  * 충당금잔액(500,000)이 부족하므로 우선 충당금을 사용하고 부족분은 대손상각비로 처리한다 (이후 대손충당금 잔액 0원).
(4) (차) 대손상각비   400,000 / (대) 외상매출금   400,000
  * 충당금잔액이 없으므로 모두 대손상각비로 처리한다(이후 대손충당금 잔액 0원).
(5) (차) 현금   300,000 / (대) 대손충당금   300,000
  * 전기에 대손처리한 금액이 당기에 회수되는 경우에는 대손충당금을 증가시킨다(이후 대손충당금 잔액 300,000원).
(6) (차) 현금   800,000 / (대) 대손충당금   500,000
                   대손상각비   300,000
  * 당기에 대손처리한 금액이 당기에 회수되는 경우에는 당기 대손발생시 회계처리한 차변 분개의 내용을 대변으로 분개한다(이후 대손충당금 잔액 800,000원).

(7) (차) 대손상각비   1,200,000 / (대) 대손충당금   1,200,000
* (200,000,000×1%) − 800,000 = 1,200,000원
* 대손충당금 설정 전 잔액 800,000원은 8월(300,000)과 9월(500,000)에 회수된 금액의 합계

만일, 위 (7)의 경우 기말에 대손충당금잔액이 2,600,000원 남아 있다고 가정하면 당기말 설정액을 초과하는 부분은 환입하여야 한다.
(차) 대손충당금   600,000 / (대) 대손충당금환입   600,000
* (200,000,000×1%) − 2,600,000 = −600,000원

기/출/문/제 (실기)

다음 거래 자료를 ㈜세연상사(코드 : 3002)의 [일반전표입력] 메뉴에 추가 입력하시오.

01 3월 21일 ㈜우일상사가 법원으로부터 파산선고를 받아 외상매출금 500,000원이 회수 불가능하게 되어 대손처리 하였다. 장부상 대손충당금잔액은 없다.

02 3월 22일 ㈜진이상사의 파산으로 인해 외상매출금 1,000,000원이 회수불가능하게 되어 대손처리 하였다. 외상매출금에 대한 대손충당금 잔액은 280,000원이며, 대손세액공제를 고려하지 않기로 한다.

03 3월 23일 당사의 제품 대리점을 운영하는 김서삼씨가 법원으로부터 파산선고를 받음에 따라 김서삼씨가 운영하던 ㈜서삼상사의 외상매출금 6,600,000원이 회수가 불가능할 것으로 판단되어 당일자로 대손처리 하였다. 외상매출금에 대한 대손충당금 잔액은 2,350,000원이다.

04 3월 24일 매출처 ㈜무사상사의 파산으로 인해 외상매출금이 회수불가능하게 되어 30,000원을 대손처리 하였다(장부상 대손충당금 잔액은 충분하다고 가정함).

05 3월 25일 ㈜광오상사에 당기 1월 1일에 대여한 1,000,000원이 동사의 파산으로 인하여 전액 대손처리 하기로 하였다. 상환일자는 당기 11월 30일이고 대손충당금은 설정되어 있지 않다.

06 3월 26일 지난해 대손이 확정되어 대손충당금과 상계 처리한 외상매출금 450,000원을 현금으로 회수하였다(부가가치세법상 대손세액은 고려하지 말 것).

07 3월 27일 전기에 대손이 확정되어 대손충당금과 상계 처리한 외상매출금 550,000원이 당사의 보통예금에 입금된 것을 확인하였다(단, 부가가치세법상 대손세액은 고려하지 말 것).

08 기말(12월 31일) 결산시 외상매출금 잔액에 대하여 1%의 대손충당금을 설정한다. 외상매출금의 기말잔액은 1억원이며 장부상 대손충당금잔액 300,000원이 있다.

09 기말(12월 31일) 결산시 받을어음 잔액에 대하여 1%의 대손충당금을 설정한다. 받을어음의 기말잔액은 100,000,000원이며 장부상 대손충당금잔액 1,600,000원이 있다.

10 기말(12월 31일) 결산시 매출채권(외상매출금과 받을어음)에 대하여 1%의 대손충당금을 설정한다.

- 외상매출금 기말잔액 : ₩403,885,000
- 받을어음 기말잔액 : ₩386,510,000
- 대손충당금(외상매출금) 잔액 : ₩330,000
- 대손충당금(받을어음) 잔액 : ₩2,450,000

KcLep 도우미

01 3월 21일 : (차) 835.대손상각비   500,000   /   (대) 108.외상매출금   500,000
                                                    (거래처 : ㈜우일상사)

02 3월 22일 : (차) 109.대손충당금   280,000   /   (대) 108.외상매출금   1,000,000
          (차) 835.대손상각비   720,000   (거래처 : ㈜진이상사)
* 전산회계 1급에서는 대손세액공제와 관련된 회계처리는 자격시험범위가 아니므로 이를 고려하지 않기로 한다는 문구는 신경 쓸 필요 없다(문제 6번, 7번도 마찬가지).

03 3월 23일 : (차) 109.대손충당금   2,350,000 /   (대) 108.외상매출금   6,600,000
          (차) 835.대손상각비   4,250,000   (거래처 : ㈜서삼상사)

04 3월 24일 : (차) 109.대손충당금　　30,000　　/　(대) 108.외상매출금　　30,000
　　　　　　　　　　　　　　　　　　　　　　　　　　(거래처 : ㈜무사상사)

05 3월 25일 : (차) 954.기타의대손상각비 1,000,000　/　(대) 114.단기대여금　　1,000,000
　　　　　　　　　　　　　　　　　　　　　　　　　　(거래처 : ㈜광오상사)
　　＊ 기타채권의 대손상각비는 영업외비용으로 처리한다.

06 3월 26일 : (차) 101.현금　　　　　450,000　　/　(대) 109.대손충당금　　450,000

07 3월 27일 : (차) 103.보통예금　　　550,000　　/　(대) 109.대손충당금　　550,000

08 12월31일 : (차) 835.대손상각비　　700,000　　/　(대) 109.대손충당금　　700,000
　　＊ (100,000,000 × 1%) − 300,000 = 700,000원

09 12월31일 : (차) 111.대손충당금　　600,000　　/　(대) 851.대손충당금환입　600,000
　　＊ (100,000,000 × 1%) − 1,600,000 = −600,000원
　　＊ 매출채권의 대손충당금환입은 판매비와관리비의 부(−)의 금액으로 표시(851.대손충당금환입)하고, 기타채권의 대손충당금환입은 영업외수익(908.대손충당금환입)으로 처리한다.

10 12월31일 : (차) 835.대손상각비　5,123,950　　/　(대) 109.대손충당금　　3,708,850
　　　　　　　　　　　　　　　　　　　　　　　　　　(대) 111.대손충당금　　1,415,100
　　＊ 외상매출금 : (403,885,000 × 1%) − 330,000 = 3,708,850원
　　＊ 받을어음 : (386,510,000 × 1%) − 2,450,000 = 1,415,100원
　　＊ 실제 자격시험에서는 기말 채권잔액 및 충당금 잔액을 제시해 주지 않는 경우가 일반적이다. 이런 경우에는 아래와 같이 [합계잔액시산표] 메뉴의 12월을 조회하여 외상매출금과 받을어음의 차변잔액과 대손충당금의 대변잔액(실제 자격시험의 풀이 과정을 설명한 것이므로 ㈜세연상사의 DATA 자료와는 금액이 다름)을 확인하여 추가 설정할 금액을 계산해야 한다.

차변		계정과목	대변	
잔액	합계		합계	잔액
403,885,000	×××	외상매출금		
		대손충당금	×××	330,000
386,510,000	×××	받을어음		
		대손충당금	×××	2,450,000

기/출/문/제 (필기)

01 매출채권에 대한 설명이다. 다음 중 가장 틀린 것은?

① 기업의 일반적인 상거래에서 발생하는 외상대금을 처리하는 계정이다.
② 제품을 매출한 후 제품의 파손, 부패 등의 사유로 값을 깎아 주는 것을 매출할인이라 한다.
③ 제품의 하자로 인하여 반품된 매출환입은 제품의 총매출액에서 차감한다.
④ 매출채권을 매각할 경우 매출채권처분손실 계정이 발생할 수 있다.

[풀이] 제품을 매출한 후 제품의 파손, 부패 등의 사유로 값을 깎아 주는 것은 매출에누리라고 한다.

02 일반적으로 상거래와 관련해서 발생하는 채권에 대해서는 외상매출금이나 받을어음과 같은 매출채권 계정을 사용하나 그 이외의 거래에서 발생하는 채권에 대하여는 (   )계정을 사용한다.

① 가수금   ② 미수금   ③ 미수수익   ④ 가지급금

03 우산상점이 양산상점에 상품 320,000원을 주문하고 계약금 100,000원을 현금으로 지급한 경우 우산상점의 입장에서 해야 할 분개로 맞는 것은?

① (차) 상품   320,000원 / (대) 현금   100,000원
                                    매출   220,000원
② (차) 상품   320,000원 / (대) 현금   100,000원
③ (차) 선급금   100,000원 / (대) 현금   100,000원
④ (차) 대여금   50,000원 / (대) 현금   50,000원

04 다음 중 대손충당금 설정 대상으로 적절하지 않는 것은?

① 외상매출금   ② 받을어음   ③ 선수금   ④ 단기대여금

[풀이] 대손충당금이란 기말에 수취채권(매출채권, 기타채권)의 잔액에 대하여 회수불가능한 금액을 추정하여 실제 대손에 대비하는 것이다. 따라서 채무(선수금)는 대손이 발생할 수 없으므로 대손충당금을 설정하지 않는다.

05 다음 중 대손충당금 설정대상 자산으로 적합한 것은?

① 미지급금   ② 미수금
③ 선수금   ④ 예수금

[풀이] 미지급금, 선수금, 예수금은 부채이므로 대손충당금 설정대상이 아니다.

06 다음 중 대손에 대한 설명으로 옳지 않은 것은?

① 기말에 대손추산액에서 대손충당금잔액을 차감한 금액을 대손상각비로 계상한다.
② 기말에 대손상각비를 설정하는 경우 모든 대손상각비는 판매비와관리비로만 처리한다.
③ 회수가 불가능한 채권은 대손충당금과 상계하고, 대손충당금이 부족한 경우에는 그 부족액을 대손상각비로 처리한다.
④ 회수가 불확실한 금융자산은 합리적인 기준에 따라 산출한 대손추산액을 대손충당금으로 설정한다.

[풀이] 기타채권의 대손상각비는 영업외비용으로 처리한다.

07 거래처에 매출하여 받은 약속어음 1,000,000원이 거래처의 파산으로 회수 불가능한 것으로 판명(×1년 12월 15일)되었다. 단, 이미 대손충당금 1,200,000원이 설정되어 있다. 일반기업회계기준에 의한 ×1년 12월 15일 적정한 분개는?

① (차) 대손상각비   1,000,000원 / (대) 매출채권   1,000,000원
② (차) 대손충당금   1,000,000원 / (대) 매출채권   1,000,000원
③ (차) 대손충당금   500,000원 / (대) 매출채권   1,000,000원
       대손상각비   500,000원
④ (차) 대손충당금   1,200,000원 / (대) 매출채권   1,200,000원

[풀이] 회수가 불가능한 채권은 대손충당금과 상계하고 대손충당금 잔액이 부족한 경우에는 그 부족액을 대손상각비로 처리한다.

08 다음의 거래에 대한 분개로 맞는 것은?

> 8월 31일 : 거래처의 파산으로 외상매출금 100,000원이 회수불능이 된다. 단, 8월 31일 이전에 설정된 대손충당금 잔액은 40,000원이 있다.

① (차) 대손상각비   100,000원 / (대) 외상매출금   100,000원
② (차) 대손충당금   40,000원 / (대) 외상매출금   100,000원
       대손상각비   60,000원
③ (차) 대손충당금   60,000원 / (대) 외상매출금   100,000원
       대손상각비   40,000원
④ (차) 대손충당금환입   40,000원 / (대) 외상매출금   100,000원
       대손상각비   60,000원

09 외상매출금 20,000원이 회수불능 되었다. 일반기업회계기준에 따라 회계처리 할 경우 다음 각 상황별로 계상되어야 할 대손상각비는 얼마인가?

- 상황 1 : 대손충당금 잔액이 없는 경우
- 상황 2 : 대손충당금 잔액이 13,000원인 경우
- 상황 3 : 대손충당금 잔액이 23,000원인 경우

① 20,000원, 13,000원, 3,000원 ② 20,000원, 7,000원, 0원
③ 20,000원, 7,000원, 3,000원 ④ 20,000원, 13,000원, 0원

10 20×1년도말 외상매출금은 50,000,000원이고 대손충당금잔액은 200,000원이다. 기말 외상매출금 잔액의 1%를 대손충당금으로 설정한다. 추가 계상될 대손상각비는 얼마인가?

① 100,000원 ② 200,000원 ③ 300,000원 ④ 500,000원

[풀이] (외상매출금 잔액 × 설정률) - 대손충당금 잔액 = 대손충당금 설정액
(50,000,000 × 1%) - 200,000 = 300,000원

11 ㈜성원은 채권잔액의 2%를 대손충당금으로 설정한다. 다음 자료에서 20×1년말 대손충당금 추가설정액은 얼마인가?

- 20×1. 12. 31. : 매출채권 잔액   200,000,000원
- 20×1. 1. 1. : 대손충당금   1,000,000원
- 20×1. 5. 1. : 대손발생   300,000원

① 1,000,000원 ② 4,000,000원 ③ 3,000,000원 ④ 3,300,000원

[풀이] (매출채권 잔액 × 설정률) - 대손충당금 잔액 = 대손충당금 설정액
(200,000,000 × 2%) - (1,000,000 - 300,000) = 3,300,000원

12 일반기업회계기준에 따라 외상매출금에 대한 대손처리를 할 경우 대손상각비는 얼마인가?

- 기초 외상매출금에 대한 대손충당금 잔액은 120,000원이다.
- 7월 1일 거래처의 파산으로 외상매출금 90,000원이 회수불능 되었다.
- 12월 31일 현재 연령분석법을 통해 파악된 회수불능 외상매출금은 160,000원으로 추정된다.

① 130,000원 ② 210,000원 ③ 250,000원 ④ 160,000원

[풀이] 7/1 : (차) 대손충당금   90,000 / (대) 외상매출금   90,000
12/31 : (차) 대손상각비   130,000 / (대) 대손충당금   130,000
대손추산액(160,000) - 대손충당금 잔액(120,000 - 90,000) = 130,000원(대손충당금 설정액)

13 ㈜한강은 기말에 외상매출금 20,000,000원에 대해 1%의 대손충당금을 설정하려 한다. 일반기업회계기준에 따라 보충적으로 회계처리 할 경우 기말에 추가로 계상되어야 할 대손충당금은 얼마인가?

> • 기초의 대손충당금은 100,000원이다.
> • [상황 1] 2월 전기 매출채권 중 100,000원의 대손이 발생했다.
> • [상황 2] 2월 대손처리한 매출채권이 다시 회수되다.

① 100,000원 ② 200,000원 ③ 300,000원 ④ 400,000원

[풀이] (매출채권 잔액 × 설정률) − 대손충당금 잔액 = 대손충당금 설정액
(20,000,000 × 1%) − 대손충당금 잔액(100,000 − 100,000 + 100,000) = 100,000원

14 유형자산 처분에 따른 미수금 기말잔액 45,000,000원에 대하여 2%의 대손충당금을 설정하려 한다. 기초 대손충당금 400,000원이 있었고 당기 중 320,000원 대손이 발생되었다면 보충법에 의하여 기말 대손충당금 설정 분개로 올바른 것은?

① (차) 대손상각비   820,000원 / (대) 대손충당금   820,000원
② (차) 기타의대손상각비   820,000원 / (대) 대손충당금   820,000원
③ (차) 대손상각비   900,000원 / (대) 대손충당금   900,000원
④ (차) 기타의대손상각비   900,000원 / (대) 대손충당금   900,000원

[풀이] (미수금 잔액 × 설정률) − 대손충당금 잔액 = 대손충당금 설정액
(45,000,000 × 2%) − (400,000 − 320,000) = 820,000원
기타채권인 미수금의 대손비용은 기타의대손상각비로 처리한다.

15 ㈜광교는 매출채권 기말잔액 28,000,000원에 대하여 1%의 대손충당금을 설정하고자 한다. 전기말 대손충당금 잔액은 300,000원이었으며, 기중에 전기 대손발생액 중 200,000원이 회수되어 회계처리 하였다. 기말의 회계처리로 올바른 것은?

① (차) 대손상각비   280,000원 / (대) 대손충당금   280,000원
② (차) 대손충당금   20,000원   / (대) 대손충당금환입   20,000원
③ (차) 대손충당금   220,000원 / (대) 대손충당금환입   220,000원
④ (차) 대손상각비   180,000원 / (대) 대손충당금   180,000원

[풀이] (매출채권 잔액 × 설정률) − 대손충당금 잔액 = 대손충당금 설정액(또는 환입액)
(28,000,000 × 1%) − 대손충당금 잔액(300,000 + 200,000) = −220,000원

16 결산시 매출채권에 대한 대손충당금을 계산하는 경우의 예이다. 틀린 것은?

	결산전 대손충당금잔액	기말 매출채권잔액(대손율 1%)	회계처리의 일부
①	10,000원	100,000원	(대) 대손충당금환입 9,000원
②	10,000원	1,000,000원	- 회계처리 없음 -
③	10,000원	1,100,000원	(차) 대손상각비 1,000원
④	10,000원	1,100,000원	(차) 기타의대손상각비 1,000원

[풀이] 기타의대손상각비는 기타채권의 대손비용을 처리하는 계정과목이다.

17 결산일 현재 매출채권 잔액은 50,000,000원이며 이에 대한 기초 대손충당금 잔액은 100,000원이었고 당기에 대손이 실제 발생한 금액은 50,000원이었다. 일반기업회계 기준에 따라 기말의 매출채권 잔액에 대하여 1%의 대손충당금을 설정할 경우 재무상태표에 표시되는 매출채권의 장부금액은 얼마인가?

① 49,950,000원   ② 49,900,000원   ③ 49,500,000원   ④ 49,850,000원

[풀이] 기말 매출채권 잔액에 대하여 1%의 충당금을 설정하므로 기중에 충당금 잔액이 얼마이든 상관없이 기말 대손충당금 설정 후의 대손충당금잔액은 기말 매출채권 잔액의 1%가 된다.
매출채권(50,000,000) - 대손충당금(매출채권의 1% 500,000) = 49,500,000(장부금액)

18 ㈜세원은 대손충당금을 보충법에 의해 설정하고 있으며, 매출채권 잔액의 1%로 설정하고 있다. 기말 재무상태표상 매출채권의 순장부가액은 얼마인가?

매출채권				대손충당금			
기초	50,000	회수 등	200,000	대손	8,000	기초	10,000
발생	500,000						

① 346,500원   ② 347,000원   ③ 347,500원   ④ 348,000원

[풀이] 기말 매출채권 잔액 : 기초(50,000) + 발생(500,000) - 회수 등(200,000) = 350,000원
매출채권(350,000) - 대손충당금(매출채권의 1% 3,500) = 346,500원(순장부가액)

정답

1. ② 2. ② 3. ③ 4. ③ 5. ② 6. ② 7. ② 8. ② 9. ② 10. ③
11. ④ 12. ① 13. ① 14. ② 15. ③ 16. ④ 17. ③ 18. ①

제2절 재고자산

재고자산이란 정상적인 영업과정에서 판매를 위하여 보유하거나 생산과정에 있는 자산 및 생산 또는 서비스 제공과정에 투입될 원재료나 소모품의 형태로 존재하는 자산을 말한다. 재고자산은 다음의 항목으로 구성되어 있다.

- 정상적인 영업과정에서 판매를 위하여 보유하고 있는 자산(상품, 제품)
- 판매를 위하여 생산과정에 있는 자산(재공품)
- 판매할 자산의 생산과정 또는 서비스 제공과정에 투입될 자산(원재료, 저장품)

1. 재고자산의 분류

재고자산은 총액으로 보고하거나 상품, 제품, 재공품, 원재료 및 소모품 등으로 분류하여 재무상태표에 표시한다. 서비스업의 재고는 재공품으로 분류할 수 있다.

(1) 상품(146)

기업이 정상적인 영업활동을 통하여 판매할 목적으로 구입한 상품 등을 말하며, 부동산매매업에 있어서 판매를 목적으로 소유하는 토지, 건물, 기타 이와 유사한 부동산도 이를 상품에 포함시킨다.

(2) 제품

판매를 목적으로 제조한 생산품·부산물 등을 말한다.

(3) 재공품

제품의 제조를 위하여 재공과정에 있는 것을 말하며 반제품을 포함한다. 반제품은 현재 상태로 판매가능한 재공품을 말한다.

(4) 원재료(153)

제품의 생산에 소비할 목적으로 구입한 원료·재료 등을 말한다.

(5) 저장품

생산과정이나 서비스를 제공하는데 투입될 부분품, 소모품, 소모공구기구, 비품 및 수선용 부분품 등을 말한다. 단, 공구 및 비품은 당기 생산과정에 소비 또는 투입될 품목에 한하며, 한 회계기간 이상 사용할 것으로 예상되는 품목이면 비유동자산으로 분류한다.

(6) 기타의 재고자산

위 (1) 내지 (5)에 속하지 아니한 재고자산으로 한다.

2. 취득원가의 측정

재고자산의 취득원가는 매입원가 또는 제조원가를 말한다. 재고자산의 취득원가에는 취득에 직접적으로 관련되어 있으며, 정상적으로 발생되는 기타원가를 포함한다.

(1) 매입원가

재고자산의 매입원가는 매입금액에 매입운임, 하역료 및 보험료 등 취득과정에서 정상적으로 발생한 부대원가를 가산한 금액이다. 매입과 관련된 할인, 에누리 및 기타 유사한 항목은 매입원가에서 차감한다.

(2) 매입환출및에누리(147·154)

매입환출이란 매입한 상품을 판매자에게 반품 처리한 금액을 말하며, 매입에누리란 매입한 상품에 파손이나 결함 등이 있어서 결제금액을 깎는 것을 말한다. 매입환출및에누리는 매입원가에서 차감한다.

※ 프로그램 운영상 주의할 점은 "146.상품"의 매입환출및에누리는 147번 코드를 사용해야 하며, "153.원재료"의 매입환출및에누리는 154번 코드를 사용해야 하는 것이다. 즉, 해당 자산 코드번호의 아래 코드번호를 사용해야 해당 자산의 매입원가에서 차감되는 것이다.

 다음 거래를 회계처리 하시오.

(1) 창제상회에서 원재료 200,000원을 매입하고 대금은 한 달 후에 지급하기로 하였다.
(2) 매입한 원재료 일부에서 불량품을 발견하고 그 사실을 통보한 결과 외상대금 200,000원 중 30,000원을 감액하기로 하고 나머지는 현금으로 지급하였다.

[해설] (1) (차) 원재료　　　　　　　　200,000　／　(대) 외상매입금　　　　　200,000
　　　 (2) (차) 외상매입금　　　　　　200,000　／　(대) 매입환출및에누리　　 30,000
　　　　　　　　　　　　　　　　　　　　　　　　　　　　현금　　　　　　　　170,000

(3) 매입할인(148·155)

매입할인이란 외상대금을 약정된 할인기간 내에 지급하고 대금의 일부를 할인 받는 것을 말한다. 매입할인은 매입원가에서 차감한다.

※ 프로그램 운영상 주의할 점은 "146.상품"의 매입할인은 148번 코드를 사용해야 하며, "153.원재료"의 매입할인은 155번 코드를 사용해야 하는 것이다. 즉, 해당 자산 코드번호의 아래 코드번호를 사용해야 해당 자산의 매입원가에서 차감되는 것이다.

 다음 거래를 회계처리 하시오.

(1) 창제상사에서 원재료 200,000원을 매입하고 대금은 한 달 후에 지급하기로 하였다(5일 이내 현금 결제시 10% 할인조건).
(2) 매입할인을 받고자 외상매입대금 200,000원을 할인기간 내에 현금으로 조기지급하고 10%의 할인을 받았다.

해설 (1) (차) 원재료　　　　　　　　200,000 　/　 (대) 외상매입금　　　　　200,000
　　　(2) (차) 외상매입금　　　　　　200,000 　/　 (대) 매입할인　　　　　　20,000
　　　　　　　　　　　　　　　　　　　　　　　　　　　현금　　　　　　　　180,000

3. 재고자산의 수량결정 방법

재고자산의 수량을 파악하는 방법에는 실지재고조사법과 계속기록법이 있다.

(1) 실지재고조사법

기말에 남아있는 실지재고를 조사하여 기말재고수량을 파악하는 방법으로 재고자산의 입고만을 기록하고 출고기록은 하지 않는다. 따라서 당기 판매가능수량(기초재고수량+당기매입수량)에서 기말실지재고수량을 차감하여 당기판매수량을 파악한다.

> **(기초재고수량 + 당기매입수량) - 기말실지재고수량 = 당기판매수량**

다음 자료에 의하여 실지재고조사법에 의한 당기판매수량을 파악하시오.

```
1/ 1  전기이월 : A상품 200개
3/ 3  입   고 : A상품 300개
8/ 8  출   고 : A상품 ?
9/ 9  입   고 : A상품 300개
11/11 출   고 : A상품 ?
12/31 기말에 실지재고를 조사한 결과 실지재고수량은 180개이다.
```

해설 (기초재고수량 200개 + 당기매입수량 600개) - 기말실지재고수량 180개 = 620개

(2) 계속기록법

재고자산의 입고와 출고가 이루어질 때마다 장부에 계속적으로 그 사실을 기록함으로써, 기중판매량 및 재고수량을 장부에서 언제든지 파악할 수 있는 방법이다.

> **기초재고수량 + 당기매입수량 - 당기판매수량 = 기말재고수량**

또한 실지재고조사법과 병행하여 사용하면, 장부상재고량과 실지재고량을 모두 알 수 있기 때문에 보관 중에 발생한 재고감모량을 쉽게 파악할 수 있다.

재고감모량 = 장부상재고량 − 실지재고량

(1) 다음 자료에 의하여 계속기록법에 의한 기말재고수량을 파악하시오.

```
1/ 1  전기이월 : A상품 200개
3/ 3  입    고 : A상품 300개
8/ 8  출    고 : A상품 400개
9/ 9  입    고 : A상품 300개
11/11 출    고 : A상품 200개
```

(2) 기말실지재고를 조사한 결과 실지재고수량은 180개이다. 감모량을 구하시오.

[해설] (1) (기초재고수량 200개 + 당기매입수량 600개) − 당기판매수량 600개 = 200개
      (2) 장부상재고량 200개 − 실지재고량 180개 = 재고감모량 20개

4. 재고자산의 원가결정 방법

재고자산의 판매량 및 기말재고량에 적용할 단위원가를 결정하는 방법으로는 원가흐름의 가정에 따라 개별법, 선입선출법, 가중평균법(총평균법과 이동평균법), 표준원가법, 소매재고법 등이 있다. 통상적으로 상호 교환될 수 없는 재고항목이나 특정 프로젝트별로 생산되는 제품 또는 서비스의 원가는 개별법을 사용하여 결정하며, 개별법이 적용되지 않는 재고자산의 단위원가는 선입선출법이나 가중평균법 또는 후입선출법을 사용하여 결정한다. 성격과 용도 면에서 유사한 재고자산에는 동일한 단위원가 결정방법을 적용하여야 하며, 성격이나 용도 면에서 차이가 있는 재고자산에는 서로 다른 단위원가 결정방법을 적용할 수 있다.

(1) 개별법

재고자산의 매입상품별로 매입가격을 알 수 있도록 개별적으로 관리하여 판매된 부분에 대한 원가와 기말에 남아있는 재고자산의 원가를 개별적으로 파악하여 매출원가와 기말재고액을 결정하는 방법이다.
   ① 실제 물량흐름과 일치하므로 이론상 가장 이상적인 방법이다.
   ② 수익과 비용이 정확하게 대응되어 정확한 이익을 측정할 수 있다.
   ③ 재고자산의 종류와 수량이 많고 거래가 빈번한 경우에는 적용하기가 불가능하다.

(2) 선입선출법(first-in, first-out method : FIFO method)

실제 물량의 흐름과는 관계없이 먼저 매입한 재고자산이 먼저 판매되는 것으로 가정하여 매출원가와 기말재고액을 결정하는 방법이다.
① 일반적인 물량흐름과 일치한다.
② 매출원가는 과거의 원가로 계상되어, 현재의 수익과 과거의 원가가 대응되므로 수익과 비용의 대응이 적절히 이루어지지 않는다.
③ 물가상승시에는 순이익이 높게 계상된다.
④ 기말재고액은 최근에 구입한 원가로 보고되므로 재무상태표상 재고자산가액은 시가에 가깝다.

(3) 후입선출법(last-in, first-out method : LIFO method)

가장 최근에 매입한 재고자산부터 판매되는 것으로 가정하여 매출원가와 기말재고액을 결정하는 방법이다.
① 일반적인 물량흐름과 일치하지 않는다.
② 매출원가는 현재의 원가로 계상되어, 현재의 수익과 현재의 원가가 대응되므로 수익과 비용의 대응이 적절히 이루어진다.
③ 물가상승시에는 순이익이 낮게 계상된다.
④ 물가상승시에는 기말재고액이 오래전에 구입한 원가로 계상되므로 기말재고액이 낮게 계상된다.

다음 자료에 의하여 (1)선입선출법과 (2)후입선출법의 가정하에 매출원가를 계산하시오.

```
1/ 1  전기이월 : A상품 200개 @100원
3/ 3  입   고 : A상품 300개 @120원
8/ 8  출   고 : A상품 400개 (  ①  )
9/ 9  입   고 : A상품 300개 @140원
11/11 출   고 : A상품 200개 (  ②  )
```

해설 (1) 선입선출법
① (200개×@100) + (200개×@120) = 44,000
② (100개×@120) + (100개×@140) = 26,000   ∴ 매출원가는 70,000원
* 8/8 출고 400개는 전기이월 200개와 3/3 입고된 200개가 판매된 것으로 본다.
* 11/11 출고 200개는 3/3 입고된 나머지 100개와 9/9 입고된 100개가 판매된 것으로 본다.

(2) 후입선출법
① (300개×@120) + (100개×@100) = 46,000
② (200개×@140) = 28,000   ∴ 매출원가는 74,000원
* 8/8 출고 400개는 3/3 입고된 300개와 전기이월 100개가 판매된 것으로 본다.
* 11/11 출고 200개는 9/9 입고된 200개가 판매된 것으로 본다.

(4) 이동평균법(moving average method)

재고자산이 출고되는 시점에서의 평균단가로 매출원가와 기말재고액을 결정하는 방법이다. 이동평균법을 사용할 때에는 재고자산을 매입할 때마다 직전 재고액과 금번 매입액의 합계액을 매입 직전 재고수량과 금번 매입수량의 합계로 나누어 평균단가를 계산해 두었다가, 이후에 판매되는 재고자산의 매출원가로 사용한다.

$$\text{이동평균단가} = \frac{\text{매입 직전의 재고액} + \text{금번의 매입액}}{\text{매입 직전의 재고수량} + \text{금번의 매입수량}}$$

$$\text{매출원가} = \text{재고자산 판매량} \times \text{이동평균단가}$$

(5) 총평균법(total average method)

당기에 판매된 재고자산은 모두 동일한 단가라는 가정하에 매출원가와 기말재고액을 결정하는 방법이다. 총평균법을 사용할 때에는 기말에 재고자산의 기초재고액과 당기매입액의 합계액을 기초재고수량과 당기매입수량의 합계로 나누어 총평균단가를 계산하고, 이 총평균단가를 당기 재고자산 판매량에 곱하여 재고자산의 매출원가를 계산한다.

$$\text{총평균단가} = \frac{\text{기초재고액} + \text{당기매입액}}{\text{기초재고수량} + \text{당기매입수량}}$$

$$\text{매출원가} = \text{재고자산 판매량} \times \text{총평균단가}$$

 다음 자료에 의하여 (1)이동평균법과 (2)총평균법의 가정하에서 매출원가를 계산하시오.

```
1/ 1  전기이월 : A상품 200개 @100원
3/ 3  입    고 : A상품 300개 @120원
8/ 8  출    고 : A상품 400개 (  ①  )
9/ 9  입    고 : A상품 300개 @140원
11/11 출    고 : A상품 200개 (  ②  )
```

[해설] (1) 이동평균법
  ① {(200개×@100) + (300개×@120)}÷500개 = @112
     @112 × 400개 = 44,800
  ② {(100개×@112) + (300개×@140)}÷400개 = @133
     @133 × 200개 = 26,600   ∴ 매출원가는 71,400원
(2) 총평균법
  총평균단가 : {(200개×@100)+(300개×@120)+(300개×@140)}÷800개 = @122.5

① @122.5 × 400개 = 49,000
② @122.5 × 200개 = 24,500 ∴ 매출원가는 73,500원

[참고] 소매재고법에 의한 원가결정

소매재고법은 판매가격기준으로 평가한 기말재고금액에 구입원가, 판매가격 및 판매가격변동액에 근거하여 산정한 원가율을 적용하여 기말재고자산의 원가를 결정하는 방법이다. 이 방법은 실제원가가 아닌 추정에 의한 원가결정방법이므로 원칙적으로 많은 종류의 상품을 취급하여 실제원가에 기초한 원가결정방법의 사용이 곤란한 유통업종에서만 사용할 수 있으며, 그러한 방법으로 평가한 결과가 실제원가와 유사한 경우에 편의상 사용할 수 있다.

5. 재고자산감모손실

재고자산감모손실은 재고자산의 도난, 분실, 파손, 증발, 마모 등에 의한 수량부족으로 발생한 손실로서, 장부상 수량에 비하여 실제 수량이 부족한 경우에 발생하는 손실이다.

> 재고자산감모손실 = (장부수량 - 실제수량) × 단위당원가

재고자산감모손실이 발생한 경우에는 장부상의 기말재고액을 감소시키고 감모손실만큼 비용으로 처리한다. 재고자산감모손실이 정상적으로 발생하는 경우에는 원가성이 인정되는 경우이므로 매출원가에 가산하고, 비정상적으로 발생하는 경우에는 원가성을 인정할 수 없는 경우이므로 손익계산서상의 매출원가란에 "매출이외의 상품감소액(타계정으로 대체액)"이라는 과목으로 하여 매출원가에서 제외시키고 이를 영업외비용으로 처리한다.

기말 상품의 장부상 잔액은 1,000,000원이고 실제재고액은 800,000원이다. 재고자산감모액이 (1)정상적인 경우와 (2)비정상적인 경우의 결산시 회계처리 하시오.

 (1) (차) 상품매출원가   200,000 / (대) 상   품   200,000
(2) (차) 재고자산감모손실 200,000 / (대) 상   품   200,000
   (영업외비용)   (적요 : 8.타계정으로 대체액)

한마디 … 비정상적인 감모가 발생하거나 후술하는 타계정대체가 발생한 경우 프로그램에서는 해당 재고자산의 적요 입력란에 숫자 "8"(타계정으로 대체액)을 반드시 입력해야 한다.

6. 기타의 회계처리

(1) 타계정대체

기업이 영업활동을 하는 과정에서 자사의 제품이나 상품을 광고선전 목적으로 사용하거나 시험연구용 등으로 사용하는 경우가 있는데, 이를 "타계정대체"라고 한다. 이와 같이 상품이

나 제품을 판매목적 이외에 다른 목적으로 사용하는 경우에는 사용된 제품이나 상품의 원가를 손익계산서상의 매출원가란에 "매출이외의 상품감소액(타계정으로 대체액)"이라는 과목으로 하여 매출원가에서 제외시켜야 한다.

 다음 거래를 회계처리 하시오.
  (1) 상품(원가 200,000원, 시가 300,000원)을 사무실 직원의 복리후생 목적으로 사용하였다.
  (2) 제품(원가 800,000원, 시가 900,000원)을 판매하지 않고 회사의 비품으로 사용하였다.

해설 (1) (차) 복리후생비   200,000 / (대) 상   품   200,000
                                                            (적요 : 8.타계정으로 대체액)
     (2) (차) 비   품   800,000 / (대) 제   품   800,000
                                                            (적요 : 8.타계정으로 대체액)

(2) 관세환급금(149·151)

관세환급금이란 수출하기 위해 수입한 상품 또는 원재료에 대하여 수입한 때에는 관세를 부담하지만 이를 다시 수출할 때에는 이미 부담한 관세를 환급받게 되는 바, 동 환급액을 말한다. 관세환급금에 대한 회계처리는 관세 등의 납부액을 상품 또는 원재료 가액에 가산한 후 환급시 매출원가에서 차감하는 방법이 일반적으로 많이 사용되는 방법이다. 관세환급금은 상품 또는 제품의 매출원가에서 차감하는 형식으로 표시한다.

※ 프로그램에서는 상품매출원가에서 차감되어야 할 관세환급금은 "149.관세환급금"을 사용하고, 제품매출원가에서 차감되어야 할 관세환급금은 "151.관세환급금"을 사용해야 한다.

 다음 거래를 보고 회계처리 하시오.
  (1) 원재료를 수입하면서 관세 40,000원을 현금으로 지급하였다.
  (2) 원재료를 수입하면서 지급한 관세 40,000원의 환급을 신청한 바, 김포세관으로부터 금일 확정통지를 받았다.

해설 (1) (차) 원재료   40,000 / (대) 현금   40,000
     (2) (차) 미수금   40,000 / (대) 관세환급금   40,000

7. 재고자산에 포함될 항목의 결정

재고자산의 매입과 매출은 회계기간 중에 계속적으로 발생하므로 평소에는 보유현황을 간단히 파악하더라도 결산시점에는 정확한 매출액과 매출원가를 산정하기 위하여 재고자산의 법률적인 소유권 및 계약조건 등을 고려하여 기말재고자산에 포함될 항목을 결정하여야 한다.

일반적인 재고자산의 수익인식 시점은 판매시점(인도시점)이므로 결산일 현재 보유하고 있는 재고자산은 기업의 자산이다.

(1) 미착상품

미착상품이란 상품을 주문하였으나 운송 중에 있어 아직 도착하지 않은 상품을 말한다. 미착상품은 법률적인 소유권의 유무에 따라서 재고자산 포함 여부를 결정한다. 법률적인 소유권 유무는 매매계약상의 거래조건에 따라서 다르다.

① 선적지인도조건 : 상품이 선적된 시점에 소유권이 매입자에게 이전되기 때문에 미착상품은 매입자의 재고자산에 포함된다.
② 목적지인도조건 : 상품이 목적지에 도착하여 매입자가 인수한 시점에 소유권이 매입자에게 이전되기 때문에 매입자의 재고자산에 포함되지 않는다.

(2) 시송품

시송품이란 매입자로 하여금 일정기간 사용한 후에 매입 여부를 결정하라는 조건으로 판매한 상품을 말한다. 시송품은 비록 상품에 대한 점유는 이전되었으나 매입자가 매입의사표시를 하기 전까지는 판매되지 않은 것으로 보아야 하기 때문에 판매자의 재고자산에 포함한다.

(3) 적송품

적송품이란 위탁자(본인)가 수탁자(타인)에게 판매를 위탁하기 위하여 보낸 상품을 말한다. 적송품은 수탁자가 제3자에게 판매를 할 때까지 비록 수탁자가 점유하고 있으나 단순히 보관하고 있는 것에 불과하므로 소유권이 이전된 것이 아니다. 따라서 적송품은 수탁자가 제3자에게 판매하기 전까지는 위탁자의 재고자산에 포함한다.

(4) 할부판매상품

재고자산을 고객에게 인도하고 대금의 회수는 미래에 분할하여 회수하기로 한 경우 대금이 모두 회수되지 않았다고 하더라도 상품의 판매시점에서 판매자의 재고자산에서 제외한다.

기/출/문/제 (실기)

다음 거래 자료를 ㈜세연상사(코드 : 3002)의 [일반전표입력] 메뉴에 추가 입력하시오.

01 4월 1일 미국에서 수입한 원재료 5톤을 인천공항에서 공장까지 운송하고 운송료 2,000,000원을 현금으로 지급하였다.

02 4월 2일 인천세관으로부터 수입 원재료에 대한 통관수수료 230,000원이 발생하여 보통예금으로 지급하였다(취득원가로 회계처리 할 것).

03 4월 3일 ㈜서삼상사로부터 구입한 원재료의 외상매입금 30,800,000원을 약정에 따라 600,000원을 할인받고 잔액은 당좌수표를 발행하여 지급했다.

04 4월 4일 원재료 매입처 ㈜무사상사에 대한 외상매입금 3월말 잔액 8,000,000원에 대하여 2%의 할인을 받고 잔액은 당좌수표를 발행하여 지급하였다.

05 12월 31일 실지재고조사에 의해 확인된 재고자산의 내용은 다음과 같다. 재고자산 감모손실에 대한 회계처리를 하시오.

재고자산명	금 액
원 재 료	30,000,000원
제 품	20,000,000원

※ 원재료의 계속기록법에 의한 장부상재고는 42,000,000원이다. 차액 12,000,000원은 원재료 운반 중 파손된 금액으로 원가성이 없는 것으로 보아 매출원가에 포함시키지 않기로 한다.

06 4월 6일 원재료의 일부 550,000원을 공장의 기계장치를 수리하는데 사용하였다.

07 4월 7일 회사에서 보관 중이던 원재료(원가 600,000원, 시가 800,000원)를 영업부 소모품으로 사용하였다(비용으로 처리할 것).

08 4월 8일 당사에서 제조한 제품(원가 1,500,000원, 시가 2,000,000원)을 경기도에 기부하였다.

09 4월 9일 본사 창고에서 화재가 발생하여 창고에 보관하고 있던 제품 15,000,000원(장부가액)이 소실되었다. 당사는 이와 관련한 보험에 가입되어 있지 않다.

KcLep 도우미

01 4월 1일 : (차) 153.원재료   2,000,000   /   (대) 101.현금   2,000,000
  * 재고자산의 매입원가는 매입금액에 매입운임, 하역료 및 보험료 등 취득과정에서 정상적으로 발생한 부대원가를 가산한 금액이다.

02 4월 2일 : (차) 153.원재료   230,000   /   (대) 103.보통예금   230,000

03 4월 3일 : (차) 251.외상매입금   30,800,000   /   (대) 155.매입할인   600,000
         (거래처 : ㈜서삼상사)   (대) 102.당좌예금   30,200,000

04 4월 4일 : (차) 251.외상매입금   8,000,000   /   (대) 155.매입할인   160,000
         (거래처 : ㈜무사상사)   (대) 102.당좌예금   7,840,000

05 12월31일 : (차) 959.재고자산감모손실 12,000,000 / (대) 153.원재료   12,000,000
                                                     (적요 : 8.타계정으로 대체액)

06 4월 6일 : (차) 520.수선비   550,000   /   (대) 153.원재료   550,000
                                                     (적요 : 8.타계정으로 대체액)

07 4월 7일 : (차) 830.소모품비   600,000   /   (대) 153.원재료   600,000
                                                     (적요 : 8.타계정으로 대체액)
  * 원재료를 제조과정에 투입한 경우에는 원가를 감소시킨다. 따라서 원재료를 다른 용도로 사용한 경우에도 원가를 감소시켜야 한다.

08 4월 8일 : (차) 953.기부금   1,500,000   /   (대) 150.제품   1,500,000
                                                     (적요 : 8.타계정으로 대체액)

09 4월 9일 : (차) 961.재해손실   15,000,000   /   (대) 150.제품   15,000,000
                                                     (적요 : 8.타계정으로 대체액)
  * 화재보험에 가입된 경우라도 화재 발생시의 회계처리는 위와 같으며, 보험에 가입된 경우 보험회사로부터 보험금이 확정되면 보험금수익(영업외수익)으로 처리한다.

기/출/문/제 (필기)

01 다음 재고자산 중 자가제조한 중간제품과 부분품 등으로 판매 가능한 것을 무엇이라고 하는가?

① 반제품 ② 상품 ③ 제품 ④ 원재료

[풀이] 반제품은 현재 상태로 판매 가능한 재공품을 말한다.

02 다음 중 재고자산으로 분류되는 경우는?

① 조선업을 운영하는 회사에서 판매용으로 건조중인 선박
② 임대업을 운영하는 회사에서 임대용으로 보유중인 주택
③ 로펌(Law Firm)에서 판촉용으로 구입한 시계
④ 경영컨설팅을 전문으로 하는 회사에서 시세차익을 목적으로 보유하는 유가증권

[풀이] ②는 유형자산, ③은 광고선전비, ④는 투자자산으로 분류한다.

03 다음은 재고자산을 취득하면서 발생한 내용이다. 취득원가에 포함시킬 수 없는 것은?

① 매입가액 ② 하역비
③ 매입에누리 ④ 운송비

[풀이] 매입과 관련된 할인, 에누리 및 기타 유사한 항목은 매입원가에서 차감한다.

04 다음 중 재고자산의 취득원가에 포함시켜야 하는 항목으로 가장 맞는 것은?

① 판매수수료 ② 판매시의 운송비용
③ 재고자산 매입시 수입관세 ④ 인수 후 판매까지의 보관료

05 다음 중 재고자산의 원가에 대한 설명으로 옳지 않은 것은?

① 매입원가는 매입가액에 취득과정에서 정상적으로 발생한 부대비용을 가산한 금액이다.
② 제조원가는 보고기간 종료일까지 제조과정에서 발생한 직접재료비, 직접노무비, 제조와 관련된 변동제조간접비 및 고정제조간접비의 체계적인 배부액을 포함한다.
③ 매입원가에서 매입과 관련된 에누리는 차감하나 할인은 차감하지 않는다.
④ 제조원가 중 비정상적으로 낭비된 부분은 원가에 포함될 수 없다.

[풀이] 제품, 반제품 및 재공품 등 재고자산의 제조원가는 보고기간말까지 제조과정에서 발생한 직접재료원가, 직접노무원가, 제조와 관련된 변동 및 고정 제조간접원가의 체계적인 배부액을 포함한다(일반기업회계기준 7.7).

06 다음 중 재고자산 취득원가 측정에 대한 내용으로 올바른 것은?

① 매입과 관련된 할인, 에누리는 취득원가에서 차감하지 않는다.
② 취득과정에서 정상적으로 발생한 부대비용은 취득원가에 포함하지 않는다.
③ 제조원가 중 비정상적으로 낭비된 부분은 취득원가에 포함하지 않는다.
④ 제조원가 중 추가 생산단계에 투입하기 전에 보관이 필요한 경우 외의 보관비용은 취득원가에 포함한다.

[풀이] 재고자산 원가에 포함할 수 없으며 발생기간의 비용으로 인식하여야 하는 원가의 예는 다음과 같다(일반기업회계기준 7.10).
  ㉠ 재료원가, 노무원가 및 기타의 제조원가 중 비정상적으로 낭비된 부분
  ㉡ 추가 생산단계에 투입하기 전에 보관이 필요한 경우 외의 보관비용
  ㉢ 재고자산을 현재의 장소에 현재의 상태로 이르게 하는 데 기여하지 않은 관리간접원가
  ㉣ 판매원가

07 다음 중 재고자산의 수량 결정방법으로 맞는 것은?

① 계속기록법   ② 후입선출법
③ 이동평균법   ④ 선입선출법

08 다음 중 재고자산의 단가결정 방법에 해당하는 것은?

① 개별법   ② 실지재고조사법
③ 혼합법   ④ 계속기록법

09 다음 중 재고자산 평가방법이 아닌 것은?

① 실지재고조사법   ② 후입선출법
③ 가중평균법   ④ 선입선출법

10 다음의 재고자산 평가방법 중 실물흐름에 따른 기말재고자산의 단가결정 방법으로서 수익과 비용의 대응이 가장 정확하게 이루어지는 방법은?

① 개별법   ② 선입선출법   ③ 후입선출법   ④ 평균법

11 다음 중 물가가 상승하는 경우 재무상태표에 재고자산을 가장 최근의 원가, 즉 시가나 공정가치로 표현할 수 있는 재고자산의 원가결정방법은 무엇인가?

① 개별법   ② 선입선출법   ③ 후입선출법   ④ 이동평균법

12 다음은 재고자산의 원가배분에 관한 내용이다. 선입선출법의 특징이 아닌 것은?

① 일반적인 물량흐름은 먼저 매입한 것이 먼저 판매되므로 물량흐름과 원가흐름이 일치한다.
② 기말재고는 최근에 구입한 것이므로 기말재고자산은 공정가치에 가깝게 보고된다.
③ 물가상승시 현재의 매출수익에 오래된 원가가 대응되므로 수익·비용대응이 잘 이루어 지지 않는다.
④ 물가상승시 이익을 가장 적게 계상하므로 가장 보수적인 평가방법이다.

[풀이] 선입선출법은 물가상승시 이익이 가장 크게 계상된다.

13 재고자산 평가방법에 대하여 잘못 설명한 것은?

① 개별법은 실제수익과 실제원가가 대응되어 이론적으로 가장 우수하다고 할 수 있으나 실무에서 적용하는데는 어려움이 있다.
② 재고수량이 동일할 때 물가가 지속적으로 상승하는 경우에는 선입선출법을 적용하면 다른 평가방법을 적용하는 경우보다 상대적으로 이익이 크게 표시된다.
③ 이동평균법은 매입거래가 발생할 때마다 단가를 재산정해야 하는 번거로움이 있다.
④ 후입선출법은 일반적인 물량흐름과 일치한다.

14 다음 재고자산의 단위원가 결정방법에 대한 설명 중 옳지 않은 것은?

① 선입선출법은 가장 최근에 매입한 상품이 기말재고로 남아있다.
② 평균법에는 총평균법과 이동평균법이 있다.
③ 성격 또는 용도면에서 차이가 있는 재고자산이더라도 모두 같은 방법을 적용하여야만 한다.
④ 기초재고와 기말재고의 수량이 동일하다는 전제하에 인플레이션 발생시 당기순이익이 가장 적게 나타나는 방법은 후입선출법이다.

[풀이] 성격이나 용도면에서 차이가 있는 재고자산에는 서로 다른 단위원가 결정방법을 적용할 수 있다.

15 다음은 ㈜충청의 5월 중 상품거래내역이다. ㈜충청은 5월 30일 단위당 50원에 25개를 판매하였으며, 후입선출법을 사용하고 있다. 5월의 매출원가는 얼마인가?

	월	일	수량	단위당원가	합계
기초재고			10개	20원	200원
매입	5월	2일	8개	30원	240원
		10일	10개	35원	350원
		13일	12개	30원	360원
		20일	20개	40원	800원

① 685원　　② 900원　　③ 950원　　④ 850원

[풀이] 5월 30일 매출 25개는 5월 20일 매입 20개와 5월 13일 매입 5개로 구성된다. 따라서 매출원가는 (20개 × @40) + (5개 × @30) = 950원

16 다음은 청솔상회의 재고자산과 관련된 문제이다. 선입선출법에 의하여 평가할 경우 매출총이익은 얼마인가? (다른 원가는 없다고 가정한다.)

일자	구분	수량	단가
10월 1일	기초재고	10개	개당 100원
10월 8일	매 입	30개	개당 110원
10월 15일	매 출	25개	개당 140원
10월 30일	매 입	15개	개당 120원

① 850원 ② 2,650원 ③ 3,500원 ④ 6,100원

[풀이] 매출액(25개 × @140) - 매출원가 = 매출총이익
10월 15일 매출 25개는 10월 1일 기초재고 10개와 10월 8일 매입 15개로 구성된다. 따라서 매출원가는 (10개 × @100) + (15개 × @110) = 2,650원
매출액(3,500) - 매출원가(2,650) = 매출총이익 850원

17 다음은 장비상사의 제1기(1.1. ~ 12.31.) 재고자산 내역이다. 이를 통하여 이동평균법에 의한 기말재고자산의 단가를 계산하면 얼마인가?

일자	구분	수량	단가
1월 4일	매입	200개	1,000원
3월 6일	매출	100개	1,200원
5월 7일	매입	200개	1,300원
7월 10일	매입	300개	1,100원

① 1,150원 ② 1,200원 ③ 1,250원 ④ 1,270원

[풀이] 3월 6일 매출 100개는 1월 4일 매입 100개로 구성된다.
5월 7일 이동평균 단가 : {(100개 × @1,000) + (200개 × @1,300)} ÷ 300개 = 1,200원
7월 10일 이동평균 단가 : {(300개 × @1,200) + (300개 × @1,100)} ÷ 600개 = 1,150원

18 물가가 지속적으로 하락하는 경우 전기와 당기의 재고자산의 수량이 일정하게 유지된다면 당해연도의 손익계산서에 반영되는 매출원가의 크기가 올바른 것은?

① 선입선출법 > 후입선출법 > 평균법
② 선입선출법 > 평균법 > 후입선출법
③ 후입선출법 > 평균법 > 선입선출법
④ 후입선출법 > 선입선출법 > 평균법

19 물가가 지속적으로 상승하는 경우로서 재고자산의 수량이 일정하게 유지된다면 매출총이익이 가장 크게 나타나는 재고자산평가방법은 무엇인가?

① 선입선출법 ② 후입선출법 ③ 이동평균법 ④ 총평균법

[풀이] 「매출액 - 매출원가 = 매출총이익」이므로 매출원가가 작은 방법이 매출총이익이 크다.

20 물가가 상승하는 시기에 있어 재고자산의 기초재고수량과 기말재고수량이 같을 경우에 매출원가, 당기순이익과 법인세비용을 가장 높게 하는 재고자산 원가결정방법으로 묶어진 것은?

	매출원가	당기순이익	법인세비용
①	선입선출법	평균법	평균법
②	후입선출법	선입선출법	선입선출법
③	평균법	후입선출법	후입선출법
④	선입선출법	선입선출법	선입선출법

[풀이] 법인세비용은 당기순이익에 따라 계산되므로 당기순이익이 크면 법인세비용도 커진다.

21 정상적인 원인으로 원재료에 대한 재고감모손실이 발생했을 경우 올바른 회계처리는?

① 매출원가에 가산한다.
② 매출원가에서 차감한다.
③ 판매비와관리비로 분류한다.
④ 영업외비용으로 분류한다.

22 제품 장부상 재고수량은 200개이나 실지재고조사 결과 180개인 것으로 판명되었다. 개당 원가 200원이고 시가가 180원일 경우 제품감모손실은?

① 4,000원   ② 3,600원   ③ 2,000원   ④ 1,600원

[풀이] {장부수량(200개) - 실제수량(180개)} × 단위당원가(@200) = 재고자산감모손실 4,000원

23 재고자산과 관련한 다음 설명 중 가장 옳지 않은 것은?

① 재고자산의 판매와 관련된 비용은 재고자산의 원가에 포함한다.
② 소매재고법은 실제원가가 아닌 추정에 의한 원가결정방법으로 주로 유통업에서 사용한다.
③ 재고자산의 감모손실은 주로 수량의 감소에 기인한다.
④ 재고자산의 평가손실은 시가의 하락에 기인한다.

[풀이] 소매재고법은 판매가격기준으로 평가한 기말재고금액에 구입원가, 판매가격 및 판매가격변동액에 근거하여 산정한 원가율을 적용하여 기말재고자산의 원가를 결정하는 방법이다. 이 방법은 실제원가가 아닌 추정에 의한 원가결정방법이므로 원칙적으로 많은 종류의 상품을 취급하여 실제원가에 기초한 원가결정방법의 사용이 곤란한 유통업종에서만 사용할 수 있으며, 그러한 방법으로 평가한 결과가 실제원가와 유사한 경우에 편의상 사용할 수 있다.

24 다음의 항목 중에서 기말재고자산에 포함되지 않는 항목은?

① 수탁자에게 판매를 위탁하기 위하여 발송한 상품
② 도착지 인도기준에 의하여 운송중인 매입상품
③ 소비자가 구입의사를 표시하기 전에 시용판매된 제품
④ 선적지 인도기준에 의하여 운송중인 매입상품

[풀이] 도착지 인도기준에 의하여 운송중인 매입상품은 판매자의 재고자산에 포함한다.

25 다음은 기말재고자산에 포함될 항목의 결정에 대한 설명이다. 가장 틀린 것은?

① 적송품은 수탁자가 판매한 경우 위탁자의 재고자산에서 제외한다.
② 시송품은 매입자가 매입의사표시를 한 경우 판매자의 재고자산에서 제외한다.
③ 할부판매상품은 인도기준으로 매출을 인식하므로 대금회수와 관계없이 인도시점에서 판매자의 재고자산에서 제외한다.
④ 미착품이 도착지 인도조건인 경우 도착시점에서 판매자의 재고자산에 포함한다.

[풀이] 미착품이 도착지 인도조건인 경우 도착시점에서 구매자의 재고자산에 포함한다.

26 다음 중 재고자산으로 분류되지 않는 항목은?

① 결산일 현재 수탁자가 판매하지 못한 위탁자의 적송품
② 할부대금이 모두 회수되지 않은 할부판매상품
③ 결산일 현재 매입의사표시 없는 시송품
④ 선적지 인도조건으로 매입한 결산일 현재 운송 중인 상품

27 다음 중 기말재고자산에 포함될 항목을 모두 모은 것은?

㉮ 시용판매용으로 고객에게 제공한 재화에 대해 고객이 매입하겠다는 의사표시를 해옴
㉯ 위탁판매용으로 수탁자에게 제공한 재화 중 수탁자가 현재 보관중인 재화
㉰ 장기할부조건으로 판매한 재화
㉱ 도착지 인도조건으로 운송중인 판매재화

① ㉮, ㉯   ② ㉯, ㉰   ③ ㉯, ㉱   ④ ㉰, ㉱

1. ① 2. ① 3. ③ 4. ③ 5. ③ 6. ③ 7. ① 8. ① 9. ① 10. ①
11. ② 12. ④ 13. ④ 14. ③ 15. ③ 16. ① 17. ① 18. ② 19. ① 20. ②
21. ① 22. ① 23. ① 24. ② 25. ④ 26. ② 27. ③

제3장 비유동자산

비유동자산이란 장기적인 투자수익을 얻을 목적이나 장기간 영업활동에 사용할 목적으로 보유하고 있는 자산으로 투자자산, 유형자산, 무형자산, 기타비유동자산으로 분류한다.

제1절 투자자산

투자자산은 기업이 장기적인 투자수익이나 타기업 지배목적 등의 부수적인 기업활동의 결과로 보유하는 자산이다.

1. 장기금융상품

장기금융상품이란 금융기관이 취급하는 정기예금, 정기적금 및 기타 정형화된 상품 등으로 보고기간 종료일로부터 1년 이후에 만기가 도래하는 것을 말한다. 이들 금융상품 중 사용이 제한되어 있는 예금에 대해서는 그 내용을 주석으로 기재한다.

(1) 장기성예금

금융기관이 취급하는 정기예금, 정기적금 및 기타 정형화된 상품 등으로 보고기간 종료일로부터 1년 이후에 만기가 도래하는 것으로 한다.

 다음 거래를 회계처리 하시오.

(1) 신한은행에 정기예금(만기 : 3년) 500,000원에 가입하고 대금은 당사 보통예금계좌에서 대체 입금하였다.
(2) 장기성예금이 만기가 되어 원금 500,000원과 이자 20,000원이 당사 보통예금계좌에 입금되었다.

[해설] (1) (차) 장기성예금 500,000 / (대) 보통예금 500,000
   (2) (차) 보통예금 520,000 / (대) 장기성예금 500,000
                                   이자수익 20,000

(2) 특정현금과예금

장기금융상품 중 사용이 제한되어 있는 예금을 특정현금과예금이라 한다. 이는 실무상 관리목적으로 사용하는 계정이다.

다음 거래를 회계처리 하시오.

(1) 서울은행과 3년간 당좌거래계약을 체결하고 당좌거래개설보증금 200,000원과 당좌예금계좌에 1,000,000원을 현금으로 입금하였다.
(2) 수철상회로부터 원재료 600,000원을 매입하고 대금은 당좌수표를 발행하여 지급하였다.
(3) 당좌거래계약이 종료되어 이를 해지하고 당좌예금잔액 400,000원과 당좌거래개설보증금 200,000원을 보통예금계좌로 이체하였다.

해설 (1) (차) 특정현금과예금   200,000 / (대) 현금   1,200,000
          당좌예금   1,000,000
      (2) (차) 원재료   600,000 / (대) 당좌예금   600,000
      (3) (차) 보통예금   600,000 / (대) 특정현금과예금   200,000
                                            당좌예금   400,000

2. 장기투자증권

비유동자산으로 분류되는 만기보유증권[2]과 매도가능증권[3]을 통합하여 장기투자증권으로 표시할 수 있다.

이하 자세한 내용은 최대리 전산세무 2급에서 ⇨

3. 장기대여금

장기대여금이란 회수기한이 보고기간 종료일로부터 1년 이후에 도래하는 대여금을 말한다.

 다음 거래를 회계처리 하시오.

(1) 차용증서를 받고 창제상회에 현금 500,000원을 3년간 대여하였다.
(2) 창제상회에 대여한 장기대여금 500,000원과 이자 30,000원을 현금으로 회수하였다.

해설 (1) (차) 장기대여금   500,000 / (대) 현금   500,000
      (2) (차) 현금   530,000 / (대) 장기대여금   500,000
                                            이자수익   30,000

---

[2] 만기보유증권이란 만기가 확정된 채무증권으로서 상환금액이 확정되었거나 확정이 가능한 채무증권을 만기까지 보유할 적극적인 의도와 능력이 있는 유가증권을 말한다.
[3] 매도가능증권이란 단기매매증권이나 만기보유증권으로 분류되지 아니하는 유가증권을 말한다.

4. 투자부동산

투자부동산이란 시세차익을 얻기 위하여 보유하고 있는 부동산을 말한다. 다만, 다음의 목적으로 보유하는 부동산은 제외한다.
　① 재화의 생산, 용역의 제공, 타인에 대한 임대 또는 자체적으로 사용
　② 정상적인 영업과정에서 판매

 다음 거래를 회계처리 하시오.
　(1) 투자를 목적으로 상가를 20,000,000원에 취득하고 대금은 당좌수표를 발행하여 지급하였다.
　(2) 투자를 목적으로 취득한 상가(장부금액 20,000,000원)를 25,000,000원에 매각하고 대금은 현금으로 회수하였다.

해설 (1) (차) 투자부동산　　　　　20,000,000　／　(대) 당좌예금　　　　　20,000,000
　　　(2) (차) 현금　　　　　　　25,000,000　／　(대) 투자부동산　　　　20,000,000
　　　　　　　　　　　　　　　　　　　　　　　　　　　투자자산처분이익　 5,000,000

5. 퇴직연금운용자산

기업은 종업원의 퇴직시 퇴직금 지급에 충당하고자 퇴직연금에 가입해야 한다. 퇴직연금이란 기업이 사외의 금융기관에 일정금액을 적립하고, 근로자는 퇴직한 뒤 연금 또는 일시금으로 수령하는 제도로서 퇴직금의 사외적립을 통해 근로자의 퇴직금 지급재원을 안전하게 보장해 주는 제도이다. 기업이 확정기여형을 설정한 경우에는 당해 회계기간에 대하여 기업이 납부하여야 할 부담금(기여금)을 퇴직급여로 인식하고, 확정급여형을 설정한 경우에는 기업의 연금부담금을 퇴직연금운용자산으로 계상한다. 퇴직연금운용자산은 퇴직급여와 관련된 부채(퇴직급여충당부채와 퇴직연금미지급금)에서 차감하는 형식으로 표시한다. 퇴직연금운용자산이 퇴직급여충당부채와 퇴직연금미지급금의 합계액을 초과하는 경우에는 그 초과액을 투자자산의 과목으로 표시한다. 퇴직급여충당부채에 관한 내용은 제4장 제2절 비유동부채에서 학습하기로 한다.

 다음 거래를 회계처리 하시오.
　(1) 확정기여형 퇴직연금에 가입하고 기여금 1,000,000원을 현금으로 납입하였다.
　(2) 확정급여형 퇴직연금에 가입하고 연금부담금 2,000,000원을 현금으로 납입하였다.

해설 (1) (차) 퇴직급여　　　　　　1,000,000　／　(대) 현금　　　　　　　1,000,000
　　　(2) (차) 퇴직연금운용자산　　2,000,000　／　(대) 현금　　　　　　　2,000,000

[참고] **퇴직연금제도**

구분	확정급여형(Defined Benefit)	확정기여형(Defined Contribution)
개요	· 근로자가 받을 퇴직급여가 노사합의에 의하여 사전에 정해지고, 회사는 연금 수리에 의해 산출된 부담금을 매년 정기적으로 납입, 운용하는 제도이다. · 기업의 운용성과에 따라 기업이 부담하는 퇴직금비용 부담액이 변동하게 된다. · 근로자는 퇴직시 확정된 퇴직급여를 일시금 또는 연금의 형태로 받을 수 있다.	· 회사는 사전에 정해져 있는 부담금을 근로자의 개인별 계좌에 정기적으로 적립하고 근로자가 직접 적립금을 운용, 그 결과에 따라 장래의 퇴직급여가 달라지는 제도이다. · 근로자의 운용성과에 따라 확정급여형에서 정한 퇴직급여 수준 이상의 퇴직금을 받을 수도 있다. · 근로자는 퇴직시 일시금 또는 연금의 형태로 퇴직급여를 받을 수 있다.
회계 처리	· 회사의 연금부담금을 퇴직연금운용자산으로 계상한다. 동 금액만큼 퇴직금 지급의무가 감소하므로 퇴직급여충당부채에서 차감하는 형식으로 표시한다.	· 회사의 연금부담금을 퇴직급여로 처리한다. (퇴직시에는 회계처리 없음)

기/출/문/제 [실기]

다음 거래 자료를 ㈜세연상사(코드 : 3002)의 [일반전표입력] 메뉴에 추가 입력하시오.

01 4월 11일 당좌거래개설보증금 5,000,000원을 현금으로 입금하여 우리은행과 당좌거래(3년 계약)를 개설하고 당좌개설수수료 2,000원을 현금으로 지급하였다.

02 4월 12일 ㈜진이상사로부터 장기투자목적으로 토지를 취득하면서 6,000,000원은 당좌수표를 발행하여 지급하고, 나머지 1,000,000원은 30일 후에 지급하기로 하였다. 또한 이전등기 하면서 취득세 150,000원을 현금으로 지급하였다.

03 4월 13일 공장 건물을 신축하기 위해 외부로부터 취득한 토지 50,000,000원에 대해 건물 신축을 포기하게 되어, 토지의 보유목적을 지가상승을 목적으로 하는 투자자산으로 변경하였다.

04 4월 14일 회사는 전 임직원 퇴직금 지급 보장을 위해 확정급여형(DB) 퇴직연금에 가입하고 4월분 퇴직연금 5,000,000원을 보통예금에서 납부하였다.

05 4월 15일 퇴직연금 자산에 대한 이자 300,000원이 입금되었다. 당사는 전 임직원의 퇴직금 지급 보장을 위하여 확정급여형 퇴직연금(DB)제도에 가입되어 있다. (세무2급)

06 4월 16일 당사는 제조공장 직원들의 퇴직금 지급을 대비하기 위해 금융기관에 확정기여형(DC) 퇴직연금제도를 운용하고 있다. 4월분 퇴직연금 8,500,000원을 당사 보통예금계좌에서 이체 납부하였다.

07 4월 17일 영업부 직원에 대하여 확정기여형 퇴직연금에 가입하고 10,000,000원을 보통예금계좌에서 지급하였다. 이 금액에는 연금운용에 대한 수수료 500,000원이 포함되어 있다.

08 4월 18일 ㈜서울에서 발행한 채권(만기는 2034년 3월 31일이고, 시장성은 없다) 10,000,000원을 만기까지 보유할 목적으로 당좌수표를 발행하여 취득하였다. 단, 채권을 취득하는 과정에서 발생한 수수료 50,000원은 현금으로 지급하였다.

🔑 KcLep 도우미

01 4월 11일 : (차) 177.특정현금과예금   5,000,000   /   (대) 101.현금   5,002,000
(차) 831.수수료비용   2,000

02 4월 12일 : (차) 183.투자부동산   7,150,000   /   (대) 102.당좌예금   6,000,000
(대) 253.미지급금   1,000,000
(거래처 : ㈜진이상사)
(대) 101.현금   150,000

03 4월 13일 : (차) 183.투자부동산   50,000,000   /   (대) 201.토지   50,000,000
* 공장 건물 신축을 위해 취득한 토지(유형자산)를 지가상승 목적(투자목적)으로 변경하였으므로 투자부동산(투자자산)으로 변경한다.

04 4월 14일 : (차) 186.퇴직연금운용자산   5,000,000   /   (대) 103.보통예금   5,000,000

05 4월 15일 : (차) 186.퇴직연금운용자산   300,000   /   (대) 901.이자수익   300,000
* 확정급여형 퇴직연금에 가입하고 운용수익이 발생하여 퇴직연금 자산에 입금되면 퇴직연금운용자산 계정의 증가로 처리한다.

06 4월 16일 : (차) 508.퇴직급여   8,500,000   /   (대) 103.보통예금   8,500,000

07 4월 17일 : (차) 831.수수료비용   500,000   /   (대) 103.보통예금   10,000,000
(차) 806.퇴직급여   9,500,000

08 4월 18일 : (차) 181.만기보유증권   10,050,000   /   (대) 102.당좌예금   10,000,000
(대) 101.현금   50,000
* 만기보유증권을 취득하는 과정에서 발생한 수수료는 자산의 원가에 가산한다. 보고기간 종료일로부터 1년 이내에 만기가 도래하는 만기보유증권인 경우에 당좌자산인 "124.만기보유증권"을 사용한다.

제2절 유형자산

유형자산이란 재화의 생산, 용역의 제공, 타인에 대한 임대 또는 자체적으로 사용할 목적으로 보유하는 물리적 형체가 있는 자산으로서, 1년을 초과하여 사용할 것이 예상되는 자산을 말한다.

1. 유형자산의 특징 및 인식기준

(1) 영업활동에 사용할 목적으로 취득한 자산

따라서 투자목적으로 취득한 자산은 투자자산(투자부동산)으로 분류하여야 하며, 판매를 목적으로 취득한 자산은 재고자산(상품)으로 분류하여야 한다.

(2) 여러 회계기간에 걸쳐 기업에 서비스를 제공하는 미래용역잠재력을 지닌 자산

유형자산은 그 용역잠재력이 존속하는 한 계속하여 보유하며, 수익창출활동에 이용됨에 따라 당기에 소모된 용역잠재력을 비용인 감가상각비로 인식하게 된다. 따라서 내용연수가 1년 미만인 공구와 기구 및 비품 등은 유형자산으로 분류하지 않고 소모품비 등으로 하여 당기 비용으로 처리하여야 한다.

(3) 물리적인 형체가 있는 자산

이 점에서 물리적 형체가 없는 무형자산과 구별된다.

(4) 인식기준

유형자산으로 인식되기 위해서는 다음의 인식조건을 모두 충족하여야 한다.
　① 자산으로부터 발생하는 미래경제적효익이 기업에 유입될 가능성이 매우 높다.
　② 자산의 원가를 신뢰성 있게 측정할 수 있다.

2. 유형자산의 분류

유형자산은 영업상 유사한 성격과 용도로 분류한다.

(1) 토지(201)

대지, 임야, 전답 등으로 하며, 매매목적으로 보유하는 토지와 비업무용 토지는 제외된다.

(2) 건물(202)

회사의 영업활동에 사용되고 있는 점포, 창고, 사무소, 공장 등의 건물과 냉난방·전기·통신 및 기타의 건물부속설비 등을 말한다.

(3) 구축물

자기의 영업활동을 위해 사용하는 토지 위에 정착한 건물 이외의 교량, 궤도, 갱도, 정원설비 및 기타의 토목설비 또는 공작물 등을 말한다.

(4) 기계장치(206)

제품 등의 제조·생산을 위해 사용하는 기계장치, 운송설비(콘베어, 호이스트, 기중기 등)와 기타의 부속설비 등을 말한다.

(5) 건설중인자산

유형자산의 건설을 위한 재료비·노무비 및 경비(건설을 위하여 지출한 도급금액 등 포함)와 유형자산을 취득하기 위하여 지출한 계약금 및 중도금으로 한다. 건설중인자산은 유형자산의 취득을 위하여 취득 완료시까지 지출한 금액을 처리하는 임시계정으로서 취득 완료시에 본 계정으로 대체된다.

 다음의 연속된 거래를 회계처리 하시오.

⑴ 건물의 신축 계약을 맺고, 도급금액 8,000,000원 중 5,000,000원은 당좌수표를 발행하여 지급하다.
⑵ 위 건물이 완공되어 인수하고, 공사비 잔액 3,000,000원을 당좌수표를 발행하여 지급하다.

해설 ⑴ (차) 건설중인자산　　5,000,000　/　(대) 당좌예금　　　　5,000,000
　　　⑵ (차) 건물　　　　　　8,000,000　/　(대) 건설중인자산　　5,000,000
　　　　　　　　　　　　　　　　　　　　　　　　당좌예금　　　　3,000,000

(6) 기타의 유형자산

위 이외에 차량운반구(208), 선박, 비품(212), 공구와기구 등 기타자산을 말한다.

유형자산의 과목은 업종의 특성 등을 반영하여 신설하거나 통합할 수 있다. 위에 열거되어 있지 않더라도, 당해 기업이 속한 업종의 특성상 특정 유형자산의 비중이 중요한 경우에는 별도의 과목을 신설하고, 중요하지 않다면 통합하여 적절한 과목으로 표시 할 수 있다. 예를 들면, 항공회사의 경우에는 항공기를, 해운회사의 경우는 선박을 별도의 과목으로 표시할 수 있다. 반면에 기계장치의 비중이 크지 않은 서비스 업종 등의 경우에는 기계장치를 기타의 유형자산으로 분류할 수 있다.

3. 유형자산의 취득원가

유형자산은 **최초에는 취득원가로 측정**하며, 현물출자, 증여, 기타 무상으로 취득한 자산은 공정가치를 취득원가로 한다. 공정가치란 합리적인 판단력과 거래의사가 있는 독립된 당사자 사이의 거래에서 자산이 교환되거나 부채가 결제될 수 있는 금액을 말한다.

(1) 취득원가의 구성

취득원가는 **구입원가 또는 제작원가 및 경영진이 의도하는 방식으로 자산을 가동하는데 필요한 장소와 상태에 이르게 하는데 직접 관련되는 원가**인 ① 내지 ⑨와 관련된 지출 등으로 구성된다. 매입할인 등이 있는 경우에는 이를 차감하여 취득원가를 산출한다.

① 설치장소 준비를 위한 지출
② 외부 운송 및 취급비
③ 설치비
④ 설계와 관련하여 전문가에게 지급하는 수수료
⑤ 유형자산의 취득과 관련하여 국·공채 등을 불가피하게 매입하는 경우 당해 채권의 매입금액과 일반기업회계기준에 따라 평가한 현재가치와의 차액
⑥ 자본화대상인 차입원가4)
⑦ 취득세 등 유형자산의 취득과 직접 관련된 제세공과금
⑧ 해당 유형자산의 경제적 사용이 종료된 후에 원상회복을 위하여 그 자산을 제거, 해체하거나 또는 부지를 복원하는 데 소요될 것으로 추정되는 원가가 충당부채의 인식요건을 충족하는 경우 그 지출의 현재가치(복구원가)
⑨ 유형자산이 정상적으로 작동되는지 여부를 시험하는 과정에서 발생하는 원가. 단, 시험과정에서 생산된 재화(예 장비의 시험과정에서 생산된 시제품)의 순매각금액은 당해 원가에서 차감한다.

다음 거래를 회계처리 하시오.

(1) 영업용 토지를 5,000,000원에 취득하고 대금은 당좌수표를 발행하였으며, 중개인수수료 200,000원과 기타 제비용 100,000원은 현금으로 지급하였다.
(2) 영업용 건물을 4,000,000원에 취득하고 대금은 취득세 등 제비용 200,000원을 포함하여 현금으로 지급하였다.

해설 (1) (차) 토지　　　　　　5,300,000　/　(대) 당좌예금　　　　5,000,000
　　　　　　　　　　　　　　　　　　　　　　　　현금　　　　　　　300,000
　　　(2) (차) 건물　　　　　　4,200,000　/　(대) 현금　　　　　　4,200,000

---

4) 차입원가는 기간비용으로 처리함을 원칙으로 한다. 다만, 유형자산, 무형자산 및 투자부동산과 제조·매입·건설 또는 개발이 개시된 날로부터 의도된 용도로 사용하거나 판매할 수 있는 상태가 될 때까지 1년 이상의 기간이 소요되는 재고자산의 취득을 위한 자금에 차입금이 포함된다면 이러한 차입금에 대한 차입원가는 취득에 소요되는 원가로 회계처리 할 수 있다(일반기업회계기준 제18장 차입원가자본화 문단4).

(2) 채권의 강제매입

유형자산의 취득과 관련하여 불가피하게 채권을 매입하는 경우에는 당해 채권의 매입금액과 일반기업회계기준에 따라 평가한 현재가치와의 차액은 유형자산의 취득원가에 산입한다.

 다음 거래를 회계처리 하시오.

업무용차량(취득원가 1,000,000원)을 5개월 할부로 취득하고, 채권(액면 150,000원)을 현금으로 구입하였다. 동 채권의 현재가치는 100,000원이며 단기매매증권으로 분류하였다.

해설 (차) 차량운반구   1,050,000   / (대) 미지급금   1,000,000
        단기매매증권   100,000   현금   150,000

(3) 일괄구입

자산을 일괄하여 취득하는 경우에 각 자산의 취득원가는 상대적 공정가치에 따라 안분하여 취득원가를 산정하는 방법을 일반적으로 사용한다. 유형자산의 공정가치는 시장가격으로 한다. 다만, 시장가격이 없는 경우에는 동일 또는 유사 자산의 현금거래로부터 추정할 수 있는 실현가능액이나 전문적 자격이 있는 평가인의 감정가액을 사용할 수 있다.

 다음 거래를 회계처리 하시오.

영업에 사용할 목적으로 건물과 토지를 1,500,000원에 일괄구입하고 대금은 현금으로 지급하였다. 취득 당시의 건물의 공정가치 800,000원, 토지의 공정가치 1,600,000원이었다.

해설 (차) 토지   1,000,000   / (대) 현금   1,500,000
        건물   500,000
    * 건물 : 1,500,000 × (800,000/2,400,000) = 500,000원
    * 토지 : 1,500,000 × (1,600,000/2,400,000) = 1,000,000원

(4) 구건물 철거

기존 건물이 있는 토지를 구입하여 철거한 후 건물을 신축하는 경우라면, 이 경우는 토지와 건물을 일괄 구입한 것이 아니라 토지를 구입한 것이므로 건물의 원가는 없다. 이때 기존 건물의 철거 관련 비용에서 철거된 건물의 부산물을 판매하여 수취한 금액을 차감한 금액은 토지의 취득원가에 포함한다. 한편, 건물을 신축하기 위하여 사용 중인 기존 건물을 철거하는 경우에는 그 건물의 장부금액은 제거하여 처분손실로 반영하고, 철거비용은 전액 당기비용으로 처리한다.

다음 거래를 회계처리 하시오.

(1) 구입 즉시 철거하고 신사옥을 건설할 목적으로 기존 건물이 있는 토지를 1,500,000원에 현금으로 취득하였으며, 추가로 철거비용 100,000원이 현금으로 지출되었다.
(2) 본사 건물(취득금액 800,000원, 감가상각누계액 600,000원)을 신축하기 위하여 동 건물을 철거하고 철거비용 50,000원은 현금으로 지급하였다(철거시까지의 감가상각은 고려하지 않기로 함).

해설 (1) (차) 토지　　　　　　　　　1,600,000　/　(대) 현금　　　　　　　1,600,000
　　　(2) (차) 감가상각누계액　　　　　600,000　/　(대) 건물　　　　　　　　800,000
　　　　　　유형자산처분손실　　　　250,000　　　　　현금　　　　　　　　50,000

(5) 증여, 기타 무상으로 취득

유형자산을 증여, 기타 무상으로 취득하는 경우에는 취득한 자산의 공정가치를 취득원가로 한다. 이 경우 자산의 상대계정은 자산수증이익(영업외수익)으로 처리한다.

 다음 거래를 회계처리 하시오.

대주주로부터 공정가치 1,000,000원의 토지를 무상으로 증여받고, 소유권 이전비용으로 20,000원을 현금으로 지출하였다.

해설 (차) 토지　　　　　　　　　　1,020,000　/　(대) 자산수증이익　　　1,000,000
　　　　　　　　　　　　　　　　　　　　　　　　　　현금　　　　　　　　20,000

(6) 교환에 의한 취득

① 이종자산 간의 교환 : 다른 종류의 자산과 교환으로 취득한 유형자산의 취득원가는 교환을 위하여 제공한 자산의 공정가치로 측정한다. 다만, 교환을 위하여 제공한 자산의 공정가치가 불확실한 경우에는 교환으로 취득한 자산의 공정가치를 취득원가로 할 수 있다.

 다음 거래를 회계처리 하시오.

(1) ㈜최대리는 기계장치(취득원가 500,000원, 감가상각누계액 300,000원, 공정가치 250,000원)를 ㈜세연의 비품과 교환하였다.
(2) ㈜최대리는 기계장치(취득원가 500,000원, 감가상각누계액 300,000원)를 ㈜세연의 비품(공정가치 220,000원)과 교환하였다.

해설 (1) (차) 감가상각누계액 300,000   / (대) 기계장치 500,000
         비품 250,000   유형자산처분이익 50,000
     (2) (차) 감가상각누계액 300,000   / (대) 기계장치 500,000
         비품 220,000   유형자산처분이익 20,000

② **동종자산 간의 교환** : 동일한 업종 내에서 유사한 용도로 사용되고 공정가치가 비슷한 동종자산과의 교환으로 취득한 유형자산의 취득원가는 교환을 위하여 제공한 자산의 장부금액으로 한다.

다음 거래를 회계처리 하시오.

㈜최대리는 기계장치(취득원가 500,000원, 감가상각누계액 300,000원, 공정가치 250,000원)를 ㈜세연의 기계장치와 교환하였다.

해설 (차) 감가상각누계액 300,000   / (대) 기계장치(구) 500,000
     기계장치(신) 200,000

4. 취득 후의 원가

유형자산을 취득 또는 완성하여 영업활동에 사용하는 경우에는 취득 이후에 추가적인 비용, 즉 수선유지비용·개량비용·증설비용·재배치 및 이전비용 등이 발생한다. 이 때 지출된 비용이 유형자산의 인식기준(① 미래경제적효익의 유입가능성이 매우 높다, ② 원가를 신뢰성 있게 측정할 수 있다)을 충족하는 경우에는 자본적 지출로 처리하고, 그렇지 않은 경우에는 발생한 기간의 비용으로 인식한다.

(1) 자본적 지출

자본적 지출이란 해당 자산으로부터 발생하는 미래경제적효익이 기업에 유입될 가능성이 매우 높은 지출을 말한다. 예를 들면, 새로운 생산공정의 채택이나 기계부품의 성능개선을 통하여 생산능력 증대, 내용연수 연장, 상당한 원가절감 또는 품질향상을 가져오는 경우에는 자본적 지출로 처리한다. 자본적 지출 발생시에는 그 지출액 만큼 자산 계정을 증액시켜 그 지출의 효익이 지속되는 기간 동안에 감가상각을 통하여 비용으로 인식한다.
  (차) 유형자산   ×××   / (대) 현금   ×××

(2) 수익적 지출

수익적 지출이란 해당 자산으로부터 당초 예상되었던 성능수준을 회복하거나 유지하기 위한 비용으로, 자산의 원상을 회복시키거나 능률유지를 위한 지출을 말한다. 예를 들면, 공장설비에 대한 유지·보수나 수리를 위한 지출은 당초 예상되었던 성능수준을 향상시켜주기 보다는 유지시켜주기 위한 지출이므로 수익적 지출로 처리한다. 수익적 지출 발생시에는 **발생시점에서 비용으로 인식**한다.

　　(차) 수선비 등　　　　　　×××　/　(대) 현금　　　　　×××

 다음 거래를 회계처리 하시오.

본사 건물의 일부를 개축하고 3,000,000원을 현금으로 지급하였다. 이 중 2,000,000원은 자본적 지출이며 1,000,000원은 수익적 지출이다.

[해설] (차) 건　물　　　　2,000,000　/　(대) 현금　　　　3,000,000
　　　　 수선비　　　　1,000,000

[참고] **자본적 지출과 수익적 지출의 예시**(법인세법 시행규칙)

자본적 지출	수익적 지출
① 본래의 용도를 변경하기 위한 개조 ② 엘리베이터 또는 냉·난방장치의 설치 ③ 빌딩 등에 있어서 피난시설 등의 설치 ④ 재해 등으로 인하여 멸실 또는 훼손되어 본래의 용도에 이용할 가치가 없는 건축물·기계·설비 등의 복구 ⑤ 기타 개량·확장·증설 등 위 각호와 유사한 성질의 것	① 건물 또는 벽의 도장 ② 파손된 유리나 기와의 대체 ③ 기계의 소모된 부속품의 대체와 벨트의 대체 ④ 자동차의 타이어의 대체 ⑤ 재해를 입은 자산에 대한 외장의 복구, 도장, 유리의 삽입 ⑥ 기타 조업 가능한 상태의 유지 등 위 각호와 유사한 성질의 것

memo

5. 감가상각

유형자산은 사용에 의한 소모, 시간의 경과와 기술의 변화에 따른 진부화 등에 의해 경제적 효익이 감소하는데, 이러한 현상을 측정하여 기업의 재무상태와 경영성과에 반영시키는 절차를 감가상각이라고 한다. 즉, 감가상각은 감가상각대상금액을 그 자산의 내용연수 동안 체계적인 방법에 의하여 각 회계기간에 배분하는 것이다. 감가상각의 주목적은 원가의 배분이며 자산의 재평가는 아니다. 따라서 감가상각액은 유형자산의 장부금액이 공정가치에 미달하더라도 계속하여 인식한다.

(1) 감가상각비의 계산요소

① 감가상각대상금액 : 유형자산의 원가(또는 원가를 대체하는 다른 금액)에서 잔존가치를 차감한 금액을 말한다.
  ㉠ 원가 : 자산을 취득하기 위하여 자산의 취득시점에서 지급한 현금및현금성자산 또는 제공하거나 부담하는 기타 대가의 공정가치
  ㉡ 잔존가치 : 자산의 내용연수가 종료되는 시점에서 그 자산의 예상처분대가에서 예상처분비용을 차감한 금액
② 내용연수 : 자산의 예상사용기간 또는 자산으로부터 획득할 수 있는 생산량이나 이와 유사한 단위를 말한다.

(2) 감가상각방법

유형자산의 감가상각방법에는 정액법, 체감잔액법(예를 들면, 정률법 등), 연수합계법, 생산량비례법 등이 있다.

① 정액법 : 자산의 내용연수 동안 일정액의 감가상각액을 인식하는 방법

$$연\ 감가상각비 = \frac{(원가 - 잔존가치)}{내용연수}$$

기계장치의 취득원가는 *1,000,000*원이며 잔존가치는 *100,000*원, 추정내용연수는 4년이다. 감가상각방법이 정액법일 경우의 각 연도말 감가상각비를 계산하시오.

연도	계산식	감가상각비	감가상각누계액	기말장부금액
×1년	(1,000,000 − 100,000)÷4	225,000	225,000	775,000
×2년	(1,000,000 − 100,000)÷4	225,000	450,000	550,000
×3년	(1,000,000 − 100,000)÷4	225,000	675,000	325,000
×4년	(1,000,000 − 100,000)÷4	225,000	900,000	100,000
합 계		900,000		

② **정률법** : 자산의 내용연수 동안 감가상각액이 매기간 감소하는 방법

> 연 감가상각비 = 미상각잔액 × 정률(%)

* 미상각잔액은 원가에서 감가상각누계액을 차감한 금액
* 정률 = $1 - \sqrt[n]{잔존가치/취득원가}$ (n=내용연수)

기계장치의 취득원가는 *1,000,000*원이며 잔존가치는 *100,000*원, 추정내용연수는 4년이다. 감가상각방법이 정률법일 경우의 각 연도말 감가상각비를 계산하시오.

연도	계산식	감가상각비	감가상각누계액	기말장부금액
×1년	1,000,000 × 0.438	438,000	438,000	562,000
×2년	(1,000,000 − 438,000)×0.438	246,156	684,156	315,844
×3년	(1,000,000 − 684,156)×0.438	138,339	822,495	177,505
×4년	(1,000,000 − 822,495)×0.438	77,505*	900,000	100,000
	합 계	900,000		

* 정률 = $1 - \sqrt[4]{100,000/1,000,000}$ = 0.438
* 4년의 감가상각비는 기말장부금액이 잔존가치 100,000원과 일치되도록 끝수를 조정하였는데, 이는 정률을 정확히 계산하지 않고 소수점 넷째 자리에서 반올림하였기 때문이다.

③ **생산량비례법** : 자산의 예상조업도 또는 예상생산량에 근거하여 감가상각액을 인식하는 방법

> 연 감가상각비 = (원가 − 잔존가치) × 당기실제생산량/총추정생산량

기계장치의 취득원가는 *1,000,000*원이며 잔존가치는 *100,000*원, 추정내용연수는 4년이다. 기계의 총생산량은 1,000개로 추정된다. 내용연수 동안 실제생산량은 다음과 같다. 감가상각방법이 생산량비례법일 경우의 각 연도말 감가상각비를 계산하시오.

• 1년도 400개   • 2년도 300개   • 3년도 200개   • 4년도 100개

연도	계산식	감가상각비	감가상각누계액	기말장부금액
×1년	(1,000,000 − 100,000)×400개/1,000개	360,000	360,000	640,000
×2년	(1,000,000 − 100,000)×300개/1,000개	270,000	630,000	370,000
×3년	(1,000,000 − 100,000)×200개/1,000개	180,000	810,000	190,000
×4년	(1,000,000 − 100,000)×100개/1,000개	90,000	900,000	100,000
	합 계	900,000		

④ **연수합계법** : 원가에서 잔존가치를 차감한 금액을 내용연수의 합계에 대한 잔여 내용연수(내용연수의 역순)의 비율을 곱하여 감가상각액을 계산하는 방법

$$연\ 감가상각비\ =\ (원가\ -\ 잔존가치)\ \times\ \frac{연수의\ 역순}{내용연수의\ 합계}$$

 기계장치의 취득원가는 1,000,000원이며 잔존가치는 100,000원, 추정내용연수는 4년이다. 감가상각방법이 연수합계법일 경우의 각 연도말 감가상각비를 계산하시오.

해설

연도	계산식	감가상각비	감가상각누계액	기말장부금액
×1년	(1,000,000 – 100,000) × 4/10	360,000	360,000	640,000
×2년	(1,000,000 – 100,000) × 3/10	270,000	630,000	370,000
×3년	(1,000,000 – 100,000) × 2/10	180,000	810,000	190,000
×4년	(1,000,000 – 100,000) × 1/10	90,000	900,000	100,000
	합 계	900,000		

⑤ **이중체감법**(정액법의 배법) : 미상각잔액에 정액법에 의한 상각률의 두 배를 곱하여 감가상각액을 계산하는 방법

$$연\ 감가상각비\ =\ 미상각잔액\ \times\ 상각률^*$$

* 상각률 = (1/내용연수)×2

 기계장치의 취득원가는 1,000,000원이며 잔존가치는 100,000원, 추정내용연수는 4년이다. 감가상각방법이 이중체감법일 경우의 ×1년말 감가상각비를 계산하시오.

해설

연도	계산식	감가상각비	감가상각누계액	기말장부금액
×1년	1,000,000 × (2/4)	500,000	500,000	500,000

6. 유형자산의 제거

유형자산은 처분하거나, 영구적으로 폐기하여 미래경제적효익을 기대할 수 없게 될 때 재무상태표에서 제거한다. 유형자산의 폐기 또는 처분으로부터 발생하는 손익은 처분금액과 장부금액의 차액으로 결정하며, 손익계산서에서 당기손익으로 인식한다. 즉, 유형자산을 처분하는 경우에는 처분시점에서 유형자산의 장부금액(원가-감가상각누계액)을 제거하는 회계처리

를 하고, 장부금액과 처분금액의 차액은 유형자산처분손익(영업외손익)으로 처리한다.

다음 거래를 회계처리 하시오.

감가상각이 완료된 비품(취득원가 1,100,000원, 감가상각누계액 1,000,000원)을 200,000원에 처분하고 대금은 현금으로 받았다.

해설 (차) 현금　　　　　　　　　200,000　　/　(대) 비품　　　　　　　　　1,100,000
　　　(차) 감가상각누계액　　　1,000,000　　　　(대) 유형자산처분이익　　　100,000

기/출/문/제 (실기)

다음 거래 자료를 ㈜세연상사(코드 : 3002)의 [일반전표입력] 메뉴에 추가 입력하시오.

01 5월 1일 ㈜우일상사에 공장 건물 증축을 의뢰하여 완공되었다. 공사대금 100,000,000원 중 60%는 5개월 만기 당사발행 약속어음으로 결제하였으며, 나머지는 당좌수표를 발행하여 지급하였다.

02 5월 2일 안전작업을 위하여 공장간 교량을 설치하고 시공사 ㈜진이상사에 5,500,000원을 당좌수표로 발행하여 결제하였다.

03 5월 3일 생산라인 증설을 위해 지난 5월 1일 계약금 5,000,000원을 주고 ㈜서삼상사에 제작 의뢰한 기계장치가 설치완료 되어 잔금 25,000,000원 중 22,000,000원은 신한은행 보통예금으로 지급하고 나머지는 15일 후에 지급하기로 하였다.

04 5월 4일 업무에 사용할 오토바이 3대를 15,000,000원에 ㈜무사상사에서 구입하고 4월 30일 지급한 계약금 1,000,000원을 제외한 나머지 금액은 6개월 후 지급하기로 하였다.

05 5월 5일 ㈜광오상사에서 사무실용 에어컨 1대를 1,750,000원에 구입하고, 대금 중 250,000원은 현금으로 지급하고 잔액은 5개월 할부로 하였다.

06 5월 6일 건설 중인 공장건물이 완공되었다. 또한 동 건물을 등기하면서 취득세 등 15,000,000원을 현금으로 지급하였다. 동 거래와 관련하여 건설중인자산 계정의 금액은 100,000,000원이다(거래처 입력은 생략). (세무2급)

07 5월 7일 ㈜처칠상사로부터 공장건물 건축용 토지를 60,000,000원에 구입하고, 토지대금 중 40,000,000원과 토지매입에 따른 취득세 등 관련 부대비용 6,000,000원을 보통예금계좌에서 지급하였으며, 나머지는 외상으로 하였다.

08 5월 8일 5월 1일에 구입한 차량에 대한 취득세 250,000원을 강남구청에 현금으로 납부하였다.

09 5월 9일 공장에 설치 중인 자동화기계장치의 성능을 시험하기 위하여 시운전하고자 대신주유소에서 휘발유 50,000원을 구입하고 현금으로 지급하였다. (세무2급)

10 5월 10일 신축 공장건물에 대한 소유권보존 등기비용으로 취득세 등 합계 2,500,000원과 화재보험료 2,000,000원을 보통예금계좌에서 지급하였다. (세무2급)

11 5월 11일 ㈜현대자동차로부터 업무용 승용차를 구입하는 과정에서 취득해야 하는 공채를 현금 200,000원(액면금액)에 구입하였다. 단, 공채의 현재가치는 160,000원이며 회사는 이를 단기매매증권으로 처리하고 있다.

12 5월 12일 업무용 승용차를 구입하면서 다음과 같은 금액을 구매대행회사에 전액 현금으로 지급하였다. 회사는 차량구입시 필수적으로 매입하는 지역개발채권을 만기까지 보유하기로 하였다.

- 차량가액 : 18,500,000원
- 취득세 등 : 500,000원
- 지역개발채권 매입액 : 500,000원(만기 : 2034년 5월 18일)

13 5월 13일 대전에 제2공장을 신축하기 위하여 건물이 세워져 있는 토지를 8,000,000원에 구입하고 대금은 당좌수표를 발행하여 지급하였다. 또한 건물의 철거비용 1,000,000원과 토지 정지비용 800,000원을 당좌수표를 발행하여 지급하였다.

14 5월 14일 태안에 공장을 신축하기 위하여 ㈜무사상사로부터 건물이 있는 부지를 구입하고 건물을 철거하였다. 건물이 있는 부지의 구입비로 50,000,000원에 일괄구입 후 대금은 신한은행으로부터 대출(대출기간 3년)을 받아 지불하였다. 또한 건물의 철거비용 3,000,000원과 토지 정지비용 3,200,000원을 당좌수표를 발행하여 지급하였다(하나의 전표로 입력할 것).

15 5월 15일 당사의 최대주주인 조진희씨로부터 제품 창고를 건설할 토지를 기증 받았다. 본 토지에 대한 이전비용 5,000,000원은 당좌수표를 발행하여 지급하였으며, 현재 토지의 공정가치는 150,000,000원이다.

16 5월 16일 사용 중인 기계장치(취득원가 30,000,000원, 감가상각누계액 15,000,000원)를 동일업종인 거래처의 유사한 용도로 사용하던 기계장치(장부금액 18,000,000원, 공정가치 20,000,000원)와 교환하였다. 교환되는 기계장치 상호간의 공정가치는 동일하다.

17 5월 17일 공장의 기계장치를 ㈜대성기업에서 수리하고 당좌수표를 발행하여 수리비용 3,000,000원을 지급하였다(수익적 지출로 회계처리 할 것).

18 5월 18일 파손된 본사 영업팀 건물의 유리를 교체하고, 대금 1,500,000원을 당좌수표로 발행하여 지급하였다.

19 5월 19일 상일자동차공업사로부터 공장에서 사용하는 1톤 화물트럭의 엔진오일을 교환하고 대금 35,000원은 현금으로 지급한 후 영수증을 수취하였다.

20 5월 20일 공장의 전등설비 수선대금 24,000,000원을 ㈜열공상사에 약속어음을 발행(만기: 1년 이내)하여 지급하였다. 단, 수선비용 중 4,000,000원은 수익적 지출로 처리하고, 나머지는 자본적 지출(비품 계정)로 처리한다.

21 5월 21일 기계장치 취득 후 2년이 지난 현재 주요수선 및 설비증설을 위한 자본적 지출로 6,000,000원을 현금으로 지출하였다.

22 5월 22일 다음의 공장건물에 대한 지출내역을 보고 회계처리를 하시오(고정자산 등록은 생략하고, 하나의 전표로 입력한다). 단, 대금은 전액 당좌수표를 발행하여 지급하였다.

- 파손으로 인한 유리교체비용 : 1,800,000원
- 내용연수 증가를 위한 대수선비 : 14,600,000원
- 건물외벽의 도색비 : 3,300,000원

23 기말(12월 31일) 결산시 당기 감가상각비는 다음과 같이 계상하기로 하였다.

- 본사영업부 건물 : 14,600,000원
- 생산공장 건물 : 3,300,000원
- 생산공장 기계장치 : 5,000,000원

24 5월 24일 ㈜무사상사에 보유 중인 토지 일부를 25,000,000원(장부금액 22,000,000원)에 매각하고 대금 중 15,000,000원은 현금으로 받고 잔액은 다음연도 3월 30일에 받기로 하였다.

25 5월 25일 업무용으로 사용하던 토지(장부금액 19,000,000원)를 35,000,000원에 처분하고, 대금은 ㈜광오상사가 발행한 어음(90일 만기)을 받았다.

26 5월 26일 건물(취득원가 63,000,000원, 감가상각누계액 10,000,000원)을 70,000,000원에 매각하고, 40,000,000원은 자기앞수표를 받고, 잔액은 당좌예금계좌로 입금되었다.

27 5월 27일 영업부에서 사용하는 차량운반구(취득가액 30,000,000원, 감가상각누계액 18,000,000원)가 사고로 완파되었으며, 동일 날짜에 보험회사에 보험금을 청구하여 보험금 20,000,000원을 보통예금계좌로 송금 받았다(단, 당해연도의 감가상각은 하지 않으며, 유형자산의 손상차손은 유형자산처분손실 계정을 사용할 것).

28 5월 28일 생산부에서 사용하는 화물차량(취득가액 15,000,000원, 폐기시까지의 감가상각누계액 8,500,000원)이 교통사고로 인해 폐기되어, 동일 날짜에 드림보험에 보험금을 청구하여 보험금 9,000,000원을 보통예금계좌로 송금받았다(각각 회계처리할 것).

KcLep 도우미

01 5월 1일 : (차) 202.건물 100,000,000 / (대) 253.미지급금 60,000,000
　　　　　　　　　　　　　　　　　　　　　(거래처 : ㈜우일상사)
　　　　　　　　　　　　　　　　　　　(대) 102.당좌예금 40,000,000

02 5월 2일 : (차) 204.구축물 5,500,000 / (대) 102.당좌예금 5,500,000

03 5월 3일 : (차) 206.기계장치 30,000,000 / (대) 131.선급금 5,000,000
　　　　　　　　　　　　　　　　　　　　　(거래처 : ㈜서삼상사)
　　　　　　　　　　　　　　　　　　　(대) 103.보통예금 22,000,000
　　　　　　　　　　　　　　　　　　　(대) 253.미지급금 3,000,000
　　　　　　　　　　　　　　　　　　　　　(거래처 : ㈜서삼상사)

04 5월 4일 : (차) 208.차량운반구 15,000,000 / (대) 131.선급금 1,000,000
　　　　　　　　　　　　　　　　　　　　　(거래처 : ㈜무사상사)
　　　　　　　　　　　　　　　　　　　(대) 253.미지급금 14,000,000
　　　　　　　　　　　　　　　　　　　　　(거래처 : ㈜무사상사)

05 5월 5일 : (차) 212.비품 1,750,000 / (대) 101.현금 250,000
　　　　　　　　　　　　　　　　　　　(대) 253.미지급금 1,500,000
　　　　　　　　　　　　　　　　　　　　　(거래처 : ㈜광오상사)

06 5월 6일 : (차) 202.건물 115,000,000 / (대) 214.건설중인자산 100,000,000
　　　　　　　　　　　　　　　　　　　(대) 101.현금 15,000,000

07 5월 7일 : (차) 201.토지 66,000,000 / (대) 103.보통예금 46,000,000
　　　　　　　　　　　　　　　　　　　(대) 253.미지급금 20,000,000
　　　　　　　　　　　　　　　　　　　　　(거래처 : ㈜처칠상사)

08 5월 8일 : (차) 208.차량운반구 250,000 / (대) 101.현금 250,000

09 5월 9일 : (차) 206.기계장치 50,000 / (대) 101.현금 50,000

10 5월 10일 : (차) 202.건물 2,500,000 / (대) 103.보통예금 4,500,000
　　　　　　　　(차) 521.보험료 2,000,000

11 5월 11일 : (차) 107.단기매매증권   160,000 / (대) 101.현금   200,000
　　　　　　　(차) 208.차량운반구   40,000

* 유형자산의 취득과 관련하여 불가피하게 채권을 취득한 경우에는 당해 채권의 매입금액과 현재가치와의 차액은 유형자산의 취득원가에 가산한다.

12 5월 12일 : (차) 208.차량운반구   19,000,000 / (대) 101.현금   19,500,000
　　　　　　　(차) 181.만기보유증권   500,000

* 만기가 확정된 채무증권으로서 상환금액이 확정되었거나 확정이 가능한 채무증권을 만기까지 보유할 적극적인 의도와 능력이 있는 경우에는 만기보유증권으로 분류한다. 보고기간 종료일로부터 1년 이내에 만기가 도래하는 만기보유증권인 경우에 당좌자산인 "124.만기보유증권"을 사용한다.

13 5월 13일 : (차) 201.토지   9,800,000 / (대) 102.당좌예금   9,800,000

14 5월 14일 : (차) 201.토지   56,200,000 / (대) 293.장기차입금   50,000,000
　　　　　　　　　　　　　　　　　　　(거래처 : 신한은행)
　　　　　　　　　　　　　　　　　/ (대) 102.당좌예금   6,200,000

15 5월 15일 : (차) 201.토지   155,000,000 / (대) 102.당좌예금   5,000,000
　　　　　　　　　　　　　　　　　/ (대) 917.자산수증이익   150,000,000

* 유형자산은 최초에는 취득원가로 측정하며, 현물출자, 증여, 기타 무상으로 취득한 경우에는 공정가치를 취득원가로 한다.

16 5월 16일 : (차) 207.감가상각누계액   15,000,000 / (대) 206.기계장치   30,000,000
　　　　　　　(차) 206.기계장치   15,000,000

* 동일한 업종 내에서 유사한 용도로 사용되고 공정가치가 비슷한 동종자산과의 교환으로 유형자산을 취득하는 경우, 교환으로 받은 자산의 취득원가는 교환으로 제공한 자산의 장부금액으로 한다.

17 5월 17일 : (차) 520.수선비   3,000,000 / (대) 102.당좌예금   3,000,000

18 5월 18일 : (차) 820.수선비   1,500,000 / (대) 102.당좌예금   1,500,000

19 5월 19일 : (차) 522.차량유지비   35,000 / (대) 101.현금   35,000

20 5월 20일 : (차) 520.수선비   4,000,000 / (대) 253.미지급금   24,000,000
　　　　　　　(차) 212.비품   20,000,000   (거래처 : 열공상사)

21 5월 21일 : (차) 206.기계장치   6,000,000 / (대) 101.현금   6,000,000

22. 5월 22일 : (차) 520.수선비   5,100,000   /   (대) 102.당좌예금   19,700,000
         (차) 202.건물   14,600,000

23. 12월31일 : (차) 818.감가상각비   14,600,000   /   (대) 203.감가상각누계액   14,600,000

    12월31일 : (차) 518.감가상각비   8,300,000   /   (대) 203.감가상각누계액   3,300,000
                                                    (대) 207.감가상각누계액   5,000,000
    * 하나의 전표가 되도록 입력해도 상관없지만, 각각 회계처리 하는 것이 더 좋을 것 같다.

24. 5월 24일 : (차) 101.현금   15,000,000   /   (대) 201.토지   22,000,000
         (차) 120.미수금   10,000,000   (대) 914.유형자산처분이익 3,000,000
         (거래처 : ㈜무사상사)

25. 5월 25일 : (차) 120.미수금   35,000,000   /   (대) 201.토지   19,000,000
         (거래처 : ㈜광오상사)   (대) 914.유형자산처분이익 16,000,000

26. 5월 26일 : (차) 203.감가상각누계액 10,000,000   /   (대) 202.건물   63,000,000
         (차) 101.현금   40,000,000   (대) 914.유형자산처분이익 17,000,000
         (차) 102.당좌예금   30,000,000

27. 5월 27일 : (차) 209.감가상각누계액 18,000,000   /   (대) 208.차량운반구   30,000,000
         (차) 970.유형자산처분손실 12,000,000

    5월 27일 : (차) 103.보통예금   20,000,000   /   (대) 919.보험금수익   20,000,000
    * 하나의 전표가 되도록 입력해도 상관없지만, 각각 회계처리 하는 것이 더 좋을 것 같다.

28. 5월 28일 : (차) 209.감가상각누계액 8,500,000   /   (대) 208.차량운반구   15,000,000
         (차) 970.유형자산처분손실 6,500,000

    5월 28일 : (차) 103.보통예금   9,000,000   /   (대) 919.보험금수익   9,000,000

기/출/문/제 (필기)

01 다음은 유형자산에 대한 설명이다. 틀린 것은?

① 영업활동을 위하여 보유하고 있는 자산이다.
② 판매를 목적으로 보유하고 있는 자산이다.
③ 물리적인 형체가 있는 자산이다.
④ 1년을 초과하여 사용할 것이 예상되는 자산이다.
[풀이] 판매를 목적으로 보유하고 있는 자산은 재고자산이다.

02 다음 중 유형자산으로 분류하기 위한 조건으로서 가장 부적합한 것은?

① 영업활동에 사용할 목적으로 취득하여야 한다.
② 물리적인 실체가 있어야 한다.
③ 사업에 장기간 사용할 목적으로 보유하여야 한다.
④ 생산 및 판매목적으로 보유하고 있어야 한다.

03 다음은 유형자산의 정의에 대한 설명이다. 틀린 것은?

① 투자목적으로 소유하는 것
② 내구적인 사용이 가능할 것
③ 미래의 경제적효익이 기대될 것
④ 물리적 실체가 있을 것
[풀이] 투자목적으로 소유하는 것은 투자자산이다.

04 다음 중 유형자산으로 볼 수 없는 것은?

① 부동산매매업자가 보유한 판매목적용 토지
② 건설 중인 지점 건물
③ 제조용 기계장치
④ 사업용 차량운반구
[풀이] 판매목적용 토지는 재고자산이다.

05 다음 중 유형자산의 취득원가에 포함되지 않는 것은?

① 취득세
② 시운전비
③ 하역비
④ 취득완료 후 발생한 이자비용
[풀이] 자산을 취득 완료한 후 발생한 이자비용은 기간비용으로 처리한다.

06 다음 중 취득원가에 포함되지 않는 것은?

① 수입한 기계장치의 시운전비
② 토지 구입시 중개수수료

③ 상품을 수입해 오는 과정에서 가입한 당사 부담의 운송보험료
④ 건물 구입 후 가입한 화재보험료

07 다음 중 차량운반구의 취득원가에 해당하는 것은?
① 취득세 ② 자동차 보험료
③ 유류대 ④ 자동차세

08 다음의 설명 중 올바른 회계처리 방법이 아닌 것은?
① 기계장치를 구입하는 과정에서 발생된 보험료는 판매비와관리비에 포함된다.
② 토지를 취득할 때 발생하는 취득세 등은 토지의 취득원가를 구성한다.
③ 기업이 매매차익 목적으로 장기간 보유하는 건물은 재무상태표에 투자자산으로 보고한다.
④ 사용 중인 건물의 철거비용은 취득원가를 구성하지 않으며, 영업외비용으로 보고한다.
[풀이] 기계장치를 구입하는 과정에서 발생된 비용은 자산의 원가에 가산한다.

09 유형자산의 취득원가 결정에 관한 사항 중 틀린 것은?
① 토지 취득시 납부한 토지관련 취득세는 토지의 취득원가이다.
② 기계장치 구입시 발생한 설치비는 기계장치 취득원가이다.
③ 3대의 기계를 일괄구입시 각 기계의 취득원가는 각 기계의 시가를 기준으로 안분계산한다.
④ 무상으로 증여받은 비품은 취득원가를 계상하지 않는다.
[풀이] 유형자산을 무상으로 취득한 경우에는 취득한 자산의 공정가치를 취득원가로 한다.

10 다음은 유형자산 취득시 회계처리를 설명한 것이다. 옳지 않은 것은?
① 유형자산에 대한 건설자금이자는 취득원가에 포함할 수 있다.
② 무상으로 증여받은 건물은 취득원가를 계상하지 않는다.
③ 이종자산간의 교환으로 취득한 토지의 취득원가는 교환을 위하여 제공한 자산의 공정가치로 측정한다.
④ 유형자산 취득시 그 대가로 주식을 발행하는 경우 제공받은 유형자산의 공정가치를 주식의 발행금액으로 한다.
[풀이] 현물을 제공받고 주식을 발행한 경우에는 제공받은 현물의 공정가치를 주식의 발행금액으로 한다.

11 다음 중 유형자산에 대한 설명 중 잘못된 것은?
① 동일한 업종 내에서 유사한 용도로 사용되고 공정가액이 비슷한 동종자산과의 교환으로 유형자산을 취득하는 경우 당해 자산의 취득원가는 교환으로 제공한 자산의 공정

가액으로 한다.
② 현물출자, 증여, 기타 무상으로 취득한 유형자산의 가액은 공정가치를 취득원가로 한다.
③ 건물을 신축하기 위하여 사용 중인 기존 건물을 철거하는 경우 그 건물의 장부가액은 제거하여 처분손실로 반영하고, 철거비용은 전액 당기비용으로 처리한다.
④ 유형자산의 취득과 관련하여 국·공채 등을 불가피하게 매입하는 경우 당해 채권의 매입가액과 기업회계기준에 따라 평가한 현재가치와의 차액은 유형자산의 취득원가로 구성된다.

[풀이] 동종자산간의 교환으로 취득한 유형자산의 취득원가는 교환을 위하여 제공한 자산의 장부금액으로 한다.

12 다음 중 자본적 지출로 회계처리 하여야 할 것은?

① 유형자산의 내용연수를 연장시키는 지출
② 유형자산의 원상을 회복시키는 지출
③ 유형자산의 능률을 유지하기 위한 지출
④ 지출의 효과가 일시적인 지출

13 유형자산에 대한 설명 중 틀린 것은?

① 자산의 원상회복을 위한 지출액은 수익적 지출이다.
② 모든 유형자산에 대해 감가상각을 한다.
③ 유형자산의 취득원가는 순수구입대금에 부대원가를 가산하여 산정한다.
④ 자산의 내용연수 연장을 위한 지출액은 취득원가에 가산한다.

[풀이] 토지와 건설중인자산은 감가상각대상 자산이 아니다.

14 유형자산의 보유 중에 발생한 지출이다. 회계처리의 성격이 다른 하나는?

① 오래된 건물의 도색작업
② 계단식 3층 건물의 에스컬레이터 설치
③ 3년 동안 사용한 트럭의 배터리 교체
④ 건물 내부의 조명기구 교환

[풀이] 에스컬레이터 설치는 자본적 지출이고, 나머지는 수익적 지출이다.

15 다음 중 수익적 지출로 회계처리 하여야 할 것으로 가장 타당한 것은?

① 냉·난방장치 설치로 인한 비용
② 파손된 유리의 원상회복으로 인한 교체비용
③ 사용 용도 변경으로 인한 비용
④ 증설·확장을 위한 비용

16 수선비를 비용처리 하지 않고 유형자산의 가액을 증가시킨 경우 해당연도의 상황으로 맞는 것은?

① 당기순이익이 증가한다.   ② 자산의 장부금액이 과소계상 된다.
③ 자기자본이 과소계상 된다.   ④ 자본의 총액이 과소계상 된다.

[풀이] 비용이 과소계상 되어 당기순이익이 증가하고, 자산이 과대계상 되어 자산의 장부금액이 과대계상 된다. 자산이 과대계상 되면 자본이 과대계상 된다.

17 다음은 유형자산의 자본적 지출을 수익적 지출로 처리한 경우에 대한 설명이다. 맞는 것은?

① 당기순이익이 증가한다.   ② 자본이 감소한다.
③ 자기자본이 증가한다.   ④ 이익잉여금이 증가한다.

[풀이] 비용이 과대계상 되어 당기순이익이 감소하고, 자산이 과소계상 되어 자본이 과소계상 된다. 당기순이익이 감소하면 이익잉여금은 감소한다.

18 유형자산에 대한 감가상각을 하는 가장 중요한 목적으로 맞는 것은?

① 유형자산의 정확한 가치평가 목적
② 사용가능한 연수를 매년마다 확인하기 위해서
③ 현재 판매할 경우 예상되는 현금흐름을 측정할 목적으로
④ 자산의 취득원가를 체계적인 방법으로 기간배분하기 위해서

19 다음 중 유형자산 감가상각의 3요소가 아닌 것은?

① 원가   ② 내용연수
③ 잔존가치   ④ 장부금액

20 최초 취득연도에 정액법에 의하여 감가상각비를 계산하는데 있어 필요하지 않은 자료는?

① 원가   ② 잔존가치
③ 내용연수   ④ 감가상각누계액

21 유형자산의 감가상각과 관련한 다음 설명 중 가장 옳지 않은 것은?

① 감가상각 대상금액은 취득원가에서 잔존가치를 차감하여 결정한다.
② 감가상각의 주목적은 취득원가의 배분에 있다.
③ 감가상각비는 다른 자산의 제조와 관련된 경우 관련자산의 제조원가로 계상한다.
④ 정률법은 내용연수 동안 감가상각비를 매 기간 동일하게 계산하는 방법이다.

22 일반기업회계기준에서 인정하는 유형자산의 감가상각방법이 아닌 것은?

① 자산의 내용연수 동안 일정액의 감가상각비를 계상하는 방법
② 자산의 내용연수 동안 감가상각비가 매 기간 감소하는 방법
③ 자산의 예상조업도 혹은 예상생산량에 근거하여 감가상각비를 계상하는 방법
④ 자산의 원가가 서로 다를 경우에 이를 평균하여 감가상각비를 계상하는 방법

23 다음의 자료를 이용하여 정액법에 의한 1년간의 감가상각비 금액을 계산하시오.

- 취득원가 : 1,000,000원
- 내용연수 : 5년
- 잔존가치 : 100,000원
- 상각률 : 0.369

① 170,000원 ② 180,000원 ③ 369,000원 ④ 738,000원

[풀이] (1,000,000 - 100,000) ÷ 5년 = 180,000원

24 취득원가 1,000,000원이고 잔존가치 100,000원이며 내용연수 5년인 기계를 정액법으로 감가상각하고 있다. 2년까지 감가상각한 후 감가상각누계액은?

① 300,000원 ② 360,000원 ③ 400,000원 ④ 200,000원

[풀이] (1,000,000 - 100,000) ÷ 5년 = 180,000원(연상각비)
2차년도 감가상각누계액은 1차년도(180,000) + 2차년도(180,000) = 360,000원

25 다음 자료를 보고 정률법으로 감가상각 할 경우 2차 회계연도에 계상될 감가상각비로 맞는 것은?

- 취득원가 : 10,000,000원
- 내용연수 : 5년
- 잔존가치 : 1,000,000원
- 상각율 : 0.45(가정)

① 1,800,000원 ② 2,227,500원 ③ 2,475,000원 ④ 2,677,500원

[풀이] 1차년도 : 10,000,000 × 0.45 = 4,500,000원
2차년도 : (10,000,000 - 4,500,000) × 0.45 = 2,475,000원

26 내용연수가 5년인 기계를 정액법으로 감가상각 할 때 정률법과 비교하여 1차년도 감가상각 결과로 맞는 것은?

① 당기순이익이 적고 유형자산 금액도 적게 표시된다.
② 당기순이익이 크고 유형자산 금액은 적게 표시된다.
③ 당기순이익이 적고 유형자산 금액은 크게 표시된다.
④ 당기순이익이 크고 유형자산 금액도 크게 표시된다.

[풀이] 정액법은 정률법보다 초기에 상각비가 적게 계산된다. 따라서 비용이 적어지므로 당기순이익이 크고, 감가상각누계액이 적어지므로 유형자산의 장부금액은 크게 표시된다.

27 연수합계법으로 감가상각 할 경우 2차 회계연도에 계상될 감가상각비는?

> • 취득원가 2,450,000원   • 잔존가치 200,000원   • 내용연수 5년

① 750,000원   ② 600,000원   ③ 450,000원   ④ 300,000원

[풀이] (2,450,000−200,000) × 4/15 = 600,000원   * (1년+2년+3년+4년+5년) = 15

28 다음 중 수익·비용대응의 관점에서 가장 바람직한 감가상각방법은?
① 정액법   ② 작업시간비례법
③ 연금법   ④ 정률법

[풀이] 작업시간비례법(또는 생산량비례법)은 사용 또는 생산량에 비례하여 감가상각비를 계상하므로 수익·비용대응의 관점에서 바람직한 방법이다.

29 보유하고 있던 기계장치를 장부금액보다 더 높은 금액을 받고 처분하였다. 이 거래로 인한 영향은?
① 자산과 부채의 감소   ② 자산의 증가와 부채의 감소
③ 자산의 증가와 자본의 증가   ④ 부채의 감소와 자본의 증가

[풀이] 감소되는 자산보다 증가되는 자산이 더 많으므로 자산이 증가한다. 자산이 증가하면 자본이 증가한다.

30 다음의 거래로 인한 설명 중 맞는 것은?

> 보유중인 기계장치를 장부금액보다 낮은 금액을 받고 처분하였다.

① 자산의 감소와 부채의 감소   ② 자산의 감소와 자본의 증가
③ 자산의 감소와 부채의 증가   ④ 자산의 감소와 자본의 감소

[풀이] 감소되는 자산보다 증가되는 자산이 더 적으므로 자산이 감소한다. 자산이 감소하면 자본이 감소한다.

31 내용연수 10년, 잔존가액이 100,000원인 기계장치를 1,000,000원에 구입하여 정액법으로 상각해 왔다. 기계장치 구입후 3년이 되는 연도말에 이 기계장치를 800,000원에 처분하였을 경우 처분손익은 얼마인가?
① 100,000원 이익   ② 100,000원 손실
③ 70,000원 이익   ④ 70,000원 손실

[풀이] (1,000,000 − 100,000) ÷ 10년 = 90,000(연감가상각비)
  1년도 말 : 취득원가(1,000,000) − 감가상각누계액(90,000) = 장부금액(910,000)
  2년도 말 : 취득원가(1,000,000) − 감가상각누계액(180,000) = 장부금액(820,000)
  3년도 말 : 취득원가(1,000,000) − 감가상각누계액(270,000) = 장부금액(730,000)

32 12월말 결산 법인인 ㈜새날은 ×1년 7월 1일 보유하고 있던 기계장치(공정가치 2,500,000원)를 ㈜푸드의 차량운반구(장부금액 1,500,000원)와 교환하고 현금 500,000원을 수령하였다. ㈜새날의 ×1년 손익계산서에 계상될 차량운반구에 대한 감가상각비는 얼마인가? (차량운반구 내용년수 5년, 정액법, 월할 상각, 잔존가치 0)

① 200,000원 ② 400,000원 ③ 600,000원 ④ 800,000원

[풀이] 이종자산간의 교환으로 취득하는 차량운반구의 취득원가는 교환으로 제공한 기계장치의 공정가치(2,500,000)에 현금 수령액(500,000)을 차감한 금액이다.
(2,500,000 − 500,000) ÷ 5년 × 6/12개월 = 200,000원

33 다음은 유형자산에 대한 설명이다. 틀린 설명은?

① 감가상각이란 유형자산의 감가상각대상금액을 비용으로 배분하는 과정이다.
② 보유기간 중에 내용연수를 증가시키는 지출은 수익적 지출로 처리한다.
③ 취득원가에서 감가상각누계액을 차감한 후의 잔액을 장부금액(book value)이라 한다.
④ 일반기업회계기준상 감가상각방법에는 정액법, 정률법, 연수합계법 등이 있다.

34 다음 중 유형자산에 대한 설명으로 틀린 것은?

① 취득원가에는 경영진이 의도하는 방식으로 자산을 가동하는데 필요한 장소와 상태에 이르게 하는데 직접 관련되는 원가를 포함한다.
② 자산의 수선·유지를 위한 지출은 감가상각을 통하여 비용처리 한다.
③ 유형자산은 사용에 의한 소모, 시간의 경과와 기술의 변화에 따른 진부화 등에 의해 경제적효익이 감소한다.
④ 자산 취득에 사용한 정부보조금은 관련 자산을 취득하는 시점에서 관련 자산의 차감계정으로 처리한다.

[풀이] 수선·유지를 위한 지출은 수익적 지출로 즉시 비용처리 한다.

정답

1. ② 2. ④ 3. ① 4. ① 5. ④ 6. ④ 7. ① 8. ① 9. ④ 10. ②
11. ① 12. ① 13. ② 14. ② 15. ② 16. ① 17. ② 18. ④ 19. ④ 20. ④
21. ④ 22. ④ 23. ② 24. ② 25. ③ 26. ④ 27. ② 28. ② 29. ③ 30. ④
31. ③ 32. ① 33. ② 34. ②

제3절 무형자산

무형자산이란 재화의 생산이나 용역의 제공, 타인에 대한 임대 또는 관리에 사용할 목적으로 기업이 보유하고 있으며, 물리적 형체가 없지만 식별가능하고, 기업이 통제하고 있으며, 미래경제적효익이 있는 비화폐성자산[5]을 말한다. 무형자산의 정의에서는 영업권과 구별하기 위하여 무형자산이 식별가능할 것을 요구한다. 사업결합으로 인식하는 영업권은 사업결합에서 획득하였지만 개별적으로 식별하여 별도로 인식하는 것이 불가능한 그 밖의 자산에서 발생하는 미래경제적효익을 나타내는 자산이다.

1. 무형자산의 요건

무형자산으로 정의되기 위한 요건은 식별가능성, 자산에 대한 통제 및 미래경제적효익의 존재이다.

(1) 식별가능성

자산은 ① 자산이 분리가능하거나, ② 자산이 계약상 권리 또는 기타 법적 권리로부터 발생하는 경우에 식별가능하다. 여기서 분리가능하다는 것은 기업에서 분리하거나 분할할 수 있고, 개별적으로 또는 관련된 계약·식별가능한 자산이나 부채와 함께 매각·이전·라이선스·임대·교환할 수 있는 것을 말한다. 무형자산이 분리가능하지 않더라도 다른 방법으로 무형자산을 식별할 수 있는 경우도 있다. 예를 들면, 제조설비를 제조공정에 대한 특허권과 함께 일괄취득한 경우에는 그 특허권은 분리가능하지는 않지만 식별가능하다.

(2) 자산에 대한 통제

무형자산의 미래경제적효익을 확보할 수 있고 그 효익에 대한 제3자의 접근을 제한할 수 있다면 자산을 통제하고 있는 것이다. 무형자산의 미래경제적효익에 대한 통제는 일반적으로 법적 권리로부터 나오며, 법적 권리가 없는 경우에는 통제를 입증하기 어렵다.

(3) 미래경제적효익의 존재

무형자산은 미래에 수익을 증가시키거나 비용을 감소시킬 수 있는 능력이 있어야 한다. 무형자산의 미래경제적효익은 재화의 매출이나 용역수익, 원가절감, 또는 자산의 사용에 따른 기타 효익의 형태로 발생한다.

---

[5] 화폐성자산이란 현금 및 확정되었거나 확정가능한 화폐금액으로 받을 자산을 말하며, 비화폐성자산이란 화폐성자산 외의 자산을 말한다.

2. 무형자산의 분류

무형자산은 사업상 비슷한 성격과 용도를 가진 종류별로 분류하여 표시한다. 다만, 재무제표 이용자에게 더 목적적합한 정보를 제공할 수 있다면 무형자산의 종류는 더 큰 단위로 통합하거나 더 작은 단위로 구분할 수 있다.

(1) 영업권

영업권이란 개별적으로 식별하여 별도로 인식할 수 없으나, 사업결합에서 획득한 그 밖의 자산에서 발생하는 미래경제적효익을 나타내는 자산을 말한다. 사업결합으로 취득한 영업권은 취득자[6]가 개별적으로 식별하여 별도로 인식하는 것이 불가능한 자산으로부터 미래경제적 효익을 기대하고 지불한 금액을 의미한다.

예를 들어, ① 취득자가 취득한 사업의 운영을 취득일로부터 계속하는 것을 가능하게 해주는 현존하는 집합적 노동력(종업원이 자신의 업무에서 보유하고 있는 지식과 경험을 나타내지는 않는다)인 종업원 집단의 존재에 가치를 부여하거나, ② 피취득자가 미래의 새로운 고객과 협상 중인 잠재적 계약에 가치를 부여하여, 피취득자의 식별가능한 취득 자산과 인수 부채의 순액에 대하여 취득자의 지분을 초과하여 지급하는 경우 그 초과되는 금액이 영업권이다. 영업권은 유상으로 매입한 경우에만 자산으로 인식하고, 내부적으로 창출한 영업권(자가창설영업권)은 자산으로 인식하지 않는다.

(2) 산업재산권

일정기간 독점적·배타적으로 이용할 수 있는 권리로서 특허권, 실용신안권, 의장권, 상표권, 상호권 및 상품명 등을 포함한다.

(3) 개발비

개발비란 제조비법, 공식, 모델, 디자인 및 시작품 등의 개발과 관련하여 발생한 비용(소프트웨어 개발과 관련된 비용 포함)으로서 자산에서 발생하는 미래경제적효익이 기업에 유입될 가능성이 매우 높고, 자산의 원가를 신뢰성 있게 측정할 수 있는 것을 말한다. 그 이외의 경우(연구단계에서 발생한 지출 포함)에는 경상개발비의 과목으로 하여 발생한 기간에 비용으로 인식한다.

(4) 기타의 무형자산

① 라이선스 : 타 기업, 특히 외국의 어떤 상표·특허·제조 기술 등을 독점적으로 사용할 수 있는 권리를 말한다.
② 프랜차이즈 : 체인 본부의 가맹점에 가입되어 일정한 지역에서 특정 상품을 독점으로 판매할 수 있는 권리를 말한다.

---

[6] 취득자란 피취득자에 대한 지배력을 획득하는 기업을 말하며, 피취득자란 취득자가 사업결합으로 지배력을 획득하는 대상사업 또는 사업들을 말한다.

③ 저작권 : 문학·연극·음악·예술 및 기타 지적·정신적인 작품을 포함하는 저작물의 저작자에게 자신의 저작물을 사용 또는 수익·처분하거나 타인에게 그러한 행위를 허락 할 수 있는 독점·배타적인 권리를 말한다.
④ 컴퓨터소프트웨어 : 외부에서 소프트웨어를 구입하는 경우 그 구입비용을 말한다.
⑤ 임차권리금 : 토지·건물의 임대차에 부수하여 그 부동산이 가지는 특수한 장소적 이익 등의 대가로서 보증금 이외에 지급하는 금액을 말한다.
⑥ 광업권 : 일정한 광구에서 부존하는 광물을 독점적·배타적으로 채굴하여 취득할 수 있는 권리를 말한다.
⑦ 어업권 : 일정한 수면에서 어업을 경영할 권리를 말한다.

3. 무형자산의 최초 측정(취득원가)

개별 취득하는 무형자산의 원가는 구입가격(매입할인과 리베이트를 차감하고 수입관세와 환급받을 수 없는 제세금을 포함한다)에 자산을 의도한 목적에 사용할 수 있도록 준비하는 데 직접 관련되는 원가를 포함한다.

 다음 거래를 회계처리 하시오.
(1) 최발명씨로부터 특허권을 1,000,000원에 현금으로 매입하고, 등록비용 50,000원을 현금으로 지급하였다.
(2) 신제품 개발과 관련된 비용 500,000원을 현금으로 지급하였다(자산으로 처리).

해설 (1) (차) 특허권   1,050,000   /   (대) 현금   1,050,000
      (2) (차) 개발비   500,000   /   (대) 현금   500,000

4. 취득 또는 완성 후의 지출

무형자산의 취득 또는 완성 후의 지출로서 다음의 요건을 모두 충족하는 경우에는 자본적 지출로 처리하고, 그렇지 않은 경우에는 발생한 기간의 비용으로 인식한다.
① 관련 지출이 무형자산의 미래경제적효익을 실질적으로 증가시킬 가능성이 매우 높다.
② 관련된 지출을 신뢰성 있게 측정할 수 있으며, 무형자산과 직접 관련된다.

5. 무형자산의 상각

무형자산의 미래경제적효익은 시간의 경과에 따라 소비되기 때문에 상각을 통하여 장부금액을 감소시킨다. 상각이란 무형자산의 상각대상금액(원가에서 잔존가치를 차감한 금액)을 그 자산의 내용연수 동안 체계적인 방법에 의하여 각 회계기간의 비용으로 배분하는 것이다.

(1) 상각기간

무형자산의 상각기간은 독점적·배타적인 권리를 부여하고 있는 관계 법령이나 계약에 정해진 경우를 제외하고는 20년을 초과할 수 없으며 상각은 자산이 사용가능한 때부터 시작한다.

(2) 상각방법

무형자산의 상각방법은 자산의 경제적 효익이 소비되는 행태를 반영한 합리적인 방법이어야 한다. 무형자산의 상각대상금액을 내용연수 동안 합리적으로 배분하기 위해 다양한 방법을 사용할 수 있다. 이러한 상각방법에는 정액법, 체감잔액법(정률법 등), 연수합계법, 생산량비례법 등이 있다. 다만, 합리적인 상각방법을 정할 수 없는 경우에는 정액법을 사용한다.

(3) 잔존가치

잔존가치란 자산의 내용연수가 종료되는 시점에 그 자산의 예상처분대가에서 예상처분비용을 차감한 금액을 말하는데, 무형자산의 잔존가치는 없는 것을 원칙으로 한다. 다만, 경제적 내용연수보다 짧은 상각기간을 정한 경우에 상각기간이 종료될 때 제3자가 자산을 구입하는 약정이 있거나, 그 자산에 대한 거래시장이 존재하여 상각기간이 종료되는 시점에 자산의 잔존가치가 거래시장에서 결정될 가능성이 매우 높다면 잔존가치를 인식할 수 있다. 무형자산의 잔존가치는 유사한 환경에서 사용하다가 매각된 동종 무형자산의 매각가격을 이용하여 추정할 수 있으며, 잔존가치를 결정한 후에는 가격이나 가치의 변동에 따라 증감시키지 않는다.

6. 재무상태표상 표시방법

무형자산의 재무상태표상 표시방법은 두 가지로 구분할 수 있다. 첫째는 무형자산의 원가에서 상각누계액을 직접 차감하는 직접법이고, 둘째는 무형자산의 원가에서 상각누계액을 차감하는 형식으로 표시하는 간접법이다.

① **직접법** : (차) 무형자산상각비 ××× / (대) 무형자산 ×××
② **간접법** : (차) 무형자산상각비 ××× / (대) 무형자산상각누계액 ×××

한마디 ⋯ 프로그램 운영상 간접법은 사용할 수 없으므로 자격시험에서는 직접법을 사용한다.

기/출/문/제 (실기)

다음 거래 자료를 ㈜세연상사(코드 : 3002)의 [일반전표입력] 메뉴에 추가 입력하시오.

01 6월 1일 산학협력대학인 강서대학의 의류학과에 신제품 개발과 관련된 비용 2,000,000원을 당사의 보통예금계좌에서 강서대학계좌로 계좌이체 하여 지급하였다(무형자산으로 처리할 것).

02 6월 2일 서울대학에 의뢰한 신제품 개발에 따른 연구용역비 12,000,000원을 보통예금계좌에서 폰뱅킹 이체하여 지급하였다(무형자산으로 처리할 것).

03 6월 3일 당사의 신제품 개발을 위해 보통예금에서 인출된 개발비 3,000,000원에 대하여 자산 계정을 사용하여 회계처리 하시오.

04 6월 4일 신제품 개발에 성공하여 특허권을 취득하고, 특허출원 등의 제비용 200,000원을 현금으로 지급하였다.

05 6월 5일 더존디지털웨어의 세무회계 프로그램인 "더존 Smart A"를 1,500,000원에 구입하고 대금은 현금으로 지급하였다(무형자산으로 처리할 것).

06 12월 31일 무형자산에 대한 당기 상각비는 다음과 같다. 무형자산 상각에 대한 회계처리를 하시오(단, 판매비와관리비로 처리하고 직접법으로 상각함).

- 개발비 3,000,000원
- 특허권 2,000,000원

07 12월 31일 현재 무형자산인 소프트웨어의 전기말 상각 후 미상각잔액은 24,000,000원이다. 내용연수는 5년이며, 작년 1월에 구입하였다. 당해연도말 무형자산을 상각하시오.

KcLep 도우미

01 6월 1일 : (차) 226.개발비　　2,000,000　/　(대) 103.보통예금　　2,000,000

02 6월 2일 : (차) 226.개발비　　12,000,000　/　(대) 103.보통예금　　12,000,000

03 6월 3일 : (차) 226.개발비　　3,000,000　/　(대) 103.보통예금　　3,000,000

04 6월 4일 : (차) 219.특허권　　200,000　/　(대) 101.현금　　200,000
　　* 개별 취득하는 무형자산의 원가는 구입가격에 자산을 의도한 목적에 사용할 수 있도록 준비하는데 관련되는 원가를 포함한다.

05 6월 5일 : (차) 227.소프트웨어　　1,500,000　/　(대) 101.현금　　1,500,000

06 12월31일 : (차) 840.무형자산상각비　　5,000,000　/　(대) 226.개발비　　3,000,000
　　　　　　　　　　　　　　　　　　　　　　　　　(대) 219.특허권　　2,000,000

07 12월31일 : (차) 840.무형자산상각비　　6,000,000　/　(대) 227.소프트웨어　　6,000,000
　　* 무형자산은 직접 상각을 하므로 전기말 상각 후 미상각잔액은 작년에 직접 상각을 한 나머지 금액이다. 미상각잔액을 남은 내용연수 4년으로 나누면 당기의 상각비를 쉽게 구할 수 있다.

기/출/문/제 (필기)

01 다음은 무형자산과 관련된 내용이다. 가장 올바르지 못한 것은?
① 물리적 형체가 없지만 식별할 수 있다.
② 기업이 통제하고 있어야 한다.
③ 무형자산에는 어업권, 산업재산권, 선수금, 영업권 등이 있다.
④ 미래에 경제적효익이 있는 비화폐성 자산이다.
[풀이] 선수금은 유동부채이다.

02 다음 중 일반기업회계기준상 무형자산에 해당하지 않는 것은?
① 광업권   ② 영업권   ③ 전세권   ④ 특허권
[풀이] 전세권은 기타비유동자산이다.

03 다음 계정과목 중 무형자산에 해당하는 항목은?

㉠ 연구비   ㉡ 개발비   ㉢ 경상개발비   ㉣ 영업권

① ㉠, ㉡   ② ㉠, ㉢   ③ ㉡, ㉢   ④ ㉡, ㉣

04 일반기업회계기준상 무형자산에 해당되는 항목으로만 묶어 놓은 것은?

a. 특허권   b. 개발비   c. 연구비   d. 개업비   e. 상표권   f. 창업비

① a, c, d   ② a, b, d   ③ a, b, e   ④ a, b, f

05 다음 항목들 중에서 무형자산으로 인식할 수 없는 것은?
① 향후 5억원의 가치창출이 확실한 개발단계에 2억원을 지출하여 성공한 경우
② 내부 창출한 상표권으로서 기말시점에 회사 자체적으로 평가한 금액이 1억원인 경우
③ 통신기술과 관련한 특허권을 출원하는데 1억원을 지급한 경우
④ 12억원인 저작권을 현금으로 취득한 경우
[풀이] 다음의 조건을 모두 충족하는 경우에만 무형자산을 인식한다.
① 자산에서 발생하는 미래경제적효익이 기업에 유입될 가능성이 매우 높다.
② 자산의 원가를 신뢰성 있게 측정할 수 있다.
내부적으로 창출한 브랜드, 고객 목록 및 이와 유사한 항목에 대한 지출은 무형자산으로 인식하지 않는다(일반기업회계기준 실11.12).

06 다음 설명 중 가장 올바른 회계처리 방법을 설명한 것은?

① 기계장치를 구입하는 과정에서 발생된 보험료는 판매비와관리비에 포함된다.
② 연구비와 개발비는 전액 비용으로 처리한다.
③ 자가 창설(내부창출)된 영업권(goodwill)은 무형자산으로 계상할 수 없다.
④ 무형자산은 진부화되거나 시장가치가 급격히 하락해도 손상차손을 인식할 수 없다.

[풀이] ① 개발비란 제조비법, 공식, 모델, 디자인 및 시작품 등의 개발과 관련하여 발생한 비용(소프트웨어 개발과 관련된 비용 포함)으로서 자산에서 발생하는 미래경제적효익이 기업에 유입될 가능성이 매우 높고, 자산의 원가를 신뢰성 있게 측정할 수 있는 것을 말한다. 그 이외의 경우(연구단계에서 발생한 지출 포함)에는 경상개발비의 과목으로 하여 발생한 기간에 비용으로 인식한다.
② 무형자산의 진부화 및 시장가치의 급격한 하락 등으로 인하여 무형자산의 회수가능액이 장부금액에 중요하게 미달하게 되는 경우에는 장부금액을 회수가능액으로 조정하고 그 차액을 손상차손으로 처리한다.

07 다음 비유동자산 중 상각대상이 되는 것은?

① 토지
② 영업권
③ 투자부동산
④ 건설중인자산

[풀이] 영업권은 무형자산으로 상각대상자산이다.

08 무형자산의 합리적인 상각방법을 정할 수 없는 경우에는 어떤 상각방법을 사용하는가?

① 정액법
② 체감잔액법(정률법 등)
③ 연수합계법
④ 생산량비례법

09 다음은 무형자산에 관한 설명이다. 잘못된 것은?

① 무형자산의 상각방법은 자산의 경제적효익이 소비되는 행태를 반영한 합리적인 방법이어야 한다.
② 무형자산의 상각방법에는 정액법, 체감잔액법(정률법 등), 연수합계법, 생산량비례법 등이 있다.
③ 무형자산의 합리적인 상각방법을 정할 수 없는 경우에는 정률법을 사용한다.
④ 무형자산의 잔존가치는 없는 것을 원칙으로 한다.

정답

1. ③   2. ③   3. ④   4. ③   5. ②   6. ③   7. ②   8. ①   9. ③

제4절 고정자산등록

[고정자산등록] 메뉴는 감가상각 대상 자산의 감가상각에 필요한 기초자료를 입력하는 메뉴로 『기본등록사항』 탭과 『추가등록사항』 탭으로 구성되어 있다. [고정자산등록] 메뉴에 입력된 자료는 [미상각분감가상각비], [양도자산감가상각비], [고정자산관리대장] 메뉴에 자동반영되어 해당 각 메뉴를 조회 및 출력할 수 있게 한다.

 **KcLep 길라잡이**

- [재무회계]>[고정자산 및 감가상각]>[고정자산등록]을 선택하면 다음과 같은 화면이 나타난다.

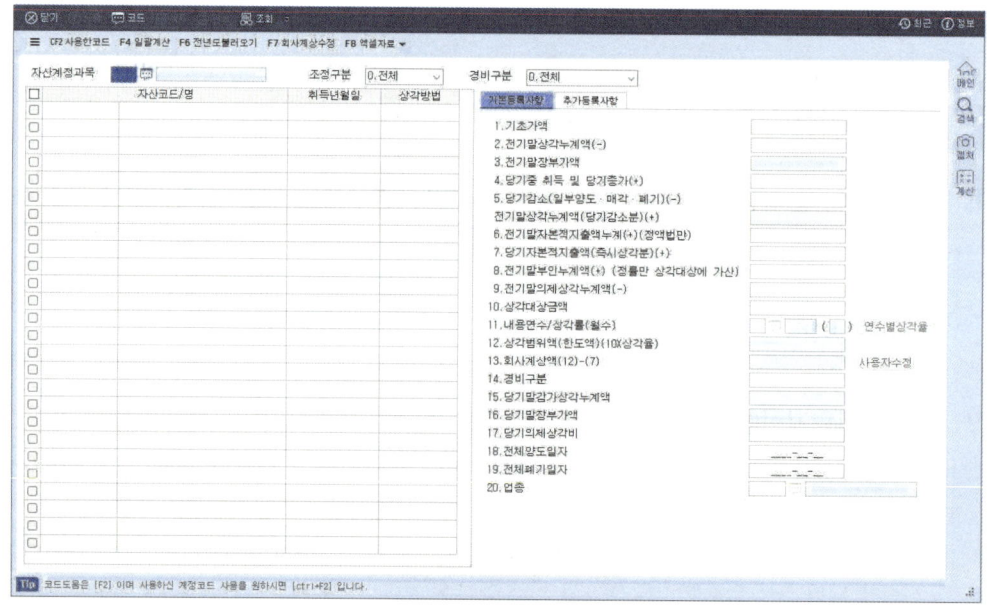

• [고정자산등록] 화면 •

▶ 자산 계정과목

등록하고자 하는 고정자산(세법상 명칭)의 계정과목 코드번호 세 자리를 입력한다. 코드번호를 모르는 경우에는 키보드의 F2 키를 누르면 나타나는 「계정코드도움」 보조창에서 해당 자산을 선택하고 확인(Enter)을 클릭한다.

▶ **자산코드/명**

해당 자산의 관리에 필요한 코드를 "000001 ~ 999999" 사이의 숫자로 입력하고 해당 자산의 구체적인 품목명을 입력한다.

▶ **취득년월일**

해당 자산의 취득 년, 월, 일을 입력한다.

▶ **상각방법**(1:정률법, 2:정액법)

감가상각방법 중 정률법은 "1"을, 정액법은 "2"를 입력한다. 본 프로그램은 세법 규정에 따라 운영되므로 건축물(202.건물과 204.구축물)과 무형자산의 경우에는 상각방법이 정액법으로 고정되어 다른 방법을 선택할 수 없도록 구성되어 있다.

[참고] 법인세법의 감가상각방법

구 분		상각방법	무신고
유형고정자산	① 일반	정률법 또는 정액법	정률법
	② 건축물	정액법	정액법
	③ 광업용 유형고정자산	생산량비례법, 정률법 또는 정액법	생산량비례법
무형고정자산	① 일반	정액법	정액법
	② 광업권	생산량비례법 또는 정액법	생산량비례법
	③ 개발비	20년 이내의 정액법	5년간 정액법

✽ 『기본등록사항』 탭

```
1. 기초가액
2. 전기말상각누계액(-)
3. 전기말장부가액
```

1. 기초가액

전기말 현재의 취득가액을 입력한다. 단, 무형자산을 직접법으로 상각한 경우에는 전기말 장부금액을 입력한다.

2. 전기말 상각누계액

전기말 현재의 감가상각누계액을 입력한다. 단, 무형자산을 직접법으로 상각한 경우에는 전기말까지 직접 상각한 금액의 누계액을 입력한다.

3.전기말 장부가액

기초가액에서 전기말 상각누계액을 차감한 금액이 자동 계산되어 표시된다.

```
4.당기중 취득 및 당기증가(+)              [        ]
5.당기감소(일부양도·매각·폐기)(-)        [        ]
  전기말상각누계액(당기감소분)(+)          [        ]
6.전기말자본적지출액누계(+)(정액법만)     [        ]
7.당기자본적지출액(즉시상각분)(+)         [        ]
8.전기말부인누계액(+) (정률만 상각대상에 가산)  [        ]
9.전기말의제상각누계액(-)                 [        ]
```

4.당기 중 취득 및 당기증가

당기 중 신규 취득한 자산의 취득가액 또는 당기 이전에 취득한 자산에 대하여 당기 중 자본적 지출액이 발생한 경우에 해당 금액을 입력한다. 동란에 입력된 내용은 **[법인조정]** 메뉴인 **[미상각자산 감가상각조정명세서]** 메뉴의 해당란에 자동반영 되는데, 자세한 내용은 전산세무 1급(법인조정)에서 학습하게 된다(이하 대부분의 내용이 마찬가지이다).

5.당기감소

고정자산의 일부가 양도·매각·폐기 등의 사유로 감소한 경우 해당 금액을 입력한다.

6.전기말 자본적 지출액 누계

상각방법이 정액법인 경우로서 당기 이전에 법인세법상 자본적 지출액에 해당하는 금액을 회사가 수익적 지출로 잘못 처리한 경우, 동 자본적 지출액의 누계액을 입력한다.

7.당기 자본적 지출액

당기에 법인세법상 자본적 지출에 해당하는 금액을 회사가 수익적 지출로 잘못 처리한 경우, 동 자본적 지출액을 입력한다.

8.전기말 부인누계액

전기말 감가상각비 부인누계액을 입력한다.

9.전기말 의제상각누계액

전기말 현재의 의제상각비누계액을 입력한다.

```
10. 상각대상금액            [          ]
11. 내용연수/상각률(월수)   [  ][💬]  (  ) 연수별상각률
12. 상각범위액(한도액)(10X상각율) [          ]
13. 회사계상액(12)-(7)      [          ] 사용자수정
14. 경비구분                [          ]
15. 당기말감가상각누계액    [          ]
16. 당기말장부가액          [          ]
```

10. 상각대상금액

법인세법상 상각계산의 기초가액을 의미한다.

11. 내용연수/상각률(월수)

해당 자산의 내용연수를 입력한다. 내용연수를 입력하면 상각률은 자동 계산되어 표시된다. 법인세법시행규칙에서는 각 자산별·업종별로 내용연수를 구체적으로 규정하고 있는데, 💬를 클릭하면「기준내용년수 도움표」보조창에서 이를 확인할 수 있다.

12. 상각범위액(한도액)

입력된 감가상각비 계산요소에 따라 당기상각범위액(세법상 당기 감가상각비)이 자동 계산된다.

13. 회사계상액

회사계상액이 상각범위액과 다른 경우에는 사용자수정을 클릭하여 해당 금액으로 수정한다.

14. 경비구분

고정자산의 용도에 따른 감가상각비의 구분을 입력한다. 해당 자산의 감가상각비가 판매비와관리비에 속하면 "6. 800번대(판관비)"를 선택하고 제조경비에 속하면 "1. 500번대(제조)"를 선택한다.

15. 당기말 감가상각누계액

[전기말 상각누계액]란과 [회사계상액]란의 합계액이 자동 표시된다.

16. 당기말 장부가액

[기초가액]란에서 [당기말 감가상각누계액]란을 차감한 금액이 자동 표시된다.

17. 당기의제상각비	
18. 전체양도일자	____-__-__
19. 전체폐기일자	____-__-__
20. 업종	

17. 당기 의제상각비

각 사업연도의 소득에 대하여 법인세가 면제되거나 감면되는 사업을 영위하는 법인이, 법인세를 면제받거나 감면받은 경우에는 감가상각자산에 대하여 상각범위액에 해당하는 감가상각비를 손금으로 계상하여야 하는데, 법인이 이를 계상하지 않거나 상각범위액에 미달하게 계상한 경우 해당 금액을 입력한다.

18. 전체 양도일자

고정자산을 사업연도 중에 양도한 경우에는 양도일자를 입력한다. 양도일자를 입력하면 양도일까지의 월수로 [상각범위액]란이 자동 반영된다.

19. 전체 폐기일자

고정자산을 폐기한 경우 폐기일자를 입력한다.

20. 업종

내용연수 선택의 적정성 여부를 판단하기 위한 업종구분으로 📋를 클릭하여 「업종코드도움」 보조창에서 해당 업종을 선택한다.

> **한마디** … 『기본등록사항』 탭의 대부분은 전산세무 1급의 범위이므로 어려워 할 것 없다. 그리고 『추가등록사항』 탭 전체의 내용은 자격시험과 무관하므로 설명을 생략한다. 만약 자격시험에서 경비구분과 업종을 구체적으로 제시하지 않으면 입력하지 않아도 된다.

 **KcLep 따라하기**

고정자산등록 따라하기

다음은 ㈜최대리(코드 : 3001)의 고정자산에 관한 자료이다. [고정자산등록] 메뉴에 등록하고 당기 감가상각비를 계산하시오.

계정과목	코드	자산명	취득일자	취득금액	전기말상각 누계액	상각 방법	내용 연수	경비
차량운반구	1	소나타	2021. 02. 12.	17,200,000	10,500,000	정액법	5	800
비 품	1	집기비품	2022. 01. 16.	14,100,000	6,359,100	정률법	5	800

208. 차량운반구

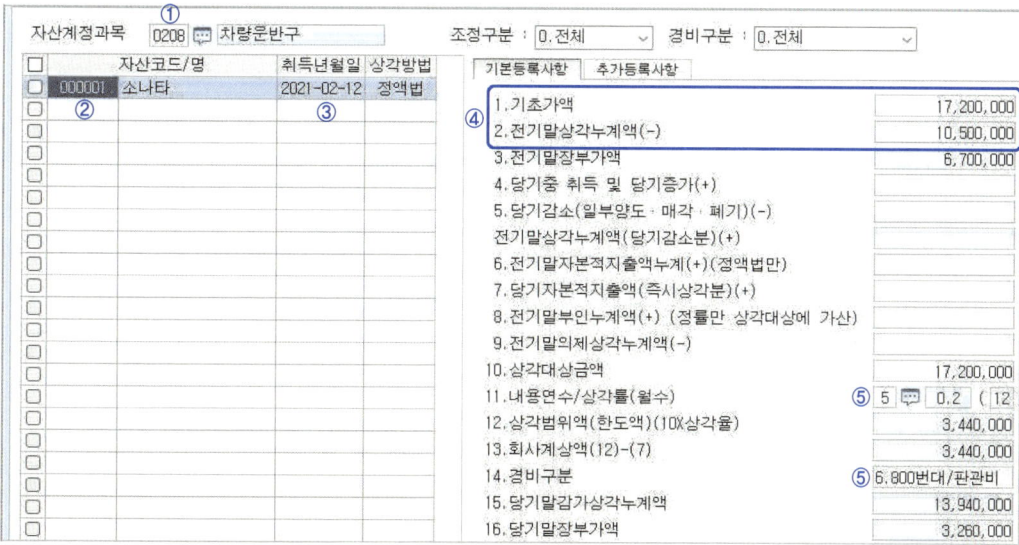

① [자산계정과목]란에서 키보드의 F2 키를 누르고 "208.차량운반구"를 선택하고 확인(Enter)을 클릭한다.
② [자산코드/명]란에 코드 "1"을 입력하고 자산명 "소나타"를 입력한다.
③ [취득년월일]란에 "2021 02 12"를 입력하고 [상각방법]란에 "2"를 입력한다.
④ [기초가액]란에 취득금액 "17,200,000"을 입력하고 [전기말상각누계액]란에 "10,500,000"을 입력한다.
⑤ [내용연수]란에 "5"를 입력하고 [경비구분]란에서 "6. 800번대(판관비)"를 선택한다.

212. 비품

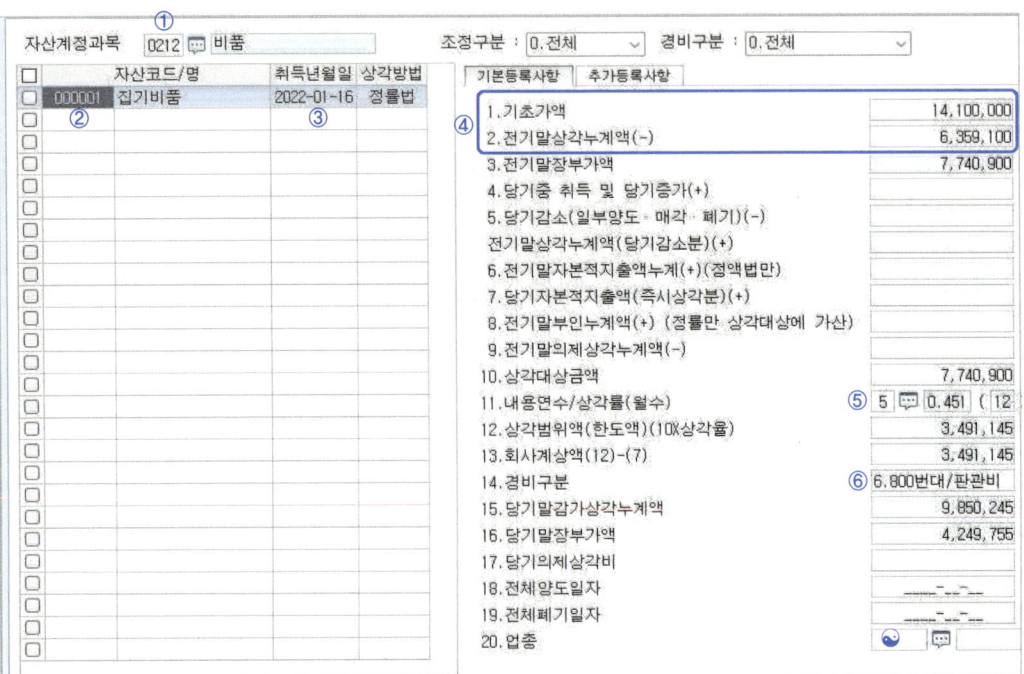

① [자산계정과목]란에서 키보드의 F2 키를 누르고 "212.비품"을 선택하고 확인(Enter) 을 클릭한다.
② [자산코드/명]란에 코드 "1"을 입력하고 자산명 "집기비품"을 입력한다.
③ [취득년월일]란에 "2022 01 16"을 입력하고 [상각방법]란에 "1"을 입력한다.
④ [기초가액]란에 취득금액 "14,100,000"을 입력하고 [전기말상각누계액]란에 "6,359,100"을 입력한다.
⑤ [내용연수]란에 "5"를 입력한다.
⑥ [경비구분]란에서 "6. 800번대(판관비)"를 선택한다.

  한마디 … [업종]란은 자격시험에서 지문에 제시되지 않으면 입력하지 않아도 된다.

기/출/문/제 (실기)

다음 자료를 ㈜세연상사(회사코드 : 3002)의 [고정자산등록] 메뉴에 입력하시오.

01 유형고정자산에 대하여 당기 상각비를 산출하고 결산에 반영하시오.

계정과목	자산명	취득일자	취득금액	전기말 상각 누계액	상각 방법	내용 연수
건 물	본사건물(코드 : 1)	2021.03.02.	100,000,000	18,000,000	정액법	20년
	공장건물(코드 : 2)	2021.07.05.	150,000,000	21,000,000	정액법	20년
차량 운반구	공장차량(코드 : 1)	2021.05.01.	23,000,000	12,000,000	정액법	6년
	본사차량(코드 : 2)	2021.04.01.	19,000,000	9,000,000	정액법	7년

02 다음의 고정자산을 등록하여 감가상각비를 계산하시오(단, 계산된 감가상각비는 결산에 반영하지 마시오).

계정과목	자산명	취득일자	취득금액	전기말 상각 누계액	상각 방법	내용 년수
건 물	본사건물(코드 : 3)	2021.04.01.	7,500,000	430,000	정액법	20
	공장건물(코드 : 4)	2021.06.07.	5,500,000	320,000	정액법	20
구축물	배수관(코드 : 1)	2021.08.01.	5,000,000	500,000	정액법	20
기계장치	인쇄기(코드 : 1)	2021.06.03.	3,500,000	350,000	정률법	4

KcLep 도우미

해설 1

- [전체메뉴] 우측 상단의 버튼을 클릭하여 회사를 "3002.㈜세연상사"로 변경한다.
- [재무회계]>[고정자산 및 감가상각]>[고정자산등록]을 선택한다.
- [자산계정과목]란에 "202.건물"을 입력하고 다음과 같이 입력한다.

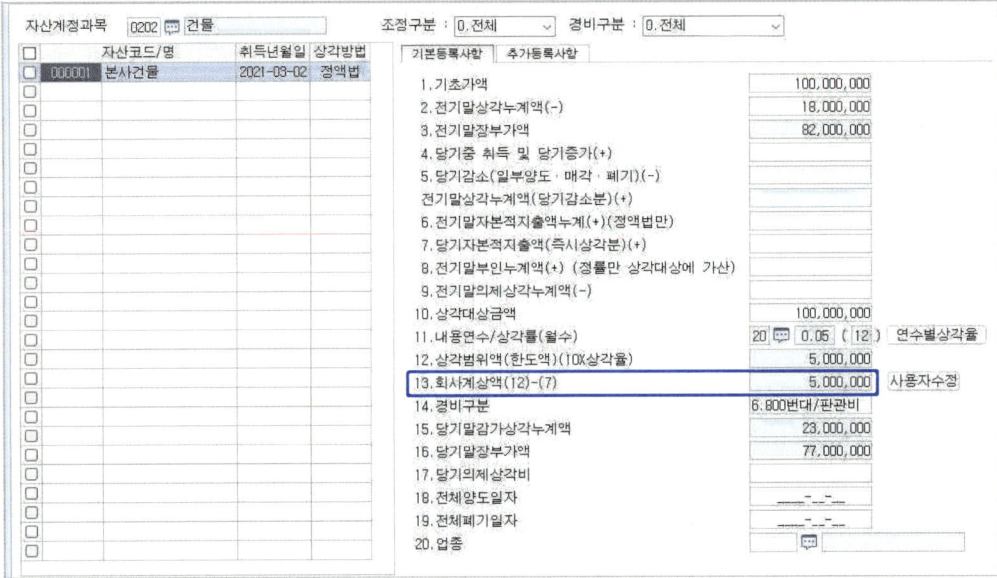

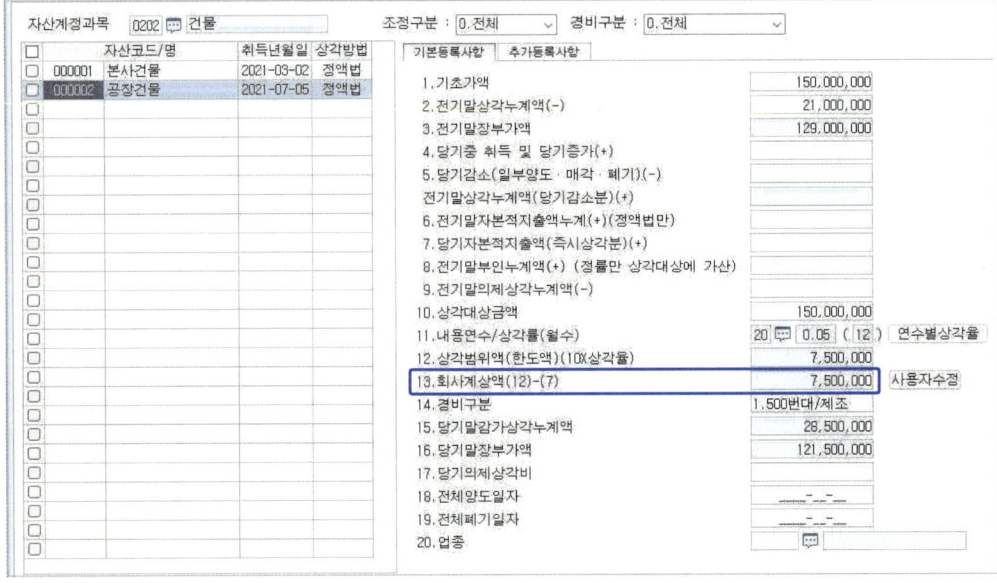

- [자산계정과목]란에 "208.차량운반구"를 입력하고 다음과 같이 입력한다.

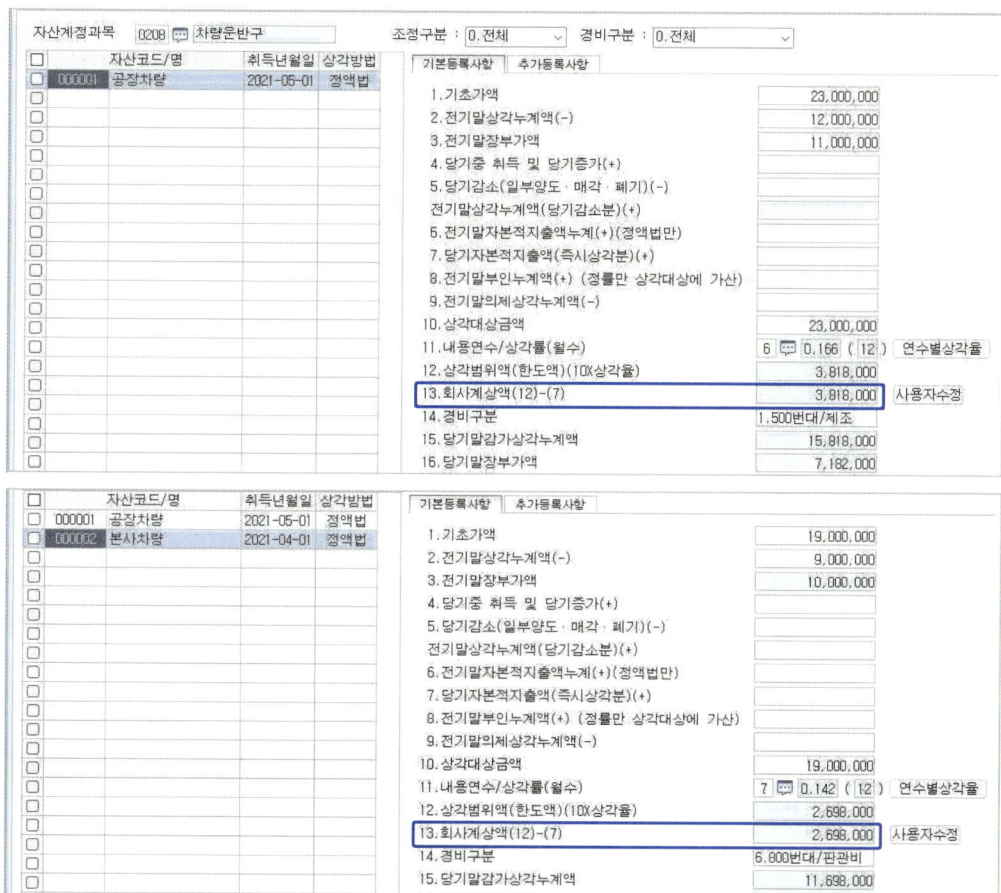

답따대 … 계산된 당기 감가상각비를 결산에 반영하라는 뜻은 입력한 결과 계산된 당기분 감가상각비 ([13.회사계상액]란의 금액)를 결산시에 [재무회계]>[결산/재무제표]>[결산자료입력]의 [감가상각비] 란에 해당 금액을 입력하여 결산을 하라는 뜻이고, 문제 2번처럼 결산에 반영하지 말라는 뜻은 이러한 절차를 생략하고 [고정자산등록] 메뉴에 입력만 하라는 뜻이다. 결산에 반영하는 절차에 관한 내용은 "제4부 결산 및 재무제표"에서 학습하게 되므로 이런 과정에 대한 자세한 설명은 지금 단계에서는 생략한다. 그리고 [경비구분]란이 제시되지 않는 경우에는 입력을 생략해도 되지만, 해당 자산이 본사 또는 사무실용이라고 제시되면 "6. 800번대(판관비)"로 입력하고, 공장용이라고 제시되면 "1. 500번대 (제조)"로 입력하는 것이 좋겠다.

해설 2

- 제시된 자료만 입력하면 되는 단순한 문제이므로 출제의 형태만 살펴보는 것으로 하고 풀이는 생략하기로 한다. 수험생의 입장에서는 메뉴를 익히는 차원에서 한번 입력해 보는 것도 좋을 것 같다.

제5절 기타비유동자산

기타비유동자산이란 비유동자산 중 투자자산, 유형자산, 무형자산에 속하지 않는 자산으로 보증금, 장기매출채권, 장기미수금 등이 포함된다.

1. 보증금

보증금이란 전세권, 전신전화가입권, 임차보증금 및 영업보증금 등을 말한다.

(1) 임차보증금

타인의 부동산·동산을 월세 등의 조건으로 사용하기 위하여 지급하는 보증금을 말한다.

다음 거래를 회계처리 하시오.

대광빌딩과 사무실 임대차계약을 체결하고 임차보증금 20,000,000원은 당좌수표를 발행하였다.

 (차) 임차보증금　　　　　20,000,000　／　(대) 당좌예금　　　　　20,000,000

(2) 전세권

전세권이란 전세금을 지급하고 타인의 부동산을 그 용도에 따라 사용·수익하는 권리로서 전세계약에 따라 지급된 금액으로 평가한다.

(3) 전신전화가입권

특정한 전신 또는 전화를 소유·사용하는 권리로서 이 권리를 얻기 위하여 지급된 설치비로 평가된다.

(4) 기타보증금

영업목적을 위하여 타인에게 제공한 거래보증금, 입찰보증금 및 하자보증금 등을 말한다.

2. 장기매출채권

장기매출채권이란 일반적 상거래에서 발생한 장기의 외상매출금과 받을어음을 말한다.

(1) 장기외상매출금

장기외상매출금이란 일반적인 상거래에서 발생한 채권, 즉 상품이나 제품을 외상으로 판매하고 아직 그 대금을 회수하지 않은 미수액으로 보고기간 종료일로부터 1년 이후에 회수될 금액을 말한다.

다음 거래를 회계처리 하시오.
(1) 창제상회에 제품 200,000원을 매출하고 100,000원은 자기앞수표로 받고 나머지는 보고기간 종료일로부터 1년 이후에 받기로 하였다.
(2) 창제상회의 장기외상매출금 100,000원을 현금으로 회수하였다.

해설 (1) (차) 현금　　　　　　　　　　100,000　/　(대) 제품매출　　　　　　200,000
　　　　　장기외상매출금　　　　　100,000
　　(2) (차) 현금　　　　　　　　　　100,000　/　(대) 장기외상매출금　　100,000

(2) 장기받을어음

장기받을어음이란 일반적인 상거래에서 발생한 어음상의 권리로서, 그 지급기일이 보고기간 종료일로부터 1년 이후에 도래하는 어음을 말한다.

 다음 거래를 회계처리 하시오.
(1) 수철상회에 제품 400,000원을 매출하고 100,000원은 현금으로 받고 나머지는 동점발행약속어음(만기 : 2년)으로 받았다.
(2) 수철상회의 장기받을어음 300,000원이 만기가 되어 당사 보통예금계좌에 입금되었다.

해설 (1) (차) 현금　　　　　　　　　　100,000　/　(대) 제품매출　　　　　　400,000
　　　　　장기받을어음　　　　　　300,000
　　(2) (차) 보통예금　　　　　　　　300,000　/　(대) 장기받을어음　　　　300,000

3. 장기미수금

일반적인 상거래 이외의 거래에서 발생한 채권으로서 보고기간 종료일로부터 만기가 1년 이후에 도래하는 것을 말한다.

 다음 거래를 회계처리 하시오.
업무용 건물(취득원가 500,000원)을 400,000원에 매각하고 대금은 보고기간 종료일로부터 2년 후에 받기로 하였다.

해설 (차) 장기미수금　　　　　　　　400,000　/　(대) 건물　　　　　　　　　500,000
　　　　유형자산처분손실　　　　　100,000

4. 부도어음과수표

어음소지인은 만기일 또는 그 후 2일 이내에 지급장소에서 어음을 제시하고 어음대금의 지급을 청구하여야 한다. 이 때 어음금액의 지급을 거절하거나 환어음의 인수를 거절하는 것을 어음의 부도라 하고, 지급이 거절된 어음을 부도어음이라 한다. 어음이 부도되면 어음 소지인은 어음채무자에게 어음금액을 청구할 수 있으며, 이것을 소구권이라 한다. 이 때 청구하는 금액은 어음금액, 만기일로부터 상환일까지의 법정이자, 공증인에 의한 지급거절증서 작성비 등의 합계액이다. 부도어음과수표 계정은 실무에서 정상적인 어음과 구분하기 위하여 관리목적상 사용하는 임시계정으로, 부도가 발생하면 부도어음과수표 계정으로 처리하였다가 기말에 회수가능성을 판단하여 매출채권 계정으로 재분류하던지 대손처리 한다.

 다음의 연속된 거래를 회계처리 하시오.

(1) 서울상회 발행 약속어음 100,000원을 만기일에 발행인의 거래은행에 제시한 바 부도로 확인되었다(부도어음과수표 계정을 사용할 것).
(2) 소구권을 행사하기 위하여 지급거절증서 작성비용 등 20,000원을 현금으로 지급하고 서울상회에 함께 청구하였다.

해설 (1) (차) 부도어음과수표　　　　100,000　/　(대) 받을어음　　　　　100,000
　　　(2) (차) 부도어음과수표　　　　 20,000　/　(대) 현금　　　　　　　 20,000

기/출/문/제 (실기)

다음 거래 자료를 ㈜세연상사(코드 : 3002)의 [일반전표입력] 메뉴에 추가 입력하시오.

01 6월 11일 ㈜우일상사와 공장건물의 임대차계약을 체결하고 임차보증금 10,000,000원 중 3,000,000원은 현금으로 지급하고 나머지는 당좌수표를 발행하여 지급하였다.

02 6월 12일 전자제품 수리부서의 사무용기기 임차에 따른 보증금으로 5,000,000원을 ㈜진이상사에 당좌수표로 지급하였다.

03 6월 13일 미지급금으로 계상되어 있는 공장 임차료 3,000,000원을 임대인(㈜서삼상사)과 합의 하에 보증금과 상계하였다.

04 6월 14일 5월 10일에 제품을 매출하고 ㈜무사상사로부터 수취한 어음 5,000,000원이 부도처리 되었다는 것을 신한은행으로부터 통보받았다(6월 14일자로 회계처리 하시오).

KcLep 도우미

01 6월 11일 : (차) 232.임차보증금   10,000,000 / (대) 101.현금   3,000,000
           (거래처 : ㈜우일상사)   (대) 102.당좌예금   7,000,000

02 6월 12일 : (차) 232.임차보증금   5,000,000 / (대) 102.당좌예금   5,000,000
           (거래처 : ㈜진이상사)

03 6월 13일 : (차) 253.미지급금   3,000,000 / (대) 232.임차보증금   3,000,000
           (거래처 : ㈜서삼상사)   (거래처 : ㈜서삼상사)

04 6월 14일 : (차) 246.부도어음과수표 5,000,000 / (대) 110.받을어음   5,000,000
           (거래처 : ㈜무사상사)   (거래처 : ㈜무사상사)

제4장 부채

부채란 과거의 거래나 사건의 결과로서 기업이 미래에 타인에게 지급해야 할 채무를 말한다. 부채는 1년을 기준으로 유동부채와 비유동부채로 분류한다.

제1절 유동부채

유동부채란 보고기간 종료일로부터 1년 이내에 상환되어야 하는 채무를 말한다.

1. 매입채무

매입채무란 일반적인 상거래에서 발생한 채무로서 외상매입금과 지급어음으로 구분된다. 일반적인 상거래라 함은 당해 기업의 사업목적을 위한 경상적 영업활동에서 발생하는 거래로서 판매기업의 경우에는 상품매입 거래를, 제조기업의 경우에는 원재료매입 거래를 말한다.

(1) 외상매입금(251)

외상매입금이란 일반적인 상거래에서 발생한 채무, 즉 상품이나 원재료를 외상으로 매입하고 아직 그 대금을 지급하지 않은 미지급액으로, 보고기간 종료일로부터 1년 이내에 지급해야 할 금액을 말한다.

 다음 거래를 회계처리 하시오.

(1) 창제상회로부터 원재료 200,000원을 매입하고 100,000원은 자기앞수표로 지급하고 나머지는 다음 달 10일에 지급하기로 하였다.
(2) 수철상회로부터 원재료 250,000원을 매입하고 150,000원은 당좌수표를 발행하고 나머지는 한 달 후에 지급하기로 하였다.

[해설] (1) (차) 원재료　　　　　　　　　200,000　/　(대) 현금　　　　　　　　　100,000
　　　　　　　　　　　　　　　　　　　　　　　　　　　　외상매입금　　　　　　100,000
　　　　＊ 자기앞수표는 통화대용증권이므로 현금으로 처리한다.
　　　(2) (차) 원재료　　　　　　　　　250,000　/　(대) 당좌예금　　　　　　　150,000
　　　　　　　　　　　　　　　　　　　　　　　　　　　　외상매입금　　　　　　100,000

(2) 지급어음(252)

지급어음이란 일반적인 상거래에서 발생한 어음상의 의무로서, 그 지급기일이 보고기간 종료일로부터 1년 이내에 도래하는 어음을 말한다.

 다음 거래를 회계처리 하시오.

(1) 수철상회로부터 원재료 400,000원을 매입하고 100,000원은 현금으로 지급하고 나머지는 약속어음(만기 : 1년 이내)을 발행하였다.
(2) 창제상회의 외상매입금 100,000원에 대하여 한국상회로부터 받아 보관 중인 약속어음(만기 : 1년 이내)을 배서양도 하였다.
(3) 창제상회로부터 원재료 400,000원을 매입하고 대금은 약속어음(만기 : 1년 이내)을 발행하였다.
(4) 창제상회에 발행한 약속어음(만기 : 1년 이내) 400,000원이 만기가 되어 보통예금계좌에서 이체하였다.

해설 (1) (차) 원재료   400,000 / (대) 현금   100,000
                                        지급어음   300,000
      (2) (차) 외상매입금 100,000 / (대) 받을어음   100,000
      (3) (차) 원재료   400,000 / (대) 지급어음   400,000
      (4) (차) 지급어음   400,000 / (대) 보통예금   400,000

기/출/문/제 [실기]

다음 거래 자료를 ㈜세연상사(코드 : 3002)의 [일반전표입력] 메뉴에 추가 입력하시오.

01 7월 1일 ㈜우일상사에서 원재료 1,250,000원을 매입하였다. 대금 중 250,000원은 현금으로 지급하고 잔액은 외상으로 하였다.

02 7월 2일 ㈜진이상사의 외상매입금 6,000,000원을 신한은행의 보통예금계좌에서 온라인으로 송금하고 송금수수료 2,000원도 보통예금계좌에서 지급되었다.

03 7월 3일 ㈜서삼상사에 대한 외상매입금 2,800,000원을 당좌수표를 발행하여 지급하였다.

04 7월 4일 ㈜무사상사로부터 원재료 135,000원을 매입하고 대금은 다음연도 1월 5일 만기 약속어음을 발행하여 결제하였다.

05 7월 5일 ㈜광오상사의 외상매입금 중 20,000,000원을 다음연도 2월 27일 만기 약속어음을 발행하여 결제하였다.

06 7월 6일 ㈜청육상사의 외상매입금 2,000,000원 중 1,000,000원은 보통예금에서 지급하고, 잔액은 어음(만기 : 1년 이내)을 발행하여 지급하였다.

07 7월 7일 ㈜처칠상사의 외상매입금 3,000,000원을 다음과 같이 결제하였다. (세무2급)

> 2,000,000원은 다음연도 2월 12일 만기 약속어음을 발행하여 주고 잔액은 현금으로 지급함.

08 7월 8일 매입처 ㈜용팔상사에 발행된 약속어음(만기 : 1년 이내) 300,000원이 만기가 되어 당사 거래은행의 당좌예금계좌에서 결제되었음이 확인되었다.

09 7월 9일 현재 ㈜영구상사에 대한 지급어음 총액(₩16,160,000)이 당좌예금계좌에서 결제되었다.

KcLep 도우미

01 7월 1일 : (차) 153. 원재료   1,250,000 / (대) 101. 현금   250,000
                                                   (대) 251. 외상매입금   1,000,000
                                                       (거래처 : ㈜우일상사)

02 7월 2일 : (차) 251. 외상매입금   6,000,000 / (대) 103. 보통예금   6,002,000
                 (거래처 : ㈜진이상사)
              (차) 831. 수수료비용   2,000

03 7월 3일 : (차) 251. 외상매입금   2,800,000 / (대) 102. 당좌예금   2,800,000
                 (거래처 : ㈜서삼상사)

04 7월 4일 : (차) 153. 원재료   135,000 / (대) 252. 지급어음   135,000
                                                       (거래처 : ㈜무사상사)

05 7월 5일 : (차) 251. 외상매입금   20,000,000 / (대) 252. 지급어음   20,000,000
                 (거래처 : ㈜광오상사)   (거래처 : ㈜광오상사)

06 7월 6일 : (차) 251. 외상매입금   2,000,000 / (대) 103. 보통예금   1,000,000
                 (거래처 : ㈜청육상사)   (대) 252. 지급어음   1,000,000
                                                       (거래처 : ㈜청육상사)

07 7월 7일 : (차) 251. 외상매입금   3,000,000 / (대) 252. 지급어음   2,000,000
                 (거래처 : ㈜처칠상사)   (거래처 : ㈜처칠상사)
                                                   (대) 101. 현금   1,000,000

08 7월 8일 : (차) 252. 지급어음   300,000 / (대) 102. 당좌예금   300,000
                 (거래처 : ㈜용팔상사)

09 7월 9일 : (차) 252. 지급어음   16,160,000 / (대) 102. 당좌예금   16,160,000
                 (거래처 : ㈜영구상사)

2. 단기차입금

단기차입금이란 기업에 필요한 운용자금조달을 위하여 금융기관 등으로부터 차입한 당좌차월액과 보고기간 종료일로부터 1년 이내에 상환될 차입금을 말한다.

 다음 거래를 회계처리 하시오.

(1) 단기간 운용자금에 사용할 목적으로 창제상회로부터 현금 500,000원을 1개월간 차입하였다.
(2) 단기차입금 500,000원과 이자 30,000원을 현금으로 상환하였다.

해설 (1) (차) 현금　　　　　　　　　　500,000　　/　(대) 단기차입금　　　　　500,000
　　　(2) (차) 단기차입금　　　　　　　500,000　　/　(대) 현금　　　　　　　　530,000
　　　　　　 이자비용　　　　　　　　 30,000

참고 당좌차월

당좌예금은 기업이 은행과 당좌거래계약을 체결하여 현금을 예입하고 기업이 대금결제수단으로 수표를 발행하면 수표소지인은 해당 은행에 수표를 제시하여 현금을 지급받을 수 있도록 하는 무이자의 예금인데 당좌수표는 당좌예금잔액의 한도액 내에서만 발행할 수 있다. 그러나 거래은행에 근저당을 설정하고 당좌차월계약을 체결하면 당좌예금잔액을 초과하여 당좌차월 한도액까지 수표를 발행할 수 있다. 이 때 당좌예금잔액을 초과하여 발행된 금액을 당좌차월이라 한다.

3. 미지급금(253)

미지급금이란 일반적인 상거래 이외의 거래나 계약 등에 의하여 발생한 것으로서, 보고기간 종료일로부터 1년 이내에 상환기일이 도래하는 채무를 말한다. 예를 들면, 회사에서 업무용으로 사용할 자동차를 매입하고 그 대금을 아직 지급하지 않은 경우 등 동 미지급액을 말한다.

 다음 거래를 회계처리 하시오.

(1) 회사의 업무용승용차(취득금액 6,000,000원)를 현대자동차에서 10개월 할부로 구입하였다.
(2) 자동차 할부금 1회분 600,000원이 보통예금계좌에서 자동이체 되었다.

해설 (1) (차) 차량운반구　　　　　　6,000,000　　/　(대) 미지급금　　　　　6,000,000
　　　(2) (차) 미지급금　　　　　　　 600,000　　/　(대) 보통예금　　　　　 600,000

기/출/문/제 (실기)

다음 거래 자료를 ㈜세연상사(코드 : 3002)의 [일반전표입력] 메뉴에 추가 입력하시오.

01 7월 11일 신한은행에서 다음연도 4월 18일 상환하기로 하고 12,000,000원을 차입하여 당점 보통예금계좌에 입금하였다.

02 7월 12일 신한은행으로부터 30,000,000원을 차입하고, 차입금 중 저당권 설정 수수료 100,000원을 제외한 29,900,000원이 보통예금계좌에 입금되었다(상환약정일 : 다음연도 3월 15일).

03 7월 13일 영업용 토지를 매입하고 토지대금과 매입비용 117,000,000원을 우리은행에서 발행한 당좌수표로 지급하였다(단, 당좌예금 잔액은 116,800,000원이며, 당좌차월 한도는 10,000,000원이다).

04 7월 14일 신한은행의 단기차입금 상환액 12,000,000원과 이자 200,000원을 현금으로 지급하였다.

05 7월 15일 6월분 사무직 직원의 급여 5,000,000원이 미지급되었다(급여지급일은 7월 15일).

06 7월 16일 영업과장이 거래처손님을 종로식당에서 접대하고 법인카드(삼성카드)로 70,000원을 결제하였다. 지급일(7월 31일 보통예금계좌에서 자동이체 결제)의 분개도 하시오.

07 7월 17일 영업부 사원들의 사기진작을 위하여 인근 놀부식당에서 회식을 하고 식사대금 270,000원을 외상으로 하였다.

08 7월 18일 판매상품의 수송용 트럭 구입대금 중 현대자동차의 6월분 할부금 1,500,000원을 신한은행에 현금으로 납부하였다.

09 7월 19일 6월분 삼성카드 사용액으로 청구되었던 1,500,000원이 신한은행 보통예금 계좌에서 결제되었음을 확인하였다.

10 6월 30일 제1기 부가가치세 확정신고분에 대한 부가가치세 예수금 37,494,500원과 부가가치세 대급금 20,048,400원을 상계처리하고 잔액을 7월 25일 납부할 예정이다. 6월 30일 기준으로 적절한 회계처리를 하시오(미지급세금 계정을 사용할 것).

11 7월 21일 제1기 부가가치세 확정신고액 6,000,000원을 당사의 보통예금계좌를 통하여 인터넷뱅킹으로 납부하였다. 6월 30일에 부가세대급금과 부가세예수금의 잔액을 대체분개하고 부가세예수금의 잔액은 미지급금 계정으로 회계처리 되었다.

12 7월 22일 제1기 예정신고에 대한 부가가치세 14,548,060원(납부불성실가산세 포함)을 보통예금에서 납부하였다(3월 31일 부가가치세의 미지급세금은 14,274,000원이며, 납부불성실가산세 274,060원은 판매관리비의 세금과공과로 처리할 것).

KcLep 도우미

01 7월 11일 : (차) 103.보통예금　　12,000,000　/　(대) 260.단기차입금　　12,000,000
　　　　　　　　　　　　　　　　　　　　　　　　　　 (거래처 : 신한은행)

02 7월 12일 : (차) 831.수수료비용　　　100,000　/　(대) 260.단기차입금　　30,000,000
　　　　　　 (차) 103.보통예금　　29,900,000　　　　(거래처 : 신한은행)

03 7월 13일 : (차) 201.토지　　　117,000,000　/　(대) 102.당좌예금　　116,800,000
　　　　　　　　　　　　　　　　　　　　　　　　　(대) 260.단기차입금　　　200,000
　　　　　　　　　　　　　　　　　　　　　　　　　　　(거래처 : 우리은행)

　　* 자격시험에서는 본 문제 출제시에 답안이 하나가 되도록 당좌차월 계정과목을 삭제하고 출제되었다.

04 7월 14일 : (차) 260.단기차입금　12,000,000　/　(대) 101.현금　　　12,200,000
　　　　　　　(거래처 : 신한은행)
　　　　　　(차) 951.이자비용　　　200,000

05 7월 15일 : (차) 801.급여　　　　5,000,000　/　(대) 253.미지급금　　5,000,000

06 7월 16일 : (차) 813.기업업무추진비　70,000　/　(대) 253.미지급금　　　70,000
　　　　　　　　　　　　　　　　　　　　　　　　　　　(거래처 : 삼성카드)

　　7월 31일 : (차) 253.미지급금　　　70,000　/　(대) 103.보통예금　　　70,000
　　　　　　　(거래처 : 삼성카드)

07 7월 17일 : (차) 811.복리후생비　　270,000　/　(대) 253.미지급금　　　270,000
　　　　　　　　　　　　　　　　　　　　　　　　　　　(거래처 : 놀부식당)

08 7월 18일 : (차) 253.미지급금　　1,500,000　/　(대) 101.현금　　　　1,500,000
　　　　　　　(거래처 : 현대자동차)

09 7월 19일 : (차) 253.미지급금　　1,500,000　/　(대) 103.보통예금　　1,500,000
　　　　　　　(거래처 : 삼성카드)

10 6월 30일 : (차) 255.부가세예수금　37,494,500　/　(대) 135.부가세대급금　20,048,400
　　　　　　　　　　　　　　　　　　　　　　　　　(대) 261.미지급세금　　17,446,100

11 7월 21일 : (차) 253.미지급금　　6,000,000　/　(대) 103.보통예금　　6,000,000

12 7월 22일 : (차) 261.미지급세금　14,274,000　/　(대) 103.보통예금　14,548,060
　　　　　　(차) 817.세금과공과　　 274,060

4. 선수금(259)

선수금이란 수주공사, 수주품 및 기타 일반적인 상거래에서 발생한 선수액을 말한다.

 다음 거래를 회계처리 하시오.
(1) 창제상회로부터 제품 500,000원을 주문받고 계약금 100,000원을 동점발행당좌수표로 받았다.
(2) 주문받은 제품을 인도하고 계약금 100,000원을 제외한 잔금 400,000원은 자기앞수표로 회수하였다.

해설 (1) (차) 현금　　　　　　　　100,000　/　(대) 선수금　　　　　　　100,000
　　　(2) (차) 선수금　　　　　　　100,000　/　(대) 제품매출　　　　　　500,000
　　　　　　현금　　　　　　　　400,000

5. 예수금

예수금이란 일반적인 상거래 이외에서 발생한 일시적 제 예수액을 말한다. 예를 들면, 종업원에게 급여 지급시 원천징수[7]하여 세무서에 납부하기까지 일시적으로 예수하는 원천징수소득세 및 지방소득세예수금, 국민연금예수금, 건강보험료예수금 등이 예수금 계정에 포함된다.

 다음 거래를 회계처리 하시오.
(1) 2월분 급여 1,000,000원 중 소득세 등 원천징수 22,000원을 제외한 잔액을 현금으로 지급하였다.
(2) 급여 지급시 원천징수한 예수금 22,000원을 금융기관에 현금으로 납부하였다.

해설 (1) (차) 급여　　　　　　　　1,000,000　/　(대) 예수금　　　　　　　22,000
　　　　　　　　　　　　　　　　　　　　　　　　　　 현금　　　　　　　978,000
　　　(2) (차) 예수금　　　　　　　22,000　/　(대) 현금　　　　　　　　22,000

6. 유동성장기부채

유동성장기부채란 비유동부채 중에서 보고기간 종료일로부터 1년 이내에 상환될 것 등으로 한다. 이에 관한 사례는 장기차입금에서 하기로 한다.

---

7) 원천징수란 상대방의 소득이 되는 금액을 지급할 때 이를 지급하는 자(원천징수의무자)가 그 금액을 받는 사람(납세의무자)이 내야 할 세금을 미리 떼어서 대신 납부하는 제도를 말한다.

기/출/문/제 [실기]

다음 거래 자료를 ㈜세연상사(코드 : 3002)의 [일반전표입력] 메뉴에 추가 입력하시오.

01 8월 1일 ㈜우일상사에 제품 50개를 @400,000원씩에 판매하기로 계약하고 계약금으로 10%를 제일은행 명동지점발행 자기앞수표로 받았다.

02 8월 2일 매출처 ㈜진이상사와 제품(갑제품 8,000,000원, 부가가치세 별도)의 납품계약을 맺고, 계약금(공급가액의 10%)을 현금으로 받았다.

03 8월 3일 ㈜서삼상사와 계약한 제품 5,000,000원을 판매하고 계약금 500,000원을 제외한 잔액은 전부 외상으로 하였다.

04 8월 4일 ㈜무사상사와 계약한 제품을 8,000,000원에 판매하고 계약금 500,000원을 제외한 잔액은 외상으로 하였다.

05 8월 5일 종업원의 급여를 다음과 같이 현금으로 지급하였다.

구 분	성 명	급여총액	소득세 등	건강보험	공제계	차감지급액
생산직	최기호	6,500,000	70,000	40,000	110,000	6,390,000
	신감술	5,500,000	60,000	30,000	90,000	5,410,000
관리직	박영선	3,200,000	30,000	20,000	50,000	3,150,000
	이선희	2,800,000	25,000	15,000	40,000	2,760,000
합 계		18,000,000	185,000	105,000	290,000	17,710,000

06 8월 6일 생산직원의 원가절감교육을 위해 외부강사를 초청하여 교육하고 강사료 중 원천징수세액 99,000원을 제외하고 나머지 금액 2,901,000원은 당사 보통예금계좌에서 강사의 보통예금계좌로 송금하였다.

07 8월 7일 7월분 급여 지급시 원천징수한 소득세와 지방소득세 126,000원을 신한은행에 현금으로 납부하였다.

KcLep 도우미

01 8월 1일 : (차) 101.현금　　　　　2,000,000　/　(대) 259.선수금　　　　　2,000,000
　　　　　　　　　　　　　　　　　　　　　　　　　　(거래처 : ㈜우일상사)

02 8월 2일 : (차) 101.현금　　　　　　800,000　/　(대) 259.선수금　　　　　　800,000
　　　　　　　　　　　　　　　　　　　　　　　　　　(거래처 : ㈜진이상사)

　　* 부가가치세가 별도인 금액을 공급가액이라 하며, 공급가액과 부가가치세를 합한 금액을 공급대가라 한다.

03 8월 3일 : (차) 259.선수금　　　　　500,000　/　(대) 404.제품매출　　　　5,000,000
　　　　　　　　(거래처 : ㈜서삼상사)
　　　　　　　(차) 108.외상매출금　　4,500,000
　　　　　　　　(거래처 : ㈜서삼상사)

04 8월 4일 : (차) 259.선수금　　　　　500,000　/　(대) 404.제품매출　　　　8,000,000
　　　　　　　　(거래처 : ㈜무사상사)
　　　　　　　(차) 108.외상매출금　　7,500,000
　　　　　　　　(거래처 : ㈜무사상사)

05 8월 5일 : (차) 504.임금　　　　　12,000,000　/　(대) 254.예수금　　　　　　290,000
　　　　　　　(차) 801.급여　　　　　 6,000,000　　(대) 101.현금　　　　　17,710,000

06 8월 6일 : (차) 525.교육훈련비　　3,000,000　/　(대) 254.예수금　　　　　　 99,000
　　　　　　　　　　　　　　　　　　　　　　　　　　(대) 103.보통예금　　　　2,901,000

07 8월 7일 : (차) 254.예수금　　　　　126,000　/　(대) 101.현금　　　　　　　126,000

7. 가수금

가수금은 현금 등을 받았으나 계정과목이나 금액을 확정할 수 없을 때에 사용하며, 계정과목이나 금액이 확정되면 해당 계정에 대체한다.

 다음의 연속된 거래를 회계처리 하시오.

(1) 내용을 알 수 없는 200,000원이 보통예금계좌로 입금되었다.
(2) 내용불명의 금액 200,000원의 원인은 창제상회의 외상매출대금이 입금된 것으로 확인되었다.

해설 (1) (차) 보통예금　　　　　　　　　200,000　/　(대) 가수금　　　　　　　　　200,000
　　　(2) (차) 가수금　　　　　　　　　　200,000　/　(대) 외상매출금　　　　　　　200,000

8. 미지급세금(=당기법인세부채)

미지급세금이란 회사가 납부하여야 할 법인세부담액 중 아직 납부하지 못한 금액을 말한다. 법인세법에서는 법인이 벌어들인 각 사업연도소득에 대한 법인세를 각 사업연도 종료일이 속하는 달의 말일부터 3개월 이내에 신고·납부하도록 하고 있다. 기업은 기말 결산시에 법인세차감전순이익에 대하여 법인세와 법인세에 부가되어 징수되는 지방소득세 및 농어촌특별세를 계산하고, 기 납부한 중간예납세액 및 원천징수세액을 차감한 잔액(법인세부담액)은 기말 결산일 현재 납부할 수 없으므로 부채(당기법인세부채)로 인식하여야 한다.

 다음의 연속된 거래를 회계처리 하시오.

(1) 보통예금에 대한 이자 100,000원이 발생하여 원천징수 14,000원을 제외한 금액이 보통예금통장에 입금되었다.
(2) 당해 사업연도의 법인세 중간예납액 500,000원을 현금으로 납부하였다.
(3) 기말 결산시 법인세차감전순이익에 대한 법인세등 추산액은 1,000,000원이다.

해설 (1) (차) 보통예금　　　　　　　　　 86,000　/　(대) 이자수익　　　　　　　　100,000
　　　　　　선납세금　　　　　　　　　 14,000
　　　(2) (차) 선납세금　　　　　　　　　500,000　/　(대) 현금　　　　　　　　　　500,000
　　　(3) (차) 법인세비용　　　　　　　1,000,000　/　(대) 선납세금　　　　　　　　514,000
　　　　　　　　　　　　　　　　　　　　　　　　　　　　미지급세금　　　　　　　486,000

9. 미지급배당금

미지급배당금이란 배당결의일 현재 미지급된 현금배당액을 말한다.
① 배당기준일 : 배당 받을 권리가 있는 주주를 확정짓는 날로서, 일반적으로 결산일을 기준으로 한다.
② 배당결의일 : 배당의무의 발생일로서, 주주총회의 결의에 따라 잉여금 처분내역을 회계처리 한다.
③ 배당지급일 : 배당의무의 이행일로서, 이행내역을 거래로 기록하여야 한다.

 다음의 연속된 거래를 회계처리 하시오.

(1) 주주총회에서 미처분이익잉여금 500,000원을 다음과 같이 처분하기로 결의하였다.
- 현금배당   100,000원
- 이익준비금   10,000원

(2) 배당금 100,000원을 보통예금계좌에서 이체하여 지급하였다.

해설 (1) (차) 미처분이익잉여금   110,000 / (대) 이익준비금   10,000
       (375.이월이익잉여금)   미지급배당금   100,000
   * 프로그램에서는 "377.미처분이익잉여금" 대신에 "375.이월이익잉여금"을 사용한다.
(2) (차) 미지급배당금   100,000 / (대) 보통예금   100,000

기/출/문/제 (실기)

다음 거래 자료를 ㈜세연상사(코드 : 3002)의 [일반전표입력] 메뉴에 추가 입력하시오.

01 8월 11일 출장 중인 영업사원으로부터 내용을 알 수 없는 1,500,000원이 당사 당좌예금계좌로 입금되었다.

02 8월 12일 8월 2일의 가수금 250,000원은 출장 중인 영업사원이 매출처 ㈜진이상사의 외상매출대금 중 일부를 회수한 것으로 확인되었다(8월 12일에 수정분개 할 것).

03 8월 13일 가수금 500,000원의 내역이 ㈜서삼상사에 대한 제품매출 계약금 300,000원과 외상매출금 회수액 200,000원으로 확인되었다.

04 당기말 결산서상 법인세차감전순이익에 대한 법인세 등 추산액은 13,000,000원이다. 선납세금 계정에 법인세 중간예납세액 6,000,000원이 계상되어 있다. 결산시에 필요한 회계처리를 하시오.
(세무2급)

05 2월 28일 주주총회에서 전기분 이익잉여금처분계산서(안) 대로 처분이 확정되었다. 이익잉여금 처분에 관한 회계처리를 하시오.
(세무2급)

〈 전기 이익잉여금 처분계산서 처분내역 〉
• 이익준비금 1,000,000원   • 현금배당 10,000,000원

06 3월 31일 금일 전기분에 대해 처분 확정된 배당금 10,000,000원을 현금으로 지급하였다.
(세무2급)

KcLep 도우미

01 8월 11일 : (차) 102.당좌예금　1,500,000　/　(대) 257.가수금　1,500,000

02 8월 12일 : (차) 257.가수금　250,000　/　(대) 108.외상매출금　250,000
　　　　　　　　　　　　　　　　　　　　　(거래처 : ㈜진이상사)

03 8월 13일 : (차) 257.가수금　500,000　/　(대) 259.선수금　300,000
　　　　　　　　　　　　　　　　　　　　　(거래처 : ㈜서삼상사)
　　　　　　　　　　　　　　　　　　　(대) 108.외상매출금　200,000
　　　　　　　　　　　　　　　　　　　　　(거래처 : ㈜서삼상사)

04 12월31일 : (차) 998.법인세비용　13,000,000　/　(대) 136.선납세금　6,000,000
　　　　　　　　　　　　　　　　　　　　　(대) 261.미지급세금　7,000,000

05 2월 28일 : (차) 375.이월이익잉여금　11,000,000　/　(대) 351.이익준비금　1,000,000
　　　　　　　　　　　　　　　　　　　　　(대) 265.미지급배당금　10,000,000

06 3월 31일 : (차) 265.미지급배당금　10,000,000　/　(대) 101.현금　10,000,000

제2절 비유동부채

비유동부채란 보고기간 종료일로부터 1년 이후에 상환되어야 하는 장기의 채무를 말한다.

1. 사채

사채(社債 ; bonds)란 회사가 거액의 장기자금을 조달하기 위하여 발행하는 것으로, **계약에 따라 일정한 이자를 지급하며 일정한 시기에 원금을 상환할 것을 계약하고 차입한 채무**를 말한다.

(1) 사채 발행

사채의 발행방법은 액면발행, 할인발행, 할증발행의 3가지가 있는데, 이는 변화하는 시장이자율과 액면이자율의 차이에 따라 구분되는 것이다.

거래유형	비 교	상 황
액면발행	발행금액 = 액면금액	액면이자율 = 시장이자율
할인발행	발행금액 < 액면금액	액면이자율 < 시장이자율
할증발행	발행금액 > 액면금액	액면이자율 > 시장이자율

① **액면발행** : 사채가 발행될 때 회사가 수령하는 금액(발행금액)이 사채의 액면금액과 같은 경우를 말한다.
   (차) 현금　　　　　　　×××　/　(대) 사채　　　　　　　×××

② **할인발행** : 발행금액이 사채의 액면금액 보다 작은 경우를 말한다. 이 때, 만기시에 지급할 액면금액과 발행시 실수령가액(발행금액)과의 차이를 "**사채할인발행차금**"이라 한다. 사채할인발행차금은 당해 사채의 액면금액에서 차감하는 형식으로 기재한다.
   (차) 현금　　　　　　　×××　/　(대) 사채　　　　　　　×××
   　　 사채할인발행차금　×××

③ **할증발행** : 발행금액이 사채의 액면금액 보다 큰 경우를 말한다. 이 때, 만기시에 지급할 액면금액과 발행금액과의 차이를 "**사채할증발행차금**"이라 한다. 사채할증발행차금은 당해 사채의 액면금액에 부가하는 형식으로 기재한다.
   (차) 현금　　　　　　　×××　/　(대) 사채　　　　　　　×××
   　　　　　　　　　　　　　　　　　　 사채할증발행차금　×××

 다음 거래를 회계처리 하시오.

(1) 사채(액면금액 : 10,000원, 만기 : 3년, 액면이자율 : 10%)를 10,000원에 발행하고 대금은 보통예금계좌에 입금되었다.

(2) 사채(액면금액 : 10,000원, 만기 : 3년, 액면이자율 : 10%)를 7,000원에 발행하고 대금은 보통예금계좌에 입금되었다.
(3) 사채(액면금액 : 10,000원, 만기 : 3년, 액면이자율 : 10%)를 13,000원에 발행하고 대금은 보통예금계좌에 입금되었다.

해설 (1) (차) 보통예금　　　　　　　　10,000　/　(대) 사채　　　　　　　　　10,000
(2) (차) 보통예금　　　　　　　　 7,000　/　(대) 사채　　　　　　　　　10,000
　　　　사채할인발행차금　　　　 3,000
(3) (차) 보통예금　　　　　　　　13,000　/　(대) 사채　　　　　　　　　10,000
　　　　　　　　　　　　　　　　　　　　　　사채할증발행차금　　　　 3,000

(2) 사채발행비

사채발행비란 사채를 발행하는데 직접적으로 발생한 사채권인쇄비, 인수수수료, 안내광고비 등의 비용을 말한다. 사채발행비는 사채의 발행금액에서 차감한다. 따라서 사채가 액면발행 되었거나 할인발행된 경우에는 이를 사채할인발행차금으로 처리하고, 사채가 할증발행된 경우에는 사채할증발행차금에서 감액시켜야 한다.

 다음 거래를 회계처리 하시오.

(1) 사채(액면금액 : 10,000원, 만기 : 3년, 액면이자율 : 10%)를 10,000원에 발행하고, 발행수수료 200원을 제외한 잔액은 보통예금계좌에 입금되었다.
(2) 사채(액면금액 : 10,000원, 만기 : 3년, 액면이자율 : 10%)를 7,000원에 발행하고, 발행수수료 200원을 제외한 잔액은 보통예금계좌에 입금되었다.
(3) 사채(액면금액 : 10,000원, 만기 : 3년, 액면이자율 : 10%)를 13,000원에 발행하고, 발행수수료 200원을 제외한 잔액은 보통예금계좌에 입금되었다.

해설 (1) (차) 보통예금　　　　　　　　 9,800　/　(대) 사채　　　　　　　　　10,000
　　　　사채할인발행차금　　　　　 200
(2) (차) 보통예금　　　　　　　　 6,800　/　(대) 사채　　　　　　　　　10,000
　　　　사채할인발행차금　　　　 3,200
(3) (차) 보통예금　　　　　　　　12,800　/　(대) 사채　　　　　　　　　10,000
　　　　　　　　　　　　　　　　　　　　　　사채할증발행차금　　　　 2,800

(3) 할인액의 상각(할증액의 환입)

사채 만기시에는 사채의 액면금액을 상환해야 하기 때문에 사채가 할인(할증) 발행된 경우에는 할인액(할증액)을 사채 상환기간 동안 상각(환입)해야 한다. 할인액 상각액은 지급할 이자비용(액면이자)에 가산하고, 할증액 환입액은 지급할 이자비용에서 차감시키는데 상각액(환입액)

을 계산하는 방법에는 정액법과 유효이자율법이 있다. 정액법은 할인액(할증액)을 사채 보유 기간 동안 매기 동일한 금액을 상각(환입)하는 방법이며, 유효이자율법은 유효이자와 액면이자의 차이만큼을 상각(환입)하는 방법이다. 사채할인발행차금 및 사채할증발행차금은 사채 발행시부터 최종 상환시까지의 기간에 유효이자율법을 적용하여 상각(환입)한다. 본서에서는 정액법만을 살펴보기로 하고 유효이자율법은 전산세무 2급에서 설명하기로 한다.

 다음의 연속된 거래를 회계처리 하시오.

(1) ×1년초 사채(액면금액 : 10,000원, 만기 : 3년, 액면이자율 : 10%, 이자지급일 : 매년말)를 9,100원에 발행하고 대금은 보통예금계좌에 입금되었다.
(2) ×1년말 사채이자를 현금으로 지급하였다(할인액 상각은 정액법).
(3) ×2년말 사채이자를 현금으로 지급하였다.
(4) ×3년말 사채원금 10,000원과 사채이자를 현금으로 지급하였다.

해설 (1) (차) 보통예금　　　　　　　　9,100　／　(대) 사채　　　　　　　　10,000
　　　　　　사채할인발행차금　　　　 900
　　　(2) (차) 이자비용　　　　　　　　1,300　／　(대) 현금　　　　　　　　 1,000
　　　　　　　　　　　　　　　　　　　　　　　　　사채할인발행차금　　　 *300
　　　(3) (차) 이자비용　　　　　　　　1,300　／　(대) 현금　　　　　　　　 1,000
　　　　　　　　　　　　　　　　　　　　　　　　　사채할인발행차금　　　 *300
　　　(4) (차) 이자비용　　　　　　　　1,300　／　(대) 현금　　　　　　　　11,000
　　　　　　사채　　　　　　　　　　10,000　　　사채할인발행차금　　　 *300
　　　* 900 ÷ 3년 = 300

 다음의 연속된 거래를 회계처리 하시오.

(1) ×1년초 사채(액면금액 : 10,000원, 만기 : 3년, 액면이자율 : 10%, 이자지급일 : 매년말)를 10,900원에 발행하고 대금은 보통예금계좌에 입금되었다.
(2) ×1년말 사채이자를 현금으로 지급하였다(할증액 환입은 정액법).
(3) ×2년말 사채이자를 현금으로 지급하였다.
(4) ×3년말 사채원금 10,000원과 사채이자를 현금으로 지급하였다.

해설 (1) (차) 보통예금　　　　　　　　10,900　／　(대) 사채　　　　　　　　10,000
　　　　　　　　　　　　　　　　　　　　　　　　　사채할증발행차금　　　 900
　　　(2) (차) 이자비용　　　　　　　　　 700　／　(대) 현금　　　　　　　　 1,000
　　　　　　사채할증발행차금　　　　*300
　　　(3) (차) 이자비용　　　　　　　　　 700　／　(대) 현금　　　　　　　　 1,000
　　　　　　사채할증발행차금　　　　*300

(4) (차) 이자비용　　　　　　　　　700　　/　(대) 현금　　　　　　　11,000
　　　　사채할증발행차금　　*300
　　　　사채　　　　　　　　10,000
　　* 900 ÷ 3년 = 300

2. 장기차입금

장기차입금이란 기업이 필요한 운용자금 조달을 위하여 금융기관 등으로부터 **금전 등을 차입한 경우로서 그 상환기한이 보고기간 종료일로부터 1년 후에 도래하는 것**을 말한다. 장기차입금 중 보고기간 종료일 현재 1년 이내에 만기가 도래하는 유동성 장기차입금은 "**유동성장기부채**(유동부채)"로 대체한다.

 다음의 연속된 거래를 회계처리 하시오.

(1) ×1년 2월 장기간 운용자금에 사용할 목적으로 서울은행에서 ×3년 10월 상환조건으로 500,000원을 차입하고 담보설정수수료 50,000원을 차감한 잔액은 보통예금계좌로 입금되었다.
(2) ×2년 기말 결산시 상환기한이 1년 이내에 도래하는 장기차입금 500,000원을 유동성 대체 하였다.

해설 (1) (차) 보통예금　　　　　　　450,000　　/　(대) 장기차입금　　　500,000
　　　　　수수료비용　　　　　　50,000
　　　(2) (차) 장기차입금　　　　　500,000　　/　(대) 유동성장기부채　500,000

3. 장기성매입채무

유동부채에 속하지 아니하는 일반적 상거래에서 발생한 장기외상매입금과 장기성지급어음을 말한다.

4. 장기미지급금

일반적인 상거래 이외의 거래나 계약 등에 의하여 발생한 것으로서, 보고기간 종료일로부터 1년 이후에 상환기일이 도래하는 채무를 말한다.

5. 퇴직급여충당부채

충당부채는 과거사건이나 거래의 결과에 의한 현재의무로서, 지출의 시기 또는 금액이 불확실하지만 그 의무를 이행하기 위하여 자원이 유출될 가능성이 매우 높고 또한 당해 금액을 신뢰성 있게 추정할 수 있는 의무를 말한다. 충당부채는 다음의 요건을 모두 충족하는 경우에 인식한다.

① 과거사건이나 거래의 결과로 현재의무가 존재한다.
② 당해 의무를 이행하기 위하여 자원이 유출될 가능성이 매우 높다.
③ 그 의무의 이행에 소요되는 금액을 신뢰성 있게 추정할 수 있다.

퇴직급여충당부채란 장래에 종업원이 퇴직할 때 지급하게 될 퇴직금에 대비하여 설정한 준비액으로서, 종업원이 노동력을 제공한 기간에 발생된 퇴직금이라는 비용을 인식함에 따라 발생한 부채이다.

(1) 퇴직급여충당부채의 설정

퇴직급여충당부채는 보고기간말 현재 전 종업원이 일시에 퇴직할 경우 지급하여야 할 퇴직금에 상당하는 금액(퇴직금추계액)으로 한다. 따라서 보고기간말에 퇴직금추계액과 이미 계상된 퇴직급여충당부채 잔액을 비교하여 퇴직급여충당부채 잔액이 부족한 경우에는 차액을 추가로 전입하고, 퇴직급여충당부채 잔액이 과다한 경우에는 차액을 환입한다. 퇴직급여충당부채환입은 판매비와관리비의 부(-)의 금액으로 표시한다.

> 퇴직급여충당부채 전입액 = 당기말 퇴직금추계액 - (전기말 퇴직금추계액 - 당기중 퇴직금지급액)

(2) 퇴직금의 지급

퇴직금을 지급할 경우에는 퇴직급여충당부채에서 지급하는 것으로 처리하고, 퇴직급여충당부채를 초과하여 퇴직금을 지급하는 경우 그 초과액은 퇴직급여로 처리한다.

 다음의 연속된 거래를 회계처리 하시오.

(1) ×1년 말 전 임직원이 일시에 퇴직할 경우 지급해야 할 퇴직금은 1,000,000원이다.
(2) ×2년 중 사무직 종업원 1명이 퇴직하여 퇴직금 200,000원을 현금으로 지급하였다.
(3) ×2년 말 전 임직원이 일시에 퇴직할 경우 지급해야 할 퇴직금은 1,600,000원이다.

[해설] (1) (차) 퇴직급여　　　　　　　　1,000,000　/　(대) 퇴직급여충당부채　　1,000,000
　　　 (2) (차) 퇴직급여충당부채　　　 200,000　/　(대) 현금　　　　　　　　　　200,000
　　　 (3) (차) 퇴직급여　　　　　　　　　800,000　/　(대) 퇴직급여충당부채　　　800,000
　　　　　* 1,600,000 - (1,000,000 - 200,000) = 800,000

기/출/문/제 [실기]

다음 거래 자료를 ㈜세연상사(코드 : 3002)의 [일반전표입력] 메뉴에 추가 입력하시오.

01 8월 21일 액면총액 40,000,000원(4,000좌, @10,000원)의 사채를 액면금액으로 발행하고 납입금은 우리은행에 당좌예입 하였다.

02 8월 22일 다음과 같은 조건의 사채를 발행하고 수취한 금액은 당좌예금에 입금하였다.

- 액 면 가 액 : 100,000,000원
- 약정 이자율 : 액면금액의 5%
- 이자지급기준일 : 12월 31일
- 만기 : 3년
- 발행금액 : 96,300,000원

03 8월 23일 신제품 기계를 구입하기 위해 회사채를 발행하고, 발행수수료를 제외한 잔액은 전액 보통예금계좌에 입금되었다.

(세무2급)

- 1좌당 액면금액 : 10,000원
- 1좌당 발행금액 : 9,000원
- 발행 사채수 : 5,000좌
- 사채발행수수료 : 2,500,000원

04 전기말 회사가 발행한 사채의 장부금액은 950,000원이었고 회사가 사용하는 유효이자율은 10%이며 액면이자는 매년말 80,000원씩 지급하며, 당기 사채할인발행차금 상각액은 15,000원이다. 12월 31일 할인발행된 사채의 이자를 현금으로 지급하였다.

05 8월 25일 신한은행으로부터 5년 후 상환조건으로 100,000,000원을 차입하고, 보통예금계좌로 입금 받았다.

06 8월 26일 김부자씨로부터 영업에 사용할 토지를 구입하고, 토지대금 300,000,000원 중 100,000,000원은 보통예금통장에서 이체하고, 나머지는 신한은행으로부터 대출(대출기간 10년)을 받아 지불하였다.

07 신한은행으로부터 차입한 장기차입금 중 5,000,000원은 내년 1월 20일 만기가 도래하고 회사는 이를 상환할 계획이다. 기말(12월 31일) 결산시 회계처리를 하시오.

08 8월 28일 두 명의 사원(생산직 1인 3,000,000원, 영업직 1인 2,000,000원)이 퇴사함에 따라 퇴직금 5,000,000원을 현금으로 지급하였다. 장부상 퇴직급여충당부채 잔액은 없다.

09 8월 29일 생산직 사원의 퇴직으로 퇴직금 12,000,000원 중 소득세 및 지방소득세로 1,320,000원을 원천징수한 후 차인지급액을 전액 보통예금계좌에서 이체하였다. 퇴직 직전 퇴직금을 지급하기 위한 퇴직급여충당부채는 20,000,000원이다.

10 8월 30일 공장직원 홍길동이 퇴사하여 퇴직금 3,500,000원 중 퇴직소득세 40,000원, 지방소득세 4,000원을 공제한 잔액을 현금으로 지급하였다. 퇴직급여충당부채 계정 잔액은 2,500,000원 있다. *(세무2급)*

11 당사는 일반기업회계기준에 의하여 퇴직급여충당부채를 설정하고 있으며, 기말 현재 퇴직급여추계액 및 당기 퇴직급여충당부채 설정 전의 퇴직급여충당부채 잔액은 다음과 같다. 기말(12월 31일) 결산시 회계처리를 하시오.

부 서	설정 전 퇴직급여충당부채 잔액	기말 현재 퇴직급여추계액
영 업 부	23,000,000원	27,000,000원
제 조 부	27,000,000원	29,000,000원

12 기말(12월 31일) 결산시 다음과 같이 퇴직급여충당부채를 설정하였다(전액 판매비와관리비로 회계처리 할 것). *(세무2급)*

퇴직급여충당부채

| 4/30 당좌예금 | 8,000,000 | 1/1 전기이월 | 15,000,000 |
| 12/31 차기이월 | 20,000,000 | | |

 **도우미**

01 8월 21일 : (차) 102.당좌예금   40,000,000   /   (대) 291.사채   40,000,000

02 8월 22일 : (차) 102.당좌예금   96,300,000 / (대) 291.사채   100,000,000
              (차) 292.사채할인발행차금 3,700,000

03 8월 23일 : (차) 103.보통예금   42,500,000 / (대) 291.사채   50,000,000
              (차) 292.사채할인발행차금 7,500,000

04 12월 31일 : (차) 951.이자비용   95,000 / (대) 101.현금   80,000
                                                    (대) 292.사채할인발행차금   15,000
* 사채할인발행차금 상각액은 이자비용에 가산된다.

05 8월 25일 : (차) 103.보통예금   100,000,000 / (대) 293.장기차입금   100,000,000
                                                        (거래처 : 신한은행)

06 8월 26일 : (차) 201.토지   300,000,000 / (대) 103.보통예금   100,000,000
                                                    (대) 293.장기차입금   200,000,000
                                                        (거래처 : 신한은행)

07 12월 31일 : (차) 293.장기차입금 5,000,000 / (대) 264.유동성장기부채   5,000,000
              (거래처 : 신한은행)   (거래처 : 신한은행)

08 8월 28일 : (차) 508.퇴직급여   3,000,000 / (대) 101.현금   5,000,000
              (차) 806.퇴직급여   2,000,000

09 8월 29일 : (차) 295.퇴직급여충당부채 12,000,000 / (대) 254.예수금   1,320,000
                                                      (대) 103.보통예금   10,680,000

10 8월 30일 : (차) 295.퇴직급여충당부채 2,500,000 / (대) 254.예수금   44,000
              (차) 508.퇴직급여   1,000,000   (대) 101.현금   3,456,000

11 12월 31일 : (차) 806.퇴직급여   4,000,000 / (대) 295.퇴직급여충당부채   6,000,000
              (차) 508.퇴직급여   2,000,000
    * 영업부 : (27,000,000 − 23,000,000) = 4,000,000원
    * 제조부 : (29,000,000 − 27,000,000) = 2,000,000원

12 12월 31일 : (차) 806.퇴직급여 13,000,000 / (대) 295.퇴직급여충당부채   13,000,000
    * 퇴직급여충당부채 전입액 = 당기말퇴직금추계액(20,000,000) − {전기말퇴직금추계액(15,000,000)
      − 당기중퇴직금지급액(8,000,000)} = 13,000,000원이다.

기/출/문/제 [필기]

01 다음 중 매입채무에 해당하는 것은?

① 외상매입금, 지급어음
② 외상매입금, 미지급비용
③ 외상매입금, 미지급금
④ 외상매입금, 단기차입금

02 ㈜경기의 자료에 의하여 재무상태표에 계상될 외상매입금은 얼마인가?

> 가. 외상매입대금지급 500,000원
> 나. 기초 외상매입금 300,000원
> 다. 당기 외상매입금 700,000원

① 100,000원   ② 500,000원   ③ 900,000원   ④ 1,500,000원

[풀이] 300,000 + 700,000 - 500,000 = 500,000원

03 다음 중 유동부채에 해당하는 것은?

① 선급금
② 선수금
③ 가지급금
④ 장기차입금

[풀이] 선급금과 가지급금은 유동자산이며, 장기차입금은 비유동부채이다.

04 다음 중 일반기업회계기준상 유동부채에 해당하지 않는 것은?

① 미지급비용
② 단기차입금
③ 유동성장기부채
④ 퇴직급여충당부채

[풀이] 퇴직급여충당부채는 비유동부채이다.

05 다음 중 부채에 대한 설명으로 틀린 것은?

① 미지급금 중 보고기간 종료일로부터 만기가 1년 이내에 도래하는 것은 유동부채로 표시한다.
② 보고기간 종료일로부터 차입기간이 1년 이상인 경우에는 장기차입금 계정을 사용하여 표시한다.
③ 가수금은 영구적으로 사용하는 부채 계정으로서 결산시에도 재무제표에 표시된다.
④ 상품을 인도하기 전에 상품대금의 일부를 미리 받았을 때에는 선수금 계정의 대변에 기입한다.

[풀이] 가수금 계정은 일시적으로 사용하는 부채 계정으로 결산시에는 그 계정의 내역을 밝혀내어 확정된 계정과목으로 재무제표에 표시한다.

06 다음 중 은행과의 약정에 의해 당좌예금잔액을 초과하여 당좌수표를 발행하였을 때 대변에 기입하여야 하는 계정과목으로 가장 적절한 것은?

① 선수금 ② 단기대여금
③ 단기차입금 ④ 지급어음

[풀이] 당좌차월액은 단기차입금에 포함된다.

07 다음 중에서 일반기업회계기준상 유동부채에 해당하지 않는 것은?

① 예수금 ② 외상매입금
③ 사채 ④ 선수금

[풀이] 사채는 비유동부채이다.

08 다음 중 유동부채에 해당하는 금액을 모두 합하면 얼마인가?

- 외상매입금 : 50,000원
- 장기차입금 : 1,000,000원 (유동성장기부채 200,000원 포함)
- 단기차입금 : 200,000원
- 미 지 급 비 용 : 70,000원
- 선 수 금 : 90,000원
- 퇴직급여충당부채 : 80,000원

① 410,000원 ② 520,000원 ③ 530,000원 ④ 610,000원

[풀이] 50,000 + 200,000 + 200,000 + 70,000 + 90,000 = 610,000원

09 비유동부채 중 보고기간 종료일로부터 1년 이내에 상환될 금액을 대체할 경우 이용되는 계정과목은 무엇인가?

① 장기차입금 ② 유동성장기부채
③ 단기차입금 ④ 외상매입금

10 다음 중 부채에 대한 설명으로 가장 옳지 않은 것은?

① 부채는 과거의 거래나 사건의 결과로 현재 기업실체가 부담하고 있고 미래에 자원의 유출 또는 사용이 예상되는 의무이다.
② 유동성장기부채는 유동부채로 분류한다.
③ 부채는 1년을 기준으로 유동부채와 비유동부채로 분류한다.
④ 정상적인 영업주기 내에 소멸할 것으로 예상되는 매입채무와 미지급비용 등이 보고기간 종료일로부터 1년 이내에 결제되지 않으면 비유동부채로 분류한다.

[풀이] 부채는 1년을 기준으로 유동부채와 비유동부채로 분류한다. 다만, 정상적인 영업주기 내에 소멸할 것으로 예상되는 매입채무와 미지급비용 등은 보고기간 종료일로부터 1년 이내에 결제되지 않더라도 유동부채로 분류한다.

11 다음 중 재무상태표상의 비유동부채로 맞는 것은?

① 퇴직급여충당부채
② 외상매입금
③ 유동성장기부채
④ 단기차입금

12 다음의 계정과목 중 그 분류가 다른 것은?

① 사채
② 장기차입금
③ 퇴직급여충당부채
④ 유동성장기부채

[풀이] 유동성장기부채는 유동부채이다.

13 다음 중 사채에 대한 설명으로 틀린 것은?

① 사채발행비용은 사채의 발행금액에서 차감한다.
② 유효이자율법 적용시 사채할증발행차금 상각액은 매년 증가한다.
③ 유효이자율법 적용시 사채할인발행차금 상각액은 매년 감소한다.
④ 사채할인발행차금은 당해 사채의 액면금액에서 차감하는 형식으로 기재한다.

[풀이] 유효이자율법 적용시 사채할인발행차금 상각액(사채할증발행차금 환입액)은 매년 증가한다.

14 다음 중 일반기업회계기준상 충당부채를 부채로 인식하기 위한 요건이다. 틀린 것은?

① 우발부채도 충당부채와 동일하게 부채로 인식하여야 한다.
② 과거사건이나 거래의 결과로 현재의무가 존재해야 한다.
③ 당해 의무를 이행하기 위하여 자원이 유출될 가능성이 매우 높아야 한다.
④ 그 의무의 이행에 소요되는 금액을 신뢰성 있게 추정할 수 있어야 한다.

[풀이] 우발부채는 다음 ① 또는 ②에 해당하는 잠재적인 부채를 말하며, 부채로 인식하지 아니한다.
　① 과거사건은 발생하였으나 기업이 전적으로 통제할 수 없는 하나 또는 그 이상의 불확실한 미래사건의 발생 여부에 의하여서만 그 존재여부가 확인되는 잠재적인 의무
　② 과거사건이나 거래의 결과로 발생한 현재의무이지만 그 의무를 이행하기 위하여 자원이 유출될 가능성이 매우 높지가 않거나, 또는 그 가능성은 매우 높으나 당해 의무를 이행하여야 할 금액을 신뢰성 있게 추정할 수 없는 경우

 정답

| 1. ① | 2. ② | 3. ② | 4. ④ | 5. ③ | 6. ③ | 7. ③ | 8. ④ | 9. ② | 10. ④ |
| 11. ① | 12. ④ | 13. ③ | 14. ① | | | | | | |

제5장 자본

자본은 기업의 자산에서 모든 부채를 차감한 후의 잔여지분을 나타내며, 주주로부터의 납입자본에 기업활동을 통하여 획득하고 기업의 활동을 위해 유보된 금액을 가산하고, 기업활동으로부터의 손실 및 소유자에 대한 배당으로 인한 주주지분 감소액을 차감한 잔액이다. 자본은 변동원천과 법률적 요구를 기준으로 자본금, 자본잉여금, 자본조정, 기타포괄손익누계액 및 이익잉여금(또는 결손금)으로 분류한다.

① 자본금 : 주주가 납입한 법정자본금
② 자본잉여금 : 주주와의 거래에서 발생하여 자본을 증가시키는 잉여금
③ 자본조정 : 자본거래에 해당하나 자본금이나 자본잉여금으로 분류할 수 없는 임시적인 자본항목
④ 기타포괄손익누계액 : 손익계산서의 당기손익으로 분류하기 어려운 손익항목의 잔액
⑤ 이익잉여금(또는 결손금) : 기업의 영업활동에 의하여 축적된 이익으로서 사외로 유출되지 않고 기업내부에 유보된 금액

제1절 자본금

자본금이란 주주에 의해 불입된 자본 중 상법규정에 의하여 법정자본으로 계상된 부분을 말한다. 자본금은 발행주식의 액면총액으로서 보통주자본금과 우선주자본금 등으로 분류할 수 있다. 여러 종류의 주식을 발행하는 경우 다른 주식에 대해 표준이 되는 주식을 보통주라 하며, 보통주에 비해 특정한 사항에 대하여 우선적인 권리를 부여한 주식을 우선주라 한다. 특별한 언급이 없는 한 주식은 보통주로 전제하며 보통주자본금 대신 자본금을 사용하기로 한다. 한편, 회사는 정관으로 정한 경우에는 주식의 전부를 무액면주식으로 발행할 수 있다. 다만, 무액면주식을 발행하는 경우에는 액면주식을 발행할 수 없다. 이하 본서에서는 액면주식을 대상으로 설명하기로 한다.

1. 주식의 발행

주식의 발행은 액면금액을 기준으로 하여 액면발행·할인발행·할증발행으로 구분할 수 있다. 주식의 액면금액은 기업의 법정자본금을 의미할 뿐, 주식의 시장가격이나 주주가 실제 불입하는 금액을 나타내는 것이 아니다.

(1) 액면발행(액면금액 = 발행금액)

액면발행이란 주권상의 액면금액과 동일한 금액으로 주식을 발행하는 경우를 말한다. 주식을 액면발행한 경우에는 대변에 액면금액을 자본금 계정으로 기록하고 차변에 주주로부터 제공받은 자금을 기입한다.

 다음 거래를 회계처리 하시오.

주식 1주(액면 @5,000원)를 5,000원에 발행하여 전액 보통예금계좌로 납입 받았다.

해설 (차) 보통예금　　　　　　　　　5,000　／　(대) 자본금　　　　　　　　5,000

(2) 할증발행(액면금액 < 발행금액)

할증발행이란 주권상의 액면금액보다 높은 금액으로 주식을 발행하는 경우를 말한다. 주식을 할증발행한 경우에는 주식의 발행금액과는 상관없이 주식의 액면금액을 대변에 자본금 계정으로 기록하고, 차변에 주주로부터 제공받은 자금을 기입한다. 그리고 **액면금액을 초과하는 부분은 주식발행초과금 계정**으로 처리한다. 주식발행초과금은 자본잉여금으로 분류된다.

 다음 거래를 회계처리 하시오.

주식 1주(액면 @5,000원)를 6,000원에 발행하여 전액 보통예금계좌로 납입 받았다.

해설 (차) 보통예금　　　　　　　　　6,000　／　(대) 자본금　　　　　　　　5,000
　　　　　　　　　　　　　　　　　　　　　　　　　주식발행초과금　　　　1,000

(3) 할인발행(액면금액 > 발행금액)

할인발행이란 주권상의 액면금액보다 낮은 금액으로 주식을 발행하는 경우를 말한다. 주식을 할인발행한 경우에는 주식의 발행금액과는 상관없이 주식의 액면금액을 대변에 자본금 계정으로 기록하고, 차변에 주주로부터 제공받은 자금을 기입한다. 그리고 **액면금액에 미달하는 부분은 주식할인발행차금 계정**으로 기록한다. 주식할인발행차금은 자본조정 항목으로 분류된다.

 다음 거래를 회계처리 하시오.

주식 1주(액면 @5,000원)를 4,000원에 발행하여 전액 보통예금계좌로 납입 받았다.

해설 (차) 보통예금　　　　　　　　　4,000　／　(대) 자본금　　　　　　　　5,000
　　　　주식할인발행차금　　　　　1,000

2. 현물출자에 의한 주식발행

주식발행의 대가로 현금을 납입 받는 것이 일반적이지만, 현금 대신에 기업이 필요로 하는 현물로 납입받는 경우가 있는데 이를 현물출자라 한다. 기업이 현물을 제공받고 주식을 발행한 경우에는 제공받은 현물의 공정가치를 주식의 발행금액으로 한다.

 다음 거래를 회계처리 하시오.

영업용 토지를 취득하면서 주식 1,000주(액면 @5,000원)를 교부하였다. 토지의 공정가치는 6,000,000원이다.

해설 (차) 토지　　　　　　　　　　6,000,000　／　(대) 자본금　　　　　　　　5,000,000
　　　　　　　　　　　　　　　　　　　　　　　　　　주식발행초과금　　　　1,000,000

3. 신주발행비

신주발행비란 주식의 발행과 직접 관련하여 발생한 비용으로서, 법률비용, 주주모집을 위한 광고비, 주권인쇄비, 증권회사수수료 등이 있다. 신주발행비는 주식발행초과금에서 차감하거나 주식할인발행차금에 가산한다. 즉, 주식이 액면발행 또는 할인발행된 경우에는 주식할인발행차금으로 처리하고, 주식이 할증발행된 경우에는 주식발행초과금에서 감액시키는 것으로 처리한다.

 다음 거래를 회계처리 하시오.

(1) 주식 1주(액면 @5,000원)를 5,000원에 증자하고 신주발행비 300원을 차감한 잔액이 보통예금계좌로 입금되었다.
(2) 주식 1주(액면 @5,000원)를 4,000원에 증자하고 신주발행비 300원을 차감한 잔액이 보통예금계좌로 입금되었다.
(3) 주식 1주(액면 @5,000원)를 6,000원에 증자하고 신주발행비 300원을 차감한 잔액이 보통예금계좌로 입금되었다.

해설 (1) (차) 보통예금　　　　　　　4,700　／　(대) 자본금　　　　　　　　5,000
　　　　　　주식할인발행차금　　　　300
　　　(2) (차) 보통예금　　　　　　　3,700　／　(대) 자본금　　　　　　　　5,000
　　　　　　주식할인발행차금　　　1,300
　　　(3) (차) 보통예금　　　　　　　5,700　／　(대) 자본금　　　　　　　　5,000
　　　　　　　　　　　　　　　　　　　　　　　주식발행초과금　　　　　700

제2절 자본잉여금

자본잉여금이란 증자나 감자 등 주주와의 거래(자본거래)에서 발생하여 자본을 증가시키는 잉여금을 말한다. 자본잉여금은 주식발행초과금과 기타자본잉여금으로 구분하여 표시한다. 기타자본잉여금으로 분류되는 것에는 감자차익, 자기주식처분이익 등이 있다. 자본잉여금은 주주에 대한 배당금의 재원으로 사용할 수 없고 무상증자를 통한 자본금으로의 전입(자본전입) 및 결손보전을 위해서만 사용될 수 있다.

1. 주식발행초과금

주식발행초과금이란 주식을 할증발행하는 경우에 발행금액이 액면금액을 초과하는 부분을 말한다[8].

 다음 거래를 회계처리 하시오.

(1) 주식 10주(액면 @5,000원)를 @5,500원에 발행하고 전액 현금으로 납입 받았다.
(2) 주식발행초과금 5,000원을 자본에 전입하고 액면금액 5,000원인 주식을 무상으로 교부하였다.

해설 (1) (차) 현금　　　　　　　　　　55,000　/　(대) 자본금　　　　　　　　50,000
　　　　　　　　　　　　　　　　　　　　　　　　　　　주식발행초과금　　　　5,000
　　　(2) (차) 주식발행초과금　　　　　5,000　/　(대) 자본금　　　　　　　　5,000

2. 감자차익

감자차익이란 자본금을 감소하는 경우에 그 감소액이 주식소각의 대가로 주주에게 반환되는 금액을 초과한 때에 그 초과금액을 말한다[9].

 다음 거래를 회계처리 하시오.

사업의 축소를 위하여 주주총회의 승인을 얻어 주식 10주(액면 @5,000원)를 1주당 4,000원으로 매입소각하고 대금은 현금으로 지급하였다.

---

8) 다만, 주식발행초과금이 발생할 당시에 장부상 주식할인발행차금 미상각액이 존재하는 경우에는 발생된 주식발행초과금의 범위 내에서 주식할인발행차금 미상각액을 상계처리한 후의 금액으로 한다. 이에 대한 내용은 전산세무 2급에서 설명하기로 한다.
9) 다만, 감자차익이 발생할 당시에 장부상 이익잉여금 처분으로 상각되지 않은 감자차손이 있는 경우에는 동 금액을 차감한 후의 금액으로 한다. 이에 대한 내용은 전산세무 2급에서 설명하기로 한다.

해설 (차) 자본금   50,000   /   (대) 현금   40,000
                                                      감자차익   10,000

  * 감자금액 : 10주 × @5,000 = 50,000

3. 자기주식처분이익

회사가 이미 발행한 주식을 유상 또는 무상으로 재 취득한 주식으로서 공식적으로 소각되지 않은 주식을 자기주식이라 한다. 이러한 자기주식을 처분하는 경우 취득원가를 초과하여 처분할 때 발생하는 이익을 자기주식처분이익이라 한다.

 다음 거래를 회계처리 하시오.

  (1) 자기주식(액면가 @5,000원) 10주를 @6,000원에 취득하고 현금을 지급하였다.
  (2) 취득금액 60,000원인 자기주식을 70,000원 처분하고 현금을 수취하였다.

해설 (1) (차) 자기주식   60,000   /   (대) 현금   60,000
    * 자기주식을 유상으로 취득한 경우에는 취득시 지불한 금액을 취득원가로 계상한다.
    (2) (차) 현금   70,000   /   (대) 자기주식   60,000
                                                      자기주식처분이익   10,000

제3절 자본조정

자본조정이란 당해 항목의 성격으로 보아 자본거래에 해당하나 최종 납입된 자본으로 볼 수 없거나, 자본의 가감 성격으로 자본금이나 자본잉여금으로 분류할 수 없는 항목을 말한다.

1. 주식할인발행차금

주식할인발행차금이란 주식 발행금액이 액면금액에 미달하는 경우 그 미달하는 금액을 말한다. 주식할인발행차금 발생시에 장부상 주식발행초과금이 존재하는 경우에는 주식발행초과금의 범위내에서 주식발행초과금과 우선 상계한다. 미 상계된 나머지 잔액은 자본에서 차감하는 형식으로 기재하며 이익잉여금의 처분으로 상각한다.

 다음의 거래를 회계처리 하시오.

  (1) 주식 10주(액면 @5,000원)를 @4,100원에 발행하고 전액 현금으로 납입 받았다.
  (2) 주주총회에서 미처분이익잉여금 500,000원을 다음과 같이 처분하기로 결의하였다.
     • 현금배당   100,000원

- 이익준비금   10,000원
- 주식할인발행차금상각   3,000원

해설 (1) (차) 현금   41,000 / (대) 자본금   50,000
         주식할인발행차금   9,000
    (2) (차) 미처분이익잉여금   113,000 / (대) 미지급배당금   100,000
         (375.이월이익잉여금)   이익준비금   10,000
                                                주식할인발행차금   3,000

  * 프로그램에서는 "377.미처분이익잉여금" 대신에 "375.이월이익잉여금"을 사용한다.

2. 감자차손

감자차손이란 자본금을 감소하는 경우에 주주에게 환급되는 금액이 소각된 주식의 액면금액을 초과한 때에 그 초과금액을 감자차익과 상계하고, 그것으로 부족한 경우에 그 차액을 말한다. 감자차손은 자본에서 차감하는 형식으로 기재하며 이익잉여금의 처분으로 상각한다.

다음의 연속된 거래를 회계처리 하시오.
  (1) 사업의 축소를 위하여 주주총회의 승인을 얻어 주식 10주(액면 @5,000원)를 1주당 6,000원으로 매입소각하고 대금은 현금으로 지급하였다.
  (2) 주주총회에서 미처분이익잉여금 500,000원을 다음과 같이 처분하기로 결의하였다.
     - 현금배당   100,000원
     - 이익준비금   10,000원
     - 감자차손   10,000원

해설 (1) (차) 자본금   50,000 / (대) 현금   60,000
         감자차손   10,000
    (2) (차) 미처분이익잉여금   120,000 / (대) 미지급배당금   100,000
                                                이익준비금   10,000
                                                감자차손   10,000

3. 자기주식

자기주식이란 회사가 이미 발행한 주식을 유상 또는 무상으로 재 취득한 주식으로 공식적으로 소각되지 않은 주식을 말한다. 자기주식은 자본에서 차감하는 형식으로 기재한다.

이하 자세한 내용은 *최대리* 전산세무 2급에서 ⇨

4. 자기주식처분손실

자기주식처분손실은 자기주식 매각시 처분금액이 취득원가보다 작은 경우에 자기주식처분이익과 상계하고, 그것으로 부족한 경우에 그 차액을 말한다. 자기주식처분손실은 자본에서 차감하는 형식으로 기재한다.

 다음 거래를 회계처리 하시오.

(1) 자기주식(액면가 @5,000원) 1주를 @6,000원에 현금 지급하고 취득하다.
(2) 취득금액 6,000원인 자기주식을 5,000원 처분하고 현금을 수취하다.
(3) 취득금액 6,000원인 자기주식을 5,000원 처분하고 현금을 수취하다. 단, 자기주식처분이익 계정의 잔액이 400원 있다.

해설 (1) (차) 자기주식　　　　　　　　6,000　/　(대) 현금　　　　　　　6,000
　　 (2) (차) 현금　　　　　　　　　　5,000　/　(대) 자기주식　　　　　6,000
　　　　　　자기주식처분손실　　　　1,000
　　 (3) (차) 현금　　　　　　　　　　5,000　/　(대) 자기주식　　　　　6,000
　　　　　　자기주식처분이익　　　　　400
　　　　　　자기주식처분손실　　　　　600

5. 미교부주식배당금

배당결의일 현재 미지급된 주식 배당액을 말하며, 배당지급일에 주식을 교부하면 자본금 계정에 대체된다. 미교부주식배당금은 자본에 가산하는 형식으로 기재한다.

 다음의 연속된 거래를 회계처리 하시오.

(1) 주주총회에서 미처분이익잉여금 500,000원을 다음과 같이 처분하기로 결의하였다.
　• 주식배당　　200,000원(액면가 @5,000원)
(2) 주권을 발행하여 주식배당을 실시하였다.

해설 (1) (차) 미처분이익잉여금　　　200,000　/　(대) 미교부주식배당금　200,000
　　 (2) (차) 미교부주식배당금　　　200,000　/　(대) 자본금　　　　　　200,000

제4절 기타포괄손익누계액과 이익잉여금

1. 기타포괄손익누계액

기타포괄손익누계액이란 손익거래 중 손익계산서의 당기손익으로 분류하기 어려운 손익항목의 잔액을 말한다. 기타포괄손익누계액은 소멸시 당기손익에 반영된다.

(1) 매도가능증권평가손익

매도가능증권평가이익(손실)은 매도가능증권으로 분류된 주식이나 채권을 공정가치로 평가함에 따라 발생하는 평가손익을 말한다. 이하 자세한 내용은 *최대리* 전산세무 2급에서 ⇨

(2) 해외사업환산손익

해외사업환산손익이란 해외지점, 해외사무소 또는 해외소재 지분법대상회사의 외화표시 자산·부채를 현행환율법에 의하여 원화로 환산하는 경우에 발생하는 환산손익을 말한다.

(3) 현금흐름위험회피 파생상품평가손익

현금흐름위험회피를 목적으로 투자한 파생상품에서 발생하는 평가손익을 말한다.

2. 이익잉여금

이익잉여금이란 손익계산서에 보고된 손익과 다른 자본 항목에서 이입된 금액의 합계액에서 주주에 대한 배당, 자본금으로의 전입 및 자본조정 항목의 상각 등으로 처분된 금액을 차감한 잔액이다. 이익잉여금은 법정적립금, 임의적립금 및 미처분이익잉여금(또는 미처리결손금)으로 구분하여 표시한다.

(1) 이익준비금

이익준비금은 상법규정에 따라 적립된 법정적립금으로서 상법에서는 "회사는 그 자본금의 2분의 1이 될 때까지 매 결산기 이익배당액의 10분의 1 이상을 이익준비금으로 적립하여야 한다. 다만, 주식배당의 경우에는 그러하지 아니하다." 라고 규정하고 있다. 이러한 이익준비금은 자본전입(무상증자)과 결손보전에 충당하는 경우 외에는 처분하지 못한다.

(2) 임의적립금

임의적립금은 법령이 아닌 회사가 임의적으로 일정한 목적을 위하여 정관 또는 주주총회의 결의에 의하여 이익의 일부를 적립하는 것이다. 이러한 임의적립금에는 사업확장적립금, 감채적립금, 배당평균적립금, 결손보전적립금, 별도적립금 등이 있다.

(3) 미처분이익잉여금(또는 미처리결손금)

미처분이익잉여금이란 기업이 벌어들인 이익 중 배당금이나 다른 잉여금으로 처분되지 않고 남아 있는 이익잉여금으로서 당기 이익잉여금처분계산서의 미처분이익잉여금을 말한다. 그리고 미처리결손금이란 기업이 결손을 보고한 경우에 보고된 결손금 중 다른 잉여금으로 보전되지 않고 이월된 부분으로서 당기 결손금처리계산서의 미처리결손금을 말한다.

memo

기/출/문/제 [실기]

다음 거래 자료를 ㈜세연상사(코드 : 3002)의 [일반전표입력] 메뉴에 추가 입력하시오.

01 9월 1일 이사회의 결의에 의하여 미발행 주식 중 신주 1,000주(주당 액면가 5,000원)를 1주당 5,100원에 발행하고, 납입금은 당좌예입 하였다.

02 9월 2일 주식 10,000주(액면금액 5,000원)를 주당 6,000원에 발행하고 전액 보통예금에 납입하였으며, 신주발행비 1,000,000원은 전액 현금지급 하였다.

03 9월 3일 신규사업을 확장할 목적으로 임시주주총회의 승인을 얻어 신주 5,000주(액면금액 @5,000원, 발행금액 @10,000원)를 발행하고, 신주발행비용 1,000,000원을 차감한 금액은 보통예금에 예입하였다. (세무2급)

04 9월 4일 사업의 축소를 위하여 주식 1,500주(액면 @5,000원)를 1주당 4,000원에 매입소각하고 대금은 현금으로 지급하였다. (세무2급)

05 9월 5일 당사는 이사회의 결의로 신주 10,000주(액면금액 1주당 500원)를 1주당 400원에 발행하고, 전액 현금으로 납입받아 즉시 우리은행에 당좌예입 하였다.

06 9월 6일 금일 제2차 유상증자를 하고 주식대금은 전액 현금으로 납입받았다(제1차 유상증자시 주식발행초과금이 25,000,000원이 발생함).

- 주당 액면금액 : 5,000원
- 7월 2일 제1차 유상증자 : 주당 발행가액 10,000원, 발행주식수 5,000주
- 9월 6일 제2차 유상증자 : 주당 발행가액 4,000원, 발행주식수 5,000주

07 9월 7일 자기주식 10,000주를 1주당 30,000원에 당좌수표를 발행하여 취득하였다. 주식의 액면금액은 1주당 5,000원이다. (세무2급)

08 9월 8일 9월 2일에 취득한 자기주식 5,000,000원을 4,500,000원에 처분하고 전액 현금으로 수령하였다. (세무2급)

09 9월 9일 보유 중인 자기주식을 처분하였다. 장부금액은 12,340,000원(10,000주, @1,234원)으로 처분금액은 11,000,000원(10,000주, @1,100원)이었다. 처분대금은 보통예금계좌에 입금되었다. 단, 자기주식처분이익 계정의 잔액이 500,000원 있다. 또한 처분수수료는 없는 것으로 가정한다.

10 9월 10일 주주총회에서 전기분 이익잉여금처분계산서(안) 대로 처분이 확정되었다. 이익잉여금 처분에 관한 회계처리를 하시오.

〈 전기 이익잉여금 처분계산서 처분내역 〉
- 이익준비금 2,000,000원
- 현금배당 20,000,000원

11 9월 11일 주주총회에서 승인된 금전배당 3,000,000원과 주식배당 5,000,000원을 현금 및 주식으로 교부하였다. (세무2급)

KcLep 도우미

01 9월 1일 : (차) 102.당좌예금　　5,100,000　/　(대) 331.자본금　　　　5,000,000
　　　　　　　　　　　　　　　　　　　　　　　　　(대) 341.주식발행초과금　100,000

02 9월 2일 : (차) 103.보통예금　　60,000,000　/　(대) 331.자본금　　　　50,000,000
　　　　　　　　　　　　　　　　　　　　　　　　　(대) 101.현금　　　　　1,000,000
　　　　　　　　　　　　　　　　　　　　　　　　　(대) 341.주식발행초과금　9,000,000

03 9월 3일 : (차) 103.보통예금　　49,000,000　　/　　(대) 331.자본금　　　　25,000,000
　　　　　　　　　　　　　　　　　　　　　　　　　　　(대) 341.주식발행초과금　24,000,000

04 9월 4일 : (차) 331.자본금　　　　7,500,000　　/　　(대) 101.현금　　　　　6,000,000
　　　　　　　　　　　　　　　　　　　　　　　　　　　(대) 342.감자차익　　　1,500,000

05 9월 5일 : (차) 102.당좌예금　　　4,000,000　　/　　(대) 331.자본금　　　　5,000,000
　　　　　　(차) 381.주식할인발행차금　1,000,000

06 9월 6일 : (차) 101.현금　　　　　20,000,000　　/　　(대) 331.자본금　　　　25,000,000
　　　　　　(차) 341.주식발행초과금　5,000,000
　* 주식할인발행차금 발생시에 장부상 주식발행초과금 계정 잔액이 존재하는 경우에는 주식발행초과금
　　의 범위내에서 주식발행초과금과 우선 상계한다.

07 9월 7일 : (차) 383.자기주식　　300,000,000　　/　　(대) 102.당좌예금　　300,000,000
　* 자기주식을 유상으로 취득한 경우에는 취득시 지불한 금액을 취득원가로 계상한다.

08 9월 8일 : (차) 101.현금　　　　　4,500,000　　/　　(대) 383.자기주식　　　5,000,000
　　　　　　(차) 390.자기주식처분손실　500,000

09 9월 9일 : (차) 103.보통예금　　　11,000,000　　/　　(대) 383.자기주식　　12,340,000
　　　　　　(차) 343.자기주식처분이익　500,000
　　　　　　(차) 390.자기주식처분손실　840,000
　* 자기주식처분손실 발생시에 장부상 자기주식처분이익 계정 잔액이 존재하는 경우에는 자기주식처분
　　이익의 범위내에서 자기주식처분이익과 우선 상계한다.

10 9월 10일 : (차) 375.이월이익잉여금　22,000,000　　/　　(대) 351.이익준비금　　2,000,000
　　　　　　　　　　　　　　　　　　　　　　　　　　　(대) 265.미지급배당금　20,000,000

11 9월 11일 : (차) 265.미지급배당금　3,000,000　　/　　(대) 101.현금　　　　　3,000,000

　　　9월 11일 : (차) 387.미교부주식배당금　5,000,000　　/　　(대) 331.자본금　　　　5,000,000
　　　* 하나의 전표가 되도록 입력해도 상관없다.

기/출/문/제 (필기)

01 재무상태표에서 자본금을 표시하는 방법으로 맞는 것은?

① 납입금액을 표시한다.
② 주식할인발행차금을 차감하여 기재한다.
③ 주식발행초과금을 가산하여 기재한다.
④ 액면금액을 표시한다.

[풀이] 자본금은 발행주식 총수에 주당 액면금액을 곱한 것으로서 보통주자본금과 우선주자본금 등으로 분류할 수 있다.

02 재무상태표상의 자본금에 대한 설명 중 가장 올바른 것은?

① 자본금은 할인발행 혹은 할증발행에 따라 표시되는 금액이 다르다.
② 자본금은 보통주자본금, 우선주자본금 그리고 기타자본금으로 구분된다.
③ 자본금은 총납입금액에서 주식발행에 따른 제비용을 차감하여 표시된다.
④ 자본금은 반드시 발행주식수 × 1주당 액면금액으로 표시된다.

03 다음 자본에 대한 분류 중 잘못된 것은?

① 자본금　　② 자본잉여금　　③ 기타자본변동　　④ 자본조정

[풀이] 자본은 자본금, 자본잉여금, 자본조정, 기타포괄손익누계액 및 이익잉여금(또는 결손금)으로 구분한다.

04 다음 중 주식회사의 자본 구성 요소에 관한 설명으로 바르게 짝지은 것은?

> ㉠은 1주의 액면금액에 발행한 주식수를 곱한 금액이다.
> ㉡은 영업활동과 직접적인 관계가 없는 자본거래에서 생긴 잉여금이다.
> ㉢은 회사의 영업활동 결과로 발생한 순이익을 원천으로 하는 잉여금이다.

	㉠	㉡	㉢		㉠	㉡	㉢
①	적립금	자본잉여금	이익잉여금	②	자본금	자본잉여금	이익잉여금
③	자본금	이익잉여금	자본잉여금	④	적립금	이익잉여금	자본잉여금

05 ㈜강남스타일의 ×1년 1월 1일 자본금은 50,000,000원(주식수 50,000주, 액면가액 1,000원)이다. ×1년 7월 1일에 주당 1,200원에 10,000주를 유상증자 하였다. ×1년 기말 자본금은 얼마인가?

① 12,000,000원　② 50,000,000원　③ 60,000,000원　④ 62,000,000원

[풀이] 자본금은 항상 액면가액에 주식수를 곱한 금액만큼 증가한다.
기초자본금 + 유상증자로 인한 자본금 증가액 = 기말자본금
기초자본금(50,000,000) + 유상증자(1,000원 × 10,000주) = 60,000,000원

06 자본증자를 위해 액면 5,000원의 주식을 6,000원에 발행하고 대금은 전액 현금으로 수취하였다. 올바르게 분개된 것은?

① (차) 현　　금　6,000원　/　(대) 자본금　　　　　6,000원
② (차) 현　　금　6,000원　/　(대) 자본금　　　　　5,000원
　　　　　　　　　　　　　　　　　주식발행초과금　1,000원
③ (차) 현　　금　5,000원　/　(대) 자본금　　　　　5,000원
④ (차) 현　　금　6,000원　/　(대) 자본금　　　　　5,000원
　　　　　　　　　　　　　　　　　주식할인발행차금　1,000원

07 다음 중 자본에 대한 내용으로 옳지 않은 것은?

① 현물출자로 인한 주식의 발행금액은 제공받은 현물의 공정가치이다.
② 기말 재무상태표상 미처분이익잉여금은 당기 이익잉여금의 처분사항이 반영된 후의 금액이다.
③ 주식배당과 무상증자는 순자산의 증가가 발생하지 않는다.
④ 주식발행초과금은 주식의 발행가액이 액면가액을 초과하는 경우 그 초과금액을 말한다.

[풀이] 당기 이익잉여금의 처분사항은 차기 주주총회의 처분 결의가 있은 후에 회계처리 되므로 기말 재무상태표상 미처분이익잉여금은 당기 이익잉여금의 처분사항이 반영되기 전의 금액이다. 주식배당과 무상증자는 자본항목간의 이동이므로 순자산 변동이 없다.

08 ㈜한국은 주식 1,000주(주당 액면금액 1,000원)를 1주당 1,500원에 증자하면서 주식발행관련 제비용으로 100,000원을 지출하였다. 이에 대한 결과로 올바른 것은?

① 주식발행초과금 400,000원 증가　　② 자본금 1,400,000원 증가
③ 주식발행초과금 500,000원 증가　　④ 자본금 1,500,000원 증가

[풀이] 주식발행초과금은 주식 발행금액(신주발행을 위하여 직접 발생한 기타의 비용을 차감한 후의 금액)이 액면금액을 초과하는 경우 그 초과하는 금액으로 한다.
(차) 자산　　　　　1,400,000　/　(대) 자본금　　　　　1,000,000
　　　　　　　　　　　　　　　　　　주식발행초과금　　400,000

09 주식을 할증발행 하는 경우 발행금액이 액면금액을 초과하는 부분은 재무상태표상 자본 항목 중 어디에 표시되는가?

① 자본금　　　　　　　　　　② 자본잉여금
③ 자본조정　　　　　　　　　④ 기타포괄손익누계액

[풀이] 주식발행초과금은 자본잉여금 항목이다.

10 일반기업회계기준에서 재무상태표상 자본잉여금에 속하지 않는 것은?

① 주식발행초과금 ② 감자차익
③ 기타법정적립금 ④ 자기주식처분이익

[풀이] 기타법정적립금은 이익잉여금 항목이다.

11 다음 자료를 바탕으로 자본잉여금의 금액을 계산한 것으로 옳은 것은? (단, 계정과목별 연관성은 전혀 없다)

- 감 자 차 익 : 500,000원
- 사업확장적립금 : 300,000원
- 자기주식처분이익 : 300,000원
- 감 자 차 손 : 250,000원
- 이 익 준 비 금 : 100,000원
- 주식발행초과금 : 700,000원
- 자기주식처분손실 : 100,000원
- 주식할인발행차금 : 150,000원

① 600,000원 ② 900,000원 ③ 1,200,000원 ④ 1,500,000원

[풀이] 자본잉여금에는 주식발행초과금, 감자차익, 자기주식처분이익이 속한다. 계정과목별 연관성이 없다고 전제하므로 감자차익과 감자차손을 상계하거나, 자기주식처분이익과 자기주식처분손실을 상계하여 계산하지 않는다. 500,000 + 300,000 + 700,000 = 1,500,000원

12 자본금이 100,000,000원인 회사가 이월결손금 18,000,000원을 보전하기 위하여 유통 중인 주식 중 1/5에 해당하는 부분을 무상 소각하였다. 이 경우 분개에서 사용하여야 할 자본 항목과 금액 중 옳은 것은?

① 감자차손 2,000,000원 ② 주식발행초과금 2,000,000원
③ 감자차익 2,000,000원 ④ 합병차익 2,000,000원

[풀이] 자본금 감소액 = 100,000,000 × 1/5 = 20,000,000원
(차) 자본금   20,000,000 / (대) 미처리결손금   18,000,000
                                          감자차익   2,000,000

13 다음 중 일반기업회계기준에 의한 자본의 분류 중 틀린 것은?

① 자본금은 법률에 의하여 정해진 납입자본금을 의미하는데, 발행주식수에 발행금액을 곱한 금액이다.
② 이익잉여금은 영업활동을 통하여 발생된 이익이 축적된 부분이다.
③ 자본잉여금은 주주와의 자본거래에서 발생한 것으로서 자본이 증가된 것이다.
④ 주식발행초과금, 감자차익, 자기주식처분이익은 자본잉여금이다.

[풀이] 법정자본금은 발행주식수에 액면금액을 곱한 금액이다.

14 다음 중 자본조정 계정이 아닌 것은?
   ① 주식할인발행차금　　　② 자기주식
   ③ 감자차손　　　　　　　④ 외환차익
   　[풀이] 외환차익은 영업외수익이다.

15 신주 10,000주(액면금액 1주당 10,000원)를 9,800원에 발행하였다면, 발행차액은 어느 항목에 해당되는가?
   ① 이익잉여금　　　　　　② 자본잉여금
   ③ 자본조정　　　　　　　④ 임의적립금
   　[풀이] 주식할인발행차금은 자본조정 항목이다.

16 자기주식을 구입금액보다 낮게 처분하여 발생하는 부분은 재무상태표상 자본 항목 중 어디에 표시되는가?
   ① 자본금　　　　　　　　② 자본잉여금
   ③ 자본조정　　　　　　　④ 기타포괄손익누계액
   　[풀이] 자기주식처분손실은 자본조정 항목이다.

17 다음 중 일반기업회계기준상 기타포괄손익누계액 항목이 아닌 것은?
   ① 매도가능증권평가손익　② 해외사업환산손익
   ③ 현금흐름위험회피 파생상품평가손익　④ 자기주식처분손실
   　[풀이] 자기주식처분손실은 자본조정 항목이다.

18 다음 중 이익잉여금이 아닌 것은?
   ① 기타법정적립금　　　　② 이익준비금
   ③ 임의적립금　　　　　　④ 감자차익
   　[풀이] 감자차익은 자본잉여금 항목이다.

19 다음 중 이익잉여금 항목에 해당하지 않는 것은?
   ① 이익준비금　　　　　　② 임의적립금
   ③ 주식발행초과금　　　　④ 미처분이익잉여금
   　[풀이] 주식발행초과금은 자본잉여금 항목이다.

20 ㈜수원의 결산시 자본의 구성내용은 자본금 50,000,000원, 자본잉여금 3,000,000원, 이익준비금 700,000원이었고, 당해연도의 당기순이익은 500,000원이었다. 현금배당을 300,000원을 할 경우 이익준비금으로 적립해야 할 최소 금액은 얼마인가?

① 30,000원 ② 50,000원 ③ 70,000원 ④ 100,000원

[풀이] 이익준비금은 상법규정에 따라 적립된 법정적립금으로서 상법에서는 "회사는 그 자본의 2분의 1 이 될 때까지 매 결산기에 이익배당액의 10분의 1 이상의 금액을 이익준비금으로 적립하여야 한다. 따라서 최소한 현금배당 300,000원의 10%인 30,000원을 적립해야 한다.

21 다음 중 이익잉여금으로 분류하는 항목을 모두 고른 것은?

> ㄱ. 현금배당액의 1/10 이상의 금액을 자본금의 1/2에 달할 때까지 적립해야 하는 금액
> ㄴ. 액면을 초과하여 주식을 발행한 때 그 액면을 초과하는 금액
> ㄷ. 감자를 행한 후 주주에게 반환되지 않고 불입자본으로 남아있는 금액

① ㄱ ② ㄴ ③ ㄱ, ㄷ ④ ㄴ, ㄷ

[풀이] ㄱ(이익준비금)은 이익잉여금으로, ㄴ(주식발행초과금)과 ㄷ(감자차익)은 자본잉여금으로 분류한다.

22 주식발행 회사가 이익배당을 주식으로 하는 경우(주식배당) 배당 후 상태변화로 가장 옳지 않은 것은?

① 배당 후 이익잉여금은 증가한다.   ② 배당 후 자본금은 증가한다.
③ 배당 후 총자본은 불변이다.   ④ 배당 후 발행주식수는 증가한다.

[풀이] 주식배당은 이익잉여금을 자본금에 전입하는 것이므로 자본금은 증가하고 이익잉여금은 감소한다. 배당 후 발행주식수는 증가하고 총자본은 불변한다.

23 다음의 회계거래 중에서 자본총액에 변화가 없는 것은?

① 주식을 할인 발행하다.   ② 이익준비금을 계상하다.
③ 당기순손실이 발생하다.   ④ 주식을 할증 발행하다.

[풀이] 주식을 발행하면 자본총액은 증가한다. 당기순손실이 발생하면 이익잉여금이 감소하므로 자본총액은 감소한다. 이익준비금을 계상하면 이익잉여금 간의 항목에 변화가 있는 것이므로 자본총액에는 변화가 없다.

24 다음 중 자산의 증감도 없고, 자본의 증감도 없는 경우는?

① 유상증자   ② 무상증자
③ 주식의 할인발행   ④ 주식의 할증발행

[풀이] 유상증자는 자산이 증가하고 자본이 증가하지만, 무상증자는 자본 항목간의 이동이므로 자산과 자본의 변동이 없다. 주식의 발행은 자산이 증가하고 자본이 증가한다.

25 이익잉여금을 자본금에 전입하였을 경우 다음 설명 중 올바른 것은?

① 자본 총액이 증가한다.　　② 자본 총액이 감소한다.
③ 자본금이 증가한다.　　　　④ 자본금이 감소한다.

[풀이] 자본금과 이익잉여금은 모두 자본 항목 중의 하나이므로 이익잉여금을 자본금에 전입하면 이익잉여금은 감소하고 자본금은 증가하지만 자본 총액에는 변함이 없다.

26 다음 중 자본 항목의 분류로 틀린 것은?

① 매도가능증권평가이익 – 이익잉여금　　② 감자차익– 자본잉여금
③ 결손보전적립금 – 이익잉여금　　　　　④ 감자차손 – 자본조정

[풀이] 매도가능증권평가이익은 기타포괄손익누계액 항목이다.

27 다음 중 자본의 분류와 해당 계정과목의 연결이 올바르지 않은 것은?

① 자본금 : 보통주자본금, 우선주자본금
② 자본잉여금 : 주식발행초과금, 자기주식처분이익
③ 자본조정 : 감자차익, 감자차손
④ 이익잉여금 : 이익준비금, 임의적립금

[풀이] 감자차익은 자본잉여금 항목이다.

정답

1. ④	2. ④	3. ③	4. ②	5. ③	6. ②	7. ②	8. ①	9. ②	10. ③
11. ④	12. ③	13. ①	14. ④	15. ③	16. ③	17. ④	18. ④	19. ③	20. ①
21. ①	22. ①	23. ②	24. ②	25. ③	26. ①	27. ③			

제 6 장 손익계산서 계정

제1절 매출액·매출원가

1. 매출액(401·404)

매출액은 기업의 주된 영업활동에서 발생한 제품, 상품, 용역 등의 총매출액에서 매출할인, 매출환입, 매출에누리 등을 차감한 금액이다. 차감 대상 금액이 중요한 경우에는 총매출액에서 차감하는 형식으로 표시하거나 주석으로 기재한다. 매출액은 업종별이나 부문별로 구분하여 표시할 수 있으며, 반제품매출액, 부산물매출액, 작업폐물매출액, 수출액, 장기할부매출액 등이 중요한 경우에는 이를 구분하여 표시하거나 주석으로 기재한다.

> 매출액 = 총매출액 - 매출환입및에누리 - 매출할인

(1) 매출환입및에누리(402·405)

매출환입이란 판매한 상품·제품이 반품 처리된 금액을 말하며, 매출에누리란 판매한 상품·제품에 파손이나 결함이 있어서 결제금액을 깎아주는 것을 말한다. 매출환입및에누리는 총매출액에서 차감한다.

 다음 거래를 회계처리 하시오.

(1) 창제상회에서 제품 200,000원을 매출하고 대금은 한 달 후에 받기로 하였다.
(2) 매출한 제품 일부에서 불량품이 있다는 사실을 통보받고 외상대금 200,000원 중 30,000원을 감액하기로 하고 나머지는 현금으로 회수하였다.

해설 (1) (차) 외상매출금　　　　　　　200,000　/　(대) 제품매출　　　　　　200,000
(2) (차) 매출환입및에누리　　　　30,000　/　(대) 외상매출금　　　　　200,000
　　　현금　　　　　　　　　　170,000

> **참고** 매출환입및에누리의 코드사용법
> 상품을 매출하고 매출환입및에누리가 발생한 경우에는 "401.상품매출" 바로 아래에 있는 "402.매출환입및에누리"를 사용하고, 제품을 매출하고 매출환입및에누리가 발생한 경우에는 "404.제품매출" 바로 아래에 있는 "405.매출환입및에누리"를 사용한다.

(2) 매출할인(403 · 406)

매출할인이란 외상대금을 약정된 할인기간 내에 회수하고 대금의 일부를 할인해 주는 것을 말한다. 매출할인은 총매출액에서 차감한다.

 다음 거래를 회계처리 하시오.

(1) 창제상사에서 제품 200,000원을 매출하고 대금은 한 달 후에 받기로 하였다(5일 이내 현금 결제시 10% 할인조건).
(2) 외상대금 200,000원이 할인기간 내에 조기 회수되어 10%의 현금할인을 해 주었다.

해설 (1) (차) 외상매출금   200,000   / (대) 제품매출   200,000
     (2) (차) 매출할인   20,000   / (대) 외상매출금   200,000
         현금   180,000

참고 매출할인의 코드사용법
상품을 매출하고 매출할인이 발생한 경우에는 "403.매출할인"을 사용하고, 제품을 매출하고 매출할인이 발생한 경우에는 "406.매출할인"을 사용한다.

2. 매출원가(451 · 455)

매출원가는 제품, 상품 등의 매출액에 대응되는 원가로서 판매된 제품이나 상품 등에 대한 제조원가 또는 매입원가이다. 매출원가의 산정과정은 손익계산서 본문에 표시하거나 주석으로 기재한다.

$$\text{상품매출원가} = \text{기초상품재고액} + \text{당기상품매입액} - \text{기말상품재고액}$$

$$\text{제품매출원가} = \text{기초제품재고액} + \text{당기제품제조원가} - \text{기말제품재고액}$$

memo

기/출/문/제 (실기)

다음 거래 자료를 ㈜세연상사(코드 : 3002)의 [일반전표입력] 메뉴에 추가 입력하시오.

01 9월 21일 매출처 ㈜우일상사의 외상매출금(제품 판매분 임) 5,000,000원을 외상대금의 조기회수에 따른 약정에 의하여 100,000원을 할인해주고 잔액을 현금으로 회수하였다.

02 9월 22일 8월 20일 발생한 ㈜진이상사의 제품 외상매출금 7,000,000원을 회수하면서 약정기일보다 10일 빠르게 회수되어 외상매출금의 3%를 할인해 주었다. 대금은 모두 보통예금으로 입금되었다.

03 9월 23일 거래처 ㈜서삼상사에 대한 외상매출금(상품 판매분 임) 2,000,000원이 약정기일보다 10일 빠르게 회수되어 2%를 할인해 주고 잔액은 당좌예금계좌로 입금되었다.

04 9월 24일 제품 매출처 ㈜무사상사로부터 8월 31일까지의 거래분에 대한 외상매출금 잔액 17,687,200원을 다음과 같이 변제받았다. 100,000원은 사전약정에 의해 할인하여 주고 3,000,000원은 약속어음(만기 : 1년 이내)으로 받았으며, 잔액은 현금으로 회수하였다. *(세무2급)*

05 9월 25일 제품 매출처 ㈜광오상사로부터 8월 31일까지 거래분에 대한 외상대 20,357,000원을 다음과 같이 변제받았다. *(세무2급)*

> 1,000,000원은 사전약정에 의해 할인하여 주고, 10,357,000원은 약속어음(만기 : 1년 이내) 으로 받았고, 잔액은 동사 발행 당좌수표로 받았다.

KcLep 도우미

01 9월 21일 : (차) 406.매출할인   100,000   / (대) 108.외상매출금   5,000,000
           (차) 101.현금   4,900,000   (거래처 : ㈜우일상사)

02 9월 22일 : (차) 406.매출할인   210,000   / (대) 108.외상매출금   7,000,000
           (차) 103.보통예금   6,790,000   (거래처 : ㈜진이상사)

03 9월 23일 : (차) 403.매출할인   40,000   / (대) 108.외상매출금   2,000,000
           (차) 102.당좌예금   1,960,000   (거래처 : ㈜서삼상사)

04 9월 24일 : (차) 406.매출할인   100,000   / (대) 108.외상매출금   17,687,200
           (차) 110.받을어음   3,000,000   (거래처 : ㈜무사상사)
              (거래처 : ㈜무사상사)
           (차) 101.현금   14,587,200

05 9월 25일 : (차) 406.매출할인   1,000,000   / (대) 108.외상매출금   20,357,000
           (차) 110.받을어음   10,357,000   (거래처 : ㈜광오상사)
              (거래처 : ㈜광오상사)
           (차) 101.현금   9,000,000

제2절 판매비와관리비

판매비와관리비는 제품, 상품, 용역 등의 판매활동과 기업의 관리활동에서 발생하는 비용으로서 매출원가에 속하지 아니하는 모든 영업비용을 포함한다. 판매비와관리비는 당해 비용을 표시하는 적절한 항목으로 구분하여 표시하거나 일괄 표시할 수 있다. 일괄 표시하는 경우에는 적절한 항목으로 구분하여 이를 주석으로 기재한다. 한편, 빈번하게 발생하는 것은 아니지만 영업활동과 관련하여 비용이 감소함에 따라 발생하는 대손충당금환입, 퇴직급여충당부채환입 등은 판매비와관리비의 부(-)의 금액으로 표시한다.

※ 제조경비(500번대)는 제품제조원가를 구성하는 원가경비로서 계정의 내용은 판매비와관리비와 동일하므로 별도로 설명하지 않는다.

1. 급여(801) 및 임금(504)

급여란 임직원의 근로제공에 대한 대가로서 지급하는 인건비를 말하며 임원급여, 직원의 급료와 임금 및 제수당 등을 가리킨다.

2. 퇴직급여(806·508)

퇴직급여란 당해연도 중 임직원의 퇴직시 회사의 퇴직금지급규정 또는 근로기준법에 의하여 지급해야 할 퇴직금 중 당해연도 부담분에 속하는 금액을 말한다. 임직원이 퇴직하는 경우 지급되는 퇴직금은 우선적으로 퇴직급여충당부채와 상계하고, 동 충당부채 잔액 이상으로 퇴직금을 지급하는 경우 동 초과부분은 퇴직급여 계정으로 처리한다.

3. 복리후생비(811·511)

복리후생비란 임직원의 복리와 후생을 위하여 지급한 비용으로서 식대보조금, 경조금, 축의금, 건강보험료 회사부담분 등을 말한다.

[KcLep 적요] 일·숙직비, 직원식대 및 차대, 직원야유회비용, 직원식당운영비, 직원회식대, 회사부담분 국민건강보험료, 임직원경조사비, 임직원피복비

4. 여비교통비(812·512)

여비교통비란 임직원의 여비와 교통비를 말한다. 이 때의 여비는 통상 기업의 임직원이 업무를 수행하기 위하여 비교적 먼 곳으로 출장 가는 경우에 소요되는 경비로서, 구체적인 내용으로는 철도운임, 항공운임, 숙박료, 식사대 및 기타 출장에 따른 부대비용이며, 교통비는 상기 여비 이외의 시내출장비라든지 시내의 일시적인 주차료 등을 말한다.

[KcLep 적요] 시내교통비, 출장여비, 해외출장비, 주차료 및 통행료, 시외교통비

5. 기업업무추진비(813 · 513) = (구)접대비

기업업무추진비에는 회사의 업무와 관련하여 고객이나 거래처를 접대한 경우 이와 관련된 제반비용, 사례비 및 경조금 등을 계상한다.

[KcLep] **적요**] 일반 국내접대비, 해외접대비, 일반경조사비, 일반문화예술접대비, 거래처 명절선물비

6. 통신비(814 · 514)

통신비에는 전신, 전화, 팩시밀리, 우편 등의 비용을 계상한다.

[KcLep] **적요**] 전화료 및 전신료, 우편료, 정보통신료, 팩시밀리사용료

7. 수도광열비(815) / 가스수도료(515) 및 전력비(516)

수도광열비는 수도료, 전기료, 가스료, 연료대 등의 비용을 말한다.

[KcLep] **적요**] 상하수도요금, 도시가스대금, 가스대금, 난방용유류대

8. 세금과공과(817 · 517)

세금과공과(금)에는 주민세, 재산세, 자동차세 등의 세금과 상공회의소회비 등의 공과금을 계상한다.

[KcLep] **적요**] 자동차세, 분담금, 재산세, 국민연금 회사부담액, 인지구입대금, 협회 및 조합비

9. 감가상각비

건물, 기계장치, 차량운반구 등 유형자산의 당해연도 감가상각비를 계상한다.

10. 임차료(819 · 519)

임차료에는 사무실, 공장 또는 토지 등의 임차료 및 컴퓨터나 집기비품의 리스료를 계상한다.

[KcLep] **적요**] 사무실임차료, 리스료, 복사기임차료, 기타임차료, 상가임차료, 상품전시장임차료

11. 수선비(820 · 520)

수선비에는 건물, 건물부속설비, 집기, 비품 등의 유형자산의 수선비를 계상한다. 수선비 중 자본적 지출에 해당되는 부분은 해당 자산 계정에 가산시켜야 한다.

[KcLep] **적요**] 건물수선비, 공 · 기구수선비, 비품수선비, 기타수선비

12. 보험료(821 · 521)

보험료에는 기업이 소유하는 건물 · 기계장치 등의 유형자산, 상품 · 제품 · 원재료 등의 재고 자산 등에 대하여 가입한 각종 손해보험(화재보험, 도난보험, 책임보험 등) 등의 비용을 계상한다. 다만, 유형자산이나 재고자산의 구입과 관련하여 소요되는 운송보험 등에 대한 보험료는 당해 자산의 취득과정에서 정상적으로 발생한 부대원가로 취급하여 취득원가에 가산한다.

[KcLep] **적요**] 산재보험료, 자동차보험료, 화재보험료, 보증보험료, 책임보험료

13. 차량유지비(822 · 522)

차량유지비에는 차량운반구 유지비용으로 차량유류대, 주차비, 차량수리비 등을 계상한다.

[KcLep 적요] 유류대, 차량수리비, 정기주차료, 안전협회비, 검사비

14. 경상연구개발비

개발비 중 미래경제적효익의 유입 가능성이 매우 높고, 취득원가를 신뢰성 있게 측정할 수 있는 경우에만 무형자산으로 인식하고, 그렇지 못한 개발비는 발생 즉시 비용으로 처리한다.

[KcLep 적요] 외주연구개발비, 시험재료대금, 연구시 식대, 연구원 급여

15. 운반비(824 · 524)

상품이나 제품을 고객이나 대리점 기타 보관소로 운송하는데 지출된 비용을 계상한다.

[KcLep 적요] 운반비, 상하차비, 배달비

16. 교육훈련비(825 · 525)

교육훈련비에는 임직원의 직무능력 향상을 위한 교육 및 훈련에 관련된 비용을 계상한다.

[KcLep 적요] 강사초청료, 연수원임차료, 학원연수비, 위탁교육훈련비, 해외연수비

17. 도서인쇄비(826 · 526)

도서인쇄비에는 도서구입비 및 인쇄와 관련된 비용을 계상한다.

[KcLep 적요] 신문구독료, 도서대금, 인쇄대금, 사진현상대금, 복사대금, 명함인쇄대, 고무인대

18. 소모품비(830 · 530)

소모품비는 소모성 비품 구입에 관한 비용으로서, 사무용 용지, 소모공구 구입비, 주방용품 구입비, 문구 구입비, 기타 소모자재 등의 구입비를 계상한다.

[KcLep 적요] 소모자재대, 차 · 음료대, 기타소모품비

19. 수수료비용(831 · 531)

수수료비용에는 제공받은 용역의 대가를 지불할 때 사용되는 비용을 계상한다.

[KcLep 적요] 전기가스점검수수료, 기타 수수료, 기장료, 세무조정료, 수출품검사 수수료, 기타 세무자문료

20. 광고선전비(833)

광고선전비에는 상품이나 제품의 판매촉진을 위해 지출한 광고선전비로 TV · 라디오 · 신문 · 잡지 등의 대중매체에 지급되는 비용을 계상한다.

[KcLep 적요] TV · 신문광고료, 광고물제작비, 광고용역비, 선전용품대금, 카렌다인쇄비, 기타광고선전비, 광고물배포비용

21. 대손상각비(835)

대손상각비는 회수가 불확실한 매출채권에 대하여 합리적이고 객관적인 기준에 따라 산출한 대손추산액을 처리하는 계정으로서 대손충당금의 상대계정이다. 이 경우 대손추산액에서 대손충당금잔액을 차감한 금액을 대손상각비로 계상한다. 한편 회수가 불가능한 채권은 대손충당금과 상계하고 대손충당금이 부족한 경우에는 그 부족액을 대손상각비로 처리한다.

22. 무형자산상각비

무형자산의 당해연도 상각비를 계상한다.

23. 잡비

이상에서 열거한 비용 이외에 판매와 관리 활동과 관련되어 지출된 기타의 비용을 계상하며, 이 비용이 중요한 경우에는 잡비로 하지 않고 적절한 계정과목을 설정하여 구분 표시하여야 한다.

memo

기/출/문/제 (실기)

다음 거래 자료를 ㈜세연상사(코드 : 3002)의 [일반전표입력] 메뉴에 추가 입력하시오.

01 9월 30일 당사 사무직 사원과 생산직 사원에 대한 급여는 다음과 같으며 실지급액은 보통예금계좌에서 자동이체 되었다.

구 분	급여	상여금	급여계	제예수액	실지급액
사무직	10,354,000	7,247,800	17,601,800	1,623,500	15,978,300
생산직	25,362,000	17,753,400	43,115,400	3,672,400	39,443,000
계	35,716,000	25,001,200	60,717,200	5,295,900	55,421,300

02 9월 30일 제조부서 상여금 지급시 예수금(소득세 등)을 제외하고 보통예금계좌에서 이체하였다. 상여금 총액은 15,000,000원이고, 이 중 예수금은 1,000,000원이다.

03 10월 3일 제조부 소속 신상용 대리(6년 근속)의 퇴직으로 퇴직금 9,000,000원 중 소득세 및 지방소득세로 230,000원을 원천징수한 후 차인지급액을 전액 신한은행 보통예금계좌에서 이체하였다. 퇴직 직전 퇴직급여충당부채 잔액은 없었다.

04 10월 4일 다음과 같이 9월분 건강보험료 150,000원을 현금으로 납부하였다.

구 분	본인부담예수액	회사부담분	합 계
관리직	25,000원	25,000원	50,000원
생산직	50,000원	50,000원	100,000원
합 계	75,000원	75,000원	150,000원

05 10월 5일 8월에 발생한 집중호우 및 태풍으로 피해를 입은 공장직원들을 위로하고자 물적 피해금액 8,800,000원을 경조금규정에 의하여 현금으로 지급하였다.

06 10월 6일 공장직원 윤지현씨의 결혼축의금 300,000원을 현금으로 지급하였다.

07 10월 7일 생산부서 직원들의 사기진작을 위하여 인근식당에서 회식을 하고 식사대금 237,000원을 법인카드(삼성카드)로 결제하였다.

08 10월 8일 본사 영업부 부장의 국외출장을 위해 왕복항공료 1,880,000원을 법인카드(삼성카드)로 결제하였다.

09 10월 9일 10월 1일 선 지급(50만원)한 생산직 사원에 대한 출장비(전도금으로 회계처리 하였음)에 대하여 다음과 같이 출장비 명세서를 받았다. 초과된 출장비는 보통예금에서 지급하였다(전액 여비교통비로 회계처리 할 것).

> • 교통비 : 160,000원   • 숙박비 : 210,000원
> • 식 대 : 120,000원   • 입장료 : 70,000원

10 10월 10일 매출처 ㈜열공상사 사업주의 부친 상가에 조화를 보내고 대금 100,000원을 현금으로 지급하였다.

11 10월 11일 매출처 직원 정수진의 결혼축하금으로 현금 30,000원을 지급하였다.

12 10월 12일 당사는 매출거래처인 ㈜진이상사에 선물을 하기 위해 롯데마트에서 갈비세트를 250,000원에 구입하고, 전액 당사의 삼성카드로 결제하였다.

13 10월 13일 영업부에서 매출거래처 직원과 식사를 하고, 식사비용 120,000원을 법인카드(삼성카드)로 결제하였다.

14 10월 14일 우체국에서 업무서류를 등기우편으로 발송하고 우편료 30,000원을 현금으로 지급하였다.

15 10월 15일 영업부의 전화요금 93,500원이 고지되어 당사 보통예금계좌에서 당일 출금되었음을 확인하였다.

16 10월 16일 공장사용분 통신비 45,000원과 사무실사용분 통신비 55,000원을 현금으로 납부하였다.

17 10월 17일 성산주유소에서 공장에서 난방연료로 사용할 경유를 구입하고 대금 7,000,000원은 당좌수표를 발행하여 지급하였다.

18 10월 18일 전기요금 800,000원(본사 400,000원, 공장 400,000원)이 보통예금통장에서 자동 인출되었다.

19 10월 19일 본사 영업팀에서 사용한 수도요금 120,000원과 공장의 전기요금 2,500,000원을 현금으로 은행에 납부하였다.

20 10월 20일 공장에서 사용하는 승용차에 대한 자동차세 570,000원과 본사 사무실에서 사용하는 승용차에 대한 자동차세 360,000원을 현금으로 납부하였다.

21 10월 21일 제품을 제조하는 공장 건물에 대한 재산세 1,250,000원과 영업부 사무실에 대한 재산세 2,100,000원을 현금으로 납부하였다.

22 10월 22일 공장의 균등분주민세 55,000원이 구청으로부터 부과되었으며, 법인카드인 삼성카드로 납부하였다.

23 10월 23일 회사는 판매부문 이사의 변경으로 인한 변경등기를 하고 이에 대한 등록세로 50,000원을 현금으로 지급하였다.

24 10월 24일 상공회의소 회비 130,000원을 신한은행에 현금으로 납부하였다.

25 10월 25일 당사가 속한 제조협회에 협회비 120,000원을 현금으로 지급하였다.

26 10월 26일 영업부 건물의 임차보증금에 대한 간주임대료의 부가가치세를 건물 소유주에게 보통예금계좌에서 이체하였다(임차계약시 간주임대료에 대한 부가가치세를 임차인 부담으로 계약을 체결하였음. 간주임대료의 부가가치세는 500,000원임).

27 10월 27일 9월 25일에 지급한 직원급여와 관련된 차감징수액(국민연금, 근로소득세, 지방소득세)과 국민연금 회사부담분을 합한 금액 620,000원을 다음과 같이 보통예금으로 납부하였다. 단, 회사부담분 국민연금은 세금과공과 계정으로 계상한다.

- 국민연금 400,000원 : 회사부담분 200,000원과 근로자부담분 200,000원을 합한 금액이고, 회사부담분 중 영업부 직원 비율은 30%이며 제조부 직원 비율은 70%이다.
- 소득세 등 220,000원 : 근로소득세 200,000원과 지방소득세 20,000원을 합한 금액이다.

28 10월 28일 공장으로 사용하기 위해 건물 1동을 월 3,000,000원에 임차하기로 계약을 하고, 10월분 임차료를 현금으로 지급하였다(비용으로 회계처리 할 것).

29 10월 29일 사무실임차료 400,000원을 현금으로 송금하고 송금수수료 1,000원을 현금으로 지급하였다.

30 10월 30일 업무용차량에 대해 보험을 가입하고 다음과 같이 보험료를 전액 현금으로 지급하였다.

- 공장용 차량 : 720,000원
- 영업용 차량 : 430,000원

31 11월 1일 당사의 상품을 보관하는 창고의 화재와 도난에 대비하여 ㈜동부화재에 손해보험을 가입하고 3개월 동안의 보험료 4,500,000원을 보통예금계좌에서 이체하였다. 단, 비용으로 처리하시오.

32 11월 2일 공장건물의 화재와 도난에 대비하여 미래화재에 손해보험을 가입하고 보험료 3,000,000원을 보통예금에서 송금하고 전액 비용으로 회계처리 하였다.

33 11월 3일 상품판매계약에 따른 계약이행보증보험을 대한보증보험에 가입하고 1년분 보험료 365,000원을 현금으로 지급하였다.

34 11월 4일 공장 화물트럭의 엔진오일을 교환하고 대금 30,000원은 삼성카드로 결제하였다.

35 11월 5일 ㈜오일뱅크에서 업무용 승용차에 휘발유를 주유하고 현금 50,000원을 지급하였다.

36 11월 6일 통신매출로 인한 택배비 5,000원을 현금으로 지급하였다.

37 11월 7일 거래처 ㈜처칠상사에 제품견본을 택배로 발송하면서 택배비 10,000원을 현금으로 지급하였다.

38 11월 8일 관리직사원 김미영의 전산교육을 위하여 와우패스 금융교육센터에 교육비 100,000원을 현금으로 지급하였다.

39 11월 9일 생산직 신입사원의 교육훈련을 위한 비용을 현금으로 지급하였다.

순 번	성 명	금 액
1	이한조	20,000원
2	임윤세	20,000원
3	이태백	30,000원

40 11월 10일 본사 영업부서에서 구독하는 월간지와 신문대금 35,000원을 신한은행에 현금으로 납부하였다.

41 11월 11일 마케팅부서에서 사용할 경영전략과 관련된 서적을 교보문고에서 12,000원에 현금으로 구입하였다.

42 11월 12일 제조부문 사원에 대하여 새로이 명함을 인쇄하여 배부하고 그 대금 30,000원을 현금으로 지급하였다.

43 11월 13일 본사 총무과에서 사용할 소모품을 구입하고 대금 40,000원을 현금으로 지급하였다(비용으로 계상할 것).

44 11월 14일 10월분 삼성카드 매출대금 2,500,000원에서 수수료 3%를 제외하고 당사의 보통예금계좌에 입금되었다. 단, 카드매출대금은 외상매출금 계정으로 처리하고 있다.

45 11월 15일 생산라인에 필요한 외국기술서적의 번역을 의뢰한 프리랜서에게 번역비 1,000,000원에서 원천징수세액 33,000원을 차감한 금액을 자기앞수표로 지급하였다(수수료비용으로 회계처리 할 것).

46 11월 16일 광고용 전단지 제작대금 760,000원을 현금으로 지급하고 영수증을 받았다. 적절한 회계처리를 하시오(비용으로 회계처리 할 것).

47 11월 17일 당사의 제품선전을 위한 광고에 사용할 제품사진을 촬영하고 ㈜처칠상사에 대금 5,000,000원 중 2,500,000원을 당좌수표를 발행하여 지급하고 잔액은 다음 달 24일 지급하기로 하였다.

XcLep 도우미

01 9월 30일 : (차) 801.급여   10,354,000   /   (대) 254.예수금   5,295,900
            (차) 803.상여금   7,247,800   (대) 103.보통예금   55,421,300
            (차) 504.임금   25,362,000
            (차) 505.상여금   17,753,400

02 9월 30일 : (차) 505.상여금   15,000,000   /   (대) 254.예수금   1,000,000
                                                          (대) 103.보통예금   14,000,000

03 10월 3일 : (차) 508.퇴직급여   9,000,000   /   (대) 254.예수금   230,000
                                                          (대) 103.보통예금   8,770,000

04 10월 4일 : (차) 254.예수금   75,000   /   (대) 101.현금   150,000
            (차) 811.복리후생비   25,000
            (차) 511.복리후생비   50,000

05 10월 5일 : (차) 511.복리후생비   8,800,000   /   (대) 101.현금   8,800,000

06 10월 6일 : (차) 511.복리후생비   300,000   /   (대) 101.현금   300,000

07 10월 7일 : (차) 511.복리후생비   237,000   /   (대) 253.미지급금   237,000
                                                              (거래처 : 삼성카드)

08 10월 8일 : (차) 812.여비교통비   1,880,000   /   (대) 253.미지급금   1,880,000
                                                              (거래처 : 삼성카드)

09 10월 9일 : (차) 512.여비교통비   560,000   /   (대) 138.전도금   500,000
                                                          (대) 103.보통예금   60,000

10 10월 10일 : (차) 813.기업업무추진비 100,000   /   (대) 101.현금   100,000

11 10월 11일 : (차) 813.기업업무추진비   30,000   /   (대) 101.현금   30,000

12 10월 12일 : (차) 813.기업업무추진비 250,000   /   (대) 253.미지급금   250,000
                                                              (거래처 : 삼성카드)

13 10월 13일 : (차) 813.기업업무추진비 120,000 / (대) 253.미지급금 120,000
　　　　　　　　　　　　　　　　　　　　　　　　　　(거래처 : 삼성카드)

14 10월 14일 : (차) 814.통신비 30,000 / (대) 101.현금 30,000

15 10월 15일 : (차) 814.통신비 93,500 / (대) 103.보통예금 93,500

16 10월 16일 : (차) 514.통신비 45,000 / (대) 101.현금 100,000
　　　　　　　　(차) 814.통신비 55,000

17 10월 17일 : (차) 515.가스수도료 7,000,000 / (대) 102.당좌예금 7,000,000

18 10월 18일 : (차) 815.수도광열비 400,000 / (대) 103.보통예금 800,000
　　　　　　　　(차) 516.전력비 400,000

19 10월 19일 : (차) 815.수도광열비 120,000 / (대) 101.현금 2,620,000
　　　　　　　　(차) 516.전력비 2,500,000

20 10월 20일 : (차) 517.세금과공과 570,000 / (대) 101.현금 930,000
　　　　　　　　(차) 817.세금과공과 360,000

21 10월 21일 : (차) 517.세금과공과 1,250,000 / (대) 101.현금 3,350,000
　　　　　　　　(차) 817.세금과공과 2,100,000

22 10월 22일 : (차) 517.세금과공과 55,000 / (대) 253.미지급금 55,000
　　　　　　　　　　　　　　　　　　　　　　　　　(거래처 : 삼성카드)

23 10월 23일 : (차) 817.세금과공과 50,000 / (대) 101.현금 50,000

24 10월 24일 : (차) 817.세금과공과 130,000 / (대) 101.현금 130,000

25 10월 25일 : (차) 817.세금과공과 120,000 / (대) 101.현금 120,000

26 10월 26일 : (차) 817.세금과공과 500,000 / (대) 103.보통예금 500,000
　　＊ 간주임대료에 대한 부가가치세를 임차인이 부담하는 경우 임차인은 비용인 세금과공과로 회계처리
　　　한다. 간주임대료에 대한 자세한 내용은 전산세무 2급에서 학습하게 된다.

27 10월 27일 : (차) 254.예수금   420,000   /   (대) 103.보통예금   620,000
          (차) 817.세금과공과   60,000
          (차) 517.세금과공과   140,000
    * 전월에 급여 지급시 원천징수한 예수금은 국민연금 근로자부담분(200,000원)과 소득세등(220,000원)의 합계 420,000원이다.

28 10월 28일 : (차) 519.임차료   3,000,000   /   (대) 101.현금   3,000,000

29 10월 29일 : (차) 819.임차료   400,000   /   (대) 101.현금   401,000
          (차) 831.수수료비용   1,000

30 10월 30일 : (차) 521.보험료   720,000   /   (대) 101.현금   1,150,000
          (차) 821.보험료   430,000

31 11월 1일 : (차) 821.보험료   4,500,000   /   (대) 103.보통예금   4,500,000

32 11월 2일 : (차) 521.보험료   3,000,000   /   (대) 103.보통예금   3,000,000

33 11월 3일 : (차) 821.보험료   365,000   /   (대) 101.현금   365,000

34 11월 4일 : (차) 522.차량유지비   30,000   /   (대) 253.미지급금   30,000
                                              (거래처 : 삼성카드)

35 11월 5일 : (차) 822.차량유지비   50,000   /   (대) 101.현금   50,000

36 11월 6일 : (차) 824.운반비   5,000   /   (대) 101.현금   5,000

37 11월 7일 : (차) 824.운반비   10,000   /   (대) 101.현금   10,000

38 11월 8일 : (차) 825.교육훈련비 100,000   /   (대) 101.현금   100,000

39 11월 9일 : (차) 525.교육훈련비   70,000   /   (대) 101.현금   70,000

40 11월 10일 : (차) 826.도서인쇄비   35,000   /   (대) 101.현금   35,000

41 11월 11일 : (차) 826.도서인쇄비   12,000   /   (대) 101.현금   12,000

42 11월 12일 : (차) 526.도서인쇄비　30,000　／　(대) 101.현금　30,000

43 11월 13일 : (차) 830.소모품비　40,000　／　(대) 101.현금　40,000

44 11월 14일 : (차) 831.수수료비용　75,000　／　(대) 108.외상매출금　2,500,000
　　　　　　　(차) 103.보통예금　2,425,000　　　　(거래처 : 삼성카드)

45 11월 15일 : (차) 531.수수료비용　1,000,000　／　(대) 254.예수금　33,000
　　　　　　　　　　　　　　　　　　　　　　(대) 101.현금　967,000

46 11월 16일 : (차) 833.광고선전비　760,000　／　(대) 101.현금　760,000

47 11월 17일 : (차) 833.광고선전비　5,000,000　／　(대) 102.당좌예금　2,500,000
　　　　　　　　　　　　　　　　　　　　　　(대) 253.미지급금　2,500,000
　　　　　　　　　　　　　　　　　　　　　　(거래처 : ㈜처칠상사)

제3절 영업외수익과 비용

1. 영업외수익

영업외수익이란 기업의 주된 영업활동이 아닌 활동으로부터 발생한 수익과 차익을 말한다.

1. 이자수익(901)

금융업 이외의 판매업, 제조업 등을 영위하는 기업이 일시적인 유휴자금을 대여하고 받은 이자를 말한다.

2. 배당금수익

주식, 출자금 등의 장·단기 투자자산과 관련하여 피투자회사의 이익 또는 잉여금의 분배로 받는 금전배당금을 말한다.

3. 임대료

타인에게 물건이나 부동산 등을 임대하고 그 대가로 받는 금액을 말한다. 다만, 부동산임대업의 경우와 같이 부동산의 임대가 주된 영업활동인 경우에는 매출(임대료수입)로 분류한다.

4. 단기매매증권평가이익

단기매매증권을 공정가치로 평가하는 경우 장부금액보다 공정가치가 상승한 경우에 그 차액을 단기매매증권평가이익으로 계상한다.

5. 단기매매증권처분이익

단기매매증권을 처분하는 경우 장부금액보다 처분금액이 더 큰 경우에 그 차액을 단기매매증권처분이익으로 계상한다.

6. 외환차익

외화채권·채무의 대금을 수취하거나 지급하였을 경우에 발생하는 이익을 말한다. 즉, 결제시점의 환율과 장부상 환율과의 차이로 인한 이익을 의미한다.

7. 외화환산이익

과거에 발생한 외화거래로 기말 현재 외화로 표시된 채권·채무가 있는 경우에는 보고기간말의 환율로 환산하고, 장부상 외화채권·채무 금액과의 차이 중 이익을 외화환산이익으로 계상한다.

8. 유형자산처분이익

유형자산의 매각시 장부금액(원가 - 감가상각누계액)보다 처분금액이 더 큰 경우에 그 차액을 유형자산처분이익으로 계상한다.

9. 투자자산처분이익

투자자산의 매각시 장부금액보다 처분금액이 더 큰 경우에 그 차액을 투자자산처분이익으로 계상한다.

10. 자산수증이익

회사가 주주, 채권자 등 타인으로부터 무상으로 자산을 증여받은 경우에 발생하는 이익을 계상한다.

11. 채무면제이익

회사가 주주, 채권자 및 제3자로부터 회사의 채무를 면제받은 경우 발생하는 이익을 계상한다.

12. 보험금수익

자산에 대하여 보험가입 후 보험금 지급사유가 발생하여 지급받은 보험금을 계상한다.

13. 잡이익

일반기업회계기준에 열거된 영업외수익 중 금액적으로 중요하지 않거나 그 항목이 구체적으로 밝혀지지 않은 수익은 잡이익으로 처리한다.

2. 영업외비용

영업외비용이란 기업의 **주된 영업활동이 아닌 활동으로부터 발생한 비용과 차손**을 말한다.

1. 이자비용(951)

당좌차월, 장·단기차입금 등으로부터 발생하는 지급이자와 사채이자가 해당된다.

2. 외환차손

외화채권·채무의 대금을 수취하거나 지급하였을 경우에 발생하는 손실을 말한다. 즉, 결제시점의 환율과 장부상 환율과의 차이로 인한 손실을 의미한다.

3. 기부금

업무와 관련없이 무상으로 기증하는 금전, 기타의 자산가액을 말한다.

4. 기타의대손상각비

거래처의 파산 등의 사유로 기타채권(비매출채권)의 회수가 불가능하게 되어 이를 손실로 계상하는 비용 계정이다.

5. 외화환산손실

과거에 발생한 외화거래로 기말 현재 외화로 표시된 채권·채무가 있는 경우에는 보고기간 말의 환율로 환산하고, 장부상 외화채권·채무 금액과의 차이 중 손실을 외화환산손실로 계상한다.

6. 매출채권처분손실

매출채권을 금융기관 등에서 할인하는 거래에 대하여 매각거래로 회계처리 하는 경우, 동 금액은 감소된 매출채권과 실수령액과의 차액을 말한다.

7. 단기매매증권평가손실

단기매매증권을 공정가치로 평가하는 경우 장부금액보다 공정가치가 하락한 경우에 그 차액을 단기매매증권평가손실로 계상한다.

8. 단기매매증권처분손실

단기매매증권을 처분하는 경우 장부금액보다 처분금액이 더 작은 경우에 그 차액을 단기매매증권처분손실로 계상한다.

9. 재해손실

화재, 풍수해, 지진, 침수해 등 천재지변 또는 돌발적인 사건으로 인하여 발생한 손실액을 말한다.

10. 유형자산처분손실

유형자산의 매각시 장부금액(원가 - 감가상각누계액)보다 처분금액이 더 작은 경우에 그 차액을 유형자산처분손실로 계상한다.

11. 투자자산처분손실

투자자산의 매각시 장부금액보다 처분금액이 더 작은 경우에 그 차액을 투자자산처분손실로 계상한다.

12. 잡손실

일반기업회계기준에 열거된 영업외비용 중 그 금액이 중요하지 않거나, 그 항목이 구체적으로 밝혀지지 않는 비용은 잡손실로 처리한다.

기/출/문/제 (실기)

다음 거래 자료를 ㈜세연상사(코드 : 3002)의 일반전표입력 메뉴에 추가 입력하시오.

01 11월 21일 당사 보통예금계좌에서 이자가 발생하여 원천징수세액 14,000원을 제외한 나머지 금액 86,000원이 입금되었다.

02 11월 22일 보유 중인 유가증권(보통주 10,000주, 장부금액 30,000,000원)에 대한 현금배당금 670,000원을 금일 현금으로 수령하였다.

03 11월 23일 단기매매차익을 목적으로 소유하고 있는 삼성전자 주식 300주를 1주당 5,500원(장부가격 5,000원)에 매각 처분하고 대금은 매매수수료 20,000원을 차감한 후 현금으로 받았다.

04 12월 31일 단기차입금 중에는 HANS사의 단기차입금 12,000,000원(미화 $10,000)이 포함되어 있다(결산일 현재 적용환율 : 미화 $1당 900원).

05 11월 25일 당사의 최대주주인 조진희씨로부터 제품 창고를 건설할 토지를 기증받았다. 본 토지에 대한 이전비용 5,000,000원은 당좌수표를 발행하여 지급하였으며, 현재 토지의 공정가치는 150,000,000원이다.

06 11월 26일 거래처인 ㈜청육상사의 미지급금 35,000,000원 중 32,000,000원은 보통예금계좌에서 이체하고, 나머지 금액은 면제받았다.

07 11월 27일 거래처인 ㈜처칠상사의 외상매입금 64,000,000원 중 50%는 당좌수표를 발행하여 지급하고, 나머지 금액은 상환을 면제받았다.

08 11월 28일 화재로 인하여 소실된 제품(원가 10,000,000원)에 대한 보험금 7,000,000원을 보험회사로부터 보통예금계좌로 입금 받았다. 당사는 삼성화재에 화재보험이 가입되어 있다.

09 11월 29일 개인 김돈아씨로부터 차입한 자금에 대한 이자비용 1,500,000원이 발생하여 원천징수세액 412,500원을 차감한 나머지 금액 1,087,500원을 자기앞수표로 지급 하였다.

10 11월 30일 미국기업인 HANS사에 수출(선적일자 9월 5일)하였던 제품에 대한 외상매출금이 보통예금계좌에 입금되었다.

> • 외상매출금 : 20,000달러
> • 9월 5일 환율 : 1,500원/달러
> • 11월 30일 환율 : 1,300원/달러

11 12월 1일 수해 이재민을 위한 성금 1,000,000원을 자선단체에 현금으로 지출하였다.

12 12월 2일 강한 태풍으로 재난을 당한 불우이웃을 돕기 위하여 성금 3,000,000원을 관할 동사무소에 현금으로 지급하였다.

13 12월 3일 생산된 제품(원가 50,000,000원, 시가 85,000,000원)을 국군 위문금품으로 전달하였다.

14 12월 31일 단기차입금에는 거래처 ㈜무사상사에 대한 외화차입금 10,000,000원(미화 $10,000)이 계상되어 있다(회계기간 종료일 현재 적용환율 : 미화 $1당 1,200원).

15 12월 5일 거래처 ㈜광오상사로부터 제품을 매출하고 받은 받을어음 5,000,000원을 거래은행인 신한은행에서 할인하고 할인료 200,000원을 차감한 잔액을 당사 보통예금에 입금하였다(매각거래로 처리할 것).

16 12월 6일 본사 창고에서 화재가 발생하여 창고에 보관하고 있던 제품 15,000,000원(장부가액)이 소실되었다. 당사는 이와 관련한 보험에 가입되어 있지 않다.

KcLep 도우미

01 11월 21일 : (차) 136.선납세금   14,000   /   (대) 901.이자수익   100,000
                 (차) 103.보통예금   86,000

02 11월 22일 : (차) 101.현금   670,000   /   (대) 903.배당금수익   670,000

03 11월 23일 : (차) 101.현금   1,630,000   /   (대) 107.단기매매증권   1,500,000
                                                           (대) 906.단기매매증권처분이익   130,000
      * 처분금액{(300주×@5,500) - 20,000} - 장부금액(300주×@5,000) = 130,000원(처분이익)
      * 처분금액은 매각대금(300주×@5,500)에서 매각과 관련된 수수료(20,000)를 차감한 금액이다.

04 12월 31일 : (차) 260.단기차입금   3,000,000   /   (대) 910.외화환산이익   3,000,000
                 (거래처 : HANS)
      * 기말 평가액($10,000×900/$) - 장부금액(12,000,000) = -3,000,000원(환산이익)
      * 부채가 감소하므로 외화환산이익이 발생하는 것이다.

05 11월 25일 : (차) 201.토지   155,000,000   /   (대) 102.당좌예금   5,000,000
                                                           (대) 917.자산수증이익   150,000,000
      * 기업이 유형자산을 무상으로 취득하거나 증여 받은 경우, 그 자산의 공정가치를 자산의 취득원가로 하고, 해당 토지 취득시 소유권 이전비용은 취득원가에 가산한다.

06 11월 26일 : (차) 253.미지급금   35,000,000   /   (대) 103.보통예금   32,000,000
                 (거래처 : ㈜청육상사)   (대) 918.채무면제이익   3,000,000

07 11월 27일 : (차) 251.외상매입금   64,000,000   /   (대) 102.당좌예금   32,000,000
                 (거래처 : ㈜처칠상사)   (대) 918.채무면제이익   32,000,000

08 11월 28일 : (차) 103.보통예금   7,000,000   /   (대) 919.보험금수익   7,000,000

09 11월 29일 : (차) 951.이자비용   1,500,000   /   (대) 254.예수금   412,500
                                                           (대) 101.현금   1,087,500

10 11월 30일 : (차) 103.보통예금   26,000,000   /   (대) 108.외상매출금   30,000,000
                 (차) 952.외환차손   4,000,000   (거래처 : HANS)
      * $20,000 × (1,300/$ - 1,500/$) = -4,000,000원(외환차손)

11 12월 1일 : (차) 953.기부금　　　1,000,000　／　(대) 101.현금　　　　　1,000,000

12 12월 2일 : (차) 953.기부금　　　3,000,000　／　(대) 101.현금　　　　　3,000,000

13 12월 3일 : (차) 953.기부금　　　50,000,000　／　(대) 150.제품　　　　　50,000,000
　　　　　　　　　　　　　　　　　　　　　　　(적요 : 8.타계정으로 대체액)

14 12월 31일 : (차) 955.외화환산손실 2,000,000　／　(대) 260.단기차입금　　2,000,000
　　　　　　　　　　　　　　　　　　　　　　　(거래처 : ㈜무사상사)
　　* 기말 평가액($10,000×1,200/$) - 장부금액(10,000,000) = 2,000,000원(환산손실)
　　* 부채가 증가하므로 외화환산손실이 발생하는 것이다.

15 12월 5일 : (차) 956.매출채권처분손실 200,000　／　(대) 110.받을어음　　　5,000,000
　　　　　　　(차) 103.보통예금　　　4,800,000　　　　(거래처 : ㈜광오상사)

16 12월 6일 : (차) 961.재해손실　　　15,000,000　／　(대) 150.제품　　　　　15,000,000
　　　　　　　　　　　　　　　　　　　　　　　(적요 : 8.타계정으로 대체액)

기/출/문/제 (필기)

01 상품매출에 의한 매출에누리와 매출환입에 대한 올바른 회계처리방법은?

① 매출에누리는 매출액에서 차감하고 매출환입은 비용 처리한다.
② 매출에누리와 매출환입 모두 비용 처리한다.
③ 매출에누리와 매출환입 모두 매출액에서 차감한다.
④ 매출에누리는 비용처리하고 매출환입은 외상매출금에서 차감한다.

02 외국에 제품을 수출하기 위해 수출업자에게 제품을 200,000원에 외상매출하면서 30일 이내에 대금을 지급하면 5%를 할인해 주기로 하였다. 실제로 30일 이내에 대금을 받았다면 일반기업회계기준상 매출액은 얼마인가?

① 190,000원   ② 195,000원   ③ 200,000원   ④ 205,000원

[풀이] 매출액 = 총매출액(200,000) − 매출할인(10,000) = 190,000원

03 다음 자료를 이용하여 순매출액을 계산하면?

• 총매출액 2,000,000원	• 매출할인 100,000원	• 매출에누리 100,000원
• 매출환입 100,000원	• 매출운임 100,000원	

① 1,900,000원   ② 1,800,000원   ③ 1,700,000원   ④ 1,600,000원

[풀이] 순매출액 = 총매출액 − 매출환입및에누리 − 매출할인
2,000,000 − 100,000 − 100,000 − 100,000 = 1,700,000원

04 일반기업회계기준상 매출원가에 대한 설명 중 틀린 것은?

① 판매업에 있어서의 매출원가는 기초상품재고액과 당기상품매입액의 합계액에서 기말상품재고액을 차감하는 형식으로 기재한다.
② 제조업에 있어서의 매출원가는 기초제품재고액과 당기제품제조원가의 합계액에서 기말제품재고액을 차감하는 형식으로 기재한다.
③ 상품매입에 직접 소요된 상품매입액과 제비용은 구분하여 기재한다.
④ 매출액에서 매출총이익을 차감하면 매출원가가 나온다.

[풀이] 상품매입에 직접 소요된 제비용은 매입액에 포함한다.

05 다음 중 수익과 비용의 직접적인 인과관계에 따라 비용을 인식하는 방법으로 가장 적절한 것은?

① 감가상각비 ② 무형자산상각비
③ 매출원가 ④ 사무직원 급여

[풀이] 매출원가는 수익획득과 직접적인 인과관계가 성립하므로 수익을 인식하는 시점에서 비용을 인식한다. 감가상각비는 특정 수익과 직접적인 인과관계를 명확하게 알 수는 없지만 발생한 원가가 일정기간 동안 수익창출활동에 기여한 것으로 판단되므로, 해당되는 기간 동안에 체계적이고 합리적인 방법으로 배분하여 인식한다. 사무직원 급여는 위 방법으로 비용을 인식할 수 없으므로 발생 즉시 비용으로 인식한다.

06 다음 중 특정 수익에 직접 관련되어 발생하지는 않지만 일정기간 동안 수익창출활동에 기여할 것으로 판단하여 합리적이고 체계적으로 일정한 기간에 배분하는 원가 또는 비용은 무엇인가?

① 판매수수료 ② 광고선전비
③ 감가상각비 ④ 매출원가

[풀이] 감가상각비는 해당되는 기간 동안에 합리적이고 체계적인 방법으로 배분하여 비용을 인식한다. 매출원가와 판매수수료는 수익을 인식하는 시점에서 비용을 인식하고, 광고선전비는 발생 즉시 비용으로 인식한다.

07 다음 자료에서 매출원가를 구하시오.

- 기초상품재고액 1,500,000원
- 당기매입액 3,000,000원
- 매입운임 200,000원
- 매입에누리 90,000원
- 기말상품재고액 2,000,000원

① 2,560,000원 ② 2,580,000원 ③ 2,610,000원 ④ 2,700,000원

[풀이] 매출원가 = 기초상품재고액 + (당기매입액+매입운임-매입에누리) - 기말상품재고액
1,500,000 + (3,000,000+200,000-90,000) - 2,000,000 = 2,610,000

08 다음 주어진 자료로 매출원가를 계산하면 얼마인가?

- 기초상품재고액 100,000원
- 판매가능상품액 530,000원
- 기말상품재고액 150,000원

① 580,000원 ② 480,000원 ③ 380,000원 ④ 280,000원

[풀이] 기초상품재고액 + 당기상품매입액 = 판매가능상품액
판매가능상품액(기초상품재고액 + 당기상품매입액) - 기말상품재고액 = 매출원가
판매가능상품액(530,000) - 기말상품재고액(150,000) = 380,000원

09 기말재고액이 기초재고액보다 200,000원 증가되었고, 당기 매출액은 2,700,000원으로 매출원가의 20% 이익을 가산한 금액이라 한다면, 당기 매입금액은?

① 2,150,000원 ② 2,250,000원 ③ 2,350,000원 ④ 2,450,000원

[풀이] 매출원가 × 120% = 매출액(2,700,000) ∴ 매출원가는 2,250,000원
기초재고(X) + 당기매입액 − 기말재고(X + 200,000) = 매출원가(2,250,000)
∴ 당기매입액은 2,450,000원

10 ㈜대한의 1월 중 자료는 기초재고 0원, 당기매입액 7,800,000원, 매출액 10,000,000원, 매출총이익 2,500,000원이다. ㈜대한의 1월 중 기말재고액은 얼마인가?

① 7,500,000원 ② 800,000원 ③ 500,000원 ④ 300,000원

[풀이] 매출액 − 매출원가 = 매출총이익 & 기초재고 + 당기매입 − 기말재고 = 매출원가
10,000,000 − X = 2,500,000 ∴ 매출원가(X)는 7,500,000원
0 + 7,800,000 − Y = 7,500,000 ∴ 기말재고(Y)는 300,000원

11 다음 자료를 이용하여 매출총이익을 계산하면 얼마인가?

• 매출액	200,000원	• 기말재고액	5,000원
• 매출에누리	30,000원	• 매출할인	20,000원
• 매입할인	5,000원	• 타계정으로 대체	20,000원
• 매입액	150,000원	• 매입환출	10,000원

① 30,000원 ② 45,000원 ③ 40,000원 ④ 35,000원

[풀이] 매출액(200,000) − 매출에누리(30,000) − 매출할인(20,000) = 순매출액(150,000)
매출원가 = 매입액 − 매입환출및에누리 − 매입할인 − 타계정으로 대체 − 기말재고액
매출원가 = 150,000 − 10,000 − 5,000 − 20,000 − 5,000 = 110,000원
매출총이익 = 매출액(150,000) − 매출원가(110,000) = 40,000원

12 다음 자료를 이용하여 매출총이익을 계산하면 얼마인가?

• 총매출액	500,000원	• 기말상품재고액	100,000원	• 매출에누리	10,000원
• 매출할인	20,000원	• 매입할인	5,000원	• 총매입액	200,000원
• 매입환출	5,000원	• 기초상품재고액	100,000원		

① 300,000원 ② 295,000원 ③ 290,000원 ④ 280,000원

[풀이] 총매출액(500,000) − 매출에누리(10,000) − 매출할인(20,000) = 순매출액 470,000원
총매입액(200,000) − 매입환출(5,000) − 매입할인(5,000) = 순매입액 190,000원
기초상품재고액(100,000) + 순매입액(190,000) − 기말상품재고액(100,000) = 매출원가 190,000원
순매출액(470,000) − 매출원가(190,000) = 매출총이익 280,000원

13 상품의 매입과 매출에 관련된 자료가 다음과 같을 때 일반기업회계기준에 따른 매출총이익은 얼마인가?

• 총매출액　　20,000원	• 총매입액　　12,000원	• 매입운임　2,000원
• 기초상품재고액 3,000원	• 기말상품재고액 2,000원	

① 3,000원　　　　② 4,000원　　　　③ 5,000원　　　　④ 6,000원

[풀이] 총매출액 − {기초상품재고액 + (총매입액+매입운임) − 기말상품재고액} = 매출총이익
20,000 − {3,000 + (12,000+2,000) − 2,000} = 5,000원

14 다음 자료에 의하여 기말 외상매입금 잔액을 계산하면 얼마인가?

• 기초상품재고액　500,000원	• 기말상품재고액　600,000원
• 기중상품매출　1,500,000원	• 매출총이익률　30%
• 기초외상매입금　400,000원	• 기중외상매입금 지급 1,200,000원
단, 상품매입은 전부 외상이다.	

① 330,000원　　② 340,000원　　③ 350,000원　　④ 360,000원

[풀이] 매출총이익률(%) = 매출총이익(매출액 − 매출원가) ÷ 매출액
30% = (1,500,000 − 매출원가) ÷ 1,500,000　　∴ 매출원가는 1,050,000원
기초상품재고 + 기중상품매입액(기중외상매입액) − 기말상품재고 = 매출원가
500,000 + 기중상품매입액(기중외상매입액) − 600,000 = 1,050,000
∴ 기중상품매입액(기중외상매입액)은 1,150,000원
기초외상매입금 + 기중외상매입금 − 기중외상매입금 지급액 = 기말외상매입금 잔액
400,000 + 1,150,000 − 1,200,000 = 350,000원

15 다음 비용 항목 중 손익계산서의 구분표시가 다른 것은?

① 퇴직급여　　　　　　　　② 기업업무추진비
③ 감가상각비　　　　　　　④ 기부금

[풀이] 기부금은 영업외비용이다.

16 다음 중 판매비와관리비 계정에 속하지 않는 계정과목은?

① 기타의대손상각비　　　　② 기업업무추진비
③ 복리후생비　　　　　　　④ 여비교통비

[풀이] 기타의대손상각비는 영업외비용이다.

17 다음 비용 중 일반기업회계기준에 따른 분류상 성격이 다른 것은?

① 기타의대손상각비　　　　② 이자비용
③ 기부금　　　　　　　　　④ 무형자산상각비

[풀이] 무형자산상각비는 판매비와관리비이다.

18 다음은 기업에서 납부하는 각종 세금이다. 일반적으로 회계처리 하는 계정과목이 틀리게 연결된 것은?

① 종업원의 급여 지급시 원천징수한 근로소득세 – 예수금 계정
② 건물의 취득시 납부한 취득세 – 건물 계정
③ 회사에서 보유하고 있는 차량에 대한 자동차세 – 차량운반구 계정
④ 법인기업의 소득에 대하여 부과되는 법인세 – 법인세비용 계정 또는 법인세등 계정

[풀이] 자동차세는 세금과공과 계정에 기입한다.

19 다음 발생하는 비용 중 영업비용에 해당하지 않는 것은?

① 거래처 사장인 김수현에게 줄 선물을 구입하고 50,000원을 현금 지급하다.
② 회사 상품 홍보에 50,000원을 현금 지급하다.
③ 외상매출금에 대해 50,000원의 대손이 발생하다.
④ 회사에서 국제구호단체에 현금 50,000원을 기부하다.

[풀이] 기부금은 영업외비용에 해당한다. ①은 기업업무추진비, ②는 광고선전비, ③은 대손상각비로 판매비와관리비이다.

20 다음 항목 중 영업이익 계산과정에서 포함되지 않는 금액의 합계액은?

| • 매출원가 1,000원 | • 복리후생비 500원 | • 이자비용 300원 |
| • 기업업무추진비 100원 | • 기부금 50원 | • 단기매매증권평가손실 10원 |

① 300원 ② 350원 ③ 360원 ④ 460원

[풀이] (총매출총이익 – 판매비와관리비 = 영업이익)이므로 영업외비용은 영업이익 계산과정에 포함되지 않는다. 이자비용, 기부금, 단기매매증권평가손실은 영업외비용이다.

21 다음 자료를 이용하여 영업이익을 계산하면 얼마인가?

• 매출총이익 100,000원	• 기업업무추진비 10,000원
• 이자비용 10,000원	• 기부금 10,000원
• 매출채권에 대한 대손상각비 10,000원	

① 90,000원 ② 80,000원 ③ 70,000원 ④ 60,000원

[풀이] 매출총이익 – 판매비와관리비(기업업무추진비, 대손상각비) = 영업이익
100,000 – (10,000 + 10,000) = 80,000원

22 다음 자료를 이용하여 영업이익을 계산하면 얼마인가?

- 매 출 액   100,000,000원
- 매출원가   60,000,000원
- 본사 총무부 직원 인건비   4,000,000원
- 광고비   6,000,000원
- 기부금   1,000,000원
- 유형자산처분이익   2,000,000원

① 40,000,000원   ② 30,000,000원   ③ 29,000,000원   ④ 26,000,000원

[풀이] 매출액 – 매출원가 = 매출총이익 & 매출총이익 – 판매비와관리비 = 영업이익
100,000,000 – 60,000,000 – 4,000,000 – 6,000,000 = 30,000,000원

23 다음 중 회사의 영업이익에 영향을 주는 거래는 어느 것인가?

① 매출채권을 조기회수하면서 1%의 할인혜택을 주었다.
② 단기매매증권평가손실을 인식하였다.
③ 보험차익을 계상하였다.
④ 원가성이 없는 재고자산감모손실을 계상하였다.

[풀이] 매출액 – 매출원가 = 매출총이익 & 매출총이익 – 판매비와관리비 = 영업이익
매출채권을 조기에 회수하면서 할인을 해 주는 매출할인은 매출액에서 차감하므로 영업수익이 감소하여 영업이익에 영향을 준다. 단기매매증권평가손실과 원가성 없는 재고자산감모손실은 영업외비용, 보험차익은 영업외수익으로 영업이익에 영향을 주지 않는다.

24 일반기업회계기준상 영업외손익이 아닌 것은?

① 자산수증이익   ② 유형자산처분이익
③ 채무면제이익   ④ 외상매출금 대손상각비

[풀이] 외상매출금의 대손상각비는 판매비와관리비 항목이며 나머지는 영업외수익 항목이다.

정답

1. ③	2. ①	3. ③	4. ③	5. ③	6. ③	7. ③	8. ③	9. ④	10. ④
11. ③	12. ④	13. ③	14. ③	15. ④	16. ①	17. ④	18. ③	19. ④	20. ③
21. ②	22. ②	23. ①	24. ④						

memo

제3부

부가가치세

↘ 제1장 부가가치세법

↘ 제2장 매입매출전표입력

↘ 제3장 부가가치세신고서 및 세금계산서합계표

제 1 장 부가가치세법

제1절 부가가치세의 기초

1. 부가가치세의 개념

부가가치세(value added tax ; VAT)란 재화나 용역의 생산 또는 유통단계에서 발생되는 부가가치에 대해 부과되는 조세이다. 여기서 부가가치란 생산 또는 유통단계의 사업자가 독자적으로 새로이 창출한 가치이다.

[유형별 소비형태]

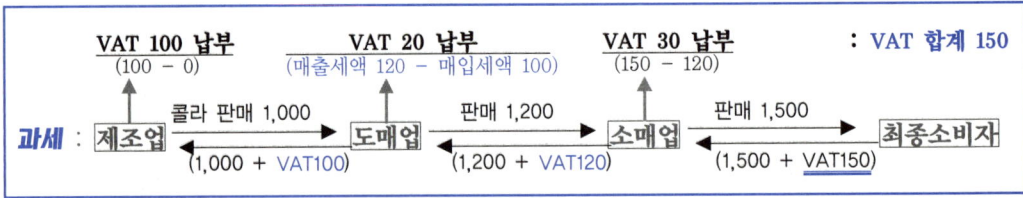

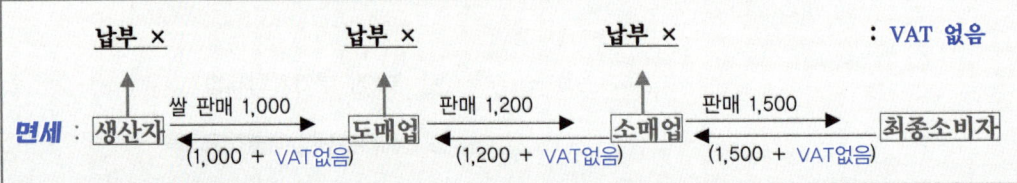

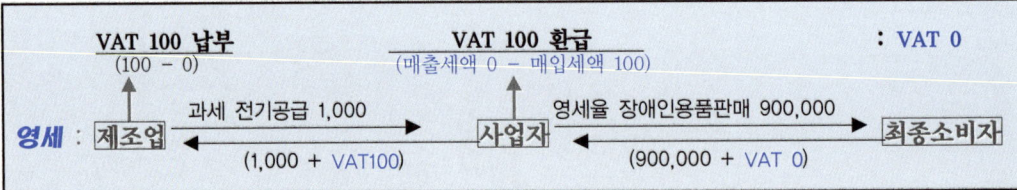

2. 부가가치의 계산방법

(1) 가산법

가산법은 부가가치를 구성하는 생산요소의 가치를 직접 계산하고 이를 합산하여 부가가치를 계산하는 방법이다.

> 부가가치 = 지대 + 임금 + 이자 + 이윤
> (토지) (노동) (자본) (경영활동의 대가)

(2) 공제법

공제법은 다음단계에 제공한 총부가가치(매출액)에서 직전 단계까지 형성된 총부가가치(매입액)를 차감하여 부가가치를 계산하는 방법이다.

> 부가가치 = 매출액 − 매입액

3. 부가가치세의 계산방법

부가가치세는 부가가치에 일정한 세율을 곱하여 계산한다.

(1) 가산법

부가가치를 구성하는 생산요소를 합계한 금액에 세율을 곱하여 부가가치세를 계산하는 방법이다.

> 부가가치세 = 부가가치 합계액 × 세율

(2) 공제법

① **전단계거래액공제법** : 매출액에서 매입액을 공제하여 부가가치를 계산하고 이에 세율을 곱하여 부가가치세를 계산하는 방법이다.

> 부가가치세 = (매출액 − 매입액) × 세율

② **전단계세액공제법** : 일정기간의 매출액에 세율을 곱하여 매출세액을 계산하고 매입액에 세율을 곱하여 매입세액을 계산한 다음, 매출세액에서 매입세액을 공제하여 부가가치세를 계산하는 방법이다. 현재 우리나라는 전단계세액공제법을 채택하고 있다.

> 부가가치세 = 매출세액(매출액×세율) − 매입세액(매입액×세율)

4. 우리나라 부가가치세법의 특징

① **국세** : 부가가치세는 국가가 부과하는 조세이다[10]. (≠ 지방세)
② **일반소비세** : 부가가치세는 부가가치세법상 면세로 열거되어 있지 아니한 모든 재화와 용역의 소비에 대하여 포괄적으로 과세하므로 일반세이며, 소비를 담세력으로 하므로 소비세이다. (≠ 개별소비세)
③ **다단계거래세** : 부가가치세는 재화 또는 용역이 생산되거나 유통되는 제조·도매·소매 등 모든 거래의 자기단계에서 부가되는 가치에 대해 과세하는 다단계거래세이다.

---

[10] 지역경제 활성화와 지방자치단체의 세수입을 늘려주기 위해서 국세인 부가가치세의 일부를 지방소비세로 2010년 1월 1일 이후 부가가치세법에 따라 최초로 납부하는 분부터 부과하고 있다.

④ 간접세 : 부가가치세는 각 단계의 사업자가 납부하여야 하나 실질적인 세부담은 최종소비자가 지게 되는 간접세이다. (≠ 직접세)

⑤ 물세 : 부가가치세는 납세의무자의 부양가족이나 교육비·의료비 등 인적사정이 전혀 고려되지 않는 물세이다. (≠ 인세)

⑥ 전단계세액공제법 : 부가가치세는 매출세액에서 전단계에서 지급한 매입세액을 공제하는 전단계세액공제법을 채택하고 있다.

⑦ 소비지국 과세원칙 : 수출의 경우 영세율을 적용함으로써 완전면세하여 주고 수입재화에 대하여는 과세함으로써 결국 국내소비에 대하여만 과세하는 소비지국 과세원칙을 채택하고 있다. (≠ 생산지국 과세원칙)

⑧ 신고납세제도 : 원칙적으로 납세의무자의 과세표준신고에 의해 납세의무가 확정된다. (≠ 정부부과제도)

5. 부가가치세의 효과 및 단점

① 수출의 촉진 : 부가가치세는 수출 또는 수출지원사업에 대하여 영세율을 적용하여 거래징수당한 매입세액을 전액 환급해 줌으로써 수출촉진에 기여한다.

② 투자의 촉진 : 소비형 부가가치세에서는 제작·매입한 자본재에 대한 매입세액을 공제 또는 환급 받기 때문에 투자를 촉진한다.

> [참고] 부가가치의 범위
> ① GNP형 부가가치세 : 총매출액 − 중간재구입액
> ② 소득형 부가가치세 : 총매출액 − 중간재구입액 − 감가상각비
> ③ 소비형 부가가치세 : 총매출액 − 중간재구입액 − 자본재구입액

③ 근거과세의 확립 : 매입세액을 공제받기 위해서는 세금계산서가 수수되어야 하므로 근거과세확립에 공헌한다.

④ 세부담의 역진성 : 최종소비자에게 조세부담이 전가되고 단일세율이므로 소득이 달라도 동일한 세부담을 해야 하는 조세부담의 역진성을 갖는 단점이 있다.

memo

한마디 … 부가가치세편의 기/출/문/제 [필기]의 객관식 문제는 지난 20년간 출제된 문제를 소단위별로 정리하였습니다. 그리고 중복되어 출제되는 문제는 본문에서 제외하고, 그 출제 빈도를 확인할 수 있도록 ★표로 그 출제회수를 제시하고 있습니다. ☆는 1문제, ★는 5문제를 의미합니다.

기/출/문/제 (필기)

— 우리나라 부가가치세법의 특징 — ☆

01 우리나라 부가가치세의 특징과 관련이 없는 것은?

① 국세
② 직접세
③ 소비지국 과세원칙
④ 전단계세액공제법

[풀이] 간접세에 해당한다.

02 다음 중 우리나라의 부가가치세의 특징으로 틀린 것은?

① 일반소비세
② 직접세
③ 전단계세액공제법
④ 소비지국 과세원칙

03 다음 중 부가가치세의 특징에 대한 설명으로 옳지 않은 것은?

① 일반소비세로서 간접세에 해당
② 생산지국 과세원칙
③ 전단계세액공제법
④ 영세율과 면세제도

[풀이] 소비지국 과세원칙을 채택하고 있다.

04 다음 중 부가가치세의 특징에 해당하지 않는 것은?

① 부가가치세의 담세자는 최종소비자이며, 납세의무자는 부가가치세가 과세되는 재화 또는 용역을 공급하는 사업자이다.
② 각 납세자의 담세력을 고려하지 않는 물세이다.
③ 우리나라의 부가가치세법은 전단계거래액공제법을 채택하고 있다.
④ 우리나라의 부가가치세법은 소비지국 과세원칙을 채택하고 있다.

[풀이] 전단계세액공제법을 채택하고 있다.

05 우리나라 부가가치세의 특징과 가장 관련이 없는 것은?

① 국세
② 간접세
③ 개별소비세
④ 소비지국 과세원칙

[풀이] 일반소비세에 해당한다.

— 부가가치세의 효과 및 단점 —

06 다음 부가가치세에 대한 설명 중 올바른 것은?
① 부가가치세는 생산자가 부담하고 소비자가 납부하는 직접세이다.
② 납세의무자의 부양가족수, 기초생계비 등 인적사항이 고려되는 인세에 해당된다.
③ 세금계산서의 수수로 인하여 근거과세제도를 확립할 수 있다.
④ 수출하는 재화에 대해서는 면세를 적용하므로 수출을 촉진한다.

[풀이] 매입세액을 공제받기 위해서는 세금계산서가 수수되어야 하므로 근거과세확립에 공헌한다.
① 소비자가 부담하고 사업자가 납부하는 간접세이다.
② 인적사항이 고려되지 않는 물세이다.
④ 수출하는 재화에 대해서는 영세율을 적용하여 거래징수당한 매입세액을 전액 환급해 줌으로써 수출촉진에 기여한다.

07 다음 중 우리나라의 부가가치세법의 특징이 아닌 것은?
① 개별소비세
② 소비형 부가가치세
③ 간접세
④ 전단계세액공제법

[풀이] 일반소비세에 해당한다.

08 다음 중 부가가치세법에 대한 설명으로 옳지 않는 것은?
① 현행 부가가치세는 일반소비세이면서 간접세에 해당된다.
② 면세제도의 궁극적인 목적은 부가가치세의 역진성을 완화하는 것이다.
③ 현행 부가가치세는 전단계거래액공제법을 채택하고 있다.
④ 소비지국 과세원칙을 채택하고 있어 수출재화 등에 영세율이 적용된다.

[풀이] 전단계세액공제법을 채택하고 있다.

09 다음 중 부가가치세법에 대한 설명으로 옳지 않은 것은?
① 부가가치세는 일반소비세이며 간접세에 해당한다.
② 현행 부가가치세는 전단계거래액공제법을 채택하고 있다.
③ 부가가치세의 역진성을 완화하기 위하여 면세제도를 두고 있다.
④ 소비지국 과세원칙을 채택하여 수출재화 등에 영세율이 적용된다.

[풀이] 전단계세액공제법을 채택하고 있다.

10 다음 중 부가가치세의 특징에 해당하지 않는 것은?

① 소비형 부가가치세 ② 전단계세액공제법
③ 다단계거래세 ④ 직접세

[풀이] 간접세에 해당한다.

11 다음 중 현행 부가가치세법의 특징에 대한 설명으로 옳은 것은?

① 전단계거래액공제법이다. ② 비례세율로 역진성이 발생한다.
③ 개별소비세이다. ④ 지방세이다.

[풀이] 비례세율이란 과세표준의 크기에 상관없이 동일하게 적용되는 세율을 말한다. 대표적으로 부가가치세의 10% 세율이 여기에 해당한다.

12 다음 중 현행 부가가치세법의 특징에 대한 설명으로 가장 잘못된 것은?

① 일반 소비세이다.
② 국세에 해당된다.
③ 10%와 0%의 세율을 적용하고 있다.
④ 역진성의 문제를 해결하기 위하여 영세율제도를 도입하고 있다.

[풀이] 역진성의 문제를 해결하기 위하여 면세제도를 도입하고 있다.

정답

1. ② 2. ② 3. ② 4. ③ 5. ③ 6. ③ 7. ① 8. ③ 9. ② 10. ④
11. ② 12. ④

제2절 총칙

1. 납세의무자

다음 중 어느 하나에 해당하는 자는 부가가치세를 납부할 의무가 있다.
① 사업자
② 재화를 수입하는 자

여기서 사업자란 사업목적이 영리이든 비영리이든 관계없이 사업상 독립적으로 재화 또는 용역을 공급하는 자를 말한다. 이를 구체적으로 설명하면 다음과 같다.

(1) 사업자의 요건

① **영리목적 유무와 무관** : 부가가치세는 사업자가 얻은 소득에 대하여 과세하는 것이 아니라 그가 창출하여 공급한 부가가치에 대해 공급받는 자로부터 세액을 징수하여 납부하는 것이므로 사업목적이 영리이든 비영리이든 관계없다. 따라서 사업자에는 개인, 법인, 법인격이 없는 사단·재단 뿐만 아니라 국가·지방자치단체와 지방자치단체조합도 포함된다.

② **사업성** : 사업성이란 최소한 부가가치를 창출할 수 있을 정도의 실체적인 사업형태를 갖추고, 사회통념상 인정될 수 있는 정도의 계속적·반복적으로 공급하는 것을 말한다. 따라서 사업적으로 부가가치세가 과세되는 재화 또는 용역을 공급하면 사업자등록 여부 및 부가가치세의 거래징수 여부에 불구하고 부가가치세를 신고하고 납부할 의무가 있다.

③ **사업상 독립성** : 부가가치세 납세의무자인 사업자가 되기 위해서는 인적 또는 물적으로 자기책임하에 독립적으로 재화 또는 용역을 공급하여야 한다. 따라서 타인에게 고용된 지위에 있지 않아야 하며(인적독립), 주된 사업에 부수되거나 연장이 아닌 별도의 것이어야 한다(물적독립).

(2) 사업자의 분류

사업자는 과세사업자와 면세사업자로 구분할 수 있다. 과세사업자란 부가가치세가 과세되는 재화 또는 용역을 공급하는 사업자를 말하며, 면세사업자란 부가가치세가 면제되는 재화 또는 용역을 공급하는 사업자를 말한다.

면세사업자는 원칙적으로 납세의무자에 포함되는 것이나 정책적인 목적 등의 이유로 면세규정을 두어 납세의무자의 범위에서 제외하고 있다. 과세사업자는 매출규모와 업종에 따라 일반과세자와 간이과세자로 구분한다.

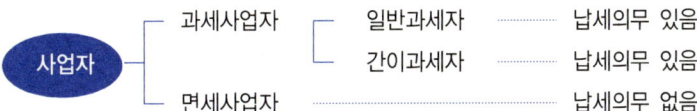

> [참고] 간이과세자의 특징
> - 직전 연도의 재화와 용역의 공급에 대한 공급대가가 1억 400만원에 미달하는 개인사업자로 한다.
> - 간이과세가 적용되지 아니하는 다른 사업장을 보유하고 있는 사업자와 업종, 규모, 지역 등을 고려하여 대통령령으로 정하는 사업자(광업, 제조업, 도매업, 부동산매매업, 일정한 전문자격사업 등)는 공급대가의 수준에 관계없이 간이과세적용이 배제된다.
> - 부동산임대업 또는 과세유흥장소를 경영하는 사업자로서 해당 업종의 직전 연도의 공급대가의 합계액이 4천800만원 이상인 사업자는 간이과세적용이 배제된다.
> - 납부세액 = 해당 과세기간의 공급대가 × 해당 업종의 부가가치율 × 10%

2. 과세기간

과세기간이란 세법에 의하여 과세표준을 계산하는 기초가 되는 기간을 말한다. 여기서 과세표준이란 납세의무자가 납부해야 할 세액산출의 기준이 되는 과세대상의 수량 또는 가액을 말하는데 부가가치세의 과세표준은 공급가액이다.

(1) 일반적인 경우

사업자에 대한 부가가치세의 과세기간은 다음과 같다. 단, 간이과세자에 대한 부가가치세의 과세기간은 1월 1일부터 12월 31일까지이다.

① 제 1기 : 1월 1일부터 6월 30일까지
② 제 2기 : 7월 1일부터 12월 31일까지

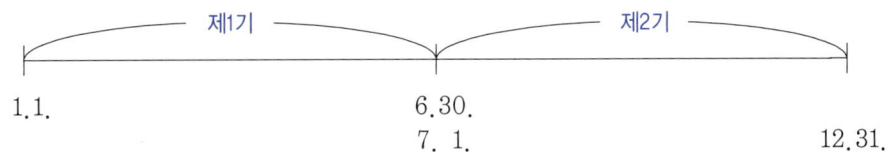

(2) 기타의 경우

① 신규사업개시자 : 신규로 사업을 시작하는 자에 대한 최초의 과세기간은 사업개시일부터 그 날이 속하는 과세기간의 종료일까지로 한다. 다만, 사업개시일 이전에 사업자등록을 신청한 경우에는 그 신청한 날부터 그 신청일이 속하는 과세기간의 종료일까지로 한다.

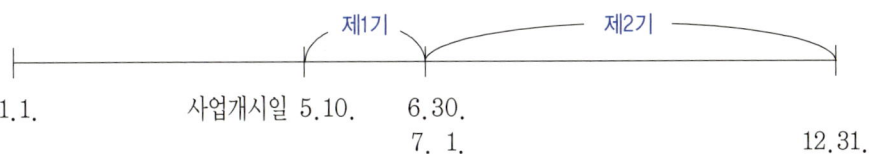

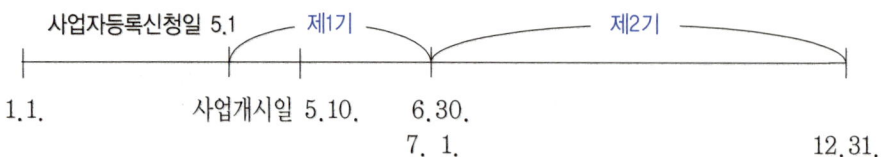

② **폐업자** : 사업자가 폐업하는 경우의 과세기간은 폐업일이 속하는 과세기간의 개시일부터 폐업일까지로 한다.

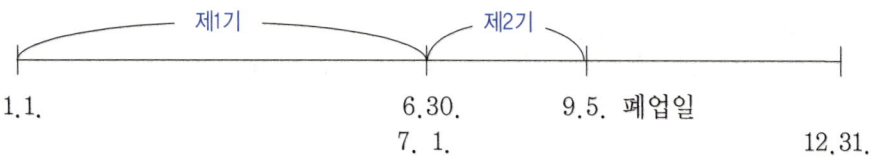

3. 납세지

납세지는 납세의무자가 납세의무를 이행하고 세무관청이 과세권을 행사하는 기준이 되는 장소이다. 사업자의 부가가치세 납세지는 각 사업장의 소재지로 하며, 재화를 수입하는 자의 부가가치세 납세지는 관세법에 따라 수입을 신고하는 세관의 소재지로 한다.

(1) 사업장

사업장은 사업자가 사업을 하기 위하여 거래의 전부 또는 일부를 하는 고정된 장소로 한다. 사업장의 구체적인 범위는 다음과 같다.

사 업	사업장의 범위
① 광업	• 광업사무소의 소재지
② 제조업	• 최종제품을 완성하는 장소. ※ 다만, 따로 제품의 포장만을 하거나 용기에 충전만을 하는 장소와 저유소(貯油所)는 제외한다.
③ 건설업·운수업·부동산매매업	㉠ 법인인 경우 : 법인의 등기부상 소재지 ㉡ 개인인 경우 : 사업에 관한 업무를 총괄하는 장소
④ 부동산임대업	• 부동산의 등기부상 소재지
⑤ 무인자동판매기를 통하여 재화·용역을 공급하는 사업	• 사업에 관한 업무를 총괄하는 장소
⑥ 비거주자 또는 외국법인	• 비거주자 또는 외국법인의 국내사업장
⑦ 사업장을 두지 아니한 경우	• 사업자의 주소 또는 거소

(2) 직매장

사업자가 자기의 사업과 관련하여 생산하거나 취득한 재화를 직접 판매하기 위하여 특별히 판매시설을 갖춘 장소를 직매장이라고 한다. 이러한 직매장은 사업장으로 본다.

(3) 하치장과 임시사업장

① 하치장이란 재화를 보관하고 관리할 수 있는 시설만 갖춘 장소로서 사업자가 관할세무서장에게 그 설치 신고를 한 장소를 말한다. 이러한 하치장은 사업장으로 보지 않는다.
② 임시사업장이란 각종 경기대회나 박람회 등 행사가 개최되는 장소에 개설한 임시사업장으로서 그 개설 신고된 장소를 말한다. 이러한 임시사업장은 사업장으로 보지 않는다.

4. 주사업장총괄납부

부가가치세는 각 사업장 단위로 납세의무를 이행하는 것이 원칙이나, 사업장이 둘 이상인 사업자가 주된 사업장의 관할세무서장에게 주사업장총괄납부를 신청한 경우에는 납부할 세액을 주된 사업장에서 총괄하여 납부할 수 있다. 단, 신고는 각 사업장별로 해야 한다.

(1) 주된 사업장

주된 사업장은 법인의 본점(주사무소 포함) 또는 개인의 주사무소로 한다. 다만, 법인의 경우에는 지점(분사무소 포함)을 주된 사업장으로 할 수 있다.

(2) 총괄납부의 신청

주된 사업장에서 총괄하여 납부하는 사업자(주사업장총괄납부사업자)가 되려는 자는 그 납부하려는 과세기간 개시 20일 전에 "주사업장총괄납부신청서"를 주된 사업장의 관할세무서장에게 제출하여야 한다.
　다만, 다음에 해당하는 자가 주된 사업장에서 총괄하여 납부하려는 경우에는 다음의 구분에 따른 기한까지 "주사업장총괄납부신청서"를 주된 사업장의 관할세무서장에게 제출하여야 한다. 이처럼 주사업장총괄납부를 신청한 자는 해당 신청일이 속하는 과세기간부터 총괄하여 납부한다.
　　① 신규로 사업을 시작하는 자 : 주된 사업장의 사업자등록증을 받은 날부터 20일 이내
　　② 사업장이 하나이나 추가로 사업장을 개설하려는 자 : 추가 사업장의 사업개시일부터 20일 이내

(3) 총괄납부의 포기

주사업장총괄납부사업자가 주사업장총괄납부를 포기할 때에는 각 사업장에서 납부하려는 과세기간 개시 20일 전에 "주사업장총괄납부포기신고서"를 주된 사업장 관할세무서장에게 제

출해야 한다. 이처럼 주사업장총괄납부를 포기한 경우에는 포기한 날이 속하는 과세기간의 다음 과세기간부터 각 사업장에서 납부해야한다.

5. 사업자등록

사업자등록이란 납세의무가 있는 사업자를 관할세무서의 대장에 등록하는 것을 말하며, 이로 인하여 과세관청은 납세의무자를 파악할 수 있고 사업자는 고유의 등록번호를 부여받아 거래시에 이를 활용하게 된다.

(1) 사업자등록의 신청

① 원칙(사업장 단위 등록) : 사업자는 사업장마다 사업 개시일부터 20일 이내에 사업장 관할세무서장에게 사업자등록을 신청하여야 한다. 다만, 신규로 사업을 시작하려는 자는 사업 개시일 이전이라도 사업자등록을 신청할 수 있다. 사업자등록의 신청은 관할세무서장이 아닌 다른 세무서장에게도 할 수 있다.

> [참고] 사업 개시일
> 사업 개시일이란 다음의 날을 말한다.
> ① 제조업 : 제조장별로 재화의 제조를 시작한 날
> ② 광업 : 사업장별로 광물을 채취·채광을 시작한 날
> ③ 기타의 사업 : 재화나 용역의 공급을 시작한 날

② 특례(사업자 단위 등록) : 사업장이 둘 이상인 사업자(사업장이 하나이나 추가로 사업장을 개설하려는 사업자를 포함한다)는 사업자 단위로 해당 사업자의 본점 또는 주사무소 관할세무서장에게 등록을 신청할 수 있다. 이 경우 등록한 사업자를 "사업자단위과세사업자"라 한다. 한편, 이미 사업장 단위로 등록한 사업자가 사업자단위과세사업자로 변경하려면 사업자단위과세사업자로 적용받으려는 과세기간 개시 20일 전까지 사업자의 본점 또는 주사무소 관할세무서장에게 변경등록을 신청하여야 한다.

(2) 제출서류

사업자등록을 하려는 사업자는 사업장마다 "사업자등록신청서"를 세무서장(관할세무서장 또는 그 밖의 세무서장 중 어느 한 세무서장을 말한다)에게 제출하여야 한다. 다만, 사업자단위과세사업자로 등록을 신청하려는 사업자는 본점 또는 주사무소(사업자단위과세적용사업장)에 대하여 "사업자등록신청서"를 사업자단위과세적용사업장 관할세무서장에게 제출하여야 한다.

(3) 사업자등록증의 발급

사업자등록 신청을 받은 사업장 관할세무서장은 사업자의 인적사항과 그 밖에 필요한 사항을 적은 사업자등록증을 신청일부터 2일 이내(토요일·공휴일 또는 근로자의 날은 산정에서 제외)에 신청자에게 발급하여야 한다. 다만, 사업장시설이나 사업현황을 확인하기 위하여 국세청장

이 필요하다고 인정하는 경우에는 발급기한을 5일 이내에서 연장하고 조사한 사실에 따라 사업자등록증을 발급할 수 있다.

(4) 사업자등록증의 사후관리

사업자가 다음 중 어느 하나에 해당하는 경우에는 사업자의 인적사항, 사업자등록의 변경사항 및 그 밖의 필요한 사항을 적은 "사업자등록정정신고서"에 사업자등록증을 첨부하여 세무서장에게 제출하여야 한다. 신고를 받은 세무서장은 다음의 기한 내에 변경 내용을 확인하고 사업자등록증의 기재사항을 정정하여 재발급하여야 한다.

사업자등록 정정사유	재발급기한
① 상호를 변경하는 경우 ② 사이버몰에 인적사항 등의 정보를 등록하고 재화 또는 용역을 공급하는 사업을 하는 사업자(통신판매업자)가 사이버몰의 명칭 또는 인터넷 도메인이름을 변경하는 경우	신청일 당일

③ 법인의 대표자를 변경하는 경우
   [주의] 개인의 대표자를 변경하는 경우 (×)
④ 사업의 종류에 변동이 있는 경우
⑤ 사업장을 이전하는 경우
   [주의] 사업자의 주소를 이전하는 경우 (×)
⑥ 상속으로 사업자의 명의가 변경되는 경우
   [주의] 증여로 인하여 사업자의 명의가 변경되는 경우 (×)
⑦ 공동사업자의 구성원 또는 출자지분이 변경되는 경우
⑧ 임대인, 임대차 목적물이나 그 면적, 보증금, 임차료 또는 임대차기간이 변경되거나 새로 상가건물을 임차한 경우(상가건물임대차보호법을 적용받는 경우로 한정한다)
⑨ 사업자단위과세사업자가 사업자단위과세적용사업장을 변경하는 경우
⑩ 사업자단위과세사업자가 종된 사업장을 신설하거나 이전하는 경우
⑪ 사업자단위과세사업자가 종된 사업장의 사업을 휴업하거나 폐업하는 경우
	신청일부터 2일 이내

기/출/문/제 (필기)

— 납세의무자 —

01 다음 중 부가가치세의 납세의무자에 해당하지 않는 자는?

① 생산자 ② 도매업자
③ 소매업자 ④ 최종소비자

[풀이] 최종소비자는 담세자에 해당한다.

02 도매업자, 소매업자, 최종소비자의 순으로 과세상품이 판매되었을 경우 부가가치세 납세의무자와 담세자의 관계가 바르게 연결된 것은?

① 납세의무자 – 소매업자, 담세자 – 도매업자
② 납세의무자 – 도매업자, 담세자 – 도매업자
③ 납세의무자 – 도매업자, 담세자 – 소매업자
④ 납세의무자 – 소매업자, 담세자 – 최종소비자

[풀이] 납세의무자는 도매업자와 소매업자이고 담세자는 최종소비자이다.

03 현행 부가가치세법에 대한 설명으로 가장 거리가 먼 것은?

① 부가가치세 부담은 전적으로 최종소비자가 하는 것이 원칙이다.
② 영리목적의 유무에 불구하고 사업상 독립적으로 재화를 공급하는 자는 납세의무가 있다.
③ 해당 과세기간 중 이익이 발생하지 않았을 경우에는 납부하지 않아도 된다.
④ 일반과세자의 내수용 과세거래에 대해서는 원칙적으로 10%의 단일세율을 적용한다.

[풀이] 부가가치세는 이익발생과 관계없이 납부세액이 있으면 납부해야 한다.

04 부가가치세법상 납세의무에 관한 설명으로 옳지 않은 것은?

① 영리목적의 유무에 불구하고 사업상 독립적으로 과세대상 재화를 공급하는 자는 납세의무가 있다.
② 과세의 대상이 되는 행위 또는 거래의 귀속이 명의일 뿐이고 사실상 귀속되는 자가 따로 있는 경우라 하더라도 명의자에 대하여 부가가치세법을 적용한다.
③ 영세율적용대상 거래만 있는 사업자도 부가가치세법상 신고의무가 있다.
④ 재화를 수입하는 자는 수입재화에 대한 부가가치세 납세의무가 있다.

[풀이] 과세의 대상이 되는 소득, 수익, 재산, 행위 또는 거래의 귀속이 명의일 뿐이고 사실상 귀속되는 자가 따로 있을 때에는 사실상 귀속되는 자를 납세의무자로 하여 세법을 적용한다. (국기법 14 ①)

― 사업자의 분류 ―

05 다음은 부가가치세법상 사업자와 관련된 내용이다. 틀린 것은?

① 개인사업자는 일반과세자 또는 간이과세자가 될 수 있다.
② 법인사업자는 간이과세자가 될 수 없다.
③ 면세사업자는 부가가치세법상 사업자가 아니다.
④ 간이과세자는 직전 연도의 공급가액의 합계액이 4천 800만원 이하인 자를 말한다.

[풀이] 간이과세자는 직전 연도의 재화와 용역의 공급에 대한 공급대가가 1억 400만원에 미달하는 개인사업자로 한다.

06 다음은 부가가치세법상 납세의무자에 대한 설명이다. 가장 옳은 것은?

① 간이과세자는 직전 1역년 공급대가가 8,000만원 미만인 법인사업자를 말한다.
② 영리를 추구하지 않는다면 재화 또는 용역을 공급하여도 사업자에 해당하지 않는다.
③ 사업자가 아니라면 재화를 수입하는 경우 부가가치세 납세의무가 발생하지 않는다.
④ 영세율을 적용받는 사업자도 납세의무자에 해당된다.

[풀이] ① 법인사업자는 간이과세자가 될 수 없다.
② 사업자는 영리목적 유무와 무관하다.
③ 재화를 수입하는 자는 사업자가 아니라도 납세의무가 발생한다.

― 과세기간 ―

07 홍길동은 일반과세사업자로 ×1년 9월 1일에 사업을 시작하여 당일 사업자등록 신청을 하였다. 홍길동의 부가가치세법상 ×1년 제2기 과세기간은?

① ×1년 1월 1일 ~ 12월 31일
② ×1년 9월 1일 ~ 12월 31일
③ ×1년 1월 1일 ~ 9월 1일
④ ×1년 7월 1일 ~ 12월 31일

[풀이] 신규로 사업을 시작하는 자에 대한 최초의 과세기간은 사업개시일부터 그 날이 속하는 과세기간의 종료일까지로 한다.

― 납세지 ―

08 다음 중 현행 부가가치세법에 대한 설명으로 틀린 것은?

① 부가가치세는 사업장마다 신고 및 납부하는 것이 원칙이다
② 부가가치세 부담은 전적으로 최종소비자가 하는 것이 원칙이다.
③ 사업상 독립적으로 재화를 공급하는 자는 영리를 목적으로 하는 경우에만 납세의무가 있다.
④ 부가가치세의 납세의무자는 과세대상인 재화 또는 용역을 공급하는 사업자와 재화를 수입하는 자이다.

[풀이] 사업상 독립적으로 재화를 공급하는 자는 영리목적 유무와 무관하게 납세의무가 있다.

― 사업장의 범위 ―

09 다음은 부가가치세법상의 사업장의 범위에 대한 설명이다. 틀린 것은?

① 광업에 있어서는 광업사무소의 소재지
② 제조업에 있어서는 최종제품을 완성하는 장소
③ 건설업에 있어서는 사업자가 법인인 경우에는 그 법인의 등기부상의 소재지
④ 부동산임대업에 있어서는 사업자가 법인인 경우에는 그 법인의 등기부상의 소재지

[풀이] 부동산임대업의 사업장은 부동산의 등기부상 소재지이다.

10 다음은 사업장의 범위를 업종별기준으로 설명한 것이다. 틀린 것은?

① 무인자동판매기에 의한 사업 : 무인자동판매기의 설치장소
② 부동산매매업 : 법인은 법인의 등기부상 소재지
③ 사업장을 설치하지 않은 경우 : 사업자의 주소 또는 거소
④ 비거주자와 외국법인 : 국내사업장 소재지

[풀이] 무인자동판매기를 통하여 재화·용역을 공급하는 사업 : 사업에 관한 업무를 총괄하는 장소

11 다음 중 부가가치세법상 납세지에 대한 설명으로 옳지 않은 것은?

① 사업자의 납세지는 각 사업장의 소재지로 한다.
② 제조업의 납세지는 최종제품을 완성하는 장소를 원칙으로 한다.
③ 광업의 납세지는 광구 내에 있는 광업사무소의 소재지를 원칙으로 한다.
④ 무인자동판매기를 통하여 재화를 공급하는 사업의 납세지는 무인자동판매기를 설치한 장소로 한다.

[풀이] 무인자동판매기를 통하여 재화를 공급하는 사업의 납세지는 사업에 관한 업무를 총괄하는 장소로 한다.

― 주사업장총괄납부 ―

12 다음 중 부가가치세에 대한 설명으로 틀린 것은?

① 부가가치세의 납세의무자는 영리사업자에 한정한다.
② 부가가치세는 원칙적으로 사업장마다 신고 및 납부하여야 한다.
③ 상품의 단순한 보관·관리만을 위한 장소로 설치신고를 한 장소나 하치장은 사업장이 아니다.
④ 주사업장총괄납부 제도는 사업장별 과세원칙의 예외에 해당된다.

[풀이] 납세의무자인 사업자는 영리목적 유무와 무관하다.

13 다음 중 현행 부가가치세법에 대한 설명으로 가장 틀린 것은?

① 부가가치세는 전단계세액공제법을 채택하고 있다.
② 주사업장총괄납부시 종된 사업장은 부가가치세 신고와 납부의무가 없다.
③ 부가가치세는 0% 또는 10%의 세율을 적용한다.
④ 사업자는 사업장 관할세무서장이 아닌 다른 세무서장에게도 사업자등록의 신청을 할 수 있다.

[풀이] 주사업총괄납부를 신청한 경우에는 납부할 세액을 주된 사업장에서 총괄하여 납부할 수 있다. 다만, 신고는 각 사업장별로 해야 한다.

― 사업자등록의 신청 ―

14 현행 부가가치세법에 대한 설명으로 옳지 않은 것은?

① 사업자만이 부가가치세를 납부할 의무가 있다.
② 납세지는 사업자단위과세 및 주사업장총괄납부 사업자가 아닌 경우, 각 사업장의 소재지로 한다.
③ 사업자단위과세 사업자가 아닌 경우, 사업자는 사업장마다 사업개시일로부터 20일 이내에 사업장 관할세무서장에게 사업자등록을 신청해야 한다.
④ 신규로 사업을 시작하는 자에 대한 최초의 과세기간은 사업개시일부터 그 날이 속하는 과세기간의 종료일까지로 한다.

[풀이] 재화를 수입하는 자는 사업자가 아니어도 부가가치세를 납부할 의무가 있다.

15 다음 중 부가가치세법상 사업자등록에 대한 설명으로 옳은 것은?

① 사업자는 사업장마다 사업개시일부터 20일 이내에 사업자등록을 신청하는 것이 원칙이다.
② 신규 사업자는 사업개시일 이전이라면 사업자등록 신청이 불가능하다.
③ 일반과세자가 3월 25일에 사업자등록을 신청하고 실제 사업개시일은 4월 1일인 경우 4월 1일부터 6월 30일까지가 최초 과세기간이 된다.
④ 사업자등록의 신청은 사업장 관할세무서장이 아닌 다른 세무서장에게는 불가능하다.

[풀이] ② 신규로 사업을 시작하려는 자는 사업개시일 이전이라도 사업자등록을 신청할 수 있다.
③ 사업개시일 이전에 사업자등록을 신청한 경우에는 그 신청한 날(3월 25일)부터 그 신청일이 속하는 과세기간의 종료일(6월 30일)까지가 최초 과세기간이 된다.
④ 사업자등록 신청은 관할세무서장이 아닌 다른 세무서장에게도 할 수 있다.

16 다음 중 부가가치세 신고·납세지에 대한 설명으로 적절하지 않은 것은?

① 부가가치세는 원칙적으로 사업장마다 신고·납부하여야 한다.
② 재화 또는 용역의 공급이 이루어지는 장소, 즉 사업장을 기준으로 납세지를 정하고 있다.
③ 2 이상의 사업장이 있는 경우 신청없이 주된 사업장에서 총괄하여 납부할 수 있다.
④ 사업자단위과세사업자는 사업자등록도 본점 등의 등록번호로 단일화하고, 세금계산서도 하나의 사업자등록번호로 발급한다.

[풀이] 사업장이 둘 이상인 사업자가 주된 사업장의 관할세무서장에게 주사업장총괄납부를 신청한 경우에는 납부할 세액을 주된 사업장에서 총괄하여 납부할 수 있다.

17 다음 (   ) 안에 들어갈 말은 무엇인가?

> 사업장이 둘 이상인 사업자(사업장이 하나이나 추가로 사업장을 개설하려는 사업자를 포함한다)는 사업자단위로 해당 사업자의 본점 또는 주사무소 관할세무서장에게 등록을 신청할 수 있다. 이 경우 등록한 사업자를 (   )라 한다.

① 간이과세자   ② 총괄납부사업자   ③ 겸업사업자   ④ 사업자단위과세사업자

– 사업자등록증의 사후관리 –

18 부가가치세법상 사업자등록에 대한 설명으로 틀린 것은?

① 사업자는 사업개시일부터 20일 이내에 사업장 관할세무서장에게 사업자등록을 신청하여야 한다.
② 사업자등록의 신청은 사업장 관할세무서장이 아닌 다른 관할세무서장에게도 신청할 수 있다.
③ 신규로 사업을 시작하려는 자는 사업개시일 이후에만 사업자등록을 신청해야한다.
④ 사업자는 휴업 또는 폐업을 하거나 등록사항이 변경되면 지체없이 사업장 관할세무서장에게 신고하여야 한다.

[풀이] 신규로 사업을 시작하려는 자는 사업개시일 이전이라도 사업자등록을 신청할 수 있다.

– 사업자등록 정정사유 – ☆

19 다음 중 사업자등록의 정정사유가 아닌 것은?

① 상호를 변경하는 때
② 사업의 종류에 변경이 있는 때
③ 사업장을 이전할 때
④ 증여로 인하여 사업자의 명의가 변경되는 때

[풀이] 증여로 인한 사업자 명의 변경은 정정사유에 해당하지 않는다.

20 다음 중 부가가치세법상 사업자등록 정정사유가 아닌 것은?

① 상호 변경
② 상속으로 인한 사업자 명의 변경
③ 증여로 인한 사업자 명의 변경
④ 사업장 주소 변경

[풀이] 증여로 인한 사업자 명의 변경은 정정사유에 해당하지 않는다.

21 다음 중 사업자등록 정정사유가 아닌 것은?

① 통신판매업자가 사이버몰의 명칭 또는 인터넷 도메인 이름을 변경하는 때
② 공동사업자의 구성원 또는 출자지분의 변동이 있는 때
③ 증여로 인하여 사업자의 명의가 변경되는 때
④ 법인사업자의 대표자를 변경하는 때

[풀이] 증여로 인한 사업자 명의 변경은 정정사유에 해당하지 않는다.

22 다음 중 부가가치세법상 사업자등록의 정정사유가 아닌 것은?

① 사업의 종류를 변경 또는 추가하는 때
② 사업장을 이전하는 때
③ 법인의 대표자를 변경하는 때
④ 개인이 대표자를 변경하는 때

[풀이] 개인이 대표자를 변경하는 경우는 정정사유에 해당하지 않는다.

정답

1. ④　2. ④　3. ③　4. ②　5. ④　6. ④　7. ②　8. ③　9. ④　10. ①
11. ④　12. ①　13. ②　14. ①　15. ①　16. ③　17. ④　18. ③　19. ④　20. ③
21. ③　22. ④

제3절 과세거래

1. 과세대상

과세대상이란 세금을 부과할 수 있는 대상을 말하는데, 부가가치세는 다음의 각 거래에 대하여 과세한다.

① 사업자가 행하는 재화 또는 용역의 공급
② 재화의 수입

재화의 공급과 용역의 공급은 공급자가 사업자인 경우에만 과세거래에 해당하고, 공급자가 비사업자인 경우에는 납세의무가 없으므로 과세거래가 될 수 없다. 반면, 재화를 수입할 때 수입자는 사업자 해당여부에 관계없이 부가가치세를 납부할 의무가 있다. 재화를 수입하는 자는 관세법에 따라 관세를 납부하므로 소비지국 과세원칙을 구현하기 위하여 부가가치세도 관세와 함께 납부하도록 하고 있다.

2. 재화의 공급

재화의 공급은 계약상 또는 법률상의 모든 원인에 따라 재화를 인도(引渡)하거나 양도(讓渡)하는 것으로 한다.

(1) 재화의 정의

재화란 재산적 가치가 있는 물건 및 권리를 말한다.

구 분	구체적인 범위
(1) 물 건	① 상품·제품·원료·기계 등 모든 유체물 ② 전기·가스·열 등 관리할 수 있는 자연력
(2) 권 리	• 광업권·특허권·저작권 등 물건 외에 재산적 가치가 있는 모든 것

[참고] 화폐대용증권(수표·어음 등), 지분증권(주식, 출자지분), 채무증권(회사채, 국공채), 상품권은 과세대상 재화로 보지 않는다.

(2) 재화 공급의 범위

① **매매계약** : 현금판매, 외상판매, 할부판매, 장기할부판매, 조건부 및 기한부판매, 위탁판매, 그 밖의 매매계약에 따라 재화를 인도하거나 양도하는 것

② **가공계약** : 자기가 주요자재의 전부 또는 일부를 부담하고 상대방으로부터 인도받은 재화를 가공하여 새로운 재화를 만드는 가공계약에 의하여 재화를 인도하는 것

③ **교환계약** : 재화의 인도 대가로서 다른 재화를 인도받거나 용역을 제공받는 교환계약에 따라 재화를 인도하거나 양도하는 것
④ **그 밖의 원인** : **경매, 수용, 현물출자**와 그 밖의 계약상 또는 법률상의 원인에 따라 재화를 인도하거나 양도하는 것

> [참고] 수재 · 화재 · 도난 · 파손 · 재고감모손 등으로 인하여 재화를 잃어버리거나 재화가 멸실된 경우에는 재화의 공급으로 보지 않는다.

(3) 재화의 공급으로 보지 않는 경우

다음 중 어느 하나에 해당하는 것은 재화의 공급으로 보지 않는다.

① **담보 제공** : **재화를 담보로 제공하는 것**, 즉 질권 · 저당권 또는 양도담보의 목적으로 동산 · 부동산 및 부동산상의 권리를 제공하는 것은 재화의 공급으로 보지 않는다.

> [WHY] 실제로 재화가 인도 · 양도되더라도 그것은 실제 소유권이 이전되는게 아니라 단순히 채권담보로 맡긴 것에 지나지 않다.

② **사업 양도** : 사업장별로 그 사업에 관한 모든 권리와 의무를 포괄적으로 승계시키는 것은 재화의 공급으로 보지 않는다.

> [WHY] 재화의 공급에 포함하면, 양도자는 양수자로부터 부가가치세를 거래징수하여 납부하고, 양수자는 그 금액을 매입세액으로 공제(또는 환급)받게 된다. 그 결과 양수자는 거래징수당한 시점부터 환급받는 시점까지 불필요한 자금압박을 받게 되며, 과세관청은 국고수입도 없으면서 번거로운 행정적 부담을 안게 된다.

③ **조세의 물납** : **법률에 따라 조세를 물납하는 것**, 즉 사업용 자산을 「상속세 및 증여세법」 및 「지방세법」에 따라 물납하는 것은 재화의 공급으로 보지 않는다.

> [WHY] 조세의 물납도 재화의 공급에 해당하나, 이 경우 납세의무자는 국가로부터 부가가치세를 거래징수하여 이를 국가에 다시 납부하는 것이므로 무의미한 결과가 된다.

④ **법률에 따른 공매 · 경매** : 「국세징수법」에 따른 공매, 「민사집행법」에 따른 경매에 따라 재화를 인도하거나 양도하는 것은 재화의 공급으로 보지 않는다.

> [WHY] 재화의 소유권을 이전 당하는 사업자는 사실상 파산 등의 상태로 부가가치세를 체납하는 경우가 많은데, 매수인이 매입세액을 공제받게 되면 국가 세수입의 손실만을 가져오는 결과가 된다.

⑤ **법률에 따른 수용** : 「도시 및 주거환경정비법」, 「공익사업을 위한 토지 등의 취득 및 보상에 관한 법률」 등에 따른 수용절차에서 **수용대상 재화의 소유자가 수용된 재화에 대한 대가를 받는 경우**에도 재화의 공급으로 보지 않는다.

> [WHY] 수용된 재화는 공익사업을 위하여 철거 · 멸실되는 점을 고려한 것이다.

3. 재화 공급의 특례(간주공급)

부가가치세법에서는 재화의 실질적인 공급에 해당하지 않지만 일정한 사건들을 재화의 공급으로 간주하여 과세대상으로 보도록 하고 있는데, 이를 "재화의 공급의제" 또는 "재화의 간주공급"이라 한다.

(1) 자기생산·취득재화의 공급의제

자기생산·취득재화란 사업자가 자기의 과세사업과 관련하여 생산하거나 취득한 재화(사업자가 재화를 공급받을 때 매출세액에서 매입세액이 공제된 재화 등)로서 다음의 사유가 발생할 때에는 이미 공제받은 매입세액을 매출세액으로 납부하도록 하기 위해서 공급으로 간주한다.

㈎ 면세사업에의 전용

과세사업과 면세사업을 함께 경영하는 사업자가 자기생산·취득재화를 자기의 면세사업(부가가치를 창출하지 못하는 사업)을 위하여 직접 사용하거나 소비하는 것은 재화의 공급으로 본다.

> 예) 자기가 직접 생산한 사료(과세재화)를 판매하여 부가가치를 창출하지 않고 자기의 축산업(면세사업)에 사용·소비하는 경우

㈏ 승용자동차 등의 비영업용에의 전용

다음 중 어느 하나에 해당하는 자기생산·취득재화의 사용 또는 소비는 재화의 공급으로 본다.

① 사업자가 자기생산·취득재화를 매입세액이 매출세액에서 공제되지 아니하는 비영업용 소형승용자동차로 사용 또는 소비하거나, 그 자동차의 유지를 위하여 사용 또는 소비하는 것

> 예) 자동차 제조회사가 자기가 생산한 비영업용 소형승용자동차를 업무용으로 사용하는 경우
> 예) 주유소나 자동차부품판매업을 영위하는 사업자가 휘발유나 자동차부품을 자기의 비영업용 소형승용자동차에 사용·소비하는 경우

② 운수업, 자동차판매업, 자동차임대업, 운전학원업, 무인경비업 및 이와 유사한 업종을 경영하는 사업자가 자기생산·취득재화 중 비영업용 소형승용자동차와 그 자동차의 유지를 위한 재화를 해당 업종에 직접 영업으로 사용하지 아니하고 다른 용도로 사용하는 것

> 예) 운수업을 영위하는 사업자가 운수사업으로 비영업용 소형승용자동차를 구입하여 매입세액을 공제받은 후 이를 임직원의 업무용으로 사용하는 경우

> [참고] **비영업용 소형승용자동차**
> ① 영업용이란 운수업 등에서와 같이 승용자동차를 직접 영업에 사용하는 것을 의미하므로, 그렇지 않은 것은 회사의 용도와 상관없이 비영업용에 해당한다.
> ② 소형승용자동차란 사람의 수송을 목적으로 제작된 승용자동차(8인승 이하)로서 개별소비세 과세대상이 되는 차량(배기량 1,000cc 이하인 것은 제외)을 말한다.
> 이러한 비영업용 소형승용자동차의 구입과 임차 및 유지에 관한 매입세액은 공제하지 않는다.

(다) 개인적 공급

사업자가 자기생산·취득재화를 사업과 직접적인 관계없이 자기의 개인적인 목적이나 그 밖의 다른 목적을 위하여 사용·소비하거나, 그 사용인 또는 그 밖의 자가 사용·소비하는 것으로서 사업자가 그 대가를 받지 아니하거나 시가보다 낮은 대가를 받는 경우는 재화의 공급으로 본다.

예) 가구 제조업자가 제조한 가구를 사업자의 가정용으로 사용하거나 종업원에게 제공하는 경우

> [참고] 개인적 공급에 해당하지 않는 경우
> 사업자가 실비변상적이거나 복리후생적인 목적으로 그 사용인에게 대가를 받지 아니하거나, 시가보다 낮은 대가를 받고 제공하는 것으로서, 다음 중 어느 하나에 해당하는 것은 재화의 공급으로 보지 아니한다. 이 경우 시가보다 낮은 대가를 받고 제공하는 것은 시가와 받은 대가의 차액에 한정한다.
> ① 사업을 위해 착용하는 작업복, 작업모 및 작업화를 제공하는 경우
> ② 직장연예 및 직장문화와 관련된 재화를 제공하는 경우
> ③ 다음 ㉠, ㉡ 중 어느 하나에 해당하는 재화를 제공하는 경우. 이 경우 ㉠, ㉡별로 각각 사용인 1명당 연간 10만원을 한도로 하며, 10만원을 초과하는 경우 해당 초과액에 대해서는 재화의 공급으로 본다.
>   ㉠ 경조사와 관련된 재화
>   ㉡ 설날, 추석, 창립기념일 및 생일 등과 관련된 재화

(라) 사업상 증여

사업자가 자기생산·취득재화를 자기의 고객이나 불특정 다수인에게 증여하는 경우는 재화의 공급으로 본다.

예) 타올 판매업자가 자기의 개업식에 참석한 고객에게 무상으로 타올을 배포하는 경우

(마) 폐업시 잔존재화

사업자가 폐업할 때 자기생산·취득재화 중 남아있는 재화는 폐업 후 누군가 소비하게 되더라도 폐업으로 인하여 사업자가 아니기 때문에 부가가치세를 과세할 수 없게 되는 문제가 발생한다. 이러한 문제점 때문에 폐업시 남아 있는 재화는 자기에게 공급하는 것으로 본다.

(2) 판매목적 타사업장 반출의 공급의제

사업장이 둘 이상인 사업자가 자기의 사업과 관련하여 생산 또는 취득한 재화를 판매할 목적으로 자기의 다른 사업장에 반출하는 것은 재화의 공급으로 본다. 다만, 다음 중 어느 하나에 해당하는 경우는 재화의 공급으로 보지 아니한다.
① 사업자가 사업자단위과세사업자로 적용을 받는 과세기간에 자기의 다른 사업장에 반출하는 경우
② 사업자가 주사업장총괄납부의 적용을 받는 과세기간에 자기의 다른 사업장에 반출하는 경우(다만, 세금계산서를 발급하고 예정신고 또는 확정신고를 한 경우에는 제외한다)

4. 용역의 공급

용역의 공급은 계약상 또는 법률상의 모든 원인에 따른 것으로서 다음 중 어느 하나에 해당하는 것으로 한다.
① 역무를 제공하는 것
② 시설물, 권리 등 재화를 사용하게 하는 것

(1) 용역의 범위

용역이란 재화 외의 재산 가치가 있는 모든 역무와 그 밖의 행위를 말한다. 이는 구체적으로 다음의 사업에 해당하는 모든 역무와 그 밖의 행위로 한다.
① 건설업
② 숙박 및 음식점업
③ 운수 및 창고업
④ 정보통신업(출판업과 영상·오디오 기록물 제작 및 배급업은 제외)
⑤ 금융 및 보험업
⑥ 부동산업. 다만, 다음에 해당하는 사업은 제외한다.
  ㉠ 전·답·과수원·목장용지·임야·염전 임대업
  ㉡ 공익사업과 관련해 지역권·지상권을 설정하거나 대여하는 사업

[WHY] ㉠은 주로 농어민들이 해당하며, ㉡은 공익을 위해서 제공되기 때문에 부가가치세의 부담을 줄여주기 위해서 용역의 범위에서 제외한다.

⑦ 전문, 과학 및 기술 서비스업과 사업시설 관리, 사업 지원 및 임대서비스업
⑧ 공공행정, 국방 및 사회보장 행정
⑨ 교육 서비스업
⑩ 보건업 및 사회복지 서비스업
⑪ 예술, 스포츠 및 여가관련 서비스업
⑫ 협회 및 단체, 수리 및 기타 개인서비스업과 제조업 중 산업용 기계 및 장비 수리업
⑬ 가구내 고용활동 및 달리 분류되지 않은 자가소비 생산활동
⑭ 국제 및 외국기관의 사업

[WHY] 현실적으로 대부분의 사업이 재화와 용역을 동시에 혼합하여 공급하는 경우가 많기 때문에 재화와 용역의 정의만으로는 그 구분이 어렵다는 점을 고려하여 용역을 공급하는 사업의 범위를 구체적으로 열거하고 있다.

다만, 위의 규정에도 불구하고 건설업과 부동산업 중 다음 중 어느 하나에 해당하는 사업은 재화를 공급하는 사업으로 본다.
① 부동산 매매 또는 그 중개를 사업목적으로 나타내어 부동산을 판매하는 사업
② 사업상 목적으로 1과세기간 중에 1회 이상 부동산을 취득하고 2회 이상 판매하는 사업

(2) 용역 공급의 범위

다음 중 어느 하나에 해당하는 것은 용역의 공급으로 본다.
① 건설업의 경우 건설업자가 건설자재의 전부 또는 일부를 부담하는 것
② 자기가 **주요자재를 전혀 부담하지 아니하고** 상대방으로부터 인도받은 재화를 단순히 가공만 해 주는 것

> [참고] 자기가 주요자재의 전부 또는 일부를 부담하고 상대방으로부터 인도받은 재화를 가공하여 새로운 재화를 만드는 가공계약에 의하여 재화를 인도하는 것은 재화의 공급에 해당한다. 다만, 건설업은 항상 용역의 공급에 해당한다.

③ 산업상·상업상 또는 과학상의 지식·경험 또는 숙련에 관한 정보(Know-how)를 제공하는 것

(3) 용역 공급의 특례

① 사업자가 대가를 받지 아니하고 타인에게 용역을 공급하는 것은 용역의 공급으로 보지 아니한다. 다만, 사업자가 **특수관계인에게 사업용 부동산의 임대용역 등을 공급하는 것은 용역의 공급으로 본다.**

> [참고] 특수관계인이란 6촌 이내의 혈족, 4촌 이내의 인척, 배우자 등을 말한다.

② 고용관계에 따라 근로를 제공하는 것은 용역의 공급으로 보지 아니한다.

> [참고] 인적독립이 없으므로 사업자에 해당하지 않는다.

5. 재화의 수입

재화의 수입은 다음 중 어느 하나에 해당하는 물품을 국내에 반입하는 것(보세구역을 거치는 것은 보세구역에서 반입하는 것을 말한다)으로 한다.

외국 물품	비 고
(1) 외국으로부터 국내에 도착한 물품으로서 수입신고가 수리되기 전의 것	• 물품에는 외국 선박에 의하여 공해에서 채집되거나 잡힌 수산물을 포함한다.
(2) 수출신고가 수리된 물품	• 수출신고가 수리된 물품으로서 선적되지 아니한 물품을 보세구역에서 반입하는 경우는 제외한다.

> [WHY] 수출되어 영세율을 적용받은 후 수출이 취소되어 다시 반입하는 경우에는 재화의 수입으로 보아 과세한다. 다만, 수출의 공급시기는 선적일이므로 선적되지 않은 것은 아직 영세율이 적용되지 않았으니 다시 반입하는 경우에는 수입의 범위에 포함하지 않는다.

기/출/문/제 (필기)

— 과세대상 —

01 다음 중 부가가치세 과세대상 거래에 해당하지 않는 것은?
① 사업자가 행하는 재화의 공급
② 사업자가 행하는 용역의 공급
③ 재화의 수입
④ 용역의 수입

[풀이] 용역의 수입은 과세대상 거래에 해당하지 않는다.

02 우리나라 부가가치세법에 대한 설명 중 가장 거리가 먼 항목은?
① 세부담의 역진성을 완화하기 위해 면세제도를 두고 있다.
② 소비지국 과세원칙에 따라 수입하는 재화에는 부가가치세가 과세된다.
③ 사업자가 아닌 자가 일시적으로 재화를 공급하는 경우, 부가가치세 납부의무가 없다.
④ 부가가치세의 과세대상은 크게 재화와 용역의 공급 그리고 재화와 용역의 수입으로 구분된다.

[풀이] 부가가치세의 과세대상은 사업자가 행하는 재화 또는 용역의 공급 그리고 재화의 수입으로 구분된다.

— 재화의 정의 —

03 다음 중 부가가치세법에 대한 설명으로 잘못된 것은?
① 재화란 재산 가치가 있는 물건과 권리를 말하며, 역무는 포함되지 않는다.
② 사업자란 사업 목적이 영리이든 비영리이든 관계없이 사업상 독립적으로 재화 또는 용역을 공급하는 자를 말한다.
③ 재화 및 용역을 일시적·우발적으로 공급하는 자는 부가가치세법상 사업자에 해당하지 않는다.
④ 간이과세자란 직전 연도의 공급대가의 합계액이 5,000만원에 미달하는 사업자를 말한다.

[풀이] 간이과세자란 직전 연도의 공급대가의 합계액이 1억 400만원에 미달하는 개인사업자를 말한다.

— 재화의 공급으로 보지 않는 경우 —

04 다음은 재화공급의 범위에 대한 설명이다. 틀린 것은?
① 할부판매에 의하여 재화를 인도 또는 양도하는 것
② 민사집행법에 의한 경매에 따라 재화를 인도 또는 양도하는 것
③ 교환계약에 의하여 재화를 인도 또는 양도하는 것
④ 가공계약에 의하여 재화를 인도하는 것

[풀이] 국세징수법에 따른 공매, 민사집행법에 따른 경매에 따라 재화를 인도하거나 양도하는 것은 재화의 공급으로 보지 않는다.

05 다음 중 부가가치세법상 재화의 공급으로 보지 않는 거래는?

① 사업용 자산으로 국세를 물납하는 것
② 현물출자를 위해 재화를 인도하는 것
③ 장기할부판매로 재화를 공급하는 것
④ 매매계약에 따라 재화를 공급하는 것

[풀이] 사업용 자산을 상속세 및 증여세법 및 지방세법에 따라 물납하는 것은 재화의 공급으로 보지 않는다.

06 다음 중 부가가치세 과세대상에 해당하는 것을 모두 고른 것은?

> 가. 상품을 국외로부터 수입하는 경우
> 나. 제품을 판매목적으로 수출하는 경우
> 다. 차량을 양도담보 목적으로 제공하는 경우
> 라. 사업용 기계장치를 매각하는 경우

① 나, 다, 라   ② 가, 나, 다   ③ 가, 나, 라   ④ 가, 다, 라

[풀이] 질권·저당권 또는 양도담보의 목적으로 동산·부동산 및 부동산상의 권리를 제공하는 것은 재화의 공급으로 보지 않는다.

07 다음 중 부가가치세법상 재화의 공급에 해당하는 것은?

① 부동산의 담보제공
② 사업장별로 사업에 관한 모든 권리와 의무 중 일부를 승계하는 사업양도
③ 사업용 자산을 지방세법에 따라 물납하는 것
④ 도시 및 주거환경정비법에 따른 수용 및 국세징수법에 따른 공매

[풀이] 사업장별로 사업에 관한 모든 권리와 의무를 포괄적으로 승계시키는 것은 재화의 공급으로 보지 않지만, 일부를 승계하는 사업양도는 재화의 공급에 해당한다.

– 재화 공급의 특례 – ☆☆☆

08 다음 중 부가가치세법상 재화의 공급으로 보는 것은?

① 증여세를 건물로 물납하는 경우
② 사업의 포괄양수도
③ 차량을 담보목적으로 제공하는 경우
④ 폐업시 잔존재화

[풀이] 사업자가 폐업할 때 자기생산·취득재화 중 남아 있는 재화는 자기에게 공급하는 것으로 본다.

09 다음 중 재화 공급의 특례에 해당하는 간주공급으로 볼 수 없는 것은?

① 폐업시 잔존재화
② 사업을 위한 거래처에 대한 증여
③ 사업용 기계장치의 양도
④ 과세사업과 관련하여 취득한 재화를 면세사업에 전용하는 재화

[풀이] 사업용 기계장치의 양도는 재화의 실질적인 공급에 해당한다.

10 다음 중 부가가치세법상 재화의 간주공급에 해당되지 않는 것은?

① 사업상 증여   ② 현물출자
③ 폐업시 잔존재화   ④ 개인적 공급

[풀이] 경매, 수용, 현물출자와 그 밖의 계약상 또는 법률상의 원인에 따라 재화를 인도하거나 양도하는 것은 재화의 실질적인 공급에 해당한다.

11 다음 중 부가가치세법상 재화의 공급으로 간주되어 과세대상이 되는 항목은? (아래 항목은 전부 매입세액 공제받음)

① 직장 연예 및 직장 문화와 관련된 재화를 제공하는 경우
② 사업을 위해 착용하는 작업복, 작업모 및 작업화를 제공하는 경우
③ 사용인 1인당 연간 10만원 이내의 경조사와 관련된 재화 제공
④ 사업자가 자기생산·취득재화를 자기의 고객이나 불특정 다수에게 증여하는 경우

[풀이] 사업자가 자기생산·취득재화를 자기의 고객이나 불특정 다수에게 증여하는 경우는 재화의 공급(사업상 증여)으로 본다.

12 부가가치세법상 재화의 공급으로 보지 아니하는 거래를 모두 고른 것은?

> a. 저당권 등 담보 목적으로 부동산을 제공하는 것
> b. 사업장별로 그 사업에 관한 모든 권리와 의무를 포괄적으로 승계시키는 사업의 양도
> c. 매매계약에 의한 재화의 인도
> d. 폐업시 잔존재화(해당 재화의 매입 당시 매입세액공제 받음)
> e. 상속세를 물납하기 위해 부동산을 제공하는 것

① a, d   ② b, c, e   ③ a, b, e   ④ a, b, d, e

[풀이] a. 재화를 담보로 제공하는 것, b. 사업을 포괄양도하는 것, e. 법률에 따라 조세를 물납하는 것은 재화의 공급으로 보지 않는다.

- 용역의 범위 -

13 다음 중 부가가치세법상 용어의 설명으로 옳지 않은 것은?

① 재화란 재산 가치가 있는 물건 및 권리를 말한다.
② 용역이란 재화 외에 재산 가치가 있는 모든 역무와 그 밖의 행위를 말한다.
③ 사업자란 사업상 영리 목적으로만 독립적으로 재화 또는 용역을 공급하는 자를 말한다.
④ 일반과세자란 간이과세자가 아닌 사업자를 말한다.

[풀이] 사업자란 영리목적 유무와 관계없이 독립적으로 재화 또는 용역을 공급하는 자를 말한다.

- 용역 공급의 범위 -

14 다음 중 부가가치세법상 용역의 공급에 해당하지 않는 것은?

① 건설업의 경우 건설업자가 건설자재의 전부 또는 일부를 부담하는 것
② 부동산의 매매 또는 그 중개를 사업목적으로 나타내어 부동산을 판매하는 것
③ 산업상·상업상 또는 과학상의 지식·경험 또는 숙련에 관한 정보를 제공하는 것
④ 자기가 주요자재를 전혀 부담하지 아니하고 상대방으로부터 인도받은 재화를 단순히 가공만 해주는 것

[풀이] 부동산 매매 또는 그 중개를 사업목적으로 나타내어 부동산을 판매하는 사업은 재화를 공급하는 사업으로 본다.

- 용역 공급의 특례 - ☆

15 부가가치세법상 용역의 공급으로 과세하지 않는 경우는 어느 것인가?

① 건설업자가 건설자재의 전부 또는 일부를 부담하는 경우
② 상대방으로부터 인도받은 재화에 주요자재를 전혀 부담하지 아니하고 단순히 가공만 하여 주는 경우
③ 산업상, 상업상 또는 과학상의 지식, 경험 또는 숙련에 관한 정보를 제공하는 경우
④ 용역의 무상공급의 경우

[풀이] 사업자가 대가를 받지 아니하고 타인에게 용역을 공급하는 것은 용역의 공급으로 보지 않는다.

16 다음 중 부가가치세 과세거래에 해당되는 것을 모두 고르면?

| 가. 재화의 수입 | 나. 용역의 수입 |
| 다. 용역의 무상공급 | 라. 고용관계에 의한 근로의 제공 |

① 가 ② 가, 나 ③ 가, 나, 다 ④ 가, 나, 다, 라

[풀이] 부가가치세는 사업자가 행하는 재화 또는 용역의 공급 그리고 재화의 수입 거래에 대하여 과세한다.

17 다음 중 부가가치세 과세대상 거래에 해당되는 것을 모두 고르면?

> 가. 재화의 수입
> 나. 재산적 가치가 있는 권리의 양도
> 다. (특수관계 없는 자에게) 부동산임대용역의 무상공급
> 라. 국가 등에 무상으로 공급하는 재화

① 가 ② 가, 나 ③ 가, 나, 라 ④ 가, 나, 다, 라

[풀이] 다. 사업자가 대가를 받지 아니하고 타인에게 용역을 공급하는 것은 용역의 공급으로 보지 아니한다. 다만, 사업자가 특수 관계인에게 사업용 부당산의 임대용역 등을 공급하는 것은 용역의 공급으로 본다.
라. 국가 등에 무상으로 공급하는 재화는 면세이다.

18 다음 중 부가가치세법상 용역의 공급으로 과세하지 않는 것은?

① 고용관계에 의하여 근로를 제공하는 경우
② 사업자가 특수관계 있는 자에게 사업용 부동산의 임대용역을 무상공급하는 경우
③ 자기가 주요 자재를 전혀 부담하지 아니하고 상대방으로부터 인도받은 재화를 단순히 가공만 하는 경우
④ 건설사업자가 건설자재의 전부 또는 일부를 부담하고 공급하는 용역의 경우

[풀이] 고용관계에 따라 근로를 제공하는 것은 용역의 공급으로 보지 아니한다.

정답

1. ④ 2. ④ 3. ④ 4. ② 5. ① 6. ③ 7. ② 8. ④ 9. ③ 10. ②
11. ④ 12. ③ 13. ④ 14. ② 15. ④ 16. ① 17. ② 18. ①

제4절 공급시기

부가가치세는 과세기간을 단위로 과세하므로 재화 또는 용역의 공급이 발생하면 이를 어느 과세기간에 속하는지를 결정할 필요가 있다. 즉, 공급시기는 재화 또는 용역의 공급이 이루어지는 시기를 말하며, 어느 과세기간에 속하는지를 결정하는 기준이 된다. 또한 공급시기가 도래하면 공급자는 공급받는 자에게 세금계산서를 발급하여야 하므로 공급시기는 세금계산서 발급의 기준시점이 된다.

1. 재화의 공급시기

(1) 일반적인 공급시기

재화가 공급되는 시기는 다음의 구분에 따른 때로 한다. 이 경우 구체적인 거래 형태에 따른 재화의 공급시기에 관하여 아래의 표에 따른다.

① 재화의 이동이 필요한 경우 : 재화가 인도되는 때
② 재화의 이동이 필요하지 아니한 경우 : 재화가 이용가능하게 되는 때
③ 위 ①, ②를 적용할 수 없는 경우 : 재화의 공급이 확정되는 때

(2) 거래 형태별 공급시기

① 구체적인 거래 형태에 따른 공급시기

구 분	공급시기
㉠ 현금판매, 외상판매 또는 할부판매의 경우	• 재화가 인도되거나 이용가능하게 되는 때
㉡ 상품권 등을 현금 또는 외상으로 판매하고 그 후 그 상품권 등이 현물과 교환되는 경우	• 재화가 실제로 인도되는 때
㉢ 재화의 공급으로 보는 가공의 경우	• 가공된 재화를 인도하는 때

② 장기할부판매 등

구 분	공급시기
㉠ 장기할부판매의 경우	• 대가의 각 부분을 받기로 한 때
㉡ 완성도기준지급조건부로 재화를 공급하는 경우	• 대가의 각 부분을 받기로 한 때 ※ 다만, 재화가 인도되거나 이용가능하게 되는 날 이후에 받기로 한 대가의 부분에 대해서는 재화가 인도되거나 이용가능하게 되는 날을 공급시기로 본다.
㉢ 중간지급조건부로 재화를 공급하는 경우	
㉣ 전력이나 그 밖에 공급단위를 구획할 수 없는 재화를 계속적으로 공급하는 경우	• 대가의 각 부분을 받기로 한 때

> [참고] 용어정리
> ① **장기할부판매**란 재화를 공급하고 그 대가를 월부, 연부 또는 그 밖의 할부의 방법에 따라 받는 것 중 2회 이상으로 분할하여 대가를 받고, 해당 재화의 인도일의 다음날부터 최종 할부금의 지급기일까지의 기간이 1년 이상인 것을 말한다.
> ② **완성도기준지급조건부공급**이란 재화의 완성비율(작업진행률)에 따라 대금을 지급받는 경우를 말한다.
> ③ **중간지급조건부공급**이란 계약금을 받기로 한 날의 다음 날부터 재화를 인도하는 날 또는 재화를 이용가능하게 하는 날까지의 기간이 6개월 이상인 경우로서 그 기간 이내에 계약금 외의 대가를 분할하여 받는 경우를 말한다.

③ 반환조건부판매, 동의조건부판매, 그 밖의 조건부판매 및 기한부판매의 경우 : 그 조건이 성취되거나 기한이 지나 판매가 확정되는 때

④ 무인판매기를 이용하여 재화를 공급하는 경우 : 무인판매기에서 현금을 꺼내는 때

⑤ 수출재화의 경우

구 분	공급시기
㉠ 내국물품을 외국으로 반출하는 것과 중계무역 방식의 수출	• 수출재화의 선(기)적일
㉡ 원양어업 또는 위탁판매수출	• 수출재화의 공급가액이 확정되는 때
㉢ 외국인도수출 및 위탁가공무역방식의 수출	• 외국에서 해당 재화가 인도되는 때

> [참고] 용어정리
> ① **중계무역방식의 수출**이란 수출할 것을 목적으로 물품 등을 수입하여 보세구역 등 이외의 국내에 반입하지 아니하고 수출하는 것을 말한다.
>   예 중국과 A제품 수출계약을 맺고 태국과 A제품의 수입계약을 체결해서 중국으로 직접 보내는 방식
> ② **외국인도수출**이란 수출대금은 국내에서 영수하지만 국내에서 통관되지 않은 수출물품 등을 외국으로 인도하거나 제공하는 수출을 말한다.
>   예 중국과 A제품 수출계약을 맺고 태국에 있는 내 A제품을 중국으로 직접 보내는 방식
> ③ **위탁판매수출**이란 물품을 무환(無換 대금을 받지 않고)으로 외국의 수탁자에게 수출하여 해당 물품이 판매되는 만큼 대금을 받는 조건으로 이루어지는 수출을 말한다.
> ④ **위탁가공무역 방식의 수출**이란 가공임(加工賃)을 지급하는 조건으로 외국에서 가공할 원료의 전부 또는 일부를 거래 상대방에게 수출하거나 외국에서 조달하여 가공한 후 가공물품을 외국으로 인도하는 방식의 수출을 말한다.
>   예 중국과 A제품 수출계약을 맺고 태국의 가공업자에게 원료를 보내서 A제품을 가공한 후 중국으로 보내는 방식

⑥ 재화의 공급의제의 경우

구 분		공급시기
㉮ 자기생산·취득 재화의 공급의제	㉠ 면세사업에의 전용	• 재화를 사용하거나 소비하는 때
	㉡ 승용자동차 등의 비영업용에의 전용	
	㉢ 개인적 공급	
	㉣ 사업상 증여	• 재화를 증여하는 때
	㉤ 폐업시 잔존재화	• 폐업일
㉯ 판매목적 타사업장 반출재화의 공급의제		• 재화를 반출하는 때

⑦ 폐업 전에 공급한 재화의 공급시기 특례 : 사업자가 폐업 전에 공급한 재화의 공급시기가 폐업일 이후에 도래하는 경우에는 그 폐업일을 공급시기로 본다.

2. 용역의 공급시기

(1) 일반적인 공급시기

용역이 공급되는 시기는 다음의 어느 하나에 해당하는 때로 한다.
① 역무의 제공이 완료되는 때
② 시설물, 권리 등 재화가 사용되는 때

(2) 거래 형태별 공급시기

① 장기할부판매 등

구 분	공급시기
㉠ 장기할부조건부 또는 그 밖의 조건부로 용역을 공급하는 경우	• 대가의 각 부분을 받기로 한 때
㉡ 완성도기준지급조건부로 용역을 공급하는 경우	• 대가의 각 부분을 받기로 한 때 ※ 다만, 역무의 제공이 완료되는 날 이후 받기로 한 대가의 부분에 대해서는 역무의 제공이 완료되는 날을 공급시기로 본다.
㉢ 중간지급조건부로 용역을 공급하는 경우	
㉣ 공급단위를 구획할 수 없는 용역을 계속적으로 공급하는 경우	• 대가의 각 부분을 받기로 한 때

② 역무의 제공이 완료되는 때 또는 대가를 받기로 한 때를 공급시기로 볼 수 없는 경우 : 역무의 제공이 완료되고 그 공급가액이 확정되는 때

③ 사업자가 부동산 임대용역을 공급하는 경우로서 다음에 해당하는 경우 : 예정신고기간 또는 과세기간의 종료일
  ㉠ 사업자가 부동산 임대용역을 공급하고 받은 전세금 또는 임대보증금에 대한 간주임대료
  ㉡ 사업자가 둘 이상의 과세기간에 걸쳐 부동산 임대용역을 공급하고 그 대가를 선불 또는 후불로 받는 경우에 월수로 안분 계산한 임대료
④ 폐업 전에 공급한 재화의 공급시기 특례 : 사업자가 폐업 전에 공급한 용역의 공급시기가 폐업일 이후에 도래하는 경우에는 그 폐업일을 공급시기로 본다.

memo

기/출/문/제 (필기)

— 재화의 공급시기 —

01 다음 중 부가가치세법상 재화의 공급시기가 "대가의 각 부분을 받기로 한 때"로 적용될 수 없는 것은?

① 기한부판매 ② 장기할부판매
③ 완성도기준지급 ④ 중간지급조건부

[풀이] 기한부판매 : 기한이 지나 판매가 확정되는 때

02 다음은 부가가치세법상 공급시기에 대한 설명이다. 잘못된 것은?

① 재화의 이동이 필요한 경우 : 재화가 인도되는 때
② 재화의 공급으로 보는 가공의 경우 : 가공된 재화를 인도하는 때
③ 반환조건부 판매, 동의조건부 판매 : 그 조건이 성취되어 판매가 확정되는 때
④ 상품권 등을 현금 또는 외상으로 판매하고 그 상품권 등이 현물과 교환되는 경우 : 상품권 등을 현금 또는 외상으로 판매한 때

[풀이] 상품권 등을 현금 또는 외상으로 판매하고 그 상품권 등이 현물과 교환되는 경우 : 재화가 실제로 인도되는 때

03 다음 중 재화의 공급시기로 옳지 않은 것은?

① 상품권 등을 현금으로 판매하고 그 후 그 상품권이 현물과 교환되는 경우 : 상품권을 판매하는 때
② 현금판매, 외상판매의 경우 : 재화가 인도되거나 이용가능하게 되는 때
③ 재화의 공급으로 보는 가공의 경우 : 가공된 재화를 인도하는 때
④ 반환조건부 판매, 동의조건부 판매, 그밖의 조건부 판매의 경우 : 그 조건이 성취되거나 기한이 지나 판매가 확정되는 때

04 과세사업자인 ㈜서초는 ×1년 당사 제품인 기계장치를 공급하는 계약을 아래와 같이 체결하였다. 이 거래와 관련하여 ×1년 2기 예정신고기간의 과세표준에 포함되어야 할 공급가액은 얼마인가?

- 총 판매대금 : 6,500,000원(이하 부가가치세 별도)
- 계약금(3월 15일) : 2,000,000원 지급
- 중도금(5월 15일, 7월 15일) : 1,500,000원씩 각각 지급
- 잔금(9월 30일) : 1,500,000원 지급
- 제품인도일 : 9월 30일

① 6,500,000원 ② 5,000,000원 ③ 3,000,000원 ④ 1,500,000원

[풀이] 중간지급조건부공급이란 계약금을 받기로 한 날(3월 15일)의 다음 날부터 재화를 인도하는 날(9월 30일) 또는 재화를 이용가능하게 하는 날까지의 기간이 6개월 이상인 경우로서 그 기간 이내에 계약금 외의 대가를 분할(중도금 2번)하여 받는 경우를 말한다. 중간지급조건부공급의 공급시기는 대가의 각 부분을 받기로 한 때이다.
㉠ 1기 예정신고(1월 ~ 3월) 과세표준 : 3월 15일 2,000,000원
㉡ 1기 확정신고(4월 ~ 6월) 과세표준 : 5월 15일 1,500,000원
㉢ 2기 예정신고(7월 ~ 9월) 과세표준 : 7월 15일 1,500,000원, 9월 30일 1,500,000원

05 과세사업자인 ㈜삼원전자는 ×1년 당사 제품인 기계장치를 공급하는 계약을 아래와 같이 체결하였다. 이 거래와 관련하여 ×1년 1기 확정신고기간의 과세표준에 포함되어야 할 공급가액은 얼마인가?

- 총판매대금 : 35,000,000원(이하 부가가치세 별도)
- 계약금(4월 15일) : 20,000,000원 지급
- 1차 중도금(5월 15일) : 5,000,000원 지급
- 2차 중도금(7월 15일) : 5,000,000원 지급
- 잔금(11월 30일) : 5,000,000원 지급
- 제품인도일 : 11월 30일

① 20,000,000원   ② 25,000,000원   ③ 30,000,000원   ④ 35,000,000원

[풀이] 중간지급조건부공급이란 계약금을 받기로 한 날(4월 15일)의 다음 날부터 재화를 인도하는 날(11월 30일) 또는 재화를 이용가능하게 하는 날까지의 기간이 6개월 이상인 경우로서 그 기간 이내에 계약금 외의 대가를 분할(중도금 2번)하여 받는 경우를 말한다. 중간지급조건부공급의 공급시기는 대가의 각 부분을 받기로 한 때이다.
㉠ 1기 확정신고(4월 ~ 6월) 과세표준 : 4월 15일 20,000,000원, 5월 15일 5,000,000원
㉡ 2기 예정신고(7월 ~ 9월) 과세표준 : 7월 15일 5,000,000원
㉢ 2기 확정신고(10월 ~ 12월) 과세표준 : 11월 30일 5,000,000원

06 다음 중 부가가치세법상 공급시기가 잘못된 것은?
① 외상판매의 경우 : 재화가 인도되거나 이용가능하게 되는 때
② 장기할부판매의 경우 : 대가의 각 부분을 받기로 한 때
③ 무인판매기로 재화를 공급하는 경우 : 무인판매기에서 현금을 꺼내는 때
④ 폐업시 잔존재화의 경우 : 재화가 사용 또는 소비되는 때

[풀이] 폐업시 잔존재화의 경우 : 폐업일

07 다음 중 부가가치세법상 재화의 공급시기로 틀린 것은?
① 현금판매 : 재화가 인도되거나 이용가능하게 되는 때
② 반환조건부 : 그 조건이 성취되어 판매가 확정되는 때
③ 무인판매기에 의한 공급 : 무인판매기에서 현금을 꺼내는 때
④ 폐업시 잔존재화 : 폐업신고서 접수일

08 다음 중 부가가치세법에 따른 재화 또는 용역의 공급시기에 대한 설명으로 옳지 않은 것은?

① 현금판매, 외상판매의 경우 재화가 인도되거나 이용 가능하게 되는 때이다.
② 장기할부판매의 경우 대가의 각 부분을 받기로 한 때이다.
③ 반환조건부판매의 경우 조건이 성취되거나 기한이 지나 판매가 확정되는 때이다.
④ 폐업시 잔존재화의 경우 재화가 실제 사용하거나 판매되는 때이다.

09 부가가치세법상 재화의 원칙적인 공급시기에 대한 설명으로 틀린 것은?

① 장기할부판매 : 인도기준
② 국내물품을 외국으로 반출 : 수출재화의 선적일 또는 기적일
③ 폐업시 잔존재화 : 폐업일
④ 조건부판매 및 기한부판매 : 그 조건이 성취되거나 기한이 지나 판매가 확정되는 때

[풀이] 장기할부판매 : 대가의 각 부분을 받기로 한 때

10 다음 중 부가가치세법상 재화의 공급시기가 잘못 연결된 것은?

① 외국으로 직수출하는 경우 : 선적(기적)일
② 폐업시 잔존재화 : 폐업일
③ 장기할부판매 : 대가의 각 부분을 받기로 한 날
④ 무인판매기 : 동전 또는 지폐 투입일

[풀이] 무인판매기를 이용하여 재화를 공급 : 무인판매기에서 현금을 꺼내는 때

11 다음 중 부가가치세법상 재화의 공급시기가 잘못 연결된 것은?

① 외국으로 직수출하는 경우 : 선적일 또는 기적일
② 무인판매기를 이용하여 재화를 공급하는 경우 : 현금을 투입한 때
③ 장기할부판매의 경우 : 대가의 각 부분을 받기로 한 때
④ 폐업할 때 자기생산·취득재화 중 남아 있는 재화 : 폐업일

12 부가가치세법상 재화의 공급시기로 옳지 않은 것은?

① 현금판매, 외상판매의 경우 : 재화가 인도되거나 이용가능하게 되는 때
② 무인판매기에 의한 공급 : 무인판매기에서 현금을 인취하는 때
③ 반환조건부 판매, 동의조건부 판매, 그 밖의 조건부 판매의 경우 : 그 조건이 성취되거나 기한이 지나 판매가 확정되는 때
④ 장기할부판매, 완성도기준지급 또는 중간지급조건부로 재화를 공급하는 경우 : 대가의 전부를 실제 받았을 때

[풀이] 장기할부판매, 완성도기준지급 또는 중간지급조건부로 재화를 공급하는 경우 : 대가의 각 부분을 받기로 한 때

13 다음 중 재화의 공급시기로 옳지 않은 것은?

① 현금판매, 외상판매의 경우 : 재화가 인도되거나 이용가능하게 되는 때
② 내국물품 외국반출, 중계무역방식의 수출 : 수출재화의 선(기)적일
③ 재화의 공급으로 보는 가공의 경우 : 가공이 완료된 때
④ 반환조건부 판매, 동의조건부 판매, 그 밖의 조건부 판매의 경우 : 그 조건이 성취되거나 기한이 지나 판매가 확정되는 때

[풀이] 재화의 공급으로 보는 가공의 경우 : 가공된 재화를 인도하는 때

14 다음 중 부가가치세법상 재화 공급시기에 대한 설명으로 옳지 않은 것은?

① 상품권을 외상으로 판매하는 경우에는 외상대금의 회수일을 공급시기로 본다.
② 폐업 전에 공급한 재화의 공급시기가 폐업일 이후에 도래하는 경우에는 그 폐업일을 공급시기로 본다.
③ 반환조건부판매의 경우에는 그 조건이 성취되거나 기한이 경과되어 판매가 확정되는 때를 공급시기로 본다.
④ 무인판매기를 이용하여 재화를 공급하는 경우에는 당해 사업자가 무인판매기에서 현금을 인취하는 때를 공급시기로 본다.

[풀이] 상품권 등을 현금 또는 외상으로 판매하고 그 상품권 등이 현물과 교환되는 경우 : 재화가 실제로 인도되는 때

― 용역의 공급시기 ― ☆

15 부가가치세법상 부동산임대용역을 공급하는 경우, 전세금 또는 임대보증금에 대한 간주임대료의 공급시기로 옳은 것은?

① 대가의 각 부분을 받기로 한 때
② 용역의 공급이 완료된 때
③ 대가를 받은 때
④ 예정신고기간 또는 과세기간 종료일

[풀이] 간주임대료의 공급시기는 예정신고기간 또는 과세기간의 종료일이다.

16 부가가치세법상의 재화와 용역의 거래시기에 대한 설명이다. 틀린 것은?

① 재화의 이동이 필요한 경우에는 재화가 인도되는 때
② 장기할부 판매의 경우 각 대가를 받기로 한때
③ 재화의 공급으로 보는 가공의 경우에는 재화의 가공이 완료된 때
④ 임대보증금에 대한 간주수입금액에 대해서는 예정신고기간 또는 과세기간의 종료일

[풀이] 재화의 공급으로 보는 가공의 경우 : 가공된 재화를 인도하는 때

 정답

| 1. ① | 2. ④ | 3. ① | 4. ③ | 5. ② | 6. ④ | 7. ④ | 8. ④ | 9. ① | 10. ④ |
| 11. ② | 12. ④ | 13. ③ | 14. ① | 15. ④ | 16. ③ | | | | |

제5절 영세율과 면세

1. 영세율

영세율이란 일정한 재화 또는 용역의 공급에 대하여 영(zero)의 세율을 적용하는 제도를 말한다. 영세율이 적용되는 경우에는 재화 또는 용역의 공급가액에 영(zero)의 세율을 적용하여 매출단계의 부가가치세는 면제하고 매입단계에서 부담한 매입세액은 공제(또는 환급) 받게 된다. 그 결과 당해 재화 또는 용역의 부가가치세 부담이 완전히 제거되고, 거래상대방은 부가가치세를 전혀 부담하지 않게 되므로 이를 "완전면세"라고 한다.

(1) 영세율 적용대상자

영세율이 적용되는 거래는 영(zero)의 세율이 적용되는 것 외에는 일반적인 과세거래와 동일하므로 영세율 적용대상자는 과세사업자이어야 한다. 따라서 면세사업자는 영세율 적용을 받을 수 없으며, 간이과세자는 영세율 적용을 받을 수 있다. 다만, 간이과세자의 경우 매입세액을 환급받지는 못한다.

한편 영세율은 원칙적으로 거주자 또는 내국법인에 대하여 적용되며, 사업자가 비거주자 또는 외국법인이면 상호(면세)주의에 따른다. 즉, 그 상대방 국가에서 대한민국의 거주자 또는 내국법인에 대하여 동일하게 면세하는 경우에만 영세율을 적용한다.

(2) 영세율의 적용대상거래

① 재화의 수출 : 재화의 공급이 수출에 해당하면 그 재화의 공급에 대하여는 영세율을 적용한다. 수출은 다음의 것으로 한다.
  ㉠ 내국물품(대한민국 선박에 의하여 채집되거나 잡힌 수산물을 포함)을 외국으로 반출하는 것
  ㉡ 국내 사업장에서 계약과 대가 수령 등의 거래가 이루어지는 것으로서 중계무역방식의 수출, 위탁판매수출, 외국인도수출, 위탁가공무역 방식의 수출 등

> [참고] 수출대행계약의 영세율 적용
> 수출품 생산업자가 수출업자와 다음과 같이 수출대행계약을 체결하여 수출업자의 명의로 수출하는 경우에 수출품 생산업자가 외국으로 반출하는 재화는 영세율을 적용한다.
>   ① 수출품 생산업자가 직접 수출신용장을 받아 수출업자에게 양도하고 수출대행계약을 체결하는 경우
>   ② 수출업자가 수출신용장을 받고 수출품 생산업자와 수출대행계약을 체결한 경우
> 이 경우 수출을 대행하는 수출업자는 그 수출대행수수료에 대해 10%의 부가가치세를 과세받게 된다.

  ㉢ 내국신용장 또는 구매확인서에 의하여 재화[금지금(金地金)은 제외]를 공급하는 것

> **[참고] 용어정리**
> ① **신용장**(Letter of Credit)이란 은행이 신용장개설의뢰인(보통 수입상)의 신용을 보증하는 증서로서 신용장개설은행 앞으로 발행된 환어음을 인수·지급할 것을 약정하는 서류이다.
> ② **내국신용장**(Local Letter of Credit)이란 사업자가 국내에서 수출용 원자재, 수출용 완제품 또는 수출재화임가공용역을 공급받으려는 경우에 해당 사업자의 신청에 따라 외국환은행의 장이 재화나 용역의 공급시기가 속하는 과세기간이 끝난 후 25일 이내에 개설하는 신용장을 말한다.
> ③ **구매확인서**란 외국환은행장이 내국신용장에 준하여 재화나 용역의 공급시기가 속하는 과세기간이 끝난 후 25일 이내에 발급하는 확인서를 말한다.

② **용역의 국외공급** : 국외에서 공급하는 용역에 대하여는 영세율을 적용한다.
　예) 사업자가 국외에서 건설공사를 도급받아 국외에서 건설용역을 제공하는 경우

③ **외국항행용역의 공급** : 선박 또는 항공기에 의한 외국항행용역의 공급에 대하여는 영세율을 적용한다. 외국항행용역은 선박 또는 항공기에 의하여 여객이나 화물을 국내에서 국외로, 국외에서 국내로 또는 국외에서 국외로 수송하는 것을 말하며, 외국항행사업자가 자기의 사업에 부수하여 공급하는 재화 또는 용역으로서 다음의 것을 포함한다.
　㉠ 외국을 항행하는 선박 또는 항공기 내에서 승객에게 공급하는 것
　㉡ 자기의 승객만이 전용(轉用)하는 버스를 탑승하게 하는 것
　㉢ 자기의 승객만이 전용하는 호텔에 투숙하게 하는 것

④ **외화 획득 재화 또는 용역의 공급 등** : 외화를 획득하기 위한 재화 또는 용역의 공급으로서 다음에 해당하는 것은 영세율을 적용한다. 이들은 모두 국내거래지만 외화 획득을 장려하기 위한 취지이다.
　㉠ 우리나라에 상주하는 외교공관, 영사기관, 국제연합과 이에 준하는 국제기구 등에 재화 또는 용역을 공급하는 경우
　㉡ 수출업자와 직접 도급계약에 따라 수출재화를 임가공하는 수출재화임가공용역
　㉢ 내국신용장 또는 구매확인서에 의해 공급하는 수출재화임가공용역

2. 면세

면세제도란 일정한 재화 또는 용역의 공급에 대하여는 부가가치세의 납세의무를 면제하는 제도를 말한다. 면세에는 "부분면세제도"와 "완전면세제도"가 있다. 부분면세제도는 면세대상거래의 매출에서 산출하는 매출세액만을 면제하는 것이므로 전 단계에서 부담한 매입세액은 공제(또는 환급)하지 않는다. 반면 완전면세제도는 과세대상거래의 매출에 영(zero)의 세율을 적용하여 매출단계에서 부담한 부가가치세는 면제하고 매입단계에서 부담한 매입세액은 공제(또는 환급)해 주는 것을 말한다. 이와 같은 면세제도 중 부가가치세법에서 규정하는 **면세란 부분면세**를 뜻하며, 주로 **최종소비자에게 부가가치세의 부담을 경감시키기** 위하여 이 면세제도를 활용하고 있다.

(1) 재화 또는 용역의 공급에 대한 면세

다음의 재화 또는 용역의 공급에 대하여는 부가가치세를 면제한다.

⑺ 기초생활필수품

① 미가공식료품(식용으로 제공되는 농산물, 축산물, 수산물과 임산물을 포함한다) 및 우리나라에서 생산되어 식용으로 제공되지 아니하는 농산물, 축산물, 수산물과 임산물

> [참고] 미가공식료품은 국산과 외국산을 막론하고 면세하나, 식용으로 제공되지 않는 미가공 농·축·수·임산물은 국산만 면세하고 외국산은 면세하지 않는다. 예컨대, 콩(식용)은 원산지 불문하고 면세지만, 관상용 새·금붕어(비식용)는 우리나라에서 생산된 것만 면세한다.

> [참고] 면세하는 미가공식료품 등의 범위
> 미가공식료품은 가공되지 아니하거나 원생산물 본래의 성질이 변하지 아니하는 정도의 1차 가공(탈곡·정미·제분·건조·냉동 등)을 거친 농·축·수·임산물로 하되 다음의 것을 포함한다.
> ① 김치, 두부, 단무지, 장아찌, 젓갈류, 게장, 메주, 간장, 된장, 고추장, 데친 채소류 등 단순 가공식료품(제조시설을 갖추고 판매목적으로 독립된 거래단위로 포장하여 2026년 1월 1일부터 공급하는 것은 제외하되, 단순하게 운반편의를 위하여 일시적으로 포장하는 것은 포함한다)
> ② 미가공식료품을 단순히 혼합한 것
> ③ 면세하는 미가공식료품에는 소금(천일염)을 포함한다.

> [참고] 과세되는 식료품의 예 : 맛소금, 맛김, 바나나우유, 초코우유, 설탕 등

② 수돗물 ≠ (생수, 전기는 과세)
③ 연탄과 무연탄 ≠ (유연탄, 갈탄, 착화탄은 과세)
④ 여성용 생리처리 위생용품
⑤ 여객운송용역 ≠ (항공기, 우등고속버스, 전세버스, 택시, 특수자동차, 특종선박, 고속철도에 의한 여객운송용역은 과세)
⑥ 주택과 이에 부수되는 토지의 임대용역 ≠ (사업용 건물과 그 부수토지의 임대용역은 과세)

⑷ 국민후생 및 문화관련 재화와 용역

① 의료보건용역(수의사의 용역 포함)과 혈액 ≠ (약사가 의약품을 판매하는 것은 과세)

> [참고] 면세하는 의료보건용역의 범위
> ① 의료법에 따른 의사, 치과의사, 한의사, 조산사 또는 간호사가 제공하는 용역. 단, 다음의 진료용역은 면세대상에서 제외한다.
>   ㉠ 미용목적 성형수술 : 쌍꺼풀수술, 코성형수술, 지방흡입술, 주름살제거술 등은 과세
>   ㉡ 미용목적 피부관련시술 : 기미치료술, 여드름치료술, 탈모치료술, 제모술 등은 과세
> ② 접골사, 침사, 안마사, 임상병리사, 방사선사, 물리치료사, 치과기공사, 치과위생사, 장의업자가 제공하는 용역
> ③ 약사가 제공하는 의약품의 조제용역
> ④ 수의사가 제공하는 동물의 진료용역. 단, 가축·수산동물·장애인 보조견·국민기초생활보장법에 따른 수급자가 기르는 동물의 진료용역으로 한정한다.
> ⑤ 그 밖에 질병 예방 및 치료를 목적으로 하는 동물의 진료용역으로서 농림축산식품부장관이 기획재정부장관과 협의하여 고시하는 용역에 대해서는 면세한다.

② 교육용역

> **참고** 면세하는 교육용역의 범위
> 면세하는 교육용역이란 주무관청의 허가 또는 인가를 받거나 주무관청에 등록 또는 신고된 학교, 학원, 강습소, 훈련원 등에서 지식, 기술 등을 가르치는 것을 말한다. 다만, 다음의 학원에서 가르치는 교육용역에 대해서는 과세한다.
> ㉠ 「체육시설의 설치·이용에 관한 법률」에 따른 무도(볼륨댄스 과정을 가르치는)학원
> ㉡ 「도로교통법」에 따른 자동차운전학원

③ 도서(도서대여 및 실내 도서열람 용역을 포함), 신문(인터넷신문 포함), 잡지, 관보, 뉴스통신 및 방송. 다만 광고는 제외한다.
④ 예술창작품, 예술행사, 문화행사 또는 아마추어 운동경기 ≠ (골동품, 모조품은 과세)
⑤ 도서관, 과학관, 박물관, 미술관, 동물원, 식물원에 입장하게 하는 것

(다) 부가가치 구성요소

① 토지
② 저술가·작곡가 그 밖의 자가 직업상 제공하는 인적용역
③ 금융·보험용역

(라) 기타의 재화와 용역

① 우표(수입용 우표는 제외한다), 인지, 증지, 복권 및 공중전화
② 판매가격이 200원 이하인 담배와 특수용담배
③ 종교, 자선, 학술, 구호 그 밖의 공익을 목적으로 하는 단체가 공급하는 재화 또는 용역
④ 국가, 지방자치단체 또는 지방자치단체조합이 공급하는 재화 또는 용역
⑤ 국가, 지방자치단체, 지방자치단체조합 또는 공익단체에 무상으로 공급하는 재화 또는 용역
⑥ 「공동주택관리법」에 따른 관리규약에 따라 관리주체 또는 입주자대표회의가 복리시설인 공동주택 어린이집의 임대용역

(마) 조세특례제한법상 면세대상

① 영유아용 기저귀와 분유
② 국민주택(85㎡) 및 해당 주택의 건설용역(리모델링 용역을 포함)

> **참고** 부동산의 공급과 임대에 대한 면세 여부
>
> | 구 분 | 토 지 | 건물 등 |
> |---|---|---|
> | (1) 부동산의 공급 | 면 세 | 과 세 (단, 국민주택의 공급은 면세) |
> | (2) 부동산의 임대 | 과 세 (단, 주택부수토지의 임대는 면세) | 과 세 (단, 주택의 임대는 면세) |

(2) 면세의 포기

면세포기란 면세되는 재화 또는 용역을 공급하는 사업자가 면세적용을 포기하고 과세로 전환하는 것을 말하는데 다음 2가지 경우에 한하여 면세포기를 인정하고 있다.

① 영세율의 적용 대상이 되는 것
② 학술 등 연구단체가 그 연구와 관련하여 실비 또는 무상으로 공급하는 재화 또는 용역의 공급

(가) 면세포기 절차

부가가치세의 면제를 받지 아니하려는 사업자는 "면세포기신고서"를 관할세무서장에게 제출하여야 한다. 이 경우 지체없이 사업자등록을 하여야 한다. 면세포기는 언제든지 가능하며 승인을 요하지 않는다.

(나) 면세포기의 효력 및 재적용 절차

면세의 포기를 신고한 사업자는 신고한 날로부터 3년간 부가가치세를 면제받지 못한다. 그 기간이 지난 뒤 다시 부가가치세를 면제받으려면 "면세적용신고서"와 발급받은 사업자등록증을 제출하여야 한다. "면세적용신고서"를 제출하지 아니하면 계속하여 면세를 포기한 것으로 본다.

3. 영세율과 면세의 비교

구 분	영세율	면 세
(1) 기본원리	• 매출액 × 0%(영세율) 적용	• 납부의무 면제
(2) 목적	① 소비지국 과세원칙 (국제적 이중과세방지) ② 수출산업의 지원 (외화획득 지원)	• 세부담의 역진성 완화
(3) 적용대상	• 수출 등 외화획득 재화 · 용역	• 생필품 등
(4) 면세정도	• 완전면세 (매입세액 전액 공제되고, 매출자 단계에서 과세되지 않음)	• 불완전면세 (매입세액 공제 불가능)
(5) 과세대상 여부	• 부가가치세 과세대상에 포함	• 부가가치세 과세대상에서 제외
(6) 사업자 여부	• 부가가치세법상 과세사업자로 신고 · 납부의무 있음	• 부가가치세법상 사업자가 아니므로 신고 · 납부의무 없음

> **memo 2025년 개정사항** (p.319)
>
> [종전] ① 의료보건용역(수의사의 용역 포함)과 혈액
>
> [개정] ① 의료보건용역(수의사의 용역 포함)과 혈액(치료 · 예방 · 진단 목적으로 조제한 동물의 혈액을 포함)

기/출/문/제 (필기)

— 영세율 —

01 부가가치세법상 수출하는 재화에 대해 몇%의 부가가치세율을 부과하는가?
① 0%   ② 5%
③ 10% ④ 20%

02 다음 중 부가가치세법상 영세율의 특징이 아닌 것은?
① 수출업자의 자금부담을 줄여서 수출을 촉진한다.
② 사업자의 부가가치세 부담을 완전히 면제해 준다.
③ 국가 간 이중과세를 방지한다.
④ 저소득층의 세부담 역진성을 완화한다.
[풀이] 저소득층의 세부담 역진성을 완화하는 것은 면세제도이다.

03 다음 중 부가가치세법상 영세율에 대한 설명으로 틀린 것은?
① 완전면세   ② 국제적 이중과세의 방지
③ 세부담의 역진성 완화   ④ 수출산업의 지원
[풀이] 세부담 역진성을 완화하는 것은 면세제도이다.

04 부가가치세법상 재화의 수출시 영세율을 적용하는 이유는 무엇인가?
① 소비세   ② 간접세
③ 전단계세액공제법 ④ 소비지국 과세원칙

— 재화 또는 용역의 공급에 대한 면세 — ☆☆

05 다음 중 면세에 해당하는 것들로만 이루어진 것은?

| Ⓐ 가공된 식료품 | Ⓑ 수돗물 | Ⓒ 무연탄 및 연탄 | Ⓓ 신문, 도서 |
| Ⓔ 골동품 | Ⓕ 서비스용역 | Ⓖ 수집용 우표 | |

① Ⓐ Ⓒ Ⓔ   ② Ⓑ Ⓒ Ⓓ   ③ Ⓐ Ⓓ Ⓕ   ④ Ⓑ Ⓓ Ⓖ
[풀이] 수돗물, 무연탄 및 연탄, 신문, 도서는 면세에 해당한다.

06 다음 중 부가가치세가 과세되는 것은?

① 토지의 공급
② 국민주택의 공급
③ 상시주거용 주택과 부수토지의 임대
④ 주택 외 상가건물의 임대

[풀이] 주택 외 상가건물의 임대는 과세이다.

구 분	토 지	건물 등
(1) 부동산의 공급	면 세	과 세 (단, 국민주택의 공급은 면세)
(2) 부동산의 임대	과 세 (단, 주택부수토지의 임대는 면세)	과 세 (단, 주택의 임대는 면세)

07 부가가치세 확정신고시 과세표준에 포함되지 않는 것은?

① 토지의 임대
② 수출하는 재화
③ 영유아용 기저귀와 분유
④ 국민주택 초과 규모 주택의 공급

[풀이] 영유아용 기저귀와 분유는 면세한다.

08 다음 중 부가가치세가 면세되는 재화 또는 용역의 공급의 개수는?

㉠ 단순가공된 두부
㉡ 신문사 광고
㉢ 연탄과 무연탄
㉣ 시내버스 운송용역
㉤ 의료보건용역
㉥ 금융·보험용역

① 3개
② 4개
③ 5개
④ 6개

[풀이] 신문사 광고는 과세에 해당한다.

09 다음 중 면세대상에 해당하는 것은 모두 몇 개인가?

ⓐ 수돗물
ⓑ 도서·신문
ⓒ 가공식료품
ⓓ 시내버스운송용역
ⓔ 토지의 공급
ⓕ 교육용역(허가·인가받은 경우에 한함)

① 3개
② 4개
③ 5개
④ 6개

[풀이] 가공식료품은 과세에 해당한다.

10 다음 중 부가가치세의 면세대상이 아닌 것은?
① 수돗물
② 신문
③ 밀가루
④ 초코우유

[풀이] 초코우유는 가공된 식료품으로 과세한다.

11 다음 중 부가가치세법상 면세대상에 해당하지 않는 것은?
① 시내버스의 여객운송용역
② 대통령령으로 정하고 있는 교육용역
③ 수집용 우표
④ 미가공 식료품

[풀이] 수집용 우표는 과세한다.

12 다음 중 부가가치세법상 면세대상 거래에 해당되지 않는 것은?
① 보험상품 판매
② 마을버스 운행
③ 일반의약품 판매
④ 인터넷신문 발행

[풀이] 일반의약품 판매는 과세한다.

13 다음 중 부가가치세법상 면세대상 거래에 해당하는 것은?
① 운전면허학원의 시내연수
② 프리미엄고속버스 운행
③ 일반의약품에 해당하는 종합비타민 판매
④ 예술 및 문화행사

[풀이] 예술 및 문화행사는 면세대상 거래에 해당한다.

14 부가가치세법상 사업자가 행하는 다음의 거래 중 부가가치세가 과세되는 것은?
① 상가에 부수되는 토지의 임대
② 주택의 임대
③ 국민주택 규모 이하의 주택의 공급
④ 토지의 공급

[풀이] 상가에 부수되는 토지의 임대는 과세한다.

15 다음 중 부가가치세법상 면세에 해당하지 않는 것은?
① 택시에 의한 여객운송용역
② 도서대여 용역
③ 미술관에의 입장
④ 식용으로 제공되는 임산물

[풀이] 택시에 의한 여객운송용역은 과세한다.

16 다음 중 그 공급이 부가가치세 면세대상에 해당하지 않는 것은?

① 토지 ② 복권
③ 신문광고 ④ 수돗물

[풀이] 신문광고는 과세한다.

17 다음 중 부가가치세 면세대상이 아닌 것은?

① 항공기에 의한 여객운송용역 ② 도서, 신문, 잡지, 관보
③ 연탄과 무연탄 ④ 우표, 인지, 증지, 복권

[풀이] 항공기에 의한 여객운송용역은 과세한다.

18 부가가치세가 면세되는 재화 또는 용역의 공급에 해당하는 것의 개수는?

• 수돗물 • 연탄과 무연탄 • 항공기 여객운송용역 • 신문의 광고

① 1개 ② 2개 ③ 3개 ④ 4개

[풀이] 수돗물, 연탄과 무연탄은 면세에 해당한다.

19 다음 중 부가가치세법상 면세대상 용역에 해당하는 것은?

① 전세버스 운송용역 ② 골동품 중개용역
③ 도서대여 용역 ④ 자동차운전학원 교육용역

[풀이] 도서대여 용역은 면세대상 용역에 해당한다.

20 다음 중 부가가치세법상 면세되는 용역이 아닌 것은?

① 은행법에 따른 은행 업무 및 금융용역
② 주무관청의 허가 또는 인가 등을 받은 교육용역
③ 철도건설법에 따른 고속철도에 의한 여객운송용역
④ 주택임대용역

[풀이] 고속철도에 의한 여객운송용역은 과세한다.

― 면세의 포기 ―

21 다음은 부가가치세법상 면세포기와 관련된 설명이다. 맞게 설명한 것은?

① 면세포기는 관할세무서장의 승인을 얻어야 한다.
② 면세사업자는 면세포기 신고일로부터 3년간은 부가가치세를 면제받지 못한다.
③ 면세사업자는 모든 재화, 용역에 대하여 면세포기가 가능하다.
④ 면세사업자가 면세를 포기해도 매입세액공제가 불가능하다.

[풀이] ① 면세포기는 승인을 요하지 않는다.
③ 면세포기는 영세율의 적용 대상이 되는 것과 학술 등 연구단체가 그 연구와 관련하여 실비 또는 무상으로 공급하는 재화 또는 용역의 공급의 경우에 한하여 가능하다.
④ 면세포기를 하면 거래징수당한 매입세액을 공제받을 수 있게 된다.

― 영세율과 면세의 비교 ―

22 다음 중 부가가치세법상 영세율과 면세에 대한 설명으로 옳지 않은 것은?

① 면세사업자는 부가가치세법상 납세의무자가 아니다.
② 면세사업자가 영세율을 적용받고자 하는 경우에는 면세포기 신고를 하여야 한다.
③ 영세율은 부가가치세 부담이 전혀 없는 완전면세제도에 해당한다.
④ 면세제도는 소비지국 과세원칙을 구현하고 부가가치세의 역진성을 완화하기 위해 도입된 제도이다.

[풀이] 면세제도는 역진성을 완화하기 위해 도입된 제도이며, 소비지국 과세원칙의 구현은 영세율 제도에 대한 설명이다.

정답

1. ①　2. ④　3. ③　4. ④　5. ②　6. ④　7. ③　8. ③　9. ③　10. ④
11. ③　12. ③　13. ④　14. ①　15. ①　16. ③　17. ①　18. ②　19. ③　20. ③
21. ②　22. ④

제6절 과세표준과 세율

과세표준이란 납세의무자가 납부해야 할 세액산출의 기준이 되는 과세대상, 즉 과세물건의 금액 또는 수량을 말한다.

1. 재화 또는 용역의 공급에 대한 과세표준

(1) 일반적인 기준

재화 또는 용역의 공급에 대한 부가가치세의 과세표준은 해당 과세기간에 공급한 재화 또는 용역의 공급가액을 합한 금액으로 한다. 여기서 공급가액이란 다음의 가액을 말한다.

구 분	공급가액
① 금전으로 대가를 받는 경우	• 그 대가
② 금전 외의 대가를 받는 경우	• 자기가 공급한 재화 또는 용역의 시가[주]

[주] 시가란 사업자가 특수관계인이 아닌 자와 해당 거래와 유사한 상황에서 계속적으로 거래한 가격 또는 제3자간에 일반적으로 거래된 가격을 말한다.

이러한 공급가액에는 부가가치세를 포함하지 않는다. 한편, 사업자가 재화 또는 용역을 공급하고 그 대가로 받은 금액에 부가가치세가 포함되어 있는지가 분명하지 아니한 경우에는 그 대가로 받은 금액에 110분의 100을 곱한 금액을 공급가액으로 한다.

예 재화를 공급한 대가로 받은 165,000원에 부가가치세가 포함되어 있는지가 불분명한 경우
⇨ 165,000 × 100/110 = 150,000원을 공급가액으로 한다. 즉, 받은 대가에 부가가치세가 포함된 것으로 보는 것이다.

(2) 거래 형태별 공급가액의 계산

(가) 외상거래 등의 공급가액

① 외상판매 및 할부판매의 경우 : 공급한 재화의 총가액
② 다음 중 어느 하나에 해당하는 경우 : 계약에 따라 받기로 한 대가의 각부분
  ㉠ 장기할부판매
  ㉡ 완성도기준지급조건부 또는 중간지급조건부
  ㉢ 계속적으로 재화나 용역을 공급하는 경우
③ 둘 이상의 과세기간에 걸쳐 계속적으로 일정한 용역을 제공하고 그 대가를 선불로 받는 경우 : 계약기간의 개월 수로 안분 계산한 금액

> 선불로 받은 금액 × 각 과세대상기간의 개월 수 ÷ 계약기간의 개월 수

※ 해당 계약기간의 개시일이 속하는 달이 1개월 미만이면 1개월로 하고, 해당 계약기간의 종료일이 속하는 달이 1개월 미만이면 산입하지 않는다(초월산입·말월불산입).

(나) 대가를 외국통화 등으로 받는 경우

대가를 외국통화나 그 밖의 외국환으로 받은 경우에는 다음과 같이 환산한 금액을 그 대가로 한다.

구 분	공급가액
① 공급시기가 되기 전에 원화로 환가한 경우	• 환가한 금액
② 공급시기 이후에 외국통화 그 밖의 외국환 상태로 보유하거나 지급받는 경우	• 공급시기의 기준환율 또는 재정환율에 따라 계산한 금액

예 $100를 수출하고 공급시기는 8월 1일(환율 1,100원/$)인 경우
　[상황 1] 대금을 7월 1일(환율 1,000원/$)에 수령하여 원화로 환가한 경우 : 공급가액 100,000원
　[상황 2] 대금을 7월 1일에 수령하여 외국통화 상태로 보유 중인 경우 : 공급가액 110,000원
　[상황 3] 대금을 9월 1일(환율 1,200원/$)에 수령하여 환가한 경우 : 공급가액 110,000원
　WHY 공급시기 이후의 계속적으로 변동되는 환율을 반영하지 않기 위함이다.

(다) 재화의 공급의제의 경우

구 분		공급가액
(1) 자기생산·취득 재화의 공급의제	① 면세사업에의 전용	• 자기가 공급한 재화의 시가 ※ 다만, 재화가 감가상각자산인 경우에는 간주시가
	② 승용자동차 등의 비영업용에의 전용	
	③ 개인적 공급	
	④ 사업상 증여	
	⑤ 폐업시 잔존재화	• 폐업시 남아 있는 재화의 시가
(2) 판매목적 타사업장 반출재화의 공급의제		• 해당 재화의 취득가액[주]

[주] 다만, 취득가액에 일정액을 더하여 공급하여 자기의 다른 사업장에 반출하는 경우에는 그 취득가액에 일정액을 더한 금액을 공급가액으로 본다.

(3) 부당한 행위의 경우

특수관계인에게 대한 재화 또는 용역의 공급이 다음 중 어느 하나에 해당하는 경우로서 **조세의 부담을 부당하게 감소시킬 것으로 인정되는 경우**에는 공급한 재화 또는 용역의 시가를 공급가액으로 본다.

구 분		공급가액
① 재화의 공급	㉠ 부당하게 낮은 대가를 받은 경우	• 공급한 재화의 시가
	㉡ 대가를 받지 않은 경우	
② 용역의 공급	㉠ 부당하게 낮은 대가를 받은 경우	• 공급한 용역의 시가
	㉡ 사업용 부동산의 임대용역을 공급하고 대가를 받지 않은 경우	

(4) 공급가액에 포함 여부

공급가액은 대금, 요금, 수수료, 그 밖에 어떤 명목이든 상관없이 재화 또는 용역을 공급받는 자로부터 받는 금전적 가치 있는 모든 것을 포함한다. 이러한 공급가액에 포함되는지 여부를 예시하면 다음과 같다.

(가) 공급가액에 포함되는 금액
① 장기할부판매 또는 할부판매 경우의 이자상당액
② 대가의 일부로 받는 운송보험료·산재보험료 .등
③ 대가의 일부로 받는 운송비·포장비·하역비 등
④ 개별소비세와 교통·에너지·환경세 및 주세가 과세되는 재화 또는 용역에 대하여는 해당 개별소비세와 교통·에너지·환경세 및 주세와 그 교육세 및 농어촌특별세 상당액

(나) 공급가액에 포함되지 않는 금액
① 재화나 용역을 공급할 때 그 품질이나 수량, 인도조건 또는 공급대가의 결제방법이나 그 밖의 공급조건에 따라 통상의 대가에서 일정액을 직접 깎아 주는 금액(매출에누리)
② 환입된 재화의 가액(매출환입)
③ 공급받는 자에게 도달하기 전에 파손되거나 훼손되거나 멸실한 재화의 가액
④ 재화 또는 용역의 공급과 직접 관련되지 아니하는 국고보조금과 공공보조금
⑤ 공급에 대한 대가의 지급이 지체되었음을 이유로 받는 연체이자
⑥ 공급에 대한 대가를 약정기일 전에 받았다는 이유로 사업자가 당초의 공급가액에서 할인해 준 금액(매출할인)

(5) 과세표준에서 공제하지 않는 것

사업자가 재화 또는 용역을 공급받는 자에게 지급하는 장려금이나 이와 유사한 금액 및 대손금액은 과세표준에서 공제하지 아니한다. 다만, 공급받는 자의 파산 등으로 거래징수하지 못한 부가가치세액은 대손이 확정된 경우 대손세액공제를 받을 수 있다.

2. 재화의 수입에 대한 과세표준

재화의 수입에 대한 부가가치세의 과세표준은 그 재화에 대한 관세의 과세가격과 관세, 개별소비세, 주세, 교육세, 농어촌특별세 및 교통·에너지·환경세를 합한 금액으로 한다.

3. 세율

부가가치세의 세율은 10퍼센트로 한다. 우리나라 부가가치세의 세율 구조는 단일비례세율이며, 일정한 재화 또는 용역의 공급에 대해서는 영(zero)의 세율을 적용한다.

기/출/문/제 (필기)

01 납세의무자가 납부해야할 세액산출의 기초가 되는 과세대상의 수량 또는 가액을 무엇이라 하는가?

① 과세표준 ② 매입액
③ 납부세액 ④ 환급

02 다음 중 부가가치세법상 시가의 정의에 적합한 것은?

① 사업자가 특수관계에 있는 자와 당해 거래와 유사한 상황에서 계속적으로 거래한 가격 또는 제3자간에 일반적으로 거래된 가격
② 사업자가 특수관계에 있는 자 외의 자와 당해 거래와 다른 상황에서 계속적으로 거래한 가격 또는 제3자간에 일반적으로 거래된 가격
③ 사업자가 특수관계에 있는 자와 당해 거래와 유사한 상황에서 비반복적으로 거래한 가격 또는 제3자간에 일반적으로 거래된 가격
④ 사업자가 특수관계에 있는 자 외의 자와 당해 거래와 유사한 상황에서 계속적으로 거래한 가격 또는 제3자간에 일반적으로 거래된 가격

[풀이] 시가란 사업자가 특수관계인이 아닌 자와 해당 거래와 유사한 상황에서 계속적으로 거래한 가격 또는 제3자간에 일반적으로 거래된 가격을 말한다.

– 재화 또는 용역의 공급에 대한 과세표준 –

03 부가가치세법상 공급가액에 대한 설명 중 틀린 것은?

① 금전으로 대가를 받은 경우에는 그 대가
② 금전 이외의 대가를 받은 경우에는 자기가 공급한 재화 또는 용역의 원가
③ 폐업하는 재고재화의 경우에는 시가
④ 부가가치세가 표시되지 않거나 불분명한 경우에는 100/110에 해당하는 금액

[풀이] 금전 이외의 대가를 받은 경우 : 자기가 공급한 재화 또는 용역의 시가를 공급가액으로 한다.

04 부가가치세법상 간주공급(당해 재화는 감가상각자산이 아님)에 대한 과세표준 산정 시 공급가액을 시가로 계산해야 하는 사항이 아닌 것은?

① 판매목적 타사업장 반출하는 경우 ② 개인적 공급
③ 사업상 증여 ④ 폐업시 잔존재화(재고재화)

[풀이] 판매목적 타사업장 반출의 경우 : 해당 재화의 취득가액을 공급가액으로 한다.

05 ㈜씨엘은 수출을 하고 그에 대한 대가를 외국통화 기타 외국환으로 수령하였다. 이 경우 공급가액으로 올바르지 않은 것은?

① 공급시기 이후 대가 수령 : 공급시기의 기준환율 또는 재정환율로 환산한 가액
② 공급시기 이전 수령하여 공급시기 도래 전 환가 : 공급시기의 기준환율 또는 재정환율로 환산한 가액
③ 공급시기 이전 수령하여 공급시기 도래 이후 환가 : 공급시기의 기준환율 또는 재정환율로 환산한 가액
④ 공급시기 이전 수령하여 공급시기 도래 이후 계속 외환 보유 : 공급시기의 기준환율 또는 재정환율로 환산한 가액

[풀이] 공급시기 도래 전에 원화로 환가한 경우 : 그 환가한 금액을 공급가액으로 한다.

06 다음 중 부가가치세법상 과세표준의 산정방법이 옳지 않은 것은?

① 재화의 공급에 대하여 부당하게 낮은 대가를 받는 경우 : 자기가 공급한 재화의 시가
② 재화의 공급에 대하여 대가를 받지 아니하는 경우 : 자기가 공급한 재화의 시가
③ 특수관계인에게 용역을 공급하고 부당하게 낮은 대가를 받는 경우 : 자기가 공급한 용역의 시가
④ 특수관계 없는 타인에게 용역을 공급하고 대가를 받지 아니하는 경우 : 자기가 공급한 용역의 시가

[풀이] 특수관계 없는 타인에게 용역을 공급하고 대가를 받지 아니하는 경우 : 용역의 공급으로 보지 아니한다.

– 재화 또는 용역의 공급에 대한 과세표준 계산문제 – ☆☆☆

07 다음 중 부가가치세 과세표준에 해당되는 금액은 얼마인가?

ⓐ 컴퓨터 판매가액 1,000,000원(시가 2,000,000원, 특수관계자와의 거래에 해당)
ⓑ 컴퓨터 수선관련 용역을 무상으로 제공하였다(시가 500,000원).
ⓒ 시가 300,000원에 해당하는 모니터를 공급하고 시가 500,000원에 상당하는 책상을 교환받았다.

① 1,800,000원   ② 2,300,000원   ③ 3,000,000원   ④ 2,500,000원

[풀이] 컴퓨터 판매가액(시가) + 교환거래(제공한 재화의 시가) = 과세표준
└ 2,000,000 + 300,000 = 2,300,000원
ⓐ 특수관계자인에게 부당하게 낮은 대가를 받는 경우에는 시가를 과세표준으로 한다.
ⓑ 용역의 무상제공은 공급으로 보지 않는다.
ⓒ 금전 외의 대가를 받는 경우에는 자기가 공급한 재화의 시가를 과세표준으로 한다.

08 다음은 ㈜한국의 과세자료이다. 부가가치세 과세표준은 얼마인가? 단, 거래금액에는 부가가치세가 포함되어 있지 않다.

> ⓐ 외상판매액 : 2,000,000원
> ⓑ 대표이사 개인목적으로 사용한 제품(원가 80,000원, 시가 120,000원) : 80,000원
> ⓒ 비영업용 소형승용차(2,000cc) 매각대금 : 100,000원
> ⓓ 화재로 인하여 소실된 제품 : 200,000원

① 2,080,000원　　② 2,120,000원　　③ 2,220,000원　　④ 2,380,000원

[풀이] 외상판매액 + 개인적공급(시가) + 소형승용차 매각대금 = 과세표준
　　　└ 2,000,000 + 120,000 + 100,000 = 2,220,000원
　　ⓑ 개인적 공급은 시가를 과세표준으로 한다.
　　ⓓ 화재로 인하여 재화가 멸실된 경우에는 재화의 공급으로 보지 않는다.

– 공급가액에 포함 여부 – ☆

09 다음 중 부가가치세 과세표준계산에 포함되지 않는 항목은?

① 과세재화의 공급가액　　　　② 장기할부판매의 경우 이자상당액
③ 대가의 일부로 받는 운반비　　④ 면세재화의 공급대가

[풀이] 면세재화의 공급대가는 과세표준에 포함되지 않는다.

10 다음 중 부가가치세 과세표준의 계산에 포함되지 않는 것은?

① 개별소비세·교통세 및 주세가 과세되는 재화 또는 용역에 대하여는 당해 개별소비세·교통세 및 주세와 그 교육세 및 농어촌특별세 상당액
② 장기할부판매 또는 할부판매 경우의 이자상당액
③ 대가의 일부로 받는 운송비·포장비·하역비 등
④ 공급대가의 지급지연으로 인하여 지급받는 연체이자

[풀이] 공급에 대한 대가의 지급이 지체되었음을 이유로 받는 연체이자는 과세표준에 포함되지 않는다.

11 다음 중 부가가치세 과세표준에 포함하는 것은?

① 매출에누리와 환입
② 개별소비세액
③ 국고보조금
④ 공급대가의 지급지연으로 인한 연체이자

[풀이] 개별소비세가 과세되는 재화 또는 용역에 대하여는 해당 개별소비세는 과세표준에 포함된다.

12 다음 중 부가가치세법상 과세표준에 포함되지 않는 것은?

① 할부판매시 이자상당액　　② 매출에누리·환입
③ 개별소비세　　　　　　　　④ 관세

[풀이] 매출에누리와 매출환입은 과세표준에 포함되지 않는다.

13 부가가치세법상 과세표준에 포함되지 않는 것은?

① 관세　　　　　　　　　　　② 개별소비세
③ 할부거래에 따른 이자액　　 ④ 매출에누리

[풀이] 매출에누리는 과세표준에 포함되지 않는다.

14 다음 중 부가가치세 과세표준(공급가액)에 포함하는 항목인 것은?

① 매출할인, 매출에누리 및 매출환입액
② 할부판매, 장기할부판매의 경우 이자상당액
③ 재화·용역의 공급과 직접 관련이 없는 국고보조금과 공공보조금
④ 공급대가의 지급지연으로 인하여 받은 연체이자

[풀이] 장기할부판매 또는 할부판매 경우의 이자상당액은 과세표준에 포함된다.

15 다음 중 부가가치세 과세표준에 포함되는 것은?

① 공급에 대한 대가의 지급이 지체되었음을 이유로 받는 연체이자
② 환입된 재화의 가액
③ 공급대가를 약정기일 전에 받아 사업자가 당초의 공급가액에서 할인해 준 금액
④ 공급받는 자에게 도달한 후에 파손되거나 훼손되거나 멸실한 재화의 가액

[풀이] 공급받는 자에게 도달하기 전에 파손되거나 훼손되거나 멸실한 재화의 가액은 과세표준에 포함되지 않는다.

16 다음 중 부가가치세법상 과세표준에 포함되는 항목은 무엇인가?

① 공급받는 자에게 도달하기 전에 파손되거나 훼손되거나 멸실한 재화의 가액
② 환입된 재화의 가액
③ 재화 또는 용역의 공급과 직접 관련된 국고보조금과 공공보조금
④ 공급에 대한 대가를 약정기일 전에 받았다는 이유로 사업자가 당초의 공급가액에서 할인해 준 금액

[풀이] 재화 또는 용역의 공급과 직접 관련되지 아니하는 국고보조금과 공공보조금은 과세표준에 포함되지 않는다.

17 다음 중 부가가치세법상 과세표준 계산시 공급가액에 포함되는 것은?

① 매출에누리, 매출환입, 매출할인액
② 공급받는 자에게 도달하기 전 파손된 재화의 가액
③ 장기할부판매 또는 할부판매에 의해 지급받는 이자상당액
④ 계약에 의해 확정된 대가의 지급지연으로 지급받는 연체이자

[풀이] 장기할부판매 또는 할부판매 경우의 이자상당액은 공급가액에 포함된다.

― 과세표준에서 공제하지 않는 것 ―

18 다음 중 부가가치세의 과세표준에서 공제하지 않는 것은 어느 것인가?

① 대손금과 장려금　　② 환입된 재화의 가액
③ 매출할인　　　　　④ 에누리액

[풀이] 사업자가 재화 또는 용역을 공급받는 자에게 지급하는 장려금이나 이와 유사한 금액 및 대손금액은 과세표준에서 공제하지 아니한다.

19 다음 중 부가가치세법상 공급가액에 포함되는 것은?

① 환입된 재화의 가액
② 공급에 대한 대가를 약정기일 전에 받았다는 이유로 사업자가 당초의 공급가액에서 할인해 준 금액
③ 사업자가 재화 또는 용역을 공급받는 자에게 지급하는 장려금
④ 공급받는 자에게 도달하기 전에 파손되거나 훼손되거나 멸실한 재화의 가액

[풀이] 사업자가 재화 또는 용역을 공급받는 자에게 지급하는 장려금은 과세표준에서 공제하지 아니한다.

20 다음 중 부가가치세 과세표준에 포함되는 항목은 어느 것인가?

① 재화 또는 용역을 공급하고 외상매출금이나 그 밖의 매출채권의 일부 또는 전부를 회수할 수 없는 경우의 대손금액
② 재화 또는 용역의 공급과 직접 관련되지 아니하는 국고보조금과 공공보조금
③ 환입된 재화의 가액
④ 공급에 대한 대가의 지급이 지체되었음을 이유로 받는 연체이자

[풀이] 대손금액은 과세표준에서 공제하지 아니한다. 따라서 과세표준에 포함된다.

21 다음의 부가가치세 과세표준에 관한 설명 중 옳지 않은 것은?

① 일반과세자의 과세표준은 공급대가의 금액으로 한다.
② 대손금은 과세표준에 포함하였다가 대손세액으로 공제한다.
③ 매출에누리와 환입은 과세표준에 포함되지 않는다.
④ 공급받는 자에게 도달하기 전에 파손, 멸실된 재화의 가액은 과세표준에 포함되지 않는다.

[풀이] 일반과세자의 과세표준은 공급가액의 금액으로 한다.

22 다음 중 부가가치세 과세표준에 대한 설명으로 옳지 않은 것은?

① 대손금은 과세표준에서 공제하지 않는다.
② 공급에 대한 대가의 지급이 지체되었음을 이유로 받는 연체이자는 공급가액에 포함한다.
③ 금전 이외의 대가를 받는 경우 자기가 공급한 재화 또는 용역의 시가를 과세표준으로 한다.
④ 외화로 대가를 받은 후 공급시기가 되기 전에 환가한 경우 환가한 금액을 과세표준으로 한다.

[풀이] 공급에 대한 대가의 지급이 지체되었음을 이유로 받는 연체이자는 공급가액에 포함되지 않는다.

― 과세표준 계산문제 ― ☆☆☆☆☆

23 다음 중 부가가치세법상 일반과세자의 부가가치세 과세표준은 얼마인가?

• 총 매출액	10,000,000원	• 매출에누리액	2,000,000원
• 총 매입액	5,000,000원	• 대손금	1,000,000원
• 신용카드발행공제	400,000원		

① 2,600,000원   ② 3,000,000원   ③ 7,000,000원   ④ 8,000,000원

[풀이] 총 매출액(10,000,000) − 매출에누리액(2,000,000) = 과세표준 8,000,000원
 • 매출에누리액은 과세표준에 포함되지 않으므로 차감한다.
 • 대손금액은 과세표준에서 공제하지 않으므로 차감하지 않는다.
 • 신용카드매출전표 등 발행공제는 세액공제 항목으로 과세표준 계산과는 관련이 없다.

24 다음 중 부가가치세법상 일반과세사업자의 부가가치세 과세표준 금액은 얼마인가? (모든 금액은 부가가치세 제외 금액임)

- 총 매출액 : 120,000,000원 (영세율 매출액 30,000,000원 포함)
- 매출할인 및 에누리액 : 5,000,000원
- 매출환입액 : 7,000,000원
- 대손금 : 3,000,000원
- 총 매입액 : 48,000,000원

① 108,000,000원   ② 70,000,000원   ③ 60,000,000원   ④ 57,000,000원

[풀이] 총매출액 - 매출할인 및 에누리액 - 매출환입액 = 과세표준
└ 120,000,000 - 5,000,000 - 7,000,000 = 108,000,000원
- 대손금액은 과세표준에서 공제하지 않으므로 차감하지 않는다.

25 다음 자료를 이용하여 부가가치세의 과세표준 계산하면 얼마인가? 단, 아래 금액에는 부가가치세가 포함되지 않았다.

- 총 매출액 : 1,000,000원
- 매출할인 : 50,000원
- 공급대가의 지급지연에 따른 연체이자 : 30,000원
- 폐업시 잔존재화의 장부가액 : 300,000원 (시가 400,000원)

① 1,320,000원   ② 1,350,000원   ③ 1,380,000원   ④ 1,450,000원

[풀이] 총 매출액 - 매출할인 + 폐업시 잔존재화(시가) = 과세표준
└ 1,000,000 - 50,000 + 400,000 = 1,350,000원
- 공급에 대한 대가의 지급이 지체되었음을 이유로 받는 연체이자는 과세표준에 포함되지 않으므로 가산하지 않는다.

26 다음 자료에 의한 일반과세자의 부가가치세 매출세액은 얼마인가?

- 총 매출액 : 10,000,000원   • 매출에누리액 : 2,000,000원   • 판매장려금 : 500,000원

① 750,000원   ② 800,000원   ③ 950,000원   ④ 1,000,000원

[풀이] {총매출액(10,000,000) - 매출에누리액(2,000,000)} × 10% = 매출세액 800,000원
- 매출에누리액은 과세표준에 포함되지 않으므로 차감한다.
- 사업자가 재화 또는 용역을 공급받는 자에게 지급하는 장려금이나 이와 유사한 금액은 과세표준에서 공제하지 않으므로 차감하지 않는다.

27 다음 자료에서 부가가치세법상 일반과세자의 부가가치세 과세표준은 얼마인가? 단, 다음의 금액에는 부가가치세액이 포함되어있지 않다.

| • 총 매출액 | 5,000,000원 | • 매출환입액 | 500,000원 |
| • 총 매입액 | 3,000,000원 | • 금전지급 판매장려금 | 200,000원 |

① 4,500,000원 ② 4,300,000원 ③ 3,600,000원 ④ 1,700,000원

[풀이] 총매출액(5,000,000) − 매출환입액(500,000) = 과세표준 4,500,000원
 • 환입된 재화의 가액(매출환입액)은 과세표준에 포함되지 않으므로 차감한다.
 • 사업자가 재화 또는 용역을 공급받는 자에게 지급하는 장려금이나 이와 유사한 금액은 과세표준에서 공제하지 않으므로 차감하지 않는다.

28 다음 자료에 의하여 부가가치세 과세표준을 계산하면 얼마인가?

• 총 매출액	1,000,000원	• 외상매출금 연체이자	5,000원
• 매출에누리액	16,000원	• 매출할인액	30,000원
• 판매장려금(금전) 지급액	50,000원	• 대손금	20,000원

① 929,000원 ② 934,000원 ③ 954,000원 ④ 959,000원

[풀이] 총 매출액 − 매출에누리액 − 매출할인액 = 과세표준
  └ 1,000,000 − 16,000 − 30,000 = 954,000원
 • 공급에 대한 대가의 지급이 지체되었음을 이유로 받는 연체이자는 과세표준에 포함되지 않으므로 가산하지 않는다.
 • 사업자가 재화 또는 용역을 공급받는 자에게 지급하는 장려금이나 이와 유사한 금액 및 대손금액은 과세표준에서 공제하지 않으므로 차감하지 않는다.

− 재화의 수입에 대한 과세표준 −

29 다음 부가가치세의 과세표준에 대한 설명 중 가장 거리가 먼 것은?
① 재화의 수입에 대한 과세표준에는 그 재화에 대한 관세도 포함된다.
② 재화를 공급받는 자에게 지급하는 장려금이나 대손금액은 과세표준에서 공제한다.
③ 용역의 공급에 대하여 부당하게 낮은 대가를 받는 경우, 자기가 공급한 용역의 시가를 공급가액으로 본다.
④ 금전 이외의 대가를 받는 경우, 자기가 공급한 재화 또는 용역의 시가를 과세표준으로 한다.

[풀이] 사업자가 재화 또는 용역을 공급받는 자에게 지급하는 장려금이나 이와 유사한 금액 및 대손금액은 과세표준에서 공제하지 아니한다.

30 자동차를 수입하는 경우 수입세금계산서상의 공급가액에 포함되지 않는 것은?

① 교육세　　　　　　　　　② 관세
③ 개별소비세　　　　　　　④ 취득세

[풀이] 재화의 수입에 대한 부가가치세의 과세표준은 그 재화에 대한 관세의 과세가격과 관세, 개별소비세, 주세, 교육세, 농어촌특별세 및 교통·에너지·환경세를 합한 금액으로 한다.

31 재화의 공급에 대한 부가가치세 과세표준에 대한 설명 중 틀린 것은?

① 재화의 수입에 대한 부가가치세의 과세표준은 관세의 과세가격에 관세, 개별소비세 등도 포함한다.
② 금전 외의 대가를 받는 경우 : 자기가 공급한 재화 또는 용역의 시가
③ 폐업하는 경우 : 폐업시 남아 있는 재고자산의 장부가액(원가)
④ 사업자가 재화 또는 용역을 공급하고 그 대가로 받은 금액에 부가가치세가 포함되어 있는지가 분명하지 아니한 경우에는 그 대가로 받은 금액에 110분의 100을 곱한 금액을 공급가액으로 한다.

[풀이] 폐업하는 경우 : 폐업시 남아 있는 재화의 시가를 공급가액으로 한다.

32 다음 중 부가가치세법상 과세표준에 포함하는 것은?

① 공급에 대한 대가의 지급이 지체되었음을 이유로 받는 연체이자
② 매출에누리, 매출환입 및 매출할인
③ 수입하는 재화에 대한 관세의 과세가격과 관세 및 개별소비세
④ 공급받는 자에게 도달하기 전에 파손·훼손 또는 멸실된 재화의 가액

[풀이] 재화의 수입에 대한 부가가치세의 과세표준은 그 재화에 대한 관세의 과세가격과 관세, 개별소비세, 주세, 교육세, 농어촌특별세 및 교통·에너지·환경세를 합한 금액으로 한다.

정답

1. ①　2. ④　3. ②　4. ①　5. ②　6. ④　7. ②　8. ③　9. ④　10. ④
11. ②　12. ②　13. ④　14. ②　15. ④　16. ③　17. ③　18. ①　19. ③　20. ①
21. ①　22. ②　23. ④　24. ①　25. ②　26. ②　27. ①　28. ③　29. ②　30. ④
31. ③　32. ③

제7절 거래징수와 세금계산서

1. 거래징수

사업자가 재화 또는 용역을 공급하는 경우에는 공급가액에 10%의 세율을 적용하여 계산한 부가가치세를 재화 또는 용역을 공급받는 자로부터 징수해야 하는데, 이를 거래징수라고 한다.

2. 세금계산서의 종류

세금계산서란 과세사업자가 재화 또는 용역을 공급하는 때에 부가가치세를 거래 상대방으로부터 징수하고 그 징수사실을 증명하기 위하여 발급하는 증서를 말한다. 세금계산서는 매입세액을 공제를 받기 위한 필수자료이며 거래의 증빙, 대금청구서, 영수증 및 과세자료로 활용된다.

세 금 계 산 서 (공급자 보관용)						책번호	권	호
						일련번호		

공급자	등록번호				공급받는자	등록번호				
	상호(법인명)		성명(대표자)			상호(법인명)		성명(대표자)		
	사업장주소					사업장주소				
	업태		종목			업태	소매	종목	가방	

작성			공 급 가 액								세 액								비고
년	월	일	공란수	백	십	억	천	백	십	만	천	백	십	일	십	억	천	백	

월	일	품목	규격	수량	단가	공급가액	세액	비고

합계금액	현금	수표	어음	외상미수금	이 금액을	(영수) 함
						청구

(1) 세금계산서

세금계산서는 공급하는 사업자가 공급자 보관용(매출세금계산서), 공급받는자 보관용(매입세금계산서)으로 각 2매를 발행하여 1매를 발급한다. 세금계산서는 제출할 필요없이 보관만 하면되고, 부가가치세 신고시에 공급자는 매출처별세금계산서합계표를, 공급받는 자는 매입처별세금계산서합계표를 제출한다. 세금계산서의 기재사항은 다음과 같다.

구 분	내 용	비 고
(1) 필요적 기재사항	① 공급하는 사업자의 등록번호와 성명 또는 명칭 ② 공급받는 자의 등록번호 ③ 공급가액과 부가가치세액 ④ 작성 연월일	그 전부 또는 일부가 기재되지 않았거나 그 내용이 사실과 다른 경우에는 세금계산서로서의 효력이 인정되지 않는다.
(2) 임의적 기재사항	① 공급하는 자의 주소 ② 공급받는 자의 상호·성명·주소 ③ 공급하는 자와 공급받는 자의 업태와 종목 ④ 공급품목 ⑤ 단가와 수량 ⑥ 공급 연월일	세금계산서의 효력에는 아무런 영향을 미치지 않는 사항들이다.

(2) 수입세금계산서

세관장은 수입되는 재화에 대하여 부가가치세를 징수할 때에는 수입된 재화에 대한 세금계산서(이하 "수입세금계산서'라 한다)를 수입하는 자에게 발급하여야 한다.

(3) 영수증

영수증이란 공급받는 자와 부가가치세를 따로 기재하지 않은 증빙서류를 말한다. 따라서 영수증에는 부가가치세가 포함된 금액(공급대가)을 기재한다. 다만, 일반과세자로서 영수증 발급 대상 사업을 하는 자가 신용카드기 또는 직불카드기 등 기계적 장치(금전등록기는 제외)를 사용하여 영수증을 발급할 때에는 영수증에 공급가액과 세액을 별도로 구분하여 적어야 한다.

3. 전자세금계산서

전자세금계산서란 전자적인 방법으로 발급하는 세금계산서를 말한다. 여기서 전자적인 방법이란 ㉠ 전자세금계산서 발급업무를 대행하는 사업자의 전자세금계산서 발급시스템을 이용하는 방법, ㉡ 국세청장이 구축한 전자세금계산서 발급시스템을 이용하는 방법 등을 이용하여, 세금계산서에 기재할 사항, 작성자의 신원 및 계산서의 변경여부를 확인할 수 있는 인증시스템을 거쳐 정보통신망으로 발급하는 것을 말한다.

(1) 전자세금계산서 의무발급 사업자

다음의 사업자가 세금계산서를 발급하려면 전자세금계산서를 발급하여야 한다.
① 법인사업자
② 직전 연도의 사업장별 재화 및 용역의 공급가액(면세공급가액 포함)의 합계액이 8천만원 이상인 개인사업자(그 이후 직전 연도의 사업장별 재화 및 용역의 공급가액이 8천만원 미만이 된 개인사업자를 포함)

(2) 의무발급 개인사업자의 발급기간

전자세금계산서 의무발급 개인사업자는 사업장별 재화 및 용역의 공급가액의 합계액이 8천만원 이상인 해의 다음해 제2기 과세기간이 시작하는 날부터 전자세금계산서를 발급해야 한다. 다만, 사업장별 재화와 용역의 공급가액의 합계액이 수정신고 등으로 8천만원 이상이 된 경우에는 수정신고 등을 한 날이 속하는 과세기간의 다음 과세기간이 시작하는 날부터 전자세금계산서를 발급해야 한다.

(3) 전자세금계산서 발급명세 전송의무

전자세금계산서 의무발급 사업자가 전자세금계산서를 발급하였을 때에는 전자세금계산서 발급일의 다음 날까지 전자세금계산서 발급명세를 국세청장에게 전송하여야 한다. 이처럼 전자세금계산서 발급명세를 전송한 경우에는 ① 예정신고 또는 확정신고시 매출·매입처별세금계산서합계표를 제출하지 않을 수 있으며, ② 5년간 세금계산서 보존 의무가 면제된다. 반면에, 전자세금계산서 발급명세를 지연전송(미전송)하는 경우에는 그 공급가액에 일정한 %를 곱한 금액을 가산세로 하여 납부세액에 더하거나 환급세액에서 뺀다.

4. 세금계산서 발급의무자 및 발급대상 거래

(1) 발급의무자

세금계산서의 발급의무자는 납세의무자로 등록한 과세사업자이다. 따라서 면세사업자는 세금계산서를 발급할 수 없다.

(2) 발급대상 거래

재화 또는 용역의 공급에 대하여는 원칙적으로 모두 세금계산서를 발급하여야 한다. 영세율이 적용되는 거래도 비록 부가가치세는 거래징수하지 않지만 세금계산서를 발급하는 것이 원칙이다. 그러나 면세되는 재화 또는 용역의 공급에 대하여는 세금계산서를 발급하지 않는다.

(3) 세금계산서 발급의무의 면제

세금계산서를 발급하기 어렵거나 세금계산서의 발급이 불필요한 다음의 경우에는 세금계산서를 발급하지 아니할 수 있다.

① 택시운송 사업자, 노점 또는 행상을 하는 자, 무인자동판매기를 이용하여 재화나 용역을 공급하는 자 등이 공급하는 재화 또는 용역
② 소매업 또는 미용, 욕탕 및 유사 서비스업을 경영하는 자가 공급하는 재화 또는 용역(소매업의 경우에는 공급받는 자가 세금계산서 발급을 요구하지 아니하는 경우로 한정한다)
③ 자기생산·취득재화의 공급의제에 해당하는 재화

주의 판매목적 타사업장 반출로 공급의제 되는 재화는 세금계산서를 발급해야 한다.

④ 영세율 적용대상이 되는 일정한 재화 또는 용역
  ㉠ 재화의 수출(내국신용장 또는 구매확인서에 의하여 공급하는 재화는 제외)
  ㉡ 용역의 국외공급
  ㉢ 외국항행용역의 공급
  ㉣ 외화 획득 재화 또는 용역의 공급 중 일정한 것
⑤ 그 밖에 국내사업장이 없는 비거주자 또는 외국법인에게 공급하는 재화 또는 용역
⑥ **부동산임대용역 중 간주임대료에 해당하는 부분**
⑦ 전자서명인증사업자가 인증서를 발급하는 용역(다만, 공급받는 자가 사업자로서 세금계산서 발급을 요구하는 경우는 제외한다)

5. 세금계산서의 발급시기

세금계산서는 사업자가 재화 또는 용역의 공급시기에 재화 또는 용역을 공급받는 자에게 발급하여야 한다. 다만, 재화 또는 용역의 공급시기가 되기 전에 세금계산서를 발급하면 그 발급하는 때를 공급시기로 보는 특례규정에 따라 세금계산서를 발급할 수도 있다.

(1) 공급시기 전 발급특례

⑦ 공급시기 전에 받은 대가에 대한 발급

사업자가 재화 또는 용역의 공급시기가 되기 전에 재화 또는 용역에 대한 대가의 전부 또는 일부를 받고, 그 받은 대가에 대하여 세금계산서 등을 발급하면 그 세금계산서를 발급하는 때를 각각 그 재화 또는 용역의 공급시기로 본다.

⑭ 발급 후 대가수령

사업자가 재화 또는 용역의 공급시기가 되기 전에 세금계산서를 발급하고 그 *세금계산서 발급일부터 7일 이내에 대가를 받으면* 해당 세금계산서를 발급한 때를 재화 또는 용역의 공급시기로 본다. 다만, 다음 중 어느 하나에 해당하는 경우에는 재화 또는 용역을 공급하는 사업자가 그 재화 또는 용역의 공급시기가 되기 전에 세금계산서를 발급하고 그 *세금계산서 발급일부터 7일이 지난 후 대가를 받더라도* 해당 세금계산서를 발급한 때를 재화 또는 용역의 공급시기로 본다.
① 거래 당사자 간의 계약서·약정서 등에 대금 청구시기와 지급시기를 따로 적고, 대금 청구시기와 지급시기 사이의 기간이 30일 이내인 경우
② 재화 또는 용역의 공급시기가 세금계산서 발급일이 속하는 과세기간에 도래하는 경우

(2) 공급시기 후 발급특례

다음의 어느 하나에 해당하는 경우에는 재화 또는 용역의 공급일이 속하는 달의 다음 달 10일까지 세금계산서를 발급할 수 있다.

① 거래처별로 1역월의 공급가액을 합하여 해당 달의 말일을 작성연월일로 하여 세금계산서를 발급하는 경우
② 거래처별로 1역월 이내에서 사업자가 임의로 정한 기간의 공급가액을 합하여 그 기간의 종료일을 작성연월일로 하여 세금계산서를 발급하는 경우
③ 관계 증명서류 등에 따라 실제거래사실이 확인되는 경우로서 해당 거래일을 작성연월일로 하여 세금계산서를 발급하는 경우

6. 수정세금계산서의 발급사유 및 절차

세금계산서 또는 전자세금계산서의 기재사항을 착오로 잘못 적거나 세금계산서 또는 전자세금계산서를 발급한 후 그 기재사항에 관하여 다음의 사유가 발생하면 수정한 세금계산서를 또는 수정한 전자세금계산서를 발급할 수 있다.

발급사유	발급절차
(1) 처음 공급한 재화가 환입된 경우	• 재화가 환입된 날을 작성일로 적음 ※ 비고란에 처음 세금계산서 작성일을 덧붙여 적은 후 붉은색 글씨로 쓰거나 음(陰)의 표시를 하여 발급
(2) 계약의 해제로 재화 또는 용역이 공급되지 아니한 경우	• 계약이 해제된 때에 그 작성일은 계약해제일로 적음 ※ 비고란에 처음 세금계산서 작성일을 덧붙여 적은 후 붉은색 글씨로 쓰거나 음(陰)의 표시를 하여 발급
(3) 계약의 해지 등에 따라 공급가액에 추가되거나 차감되는 금액이 발생한 경우	• 증감 사유가 발생한 날을 작성일로 적음 ※ 추가되는 금액은 검은색 글씨로 쓰고, 차감되는 금액은 붉은색 글씨로 쓰거나 음(陰)의 표시를 하여 발급
(4) 착오로 전자세금계산서를 이중으로 발급한 경우	• 처음에 발급한 세금계산서의 내용대로 음(陰)의 표시를 하여 발급
(5) 면세 등 발급대상이 아닌 거래 등에 대하여 발급한 경우	• 처음에 발급한 세금계산서의 내용대로 음(陰)의 표시를 하여 발급
(6) 필요적 기재사항 등이 착오로 잘못 적힌 경우[주]	• 처음에 발급한 세금계산서의 내용대로 세금계산서를 붉은색 글씨로 쓰거나 음(陰)의 표시를 하여 발급하고, 수정하여 발급하는 세금계산서는 검은색 글씨로 작성하여 발급
(7) 세율을 잘못 적용하여 발급한 경우[주]	• 처음에 발급한 세금계산서의 내용대로 세금계산서를 붉은색 글씨로 쓰거나 음(陰)의 표시를 하여 발급하고, 수정하여 발급하는 세금계산서는 검은색 글씨로 작성하여 발급

(8) 필요적 기재사항 등이 착오 외의 사유로 잘못 적힌 경우[주]	• 처음에 발급한 세금계산서의 내용대로 세금계산서를 붉은색 글씨로 쓰거나 음(陰)의 표시를 하여 발급하고, 수정하여 발급하는 세금계산서는 검은색 글씨로 작성하여 발급 ※ 재화나 용역의 공급일이 속하는 과세기간에 대한 확정신고기한 다음날부터 1년 이내 세금계산서를 작성한다.

[주] 위 (6), (7), (8)의 경우에는 다음 중 어느 하나에 해당하는 경우로서 과세표준 또는 세액을 경정할 것을 미리 알고 있는 경우는 제외한다.
  ㉠ 세무조사의 통지를 받은 경우
  ㉡ 세무공무원이 과세자료의 수입 또는 민원 등을 처리하기 위하여 현지출장이나 확인업무에 착수한 경우
  ㉢ 세무서장으로부터 과세자료 해명안내 통지를 받은 경우 등

> [참고] **매입자발행세금계산서 제도**
> 부가가치세 납세의무자로 등록한 사업자로서 세금계산서 발급의무가 있는 사업자가 재화 또는 용역을 공급하고 세금계산서 발급시기에 세금계산서를 발급하지 않은 경우, 그 재화 또는 용역을 공급받은 자(면세사업자 포함)는 관할세무서장의 확인을 받아 세금계산서를 발행할 수 있는데, 이것을 매입자발행세금계산서라 한다.
>
> **(1) 발행 대상 사업자(매출사업자)**
> 세금계산서 발급의무가 있는 사업자
>
> **(2) 발행할 수 있는 사업자**
> 매입자발행세금계산서를 발행할 수 있는 자는 면세사업자를 포함한 모든 사업자이다. 면세사업자는 매입자발행세금계산서를 발행하여 지출증빙으로 사용가능하므로 발행대상에서 면세사업자를 제외할 경우 지출증빙미수취가산세를 추징당하므로 이를 해소하기 위함이다.
>
> **(3) 대상 거래**
> 거래건당 공급대가가 5만원 이상인 경우로 한다.

기/출/문/제 (필기)

— 거래징수 —

01 다음 (   )안에 들어갈 용어로 올바른 것은?

> 부가가치세법 15조에 따르면 사업자가 재화 또는 용역을 공급하고 부가가치세법에 따른 과세표준에 세율을 적용하여 계산한 부가가치세를 그 공급받는 자로부터 징수하는 것을 (   )라 한다.

① 원천징수　　② 거래징수　　③ 납세징수　　④ 통합징수

02 다음 중 거래징수의 내용으로 틀린 것은? (공급하는 사업자는 과세사업자임)

① 공급받는 자는 부가가치세를 지급할 의무를 짐
② 공급자가 부가가치세를 거래상대방으로부터 징수하는 제도
③ 공급가액에 세율을 곱한 금액을 공급받는 자로부터 징수
④ 공급받는 자가 면세사업자이면 거래징수의무가 없음

[풀이] 공급자는 공급받는 자가 과세사업자이건 면세사업자이건 거래징수의무를 진다.

— 세금계산서 기재사항 — ★☆☆☆☆

03 다음 중 세금계산서의 필요적 기재사항이 아닌 것은?

① 공급가액과 부가가치세액　　② 작성연월일
③ 공급받는 자의 등록번호　　　④ 공급하는 자의 주소

[풀이] 공급하는 자의 주소는 임의적 기재사항이다.

04 다음 중 부가가치세법상 세금계산서의 필요적 기재사항이 아닌 것은?

① 공급연월일　　　　　　　② 공급자의 등록번호와 성명 또는 명칭
③ 공급가액과 부가가치세액　④ 공급받는 자의 등록번호

[풀이] 공급연월일은 임의적 기재사항이다.

05 다음 중 세금계산서의 필요적 기재사항이 아닌 것은?

① 공급가액　　② 부가가치세액
③ 공급품목　　④ 작성연월일

[풀이] 공급품목은 임의적 기재사항이다.

06 세금계산서의 필요적 기재사항이 아닌 것은?

① 공급하는 사업자의 등록번호와 성명 또는 명칭
② 작성연월일
③ 공급받는 자의 상호, 성명, 주소
④ 공급가액과 부가가치세액

[풀이] 공급받는 자의 상호, 성명, 주소는 임의적 기재사항이다.

07 다음 중 부가가치세법상 세금계산서의 필요적 기재사항에 해당하는 것은?

① 공급연월일
② 공급받는 자의 상호, 성명, 주소
③ 공급품목
④ 공급받는 자의 사업자등록번호

[풀이] 공급받는 자의 사업자등록번호는 필요적 기재사항이다.

08 다음 중 세금계산서의 필수적 기재사항으로만 바르게 짝지어진 것은?

> ㉮ 공급하는 사업자의 등록번호와 성명 또는 명칭 ㉯ 공급받는 자의 등록번호
> ㉰ 공급가액과 부가가치세액 ㉱ 공급연월일

① ㉮ - ㉯ - ㉰
② ㉮ - ㉯ - ㉱
③ ㉮ - ㉰ - ㉱
④ ㉮ - ㉯ - ㉰ - ㉱

[풀이] 공급연월일은 임의적 기재사항이다.

09 다음은 사업자 간의 거래내용이다. ㈜용감이 전자세금계산서를 발행하고자 할 때, 다음 내용에 추가적으로 반드시 있어야 하는 필요적 기재사항은 무엇인가?

> ㈜용감(사업자 등록번호 : 129-86-49875, 대표자 : 신보라)은 ㈜강남스타일(사업자 등록번호 : 124-82-44582, 대표자 : 박재상)에게 소프트웨어 프로그램 2개를 10,000,000원(부가가치세 별도)에 공급하였다.

① 공급받는 자의 사업장 주소
② 작성연월일
③ 업태 및 종목
④ 품목 및 수량

[풀이] 작성연월일은 필요적 기재사항이다.

10 다음은 세금계산서의 일부이다. 부가가치세법상 필요적 기재사항이 아닌 것은?

전자세금계산서							승인번호		
공급자	사업자등록번호	①	종사업장번호		공급받는자	사업자등록번호		종사업장번호	
	상호(법인명)		성명(대표자)			상호(법인명)		성명(대표자)	④
	사업장주소					사업장주소			
	업태		종목			업태		종목	
	이메일					이메일			
작성일자		공급가액		세액		수정사유			
②		③							

풀이 공급받는 자의 성명(대표자)은 임의적 기재사항이다.

― 전자세금계산서 ― ☆☆☆☆

11 다음 중 부가가치세에 대한 설명으로 잘못된 것은?

① 부가가치세 납부세액은 매출세액에서 매입세액을 뺀 금액으로 한다.
② 법인사업자는 부가가치세법상 전자세금계산서 의무발급 대상자이다.
③ 금전 외의 대가를 받은 경우 공급가액은 자기가 공급받은 재화 또는 용역의 시가로 한다.
④ 부가가치세는 납세의무자와 담세자가 다를 것을 예정하고 있는 세목에 해당한다.

풀이 금전 외의 대가를 받은 경우 공급가액은 자기가 공급한 재화 또는 용역의 시가로 한다.

12 부가가치세법상 법인사업자와 전자세금계산서 발급의무자인 개인사업자가 전자세금계산서를 발급하는 경우에, 전자세금계산서 발급명세서를 언제까지 국세청장에게 전송하여야 하는가?

① 전자세금계산서 발급일이 속하는 달의 다음 달 10일 이내
② 전자세금계산서 발급일의 2일 이내
③ 전자세금계산서 발급일의 일주일 이내
④ 전자세금계산서 발급일의 다음 날까지

풀이 전자세금계산서를 발급하였을 때에는 전자세금계산서 발급일의 다음 날까지 전자세금계산서 발급명세를 국세청장에게 전송하여야 한다.

13 다음 중 부가가치세법상 세금계산서에 대한 설명으로 옳지 않은 것은?

① 법인사업자 및 개인사업자는 반드시 전자세금계산서를 발급하여야 한다.
② 세금계산서는 사업자가 원칙적으로 재화 또는 용역의 공급시기에 재화 또는 용역을 공급받는 자에게 발급하여야 한다.
③ 전자세금계산서를 발급하였을 때에는 발급일의 다음 날까지 전자세금계산서 발급명세를 국세청장에게 전송하여야 한다.
④ 세관장은 수입되는 재화에 대하여 부가가치세를 징수할 때에는 수입된 재화에 대한 수입세금계산서를 수입하는 자에게 발급하여야 한다.

> [풀이] 전자세금계산서 의무발급 사업자는 법인사업자와 직전 연도의 사업장별 재화 및 용역의 공급가액(면세공급가액 포함)의 합계액이 8천만원 이상인 개인사업자이다.

14 다음 중 전자세금계산서 제도에 대한 설명으로 가장 틀린 것은?

① 발급기한은 원칙적으로 공급시기이지만, 예외도 있다.
② 전송기한은 발급일의 다음 날까지이다.
③ 전자세금계산서 관련 가산세는 미(지연)발급가산세와 미(지연)전송가산세 등이 있다.
④ 발급의무자는 모든 법인사업자 및 직전연도 공급가액(과세공급가액과 면세공급가액) 합계가 10억원 이상인 개인사업자이다.

― 세금계산서 발급의무의 면제 ― ★★☆☆

15 다음 중 부가가치세법상 세금계산서 발급의무 면제대상이 아닌 것은?

① 직매장반출을 제외한 간주공급에 해당하는 재화의 공급
② 부동산임대용역 중 간주임대료
③ 일반과세자로서 전세버스 운송사업을 영위하는 자
④ 미용업 또는 욕탕업을 경영하는 자가 공급하는 용역

> [풀이] 일반과세자로서 전세버스 운송사업을 영위하는 자는, 공급을 받는 사업자가 사업자등록증을 제시하고 세금계산서의 발급을 요구할 때에는 영수증 대신에 세금계산서를 발급하여야 한다.

16 다음 중 부가가치세법상 세금계산서 발급의무가 면제되지 않는 것은?

① 미용, 욕탕업을 영위하는 자가 제공하는 용역
② 공급받는 자에게 신용카드매출전표 등을 발급한 경우 해당 재화 또는 용역
③ 부동산임대용역 중 간주임대료
④ 내국신용장·구매확인서에 의하여 공급하는 재화

> [풀이] 영세율 적용대상이 되는 일정한 재화 또는 용역 중 내국신용장 또는 구매확인서에 의하여 공급하는 재화는 세금계산서 발급의무가 면제되지 않는다.
> ② 신용카드매출전표 등을 발급받으면 매입세액을 공제받을 수 있으므로 세금계산서까지 발급받아 매입세액을 중복적으로 공제받는 것을 방지하려고 발급을 금지한다.

17 부가가치세법상 세금계산서 발급의무가 면제되는 경우에 해당되지 않는 것은?

① 택시운송사업자, 노점 또는 행상을 하는 사람, 그밖에 기획재정부령으로 정하는 사업자가 공급하는 재화 또는 용역
② 부동산임대용역 중 간주임대료
③ 미용, 욕탕 및 유사 서비스업을 경영하는 자가 공급하는 용역
④ 소매업을 경영하는 자가 사업자에게 공급하는 재화 또는 용역

[풀이] 소매업의 경우에는 공급받는 자가 세금계산서 발급을 요구하지 아니하는 경우에만 세금계산서 발급의무가 면제된다.

18 다음 중 세금계산서 발급의무의 면제에 해당하지 않는 것은? (단, 과세사업자를 전제한다)

① 미용, 욕탕 및 유사 서비스업을 경영하는 자가 공급하는 재화 또는 용역
② 부동산임대에 따른 간주임대료
③ 도매업을 영위하는 자가 공급하는 재화·용역
④ 무인판매기를 이용하여 재화와 용역을 공급하는 자

[풀이] 도매업을 영위하는 자가 공급하는 재화·용역은 세금계산서 발급의무가 면제되지 않는다.

19 다음 중 부가가치세법상 세금계산서 및 영수증 발급의무면제 대상이 아닌 것은? (단, 주사업장총괄납부 및 사업자단위과세 사업자가 아니다)

① 용역의 국외공급
② 무인자동판매기를 이용한 재화의 공급
③ 다른 사업장에 판매목적으로 반출되어 공급으로 의제되는 재화
④ 부동산임대용역 중 간주임대료에 해당하는 부분

[풀이] 판매목적 타사업장 반출로서 공급의제 되는 재화는 세금계산서를 발급해야 한다.

20 부가가치세법상 영세율 적용 대상 중 세금계산서 발급의무가 있는 것은?

① 직수출하는 재화
② 구매확인서에 의한 수출재화
③ 국외에서 제공하는 용역
④ 항공기의 외국항행용역

[풀이] 영세율 적용대상이 되는 일정한 재화 또는 용역 중 내국신용장 또는 구매확인서에 의하여 공급하는 재화는 세금계산서 발급의무가 면제되지 않는다.

21 부가가치세법상 세금계산서에 대한 설명 중 틀린 것은?

① 세금계산서의 작성연월일을 기재하지 않으면 세금계산서의 효력이 인정되지 않는다.
② 세금계산서의 공급받는 자의 성명을 기재하지 않아도 세금계산서의 효력이 인정된다.
③ 간주임대료에 대해서는 세금계산서를 발행해야 한다.
④ 휴대폰을 판매하는 소매업자는 세금계산서 대신 신용카드매출전표 등을 교부한 경우 세금계산서를 교부할 수 없다.

[풀이] 간주임대료에 대해서는 세금계산서 발급의무가 면제된다.
④ 신용카드매출전표 등을 발급받으면 매입세액을 공제받을 수 있으므로 세금계산서까지 발급받아 매입세액을 중복적으로 공제받는 것을 방지하려고 발급을 금지한다.

― 세금계산서의 발급시기 ― ☆☆☆

22 다음 중 세금계산서의 원칙적인 발급시기로서 옳은 것은?

① 재화 또는 용역의 공급시기
② 재화 또는 용역의 공급시기가 속하는 달의 말일까지
③ 재화 또는 용역의 공급시기가 속하는 달의 다음달 10일까지
④ 재화 또는 용역의 공급시기가 속하는 달의 다음달 15일까지

[풀이] 세금계산서는 사업자가 재화 또는 용역의 공급시기에 재화 또는 용역을 공급받는 자에게 발급하여야 한다.

23 부가가치세법상 세금계산서는 원칙적으로 재화 또는 용역의 공급시기에 교부하여야 하나 거래처별로 1역월의 공급가액을 합계하여 당해 월의 말일자를 발행일자로 하여 세금계산서를 교부하는 경우 공급일이 속하는 달의 다음달 (   )일까지 교부할 수 있다. (   )안에 들어갈 숫자는 무엇인가?

① 5 ② 7 ③ 10 ④ 12

24 다음 중 부가가치세법상 세금계산서에 대한 설명으로 가장 옳지 않은 것은?

① 원칙적으로 재화 또는 용역의 공급시기에 발급하여야 한다.
② 일정한 경우에는 재화 또는 용역의 공급시기 전에도 세금계산서를 발급할 수 있다.
③ 월합계세금계산서는 예외적으로 재화 또는 용역의 공급일이 속하는 달의 다음 달 14일까지 세금계산서를 발급할 수 있다.
④ 법인사업자는 전자세금계산서를 의무적으로 발급하여야 한다.

[풀이] 월합계세금계산서는 예외적으로 재화 또는 용역의 공급일이 속하는 달의 다음 달 10일까지 세금계산서를 발급할 수 있다.

25 당사는 5월 1일부터 5월 31일까지 공급한 금액을 모두 합하여 작성연월일을 5월 말일자로 세금계산서를 발급하기로 하였다. 부가가치세법상 세금계산서는 언제까지 발급하여야 하는가?

① 6월 7일   ② 6월 10일   ③ 6월 15일   ④ 6월 30일

[풀이] 거래처별로 1역월의 공급가액을 합하여 해당 달의 말일(5월 31일)을 작성연월일로 하여 세금계산서를 발급하는 경우에는 재화 또는 용역의 공급일이 속하는 달(5월)의 다음 달 10일(6월 10일)까지 세금계산서를 발급할 수 있다.

26 다음 중 부가가치세법상 세금계산서 제도와 관련한 설명 중 틀린 것은?

① 공급시기가 도래하기 전에 세금계산서를 발급하고 발급일로부터 7일 이내에 대가를 지급받는 경우에는 적법한 세금계산서를 발급한 것으로 본다.
② 세금계산서의 필요적 기재사항의 일부가 기재되지 않은 경우에도 그 효력이 인정된다.
③ 월합계세금계산서 등의 경우에는 재화 또는 용역의 공급일이 속하는 달의 다음달 10일까지 발급가능하다.
④ 법인사업자는 전자세금계산서 의무발급대상자이다.

[풀이] 세금계산서의 필요적 기재사항의 전부 또는 일부가 기재되지 않았거나 그 내용이 사실과 다른 경우에는 세금계산서로서의 그 효력이 인정되지 않는다.

27 부가가치세법상 세금계산서 및 거래징수와 관련된 설명으로 잘못된 것은?

① 사업자가 재화 또는 용역을 공급하는 경우에는 부가가치세를 재화 또는 용역을 공급받는 자로부터 징수하여야 한다.
② 세금계산서는 재화 또는 용역의 공급시기에 발급한다.
③ 세금계산서는 재화 또는 용역의 공급받는 자와 대가를 지급하는 자가 다른 경우 대가를 지급하는 자에게 발급하여야 한다.
④ 재화 또는 용역의 공급시기가 되기 전이라도 대가의 전부 또는 일부를 수령한 경우 세금계산서를 발급할 수 있다.

[풀이] 세금계산서는 사업자가 재화 또는 용역의 공급시기에 재화 또는 용역을 공급받는 자에게 발급하여야 한다.

– 수정세금계산서의 발급사유 –

28 다음 중 부가가치세법상 세금계산서에 대한 설명으로 옳지 않은 것은?

① 세금계산서는 월별로 합계하여 발급할 수 있다.
② 영세율 거래에 대해서도 세금계산서를 발급할 수 있다.
③ 재화를 수입하는 사업자는 수입세금계산서를 발급해야 한다.
④ 세금계산서의 필요적 기재사항을 착오로 잘못 적은 경우 수정세금계산서를 발급할 수 있다.

[풀이] 세관장은 수입되는 재화에 대하여 부가가치세를 징수할 때에는 수입된 재화에 대한 세금계산서(수입세금계산서)를 수입하는 자에게 발급하여야 한다.

— 매입자발행세금계산서 제도 — ☆☆

29 다음 (   )안에 들어갈 말은 무엇인가?

> 부가가치세법상 사업자가 재화 또는 용역을 공급하고 세금계산서를 교부하지 아니한 경우 당해 재화 또는 용역을 공급받은 자는 관할세무서장의 확인을 받아 (   )발행 세금계산서를 발행할 수 있다.

① 사업자   ② 매입자   ③ 중개인   ④ 매출자

[풀이] 매입자발행세금계산서 제도에 관한 설명이다.

30 다음 중 부가가치세법상 세금계산서에 대한 설명으로 올바르지 않은 것은?

① 수입세금계산서는 세관장이 발급한다.
② 판매자가 발급하는 것이 원칙이나, 특례에 따라 매입자도 세금계산서를 발행할 수 있다.
③ 세금계산서는 원칙적으로 재화 또는 용역의 공급시기에 발급하여야 한다.
④ 수탁자가 재화를 인도할 때에는 수탁자의 명의로 세금계산서를 발급한다.

[풀이] 위탁판매에 의한 판매의 경우 수탁자가 재화를 인도할 때에는 수탁자가 위탁자의 명의로 세금계산서를 발급하며, 위탁자가 직접 재화를 인도하는 때에는 위탁자가 세금계산서를 발급할 수 있다.

정답

1. ② 2. ④ 3. ④ 4. ① 5. ③ 6. ③ 7. ④ 8. ① 9. ② 10. ④
11. ③ 12. ④ 13. ① 14. ④ 15. ③ 16. ④ 17. ④ 18. ③ 19. ③ 20. ②
21. ③ 22. ① 23. ③ 24. ③ 25. ② 26. ② 27. ③ 28. ③ 29. ② 30. ④

제 2 장 매입매출 전표 입력

[매입매출전표입력] 메뉴는 부가가치세 신고와 관련된 매입·매출거래를 입력한다. 따라서 부가가치세 신고와 관련되지 않는 거래는 본 메뉴에 입력하지 않고 [재무회계]>[전표입력]> [일반전표입력]에 입력해야 한다. 입력된 자료는 자동으로 정리, 분류, 집계되어 부가가치세 신고서와 부속서류 및 재무회계 자료로 반영되어 각각의 메뉴에서 필요한 내용을 조회 및 출력할 수 있게 한다.

 KcLep 길라잡이

- [재무회계]>[전표입력]>[매입매출전표입력]을 선택하면 다음과 같은 화면이 나타난다.
- 화면 〈상단〉은 부가가치세 신고와 관련된 매입·매출거래의 내용을 입력하는 부분이며, 입력된 자료는 [부가가치세신고서]와 [세금계산서합계표] 및 [매입매출장] 메뉴로 반영된다.
- 화면 〈하단〉은 해당 매입·매출거래와 관련된 분개를 입력하는 부분이며, 입력된 자료는 [전표입력]>[일반전표입력]에서 입력하는 것과 동일하게 재무회계 자료로 반영된다.

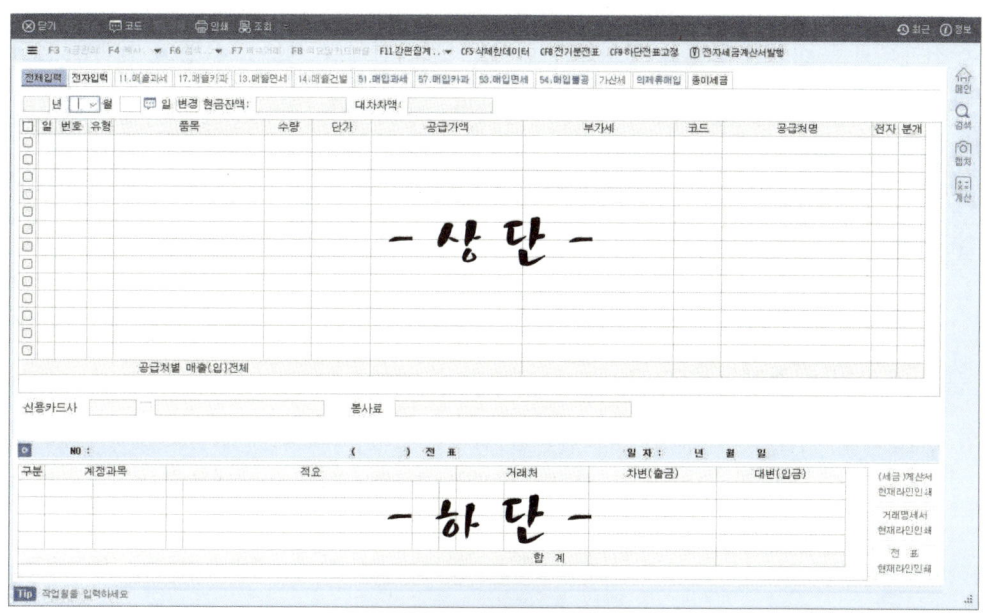

• [매입매출전표입력] 화면 •

▶ **월**

거래가 발생한 월을 입력한다(입력방식[월별입력 또는 기간입력]은 [**일반전표입력**] 메뉴와 동일).

▶ **일**

거래가 발생한 일을 입력한다. [일]란은 상황에 따라 두 가지 방법으로 입력할 수 있는데, 이는 [**전표입력**]>[**일반전표입력**]에서 설명한 방법과 동일하다.

[방법1] 상단의 [월]란에는 "월"을 입력하고 [일]란에서는 "일"을 입력한다. 그 다음 [일]란에는 상단에 입력한 일이 자동 표시되는 방법이다. 이 방법은 동일한 화면 내에서 하루 동안의 거래를 연속적으로 입력하는 방법이다.

[방법2] 상단의 [월]란에는 "월"을 입력하고 [일]란에서 Enter↵ 키를 치고 진행하여 [일]란은 입력하지 않는다. 그 다음 [일]란에 "일"을 입력하면서 작업하는 방법이다. 이 방법은 동일한 화면 내에서 한 달 동안의 거래를 연속적으로 입력하는 방법이다. 자격시험에서는 문제에 제시된 상황에 따라 빨리 입력 및 조회할 수 있는 방법을 사용하면 된다.

▶ **유형**

메뉴 하단의 「부가세유형」 도움말을 참조하여 입력하고자 하는 매입·매출거래의 유형을 코드번호 두 자리로 입력한다. 유형 코드번호의 선택에 따라 부가가치세신고서의 각 해당란에 자동 집계되므로 정확한 유형을 선택해야 한다. 자격시험에서 잘못된 유형의 선택은 감점이 아닌 오답으로 처리된다.

부가세유형								
매출						매입		
11.과세	과세매출	16.수출	수출	21.전자	전자화폐	51.과세	과세매입	56.금전	금전등록	61.현과	현금과세
12.영세	영세율	17.카과	카드과세	22.현과	현금과세	52.영세	영세율	57.카과	카드과세	62.현면	현금면세
13.면세	계산서	18.카면	카드면세	23.현면	현금면세	53.면세	계산서	58.카면	카드면세
14.건별	무증빙	19.카영	카드영세	24.현영	현금영세	54.불공	불공제	59.카영	카드영세
15.간이	간이과세	20.면건	무증빙			55.수입	수입분	60.면건	무증빙

▶ **품목 / 규격 / 수량 / 단가**

매입·매출거래의 품목·규격·수량·단가를 입력한다. 하나의 거래에 품목이 두 가지 이상인 경우에는 상단 툴바의 F7 복수거래 를 클릭하고 메뉴 하단의 「복수거래내용(F7)」 창에 각각의 품목·규격·수량·단가를 입력한다.

복수거래내용 (F7)	(입력가능갯수 : 100개)						
No	품목	규격	수량	단가	공급가액	부가세	합계	비고
1	원피스		150	45,000	6,750,000	675,000	7,425,000
2	투피스		85	56,000	4,760,000	476,000	5,236,000
3							
			합계		11,510,000	1,151,000	12,661,000

▶ **공급가액**

[수량]란과 [단가]란을 입력하면 [공급가액]란은 자동으로 계산되어 표시되며, [수량]란과 [단가]란의 입력을 생략한 경우에는 직접 입력한다. 매출거래인 경우에는 매출액(공급가액)을 입력하고, 매입거래인 경우에는 매입액을 입력한다.

> [참고] **공급가액과 공급대가**
> 사업자가 재화 또는 용역을 공급하는 때에는 과세표준에 10%의 세율을 적용하여 계산한 부가가치세를 그 공급받는 자로부터 징수하여야 하는데, 부가가치세가 포함된 총 거래금액을 공급대가, 포함되지 아니한 순수한 매출액을 공급가액으로 구분하여 부른다.

▶ **부가세**

[수량]란과 [단가]란을 입력하면 자동으로 계산되어 표시되며, [수량]란과 [단가]란의 입력을 생략한 경우에도 [공급가액]란을 입력하면 자동으로 표시된다. 단, 선택한 유형(12.영세, 13.면세 등)에 따라 [부가세]란에 금액이 표시되지 않는 경우도 있다.

▶ **코드 / 공급처명 / 사업/주민번호**

매입·매출거래처의 코드번호를 입력한다. 매입·매출거래 입력시에는 반드시 거래처코드를 입력해야 하며, 입력하지 않으면 부가가치세 신고 부속서류인 세금계산서합계표가 자동으로 작성되지 않는다. 거래처 코드번호를 모를 경우 입력하는 방법은 [전표입력]>[일반전표입력]에서 설명한 방법과 동일하다.

[방법1] [코드]란에 커서를 놓고 키보드의 플러스키(➕)를 누르거나 또는 숫자 "00000"을 입력하고, 거래처명 두 글자(예 광주) 또는 그 이상(예 광주상사)을 입력하고 [Enter↵] 키를 치면 「거래처도움」 보조창에 해당 글자가 포함되어 있는 모든 거래처가 조회된다. 이 때 해당 거래처로 커서를 옮기고 [Enter↵] 키를 치거나 [확인(Enter)]을 클릭한다. 다만, 입력된 내용의 거래처명이 없는 경우에는 거래처를 신규로 등록하는 작업이 진행되는데 ① 「공급처등록」 보조창에서 자동 부여된 거래처코드 번호를 등록하고자 하는 번호로 수정하고, ② [수정(tab)]을 클릭하고 화면 하단의 『공급처등록정보』 창에 해당 거래처의 나머지 인적사항을 입력한다. ③ 키보드의 [Enter↵] 키를 치거나 [등록(Enter)]을 클릭한 경우로서 거래처의 나머지 인적사항을 입력하고자 하는 경우에는 커서를 다시 [공급처명]란에 놓고 화면 하단의 『공급처등록정보』 창에 입력한다. 번호가 잘못 부여된 경우에는 [기초정보관리]>[거래처등록]에서 삭제하고 다시 등록해야 한다.

[방법2] [코드]란에 커서를 놓고 키보드의 [F2] 키를 누르고 「거래처도움」 보조창의 [전체]란에 입력하고자 하는 거래처명 두 글자(예 광주) 또는 그 이상(예 광주상사)을 입력하면, 해당 글자가 포함되어 있는 모든 거래처가 조회된다. 이 때 해당 거래처로 커서를 옮기고 키보드의 [Enter↵] 키를 치거나 [확인(Enter)]을 클릭한다.

[방법3] [코드]란에서 거래처명 두 글자(⑩ 광주)를 입력하고 키보드의 Enter↵ 키를 치면 「거래처도움」 보조창에 해당 글자가 포함된 모든 거래처가 조회된다. 이 때 해당 거래처로 커서를 옮기고 키보드의 Enter↵ 키를 치거나 확인(Enter)을 클릭한다. 이 방법이 거래처를 가장 빠르게 입력하는 방법이다.

▶ **전자**(1:여, 0:부)

자격시험에서는 전자(세금)계산서를 발급 또는 수취한 경우에 [전자]란에 "1:여"를 입력하고 종이(세금)계산서를 발급 또는 수취한 경우에는 키보드의 Enter↵ 키로 진행한다.

▶ **분개**

매입·매출거래의 회계처리를 위한 분개를 선택하는 란이다. 분개유형(0:분개없음, 1:현금, 2:외상, 3:혼합, 4:카드, 5:추가)을 선택하면 해당 유형에 따라 분개의 전부 또는 일부가 자동 표시된다. 이 때의 자동분개는 동 메뉴에서 선택한 유형과 [재무회계]>[기초정보관리]>[환경등록]에서 ② 분개유형 설정에 등록된 계정과목이 반영되며, 기본계정의 내용과 맞지 않는 경우에는 직접 수정하여 입력한다.

[참고] **분개유형 설정 및 환경등록**

전산회계 1급은 제조업을 다루기 때문에 [재무회계]>[기초정보관리]>[환경등록]의 ② 분개유형 설정을 [매출]란은 "404.제품매출"로, [매입]란은 "153.원재료"로 설정한다. 자격시험에서 제공하는 데이터의 [환경등록] 메뉴의 내용은 다음과 같으니 나머지 사항도 이에 맞도록 수정한다.

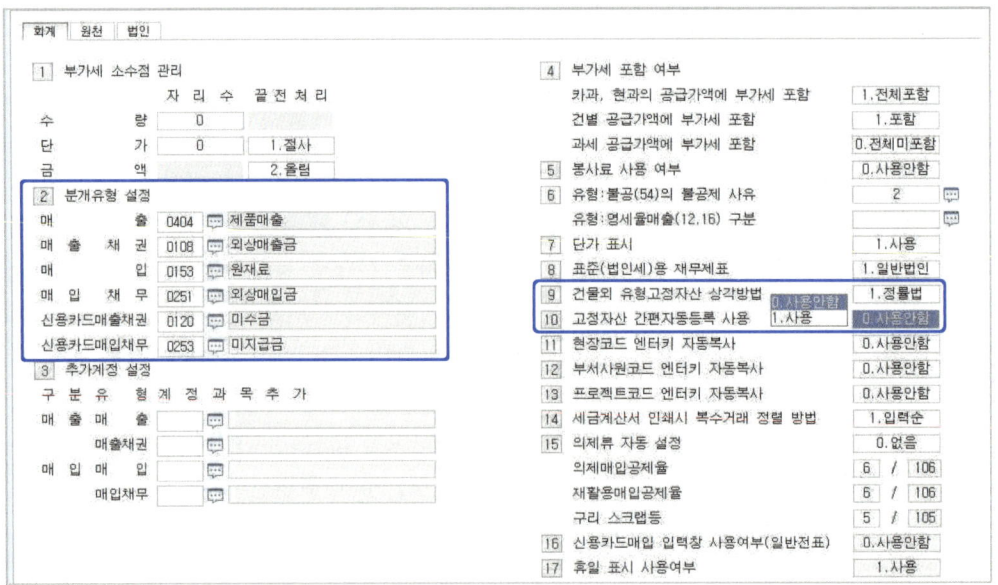

한마디 … 「전체입력」 탭 이외의 나머지 탭은 매입매출전표를 유형별로 빠르게 입력하는 방법으로 자격시험에서 사용할 경우가 거의 없으므로 설명을 생략한다.

제1절 매출거래

1. 매출항목의 유형별 특성

매출의 유형별로 입력해야 할 내용 및 반영되는 서식을 살펴보면 다음과 같으며, 반영되는 서식은 전산세무 1·2급의 출제범위에 속한다. 분개는 매출유형 상호간의 비교를 위하여 일률적으로 1,000,000원의 외상거래라고 표시한다.

(1) 11.과세(과세매출)

구 분	내 용
입력내용	일반적인 세금계산서(부가가치세 10%)가 발급되는 과세 매출거래
반영되는 서 식	㉠ 부가가치세신고서 [과세/세금계산서발급분]란 ㉡ 부가가치세신고서 [과세표준명세]란 ㉢ 부속서류 : (매출처별)세금계산서합계표 ㉣ 매입매출장
분 개	(차) 외상매출금　　1,100,000　　／　(대) 부가세예수금　　100,000 　　　　　　　　　　　　　　　　　　　　(대) 제 품 매 출　1,000,000

> **참고** 매출환입및에누리 발생시 입력방법
> 에누리액 및 환입된 재화의 가액은 부가가치세법상 과세표준에 포함되지 않는다. 따라서 실무에서도 동 거래가 발생하면 음수(-)의 매출세금계산서를 발행한다. 프로그램으로 입력할 때 [유형]란은 "11.과세"를 선택하고 [수량]란을 음수(-)로 [단가]란은 양수(+)로 입력하면, [공급가액]란 및 [부가세]란은 음수(-)로 표시되어 부가가치세의 과세표준이 감소하게 된다.

(2) 12.영세(영세율)

구 분	내 용
입력내용	영세율 적용대상 거래 중 세금계산서 발급의무가 면제되지 않는 영세율 매출거래 (예) 내국신용장 또는 구매확인서에 의하여 공급하는 재화 등)
반영되는 서 식	㉠ 부가가치세신고서 [영세/세금계산서발급분]란 ㉡ 부가가치세신고서 [과세표준명세]란 ㉢ 부속서류 : (매출처별)세금계산서합계표 ㉣ 부속서류 : 영세율매출명세서 ㉤ 매입매출장
분 개	(차) 외상매출금　　1,000,000　　／　(대) 제품매출　　1,000,000

(3) 13.면세(계산서)

구 분	내 용
입력내용	면세사업자로서 계산서를 발급한 면세 매출거래
반영되는 서 식	㉠ 부가가치세신고서 [면세사업수입금액]란 및 [계산서발급금액]란 ㉡ 부속서류 : (매출처별)계산서합계표 ㉢ 매입매출장
분 개	(차) 외상매출금 1,000,000 / (대) 제품매출 1,000,000

(4) 14.건별(무증빙)

구 분	내 용
입력내용	㉠ 영수증발급대상 과세 매출거래 (예 증빙이 없거나 영수증을 발급한 과세 매출거래) ㉡ 세금계산서 발급의무가 없는 과세 매출거래 (예 간주공급 발생시)
반영되는 서 식	㉠ 부가가치세신고서 [과세/기타(정규영수증외 매출분)]란 ㉡ 부가가치세신고서 [과세표준명세]란 ㉢ 매입매출장
분 개	(차) 외상매출금 1,000,000 / (대) 부가세예수금 90,909 (대) 제 품 매 출 909,091

(5) 16.수출(수출)

구 분	내 용
입력내용	영세율 적용대상 거래 중 세금계산서 발급의무가 면제되는 영세율 매출거래 (예 직수출)
반영되는 서 식	㉠ 부가가치세신고서 [영세/기타]란 ㉡ 부가가치세신고서 [과세표준명세]란 ㉢ 부속서류 : 영세율매출명세서 ㉣ 매입매출장
분 개	(차) 외상매출금 1,000,000 / (대) 제품매출 1,000,000

(6) 17.카과(카드과세)

구 분	내 용
입력내용	신용카드매출전표 발급에 의한 과세 매출거래
반영되는 서 식	㉠ 부가가치세신고서 [과세/신용카드·현금영수증발행분]란 ㉡ 부가가치세신고서 [과세표준명세]란 ㉢ 부속서류 : 신용카드매출전표 등 발행금액집계표 ㉣ 매입매출장
분 개	(차) 외상매출금 1,000,000 / (대) 부가세예수금 90,909 (대) 제 품 매 출 909,091

2. 매출전표의 분개 요령

분개는 상호간의 비교를 위하여 일률적으로 유형(11.과세)의 공급가액 1,000,000원인 거래로 표시한다.

(1) 1 : 현금

차변이 전액 현금 계정인 경우에 사용한다. 대변 계정은 부가세예수금과 [기초정보관리]>[환경등록]의 2 분개유형설정의 "매출(404.제품매출)"로 자동 분개된다. 부가세예수금 계정을 제외한 나머지 계정과목은 수정 및 추가입력 가능하다.

(차) 현 금	1,100,000	/	(대) 부가세예수금	100,000
			(대) 제품매출	1,000,000

구분	계정과목	적요	거래처	차변(출금)	대변(입금)
입금	0255 부가세예수금	수정 불가		(현금)	100,000
입금	0404 제품매출	수정 가능		(현금)	1,000,000
		대차차액이 발생한 경우 추가입력 가능			
			합 계	1,100,000	1,100,000

(2) 2 : 외상

차변이 전액 외상매출금 계정인 경우에 사용한다. 대변 계정은 부가세예수금과 [기초정보관리]>[환경등록]의 2 분개유형설정의 "매출(404.제품매출)"로 자동 분개된다. 부가세예수금 계정을 제외한 나머지 계정과목은 수정 및 추가입력 가능하다.

(차) 외상매출금	1,100,000	/	(대) 부가세예수금	100,000
			(대) 제품매출	1,000,000

구분	계정과목	적요	거래처	차변(출금)	대변(입금)
차변	0108 외상매출금	수정 가능		1,100,000	
대변	0255 부가세예수금	수정 불가			100,000
대변	0404 제품매출	수정 가능			1,000,000
		대차차액이 발생한 경우 추가입력 가능			
			합 계	1,100,000	1,100,000

(3) 3 : 혼합

차변이 전액 현금 또는 외상매출금 계정이 아닌 경우에 사용한다. 대변 계정은 부가세예수금과 [기초정보관리]>[환경등록]의 ② 분개유형설정의 "매출(404.제품매출)"로 자동 분개된다. 부가세예수금 계정을 제외한 나머지 계정과목은 수정 및 추가입력 가능하다.

(차) 현금	500,000	/	(대) 부가세예수금	100,000
(차) 외상매출금	600,000		(대) 제품매출	1,000,000

구분	계정과목		적요	거래처	차변(출금)	대변(입금)
대변	0255	부가세예수금	수정 불가			100,000
대변	0404	제품매출	수정 가능			1,000,000
차변	0101	현금	추가 입력		500,000	
차변	0108	외상매출금	대차차액이 발생한 경우 추가입력 가능		600,000	
			대차차액이 발생한 경우 추가입력 가능			
				합 계	1,100,000	1,100,000

한마디 … 나머지 분개유형(0:분개없음, 4:카드, 5:추가)은 자격시험에서 사용할 필요가 없으므로 설명을 생략한다.

> **참고** 매출항목의 유형 중 나머지에 대한 설명
> ① 18.카면(카드면세) : 신용카드매출전표 발급에 의한 면세 매출거래
> ② 19.카영(카드영세) : 신용카드매출전표 발급에 의한 영세율 매출거래
> ③ 20.면건(무증빙) : 계산서가 발급되지 않은 면세 매출거래
> ④ 21.전자(전자화폐) : 전자적 결제수단에 의한 과세 매출거래
> ⑤ 22.현과(현금과세) : 현금영수증 발급에 의한 과세 매출거래 (출제된 적이 있음)
> ⑥ 23.현면(현금면세) : 현금영수증 발급에 의한 면세 매출거래
> ⑦ 24.현영(현금영세) : 현금영수증 발급에 의한 영세율 매출거래

(1) 매출(11.과세) 따라하기

㈜최대리는 1월 1일에 제품을 판매하고 다음과 같이 전자세금계산서를 발행하였다.

[분개] (차) 현금   22,000,000   /   (대) 부가세예수금   2,000,000
                                              (대) 제품매출   20,000,000

전자 세금계산서 (공급자 보관용)   승인번호 1234567890

공급자	등록번호	141-81-12349			공급받는자	등록번호	409-81-12342		
	상호(법인명)	㈜최대리	성명(대표자)	최대리		상호(법인명)	광주상사	성명(대표자)	우여란
	사업장주소	경기도 파주시 책향기로 371				사업장주소	광주광역시 남구 대남대로 101		
	업태	제조	종목	가방		업태	소매업	종목	가방

작성			공 급 가 액								세 액								비 고
년	월	일	백	십	억	천	백	십	만	천	백	십	일	십	억	천	백	십	만	천	백	십	일	
2025	1	1				2	0	0	0	0	0	0	0				2	0	0	0	0	0	0	

월	일	품목	규격	수량	단가	공급가액	세액	비고
1	1	가방	개	1,000	20,000	20,000,000	2,000,000	

합계금액	현금	수표	어음	외상미수금	이 금액을	(영수) 함
22,000,000	22,000,000					청구

① [월]란에 거래가 발생한 월인 "01"을 선택하고 [일]란에서 "1"을 입력하고 키보드의 [Enter⏎] 키를 친다.
② [유형]란에 "11.과세"를 입력하고 [품목]란에 "가방"을 입력한다.
③ [수량]란에 "1,000"을 입력하고 [단가]란에 "20,000"을 입력하면 [공급가액]란과 [부가세]란은 자동 표시된다.

④ [코드]란에서 키보드의 F2 키를 누르고 「거래처도움」 보조창에서 "101.광주상사"를 선택하고 확인(Enter)을 클릭하면 [공급처명]란과 [사업/주민번호]란은 자동 표시된다.

⑤ 전자세금계산서인 경우에는 [전자]란에 "1:여"를 입력한다.

⑥ [분개]란에 "1:현금"을 입력한다.

구분	계정과목	적요	거래처	차변(출금)	대변(입금)
입금	0255 부가세예수금	가방 1000X20000	00101 광주상사	(현금)	2,000,000
입금	0404 제품매출 ⑦	가방 1000X20000	00101 광주상사	(현금)	20,000,000
			합 계	22,000,000	22,000,000

⑦ [계정과목]란이 "401.상품매출"로 입력되는 경우라면 "404.제품매출"로 수정한다.

한마디 … [계정과목]란이 "401.상품매출"로 나타나는 경우에는 P.356 참고 의 내용에 따라 [재무회계]>[기초정보관리]>[환경등록] 메뉴의 ② 분개유형설정을 자격시험에서 제공하는 데이터에 맞게 수정한다.

(2) 매출(12.영세) 따라하기

1월 2일 수출업체인 ㈜한국무역에 Local L/C에 의하여 제품을 납품하고 영세율 세금계산서를 발행하였다. 거래처코드 301번으로 등록하시오.

[분개] (차) 외상매출금   20,000,000   /   (대) 제품매출   20,000,000

세금계산서 (공급자 보관용)							책 번 호		권			호			
							일련번호								
공급자	등록번호	141-81-12349				공급받는자	등록번호	135-01-61222							
	상호(법인명)	㈜최대리	성명(대표자)	최대리			상호(법인명)	㈜한국무역	성명(대표자)	최세진					
	사업장주소	경기도 파주시 책향기로 371					사업장주소	서울특별시 중구 세종대로 39							
	업태	제조	종목	가방			업태	서비스	종목	무역					
작성	공급가액							세액							비고
년	월	일	공란수	백	십	억	천	백	십	만	천	백	십	일	십 억 천 백 십 만 천 백 십 일
2025	1	2	3				2	0	0	0	0	0	0	0	0
월	일	품목		규격		수량	단가		공급가액			세액			비고
1	2	가방		개		1,000	20,000		20,000,000			0			
합계금액		현금		수표		어음			외상미수금			이 금액을			영수 함 (청구)
20,000,000									20,000,000						

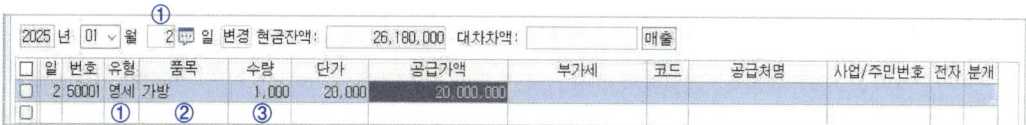

① 상단 [일]란에 "2"를 입력하고 [유형]란에 "12.영세"를 입력한다.
② [품목]란에 "가방"을 입력한다.
③ [수량]란에 "1,000"을 입력하고 [단가]란에 "20,000"을 입력하면 [공급가액]란은 자동 표시되며 영세율이므로 [부가세]란은 표시되지 않는다.

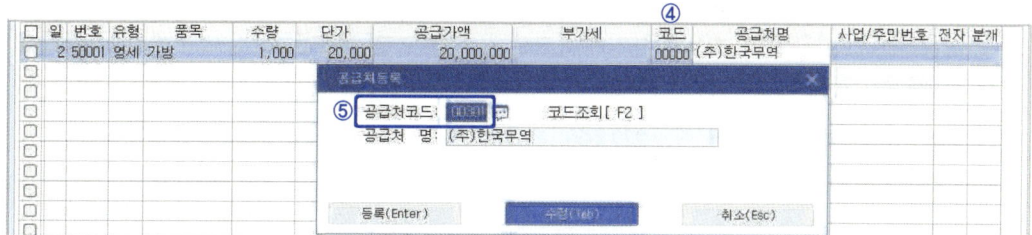

④ [코드]란에서 키보드의 플러스키(➕)를 누르고 [공급처명]란에 "㈜한국무역"을 입력한 다음 키보드의 Enter↵ 키를 친다.
⑤ 「공급처등록」 보조창의 [공급처코드]란에 "301"을 입력하고 수정[tab] 을 클릭한다.

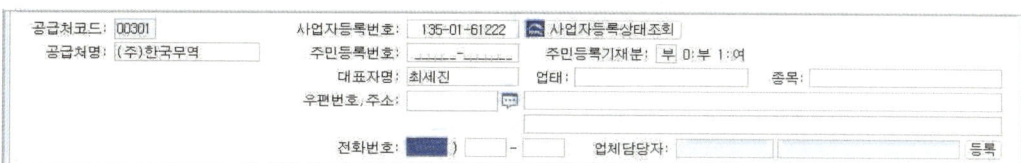

⑥ 메뉴 하단의 「공급처등록정보」 창에 ㈜한국무역의 나머지 등록사항을 입력하고 키보드의 Enter↵ 키를 계속 치거나 또는 키보드의 Esc 키를 누른다.

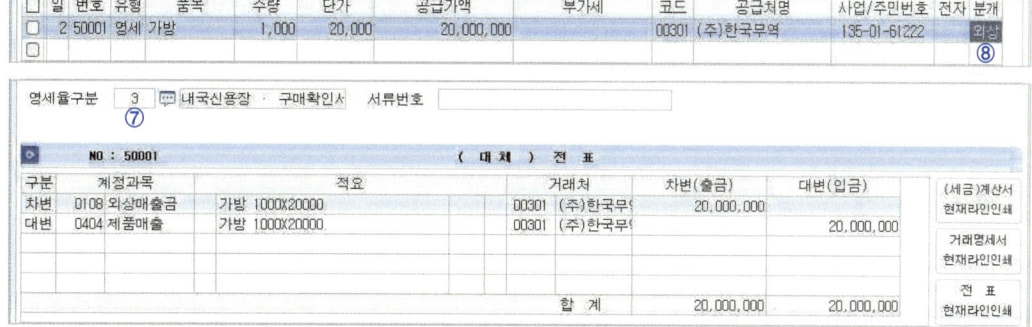

⑦ [영세율구분]란에서 키보드의 F2 키를 누르고 「출력형태」 보조창에서 "영세율매출내용(3)"을 선택하고 확인(Enter) 을 클릭한다.

한마디 … [영세율구분]란을 선택하는 이유는 부가가치세신고 부속서류인 [영세율매출명세서] 메뉴를 자동으로 작성하기 위한 것으로 전산회계 1급과는 무관하지만 자격시험 답안에 표시가 되고 있으므로 만약을 위해서 선택하기로 한다.

⑧ [분개]란에 "2:외상"을 입력한다.

한마디 … [매입매출전표입력] 메뉴에서 전표입력 도중에 거래처를 등록해야 하는 경우에는 위와 같은 방법으로 하는 것이 가장 좋다. 따라서 처음에 잘 안되더라도 숙달하길 바란다. 잘못된 번호가 부여된 경우에는 [재무회계]>[기초정보관리]>[거래처등록] 메뉴에서 삭제하고 다시 등록해야 한다.

(3) 매출(14.건별) 따라하기

1월 4일에 이연길(540825-1652411)씨에게 가방(공급대가 220,000원)을 소매로 매출하고 대금은 전액 현금으로 받았다. 거래처코드 302번으로 등록하시오(세금계산서 발급의무가 면제되는 거래라고 가정).

[분개] (차) 현금　　　　　220,000　　/　(대) 부가세예수금　　20,000
　　　　　　　　　　　　　　　　　　　　　(대) 제품매출　　　　200,000

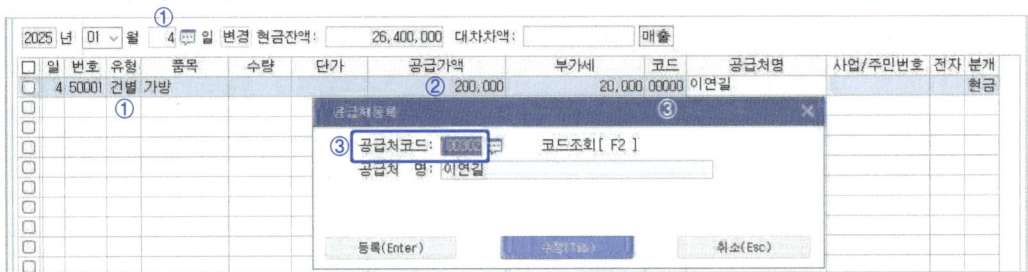

① 상단 [일]란에 "4"를 입력하고 [유형]란에 "14.건별"을 입력한다. [품목]란에 "가방"을 입력한다.
② [공급가액]란에 부가가치세가 포함된 공급대가 "220,000"을 입력하고 키보드의 [Enter↵] 키를 치면 공급가액 200,000원과 부가세 20,000원으로 자동으로 분리되어 입력된다.

한마디 … "14.건별"은 [공급가액]란에 공급대가를 입력함에 주의하여야 한다. 만일 [공급가액]란에 공급가액(200,000)을 입력하면 공급가액 181,819원과 부가세 18,181원으로 잘못 입력되는데, 이런 경우라면 [공급가액]란과 [부가세]란을 직접 수정한다.

③ [코드]란에서 키보드의 플러스키(+)를 누르고 [공급처명]란에 "이연길"을 입력한 다음 [Enter↵] 키를 친다. 「공급처등록」 보조창의 [공급처코드]란에 "302"를 입력하고 [수정(tab)]을 클릭한다.

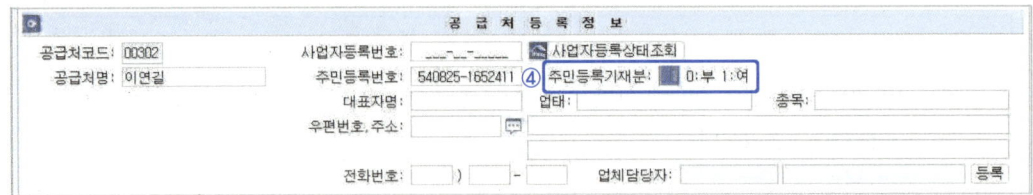

④ 메뉴 하단의 「공급처등록정보」 창에 주민등록번호를 입력하고 [주민등록기재분]란에 "1:여"를 입력한다.

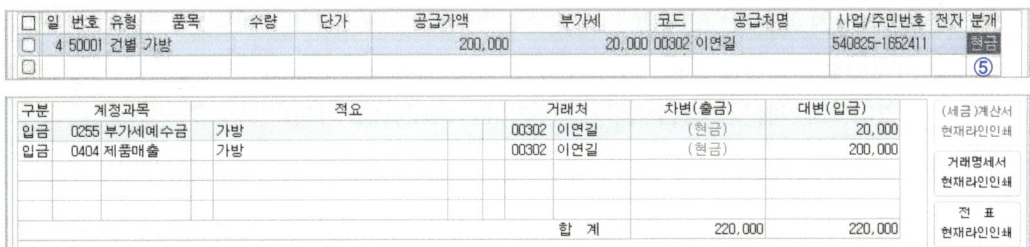

⑤ [분개]란에 "1:현금"을 입력한다.

(4) 매출(16.수출) 따라하기

1월 6일 미국의 프라다사에 $20,000의 제품(가방)을 선적하고 대금은 한 달 후에 받기로 하였다. 선적일의 기준환율은 1,000원/$이다. 거래처코드 303번으로 등록하시오.

[분개] (차) 외상매출금   20,000,000   /   (대) 제품매출   20,000,000

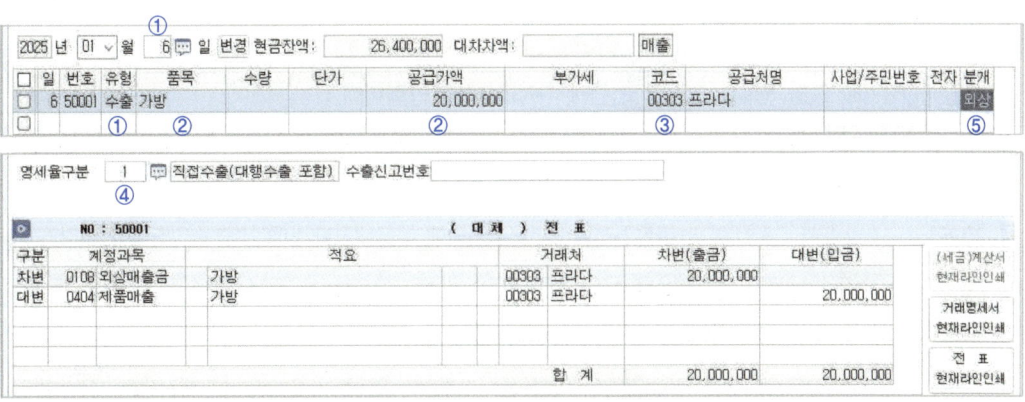

① 상단 [일]란에 "6"을 입력하고 [유형]란에 "16.수출"을 입력한다.
② [품목]란에 "가방"을 입력하고 [공급가액]란에 "20,000,000"을 입력한다. 영세율이므로 [부가세]란은 표시되지 않는다.

> 한마디 ··· 대가를 외국통화 기타 외국환으로 받은 경우의 과세표준은 공급시기(수출의 경우 선적일)의 기준환율 또는 재정환율에 의하여 계산한 금액으로 한다.

③ [코드]란에서 키보드의 플러스키(➕)를 누르고 [공급처명]란에 "프라다"를 입력한 다음 Enter ↵ 키를 친다. 「공급처등록」보조창의 [공급처코드]란에 "303"을 입력하고 등록[Enter] 을 클릭한다.
④ [영세율구분]란에서 키보드의 F2 키를 누르고 「출력형태」보조창에서 "영세율매출내용(1)"을 선택하고 확인(Enter) 을 클릭한다(수출신고번호 입력은 생략).
⑤ [분개]란에 "2:외상"을 입력한다.

(5) 매출(17.카과) 따라하기

1월 7일 이연길씨에게 가방 200,000원(부가가치세 포함)을 매출하고 신용카드(삼성카드)로 결제 받았다(세금계산서 발급의무가 면제되는 거래라고 가정).

[분개] (차) 외상매출금   200,000   /   (대) 부가세예수금   18,181
        (거래처 : 삼성카드)   (대) 제품매출   181,819

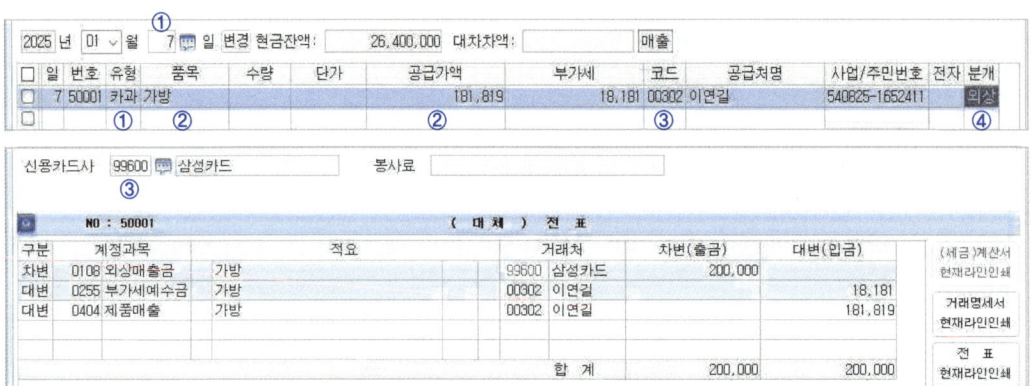

① 상단 [일]란에 "7"을 입력하고 [유형]란에 "17.카과"를 입력한다.

② [품목]란에 "가방"을 입력하고 [공급가액]란에 부가가치세가 포함된 공급대가 "200,000"을 입력하면, 공급가액 181,819원과 부가세 18,181원으로 자동으로 분리되어 입력된다.

> 한마디 ··· "17.카과"는 "14.건별"과 마찬가지로 [공급가액]란에 공급대가를 입력함에 주의하여야 한다.

③ [코드]란에 "302.이연길"을 입력하고 [신용카드사]란에서 키보드의 F2키를 눌러 「거래처도움」보조창에서 "99600.삼성카드"를 선택하고 확인(Enter) 을 클릭한다.

> 두마디 ··· 이 때 [신용카드사]란의 보조창에 나타나는 거래처는 [기초정보관리]>[거래처등록] 메뉴의 『신용카드』 탭에 유형(1:매출)로 등록된 거래처만 조회된다.

④ [분개]란에 "2:외상"을 입력한다.

> 세마디 ··· 일반적인 상거래를 신용카드로 결제 받는 경우 거래의 실질에 따르면 외상매출금이지만, 제27회 이전까지의 세무사회 답안은 매입자(이연길)와의 거래는 종료되고 신용카드사(삼성카드)와 일반적인 상거래와 관련 없는 새로운 채권·채무관계가 존재하는 것으로 보아 미수금으로 회계처리 하는 것을 답안으로 하고 있다. 하지만 그 후로 제38회에 출제된 문제에서는 외상매출금으로 처리하도록 요구하고 있으며, 외상매출금의 거래처를 신용카드사로 입력하도록 하고 있다. 따라서 본서는 이하 문제 풀이시 가장 최근 답안에 따라 회계처리 한다. 한편, 최근 이의신청 답변에서는 신용카드로 결제한 외상매출거래에 대하여 외상매출금으로 회계처리한 답안 만을 정답으로 인정한다고 발표하고 있다.

기/출/문/제 (실기)

다음 거래를 ㈜세연상사(회사코드 : 3002)의 [매입매출전표입력] 메뉴에 추가입력 하시오.

단대대 … 동 거래의 내용 중 취급 품목이 ㈜세연상사의 업태/종목과 일치하지 않더라도 다양한 거래를 학습하기 위한 것이므로 이를 무시하고 학습하길 바란다. 전자(세금)계산서인 경우에는 [전자]란에서 "1:여"을 선택하고, 거래처 신규 등록시 [유형]란은 "3:동시"를 사용한다.

01 1월 1일 비사업자인 개인 최명수(630227-1810135)에게 제품(1,500,000원, 부가가치세 별도)을 판매하고 자기앞수표를 받았으며, 주민등록번호로 전자세금계산서를 발급하였다(거래처 신규 등록 할 것, 거래처 코드번호 : 301, 유형 : 동시).

02 1월 2일 거래처 ㈜진이상사에 제품(1,000개, 개당 50,000원, 부가가치세 별도)을 공급하면서 전자세금계산서를 발급하고 대금은 외상으로 하였다.

03 1월 3일 ㈜서삼상사에 제품(공급가액 1,000,000원, 부가가치세 별도)을 판매하고 전자세금계산서를 발급하였다. 대금은 현금으로 받아 당좌예입 하였다.

04 아래의 전자세금계산서를 보고 [매입매출전표입력]에 입력하시오.

전자세금계산서(공급자 보관용)					승인번호		xxxxxxxx	
공급자	등록번호	214-81-29129			공급받는자	등록번호	104-81-11114	
	상호(법인명)	㈜세연상사	성명(대표자)	최세연		상호(법인명)	㈜무사상사	성명(대표자)	김무사
	사업장주소	서울 서초구 서초중앙로 195				사업장주소	서울 강남구 강남대로 476	
	업태	제조	종목	스포츠용품		업태	도소매	종목	신발
	이메일					이메일		
작성일자		공급가액		세액		수정사유		
2025.01.04		7,000,000		700,000				
비고								
월	일	품목	규격	수량	단가	공급가액	세액	비고
1	4	제품				7,000,000	700,000	
합계금액		현금		수표	어음	외상미수금	이 금액을	영수 함 (청구)
7,700,000		2,700,000				5,000,000		

05 1월 5일 당사는 제품을 ㈜광오상사에 판매하고 전자세금계산서를 발급하였다. 판매대금은 27,500,000원(부가가치세 별도)이었으며, 부가가치세를 포함한 전액을 ㈜광오상사가 발행한 약속어음(어음만기 : 1년 이내)으로 받았다.

06 1월 6일 ㈜청육상사에 제품(공급가액 20,000,000원, 부가가치세 별도)을 공급하면서 전자세금계산서를 발급하였다. 판매대금 중 부가가치세에 해당하는 금액은 은행권 자기앞수표로 받았고, 나머지 잔액은 동점발행 약속어음(어음만기 : 1년 이내)으로 받았다.

07 1월 7일 ㈜처칠상사에 제품 8,000,000원(부가가치세 별도)을 공급하고 전자세금계산서를 발급하였으며, 대금 중 4,000,000원은 ㈜우일상사가 발행한 3개월 만기 약속어음을 배서받고, 잔액은 당사의 보통예금계좌로 지급받았다.

08 1월 8일 제품을 ㈜용팔상사에 판매하고, 전자세금계산서를 발급하였다. 판매대금은 35,000,000원(부가가치세 별도)이었으며, 그 중 25,000,000원은 ㈜용팔상사가 발행한 약속어음(어음만기 : 1년 이내)으로 받고, 나머지는 외상으로 하였다.

09 아래의 전자세금계산서를 보고 매입매출전표에 입력하시오.

전자세금계산서(공급자 보관용)					승인번호		xxxxxxxx	
공급자	등록번호	214-81-29129			공급받는자	등록번호	109-81-11119	
	상호(법인명)	㈜세연상사	성명(대표자)	최세연		상호(법인명)	㈜영구상사	성명(대표자)	김영구
	사업장주소	서울 서초구 서초중앙로 195				사업장주소	서울 강남구 강남대로 478	
	업태	제조	종목	스포츠용품		업태	도소매	종목	의류
	이메일					이메일		
작성일자	공급가액	세액	수정사유					
2025.01.09	8,400,000	840,000						
비고								

월	일	품목	규격	수량	단가	공급가액	세액	비고
1	9	제품	개	2,000	4,200	8,400,000	840,000	

합계금액	현금	수표	어음	외상미수금	이 금액을	영수 / 청구	함
9,240,000	1,240,000		5,500,000	2,500,000			

10 1월 10일 ㈜열공상사에 제품(단가 150,000원, 수량 100개, 부가가치세 별도)을 판매하고 전자세금계산서를 발급하였다. 판매대금 중 10,000,000원은 ㈜열공상사가 보유하고 있던 ㈜우일상사가 발행한 약속어음(만기 : 1년 이내)으로 배서양도 받고, 잔액은 1개월 후에 수취하기로 하였다.

11 1월 11일 ㈜우일상사에 제품 35,000,000원(부가가치세 별도)을 공급하고 전자세금계산서를 발급하였다. 대금 중 5,000,000원은 지난 1월 1일에 받은 계약금으로 대체하고, 나머지는 ㈜우일상사 발행 당좌수표로 받았다.

12 1월 12일 ㈜진이상사에 제품을 매출하고 전자세금계산서를 발급하였다. 대금은 1월 2일에 받은 계약금 30,000,000원을 차감한 잔액을 외상으로 하였다.

품목	수량	단가	공급가액	부가가치세
제품A	50개	1,200,000원	60,000,000원	6,000,000원
제품B	25개	800,000원	20,000,000원	2,000,000원

13 1월 13일 ㈜서삼상사에 제품(공급가액 10,000,000원, 부가가치세 별도)을 판매하고 전자세금계산서를 발급하였다. 판매대금은 1월 3일 수령한 계약금 2,000,000원을 제외한 잔액을 ㈜서삼상사 발행 어음(만기 : 1년 이내)으로 받았다.

14 1월 14일 ㈜무사상사에게 제품 10,000,000원(부가가치세 별도)을 판매하고 전자세금계산서를 발급하였다. 판매대금 중 2,000,000원은 ㈜무사상사의 선수금과 상계하고, 5,000,000원은 ㈜무사상사가 발행한 어음(만기 : 1년 이내)으로, 잔액은 자기앞수표로 받았다.

15 1월 15일 ㈜광오상사에 제품을 10,000,000원(부가가치세 별도)에 판매하고 전자세금계산서를 발급하였다. 대금 중 5,000,000원은 10일전 선수금으로 받았고 부가가치세는 보통예금으로 입금되었으며 나머지는 어음으로 받았다.

16 1월 16일 ㈜청육상사에 제품을 5,000,000원(부가가치세 별도)에 공급하면서 전자세금계산서를 발급하고, 대금은 ㈜청육상사의 외상매입금 3,350,000원을 상계처리하고, 잔액은 자기앞수표로 받았다.

17 1월 17일 ㈜처칠상사에 당사의 제품(수량 100개 @50,000원, 부가가치세 별도)을 외상으로 판매하고 전자세금계산서를 발급하였으며, 제품운반비 70,000원은 별도로 현금지급 하였다. [매입매출전표입력] 메뉴에 하나의 전표로 입력하시오.

18 1월 18일 본사건물 일부를 ㈜용팔상사에 임대하여 임대료 1,200,000원(부가가치세 별도)이 당좌예금계좌에 입금되었고 이에 대한 전자세금계산서를 발급하였다.

19 1월 19일 제품 제조과정에서 생긴 부산물 2,700,000원(부가가치세 별도)을 거래처 ㈜영구상사에 판매하고 전자세금계산서를 발급하였다. 대금은 전액 보통예금으로 수령하였다(420.부산물매출, 성격 : 매출 계정을 등록하여 회계처리 할 것).

20 1월 20일 ㈜열공상사에 1월 3일에 외상 판매하였던 제품 중 10개(1개당 공급가액 80,000원, 부가가치세액 8,000원)가 불량품으로 판명되어 반품됨에 따라 반품 전자세금계산서를 발급하였다. 대금은 외상매출금과 상계정리하기로 하였다.

21 2월 1일 공장에서 사용하던 기계장치를 ㈜우일상사에게 20,000,000원(부가가치세 별도)에 매각하고 전자세금계산서를 발급하였다. 대금 중 15,000,000원은 자기앞수표로 받고 잔액은 1달 후에 받기로 하였으며, 기계장치의 취득원가는 25,000,000원, 감가상각누계액은 5,000,000원이었다.

22 2월 2일 공장에서 사용하던 기계장치(취득가액 1,500,000원, 양도시점의 감가상각누계액 800,000원)을 ㈜진이상사에 900,000원(부가가치세 별도)에 매각하고 전자세금계산서를 발급하였다. 대금 중 500,000원은 현금으로 받고, 나머지 금액은 보통예금통장으로 받았다.

23 2월 3일 공장에서 사용하던 트럭(취득가액 35,000,000원, 감가상각누계액 13,000,000원)을 ㈜서삼상사에게 24,000,000원(부가가치세 별도)에 매각하고 전자세금계산서를 발행하였다. 대금 중 5,000,000원은 현금으로 받고, 나머지 잔액은 1개월 후에 받기로 하였다.

24 2월 4일 ㈜무사상사에게 보유하고 있던 화물자동차를 1,000,000원(부가가치세 별도)에 매각하고 전자세금계산서를 발급하였다. 동 화물자동차의 취득금액은 5,000,000원이며 전기말 감가상각누계액은 4,500,000원이다. 매각대금 중 500,000원은 ㈜무사상사에 지불할 외상매입금과 상계하고 나머지 600,000원은 현금으로 받았다. (세무2급)

25 2월 5일 공장에서 사용하던 기계를 ㈜광오상사에게 1,200,000원(부가가치세 별도)에 매각하였다. 매각대금은 당좌예금계좌에 입금되었으며 이에 대한 전자세금계산서를 발급하였다. 기계의 취득원가는 2,000,000원이며, 매각 당시 감가상각누계액은 500,000원이었다.

26 2월 6일 기계장치(취득원가 25,000,000원, 처분시점 감가상각누계액 16,600,000원)를 ㈜청육상사에 6,000,000원(부가가치세 별도)에 처분하면서 전자세금계산서를 발급하였다. 기계장치 처분에 대한 대금은 30일 후 받기로 하였다.

27 2월 7일 ㈜처칠상사에게 기계장치를 16,500,000원(부가가치세 포함)에 매각하고 전자세금계산서를 발행하였다. 대금 중 10,000,000원은 보통예금계좌에 입금되었으며, 잔액은 외상으로 하였다. 기계장치의 취득원가는 20,000,000원이며, 매각일 현재 감가상각누계액은 4,500,000원이다.

28 3월 8일 ㈜용팔상사에 내국신용장(Local L/C)에 의해 제품 3,000,000원을 현금 판매하고 영세율 전자세금계산서를 발급하였다.

29 3월 9일 ㈜영구상사에 구매확인서에 의하여 제품 7,000,000원을 외상으로 공급하고 영세율 전자세금계산서를 발급하였다.

30 3월 10일 ㈜열공상사에 내국신용장(Local L/C)에 따라 제품 20,000,000원을 납품하고 전자세금계산서를 발급하였다. 대금은 전액 현금으로 수취하여 당좌예입 하였다.

31 3월 11일 해외수출대행업체인 ㈜우일상사에 구매확인서에 의하여 제품 3,000개를 15,000,000원에 납품하고, 영세율 전자세금계산서를 발급하였다. 대금 중 9,000,000원은 동사 발행 당좌수표로 받고, 잔액은 2개월 후에 받기로 하였다.

32 3월 12일 수출업체인 ㈜진이상사에 Local L/C에 따라 $30,000(기준환율 1,000원/$)에 제품을 납품하고 영세율 전자세금계산서를 발급하였으며, 대금은 ㈜진이상사 발행 약속어음으로 받았다.

33 3월 13일 내국신용장에 의하여 ㈜서삼상사에 제품(외화 $15,000, 환율 1,150원/$)을 공급하고 영세율 전자세금계산서를 발급하였다. 대금 중 6,000,000원은 ㈜서삼상사 발행 당좌수표로 받고, 나머지는 ㈜영구상사에서 발행한 3개월 만기 약속어음으로 받았다.

34 3월 14일 구매확인서에 의하여 수출대행업체인 ㈜무사상사에 제품(외화 $20,000, 환율 1,000원/$)을 공급하고 영세율 전자세금계산서를 발급하였다. 대금 중 10,000,000원은 동사발행 약속어음으로 수취하고, 나머지 잔액은 외상으로 하였다.

35 3월 15일 수출업체인 ㈜광오상사에 외환은행발행 구매확인서에 의하여 제품(공급가액 50,000,000원)을 매출하고 영세율 전자세금계산서를 발급하였다. 대금은 선수금 7,000,000원을 상계하고 잔액은 외상으로 하였다. (세무2급)

36 4월 6일 비사업자인 김영순씨에게 노트북 컴퓨터(제품) 1대를 판매하고 현금 462,000원(부가가치세 포함)을 수취하였다. 현금영수증은 발행하지 않았다.

37 4월 7일 비사업자인 최미리에게 제품을 550,000원(공급대가)에 공급하고, 대금은 현금으로 받고 거래명세서를 발급해 주었다(거래처는 입력하지 말 것).

38 4월 8일 김성실씨 개인에게 제품을 1,100,000원(부가가치세 포함)에 현금 매출하고, 간이영수증을 발급하였다.

39 5월 9일 미국 HANS사에 제품 1,000개(개당 $200)를 직수출하고, 대금은 3개월 후에 받기로 하였다. 단, 선적일 기준환율은 $1당 1,100원이고, 대고객매입율은 $1당 1,200원이었다.

40 5월 10일 일본 후지모리상사에 제품 1,000개(@2,000엔)를 직수출하고, 대금은 외상으로 하였다. 단, 선적일 시점의 환율은 100엔당 1,200원이었다.

41 5월 11일 중국 칭따오상사에 제품 1,000개(@2,000위안)를 직수출하고, 대금은 외상으로 하였다. 단, 선적일 5월 11일의 환율은 1위안(CNY)당 190원이었다.

42 5월 12일 영국의 맨유상사에 제품(공급가액 40,000,000원)을 직수출하고 이미 수취한 계약금을 제외한 대금은 외상으로 하였다. 한편 당사는 4월 20일 맨유상사와 제품수출계약을 체결하면서 계약금 8,000,000원을 수취한 바 있다.

43 6월 3일 개인 소비자 김영순에게 제품을 6,600,000원(부가가치세 포함)에 판매하고, 대금은 신용카드(엘지카드)로 수취하였다. 외상매출금으로 회계처리 하시오.

44 6월 4일 비사업자인 김성실씨에게 제품을 판매하고, 대금 110,000원(부가가치세 포함)을 현금으로 지급받고 현금영수증을 발급하였다.

KcLep 도우미

01 1월 1일

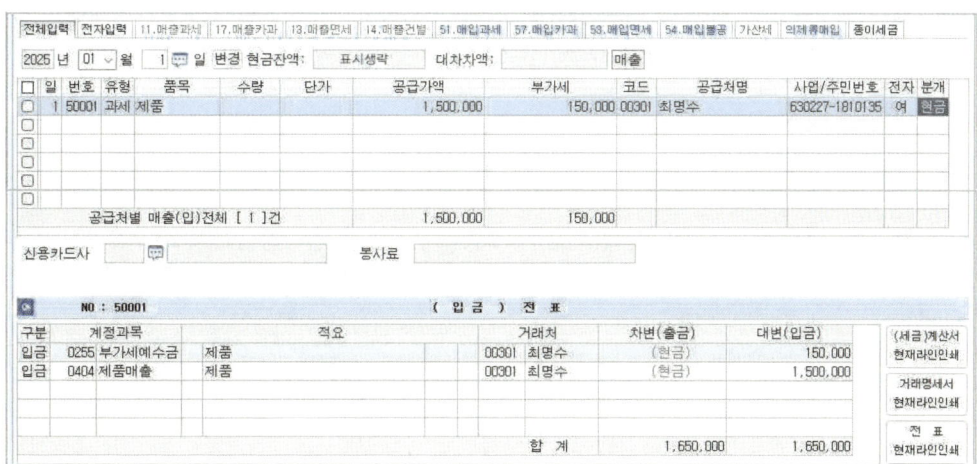

* 입력된 화면은 위와 같지만 본서에서는 위 답안을 아래와 같이 간략하게 표현하기로 한다.
1월 1일 : 유형(11.과세)/ 품목(제품)/ 수량( )/ 단가( )/ 공급가액(1,500,000)/ 부가세(150,000)/ 공급처명(최명수)/ 전자(1 : 여)/ 분개(1.현금)
(입금) 255.부가세예수금   150,000
(입금) 404.제품매출   1,500,000
[해설] [기초정보관리]>[거래처등록]에서 코드 301번으로 "최명수"를 등록한 후 회계처리 한다.

02 1월 2일 : 유형(11.과세)/ 품목(제품)/ 수량(1,000)/ 단가(50,000)/ 공급가액(50,000,000)/ 부가세(5,000,000)/ 공급처명(㈜진이상사)/ 전자(1 : 여)/ 분개(2.외상)

(차변)	108.외상매출금	55,000,000	
(대변)	255.부가세예수금		5,000,000
(대변)	404.제품매출		50,000,000

[해설] [분개]란은 "2.외상"을 사용하지 않고 "3.혼합"을 선택하여 위 처럼 분개해도 된다.

03 1월 3일 : 유형(11.과세)/ 품목(제품)/ 수량( )/ 단가( )/ 공급가액(1,000,000)/ 부가세(100,000)/ 공급처명(㈜서삼상사)/ 전자(1 : 여)/ 분개(3.혼합)

(대변)	255.부가세예수금		100,000
(대변)	404.제품매출		1,000,000
(차변)	102.당좌예금	1,100,000	

04 1월 4일 : 유형(11.과세)/ 품목(제품)/ 수량( )/ 단가( )/ 공급가액(7,000,000)/ 부가세(700,000)/ 공급처명(㈜무사상사)/ 전자(1 : 여)/ 분개(3.혼합)

(대변)	255.부가세예수금		700,000
(대변)	404.제품매출		7,000,000
(차변)	101.현금	2,700,000	
(차변)	108.외상매출금	5,000,000	

05 1월 5일 : 유형(11.과세)/ 품목(제품)/ 수량( )/ 단가( )/ 공급가액(27,500,000)/ 부가세(2,750,000)/ 공급처명(㈜광오상사)/ 전자(1 : 여)/ 분개(3.혼합)

(대변)	255.부가세예수금		2,750,000
(대변)	404.제품매출		27,500,000
(차변)	110.받을어음	30,250,000	

06 1월 6일 : 유형(11.과세)/ 품목(제품)/ 수량( )/ 단가( )/ 공급가액(20,000,000)/ 부가세(2,000,000)/ 공급처명(㈜청육상사)/ 전자(1 : 여)/ 분개(3.혼합)

(대변)	255.부가세예수금		2,000,000
(대변)	404.제품매출		20,000,000
(차변)	101.현금	2,000,000	
(차변)	110.받을어음	20,000,000	

07 1월 7일 : 유형(11.과세)/ 품목(제품)/ 수량( )/ 단가( )/ 공급가액(8,000,000)/ 부가세(800,000)/ 공급처명(㈜처칠상사)/ 전자(1 : 여)/ 분개(3.혼합)

(대변)	255.부가세예수금		800,000	
(대변)	404.제품매출		8,000,000	
(차변)	110.받을어음	4,000,000	(거래처 : ㈜우일상사)	
(차변)	103.보통예금	4,800,000		

[해설] ㈜처칠상사가 ㈜우일상사로부터 받아 보관중인 약속어음을 배서양도 받아도, ㈜세연상사의 입장에서 받을어음의 거래처는 ㈜처칠상사이다. 따라서 받을어음 계정의 거래처를 ㈜우일상사로 변경하지 않아야 하는데, 최근 자격시험 답안에서는 받을어음 계정의 거래처를 ㈜우일상사로 변경하도록 하고 있다. 이는 실무상 잘못된 답안이나, 자격시험을 볼 때는 변경하도록 한다.

08 1월 8일 : 유형(11.과세)/ 품목(제품)/ 수량( )/ 단가( )/ 공급가액(35,000,000)/ 부가세(3,500,000)/ 공급처명(㈜용팔상사)/ 전자(1 : 여)/ 분개(3.혼합)
(대변) 255.부가세예수금   3,500,000
(대변) 404.제품매출   35,000,000
(차변) 110.받을어음   25,000,000
(차변) 108.외상매출금   13,500,000

09 1월 9일 : 유형(11.과세)/ 품목(제품)/ 수량(2,000)/ 단가(4,200)/ 공급가액(8,400,000)/ 부가세(840,000)/ 공급처명(㈜영구상사)/ 전자(1 : 여)/ 분개(3.혼합)
(대변) 255.부가세예수금   840,000
(대변) 404.제품매출   8,400,000
(차변) 101.현금   1,240,000
(차변) 110.받을어음   5,500,000
(차변) 108.외상매출금   2,500,000

10 1월 10일 : 유형(11.과세)/ 품목(제품)/ 수량(100)/ 단가(150,000)/ 공급가액(15,000,000)/ 부가세(1,500,000)/ 공급처명(㈜열공상사)/ 전자(1 : 여)/ 분개(3.혼합)
(대변) 255.부가세예수금   1,500,000
(대변) 404.제품매출   15,000,000
(차변) 110.받을어음   10,000,000   (거래처 : ㈜우일상사)
(차변) 108.외상매출금   6,500,000
[해설] 받을어음의 거래처를 "㈜우일상사"로 변경하는 기출문제 답안을 따르기로 한다. ㅠ.ㅠ

11 1월 11일 : 유형(11.과세)/ 품목(제품)/ 수량( )/ 단가( )/ 공급가액(35,000,000)/ 부가세(3,500,000)/ 공급처명(㈜우일상사)/ 전자(1 : 여)/ 분개(3.혼합)
(대변) 255.부가세예수금   3,500,000
(대변) 404.제품매출   35,000,000
(차변) 259.선수금   5,000,000
(차변) 101.현금   33,500,000
[해설] [일반전표입력] 메뉴(1월 1일)에서 계약금 5,000,000원이 선수금으로 처리된 것을 확인할 수 있다.

12 1월 12일 : 유형(11.과세)/ 품목(제품A외)/ 수량( )/ 단가( )/ 공급가액(80,000,000)/ 부가세(8,000,000)/ 공급처명(㈜진이상사)/ 전자(1 : 여)/ 분개(3.혼합)
(대변) 255.부가세예수금   8,000,000
(대변) 404.제품매출   80,000,000

(차변) 259.선수금 30,000,000
(차변) 108.외상매출금 58,000,000

[해설] 상단 툴바의 F7 복수거래 를 클릭하여 품목을 각각 입력한다.

13 1월 13일 : 유형(11.과세)/ 품목(제품)/ 수량( )/ 단가( )/ 공급가액(10,000,000)/ 부가세(1,000,000)/ 공급처명((주)서삼상사)/ 전자(1:여)/ 분개(3.혼합)
(대변) 255.부가세예수금 1,000,000
(대변) 404.제품매출 10,000,000
(차변) 259.선수금 2,000,000
(차변) 110.받을어음 9,000,000

14 1월 14일 : 유형(11.과세)/ 품목(제품)/ 수량( )/ 단가( )/ 공급가액(10,000,000)/ 부가세(1,000,000)/ 공급처명((주)무사상사)/ 전자(1:여)/ 분개(3.혼합)
(대변) 255.부가세예수금 1,000,000
(대변) 404.제품매출 10,000,000
(차변) 259.선수금 2,000,000
(차변) 110.받을어음 5,000,000
(차변) 101.현금 4,000,000

15 1월 15일 : 유형(11.과세)/ 품목(제품)/ 수량( )/ 단가( )/ 공급가액(10,000,000)/ 부가세(1,000,000)/ 공급처명((주)광오상사)/ 전자(1:여)/ 분개(3.혼합)
(대변) 255.부가세예수금 1,000,000
(대변) 404.제품매출 10,000,000
(차변) 259.선수금 5,000,000
(차변) 103.보통예금 1,000,000
(차변) 110.받을어음 5,000,000

16 1월 16일 : 유형(11.과세)/ 품목(제품)/ 수량( )/ 단가( )/ 공급가액(5,000,000)/ 부가세(500,000)/ 공급처명((주)청육상사)/ 전자(1:여)/ 분개(3.혼합)
(대변) 255.부가세예수금 500,000
(대변) 404.제품매출 5,000,000
(차변) 251.외상매입금 3,350,000
(차변) 101.현금 2,150,000

17 1월 17일 : 유형(11.과세)/ 품목(제품)/ 수량(100)/ 단가(50,000)/ 공급가액(5,000,000)/ 부가세(500,000)/ 공급처명((주)처칠상사)/ 전자(1:여)/ 분개(3.혼합)
(대변) 255.부가세예수금 500,000
(대변) 404.제품매출 5,000,000
(차변) 824.운반비 70,000
(대변) 101.현금 70,000
(차변) 108.외상매출금 5,500,000

18 1월 18일 : 유형(11.과세)/ 품목(임대료)/ 수량( )/ 단가( )/ 공급가액(1,200,000)/ 부가세(120,000)/ 공급처명(㈜용팔상사)/ 전자(1 : 여)/ 분개(3.혼합)
   (대변) 255.부가세예수금   120,000
   (대변) 904.임대료   1,200,000
   (차변) 102.당좌예금   1,320,000
   [해설] 부동산임대업이 주업인 경우에는 "411.임대료수입" 계정을 사용하고 그렇지 않은 경우에는 영업외수익의 "904.임대료" 계정을 사용한다.

19 1월 19일 : 유형(11.과세)/ 품목(부산물)/ 수량( )/ 단가( )/ 공급가액(2,700,000)/ 부가세(270,000)/ 공급처명(㈜영구상사)/ 전자(1 : 여)/ 분개(3.혼합)
   (대변) 255.부가세예수금   270,000
   (대변) 420.부산물매출   2,700,000
   (차변) 103.보통예금   2,970,000
   [해설] [기초정보관리]>[계정과목 및 적요등록]에서 코드(420) / 계정과목(부산물매출) / 성격(1.매출)"을 등록한 후 회계처리 한다.

20 1월 20일 : 유형(11.과세)/ 품목(제품)/ 수량(-10)/ 단가(80,000)/ 공급가액(-800,000)/ 부가세(-80,000)/ 공급처명(㈜열공상사)/ 전자(1 : 여)/ 분개(2.외상)
   (차변) 108.외상매출금   -880,000
   (대변) 255.부가세예수금   -80,000
   (대변) 404.제품매출   -800,000

   [단대디] … [전표입력]>[일반전표입력] 메뉴라면 이 문제는 다음과 같이 회계처리 할 것이다.
     (차) 매출환입및에누리   800,000 / (대) 외상매출금   880,000
     (차) 부가세예수금   80,000
   하지만 [매입매출전표입력] 메뉴는 부가세예수금 계정을 차변으로 보낼 수 없도록 프로그램 되어 있기 때문에 위와 비슷하게 분개를 하려면 다음과 같이 해야 한다.
     (차) 매출환입및에누리   800,000 / (대) 외상매출금   880,000
                                        (대) 부가세예수금   -80,000
   이 방법 외에도 다른 형태로 분개가 가능하지만 답안에서 제시하는 것이 가장 편하다.

21 2월 1일 : 유형(11.과세)/ 품목(기계장치)/ 수량( )/ 단가( )/ 공급가액(20,000,000)/ 부가세(2,000,000)/ 공급처명(㈜우일상사)/ 전자(1 : 여)/ 분개(3.혼합)
   (대변) 255.부가세예수금   2,000,000
   (대변) 206.기계장치   25,000,000
   (차변) 207.감가상각누계액   5,000,000
   (차변) 101.현금   15,000,000
   (차변) 120.미수금   7,000,000
   [해설] 메뉴 상단에는 부가가치세신고와 관련된 공급가액 20,000,000원과 부가가치세 2,000,000원을 입력하며, 하단의 분개는 이와 별개로 유형자산 처분에 대한 회계처리를 해야 하므로, 취득원가와 감가상각누계액을 각각 장부상에서 제거하는 분개를 해야 한다.

22. 2월 2일 : 유형(11.과세)/ 품목(기계장치)/ 수량( )/ 단가( )/ 공급가액(900,000)/ 부가세(90,000)/ 공급처명(㈜진이상사)/ 전자(1 : 여)/ 분개(3.혼합)
    (대변) 255.부가세예수금   90,000
    (대변) 206.기계장치   1,500,000
    (차변) 207.감가상각누계액   800,000
    (차변) 101.현금   500,000
    (차변) 103.보통예금   490,000
    (대변) 914.유형자산처분이익   200,000

23. 2월 3일 : 유형(11.과세)/ 품목(트럭)/ 수량( )/ 단가( )/ 공급가액(24,000,000)/ 부가세(2,400,000)/ 공급처명(㈜서삼상사)/ 전자(1 : 여)/ 분개(3.혼합)
    (대변) 255.부가세예수금   2,400,000
    (대변) 208.차량운반구   35,000,000
    (차변) 209.감가상각누계액   13,000,000
    (차변) 101.현금   5,000,000
    (차변) 120.미수금   21,400,000
    (대변) 914.유형자산처분이익   2,000,000

24. 2월 4일 : 유형(11.과세)/ 품목(화물자동차)/ 수량( )/ 단가( )/ 공급가액(1,000,000)/ 부가세(100,000)/ 공급처명(㈜무사상사)/ 전자(1 : 여)/ 분개(3.혼합)
    (대변) 255.부가세예수금   100,000
    (대변) 208.차량운반구   5,000,000
    (차변) 209.감가상각누계액   4,500,000
    (차변) 251.외상매입금   500,000
    (차변) 101.현금   600,000
    (대변) 914.유형자산처분이익   500,000

25. 2월 5일 : 유형(11.과세)/ 품목(기계)/ 수량( )/ 단가( )/ 공급가액(1,200,000)/ 부가세(120,000)/ 공급처명(㈜광오상사)/ 전자(1 : 여)/ 분개(3.혼합)
    (대변) 255.부가세예수금   120,000
    (대변) 206.기계장치   2,000,000
    (차변) 207.감가상각누계액   500,000
    (차변) 102.당좌예금   1,320,000
    (차변) 970.유형자산처분손실   300,000

26. 2월 6일 : 유형(11.과세)/ 품목(기계장치)/ 수량( )/ 단가( )/ 공급가액(6,000,000)/ 부가세(600,000)/ 공급처명(㈜청육상사)/ 전자(1 : 여)/ 분개(3.혼합)
    (대변) 255.부가세예수금   600,000
    (대변) 206.기계장치   25,000,000
    (차변) 207.감가상각누계액   16,600,000

(차변) 120.미수금　　　　　　　　　6,600,000
(차변) 970.유형자산처분손실　　　 2,400,000

27 2월 7일 : 유형(11.과세)/ 품목(기계장치)/ 수량( )/ 단가( )/ 공급가액(15,000,000)/ 부가세(1,500,000)/ 공급처명(㈜처칠상사)/ 전자(1 : 여)/ 분개(3.혼합)
(대변) 255.부가세예수금　　　　　 1,500,000
(대변) 206.기계장치　　　　　　　20,000,000
(차변) 207.감가상각누계액　　　　 4,500,000
(차변) 103.보통예금　　　　　　　10,000,000
(차변) 120.미수금　　　　　　　　 6,500,000
(차변) 970.유형자산처분손실　　　　 500,000

28 3월 8일 : 유형(12.영세)/ 품목(제품)/ 수량( )/ 단가( )/ 공급가액(3,000,000)/ 부가세( )/ 공급처명(㈜용팔상사)/ 전자(1 : 여)/ 영세율구분(3)/ 분개(1.현금)
(입금) 404.제품매출　　　　　　　 3,000,000

29 3월 9일 : 유형(12.영세)/ 품목(제품)/ 수량( )/ 단가( )/ 공급가액(7,000,000)/ 부가세( )/ 공급처명(㈜영구상사)/ 전자(1 : 여)/ 영세율구분(3)/ 분개(2.외상)
(차변) 108.외상매출금　　　　　　 7,000,000
(대변) 404.제품매출　　　　　　　 7,000,000

30 3월 10일 : 유형(12.영세)/ 품목(제품)/ 수량( )/ 단가( )/ 공급가액(20,000,000)/ 부가세( )/ 공급처명(㈜열공상사)/ 전자(1 : 여)/ 영세율구분(3)/ 분개(3.혼합)
(대변) 404.제품매출　　　　　　　20,000,000
(차변) 102.당좌예금　　　　　　　20,000,000

31 3월 11일 : 유형(12.영세)/ 품목(제품)/ 수량( )/ 단가( )/ 공급가액(15,000,000)/ 부가세( )/ 공급처명(㈜우일상사)/ 전자(1 : 여)/ 영세율구분(3)/ 분개(3.혼합)
(대변) 404.제품매출　　　　　　　15,000,000
(차변) 101.현금　　　　　　　　　 9,000,000
(차변) 108.외상매출금　　　　　　 6,000,000
[해설] 수량만 제시되고 단가가 제시되지 않은 경우 수량과 단가를 모두 입력하지 않아도 된다.

32 3월 12일 : 유형(12.영세)/ 품목(제품)/ 수량( )/ 단가( )/ 공급가액(30,000,000)/ 부가세( )/ 공급처명(㈜진이상사)/ 전자(1 : 여)/ 영세율구분(3)/ 분개(3.혼합)
(대변) 404.제품매출　　　　　　　30,000,000
(차변) 110.받을어음　　　　　　　30,000,000
[해설] $30,000 × 1,000/$ = 30,000,000원

㉝ 3월 13일 : 유형(12.영세)/ 품목(제품)/ 수량( )/ 단가( )/ 공급가액(17,250,000)/ 부가세( )/
   공급처명(㈜서삼상사)/ 전자(1 : 여)/ 영세율구분(3)/ 분개(3.혼합)
   (대변) 404.제품매출   17,250,000
   (차변) 101.현금   6,000,000
   (차변) 110.받을어음   11,250,000   (거래처 : ㈜영구상사)
   [해설] $15,000 × 1,150/$ = 17,250,000원
          받을어음의 거래처를 "㈜영구상사"로 변경하는 기출문제 답안을 따르기로 한다. ㅠ.ㅠ

㉞ 3월 14일 : 유형(12.영세)/ 품목(제품)/ 수량( )/ 단가( )/ 공급가액(20,000,000)/ 부가세( )/
   공급처명(㈜무사상사)/ 전자(1 : 여)/ 영세율구분(3)/ 분개(3.혼합)
   (대변) 404.제품매출   20,000,000
   (차변) 110.받을어음   10,000,000
   (차변) 108.외상매출금   10,000,000

㉟ 3월 15일 : 유형(12.영세)/ 품목(제품)/ 수량( )/ 단가( )/ 공급가액(50,000,000)/ 부가세( )/
   공급처명(㈜광오상사)/ 전자(1 : 여)/ 영세율구분(3)/ 분개(3.혼합)
   (대변) 404.제품매출   50,000,000
   (차변) 259.선수금   7,000,000
   (차변) 108.외상매출금   43,000,000

㊱ 4월 6일 : 유형(14.건별)/ 품목(제품)/ 수량( )/ 단가( )/ 공급가액(420,000)/ 부가세(42,000)/
   공급처명(김영순)/ 분개(1.현금)
   (입금) 255.부가세예수금   42,000
   (입금) 404.제품매출   420,000
   [해설] [공급가액]란에 공급대가(462,000원)를 입력하면 공급가액과 세액이 자동으로 분리되어 입력된다.

㊲ 4월 7일 : 유형(14.건별)/ 품목(제품)/ 수량( )/ 단가( )/ 공급가액(500,000)/ 부가세(50,000) /
   공급처명( )/ 분개(1.현금)
   (입금) 255.부가세예수금   50,000
   (입금) 404.제품매출   500,000

㊳ 4월 8일 : 유형(14.건별)/ 품목(제품)/ 수량( )/ 단가( )/ 공급가액(1,000,000)/ 부가세
   (100,000)/ 공급처명(김성실)/ 분개(1.현금)
   (입금) 255.부가세예수금   100,000
   (입금) 404.제품매출   1,000,000

㊴ 5월 9일 : 유형(16.수출)/ 품목(제품)/ 수량(1,000)/ 단가(220,000)/ 공급가액(220,000,000)/
   부가세( )/ 공급처명(HANS)/ 영세율구분(1)/ 분개(2.외상)
   (차변) 108.외상매출금   220,000,000
   (대변) 404.제품매출   220,000,000

[해설] 대가를 외국통화 기타 외국환으로 받는 경우로서 공급시기(내국물품을 외국으로 반출하는 경우는 선적일) 이후에 외국통화 그 밖의 외국환 상태로 보유하거나 지급받는 경우에는 공급시기의 기준환율(또는 재정환율)에 의하여 계산한 금액을 과세표준으로 한다.
$200 × 1,100/$ = 220,000원

40 5월 10일 : 유형(16.수출)/ 품목(제품)/ 수량(1,000)/ 단가(24,000)/ 공급가액(24,000,000)/ 부가세( )/ 공급처명(후지모리상사)/ 영세율구분(1)/ 분개(2.외상)
(차변) 108.외상매출금   24,000,000
(대변) 404.제품매출   24,000,000
[해설] ¥2,000 × 12/¥ = 24,000원

41 5월 11일 : 유형(16.수출)/ 품목(제품)/ 수량(1,000)/ 단가(380,000)/ 공급가액(380,000,000)/ 부가세( )/ 공급처명(칭따오상사)/ 영세율구분(1)/ 분개(2.외상)
(차변) 108.외상매출금   380,000,000
(대변) 404.제품매출   380,000,000
[해설] CNY2,000 × 190/CNY = 380,000원

42 5월 12일 : 유형(16.수출)/ 품목(제품)/ 수량( )/ 단가( )/ 공급가액(40,000,000)/ 부가세( )/ 공급처명(맨유상사)/ 영세율구분(1)/ 분개(3.혼합)
(대변) 404.제품매출   40,000,000
(차변) 259.선수금   8,000,000
(차변) 108.외상매출금   32,000,000
[해설] [전표입력]>[일반전표입력] 메뉴(4월 20일)에서 계약금 8,000,000원이 선수금 계정으로 회계처리된 것을 확인할 수 있다.

43 6월 3일 : 유형(17.카과)/ 품목(제품)/ 수량( )/ 단가( )/ 공급가액(6,000,000)/ 부가세(600,000)/ 공급처명(김영순)/ 신용카드사(엘지카드)/ 분개(2.외상)
(차변) 108.외상매출금   6,600,000   (거래처 : 엘지카드)
(대변) 255.부가세예수금   600,000
(대변) 404.제품매출   6,000,000
[해설] [공급가액]란에 공급대가(6,600,000원)를 입력하면 공급가액과 세액이 자동으로 분리되어 입력된다.

44 6월 4일 : 유형(22.현과)/ 품목(제품)/ 수량( )/ 단가( )/ 공급가액(100,000)/ 부가세(10,000)/ 공급처명(김성실)/ 분개(1.현금)
(입금) 255.부가세예수금   10,000
(입금) 404.제품매출   100,000
[해설] [공급가액]란에 공급대가(110,000원)를 입력하면 공급가액과 세액이 자동으로 분리되어 입력된다.

제2절 매입거래

1. 매입항목의 유형별 특성

매입의 유형별로 입력해야 할 내용 및 반영되는 서식을 살펴보면 다음과 같으며, 반영되는 서식은 전산세무 1급·2급의 출제범위에 속한다. 분개는 매입유형 상호간의 비교를 위하여 일률적으로 1,000,000원의 현금거래라고 표시한다.

(1) 51.과세(과세매입)

구 분	내 용
입력내용	매입세액이 공제되는 세금계산서를 발급받은 과세 매입거래
반영되는 서 식	㉠ 부가가치세신고서 [세금계산서수취분/일반매입 or 고정자산매입]란 ㉡ 부속서류 : (매입처별)세금계산서합계표 ㉢ 매입매출장
분 개	(차) 부가세대급금　　100,000　　　/ (대) 현 금　　　1,100,000 (차) 원재료　　　　1,000,000

(2) 52.영세(영세율)

구 분	내 용
입력내용	영세율 세금계산서를 발급받은 영세율 매입거래
반영되는 서 식	㉠ 부가가치세신고서 [세금계산서수취분/일반매입 or 고정자산매입]란 ㉡ 부속서류 : (매입처별)세금계산서합계표 ㉢ 매입매출장
분 개	(차) 원재료　　　　1,000,000　　　/ (대) 현 금　　　1,000,000

(3) 53.면세(계산서)

구 분	내 용
입력내용	면세사업자가 발급한 계산서를 발급받은 면세 매입거래
반영되는 서 식	㉠ 부가가치세신고서 [계산서수취금액]란 ㉡ 부속서류 : (매입처별)계산서합계표 ㉢ 매입매출장
분 개	(차) 원재료　　　　1,000,000　　　/ (대) 현 금　　　1,000,000

(4) 54.불공(불공제)

구 분	내 용
입력내용	매입세액이 공제되지 않는 세금계산서를 발급받은 과세 매입거래
반영되는 서 식	㉠ 부가가치세신고서 [세금계산서수취분/일반매입 or 고정자산매입]란 ㉡ 부가가치세신고서 [공제받지못할매입세액]란 ㉢ 부속서류 : (매입처별)세금계산서합계표 ㉣ 부속서류 : 공제받지 못할 매입세액명세서 ㉤ 매입매출장
분 개	(차) 기업업무추진비　　1,100,000　　/ (대) 현 금　　1,100,000

[참고] 매입세액 불공제사유
① 필요적 기재사항 누락 등 : 발급받은 세금계산서에 필요적 기재사항의 전부 또는 일부가 적히지 아니하였거나 사실과 다르게 적힌 경우
② 사업과 직접 관련 없는 지출에 대한 매입세액
③ 비영업용 소형승용자동차 구입·유지 및 임차에 관한 매입세액
  • 영업용이란 운수업에서와 같이 승용자동차를 직접 영업에 사용하는 것을 의미하므로, 그렇지 않은 것은 회사의 용도와 상관없이 비영업용에 해당한다.
  • 소형승용자동차란 주로 사람의 수송을 목적으로 제작된 승용자동차(8인승 이하)로서 개별소비세 과세대상이 되는 차량을 말한다(배기량 1,000cc 이하인 것은 제외).
④ 기업업무추진비 및 이와 유사한 비용과 관련된 매입세액
⑤ 면세사업 등에 관련된 매입세액
⑥ 토지의 자본적 지출 관련 : 토지의 가치를 현실적으로 증가시켜 토지의 취득원가를 구성하는 비용에 관련된 매입세액
⑦ 사업자등록을 신청하기 전의 매입세액 등

(5) 55.수입(수입분)

구 분	내 용
입력내용	매입세액이 공제되는 수입세금계산서를 세관장으로부터 발급받은 과세 매입거래
반영되는 서 식	㉠ 부가가치세신고서 [세금계산서수취분/일반매입]란 ㉡ 부속서류 : (매입처별)세금계산서합계표 ㉢ 매입매출장
분 개	(차) 부가세대급금　　100,000　　/ (대) 현 금　　100,000

[참고] 수입세금계산서
수입세금계산서상의 공급가액은 단순히 세관장이 부가가치세를 징수하기 위한 부가가치세 과세표준일 뿐이므로 회계처리 대상이 아니다. 따라서 프로그램에서는 수입세금계산서를 입력하는 경우 하단 분개시에는 부가가치세만 표시되도록 되어 있다.

> 재화의 수입에 대한 과세표준
> = 관세의 과세가격(거래가격) + 관세 + 개별소비세 + 주세 + 교육세 + 농어촌특별세 + 교통·에너지·환경세

(6) 57.카과(카드과세)

구 분	내 용
입력내용	매입세액공제가 가능한 신용카드에 의한 매입거래
반영되는 서 식	㉠ 부가가치세신고서 [그밖의 공제매입세액/신용카드매출수령금액합계표/일반매입 or 고정매입]란 ㉡ 부속서류 : 신용카드매출전표등 수령금액합계표(갑) ㉢ 매입매출장
분 개	(차) 부가세대급금　　90,909　　　/ (대) 미지급금　　1,000,000 (차) 복리후생비　　909,091

> [참고] **신용카드매출전표**
> 신용카드매출전표는 영수증으로 본다. 따라서 이것을 발급받은 사업자는 원칙적으로 매입세액공제를 받을 수 없다. 그러나 사업자가 일반과세자(영수증 발급의무자 중 거래상대방이 세금계산서의 발급을 요구하는 때에 발급의무가 있는 자에 한함)로부터 재화나 용역을 공급받고 부가가치세액이 별도로 구분 기재된 신용카드매출전표 등을 발급받은 때에는 그 부가가치세액을 매입세액으로 공제한다.

2. 매입전표의 분개 요령

분개는 상호간의 비교를 위하여 일률적으로 유형(51.과세)의 공급가액 1,000,000원인 거래로 표시한다.

(1) 1 : 현금

대변이 전액 현금 계정인 경우에 사용한다. 차변 계정은 부가세대급금과 [기초정보관리]>[환경등록]의 ② 분개유형설정의 "매입(153.원재료)"으로 자동 분개된다. 부가세대급금 계정을 제외한 나머지 계정과목은 수정 및 추가입력 가능하다.

(차) 부가세대급금　　100,000　　　/ (대) 현 금　　1,100,000
(차) 원재료　　1,000,000

구분	계정과목	적요	거래처	차변(출금)	대변(입금)
출금	0135 부가세대급금	수정 불가		100,000	(현금)
출금	0153 원재료	수정 가능		1,000,000	(현금)
		대차차액이 발생한 경우 추가입력 가능			
		합 계		1,100,000	1,100,000

(2) 2 : 외상

대변이 전액 외상매입금 계정인 경우에 사용한다. 차변 계정은 부가세대급금과 [기초정보관리]>[환경등록]의 ② 분개유형설정의 "매입(153.원재료)"으로 자동 분개된다. 부가세대급금 계정을 제외한 나머지 계정과목은 수정 및 추가입력 가능하다.

| (차) 부가세대급금 | 100,000 | / | (대) 외상매입금 | 1,100,000 |
| (차) 원재료 | 1,000,000 | | | |

구분	계정과목	적요	거래처	차변(출금)	대변(입금)
대변	0251 외상매입금	수정 가능			1,100,000
차변	0135 부가세대급금	수정 불가		100,000	
차변	0153 원재료	수정 가능		1,000,000	
		대차차액이 발생한 경우 추가입력 가능			
			합 계	1,100,000	1,100,000

(3) 3 : 혼합

대변이 전액 현금 및 외상매입금 계정이 아닌 경우에 사용한다. 차변 계정은 부가세대급금과 [기초정보관리]>[환경등록]의 ② 분개유형설정의 "매입(153.원재료)"으로 자동 분개된다. 부가세대급금 계정을 제외한 나머지 계정과목은 수정 및 추가입력 가능하다.

| (차) 부가세대급금 | 100,000 | / | (대) 현 금 | 500,000 |
| (차) 원재료 | 1,000,000 | | (대) 외상매입금 | 600,000 |

구분	계정과목	적요	거래처	차변(출금)	대변(입금)
차변	0135 부가세대급금	수정 불가		100,000	
차변	0153 원재료	수정 가능		1,000,000	
대변	0101 현금	추가 입력			500,000
대변	0251 외상매입금	대차차액이 발생한 경우 추가입력 가능			600,000
		대차차액이 발생한 경우 추가입력 가능			
			합 계	1,100,000	1,100,000

단마대 … 나머지 분개유형(0:분개없음, 4:카드, 5:추가)은 자격시험에서 사용할 필요가 없으므로 설명을 생략한다.

[참고] **매입항목의 유형 중 나머지에 대한 설명**
① 58.카면(카드면세) : 신용카드매출전표 수취에 의한 면세 매입거래 *(출제된 적이 없음)*
② 59.카영(카드영세) : 신용카드매출전표 수취에 의한 영세율 매입거래
③ 60.면건(무증빙) : 계산서를 수취하지 않은 면세 매입거래
④ 61.현과(현금과세) : 현금영수증 수취에 의한 과세 매입거래 *(출제된 적이 없음)*
⑤ 62.현면(현금면세) : 현금영수증 수취에 의한 면세 매입거래 *(출제된 적이 없음)*

(1) 매입(51.과세) 따라하기

㈜최대리는 2월 1일에 비품을 외상으로 매입하고 다음과 같은 전자세금계산서를 발급받았다.

[분개] (차) 비품　　　　　　100,000　　/　(대) 미지급금　　110,000
　　　 (차) 부가세대급금　　 10,000

전자 세금계산서 (공급받는자 보관용)　승인번호　1234567890

	공급자				공급받는자		
등록번호	212-81-35421			등록번호	141-81-12349		
상호(법인명)	서울상사	성명(대표자)	박주명	상호(법인명)	㈜최대리	성명(대표자)	최대리
사업장주소	서울특별시 마포구 신촌로 102			사업장주소	경기도 파주시 책향기로 371		
업태	제조	종목	가죽	업태	제조	종목	가방

작성			공급가액								세액								비고
년	월	일	백	십	억	천	백	십	만	천	백	십	일	십	억	천	백	십	만	천	백	십	일	
2025	2	1					1	0	0	0	0	0							1	0	0	0	0	

월	일	품목	규격	수량	단가	공급가액	세액	비고
2	1	소파	개	1	100,000	100,000	10,000	

합계금액	현금	수표	어음	외상미수금	이 금액을	영수　함
110,000				110,000		(청구)

① [월]란에 거래가 발생한 월인 "02"를 선택하고 [일]란에 "1"을 입력하고 키보드의 Enter↵ 키를 친다.
② [유형]란에 "51.과세"를 입력하고 [품목]란에 "소파"를 입력한다.
③ [수량]란에 "1"을 입력하고 [단가]란에 "100,000"을 입력하면 [공급가액]란과 [부가세]란은 자동 표시된다.

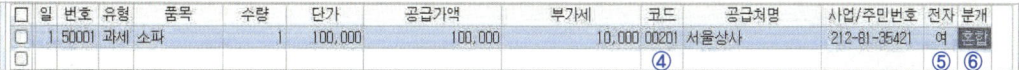

④ [코드]란에서 키보드의 F2 키를 누르고「거래처도움」보조창에서 "201.서울상사"를 선택하고 확인(Enter)을 클릭하면 [공급처명]란과 [사업/주민번호]란은 자동 표시된다.

⑤ 전자세금계산서인 경우에는 [전자]란에 "1:여"를 입력한다.

⑥ [분개]란에 "3:혼합"을 입력한다.

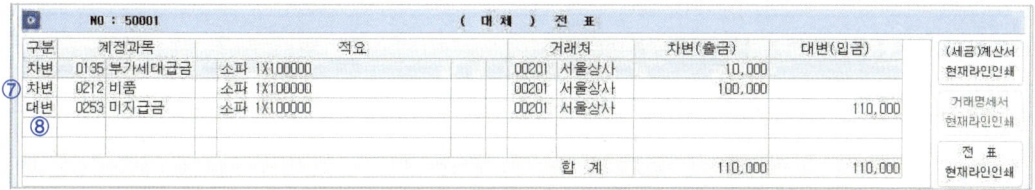

⑦ [구분]란에 "3:차변"을 입력하고 [계정과목]란에 "212.비품"을 입력한다.

⑧ [구분]란에 "4:대변"을 입력하고 [계정과목]란에 "253.미지급금"을 입력한다.

> **한마디** … 비품을 매입하는 거래는 일반적인 상거래가 아니므로 미지급금 계정을 사용한다. 만약「기초코드등록」보조창이 나타나면 고정자산 간편등록은 입력을 생략한다. 이후로 이 메뉴가 보이지 않도록 하기 위해 [재무회계]>[기초정보관리]>[환경등록] 메뉴에서 [고정자산 간편자동등록 사용]란을 "0.사용안함"으로 변경한다.

(2) 매입(52.영세) 따라하기

2월 2일 ㈜한국무역에서 수출용 원재료 *150,000*원을 내국신용장에 의해 구입하고 영세율 세금계산서를 발급받았다. 원재료 구입 대금은 보통예금계좌에서 이체되었다.

　　　　[분개] (차) 원재료　　　　　 *150,000*　　/　(대) 보통예금　　　　 *150,000*

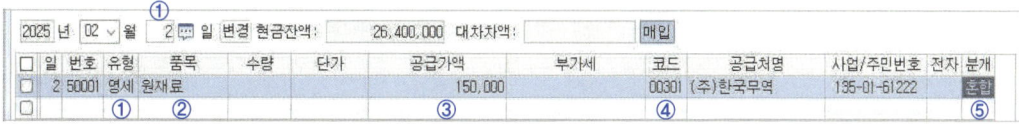

① 상단 [일]란에 "2"를 입력하고 [유형]란에 "52.영세"를 입력한다.

② [품목]란에 "원재료"를 입력한다.

③ [공급가액]란에 "*150,000*"을 입력하면 영세율이므로 [부가세]란은 표시되지 않는다.

④ [코드]란에서 키보드의 F2 키를 누르고「거래처도움」보조창에서 "301.㈜한국무역"을 선택하고 확인(Enter)을 클릭하면, [공급처명]란과 [사업/주민번호]란은 자동 표시된다.

⑤ [분개]란에 "3:혼합"을 입력한다.

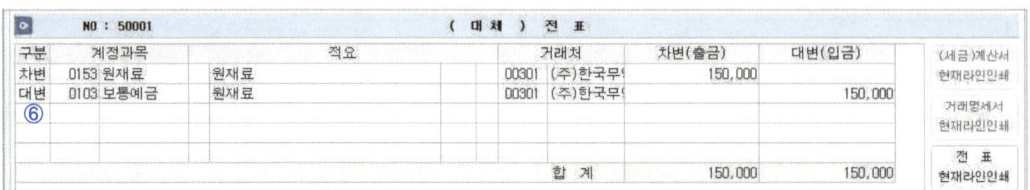

⑥ [구분]란에 "4:대변"을 입력하고 [계정과목]란에 "103.보통예금"을 입력한다.

(3) 매입(53.면세) 따라하기

2월 3일 교보문고에서 본사 관리부에서 사용할 전산회계 1급을 구입하고 대금 50,000원을 현금 지급하고 계산서를 발급받았다. 거래처코드 401번으로 거래처를 등록하시오.

[분개] (차) 도서인쇄비 50,000 / (대) 현금 50,000

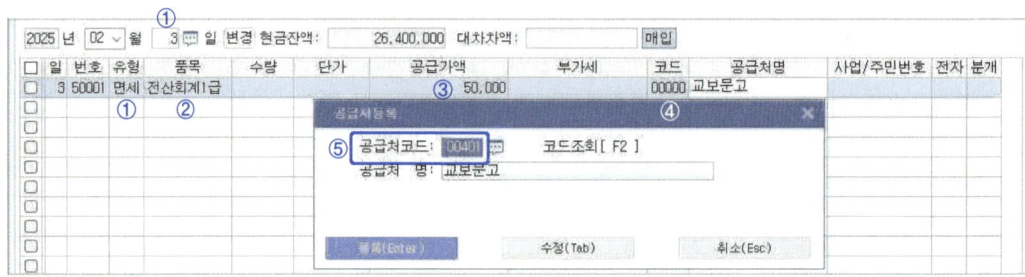

① 상단 [일]란에 "3"을 입력하고 [유형]란에 "53.면세"를 입력한다.
② [품목]란에 "전산회계 1급"을 입력한다.
③ [공급가액]란에 "50,000"을 입력하면 면세이므로 [부가세]란은 표시되지 않는다.
④ [코드]란에서 플러스키(+)를 누르고 [공급처명]란에 "교보문고"를 입력한 다음 키보드의 Enter↵ 키를 친다.
⑤ 「공급처등록」보조창의 [공급처코드]란에 "401"을 입력하고 등록[Enter]을 클릭한다.

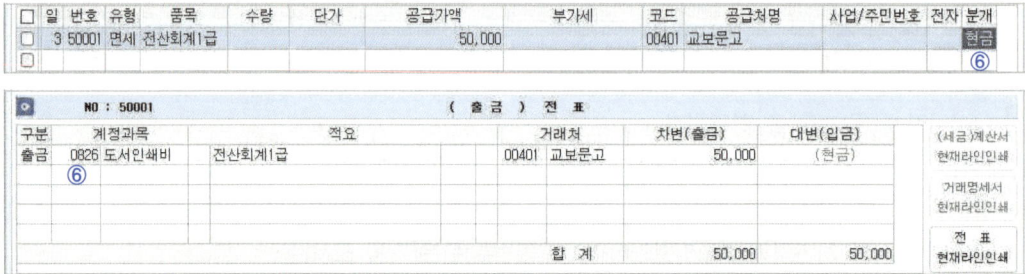

⑥ [분개]란에 "1:현금"을 입력하고 [계정과목]란에 "826.도서인쇄비"를 입력한다.

(4) 매입(54.불공) 따라하기

2월 4일에 중형승용차(2,000cc)를 6개월 할부로 구입하고 다음과 같은 전자세금계산서를 발급받았다. 거래처코드 402번으로 등록하시오.

[분개] (차) 차량운반구   2,200,000 / (대) 미지급금   2,200,000

전자 세금계산서 (공급받는자 보관용)								승인번호	1234567890	
공급자	등록번호	212-81-12340			공급받는자	등록번호	141-81-12349			
	상호(법인명)	㈜현대자동차	성명(대표자)	정몽구		상호(법인명)	㈜최대리	성명(대표자)	최대리	
	사업장주소	서울특별시 중구 서소문로 100				사업장주소	경기도 파주시 책향기로 371			
	업태	제조	종목	자동차		업태	제조	종목	가방	

작성			공급가액						세액						비고
년	월	일	백	십	억	천	백	십	만	천	백	십	일		
2025	2	4				2	0	0	0	0	0			2	0	0	0	0	0	

월	일	품목	규격	수량	단가	공급가액	세액	비고
2	4	소나타	개	1	2,000,000	2,000,000	200,000	

합계금액	현금	수표	어음	외상미수금	이 금액을	영수 함 (청구)
2,200,000				2,200,000		

① 상단 [일]란에 "4"를 입력하고 [유형]란에 "54.불공"을 입력한다.

② [품목]란에 "소나타"를 입력한다.

③ [수량]란에 "1"을 입력하고 [단가]란에 "2,000,000"을 입력하면 [공급가액]란과 [부가세]란은 자동 표시된다.

④ [코드]란에서 키보드의 플러스키(⊕)를 누르고 [공급처명]란에 "㈜현대자동차"를 입력한 다음 키보드의 [Enter↵] 키를 친다.

⑤ 「공급처등록」 보조창의 [공급처코드]란에 "402"를 입력하고 수정[tab]을 클릭하여 메뉴 하단의 「공급처등록정보」 창에 나머지 등록사항을 입력한다.

⑥ [전자]란에 "1:여"를 입력한다.

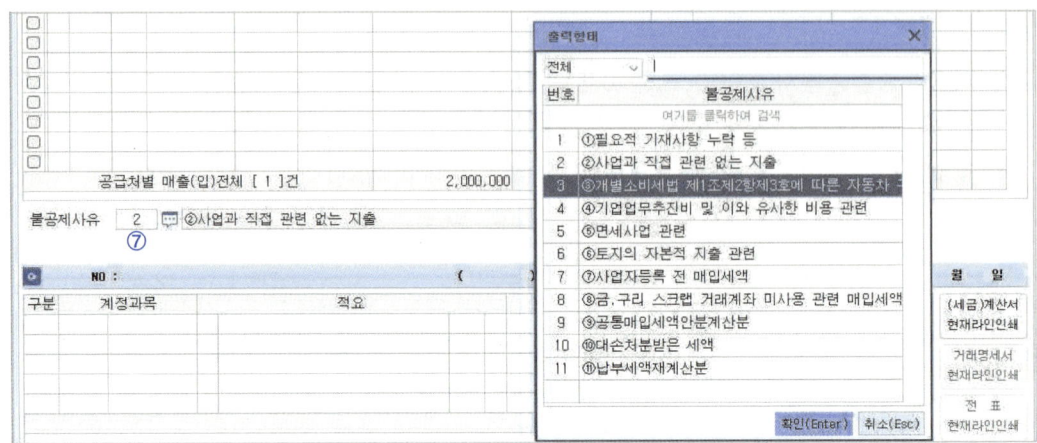

⑦ [불공제사유]란에서 키보드의 F2 키를 누르고 「출력형태」 보조창에서 "불공제사유(3)"를 선택하고 확인(Enter)을 클릭한다.

> 한마디 … [불공제사유]란을 선택하는 이유는 부가가치세신고 부속서류인 [공제받지못할 매입세액명세서] 메뉴를 자동으로 작성하기 위한 것으로 전산회계 1급과는 무관하지만 자격시험 답안에 표시가 되고 있으므로 만약을 위해서 선택하기로 한다.

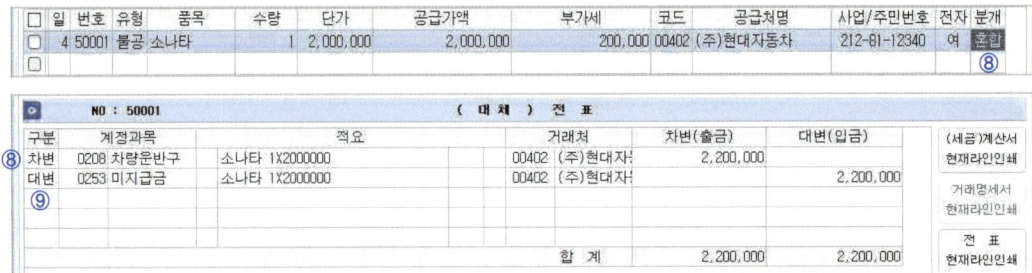

⑧ [분개]란에 "3:혼합"을 입력하고 차변 [계정과목]란에 "208.차량운반구"를 입력한다.
⑨ [구분]란에 "4:대변"을 입력하고 [계정과목]란에 "253.미지급금"을 입력한다.

(5) 매입(55.수입) 따라하기

2월 5일 모직업체인 미국 프라다사로부터 수입한 원재료를 인천세관으로부터 인수하고 수입 세금계산서를 발급받았다. 부가가치세 과세표준은 500,000원, 부가가치세는 50,000원이며, 부가가치세는 현금으로 지급하였다. 거래처코드 403번으로 인천세관을 등록하여 회계처리 하시오.

[분개] (차) 부가세대급금   50,000 / (대) 현금   50,000

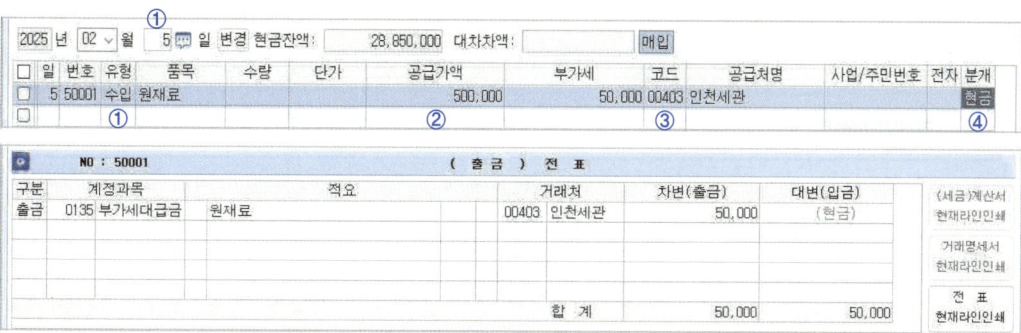

① 상단 [일]란에 "5"를 입력하고 [유형]란에 "55.수입"을 입력한다. [품목]란에 "원재료"를 입력한다.
② [공급가액]란에 과세표준 "500,000"을 입력하면 [부가세]란은 자동 표시된다.
③ [코드]란에서 플러스키(➕)를 누르고 [공급처명]란에 "인천세관"을 입력한 다음 키보드의 [Enter↲] 키를 친다. 「공급처등록」 보조창의 [공급처코드]란에 "403"을 입력하고 등록[Enter]을 클릭한다.
④ [분개]란에 "1:현금"을 입력한다.

> 한마디 … 수입세금계산서상의 공급가액은 단순히 세관장이 부가가치세를 징수하기 위한 부가가치세 과세표준일 뿐 회계처리 대상이 아니므로 하단 분개는 부가세대급금만 표시된다.

(6) 매입(57.카과) 따라하기

2월 7일 본사 사무실에서 사용할 비품을 광주상사에서 구입하였다. 대금은 220,000원이었으며 엘지카드로 결제하였다(부가가치세 포함, 카드매입에 대한 부가가치세 매입세액 공제요건을 충족함).

[분개] (차) 비품   200,000 / (대) 미지급금   220,000
       (차) 부가세대급금   20,000   (거래처 : 엘지카드)

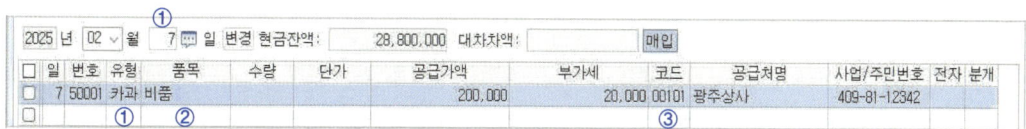

① 상단 [일]란에 "7"을 입력하고 [유형]란에 "57.카과"를 입력한다.
② [품목]란에 "비품"을 입력하고 [공급가액]란에 부가가치세가 포함된 공급대가 "220,000"을 입력하면, 공급가액 200,000원과 부가세 20,000원으로 자동으로 분리되어 입력된다.

> 한마디 … "57.카과"는 "17.카과"와 마찬가지로 [공급가액]란에 공급대가를 입력함에 주의하여야 한다.

③ [코드]란에 "101.광주상사"를 입력한다.

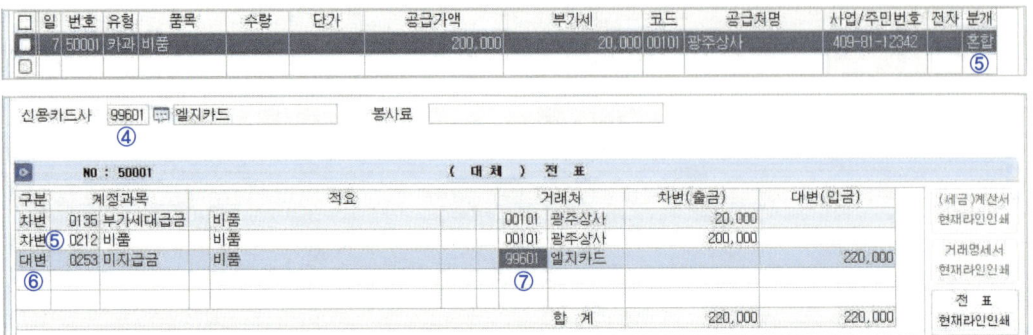

④ [신용카드사]란에서 키보드의 F2 키를 눌러 「거래처도움」보조창에서 "99601.엘지카드"를 선택하고 확인(Enter) 을 클릭한다.

두메디 … 이 때 [신용카드사]란의 보조창에 나타나는 거래처는 [기초정보관리]>[거래처등록] 메뉴의 『신용카드』 탭에 유형(2:매입)으로 등록된 거래처만 조회된다.

⑤ [분개]란에 "3:혼합"을 입력하고 차변 [계정과목]란에 "212.비품"을 입력한다.
⑥ [구분]란에 "4:대변"을 입력하고 [계정과목]란에 "253.미지급금"을 입력한다.
⑦ 미지급금 계정의 [거래처]란의 거래처를 "99601.엘지카드"로 변경한다.

기/출/문/제 [실기]

다음 거래를 ㈜세연상사(회사코드 : 3002)의 [매입매출전표입력] 메뉴에 추가입력 하시오.

> 한마디 … 동 거래의 내용 중 취급 품목이 ㈜세연상사의 업태/종목과 일치하지 않더라도 다양한 거래를 학습하기 위한 것이므로 이를 무시하고 학습하길 바란다. 전자(세금)계산서인 경우에는 [전자]란에서 "1:여"을 선택하고, 거래처 신규 등록시 [유형]란은 "3:동시"를 사용한다.

01 7월 1일 거래처 ㈜우일상사로부터 원재료(200개 @15,000원, 부가가치세 별도)를 매입하고 전자세금계산서를 발급받았으며, 대금 중 부가가치세를 제외한 원재료가액은 거래처 ㈜열공상사에서 수취한 자기앞수표로 지급하였고, 부가가치세는 현금으로 지급하였다.

02 7월 2일 ㈜진이상사로부터 원재료(1,000개 @5,000원 부가가치세 별도)를 외상으로 매입하고 전자세금계산서를 수취하였다.

03 7월 3일 제품 제조에 필요한 원재료(200개 @2,000원 부가가치세 별도)를 전자세금계산서와 함께 ㈜서삼상사로부터 구입하고 대금은 전액 당좌수표를 발행하여 지급하였다.

04 7월 4일 ㈜무사상사로부터 원재료 1,200,000원(부가가치세 별도)을 구입하고 전자세금계산서를 수취하였으며 부가가치세는 현금으로, 나머지 대금은 외상으로 하였다.

05 7월 5일 ㈜광오상사로부터 원재료인 원단(2,000단위 @10,000원, 부가가치세 별도)을 매입하고 전자세금계산서를 발급받았다. 대금 중 5,000,000원은 당좌수표를 발행하여 지급하고, 잔액은 외상으로 하였다.

06 7월 6일 ㈜청육상사로부터 원재료를 3,000,000원(부가가치세 별도)에 매입하고 전자세금계산서를 발급받았고, 대금은 어음(만기 : 1년 이내)을 발행하여 지급하였다.

07 7월 7일 ㈜처칠상사로부터 원재료인 목재 6,050,000원(부가가치세 포함)을 매입하고 전자세금계산서를 발급받았다. 대금 중 부가가치세는 현금으로 지급하고, 나머지는 약속어음(만기 : 1년 이내)을 발행하여 지급하였다.

08 7월 8일 ㈜용팔상사로부터 원재료인 원단을 매입하고 다음과 같은 전자세금계산서를 발급받았다.

전자세금계산서(공급받는자 보관용)

승인번호	xxxxxxxxx

공급자	등록번호	108-81-11116			공급받는자	등록번호	214-81-29129		
	상호(법인명)	㈜용팔상사	성명(대표자)	김용팔		상호(법인명)	㈜세연상사	성명(대표자)	최세연
	사업장주소	서울시 강남구 강남대로 480				사업장주소	서울시 서초구 서초중앙로 195		
	업태	도소매	종목	원단		업태	제조	종목	스포츠용품
	이메일					이메일			

작성일자	공급가액	세액	수정사유
2025.07.08	40,000,000	4,000,000	

비고	

월	일	품목	규격	수량	단가	공급가액	세액	비고
7	8	원단				40,000,000	4,000,000	

합계금액	현금	수표	어음	외상미수금	이 금액을	영수(청구)	함
44,000,000			20,000,000	24,000,000			

09 7월 9일 ㈜영구상사로부터 원재료를 매입하고 다음과 같은 내용으로 전자세금계산서를 발급받았다.

- 상호 : ㈜영구상사(사업자등록번호 : 109-81-11119)
- 발행금액 : 공급가액 15,000,000원, 부가가치세 1,500,000원
- 대금결제 : 현금 5,500,000원, 당사발행어음 3,300,000원, 외상 7,700,000원

10 7월 10일 ㈜열공상사로부터 원재료 6,930,000원(부가세 포함)을 매입하고 전자세금계산서를 발급받았다. 7월 1일 선 지급된 금액이 있어 상계한 후 잔액은 현금으로 즉시 지급하였다.

11 7월 11일 거래처 ㈜우일상사로부터 원재료 8,500,000원(부가가치세 별도)을 매입하고 전자세금계산서를 발급받았다. 대금은 7월 2일에 지급한 계약금 1,500,000원으로 대체하고, 나머지 잔액은 외상으로 하였다.

12 7월 12일 거래처 ㈜진이상사로부터 원재료(공급가액 12,000,000원, 부가가치세 별도)를 매입하고 전자세금계산서를 발급받았다. 매입대금은 7월 3일 계약금으로 지급한 2,000,000원을 제외한 잔액을 어음을 발행하여 결제하였다.

13 7월 13일 ㈜서삼상사로부터 원재료(2,000개, @5,000원, 부가가치세 별도)를 매입하고 전자세금계산서를 발급받았다. 대금 중 3,000,000원은 거래처 ㈜우일상사로부터 받은 동사발행의 약속어음으로 지급하였으며, 잔액은 외상으로 하였다.

14 7월 14일 ㈜무사상사에서 원재료(100개 @50,000원 부가가치세 별도)를 외상으로 구입하고 전자세금계산서를 발급받았다. 당사가 부담하기로 한 운반비 100,000원은 빠른서비스운수에 현금으로 별도 지급하였다. [매입매출전표입력] 메뉴에 하나의 전표로 입력하시오.

15 7월 15일 ㈜광오상사로부터 부재료를 5,500,000원(부가가치세 포함, 전자세금계산서 발급 받음)에 매입하고, 대금의 10%는 현금으로 지급하고, 나머지는 외상으로 하였다.

16 8월 6일 본사건물에 중앙집중식 냉난방설비공사를 실시하였으며, 공사대금 1억원(부가가치세 별도)을 시공회사인 ㈜청육상사에 약속어음(만기 : 1년 이내)을 발행하여 지급하고 전자세금계산서를 수취하였다(자본적 지출로 처리할 것).

17 8월 7일 8월 1일의 선급금 400,000원은 ㈜처칠상사로부터 기중기(공장내 운송설비)를 4,000,000원(부가가치세 별도)에 매입하기로 한 것에 대한 계약금으로 지불한 것이다. 8월 7일 기중기를 인도받고 전자세금계산서를 발급받았지만, 부가가치세를 포함한 잔액은 아직 지급하지 못하였다.

18 8월 8일 제품 운반용 트럭이 사고로 인하여 ㈜용팔상사로부터 엔진을 교체하였다. 이는 자본적 지출에 해당하는 것으로 엔진교체비 5,000,000원(부가가치세 별도)을 당좌수표로 지급하고 전자세금계산서를 발급받았다.

19 8월 9일 영업부 업무활동을 지원하기 위하여 ㈜영구상사로부터 승용차(998cc)를 9,000,000원(부가가치세 별도)에 취득하고 전자세금계산서를 발급받았으며, 대금은 전액 외상으로 하였다. 단, 차량을 인수하는 시점에 취득세 620,000원, 번호판부착 30,000원 및 수수료 50,000원은 현금으로 지급하였다(하나의 전표로 입력).

20 8월 10일 공장에 있는 휴게실에 노래방기기를 설치하였다. ㈜열공상사에서 설치한 노래방기기와 설치비용은 총 3,000,000원(부가가치세 별도)이었으며 전자세금계산서를 수취하였다. 대금은 전액 당좌수표를 발행하여 지급하였다(자산으로 계상할 것).

21 8월 11일 영업부 사원 업무용으로 사용할 노트북 컴퓨터 5대를 5,000,000원(부가가치세 별도)에 ㈜우일상사로부터 외상 구입하고 전자세금계산서를 발급받았다.

22 8월 12일 당사는 거래처인 ㈜진이상사으로부터 내년 여름을 대비하여 사무실용 에어컨(3대, 대당 2,000,000원, 부가가치세 별도)을 매입하였다. 전자세금계산서를 발급받고 대금은 매출처인 ㈜처칠상사로부터 받은 약속어음으로 절반을 지급하였고, 나머지 절반은 당사가 발행한 약속어음을 지급하였다.

23 8월 13일 ㈜서삼상사로부터 간판을 설치하고, 간판대금 5,000,000원과 부가가치세 500,000원을 현금으로 지급하고 전자세금계산서를 발급받았다. 계정은 설비장치 과목을 사용하시오.

24 8월 14일 ㈜무사상사에서 ERP시스템 소프트웨어 용역을 공급받고, 전자세금계산서 22,000,000원(부가가치세 포함)을 수취하였다. 대금은 내년 2월 10일에 지급하기로 하였다. 단, 계정과목은 무형자산 항목으로 처리하고, 당해 용역은 완료되었다.

25 9월 5일 ㈜광오상사와의 임가공용역계약에 의하여 제작 의뢰한 제품을 납품받았다. 임가공비(공급가액 5,000,000원, 부가가치세 500,000원)에 대해서 전자세금계산서를 발급받았고 대금은 다음 달에 지급하기로 하였다.

26 9월 6일 본사 직원들의 작업복(100벌 @30,000원, 부가가치세 별도)을 ㈜청육상사로부터 구입하고 전자세금계산서를 발급받았으며, 대금은 당좌수표를 발행하여 지급하였다. 작업복은 관리직 근로자들에게 30벌, 생산직근로자들에게 70벌이 지급되었다.

27 9월 7일 생산직 근무자들에게 선물을 주기 위하여 ㈜처칠상사로부터 통조림을 구입하고 전자세금계산서 20,000,000원(부가가치세 별도)을 발급받았다. 대금은 ㈜처칠상사의 외상매출금 13,600,000원과 상계하고 잔액은 3개월 만기 약속어음으로 지급하였다.

28 9월 8일 제조부문의 공장건물 임대인 ㈜용팔상사로부터 임차료 2,310,000원(부가가치세 포함)과 공장 전기요금 330,000원(부가가치세 포함)에 대한 전자세금계산서 1매를 발급받고 당좌수표를 발행하여 지급하였다.

29 9월 9일 본사 영업부에서 사용하던 4인승 소형승용차(999cc)의 고장으로 ㈜영구상사에서 수리하고, 수리비 200,000원(부가가치세 별도)을 현금으로 지급하고 전자세금계산서를 발급받았다(차량유지비 계정으로 처리할 것).

30 9월 10일 공장용 화물차의 고장으로 ㈜열공상사에서 수리하고, 수리비 600,000원(부가가치세 별도)을 다음 달에 지급하기로 하고 전자세금계산서를 발급받았다. 차량유지비 계정을 사용하며, 확정된 채무로서 미지급금으로 처리하기로 한다.

31 9월 11일 ㈜우일상사에서 사무실용 찻잔 1세트를 40,000원(부가가치세 별도)에 구입하고 전자세금계산서를 발급받았으며, 대금은 현금으로 지급하였다. 찻잔은 구입시 비용으로 처리하였다.

32 9월 12일 신제품에 대한 거리 홍보시 증정할 목적으로 ㈜진이상사에서 다음과 같이 기념품을 구매하고 전자세금계산서를 수취하였다(전액 비용으로 처리할 것).

품목	수량	단가	공급가액	부가가치세	결제방법
명함지갑	100	10,000원	1,000,000원	100,000원	현금

33 10월 3일 대표이사 최세연의 가정집에서 사용하려고 냉장고 1대(5,500,000원, 부가가치세 포함)를 ㈜서삼상사로부터 구입하고, 당사 명의로 전자세금계산서를 발급받았다. 대금은 당좌수표를 발행하여 지급하였다(가지급금 계정을 사용할 것).

34 10월 4일 ㈜무사상사로부터 PC 40대(대당 700,000원, 부가가치세 별도)를 외상으로 구입하고 세금계산서를 수취하였고, 해당 컴퓨터는 인근 대학에 기증하였다(본 거래는 업무와 무관하다).

35 10월 5일 취득가액 10,000,000원(부가가치세 별도)인 비영업용(1500cc) 소형승용차를 ㈜광오상사에서 10개월 할부로 구입하고, 최초 불입금 1,000,000원을 당좌수표로 발행하여 지급하였다(전자세금계산서 수취분).

36 10월 6일 영업사원의 업무활동을 위하여 승용차(1,998cc)를 16,000,000원(부가가치세 별도)에 ㈜청육상사로부터 취득하고 전자세금계산서를 발급받았으며, 대금은 당좌수표를 발행하여 지급하였다. 차량을 인수하는 시점에서 취득세, 번호판부착, 수수료 등 400,000원을 현금으로 지급하였다(하나의 전표로 입력할 것).

37 10월 7일 당사 비영업용 승용차(1,800cc)의 사고로 인해 ㈜처칠상사에서 엔진을 교체하였다. 이는 자본적 지출에 해당하는 것으로 엔진교체비용 4,500,000원(부가가치세 별도)을 당사 당좌수표를 발행하여 지급하고 전자세금계산서를 발급받았다.

38 10월 8일 대표이사 영업용으로 사용하는 법인소유 승용차(2,000cc)에 대한 부품을 ㈜용팔상사에서 교환하고, 부품교환비(차량유지비) 880,000원(부가가치세 포함)은 전자세금계산서를 발급받고 전액 본사 삼성카드로 결제하였다.

39 10월 9일 ㈜영구상사에서 직원 출장용으로 임차한 소형승용차(2,000cc)의 사용대금 330,000원(부가세 포함)을 현금 지급하면서 전자세금계산서를 발급받았다.

40 10월 10일 제조부는 협력업체에 선물용으로 지급하기 위하여 ㈜열공상사에서 LED TV 1대(40인치)를 1,500,000원(부가가치세 별도)에 구입하고 전자세금계산서를 발급받았으며, 대금은 법인카드인 삼성카드로 결제하였다.

41 10월 11일 영업부에서 거래처의 신축 공장건물 준공식에 선물로 제공하기 위해 냉난방기 1대(3,500,000원, 부가가치세 별도)를 ㈜우일상사에서 구입하고, 전자세금계산서를 발급받았다. 대금은 보통예금계좌에서 이체하여 지급하였다.

42 10월 12일 공장 신축용 토지를 취득하기 위한 등기대행 용역을 ㈜진이상사로부터 제공받고 수수료 1,600,000원(부가가치세 별도)을 당사 당좌수표를 발행하여 지급하여 전자세금계산서를 발급받았다.

43 11월 3일 수출용 제품의 제조를 위해 원재료(공급가액 35,000,000원)를 ㈜서삼상사로부터 외상 매입하고 영세율 전자세금계산서를 발급받았다.

44 11월 4일 원재료 납품업체인 ㈜무사상사로부터 Local L/C에 의해 수출용 제품생산에 사용될 원재료(1,000개, @50,000원)을 납품받고 영세율 전자세금계산서를 발급받았다. 대금은 전액 당점발행 약속어음(만기 : 1년 이내)으로 지급하였다.

45 11월 5일 ㈜광오상사로부터 내국신용장(Local L/C)에 의하여 원재료 30,000,000원을 공급받고 영세율 전자세금계산서를 발급받았으며, 대금 중 50%는 어음으로 지급하고 나머지 금액은 보통예금계좌에서 이체하였다.

46 11월 6일 구매확인서에 의해 수출용 제품에 대한 원재료(공급가액 25,000,000원)를 ㈜청육상사로부터 매입하고 영세율 전자세금계산서를 발급받았다. 매입대금 중 5,000,000원은 ㈜우일상사로부터 받아 보관 중이던 약속어음을 배서하여 주고 나머지는 3개월 만기 당사 발행 약속어음으로 주었다.

47 11월 7일 ㈜처칠상사로부터 공장건물 신축용 토지를 80,000,000원에 매입하고 전자계산서를 발급받았다. 대금 중 20,000,000원은 당사 보통예금계좌에서 이체하여 지급하고, 나머지는 5개월 후에 지급하기로 하였다.

48 11월 8일 직원들의 통근을 위해 ㈜용팔상사로부터 시내버스 영업용으로 사용하던 중고버스를 8,000,000원에 구입하면서 계산서를 수취하고, 대금은 전액 당좌수표를 발행하여 지급하였다.

49 11월 9일 생산직 사원 김영순의 결혼식에 사용할 축하화환을 100,000원에 ㈜영구상사에서 계산서를 발급받아 구입하고 대금은 보통예금계좌에서 이체하였다.

50 11월 10일 공장의 원재료 매입처의 확장이전을 축하하기 위하여 ㈜열공상사에서 화분을 100,000원에 구입하여 전달하였다. 증빙으로 계산서를 수취하였으며, 대금은 외상으로 하였다.

51 11월 11일 ㈜우일상사로부터 본사 판매관리부의 임차료와 별도로 수도요금에 대한 계산서 1장(공급가액 80,000원, 부가가치세는 없음)을 받고 현금으로 지급하였다.

52 11월 12일 영업직 직원들이 능률본부로부터 교육훈련특강을 받고, 수강료 2,000,000원에 대한 수기분 계산서를 발급받았다. 수강료는 선급금으로 회계처리 되어 있던 계약금 200,000원을 제외한 나머지 1,800,000원을 현금으로 지급하였다.

53 11월 13일 생산부에서 사용할 실무서적을 교보문고에서 90,000원에 구입하면서, 전자계산서를 수취하고 대금은 미지급하였다.

54 12월 4일 해외거래처로부터 수입한 원재료와 관련하여 인천세관에 부가가치세 3,200,000원(공급가액 32,000,000원)을 현금으로 납부하고, 전자수입세금계산서를 발급받았다.

55 12월 5일 대만에서 원재료인 메인보드를 수입하면서 이와 관련한 전자수입세금계산서 공급가액 95,000,000원(부가가치세 별도)을 인천세관장으로부터 발급받고, 부가가치세를 당좌예금으로 납부하였다(부가가치세에 대한 회계처리만 할 것).

56 12월 6일 ㈜청육상사부터 업무용 컴퓨터 1대를 4,400,000원(부가가치세 포함)에 구입하고 삼성카드로 결제하였다(신용카드 매입세액공제요건을 모두 충족함).

57 12월 7일 영업부서는 놀부식당에서 회식을 하고 식사대금 550,000원(부가가치세 포함)을 법인카드인 삼성카드로 결제하였다. 카드매입에 대한 부가가치세 매입세액공제요건은 충족하였다.

58 12월 8일 공장에서 사용하는 화물운송용 차량을 ㈜용팔상사에서 일괄적으로 점검을 받고 부가가치세를 포함한 대금 550,000원은 법인신용카드(삼성카드)로 결제하였다. 세금계산서를 수령하지 아니하였으며 부가가치세 매입세액공제를 위한 요건은 모두 구비하였다(차량유지비 계정에 기입할 것).

59 12월 9일 사내식당에서 사용할 쌀과 부식(채소류)을 ㈜영구상사에서 구입하고 대금 300,000원은 법인카드(삼성카드)로 지급하였다. 사내식당은 야근하는 생산직 직원을 대상으로 무료로 운영되고 있다.

60 12월 10일 ㈜열공상사로부터 생산부서의 원재료로 사용할 자재를 36,300,000원(부가가치세 포함)에 구입하였다. 대금은 현금으로 지급하였고, 관련증빙으로 현금영수증(지출증빙용)을 수령하였다.

61 12월 11일 본사 사무실에서 사용할 책상을 ㈜우일상사에서 구입하고 대금 1,650,000원(부가가치세 포함)은 현금으로 지급함과 동시에 현금영수증(지출증빙용)을 수취하였다(비품으로 처리하고, 승인번호 입력은 생략).

62 12월 12일 생산부에서 사용하고 있는 화물트럭에 사용할 경유를 77,000원(부가세 포함)에 현금으로 구입하고 현금영수증(지출증빙용)을 ㈜진이상사로부터 발급받았다 (승인번호 입력은 생략하고 ㈜진이상사는 일반과세사업자이다).

63 12월 13일 생산부서 사원들에게 선물로 지급하기 위해 이천쌀 50포대를 ㈜서삼상사로부터 구입하고 현금으로 1,200,000원을 결제하면서 현금영수증(지출증빙용)을 발급받았다.

KcLep 도우미

01 7월 1일

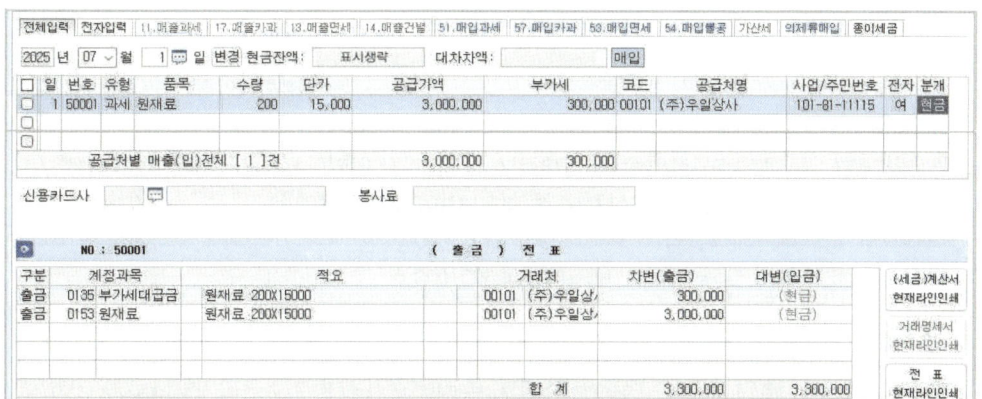

* 입력된 화면은 위와 같지만 본서에서는 위 답안을 아래와 같이 간략하게 표현하기로 한다.
7월 1일 : 유형(51.과세)/ 품목(원재료)/ 수량(200)/ 단가(15,000)/ 공급가액(3,000,000)/ 부가세(300,000)/ 공급처명(㈜우일상사)/ 전자(1 : 여)/ 분개(1.현금)
(출금) 135.부가세대급금   300,000
(출금) 153.원재료   3,000,000
[해설] 자기앞수표는 통화대용증권이므로 현금의 감소로 처리한다.

02 7월 2일 : 유형(51.과세)/ 품목(원재료)/ 수량(1,000)/ 단가(5,000)/ 공급가액(5,000,000)/ 부가세(500,000)/ 공급처명(㈜진이상사)/ 전자(1 : 여)/ 분개(2.외상)
(대변) 251.외상매입금   5,500,000
(차변) 135.부가세대급금   500,000
(차변) 153.원재료   5,000,000
[해설] [분개]란은 "2.외상"을 사용하지 않고 "3.혼합"을 선택하여 위 처럼 분개해도 된다.

03 7월 3일 : 유형(51.과세)/ 품목(원재료)/ 수량(200)/ 단가(2,000)/ 공급가액(400,000)/ 부가세(40,000)/ 공급처명(㈜서삼상사)/ 전자(1 : 여)/ 분개(3.혼합)
    (차변) 135.부가세대급금   40,000
    (차변) 153.원재료   400,000
    (대변) 102.당좌예금   440,000

04 7월 4일 : 유형(51.과세)/ 품목(원재료)/ 수량( )/ 단가( )/ 공급가액(1,200,000)/ 부가세(120,000)/ 공급처명(㈜무사상사)/ 전자(1 : 여)/ 분개(3.혼합)
    (차변) 135.부가세대급금   120,000
    (차변) 153.원재료   1,200,000
    (대변) 101.현금   120,000
    (대변) 251.외상매입금   1,200,000

05 7월 5일 : 유형(51.과세)/ 품목(원재료)/ 수량(2,000)/ 단가(10,000)/ 공급가액(20,000,000)/ 부가세(2,000,000)/ 공급처명(㈜광오상사)/ 전자(1 : 여)/ 분개(3.혼합)
    (차변) 135.부가세대급금   2,000,000
    (차변) 153.원재료   20,000,000
    (대변) 102.당좌예금   5,000,000
    (대변) 251.외상매입금   17,000,000

06 7월 6일 : 유형(51.과세)/ 품목(원재료)/ 수량( )/ 단가( )/ 공급가액(3,000,000)/ 부가세(300,000)/ 공급처명(㈜청육상사)/ 전자(1 : 여)/ 분개(3.혼합)
    (차변) 135.부가세대급금   300,000
    (차변) 153.원재료   3,000,000
    (대변) 252.지급어음   3,300,000

07 7월 7일 : 유형(51.과세)/ 품목(원재료)/ 수량( )/ 단가( )/ 공급가액(5,500,000)/ 부가세(550,000)/ 공급처명(㈜처칠상사)/ 전자(1 : 여)/ 분개(3.혼합)
    (차변) 135.부가세대급금   550,000
    (차변) 153.원재료   5,500,000
    (대변) 101.현금   550,000
    (대변) 252.지급어음   5,500,000
    [해설] 6,050,000(공급대가) × 100/110 = 5,500,000원(공급가액)

08 7월 8일 : 유형(51.과세)/ 품목(원재료)/ 수량( )/ 단가( )/ 공급가액(40,000,000)/ 부가세(4,000,000)/ 공급처명(㈜용팔상사)/ 전자(1 : 여)/ 분개(3.혼합)
    (차변) 135.부가세대급금   4,000,000
    (차변) 153.원재료   40,000,000
    (대변) 252.지급어음   20,000,000
    (대변) 251.외상매입금   24,000,000
    [해설] 자격시험에서 어음의 만기가 제시되지 않으면 단기라고 가정한다(이하 모두 동일).

09 7월 9일 : 유형(51.과세)/ 품목(원재료)/ 수량( )/ 단가( )/ 공급가액(15,000,000)/ 부가세
(1,500,000)/ 공급처명(㈜영구상사)/ 전자(1 : 여)/ 분개(3.혼합)
(차변) 135. 부가세대급금   1,500,000
(차변) 153. 원재료   15,000,000
(대변) 101. 현금   5,500,000
(대변) 252. 지급어음   3,300,000
(대변) 251. 외상매입금   7,700,000

10 7월 10일 : 유형(51.과세)/ 품목(원재료)/ 수량( )/ 단가( )/ 공급가액(6,300,000)/ 부가세
(630,000)/ 공급처명(㈜열공상사)/ 전자(1 : 여)/ 분개(3.혼합)
(차변) 135. 부가세대급금   630,000
(차변) 153. 원재료   6,300,000
(대변) 131. 선급금   5,000,000
(대변) 101. 현금   1,930,000

[해설] 6,930,000(공급대가) × 100/110 = 6,300,000원(공급가액)
[전표입력]>[일반전표입력] 메뉴(7월 1일)에서 선 지급된 금액 5,000,000원이 선급금 계정으로 회계처리된 것을 확인한다.

11 7월 11일 : 유형(51.과세)/ 품목(원재료)/ 수량( )/ 단가( )/ 공급가액(8,500,000)/ 부가세
(850,000)/ 공급처명(㈜우일상사)/ 전자(1 : 여)/ 분개(3.혼합)
(차변) 135. 부가세대급금   850,000
(차변) 153. 원재료   8,500,000
(대변) 131. 선급금   1,500,000
(대변) 251. 외상매입금   7,850,000

12 7월 12일 : 유형(51.과세)/ 품목(원재료)/ 수량( )/ 단가( )/ 공급가액(12,000,000)/ 부가세
(1,200,000)/ 공급처명(㈜진이상사)/ 전자(1 : 여)/ 분개(3.혼합)
(차변) 135. 부가세대급금   1,200,000
(차변) 153. 원재료   12,000,000
(대변) 131. 선급금   2,000,000
(대변) 252. 지급어음   11,200,000

13 7월 13일 : 유형(51.과세)/ 품목(원재료)/ 수량(2,000)/ 단가(5,000)/ 공급가액(10,000,000)/
부가세(1,000,000)/ 공급처명(㈜서삼상사)/ 전자(1 : 여)/ 분개(3.혼합)
(차변) 135. 부가세대급금   1,000,000
(차변) 153. 원재료   10,000,000
(대변) 110. 받을어음   3,000,000   (거래처 : ㈜우일상사)
(대변) 251. 외상매입금   8,000,000

[해설] 받을어음의 거래처를 "㈜우일상사"로 변경한다.

14 7월 14일 : 유형(51.과세)/ 품목(원재료)/ 수량(100)/ 단가(50,000)/ 공급가액(5,000,000)/ 부가세(500,000)/ 공급처명(㈜무사상사)/ 전자(1 : 여)/ 분개(3.혼합)
   (차변) 135.부가세대급금   500,000
   (차변) 153.원재료   5,100,000
   (대변) 101.현금   100,000
   (대변) 251.외상매입금   5,500,000
   [해설] 매입시 발생한 운반비는 매입부대원가이므로 자산의 원가에 가산한다.

15 7월 15일 : 유형(51.과세)/ 품목(부재료)/ 수량( )/ 단가( )/ 공급가액(5,000,000)/ 부가세(500,000)/ 공급처명(㈜광오상사)/ 전자(1 : 여)/ 분개(3.혼합)
   (차변) 135.부가세대급금   500,000
   (차변) 162.부재료   5,000,000
   (대변) 101.현금   550,000
   (대변) 251.외상매입금   4,950,000

16 8월 6일 : 유형(51.과세)/ 품목(냉난방설비공사)/ 수량( )/ 단가( )/ 공급가액(100,000,000)/ 부가세(10,000,000)/ 공급처명(㈜청육상사)/ 전자(1 : 여)/ 분개(3.혼합)
   (차변) 135.부가세대급금   10,000,000
   (차변) 202.건물   100,000,000
   (대변) 253.미지급금   110,000,000
   [해설] 일반적인 상거래 이외에서 발생한 채무이므로 미지급금 계정으로 처리하며, 자본적 지출 발생시에는 그 지출액 만큼 자산 계정을 증가시킨다.

17 8월 7일 : 유형(51.과세)/ 품목(기중기)/ 수량( )/ 단가( )/ 공급가액(4,000,000)/ 부가세(400,000)/ 공급처명(㈜처칠상사)/ 전자(1 : 여)/ 분개(3.혼합)
   (차변) 135.부가세대급금   400,000
   (차변) 206.기계장치   4,000,000
   (대변) 131.선급금   400,000
   (대변) 253.미지급금   4,000,000
   [해설] 기계장치란 제품 등의 제조·생산을 위해 사용하는 기계장치, 운송설비(콘베어, 호이스트, 기중기 등)와 기타의 부속설비 등을 말한다.

18 8월 8일 : 유형(51.과세)/ 품목(엔진교체비)/ 수량( )/ 단가( )/ 공급가액(5,000,000)/ 부가세(500,000)/ 공급처명(㈜용팔상사)/ 전자(1 : 여)/ 분개(3.혼합)
   (차변) 135.부가세대급금   500,000
   (차변) 208.차량운반구   5,000,000
   (대변) 102.당좌예금   5,500,000

19 8월 9일 : 유형(51.과세)/ 품목(승용차)/ 수량( )/ 단가( )/ 공급가액(9,000,000)/ 부가세(900,000)/ 공급처명(㈜영구상사)/ 전자(1 : 여)/ 분개(3.혼합)

(차변) 135.부가세대급금　　　　900,000
(차변) 208.차량운반구　　　　9,700,000
(대변) 101.현금　　　　　　　　　　　　　　　　700,000
(대변) 253.미지급금　　　　　　　　　　　　9,900,000

[해설] 배기량 1,000cc 이하의 승용차는 비영업용 소형승용자동차에 해당하지 않는다. 유형자산의 취득과 직접 관련된 제세공과금 등은 자산의 원가에 가산한다.

20 8월 10일 : 유형(51.과세)/ 품목(노래방기기)/ 수량( )/ 단가( )/ 공급가액(3,000,000)/ 부가세(300,000)/ 공급처명(㈜열공상사)/ 전자(1 : 여)/ 분개(3.혼합)
(차변) 135.부가세대급금　　　　300,000
(차변) 212.비품　　　　　　　　3,000,000
(대변) 102.당좌예금　　　　　　　　　　　　3,300,000

21 8월 11일 : 유형(51.과세)/ 품목(노트북)/ 수량( )/ 단가( )/ 공급가액(5,000,000)/ 부가세(500,000)/ 공급처명(㈜우일상사)/ 전자(1 : 여)/ 분개(3.혼합)
(차변) 135.부가세대급금　　　　500,000
(차변) 212.비품　　　　　　　　5,000,000
(대변) 253.미지급금　　　　　　　　　　　　5,500,000

[해설] 수량만 제시되고 단가가 제시되지 않은 경우 수량과 단가를 모두 입력하지 않아도 된다.

22 8월 12일 : 유형(51.과세)/ 품목(에어컨)/ 수량(3)/ 단가(2,000,000)/ 공급가액(6,000,000)/ 부가세(600,000)/ 공급처명(㈜진이상사)/ 전자(1 : 여)/ 분개(3.혼합)
(차변) 135.부가세대급금　　　　600,000
(차변) 212.비품　　　　　　　　6,000,000
(대변) 110.받을어음　　　　　　　　　　　　3,300,000　　(거래처 : ㈜처칠상사)
(대변) 253.미지급금　　　　　　　　　　　　3,300,000

[해설] 받을어음의 거래처를 "㈜처칠상사"로 변경한다. 일반적인 상거래 이외에서 발생한 채무이므로 미지급금 계정으로 처리한다.

23 8월 13일 : 유형(51.과세)/ 품목(간판대금)/ 수량( )/ 단가( )/ 공급가액(5,000,000)/ 부가세(500,000)/ 공급처명(㈜서삼상사)/ 전자(1 : 여)/ 분개(1.현금)
(출금) 135.부가세대급금　　　　500,000
(출금) 195.설비장치　　　　　　5,000,000

24 8월 14일 : 유형(51.과세)/ 품목(ERP시스템)/ 수량( )/ 단가( )/ 공급가액(20,000,000)/ 부가세(2,000,000)/ 공급처명(㈜무사상사)/ 전자(1 : 여)/ 분개(3.혼합)
(차변) 135.부가세대급금　　　　2,000,000
(차변) 227.소프트웨어　　　　　20,000,000
(대변) 253.미지급금　　　　　　　　　　　　22,000,000

25 9월 5일 : 유형(51.과세)/ 품목(임가공비)/ 수량( )/ 단가( )/ 공급가액(5,000,000)/ 부가세(500,000)/ 공급처명(㈜광오상사)/ 전자(1 : 여)/ 분개(3.혼합)
   (차변) 135.부가세대급금   500,000
   (차변) 533.외주가공비   5,000,000
   (대변) 253.미지급금(또는 251.외상매입금)   5,500,000

26 9월 6일 : 유형(51.과세)/ 품목(작업복)/ 수량(100)/ 단가(30,000)/ 공급가액(3,000,000)/ 부가세(300,000)/ 공급처명(㈜청육상사)/ 전자(1 : 여)/ 분개(3.혼합)
   (차변) 135.부가세대급금   300,000
   (차변) 811.복리후생비   900,000
   (차변) 511.복리후생비   2,100,000
   (대변) 102.당좌예금   3,300,000
   [해설] @30,000×30벌 = 900,000원(관리직), @30,000×70벌 = 2,100,000원(생산직)

27 9월 7일 : 유형(51.과세)/ 품목(통조림)/ 수량( )/ 단가( )/ 공급가액(20,000,000)/ 부가세(2,000,000)/ 공급처명(㈜처칠상사)/ 전자(1 : 여)/ 분개(3.혼합)
   (차변) 135.부가세대급금   2,000,000
   (차변) 511.복리후생비   20,000,000
   (대변) 108.외상매출금   13,600,000
   (대변) 253.미지급금   8,400,000

28 9월 8일 : 유형(51.과세)/ 품목(임차료외)/ 수량( )/ 단가( )/ 공급가액(2,400,000)/ 부가세(240,000)/ 공급처명(㈜용팔상사)/ 전자(1 : 여)/ 분개(3.혼합)
   (차변) 135.부가세대급금   240,000
   (차변) 519.임차료   2,100,000
   (차변) 516.전력비   300,000
   (대변) 102.당좌예금   2,640,000
   [해설] 상단 툴바의 F7 복수거래 를 클릭하여 품목을 각각 입력한다.

29 9월 9일 : 유형(51.과세)/ 품목(수리비)/ 수량( )/ 단가( )/ 공급가액(200,000)/ 부가세(20,000)/ 공급처명(㈜영구상사)/ 전자(1 : 여)/ 분개(1.현금)
   (출금) 135.부가세대급금   20,000
   (출금) 822.차량유지비   200,000
   [해설] 배기량 1,000cc 이하의 승용차는 비영업용 소형승용자동차에 해당하지 않는다.

30 9월 10일 : 유형(51.과세)/ 품목(수리비)/ 수량( )/ 단가( )/ 공급가액(600,000)/ 부가세(60,000)/ 공급처명(㈜열공상사)/ 전자(1 : 여)/ 분개(3.혼합)
   (차변) 135.부가세대급금   60,000
   (차변) 522.차량유지비   600,000
   (대변) 253.미지급금   660,000

③① 9월 11일 : 유형(51.과세)/ 품목(찻잔)/ 수량( )/ 단가( )/ 공급가액(40,000)/ 부가세(4,000)/ 공급처명(㈜우일상사)/ 전자(1 : 여)/ 분개(1.현금)
　　(출금) 135.부가세대급금　　　4,000
　　(출금) 830.소모품비　　　　40,000
　　[해설] 자격시험에서는 830.소모품비 계정과 811.복리후생비 계정 모두를 정답으로 인정하고 있다.

③② 9월 12일 : 유형(51.과세)/ 품목(명함지갑)/ 수량(100)/ 단가(10,000)/ 공급가액(1,000,000)/ 부가세(100,000)/ 공급처명(㈜진이상사)/ 전자(1 : 여)/ 분개(1.현금)
　　(출금) 135.부가세대급금　　　100,000
　　(출금) 833.광고선전비　　　1,000,000

③③ 10월 3일 : 유형(54.불공)/ 품목(냉장고)/ 수량(1)/ 단가(5,000,000)/ 공급가액(5,000,000)/ 부가세(500,000)/ 공급처명(㈜서삼상사)/ 전자(1 : 여)/ 불공제사유(2)/ 분개(3.혼합)
　　(차변) 134.가지급금　　　5,500,000　　　(거래처 : 최세연)
　　(대변) 102.당좌예금　　　　　　　　　5,500,000
　　[해설] 사업과 직접 관련 없는 지출에 대한 매입세액은 공제하지 않는다.

③④ 10월 4일 : 유형(54.불공)/ 품목(PC)/ 수량(40)/ 단가(700,000)/ 공급가액(28,000,000)/ 부가세(2,800,000)/ 공급처명(㈜무사상사)/ 전자( )/ 불공제사유(2)/ 분개(3.혼합)
　　(차변) 953.기부금　　　30,800,000
　　(대변) 253.미지급금　　　　　　　30,800,000

③⑤ 10월 5일 : 유형(54.불공)/ 품목(승용차)/ 수량( )/ 단가( )/ 공급가액(10,000,000)/ 부가세(1,000,000)/ 공급처명(㈜광오상사)/ 전자(1 : 여)/ 불공제사유(3)/ 분개(3.혼합)
　　(차변) 208.차량운반구　　　11,000,000
　　(대변) 102.당좌예금　　　　　　　1,000,000
　　(대변) 253.미지급금　　　　　　　10,000,000
　　[해설] 비영업용 소형승용자동차(배기량 1,000cc 이하인 것은 제외)의 구입에 관한 매입세액은 공제하지 않는다.

③⑥ 10월 6일 : 유형(54.불공)/ 품목(승용차)/ 수량( )/ 단가( )/ 공급가액(16,000,000)/ 부가세(1,600,000)/ 공급처명(㈜청육상사)/ 전자(1 : 여)/ 불공제사유(3)/ 분개(3.혼합)
　　(차변) 208.차량운반구　　　18,000,000
　　(대변) 101.현금　　　　　　　　　400,000
　　(대변) 102.당좌예금　　　　　　　17,600,000

③⑦ 10월 7일 : 유형(54.불공)/ 품목(엔진교체비용)/ 수량( )/ 단가( )/ 공급가액(4,500,000)/ 부가세(450,000)/ 공급처명(㈜처칠상사)/ 전자(1 : 여)/ 불공제사유(3)/ 분개(3.혼합)
　　(차변) 208.차량운반구　　　4,950,000
　　(대변) 102.당좌예금　　　　　　　4,950,000
　　[해설] 비영업용 소형승용자동차(배기량 1,000cc 이하인 것은 제외)의 유지에 관한 매입세액은 공제하지 않는다.

38 10월 8일 : 유형(54.불공)/ 품목(부품교환비)/ 수량( )/ 단가( ) 공급가액(800,000)/ 부가세(80,000)/ 공급처명(㈜용팔상사)/ 전자(1 : 여)/ 불공제사유(3)/ 분개(3.혼합)
(차변) 822.차량유지비   880,000
(대변) 253.미지급금   880,000   (거래처 : 삼성카드)
[해설] 미지급금의 거래처를 "삼성카드"로 변경한다.

39 10월 9일 : 유형(54.불공)/ 품목(사용대금)/ 수량( )/ 단가( ) 공급가액(300,000)/ 부가세(30,000)/ 공급처명(㈜영구상사)/ 전자(1 : 여)/ 불공제사유(3)/ 분개(1.현금)
(출금) 819.임차료   330,000
[해설] 비영업용 소형승용자동차(배기량 1,000cc 이하인 것은 제외)의 임차에 관한 매입세액은 공제하지 않는다.

40 10월 10일 : 유형(54.불공)/ 품목(LED TV)/ 수량( )/ 단가( ) 공급가액(1,500,000)/ 부가세(150,000)/ 공급처명(㈜열공상사)/ 전자(1 : 여)/ 불공제사유(4)/ 분개(3.혼합)
(차변) 513.기업업무추진비   1,650,000
(대변) 253.미지급금   1,650,000   (거래처 : 삼성카드)
[해설] 기업업무추진비 및 이와 유사한 비용과 관련된 매입세액은 공제하지 않는다. 미지급금의 거래처를 "삼성카드"로 변경한다.

41 10월 11일 : 유형(54.불공)/ 품목(냉난방기)/ 수량( )/ 단가( ) 공급가액(3,500,000)/ 부가세(350,000)/ 공급처명(㈜우일상사)/ 전자(1 : 여)/ 불공제사유(4)/ 분개(3.혼합)
(차변) 813.기업업무추진비   3,850,000
(대변) 103.보통예금   3,850,000

42 10월 12일 : 유형(54.불공)/ 품목(수수료)/ 수량( )/ 단가( ) 공급가액(1,600,000)/ 부가세(160,000)/ 공급처명(㈜진이상사)/ 전자(1 : 여)/ 불공제사유(6)/ 분개(3.혼합)
(차변) 201.토지   1,760,000
(대변) 102.당좌예금   1,760,000
[해설] 토지 조성 등을 위한 자본적 지출에 관련된 매입세액으로서 다음 중 어느 하나에 해당하는 것은 공제되지 않는다.
① 토지의 취득 및 형질변경, 공장부지 및 택지의 조성 등에 관련된 매입세액
② 건축물이 있는 토지를 취득하여 그 건축물을 철거하고 토지만을 사용하는 경우에는 철거한 건축물의 취득 및 철거비용에 관련된 매입세액
③ 토지의 가치를 현실적으로 증가시켜 토지의 취득원가를 구성하는 비용에 관련된 매입세액

43 11월 3일 : 유형(52.영세)/ 품목(원재료)/ 수량( )/ 단가( ) 공급가액(35,000,000)/ 부가세( )/ 공급처명(㈜서삼상사)/ 전자(1 : 여)/ 분개(2.외상)
(대변) 251.외상매입금   35,000,000
(차변) 153.원재료   35,000,000

44 11월 4일 : 유형(52.영세)/ 품목(원재료)/ 수량(1,000)/ 단가(50,000)/ 공급가액(50,000,000)/ 부가세( )/ 공급처명(㈜무사상사)/ 전자(1 : 여)/ 분개(3.혼합)
 (차변) 153. 원재료   50,000,000
 (대변) 252. 지급어음   50,000,000

45 11월 5일 : 유형(52.영세)/ 품목(원재료)/ 수량( )/ 단가( )/ 공급가액(30,000,000)/ 부가세( )/ 공급처명(㈜광오상사)/ 전자(1 : 여)/ 분개(3.혼합)
 (차변) 153. 원재료   30,000,000
 (대변) 252. 지급어음   15,000,000
 (대변) 103. 보통예금   15,000,000

46 11월 6일 : 유형(52.영세)/ 품목(원재료)/ 수량( )/ 단가( )/ 공급가액(25,000,000)/ 부가세( )/ 공급처명(㈜청육상사)/ 전자(1 : 여)/ 분개(3.혼합)
 (차변) 153. 원재료   25,000,000
 (대변) 110. 받을어음   5,000,000   (거래처 : ㈜우일상사)
 (대변) 252. 지급어음   20,000,000
 [해설] 받을어음의 거래처를 "㈜우일상사"로 변경한다.

47 11월 7일 : 유형(53.면세)/ 품목(토지)/ 수량( )/ 단가( )/ 공급가액(80,000,000)/ 부가세( )/ 공급처명(㈜처칠상사)/ 전자(1 : 여)/ 분개(3.혼합)
 (차변) 201. 토지   80,000,000
 (대변) 103. 보통예금   20,000,000
 (대변) 253. 미지급금   60,000,000

48 11월 8일 : 유형(53.면세)/ 품목(버스)/ 수량( )/ 단가( )/ 공급가액(8,000,000)/ 부가세( )/ 공급처명(㈜용팔상사)/ 전자( )/ 분개(3.혼합)
 (차변) 208. 차량운반구   8,000,000
 (대변) 102. 당좌예금   8,000,000

49 11월 9일 : 유형(53.면세)/ 품목(화환)/ 수량( )/ 단가( )/ 공급가액(100,000)/ 부가세( )/ 공급처명(㈜영구상사)/ 전자( )/ 분개(3.혼합)
 (차변) 511. 복리후생비   100,000
 (대변) 103. 보통예금   100,000

50 11월 10일 : 유형(53.면세)/ 품목(화분)/ 수량( )/ 단가( )/ 공급가액(100,000)/ 부가세( )/ 공급처명(㈜열공상사)/ 전자( )/ 분개(3.혼합)
 (차변) 513. 기업업무추진비   100,000
 (대변) 253. 미지급금   100,000

51 11월 11일 : 유형(53.면세)/ 품목(수도요금)/ 수량( )/ 단가( )/ 공급가액(80,000)/ 부가세( )/ 공급처명(㈜우일상사)/ 전자( )/ 분개(1.현금)
(출금) 815.수도광열비　　　　80,000

52 11월 12일 : 유형(53.면세)/ 품목(수강료)/ 수량( )/ 단가( )/ 공급가액(2,000,000)/ 부가세( )/ 공급처명(능률본부)/ 전자( )/ 분개(3.혼합)
(차변) 825.교육훈련비　　　　2,000,000
(대변) 131.선급금　　　　　　　　　　　　200,000
(대변) 101.현금　　　　　　　　　　　　1,800,000

53 11월 13일 : 유형(53.면세)/ 품목(실무서적)/ 수량( )/ 단가( )/ 공급가액(90,000)/ 부가세( )/ 공급처명(교보문고)/ 전자(1 : 여)/ 분개(3.혼합)
(차변) 526.도서인쇄비　　　　90,000
(대변) 253.미지급금　　　　　　　　　　90,000

54 12월 4일 : 유형(55.수입)/ 품목(원재료)/ 수량( )/ 단가( )/ 공급가액(32,000,000)/ 부가세(3,200,000)/ 공급처명(인천세관)/ 전자(1 : 여)/ 분개(1.현금)
(출금) 135.부가세대급금　　　　3,200,000

55 12월 5일 : 유형(55.수입)/ 품목(메인보드)/ 수량( )/ 단가( )/ 공급가액(95,000,000)/ 부가세(9,500,000)/ 공급처명(인천세관)/ 전자(1 : 여)/ 분개(3.혼합)
(차변) 135.부가세대급금　　　　9,500,000
(대변) 102.당좌예금　　　　　　　　　　9,500,000

56 12월 6일 : 유형(57.카과)/ 품목(컴퓨터)/ 수량( )/ 단가( )/ 공급가액(4,000,000)/ 부가세(400,000)/ 공급처명(㈜청육상사)/ 신용카드사(삼성카드)/ 분개(3.혼합)
(차변) 135.부가세대급금　　　　400,000
(차변) 212.비품　　　　　　　　　4,000,000
(대변) 253.미지급금　　　　　　　　　　4,400,000　　(거래처 : 삼성카드)

[해설] [공급가액]란에 공급대가(4,400,000원)를 입력하면 공급가액과 세액이 자동으로 분리되어 입력된다. 미지급금의 거래처를 "삼성카드"로 변경한다.

57 12월 7일 : 유형(57.카과)/ 품목(식사대금)/ 수량( )/ 단가( )/ 공급가액(500,000)/ 부가세(50,000)/ 공급처명(놀부식당)/ 신용카드사(삼성카드)/ 분개(3.혼합)
(차변) 135.부가세대급금　　　　50,000
(차변) 811.복리후생비　　　　　500,000
(대변) 253.미지급금　　　　　　　　　　550,000　　(거래처 : 삼성카드)

58 12월 8일 : 유형(57.카과)/ 품목(차량점검)/ 수량( )/ 단가( )/ 공급가액(500,000)/ 부가세(50,000)/ 공급처명(㈜용팔상사)/ 신용카드사(삼성카드)/ 분개(3.혼합)

(차변) 135.부가세대급금   50,000
(차변) 522.차량유지비   500,000
(대변) 253.미지급금   550,000   (거래처: 삼성카드)

59 12월 9일 : 유형(58.카면)/ 품목(쌀과 부식)/ 수량( )/ 단가( )/ 공급가액(300,000)/ 부가세( )/ 공급처명(㈜영구상사)/ 신용카드사(삼성카드)/ 분개(3.혼합)
(차변) 511.복리후생비   300,000
(대변) 253.미지급금   300,000   (거래처 : 삼성카드)
[해설] 쌀과 부식(채소류)은 면세에 해당한다. 미지급금의 거래처를 "삼성카드"로 변경한다.

60 12월 10일 : 유형(61.현과)/ 품목(원재료)/ 수량( )/ 단가( )/ 공급가액(33,000,000)/ 부가세(3,300,000)/ 공급처명(㈜열공상사)/ 분개(1.현금)
(출금) 135.부가세대급금   3,300,000
(출금) 153.원재료   33,000,000
[해설] [공급가액]란에 공급대가(36,300,000원)를 입력하면 공급가액과 세액이 자동으로 분리되어 입력된다.

61 12월 11일 : 유형(61.현과)/ 품목(책상)/ 수량( )/ 단가( )/ 공급가액(1,500,000)/ 부가세(150,000)/ 공급처명(㈜우일상사)/ 분개(1.현금)
(출금) 135.부가세대급금   150,000
(출금) 212.비품   1,500,000

62 12월 12일 : 유형(61.현과)/ 품목(경유)/ 수량( )/ 단가( )/ 공급가액(70,000)/ 부가세(7,000)/ 공급처명(㈜진이상사)/ 분개(1.현금)
(출금) 135.부가세대급금   7,000
(출금) 522.차량유지비   70,000

63 12월 13일 : 유형(62.현면)/ 품목(이천쌀)/ 수량( )/ 단가( )/ 공급가액(1,200,000)/ 부가세( )/ 공급처명(㈜서삼상사)/ 분개(1.현금)
(출금) 511.복리후생비   1,200,000
[해설] 쌀은 면세에 해당한다.

제 3 장 부가가치세신고서 및 세금계산서합계표

제1절 납부세액의 계산

[납부(환급)세액의 계산구조]

(1) 매출세액계산	과세표준 × 세율 + 예정신고누락분 ± 대손세액가감	= 매출세액

(2) 매입세액의 계산	매입처별세금계산서합계표상의 매입세액
	+ 예정신고누락분
	+ 그 밖의 공제매입세액
	    ㉠ 신용카드매출전표등 수령명세서 제출분
	    ㉡ 의제매입세액
	    ㉢ 재활용폐자원매입세액 등
	− 공제받지 못할 매입세액
		= 매입세액

(3) 납부세액의 계산	매출세액 − 매입세액	= 납부(환급)세액
(4) 경감·공제세액의 계산	− 신용카드매출전표 등 발행공제 등 − 그 밖의 경감·공제세액(전자신고세액공제 등)	= 경감·공제세액
(5) 차가감 납부세액의 계산	− 예정신고 미환급세액(또는 예정고지세액) + 가산세액	= 차가감 납부할 (환급)세액

1. 매입세액공제 일반

(1) 공제하는 매입세액

매출세액에서 공제하는 매입세액은 다음의 금액으로 한다.
    ① 사업자가 자기의 사업을 위하여 사용하였거나 사용할 목적으로 공급받은 재화 또는 용역에 대한 부가가치세 : 재화 또는 용역을 공급받는 시기가 속하는 과세기간의 매출세액에서 공제
    ② 사업자가 자기의 사업을 위하여 사용하였거나 사용할 목적으로 수입하는 재화의 수입에 대한 부가가치세 : 재화의 수입시기가 속하는 과세기간의 매출세액에서 공제

(2) 공제하지 아니하는 매입세액

다음의 매입세액은 매출세액에서 공제하지 아니한다.

① 매입처별세금계산서합계표의 미제출 또는 부실기재 : 매입처별세금계산서합계표를 제출하지 아니한 경우의 매입세액 또는 제출한 매입처별 세금계산서합계표의 기재사항 중 거래처별 등록번호 또는 공급가액의 전부 또는 일부가 적히지 아니하였거나 사실과 다르게 적힌 경우, 그 기재사항이 적히지 아니한 부분 또는 사실과 다르게 적힌 부분의 매입세액

② 세금계산서 미수취 또는 필요적 기재사항의 부실기재 : 세금계산서를 발급받지 아니한 경우 또는 발급받은 세금계산서에 필요적 기재사항의 전부 또는 일부가 적히지 아니하였거나 사실과 다르게 적힌 경우의 매입세액

③ 사업과 직접 관련이 없는 지출에 대한 매입세액

④ 비영업용 소형승용자동차(개별소비세법 제1조제2항제3호에 따른 자동차)의 구입과 임차 및 유지에 관한 매입세액

> [참고] 비영업용 소형승용자동차
> ① 영업용이란 운수업 등에서와 같이 승용자동차를 직접 영업에 사용하는 것을 의미하므로, 그렇지 않은 것은 회사의 용도와 상관없이 비영업용에 해당한다.
> ② 소형승용자동차란 사람의 수송을 목적으로 제작된 승용자동차(8인승 이하)로서 개별소비세 과세대상이 되는 차량(배기량 1,000cc 이하인 것은 제외)을 말한다.

⑤ 기업업무추진비 및 이와 유사한 비용의 지출에 관련된 매입세액

⑥ 면세사업 등에 관련된 매입세액

⑦ 토지의 자본적 지출에 관련된 매입세액 : 토지의 조성 등을 위한 자본적 지출에 관련된 매입세액으로서 다음 중 어느 하나에 해당하는 것은 공제하지 아니한다.
  ㉠ 토지의 취득 및 형질변경, 공장부지 및 택지의 조성 등에 관련된 매입세액
  ㉡ 건축물이 있는 토지를 취득하여 그 건축물을 철거하고 토지만 사용하는 경우에는 철거한 건축물의 취득 및 철거비용과 관련된 매입세액
  ㉢ 토지의 가치를 현실적으로 증가시켜 토지의 취득원가를 구성하는 비용에 관련된 매입세액

⑧ 사업자등록을 신청하기 전의 매입세액. 다만, 공급시기가 속하는 과세기간이 끝난 후 20일 이내에 등록을 신청한 경우 등록신청일부터 공급시기가 속하는 과세기간 기산일(1.1. 또는 7.1.)까지 역산한 기간 내의 것은 제외한다.

(3) 그 밖의 공제매입세액

① 신용카드매출전표 등 수령명세서 제출분 매입세액 : 사업자가 일반과세자로부터 재화 또는 용역을 공급받고 부가가치세액이 별도로 구분되는 신용카드매출전표 등을 발급받은 경우로서 신용카드매출전표 등 수령명세서를 제출하는 경우 그 부가가치세액은 공제할 수 있는 매입세액으로 본다.

② **의제매입세액** : 사업자가 부가가치세를 면제받아 공급받거나 수입한 농산물·축산물·수산물·임산물을 원재료로 하여 제조·가공한 재화 또는 창출한 용역의 공급에 대하여 부가가치세가 과세되는 경우에는 일정한 금액을 매입세액으로 공제할 수 있다.

의제매입세액공제를 적용받으려는 사업자는 면세농산물 등을 공급받은 사실을 증명하는 의제매입세액공제신고서, 매입처별계산서합계표, 신용카드매출전표 등 수령명세서를 사업장 관할세무서장에게 제출하여야 한다. 다만, 제조업을 영위하는 사업자가 농어민으로부터 면세농산물 등을 직접 공급받는 경우에는 의제매입세액공제신고서만 제출한다.

③ **재활용폐자원매입세액** : 재활용폐자원 및 중고자동차를 수입하는 사업자가 세금계산서를 발급할 수 없는 자 등으로부터 재활용폐자원 및 중고자동차를 취득하여 제조 또는 가공하거나 이를 공급하는 경우에는 일정한 금액을 매입세액으로 공제할 수 있다.

2. 대손세액의 공제특례

사업자는 부가가치세가 과세되는 재화 또는 용역을 공급하고 외상매출금이나 그 밖의 매출채권(부가가치세 포함)의 전부 또는 일부가 공급을 받는 자의 파산·강제집행이나 그 밖에 대통령령으로 정하는 사유로 대손되어 회수할 수 없는 경우에는 **대손세액을 그 대손이 확정된 날이 속하는 과세기간의 매출세액에서 뺄 수 있다.** 다만, 그 사업자가 대손되어 회수할 수 없는 금액의 전부 또는 일부를 회수한 경우에는 회수한 대손금액에 관련된 대손세액을 회수한 날이 속하는 과세기간의 매출세액에 더한다.

$$\text{대손세액} = \text{대손금액}_{\text{(부가가치세 포함)}} \times 10/110$$

(1) 회수불능사유

채무자의 파산 등 대통령령으로 정하는 사유로 회수할 수 없는 채권이란 다음 중 어느 하나에 해당하는 것을 말한다.
① 「상법」에 따른 **소멸시효가 완성**된 외상매출금 및 미수금
② 「어음법」에 따른 소멸시효가 완성된 어음
③ 「수표법」에 따른 소멸시효가 완성된 수표
④ 「민법」에 따른 소멸시효가 완성된 대여금 및 선급금
⑤ 「채무자 회생 및 파산에 관한 법률」에 따른 회생계획인가의 결정 또는 법원의 면책결정에 따라 회수불능으로 확정된 채권
⑥ 「민사집행법」의 규정에 따라 채무자의 재산에 대한 경매가 취소된 압류채권
⑦ **채무자의 파산**, 강제집행, 형의 집행, 사업의 폐지, 사망, 실종, 행방불명으로 회수할 수 없는 채권

⑧ 부도발생일부터 6개월 이상 지난 수표 또는 어음상의 채권 및 외상매출금(중소기업의 외상매출금으로서 부도발생일 이전의 것에 한정). 다만, 해당 법인이 채무자의 재산에 대하여 저당권을 설정하고 있는 경우는 제외한다.
⑨ 중소기업의 외상매출금 및 미수금으로서 회수기일이 2년 이상 지난 외상매출금 등. 다만 특수관계인과의 거래로 인하여 발생한 외상매출금 등은 제외한다.
⑩ 재판상 화해 등 확정판결과 같은 효력을 가지는 것으로 회수불능으로 확정된 채권
⑪ 회수기일이 6개월 이상 지난 채권 중 채권가액이 30만원 이하(채무자별 채권가액의 합계액을 기준으로 한다)인 채권

(2) 시기의 제한

대손세액공제의 범위는 사업자가 부가가치세가 과세되는 재화 또는 용역을 공급한 후 그 공급일부터 10년이 지난 날이 속하는 과세기간에 대한 확정신고 기한까지 위의 사유로 확정되는 대손세액으로 한다. 대손세액공제를 받고자 하는 사업자는 부가가치세 확정신고서에 "대손세액공제신고서"와 대손금액이 발생한 사실을 증명하는 서류를 제출하여야 한다. 따라서 예정신고시에는 대손세액공제를 받을 수 없다.

기/출/문/제 (필기)

— 과세표준 계산 —

01 다음 자료에 의하여 부가가치세법상 일반과세자의 부가가치세 과세표준을 계산하면 얼마인가?

> • 세금계산서 교부분 공급가액 : 10,000,000원(영세율 4,000,000원 포함)
> • 신용카드 매출전표상의 매출액 : 1,100,000원(부가가치세액 포함 금액임)

① 6,000,000원　　② 6,100,000원　　③ 11,000,000원　　④ 11,100,000원

[풀이] 세금계산서 매출분(영세율 포함) + 신용카드 매출분 = 과세표준
　　　 10,000,000 + (1,100,000 × 100/110) = 11,000,000원

— 공제하지 아니하는 매입세액 — ★★☆

02 다음 중 부가가치세법상 거래내역과 과세유형이 잘못 연결된 것은?

① 일반과세자가 제품을 납품하고 전자세금계산서를 발행하다. ⇒ 과세
② 부가가치세 과세사업에 사용하기 위해 프린터를 구입하고 전자세금계산서를 수취하다. ⇒ 매입세액공제
③ 영업부에서 사용하는 4인승 승용차(999cc) 수리비를 지급하고 전자세금계산서를 수취하다. ⇒ 매입세액불공제
④ 공장건물 신축용 토지를 구입하고 전자계산서를 발급받았다. ⇒ 면세

[풀이] 1,000cc 이하의 승용차는 비영업용 소형승용자동차에 해당하지 않으므로, 수리비를 지급하고 수취한 전자세금계산서는 매입세액 공제 가능하다.

03 다음 중 부가가치세에 대한 설명으로 틀린 것은?

① 부가가치세는 전단계세액공제법을 채택하고 있다.
② 부가가치세는 0% 또는 10%의 세율을 적용한다.
③ 면세사업과 관련한 매입세액은 부가가치세 매입세액공제가 불가능하다.
④ 기업업무추진비 및 이와 유사한 지출도 사업과 관련이 있는 지출이므로 부가가치세 매입세액공제가 가능하다.

[풀이] 기업업무추진비 및 이와 유사한 비용의 지출에 관련된 매입세액은 공제하지 않는다.

04 다음은 과세사업을 영위하는 ㈜부동산에서 발생한 매입세액이다. 이 중 부가가치세법상 매입세액 불공제 금액은?

> - 토지 취득시 발생한 중개수수료 매입세액 : 2,200,000원
> - 건물의 취득과 관련된 감정평가수수료(건물분) 매입세액 : 5,500,000원
> - 과세사업에 사용하던 건물과 부속 토지를 양도하면서 발생한 중개수수료 매입세액 : 3,000,000원

① 7,700,000원　　② 2,200,000원　　③ 8,500,000원　　④ 5,200,000원

[풀이] 토지의 취득과 관련된 매입세액은 공제하지 않는다.

05 다음은 사업자등록 신청에 대한 설명이다. 빈칸에 들어갈 일수는 몇 일인가?

> 부가가치세법상 사업자등록을 신청하기 전의 매입세액은 매출세액에서 공제하지 않는다. 다만, 공급시기가 속하는 과세기간이 끝난 후 ___일 이내에 사업자등록 신청을 할 경우 등록신청일부터 공급시기가 속하는 과세기간 기산일까지 역산한 기간 내의 매입세액은 매출세액에서 공제 할 수 있다.

① 10일　　② 15일　　③ 20일　　④ 25일

06 ㈜광주상사는 다음 매입세액을 추가로 반영하고자 한다. 부가가치세 매출세액에서 공제가능한 매입세액은? (정당하게 세금계산서를 수취하였음)

① 기업업무추진비 관련 매입세액
② 업무관련 매입세액
③ 비영업용 소형승용차(2,000cc)의 구입관련 매입세액
④ 면세사업관련 매입세액

[풀이] 업무관련 매입세액은 공제가능하다.

07 부가가치세법상 매입세액으로 공제가 가능한 것은?

① 세금계산서 미수취 관련 매입세액
② 사업과 직접 관련이 없는 지출에 대한 매입세액
③ 기업업무추진비 및 이와 유사한 비용의 지출에 관련된 매입세액
④ 매입자발행 세금계산서상의 매입세액

[풀이] 매입자발행 세금계산서상의 매입세액은 공제 가능하다.

08 다음 중 부가가치세 불공제 대상 매입세액이 아닌 것은? (모두 세금계산서를 교부 받았고 업무와 관련된 것임)

① 프린터기 매입세액
② 업무용 승용차(5인승, 2500cc) 매입세액(비영업용임)
③ 토지의 취득부대비용 관련 매입세액
④ 기업업무추진비 관련 매입세액

09 부가가치세법상 다음의 매입세액 중 매출세액에서 공제되는 매입세액은?

① 기업업무추진비 관련 매입세액
② 면세사업 관련 매입세액
③ 화물차 구입 관련 매입세액
④ 사업과 직접 관련없는 지출에 대한 매입세액

10 다음 중 부가가치세법상 매입세액공제가 가능한 것은?

① 면세사업과 관련이 있는 지출에 대한 매입세액
② 토지의 취득 및 형질변경, 공장부지 및 택지의 조성 등에 관련된 매입세액
③ 기업업무추진비 및 이와 유사한 비용의 지출에 관련된 매입세액
④ 과세 재화 생산과 관련된 원재료 매입세액

11 다음 중 부가가치세법상 공제되는 매입세액에 해당하는 것은?

① 자기의 사업에 사용하기 위하여 수입한 재화의 부가가치세액
② 사업과 직접 관련이 없는 지출
③ 기업업무추진비와 이와 유사한 비용
④ 면세사업 등에 관련된 매입세액

[풀이] 사업자가 자기의 사업에 사용할 목적으로 수입하는 재화의 수입에 대한 부가가치세액은 공제 가능하다.

— 그 밖에 공제매입세액 — ☆☆

12 다음 중 부가가치세 매입세액으로 공제되는 것은?

① 기계부품 제조업자가 원재료를 매입하고 신용카드매출전표를 수취한 경우
② 농산물(배추) 도매업자가 운송용 트럭을 매입하는 경우
③ 거래처에 접대하기 위하여 선물을 매입하는 경우
④ 비사업자로부터 원재료를 매입하면서 세금계산서 등을 수취하지 않은 경우

[풀이] 사업자가 일반과세자로부터 재화나 용역을 공급받고 부가가치세액이 별도로 구분 기재된 신용카드매출전표 등을 발급받은 경우 매입세액을 공제한다.
② 면세사업 관련 매입세액은 공제하지 않는다.

13 부가가치세법상 매입세액으로 공제가 불가능한 경우로 옳은 것은?

① 소매업자가 사업과 관련하여 받은 간이영수증에 의한 매입세액
② 음식업자가 계산서를 받고 구입한 농산물의 의제매입세액
③ 신용카드매출전표 등 적격증빙 수령분 매입세액
④ 종업원 회식비와 관련된 매입세액

[풀이] 간이영수증에 의한 매입세액은 공제하지 않는다.

14 다음 중 부가가치세법상 매입세액공제가 가능한 것은?

① 면세사업에 사용하기 위하여 구입한 기계장치 매입세액(전자세금계산서 수취함)
② 음식점을 영위하는 개인사업자가 계산서 등을 수취하지 아니하고 면세로 구입한 농산물의 의제매입세액
③ 거래처에 선물하기 위한 물품구입 매입세액(세금계산서 등을 수취함)
④ 제조업을 영위하는 사업자가 농민으로부터 면세로 구입한 농산물의 의제매입세액

[풀이] 음식업을 영위하는 개인사업자가 계산서 등을 수취하지 아니하고 면세로 구입한 농산물은 의제매입세액공제를 적용하지 않는다. 다만, 제조업을 영위하는 사업자가 농어민으로부터 면세 농산물 등을 직접 공급받는 경우에는 의제매입세액공제신고서만 제출한다.

— 대손세액의 공제특례 —

15 다음 자료를 바탕으로 부가가치세 납부세액 계산시 매출세액에서 차감할 수 있는 대손세액은 얼마인가? 세부담 최소화를 가정한다.

내 역	공급가액
(가) 파산에 따른 매출채권	20,000,000원
(나) 부도발생일로부터 6월이 경과한 부도수표	10,000,000원
(다) 상법상 소멸시효가 완성된 매출채권	1,000,000원

① 2,000,000원 ② 2,100,000원 ③ 3,000,000원 ④ 3,100,000원

[풀이] 공급대가 × 10/110 = 차감할 수 있는 대손세액
  └ (22,000,000 + 11,000,000 + 1,100,000) × 10/110 = 3,100,000원

16 다음 중 부가가치세법상 대손세액공제에 관한 설명 중 틀린 것은?

① 부가가치세가 과세되는 재화 또는 용역의 공급과 관련된 채권이어야 한다.
② 부도발생일로부터 3개월 이상 지난 수표, 어음, 중소기업의 외상매출금은 대손세액공제 대상이다.
③ 확정신고와 함께 대손금액이 발생한 사실을 증명하는 서류를 제출하여야 한다.
④ 대손이 확정되면 공급자는 대손이 확정된 날이 속하는 과세기간의 매출세액에서 대손세액을 차감한다.

[풀이] 부도발생일로부터 6개월 이상 지난 수표 또는 어음상의 채권 및 외상매출금(중소기업의 외상매출금으로서 부도발생일 이전의 것에 한정)은 대손세액공제 대상이다.

17 ㈜서초는 ×1년 11월 20일 ㈜중부에게 기계장치를 11,000,000원(부가가치세 포함)에 공급하고 어음을 교부받았다. 그런데 ×2년 2월 10일 ㈜중부에 부도가 발생하여 은행으로부터 부도확인을 받았다. ㈜중부의 재산에 대한 저당권 설정은 없다. ㈜서초가 대손세액공제를 받을 수 있는 부가가치세 신고시기와 공제대상 대손세액으로 가장 올바른 것은?

	공제시기	공제대상 대손세액
①	×2년 1기 예정신고	1,000,000원
②	×2년 1기 확정신고	1,100,000원
③	×2년 2기 예정신고	1,100,000원
④	×2년 2기 확정신고	1,000,000원

[풀이] 대손세액은 부도발생일(×2년 2월 10일)로부터 6개월이 경과한 날(×2년 8월 11일)이 속하는 과세기간의 확정신고기간의 매출세액에서 공제한다.
- 대손세액공제 금액 : 대손금액(11,000,000) × 10/110 = 1,000,000원

18 다음 자료에 의해 부가가치세법상 일반과세사업자의 부가가치세 매출세액을 계산하면 얼마인가?

- 총매출액 10,000,000원이며, 다음과 같이 구성되었다.
  └ 일반과세매출액 8,000,000원
  └ 영세율매출액 2,000,000원
- 매출할인액 1,000,000원이 발생하였는데, 전액 일반과세매출과 관련된 것으로 밝혀졌다.
- 외상으로 일반과세매출한 금액 중 대손세액공제 120,000원이 발생하였다.

① 580,000원　② 680,000원　③ 780,000원　④ 880,000원

[풀이] (일반과세매출액 − 매출할인액) × 10% − 대손세액공제 = 매출세액
└ (8,000,000 − 1,000,000) × 10% − 120,000 = 580,000원

19 다음 중 부가가치세법상 대손세액의 공제특례에 관한 내용으로 틀린 것은?

① 대손세액공제는 사업자가 부가가치세가 과세되는 재화 또는 용역을 공급한 후 그 공급일부터 10년이 지난 날이 속하는 과세기간에 대한 확정신고기한까지 가능하다.
② 중소기업의 외상매출금으로서 회수기일이 2년 이상 지난 외상매출금은 거래상대방과 무관하게 대손세액공제 대상 대손금에 해당한다.
③ 대손세액공제액은 부가가치세를 포함한 공급대가의 10/110으로 계산한다.
④ 대손세액공제를 받은 후 사업자가 대손금액의 전부 또는 일부를 회수한 경우에는 회수한 대손금액에 관련된 대손세액을 회수한 날이 속하는 과세기간의 매출세액에 더한다.

[풀이] 중소기업의 외상매출금 및 미수금으로서 회수기일이 2년 이상 지난 외상매출금 등은 대손세액공제 대상 대손금에 해당한다. 다만 특수관계인과의 거래로 인하여 발생한 외상매출금 등은 제외한다.

— 납부세액 계산 — ☆☆☆☆

20 다음 자료에 의하여 부가가치세 매출세액을 계산하면 얼마인가?

- 발급한 세금계산서 중 영세율세금계산서의 공급가액은 2,400,000원이고, 매입과 관련된 영세율세금계산서는 없다.
- 세금계산서를 받고 매입한 물품의 공급가액은 15,000,000원이고, 이 중 사업과 관련이 없는 물품의 공급가액 1,500,000원이 포함되어 있다.
- 납부세액은 1,500,000원이다.

① 2,850,000원 ② 3,000,000원 ③ 3,090,000원 ④ 3,150,000원

[풀이] 매출세액 - 공제가능한 매입세액 = 납부세액
└ 매출세액 - (15,000,000 - 1,500,000) × 10% = 1,500,000원
∴ 매출세액 2,850,000원

21 다음 자료에 의하여 부가가치세신고서상 일반과세사업자가 납부해야 할 부가가치세 금액은?

- 전자세금계산서 교부에 의한 제품매출액　　　　28,050,000원(공급대가)
- 지출증빙용 현금영수증에 의한 원재료 매입액　　3,000,000원(부가가치세 별도)
- 신용카드에 의한 제품운반용 소형화물차 구입　　15,000,000원(부가가치세 별도)
- 신용카드에 의한 매출거래처 선물구입　　　　　500,000원(부가가치세 별도)

① 700,000원 ② 750,000원 ③ 955,000원 ④ 1,050,000원

[풀이] 매출세액 : 28,050,000 × 10/110 = 2,550,000원
공제가능한 매입세액 : (3,000,000 + 15,000,000) × 10% = 1,800,000원
└ 매출세액(2,550,000) - 공제가능한 매입세액(1,800,000) = 납부세액 750,000원

22 다음 자료에 의하여 부가가치세법상 제조업을 영위하는 일반과세사업자가 납부해야 할 부가가치세액은?

- 전자세금계산서 교부에 의한 제품매출액　　　　　48,400,000원 (공급대가)
- 지출증빙용 현금영수증에 의한 원재료 매입액　　　30,800,000원 (부가세 별도)
- 신용카드에 의한 업무용 승용차(1,200cc) 구입　　13,000,000원 (부가세 별도)

① 1,320,000원 ② 1,160,000원 ③ 720,000원 ④ 20,000원

[풀이] 매출세액 : 48,400,000 × 10/110 = 4,400,000원
공제가능한 매입세액 : 30,800,000 × 10% = 3,080,000원
└ 매출세액(4,400,000) - 공제가능한 매입세액(3,080,000) = 납부세액 1,320,000원

23 다음 자료에 의하면 일반과세인 사업자의 부가가치세 납부세액은 얼마인가?

- 전자세금계산서 발급에 의한 제품매출액   7,000,000원 (부가가치세 별도)
- 신용카드에 의한 원재료 매입액(매입세액공제 가능)   2,750,000원 (공급대가)
- 세금계산서를 받고 구입한 거래처 선물 구입비   300,000원 (부가가치세 별도)

① 425,000원   ② 435,000원   ③ 444,000원   ④ 450,000원

[풀이] 매출세액 : 7,000,000 × 10% = 700,000원
공제가능한 매입세액 : 2,750,000 × 10/110 = 250,000원
└ 매출세액(700,000) - 공제가능한 매입세액(250,000) = 납부세액 450,000원

24 다음 자료에 의하여 부가가치세 과세표준을 계산하면 얼마인가?

- 발급한 세금계산서 중 영세율세금계산서의 공급가액은 1,500,000원이고, 그 외의 매출, 매입과 관련된 영세율 거래는 없다.
- 세금계산서를 받고 매입한 물품의 공급가액은 6,200,000원이고, 이 중 사업과 관련이 없는 물품의 공급가액 400,000원이 포함되어 있다.
- 납부세액은 270,000원이다.

① 7,000,000원   ② 8,500,000원   ③ 10,000,000원   ④ 11,500,000원

[풀이] 매출세액 - (매입세액 - 불공제매입세액) = 납부세액
└ 매출세액 - (6,200,000 - 400,000) × 10% = 270,000원
∴ 매출세액 850,000원
과세 공급가액(850,000 ÷ 10%) + 영세율 공급가액(1,500,000) = 과세표준 10,000,000원

정답

1. ③   2. ③   3. ④   4. ②   5. ③   6. ②   7. ④   8. ①   9. ③   10. ④
11. ①   12. ①   13. ①   14. ④   15. ④   16. ②   17. ④   18. ①   19. ②   20. ①
21. ②   22. ①   23. ④   24. ③

제2절 신고와 납부

1. 예정신고와 납부

(1) 일반적인 경우

사업자는 각 과세기간 중 다음에 규정하는 예정신고기간이 끝난 후 25일 이내에 각 예정신고기간에 대한 과세표준과 납부세액 또는 환급세액을 납세지 관할세무서장에게 신고하여야 한다. 다만, 신규로 사업을 시작하거나 시작하려는 자에 대한 최초의 예정신고기간은 사업개시일(사업개시일 이전에 사업자등록을 신청한 경우에는 그 신청일)로부터 그 날이 속하는 예정신고기간의 종료일까지로 한다.

① 제 1기 예정신고기간 : 1월 1일부터 3월 31일까지
② 제 2기 예정신고기간 : 7월 1일부터 9월 30일까지

(2) 개인사업자와 영세한 법인사업자의 경우

(가) 원칙(예정고지 및 징수)

개인사업자와 직전 과세기간 공급가액의 합계액이 1억 5천만원 미만인 법인사업자에 대하여는 각 예정신고기간마다 직전 과세기간에 대한 납부세액의 50퍼센트(1천원 미만의 단수가 있을 때에는 그 단수금액은 버린다)로 결정하여 해당 예정신고기간이 끝난 후 25일까지 징수한다.
다만, 다음 중 어느 하나에 해당하는 경우에는 징수하지 않는다.

① 징수하여야 할 금액이 50만원 미만인 경우
② 간이과세자에서 해당 과세기간 개시일 현재 일반과세자로 변경된 경우
③ 「국세징수법」에 따른 다음 중 어느 하나에 해당하는 사유로 관할세무서장이 징수하여야 할 금액을 사업자가 납부할 수 없다고 인정되는 경우
  ㉠ 납세자가 재난 또는 도난으로 재산에 심한 손실을 입은 경우
  ㉡ 납세자가 경영하는 사업에 현저한 손실이 발생하거나 부도 또는 도산의 우려가 있는 경우
  ㉢ 납세자 또는 그 동거가족이 질병이나 중상해로 6개월 이상의 치료가 필요한 경우 또는 사망하여 상중인 경우

(나) 예외(선택적 신고납부)

휴업 또는 사업 부진으로 인하여 사업실적이 악화된 경우 등 다음의 사유가 있는 사업자는 예정신고를 하고 예정신고기간의 납부세액을 납부할 수 있다.

① 휴업 또는 사업 부진 등으로 인하여 각 예정신고기간의 공급가액 또는 납부세액이 직전 과세기간의 공급가액 또는 납부세액의 3분의 1에 미달하는 자
② 각 예정신고기간분에 대하여 조기환급을 받으려는 자

2. 확정신고와 납부

사업자는 각 과세기간에 대한 과세표준과 납부세액 또는 환급세액을 그 **과세기간이 끝난 후 25일**(폐업하는 경우에는 폐업일이 속한 달의 다음 달 25일) **이내**에 납세지 관할세무서장에게 신고하여야 한다. 다만, 예정신고를 한 사업자 또는 조기환급을 받기 위하여 신고한 사업자는 이미 신고한 과세표준과 납부한 납부세액 또는 환급받은 환급세액은 신고하지 아니한다.

사업자는 확정신고를 할 때 다음의 금액을 확정신고시의 납부세액에서 빼고 부가가치세 확정신고서와 함께 각 납세지 관할세무서장에게 납부하거나 납부서를 작성하여 한국은행 등에 납부하여야 한다.
① 조기 환급을 받을 환급세액 중 환급되지 아니한 세액
② 예정고지에 따라 징수되는 금액

제3절 환급

1. 일반환급

부가가치세 납부세액을 계산함에 있어서 매입세액이 매출세액을 초과하는 경우에는 환급세액이 발생하게 된다. 이 경우 납세지 관할세무서장은 각 과세기간별로 그 과세기간에 대한 환급세액을 확정신고한 사업자에게 그 **확정신고기한이 지난 후 30일 이내에 환급**하여야 한다. 따라서 예정신고기간에 대한 환급세액은 원칙적으로 이를 환급하지 않고 확정신고시 납부할 세액에서 정산하는 것이다.

2. 조기환급

(1) 조기환급의 대상

일반환급 절차에 불구하고 납세지 관할세무서장은 다음 중 어느 하나에 해당하여 환급을 신고한 사업자에게 환급세액을 조기에 환급할 수 있다.
① 사업자가 **영세율을 적용받는 경우**
② 사업자가 **사업설비**(건물 등 감가상각자산을 말함)**를 신설 · 취득 · 확장 또는 증축하는 경우**
③ 사업자가 재무구조개선계획을 이행 중인 경우

(2) 과세기간 또는 예정신고기간에 대한 조기환급

조기환급을 받으려는 사업자가 예정신고서 또는 확정신고서를 제출한 경우에는 조기환급을 신고한 것으로 본다. 다만 사업 설비를 신설·취득·확장 또는 증축하는 경우에는 "건물등감가상각자산취득명세서"를, 사업자가 재무구조개선계획을 이행 중인 경우에는 "재무구조개선계획서"를 각각 그 신고서에 첨부하여야 한다.

　이 경우 관할세무서장은 환급세액을 각 과세기간별로 그 확정신고기한(7월 25일, 1월 25일)이 지난 후 15일 이내에 확정신고를 한 사업자에게 환급하거나, 각 예정신고기간별로 그 예정신고기한(4월 25일, 10월 25일)이 지난 후 15일 이내에 예정신고를 한 사업자에게 환급하여야 한다.

(3) 조기환급기간에 대한 조기환급

(가) 조기환급기간

예정신고기간 중 매월 또는 매 2월, 과세기간 최종 3개월 중 매월 또는 매 2월을 조기환급기간이라 한다.

(나) 조기환급신고와 환급

조기환급기간에 대한 환급세액을 조기환급을 받으려는 사업자는 조기환급기간이 끝난 날부터 25일 이내(이하 "조기환급신고기한"이라 한다)에 조기환급기간에 대한 과세표준과 환급세액을 관할세무서장에게 신고해야 한다. 이처럼 조기환급신고를 한 경우에는 조기환급기간에 대한 환급세액을 각 조기환급기간별로 해당 조기환급신고기한이 지난 후 15일 이내에 사업자에게 환급하여야 한다.

구 분	예정신고기간 중		과세기간 최종 3개월 중	
	조기환급기간	조기환급신고기한	조기환급기간	조기환급신고기한
① 매 월의 경우	1월	2월 25일	4월	5월 25일
	2월	3월 25일	5월	6월 25일
② 매 2월의 경우	1월·2월	3월 25일	4월·5월	6월 25일

기/출/문/제 (필기)

01 다음 자료를 보고 ×1년 제2기 부가가치세 확정신고기한으로 옳은 것은?

- ×1년 4월 25일 : 1기 부가가치세 예정신고 및 납부함.
- ×1년 7월 25일 : 1기 부가가치세 확정신고 및 납부함.
- ×1년 8월 20일 : 자금상황의 악화로 폐업함.

① ×1년 7월 25일 ② ×1년 8월 31일 ③ ×1년 9월 25일 ④ ×2년 1월 25일

[풀이] 폐업한 사업자의 부가가치세 확정신고기한은 폐업일이 속하는 달의 다음 달 25일까지이다.

02 다음 중 부가가치세 신고시 제출하는 서류가 아닌 것은?

① 부가가치세신고서와 건물 등 감가상각자산취득명세서
② 매출처별세금계산서합계표와 매입처별세금계산서합계표
③ 공제받지 못할 매입세액명세서와 대손세액공제신고서
④ 총수입금액조정명세서와 조정 후 총수입금액명세서

[풀이] 총수입금액조정명세서와 조정 후 총수입금액명세서는 소득세 신고서류이다.

03 다음 중 부가가치세법상 조기환급과 관련된 내용으로 틀린 것은?

① 조기환급 : 조기환급신고기한 경과 후 25일 이내 환급
② 조기환급기간 : 예정신고기간 또는 과세기간 최종 3월 중 매월 또는 매 2월
③ 조기환급신고 : 조기환급기간 종료일부터 25일 이내에 조기환급기간에 대한 과세표준과 환급세액 신고
④ 조기환급대상 : 영세율적용이나 사업 설비를 신설, 취득, 확장 또는 증축하는 경우

[풀이] 조기환급기간에 대한 환급세액은 각 조기환급기간별로 해당 조기환급신고기한이 지난 후 15일 이내에 사업자에게 환급하여야 한다.

04 부가가치세법상 납세지 관할세무서장은 조기환급신고에 따른 환급세액을 신고기한이 지난 후 몇일 이내에 환급해야 하는가?

① 10일 ② 15일
③ 20일 ④ 25일

05 다음 중 부가가치세법상 원칙적인 조기환급과 관련된 내용으로 틀린 것은?

① 관할세무서장은 조기환급신고기한이 지난 후 15일 이내에 환급하여야 한다.
② 조기환급기간은 예정신고기간 중 또는 과세기간 최종 3개월 중 매월 또는 매 2월을 말한다.
③ 조기환급기간이 끝난 날부터 15일 이내에 조기환급기간에 대한 과세표준과 환급세액을 신고하여야 한다.
④ 사업설비를 신설·취득·확장 또는 증축하는 경우에는 조기환급 대상이 된다.

[풀이] 조기환급기간이 끝난 날부터 25일 이내에 조기환급기간에 대한 과세표준과 환급세액을 신고하여야 한다.

정답

1. ③   2. ④   3. ①   4. ②   5. ③

제4절 부가가치세신고서

[부가가치세신고서] 메뉴는 일반과세자 및 간이과세자의 부가가치세신고서를 작성 및 출력하는 메뉴이다. [재무회계]>[전표입력]>[매입매출전표입력]에서 전표 입력시 선택한 유형에 따라 부가가치세신고서 각각의 해당란으로 자동 반영되므로 나머지 항목들만 추가로 입력하면 된다. 전산회계 1급 자격시험에서의 출제범위는 작성된 일반과세자 부가가치세신고서의 금액 조회에 한한다.

 **KcLep 길라잡이**

- [부가가치]>[신고서/부속명세]>[부가가치세]>[부가가치세신고서]의 『일반과세』 탭에서 [조회기간]란에 신고대상기간(1월 1일 ~ 3월 31일)을 입력하면 다음과 같은 화면이 나타난다.

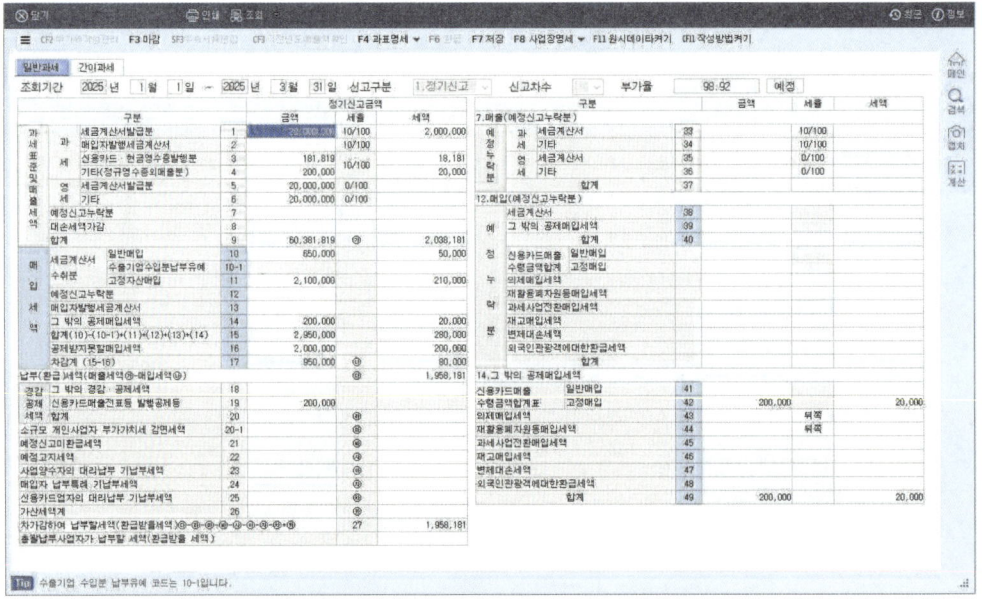

• ㈜최대리 [부가가치세신고서(일반과세)] 화면 •

※ 과세표준 및 매출세액

과세표준및매출	과세	세금계산서발급분	1	20,000,000	10/100	2,000,000
		매입자발행세금계산서	2		10/100	
		신용카드·현금영수증발행분	3	181,819	10/100	18,181
		기타(정규영수증외매출분)	4	200,000		20,000
	영세	세금계산서발급분	5	20,000,000	0/100	
		기타	6	20,000,000	0/100	

▶ 과세(세금계산서 발급분)

당해 신고대상기간 중에 부가가치세가 과세되는 사업실적 중 세금계산서 발급분을 입력한다.
KcLep [매입매출전표입력] 메뉴에서 "11.과세"로 입력한 금액이 자동 반영된다.

▶ 과세(매입자발행세금계산서)

당해 신고대상기간 중에 매입자로부터 발급받은 매입자발행세금계산서상 금액과 세액을 입력한다.

▶ 과세(신용카드·현금영수증발행분)

당해 신고대상기간 중에 부가가치세가 과세되는 사업실적 중 신용카드전표발행분·전자화폐수취분과 현금영수증발급분을 입력한다.
KcLep [매입매출전표입력] 메뉴에서 "17.카과", "21.전자", "22.현과"로 입력한 금액이 자동 반영된다.

▶ 과세(기타)

당해 신고대상기간 중에 부가가치세가 과세되는 사업실적 중 영수증발급분 및 세금계산서 발급의무가 없는 재화와 용역의 공급분을 입력한다.
KcLep [매입매출전표입력] 메뉴에서 "14.건별"로 입력한 금액이 자동 반영된다.

▶ 영세율(세금계산서 발급분)

당해 신고대상기간 중에 영세율이 적용되는 사업실적 중 세금계산서 발급분을 입력한다.
KcLep [매입매출전표입력] 메뉴에서 "12.영세"로 입력한 금액이 자동 반영된다.

▶ 영세율(기타)

당해 신고대상기간 중에 영세율이 적용되는 사업실적 중 세금계산서 발급의무 면제분을 입력한다.
KcLep [매입매출전표입력] 메뉴에서 "16.수출", "19.카영", "24.현영"으로 입력한 금액이 자동 반영된다.

구분			금액	세율	세액	7.매출(예정신고누락분)				
과세표준및매출세액	과세	세금계산서발급분	1	20,000,000	10/100	2,000,000	예정누락분	과세	세금계산서	33		10/100	
		매입자발행세금계산서	2		10/100				기타	34		10/100	
		신용카드·현금영수증발행분	3	181,819	10/100	18,181		영세	세금계산서	35		0/100	
		기타(정규영수증외매출분)	4	200,000		20,000			기타	36		0/100	
	영세	세금계산서발급분	5	20,000,000	0/100				합계	37		
		기타	6	20,000,000	0/100		12.매입(예정신고누락분)				
	예정신고누락분		7						세금계산서	38		
	대손세액가감		8					예	그 밖의 공제매입세액	39		
	합계		9	60,381,819	㉮	2,038,181					

▶ **예정신고누락분**

예정신고 매출 누락분을 확정신고시 함께 신고하고자 하는 경우에 입력한다. 화면 우측의 [33]란부터 [36]란에 입력된 [합계(37)]란의 금액이 자동 반영된다.

▶ **대손세액가감**

부가가치세가 과세되는 재화 또는 용역의 공급에 대한 외상매출금 등이 대손되어 세법상 대손요건을 충족하여 대손세액을 공제받을 사업자가 기재하며, 대손세액을 공제받는 경우에는 대손세액을 차감표시(−)하여 입력하고, 대손금액의 전부 또는 일부를 회수하여 회수금액에 관련된 대손세액을 납부하는 경우에는 당해 납부세액을 가산표시(+)하여 입력한다.

✳ **매입세액**

매입세액	세금계산서수취분	일반매입	10	650,000		50,000
		수출기업수입분납부유예	10			
		고정자산매입	11	2,100,000		210,000
	예정신고누락분		12			
	매입자발행세금계산서		13			
	그 밖의 공제매입세액		14	200,000		20,000
	합계(10)-(10-1)+(11)+(12)+(13)+(14)		15	2,950,000		280,000

▶ **세금계산서수취분(일반매입)**

당해 신고대상기간 중에 발급받은 세금계산서(단, 고정자산관련 매입은 제외)의 공급가액 합계 및 세액 합계를 입력한다(공제받지 못할 매입세액 포함).

KcLep [매입매출전표입력] 메뉴에서 "51.과세", "52.영세", "54.불공", "55.수입"으로 입력한 금액이 자동 반영된다.

▶ **세금계산서수취분(수출기업 수입분 납부유예)**

수출 중소기업이 원재료 등 재화 수입시 세관에 납부하는 부가가치세를 세무서에 신고시까지 납부유예를 승인받아 납부유예된 세액을 입력한다.

▶ 세금계산서수취분(고정자산매입)

당해 신고대상기간 중에 발급받은 세금계산서 중 고정자산 매입에 관련된 공급가액 합계 및 세액 합계를 입력한다(공제받지 못할 매입세액 포함).

KcLep [매입매출전표입력] 메뉴에서 "51.과세", "52.영세", "54.불공"으로 입력한 금액 중 하단 분개란에 계정과목을 비유동자산으로 입력한 금액이 자동 반영된다.

▶ 예정신고누락분

예정신고 매입 누락분을 확정신고시 함께 신고하고자 하는 경우에 입력한다. 화면 우측의 [38]란부터 [39]란에 입력된 [합계(40)]란의 금액이 자동 반영된다. [그 밖의 공제매입세액(39)]란은 바로 아래 [신용카드매출수령금액합계]란부터 [외국인관광객에대한환급세액]란에 입력된 [합계]란의 금액이 자동 반영된다.

▶ 매입자발행세금계산서

매출자가 세금계산서를 발급하지 않아 관할세무서장에게 신고하여 승인받은 매입자발행세금계산서의 금액과 세액을 입력한다.

▶ 그 밖의 공제매입세액

세금계산서 수취분 외에 부가가치세법 및 조세특례제한법의 규정에 의하여 공제되는 매입세액을 입력한다. 화면 우측의 [41]란부터 [48]란에 입력된 [합계(49)]란의 금액이 자동 반영된다.

▶ 공제받지 못할 매입세액

당해 신고대상기간 중에 발급받은 세금계산서 중 공제받지 못하는 매입세액, 과세사업과 면세사업에 공통으로 사용된 공통매입세액 또는 대손처분받은 세액이 있는 경우 공급가액 및 세액의 합계액을 입력한다. 화면 우측의 [50]란부터 [52]란에 입력된 [합계(53)]란의 금액이 자동 반영된다.

> **KcLep** [매입매출전표입력] 메뉴에서 "54.불공"으로 입력한 금액이 자동 반영된다.

✴ 경감 · 공제세액

경감·공제세액은 정부가 근거과세확립을 위하여 조세정책적인 측면에서 추진하는 신용거래의 촉진에 대한 유인보상수단으로서의 세액공제 또는 사회·경제 정책적으로 지원이 요구되는 산업 또는 사업에 대한 조세부담의 경감을 목적으로 매출세액에서 공제되어지는 것을 말한다. 화면 우측의 [54]란부터 [59]란에 입력된 [합계(60)]란의 금액이 자동 반영된다.

✱ 차감·가감하여 납부할 세액(환급받을 세액)

납부(환급)세액에서 경감·공제세액과 예정신고 미환급세액을 차감하고 가산세를 가산한 금액을 기재한다.

> 한마디 … 『간이과세』 탭 전체 내용은 자격시험과 무관하므로 설명을 생략한다.
>
> 두마디 … [부가가치세신고서] 메뉴에서 출제되는 문제의 형태는 장부조회 문제 중의 하나로 출제가 되는데, 문제지에 제시하는 내용을 보고 부가가치세신고서를 조회하여 해당 금액을 찾는 형태이다.

 **K.Lep 따라하기**

부가가치세신고서 따라하기

㈜최대리(회사코드 : 3001)의 제1기 예정 부가가치세 신고서를 조회하여 다음의 질문에 답하시오.

(1) 과세표준과 부가가치세 매출세액은 얼마인가?
(2) 공제받을 매입세액은 얼마인가?
(3) 고정자산을 매입한 공급가액은 얼마인가?
(4) 신용카드 사용에 따른 매입세액 공제액은 얼마인가?
(5) 납부할 세액은 얼마인가?

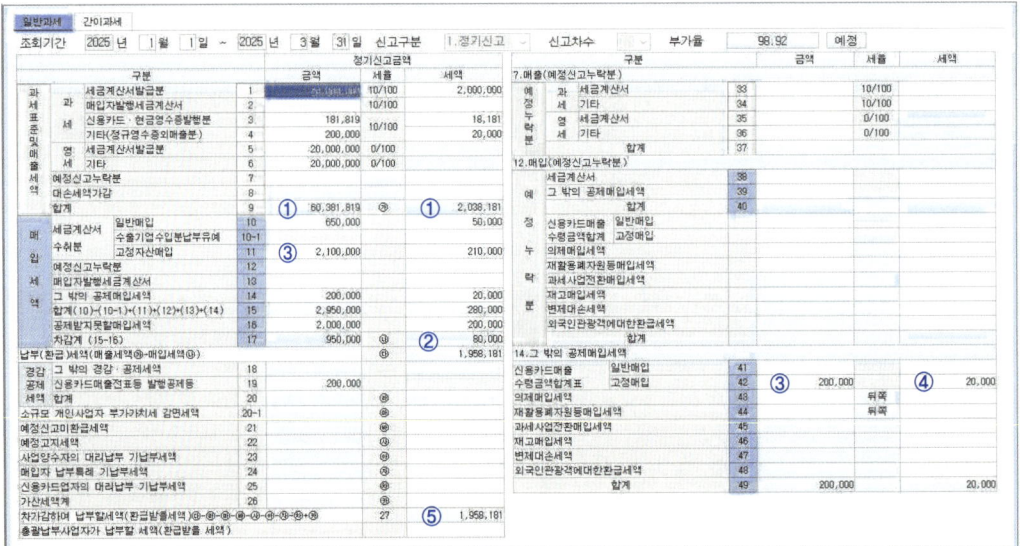

① 과세표준은 [합계(9)]란의 금액 "60,381,819"이고, 부가가치세 매출세액은 [합계(9)]란의 세액 "2,038,181"이다.
② 공제받을 매입세액은 [차감계(17)]란의 세액 "80,000"이다.
③ 고정자산을 매입한 공급가액은 [고정자산매입(11)]란의 금액 "2,100,000"과 [신용카드매출수령 금액합계표/ 고정매입(42)]란의 금액 "200,000"이다.
④ 신용카드 사용에 따른 매입세액공제액은 [41]란과 [42]란의 세액 "20,000"이다.
⑤ 납부할 세액은 [차감·가감하여 납부할세액(27)]란의 금액 "1,958,181"이다.

기/출/문/제 (실기)

㈜세희상사(회사코드 : 3003)의 [부가가치세신고서]를 조회하여 다음의 질문에 답하시오.

01 제1기 예정신고기간(1월 ~ 3월)의 영세율 과세표준 얼마인가?

02 제1기 예정신고기간(1월 ~ 3월)의 과세표준은 얼마인가?

03 제1기 예정신고기간(1월 ~ 3월)의 부가가치세 매출세액은 얼마인가?

04 제1기 예정신고기간(1월 ~ 3월)의 그 밖의 공제매입세액은 얼마인가?

05 제1기 예정신고기간(1월 ~ 3월)의 공제받지 못할 매입세액의 공급가액과 세액은 얼마인가?

06 제1기 예정신고기간(1월 ~ 3월)의 신용카드 및 현금영수증 과세매출액(부가가치세 포함)은 얼마인가?

07 제1기 예정신고기간(1월 ~ 3월)에 대한 부가가치세신고서상 납부(환급)세액을 조회하면 얼마인가?

08 제1기 예정신고기간(1월 ~ 3월)에 고정자산을 매입한 공급가액은 얼마인가?

09 제1기 확정신고기간(4월 ~ 6월)의 부가가치세 신고시 예정신고누락분 영세율세금계산서 매출액은 얼마인가?

10 제1기 확정(4월 ~ 6월) 부가가치세 신고서상 예정누락분에 대한 매입세액은 얼마인가?

전산회계 1급(실기+필기)

KcLep 도우미

해설

- [부가가치]>[신고서/부속명세]>[부가가치세]>[부가가치세신고서]에서 조회기간을 입력한다.

답 1) [5]란과 [6]란의 금액 47,822,728원
답 2) [9]란의 금액 440,293,641원
답 3) [9]란의 세액 39,247,091원
답 4) [14]란의 세액 4,550,000원
답 5) [16]란의 금액 34,800,000원, 세액 3,480,000원
답 6) [19]란의 금액 25,994,000원
답 7) [27]란의 세액 5,757,091원
답 8) [11]란의 금액 11,500,000원과 [42]란의 금액 35,000,000원

답 9) [35]란의 금액 25,000,000원
답10) [40]란의 세액 3,350,000원

제5절 세금계산서합계표

사업자가 세금계산서를 발급하였거나 세금계산서를 발급받은 때에는 매출·매입처별세금계산서합계표를 당해 예정신고 또는 확정신고와 함께 관할세무서에 제출하여야 한다. 만일, 예정신고를 하는 사업자가 각 예정신고와 함께 매출·매입처별세금계산서합계표를 제출하지 못한 경우에는 당해 예정신고기간이 속하는 확정신고와 함께 이를 제출할 수 있다.

 KcLep 길라잡이

- [부가가치]>[신고서/부속명세]>[부가가치세]>[세금계산서합계표]를 선택하면 다음과 같은 화면이 나타난다.

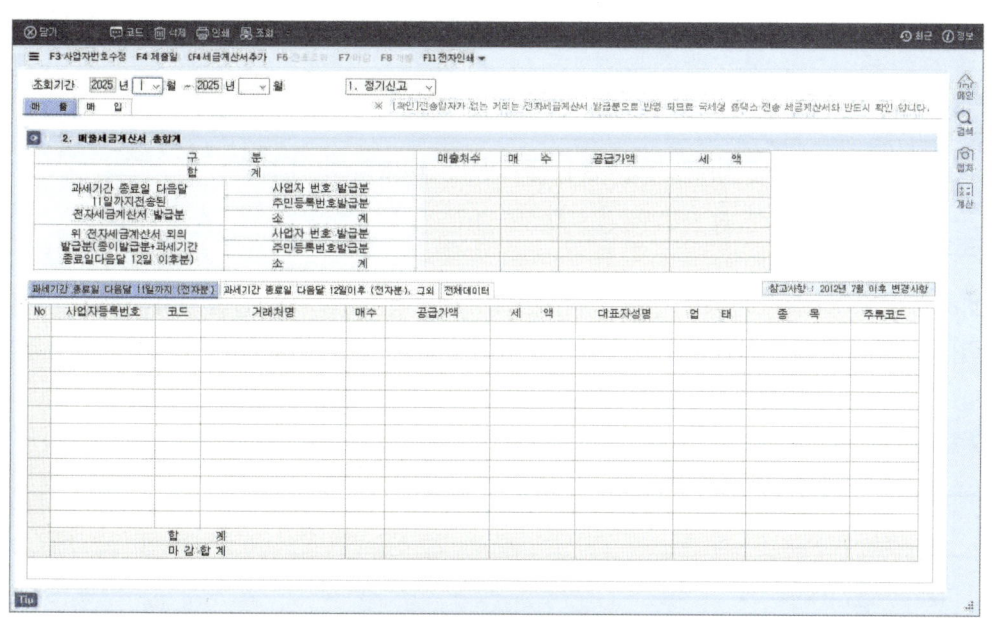

• [세금계산서합계표] 화면 •

❶ 매출처별 세금계산서합계표

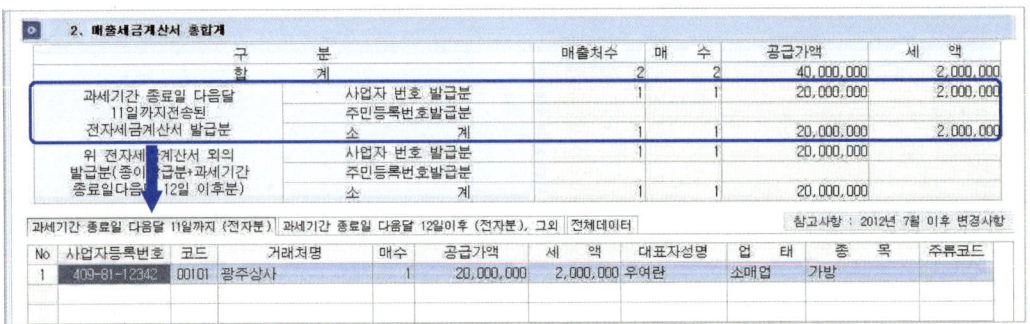

• ㈜최대리 매출처별 [세금계산서합계표(전체데이터)] 화면 •

▶ **조회기간**

조회하고자 하는 해당 기간과 신고구분(1.정기신고, 2.수정신고)을 선택한다. [재무회계]>[전표입력]>[매입매출전표입력]에서 "11.과세"와 "12.영세"로 입력된 내용이 자동으로 반영된다.

▶ 『 **과세기간 종료일 다음달 11일까지(전자분)』 탭**

전자적으로 발급하고, 과세기간(예정신고대상자의 경우 예정신고기간) 종료일 다음달 11일(토요일, 공휴일인 경우에는 그 다음 날)까지 국세청에 전송된 매출세금계산서에 대한 매출처수, 총매수, 총공급가액 및 총세액에 대한 세부내역을 보여준다.

▶ 『과세기간 종료일 다음달 12일 이후(전자분), 그 외』 탭

종이로 발급한 세금계산서, 전자적으로 발급하였으나 그 개별명세를 과세기간(예정신고대상자의 경우 예정신고기간) 종료일 다음달 11일(토요일, 공휴일인 경우에는 그 다음 날)까지 국세청에 전송하지 않은 전자세금계산서 또는 매입자발행세금계산서제도에 따라 매입자가 발급한 매입자발행세금계산서에 대한 매출처수, 총매수, 총공급가액 및 총세액에 대한 세부내역을 보여준다.

❷ 매입처별 세금계산서합계표

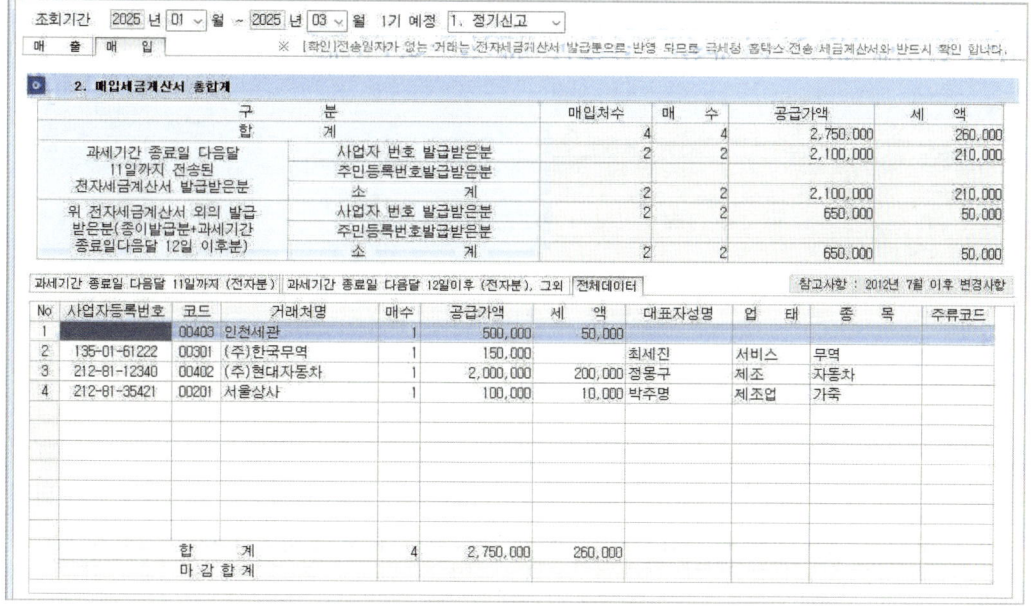

• ㈜최대리 매입처별 [세금계산서합계표(전체데이터)] 화면 •

▶ 조회기간

조회하고자 하는 해당 기간과 신고구분(1.정기신고, 2.수정신고)을 선택한다. [재무회계]>[전표

제3부 부가가치세 **439**

입력]>[매입매출전표입력]에서 "51.과세", "52.영세", "54.불공", "55.수입"으로 입력된 내용이 자동으로 반영된다.

▶ 『과세기간 종료일 다음달 11일까지(전자분)』 탭

전자세금계산서로 발급받고, 과세기간(예정신고대상자의 경우 예정신고기간) 종료일 다음달 11일(토요일, 공휴일인 경우에는 그 다음 날)까지 국세청에 전송된 매입세금계산서에 대한 매입처수, 총매수, 총공급가액 및 총세액에 대한 세부내역을 보여준다.

▶ 『과세기간 종료일 다음달 12일 이후(전자분), 그 외』 탭

종이세금계산서, 전자세금계산서로 발급받았으나 그 개별명세를 과세기간(예정신고대상자의 경우 예정신고기간) 종료일 다음달 11일(토요일, 공휴일인 경우에는 그 다음 날)까지 국세청에 전송되지 않은 전자세금계산서에 대한 매입처수, 총매수, 총공급가액 및 총세액에 대한 세부내역을 보여준다.

KcLep 따라하기

세금계산서합계표 따라하기

㈜최대리(회사코드 : 3001)의 [세금계산서합계표]를 조회하여 다음의 질문에 답하시오.
(1) 제1기 예정신고기간 동안 발행된 매출세금계산서의 매수와 공급가액은?
(2) 제1기 예정신고기간 동안 발급받은 매입세금계산서의 공급가액과 부가가치세는?

① [부가가치]>[부가가치세]>[세금계산서합계표] 메뉴의 [조회기간]란에 "1월 ~ 3월"을 입력하고 『매출』탭을 선택하고 화면 중간의 『전체데이터』탭을 클릭한다. 발행된 매출세금계산서는 총 "2매"이며 총 공급가액은 "40,000,000"이다.

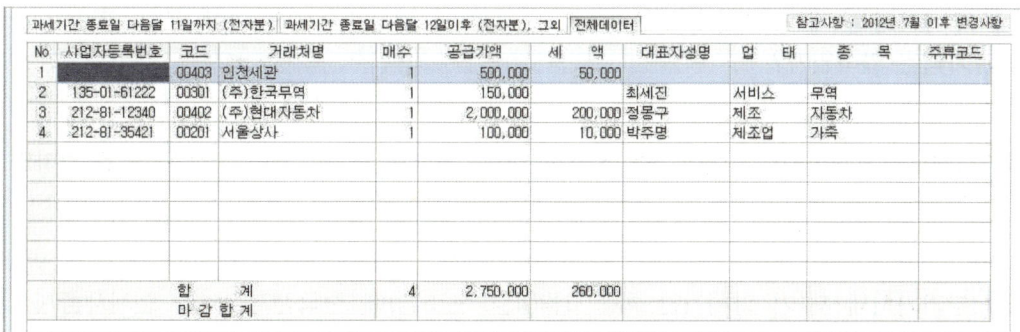

② 『매입』탭을 선택하고 화면 중간의 『전체데이터』탭을 클릭한다. 발급받은 매입세금계산서의 공급가액합계는 "2,750,000"이며, 부가가치세합계는 "260,000"이다.

한마디 … [세금계산서합계표] 메뉴에서 출제되는 문제의 형태는 문제지에 제시된 내용에 따라 세금계산서합계표를 조회하여 해당 금액을 찾는 것이다.

기/출/문/제 (실기)

㈜세희상사(회사코드 : 3003)의 [세금계산서합계표]를 조회하여 다음의 질문에 답하시오.

01 제1기 부가가치세 예정신고기간(1월 ~ 3월)의 매출세금계산서 총 발급매수와 공급가액은 각각 얼마인가?

02 1월부터 3월까지 매출세금계산서 매수가 가장 많은 거래처를 조회하면?

03 제1기 예정신고기간 중 ㈜유림기계에게 발행한 매출세금계산서는 몇 매이며, 매출세액은 얼마인가?

04 제1기 예정신고기간의 주민등록 발급분 매출세금계산서의 매수와 공급가액은 얼마인가?

05 제1기 예정신고기간 중 매출분 전자세금계산서 외 세금계산서 발급분 총 공급가액은 얼마인가?

06 부가가치세 제1기 예정신고기간(1월 ~ 3월)의 세금계산서에 의한 매입 관련 공급가액은 얼마인가?

07 4월부터 6월까지의 매출액 중 세금계산서를 발급한 매출분 공급가액은 모두 얼마인가?

08 부가가치세 제1기 과세기간 최종 3월(4월 ~ 6월)에 한국전자로부터 전자세금계산서를 교부받은 거래의 공급가액은 모두 얼마인가?

KcLep 도우미

> 해설

- [부가가치]>[신고서/부속명세]>[부가가치세]>[세금계산서합계표]에서 조회기간(1월 ~ 3월)을 입력하고 『매출』탭을 선택한다.

답 1) 총 발급매수 : 45건, 공급가액 : 416,662,728원
답 2) 거래처 : 2004.㈜다다전자
답 3) 매수 : 4매, 매출세액 : 6,000,000원
답 4) 매수 : 2매, 공급가액 : 4,200,000원

답 5) 6,000,000원

- [세금계산서합계표]에서 조회기간(1월 ~ 3월)을 입력하고 『매입』탭을 선택한다.

답 6) 공급가액 : 348,300,000원

- [세금계산서합계표]에서 조회기간(4월 ~ 6월)을 입력하고 『매출』 탭을 선택한다.

답 7) 공급가액 : 448,786,000원

- [세금계산서합계표]에서 조회기간(4월 ~ 6월)을 입력하고 『매입』 탭을 선택한다.

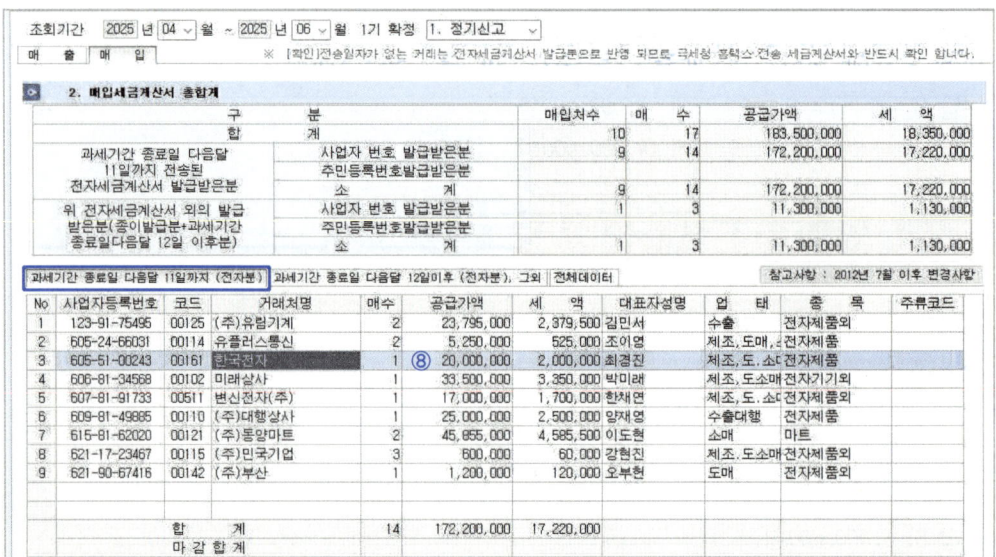

답 8) 공급가액 : 20,000,000원

제4부

결산 및 재무제표

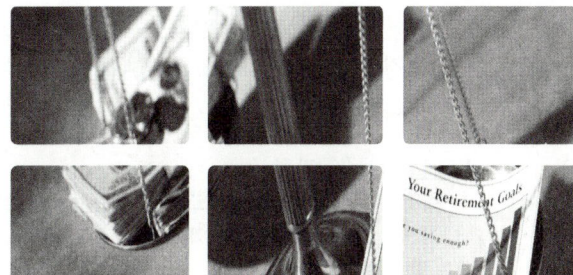

↘ 제1장 결산의 의의 및 절차
↘ 제2장 결산의 예비절차
↘ 제3장 결산의 본절차
↘ 제4장 재무제표 작성
↘ 제5장 마감후 이월

제 1 장 결산의 의의 및 절차

제1절 결산의 의의

기업은 일정기간을 정하여 회계기간을 설정하고 이 기간 중에 매일매일 발생하는 모든 거래를 분개하고 이를 총계정 원장에 전기한다. 그러나 이것만으로는 기업의 정확한 재무상태와 경영성과를 파악할 수 없기 때문에, 회계기간 말에 기업의 재무상태를 실제로 조사하여 장부를 수정 정리하고 마감한 후 정확한 재무상태와 경영성과를 파악하여 재무제표를 작성한다. 이와 같이 **회계기간이 종료된 후 일정시점에 있어서 기업의 재무상태, 일정기간에 있어서 기업의 경영성과를 명확히 하기 위하여 장부를 정리·마감하는 일련의 절차를 결산**(Closing)이라 한다.

> [참고] 회계순환과정
> 회계순환과정이란 회계가 그 목적을 달성하기 위하여 매 회계기간마다 반복적으로 수행하는 과정을 말한다.
> ① 사건의 발생 → ② 분개 → ③ 전기 → ④ 결산예비절차 → ⑤ 결산본절차 → ⑥ 재무제표의 작성

제2절 결산의 절차

결산의 절차는 구체적으로 ① 결산의 예비절차, ② 결산의 본절차, ③ 재무제표의 작성으로 구분한다.

1. 결산의 예비절차

① **시산표의 작성** : 분개장에서 원장으로의 전기를 검증한다.
② **재고조사표의 작성** : 부정확한 계정의 잔액을 실제 금액에 일치시키기 위하여 장부의 수정에 필요한 결산정리사항만을 기재한 일람표이다.
③ **결산정리분개**
④ **수정후시산표의 작성**
⑤ **정산표의 작성**(임의선택사항) : 잔액시산표를 기초로 하여 손익계산서와 재무상태표의 내용을 하나의 표에 모아서 작성하는 일람표이다.

2. 결산의 본절차

① (집합)손익 계정의 설정
② 수익·비용 계정의 마감 : 손익 계정으로 대체하고 손익 계정에서 계산된 당기순손익을 자본 계정으로 대체한다.
③ 자산·부채·자본 계정의 마감

3. 재무제표의 작성

① 재무상태표
② 손익계산서
③ 현금흐름표
④ 자본변동표
⑤ 주석 - 이익잉여금처분계산서(또는 결손금처리계산서)
   ※ 상법 등 관련 법규에서 이익잉여금처분계산서(또는 결손금처리계산서)의 작성을 요구하는 경우에는 재무상태표의 이익잉여금(또는 결손금)에 대한 보충정보로서 이익잉여금처분계산서(또는 결손금처리계산서)를 주석으로 공시한다(일반기업회계기준 2.89).

제 2 장 결산의 예비절차

제1절 시산표의 작성

1. 시산표의 정의

복식부기에서는 거래가 발생하면 분개장에 기입한 후 원장의 각 계정 계좌에 전기한다. 이 때에 분개와 전기가 바르게 이루어지면 대차평균의 원리에 의하여 모든 계정의 차변합계액과 대변합계액은 반드시 일치하게 된다. 이와 같은 원리에서 원장의 전기가 정확한지를 검증하기 위하여 원장의 각 계정금액을 모아 작성하는 표를 시산표라 한다.

본 프로그램을 이용한 경우에는 [회계관리]>[재무회계]>[전표입력]>[일반전표입력] 및 [매입매출전표입력]에서 입력한 자료에 의하여 자동으로 작성된다.

2. 시산표의 종류

시산표는 작성방법에 따라 합계시산표, 잔액시산표, 합계잔액시산표로 구분할 수 있다. 본 프로그램에서는 합계잔액시산표만 작성된다.

> 시산표 등식 : 기말자산 + 총비용 = 기말부채 + 기초자본 + 총수익

3. 시산표 오류의 발견

시산표에서 발견할 수 있는 오류	시산표에서 발견할 수 없는 오류
① 원장에 전기할 때 차변금액을 잘못 기록한 경우 ② 원장에 전기할 때 대변금액을 잘못 기록한 경우 ③ 원장에 전기할 때 한쪽만을 잘못 기록한 경우	① 원장에 전기할 때 대차금액을 똑같이 잘못 기록한 경우 ② 차변과 대변 계정과목을 반대로 전기한 경우 ③ 분개가 누락되거나, 이중으로 전기한 경우 ④ 두 개의 오류가 우연히 상계된 경우 ⑤ 계정과목을 잘못 전기한 경우

제2절 재고조사표

결산정리사항들을 정확하고 신속하게 기장하기 위해서는 모든 결산정리사항을 하나로 모아 일람표를 작성하면 편리하다. 이와 같이 원장 마감에 앞서 부정확한 계정의 잔액을 실제 금액에 일치시키기 위하여 장부의 수정에 필요한 결산정리사항만을 기재한 일람표를 재고조사표라 한다. 재고조사표에 기재될 결산정리사항은 다음과 같다.

1. 자산 계정에 대한 결산정리

① 기말재고자산 재고액
② 유형자산의 감가상각 및 무형자산의 상각
③ 매출채권 및 기타채권에 대한 대손충당금 설정
④ 유가증권의 평가
⑤ 외화자산 및 외화부채의 평가
⑥ 퇴직급여충당부채의 설정

2. 손익 계정에 대한 결산정리

① 수익의 이연(선수수익)
② 비용의 이연(선급비용)
③ 수익의 발생(미수수익)
④ 비용의 발생(미지급비용)

3. 기타의 결산정리

① 현금과부족 계정의 정리
② 소모품의 정리
③ 가지급금 · 가수금 계정의 정리
④ 법인세비용의 추산

제3절 결산정리분개

1. 제품매출원가의 대체분개 (자동분개)

제품매출액에 대응되는 원가로서 일정기간 동안 판매된 제품에 대하여 배분된 제조원가를 제품매출원가라 하며, 제품매출원가는 기초제품재고액과 당기제품제조원가의 합계액에서 기말제품재고액을 차감하여 계산한다.

> 제품매출원가 = 기초제품재고액 + 당기제품제조원가 - 기말제품재고액

본 프로그램에서는 기말제품재고액·기말원재료재고액·기말재공품재고액을 [재무회계]>[결산/재무제표]>[결산자료입력] 메뉴의 해당란에 입력하고 상단 툴바의 F3 전표추가 를 클릭하면 아래에서 예시하는 ④부터 ⑨까지의 제품매출원가 대체분개가 결산일자에 자동으로 발생한다. 따라서 아래에서 예시하는 분개는 자격시험에는 출제되지 않지만 실무상 결산을 이해하기 위하여 그 흐름은 파악하고 있어야 한다.

내용	차변	대변
① 원재료 구입시	153. 원　재　료　×××	101. 현　　　금　×××
② 노무비 지급시	504. 임　　　금　×××	101. 현　　　금　×××
③ 제조경비 발생시	<500번대 제조경비> 511. 복리후생비　××× 512. 여비교통비등　×××	101. 현　　　금　×××
④ 원재료 사용분 원재료비 계정 대체	501. 원 재 료 비　×××	153. 원　재　료　×××
⑤ 원재료비 계정 재공품 대체	169. 재　공　품　×××	501. 원 재 료 비　×××
⑥ 노무비 계정 재공품 대체		504. 임　　　금　×××
⑦ 제조경비 계정 재공품 대체		<500번대 제조경비> 511. 복리후생비　××× 512. 여비교통비 등　×××
⑧ 완성품제조원가 제품대체	150. 제　　　품　×××	169. 재　공　품　×××
⑨ 당기 판매분 제품매출원가 대체	455. 제품매출원가　×××	150. 제　　　품　×××

한마디… 본서의 (자동분개) 란 [재무회계]>[결산/재무제표]>[결산자료입력]의 해당란에 해당 금액을 입력하고 상단 툴바의 F3 전표추가 를 클릭하면 자동으로 분개가 발생한다는 의미이다.

2. 유형자산의 감가상각 (자동분개)

유형자산은 사용에 의한 소모, 시간의 경과와 기술의 변화에 따른 진부화 등에 의해 경제적 효익이 감소하는데, 이러한 현상을 측정하여 기업의 재무상태와 경영성과에 반영시키는 절차를 감가상각이라 한다.

  (차) 감가상각비   ××× / (대) 감가상각누계액   ×××

3. 무형자산의 상각 (자동분개)

무형자산의 미래경제적효익은 시간의 경과에 따라 소비되기 때문에 상각을 통하여 장부금액을 감소시킨다. 무형자산의 상각은 유형자산의 경우와 같이 감가상각누계액 계정을 설정하지 않고 무형자산 계정에서 직접 상각하는 것이 일반적이다.

  (차) 무형자산상각비   ××× / (대) 무형자산   ×××

4. 매출채권 등에 대한 대손충당금 설정 (자동분개)

결산시에 매출채권 등은 차기 이후에 회수하기 위하여 이월한다. 그러나 매출채권 등의 잔액이 모두 차기 이후에 회수될 금액을 정확히 나타낸다고 볼 수 없다. 왜냐하면 그 중에는 거래처의 경영악화, 부도 등의 사유로 회수할 수 없는 채권금액이 포함되어 있기 때문이다. 따라서 결산에 있어서 충당금설정법에 따라 대손예상액을 장부상에 계상해 줄 필요가 있다. 기말에 외상매출금 등의 채권잔액에 대하여 회수가 불가능하게 될 금액을 추정하여 실제 대손에 대비한다. 이 때 새로이 예상한 금액과 대손충당금 잔액을 서로 비교하여 다음과 같이 분개한다.

거래내역	차 변		대 변	
① 대손충당금 잔액이 없을 경우	대손상각비	×××	대손충당금	×××
② 대손예상액 > 대손충당금 잔액	대손상각비	×××	대손충당금	×××
③ 대손예상액 < 대손충당금 잔액	대손충당금	×××	대손충당금환입	×××

* 대손충당금환입에 대한 분개는 [재무회계]>[전표입력]>[일반전표입력]에서 결산일자에 수동으로 분개해야 한다.

5. 단기매매증권평가

단기매매증권을 취득하여 결산일 현재 보유하고 있는 경우에는 이를 공정가치로 평가하며, 공정가치의 변동분은 단기매매증권평가손익(영업외손익)으로 처리한다.

거래내역	차 변	대 변
① 공정가치＞장부금액	단기매매증권 ×××	단기매매증권평가이익 ×××
② 공정가치＜장부금액	단기매매증권평가손실 ×××	단기매매증권 ×××

6. 외화자산·부채의 평가

과거에 발생한 외화거래로 기말 현재 외화로 표시된 채권·채무가 있는 경우에는 이를 보고기간 종료일 현재의 환율로 환산하고, 장부상에 표시된 금액과의 차액을 외화환산손익(영업외손익)으로 처리한다.

① (차) 외화자산 ××× / (대) 외화환산이익 ×××
　　　외화부채 ×××
② (차) 외화환산손실 ××× / (대) 외화자산 ×××
　　　　　　　　　　　　　　　　외화부채 ×××

7. 퇴직급여충당부채 설정 (자동분개)

종업원의 퇴직시 회사의 규정에 의하여 지급하여야 할 퇴직금 중 당해연도 부담분에 속하는 금액을 기말에 계상한다.

(차) 퇴직급여 ××× / (대) 퇴직급여충당부채 ×××

8. 수익·비용의 발생

(1) 수익의 발생

당기에 속하는 수익 중 미수된 부분이 있는 경우에는 이를 당기의 수익에 가산하고, 동시에 미수금의 성질을 가진 자산(미수수익)으로 계상하여 차기로 이월시킨다.

(차) 미수수익 ××× / (대) 이자수익 ×××

(2) 비용의 발생

당기에 속하는 비용 중 미지급된 부분이 있는 경우에는 이를 당기의 비용에 가산하고, 동시에 미지급금의 성질을 가진 부채(미지급비용)로 계상하여 차기로 이월시킨다.

(차) 이자비용 ××× / (대) 미지급비용 ×××

9. 수익·비용의 이연

(1) 수익의 이연

당기에 수입된 수익 중 차기에 속하는 수익은 당기의 수익에서 차감하고, 동시에 선수금의 성질을 가진 부채(선수수익)로 계상하여 차기로 이월시킨다.

  (차) 이자수익   ××× / (대) 선수수익   ×××

(2) 비용의 이연

당기에 지출된 비용 중 차기에 속하는 비용은 당기의 비용에서 차감하고, 동시에 선급금의 성질을 가진 자산(선급비용)으로 계상하여 차기로 이월시킨다.

  (차) 선급비용   ××× / (대) 이자비용   ×××

10. 현금과부족 계정의 정리

(1) 현금시재가 부족한 경우

장부상 현금잔액보다 실제 보유하고 있는 현금이 부족하여 현금과부족 계정을 설정하였으나 결산시까지 원인이 밝혀지지 않는 경우에는 잡손실로 처리한다.

  (차) 잡손실   ××× / (대) 현금과부족   ×××

(2) 현금시재가 많은 경우

실제 보유하고 있는 현금잔액이 장부상 현금잔액보다 많아 현금과부족 계정을 설정하였으나 결산시까지 원인이 밝혀지지 않는 경우에는 잡이익으로 처리한다.

  (차) 현금과부족   ××× / (대) 잡이익   ×××

11. 소모품의 정리

(1) 구입시 비용(소모품비) 처리한 경우

결산일 현재 미사용분이 있는 경우에는 미사용 금액을 소모품비 계정에서 차감하고 동 금액을 자산 계정인 소모품 계정으로 대체하여야 한다.

  (차) 소모품   ××× / (대) 소모품비   ×××

(2) 구입시 자산(소모품) 처리한 경우

결산일에 당기의 소모품 사용액 만큼을 소모품계정에서 차감하고 동 금액을 소모품비 계정으로 대체하여야 한다.

  (차) 소모품비   ××× / (대) 소모품   ×××

다음의 연속된 거래를 회계처리 하시오.

(1) 소모품 200,000원을 구입하고 대금은 현금으로 지급 하였다. ㉠비용으로 처리하는 경우와 ㉡자산으로 처리하는 경우의 회계처리를 하시오.
(2) 결산시 소모품 미사용액은 80,000원이다. 미사용액에 대한 결산 대체분개를 구입시 ㉠비용으로 처리한 경우와 ㉡자산으로 처리한 경우의 회계처리를 하시오.

해설 (1) ㉠ 비용으로 처리하는 경우
　　　　　 (차) 소모품비　　　　　200,000　 /　(대) 현금　　　　　200,000
　　　㉡ 자산으로 처리하는 경우
　　　　　 (차) 소모품　　　　　　200,000　 /　(대) 현금　　　　　200,000
(2) ㉠ 구입시 비용으로 처리한 경우
　　　　　 (차) 소모품　　　　　　 80,000　 /　(대) 소모품비　　　 80,000
　　　* 미사용액 80,000원을 자산으로 대체한다.
　　　㉡ 구입시 자산으로 처리한 경우
　　　　　 (차) 소모품비　　　　　120,000　 /　(대) 소모품　　　　120,000
　　　* 사용액 120,000원(200,000-80,000)을 비용으로 대체한다.

12. 가지급금 · 가수금 계정의 정리

가지급금 또는 가수금 등의 미결산 항목은 그 내용을 나타내는 적절한 과목으로 표시하여야 한다.
　　① (차) 해당계정과목　　　　×××　 /　(대) 가지급금　　　　×××
　　② (차) 가수금　　　　　　　×××　 /　(대) 해당계정과목　　×××

13. 법인세비용 추산(자동분개)

법인세법 등의 법령에 의하여 각 회계연도에 부담할 법인세 및 법인세에 부가되는 세액의 합계액을 법인세비용으로 처리한다. 기말 결산시 법인세추산액이 선납세금보다 큰 경우에는 선납세금 계정을 법인세비용 계정으로 대체하고 나머지는 미지급세금 계정으로 처리한다.
　　① (차) 법인세비용　　　　　×××　 /　(대) 선납세금　　　　×××
　　② (차) 법인세비용　　　　　×××　 /　(대) 미지급세금　　　×××

한대리 … 프로그램에서는 법인세추산액이 선납세금잔액보다 더 큰 경우 [재무회계]>[결산/재무제표]>[결산자료입력]의 "1)선납세금"의 [결산전금액]란에 표시된 금액을 [결산반영금액]란에 입력한다. 그리고 추가로 계상해야 할 금액은 "2)추가계상액"의 [결산반영금액]란에 입력하고 상단 툴바의 F3 전표추가 를 클릭하면 위 ①과 ②의 분개가 자동으로 발생한다.

발생주의

재무제표는 발생기준에 따라 작성된다. 발생주의 회계의 기본적인 논리는 발생기준에 따라 수익과 비용을 인식하는 것이다. 발생기준은 기업실체의 경제적 거래나 사건에 대해 관련된 수익과 비용을 그 현금유출입이 있는 기간이 아니라 당해 거래나 사건이 발생한 기간에 인식하는 것을 말한다. 발생주의 회계는 발생과 이연의 개념을 포함한다.

① **발생** : 발생이란 미수수익과 같이 미래에 수취할 금액에 대한 자산을 수익과 함께 인식하거나, 또는 미지급비용과 같이 미래에 지급할 금액에 대한 부채를 관련된 비용과 함께 인식하는 회계과정을 의미한다.

② **이연** : 이연이란 선수수익과 같이 미래에 수익을 인식하기 위해 현재의 현금유입액을 부채로 인식하거나, 선급비용과 같이 미래에 비용을 인식하기 위해 현재의 현금 유출액을 자산으로 인식하는 회계과정을 말한다.

Ⅰ. 수익과 비용의 발생

(1) 수익의 발생

당기에 속하는 수익 중 미수된 부분이 있는 경우에는 이를 당기의 수익에 가산하고, 동시에 미수금의 성질을 가진 자산(미수수익)으로 계상하여 차기로 이월시킨다.

 다음의 연속된 거래를 회계처리 하시오.

(1) ×1년 10월 1일 세연상회는 창제상회에 1,000,000원을 대여(대여기간 : 1년, 연이자율 : 12%, 이자지급일 : 만기일)하기로 하고 현금으로 지급하였다.
(2) ×1년 12월 31일 결산시에 단기대여금에 대한 이자 발생액을 인식하였다.
(3) ×2년 9월 30일 단기대여금 1,000,000원과 이자 120,000원을 현금으로 회수하였다.

해설 (1) (차) 단기대여금　　　　　1,000,000　/　(대) 현금　　　　　　1,000,000
　　 (2) (차) 미수수익　　　　　　　30,000　/　(대) 이자수익　　　　　30,000
　　　　＊ 1,000,000 × 12% × 3개월/12개월 = 30,000
　　 (3) (차) 현금　　　　　　　　1,120,000　/　(대) 단기대여금　　　1,000,000
　　　　　　　　　　　　　　　　　　　　　　　　　미수수익　　　　　30,000
　　　　　　　　　　　　　　　　　　　　　　　　　이자수익　　　　　90,000

(2) 비용의 발생

당기에 속하는 비용 중 미지급된 부분이 있는 경우에는 이를 당기의 비용에 가산하고, 동시에 미지급금의 성질을 가진 부채(미지급비용)로 계상하여 차기로 이월시킨다.

 다음의 연속된 거래를 회계처리 하시오.

(1) ×1년 10월 1일 창제상회는 세연상회로부터 1,000,000원을 차입(차입기간 : 1년, 연이자율 : 12%, 이자지급일 : 만기일)하기로 하고 현금으로 회수하였다.
(2) ×1년 12월 31일 결산시에 단기차입금에 대한 이자 발생액을 인식하였다.
(3) ×2년 9월 30일 단기차입금 1,000,000원과 이자 120,000원을 현금으로 지급하였다.

해설 (1) (차) 현금　　　　　　　　1,000,000　 /　(대) 단기차입금　　　　1,000,000
(2) (차) 이자비용　　　　　　　　30,000　 /　(대) 미지급비용　　　　　30,000
　　＊ 1,000,000 × 12% × 3개월/12개월 = 30,000
(3) (차) 단기차입금　　　　　　1,000,000　 /　(대) 현금　　　　　　　1,120,000
　　　　 미지급비용　　　　　　　30,000
　　　　 이자비용　　　　　　　　90,000

II. 수익과 비용의 이연

(1) 수익의 이연

당기에 수입된 수익 중 차기에 속하는 수익은 당기의 수익에서 차감하고, 동시에 선수금의 성질을 가진 부채(선수수익)로 계상하여 차기로 이월시킨다.

 다음의 연속된 거래를 회계처리 하시오.

(1) ×1년 10월 1일 세연상회는 창제상회에 1,000,000원을 대여(대여기간 : 1년, 연이자율 : 12%)하기로 하고 선이자 120,000원을 제외한 880,000원을 현금으로 지급하였다.
(2) ×1년 12월 31일 결산시에 대여금에 대한 이자수익 중 기간미경과분을 인식하였다.
(3) ×2년 9월 30일 단기대여금 1,000,000원을 현금으로 회수하였다.

해설 (1) (차) 단기대여금　　　　　1,000,000　 /　(대) 현금　　　　　　　　880,000
　　　　　　　　　　　　　　　　　　　　　　　　　　이자수익　　　　　　120,000
(2) (차) 이자수익　　　　　　　　90,000　 /　(대) 선수수익　　　　　　90,000
　　＊ 1,000,000 × 12% × 9개월/12개월 = 90,000
(3) (차) 현금　　　　　　　　　1,000,000　 /　(대) 단기대여금　　　　1,000,000
　　　　 선수수익　　　　　　　　90,000　　　　　　이자수익　　　　　　90,000

(2) 비용의 이연

당기에 지출된 비용 중 차기에 속하는 비용은 당기의 비용에서 차감하고, 동시에 선급금의 성질을 가진 자산(선급비용)으로 계상하여 차기로 이월시킨다.

 다음의 연속된 거래를 회계처리 하시오.

(1) ×1년 10월 1일 창제상회는 세연상회로부터 1,000,000원을 차입(차입기간 : 1년, 연이자율 : 12%)하기로 하고 선이자 120,000원을 제외한 880,000원을 현금으로 회수하였다.
(2) ×1년 12월 31일 결산시에 차입금에 대한 이자비용 중 기간미경과분을 인식하였다.
(3) ×2년 9월 30일 단기차입금 1,000,000원을 현금으로 지급하였다.

해설 (1) (차) 현금　　　　　880,000　／　(대) 단기차입금　　1,000,000
　　　　　이자비용　　　　120,000
　　(2) (차) 선급비용　　　　 90,000　／　(대) 이자비용　　　　 90,000
　　(3) (차) 단기차입금　　1,000,000　／　(대) 현금　　　　　1,000,000
　　　　　이자비용　　　　 90,000　　　　　　선급비용　　　　 90,000

기/출/문/제 (실기)

다음 결산정리사항을 ㈜세연상사(코드 : 3002)의 [일반전표입력] 메뉴에 입력하여 결산을 완료하시오.

01 단기간 내의 매매차익 목적으로 보유하고 있는 유가증권의 기말 현재 장부가액과 공정가치는 다음과 같다.

구분	장부가액	공정가치
㈜종로 주식	15,000,000원	16,000,000원

02 단기차입금 중에는 ㈜진이상사의 단기차입금 12,000,000원(미화 $10,000)이 포함되어 있다(결산일 현재 적용환율 : 미화 $1당 900원).

03 단기차입금에는 거래처 ㈜서삼상사에 대한 외화차입금 10,000,000원(미화 $10,000)이 계상되어 있다(회계기간 종료일 현재 적용환율 : 미화 $1당 1,200원).

04 4월 1일에 ㈜무사상사에 300,000,000원을 2034년 3월 31일까지 대여하고, 연 12%의 이자를 매년 3월 31일 수취하기로 계약을 체결하였다. 기간 경과분에 대한 이자를 결산서상에 반영하시오. 이자는 월할 계산하고, 거래처를 입력하시오.

05 신한은행에 예금된 정기예금에 대하여 당기분 경과이자를 인식한다.

- 예금금액 : 50,000,000원
- 연이자율 : 10%, 월할 계산으로 할 것
- 예금기간 : 당기 4. 1. ~ 차기 3. 31.
- 이자지급일 : 연 1회 (매년 3월 31일)

06 내년 1월 20일에 지급할 이자 3,000,000원 중 당기에 귀속되는 금액은 2,200,000원이다.

07 10월 1일에 영업부서의 사무실을 임차(기간 : 당기 10월 1일 ~ 차기 9월 30일, 매 6개월마다 후불로 6,000,000원을 지급하기로 함)하였으나, 회계담당자가 기말까지 아무런 회계처리를 하지 않았다(월할 계산할 것).

08 본사 건물 중 일부를 임대해주고 있는데, 4월 1일에 건물임대에 대한 1년분 임대료 12,000,000원을 현금으로 받고 전액 수익으로 처리하였다. 기말 수정분개를 하시오. 월 임대료는 1,000,000원이다.

09 7월 1일 사무실을 임대(임대기간 : 당기 7월 1일 ~ 차기 6월 30일)하면서 1년분 임대료 12,000,000원을 자기앞수표로 받고 전액 선수수익으로 회계처리 하였다. 월할 계산하여 기말수정분개를 하시오.

10 이자수익 중 다음 회계기간에 해당하는 금액 240,000원이 포함되어 있다.

11 9월 1일에 드림보험에 지급한 영업부서 자동차보험료 1,200,000원 중 당기분 보험료는 800,000원이다.

12 7월 1일 영업부문의 자동차보험료 720,000원(1년분)을 현금으로 납부하면서 모두 자산으로 처리하였다. 단, 보험료는 월할 계산하는 것으로 가정한다.

13 당사는 이자비용 선 지급시 전부를 당기비용으로 계상한 후 기말결산시 차기분은 선급비용으로 대체하고 있다. 당기 10월 17일자로 회계처리한 이자비용 중 당기에 속하는 이자분은 4,000,000원이다.

14 당사는 결산시 장부상 현금보다 실제현금이 부족하여 현금과부족 계정으로 처리한 금액 400,000원 중 320,000원은 영업사원의 시내교통비 누락분으로 밝혀졌고 나머지 금액은 결산일까지 밝혀지지 않아 잡손실로 회계처리하기로 하였다.

15 12월 31일 장부상 현금잔액은 35,245,450원이나, 실제 보유하고 있는 현금잔액은 35,232,780원으로 현금부족액에 대한 원인이 밝혀지지 아니하였다. 영업외비용 중 적절한 계정과목에 의하여 회계처리 하시오.

16 영업부에서는 계속적으로 소모품 구입시 전액 소모품비로 비용화 하여 계상하고 결산시 미사용분을 자산으로 계상한다. 결산시 영업부서로부터 미사용분으로 소모품 2,000,000원을 통보받았다.

17 7월 1일 소모품으로 1,000,000원을 구입(소모품 계정으로 회계처리)하였으며, 결산 시 소모품 잔액을 확인한 결과 100,000원이 남아있었다. 소모품은 사무직과 생산직에서 1 : 2의 비율로 사용하였다. 기말 수정분개를 하시오.

18 신한은행으로부터 차입한 장기차입금 50,000,000원은 내년 6월 30일에 만기가 도래하고, 회사는 이를 상환할 계획이다.

19 결산일 현재 12월 1일 가수금 3,000,000원의 내역이 다음과 같이 확인되었다.

- ㈜영구상사에 대한 거래로 제품매출을 위한 계약금을 받은 금액 : 500,000원
- ㈜영구상사에 대한 외상대금 중 일부를 회수한 금액 : 2,500,000원

KcLep 도우미

01 12월 31일 : (차) 107.단기매매증권 1,000,000 / (대) 905.단기매매증권평가이익 1,000,000

02 12월 31일 : (차) 260.단기차입금 3,000,000 / (대) 910.외화환산이익 3,000,000
   (거래처 : ㈜진이상사)
   * 12,000,000 − ($10,000 × 900/$) = 3,000,000원(환산이익)

03 12월 31일 : (차) 955.외화환산손실 2,000,000 / (대) 260.단기차입금 2,000,000
                                                              (거래처 : ㈜서삼상사)
   * 10,000,000 − ($10,000 × 1,200/$) = −2,000,000원(환산손실)

04 12월 31일 : (차) 116.미수수익 27,000,000 / (대) 901.이자수익 27,000,000
   (거래처 : ㈜무사상사)
   * 경과이자 : (300,000,000 × 12%) × (당기 9개월/총 12개월) = 27,000,000원

05 12월 31일 : (차) 116.미수수익 3,750,000 / (대) 901.이자수익 3,750,000
   (거래처 : 신한은행)
   * 경과이자 : (50,000,000 × 10%) × (당기 9개월/총 12개월) = 3,750,000원

06 12월 31일 : (차) 951.이자비용 2,200,000 / (대) 262.미지급비용 2,200,000

07 12월 31일 : (차) 819.임차료 3,000,000 / (대) 262.미지급비용 3,000,000
   * 미지급 임차료 : 6,000,000 × (당기 3개월/총 6개월) = 3,000,000원

08 12월 31일 : (차) 904.임대료 　　　3,000,000 　/ 　(대) 263.선수수익 　　　3,000,000
　　* 임대료 선수분 : 12,000,000 × (차기 3개월/총 12개월) = 3,000,000원

09 12월 31일 : (차) 263.선수수익 　　　6,000,000 　/ 　(대) 904.임대료 　　　6,000,000
　　* 당기분 임대료 : 12,000,000 × (당기 6개월/총 12개월) = 6,000,000원

10 12월 31일 : (차) 901.이자수익 　　　240,000 　/ 　(대) 263.선수수익 　　　240,000

11 12월 31일 : (차) 133.선급비용 　　　400,000 　/ 　(대) 821.보험료 　　　400,000
　　* 보험료 선급분 : 1,200,000 − 당기분 보험료(800,000) = 400,000원

12 12월 31일 : (차) 821.보험료 　　　360,000 　/ 　(대) 133.선급비용 　　　360,000
　　* 당기분 보험료 : 720,000 × (당기 6개월/ 총 12개월) = 360,000원

13 12월 31일 : (차) 133.선급비용 　　　5,500,000 　/ 　(대) 951.이자비용 　　　5,500,000
　　* [일반전표입력] 메뉴(10월 17일)에서 이자비용 9,500,000원을 확인하고, 당기분 4,000,000원을 차감한 5,500,000원을 차기로 이월한다.

14 12월 31일 : (차) 812.여비교통비 　　　320,000 　/ 　(대) 141.현금과부족 　　　400,000
　　　　　　　(차) 980.잡손실 　　　80,000

15 12월 31일 : (차) 980.잡손실 　　　12,670 　/ 　(대) 101.현금 　　　12,670

16 12월 31일 : (차) 173.소모품 　　　2,000,000 　/ 　(대) 830.소모품비 　　　2,000,000

17 12월 31일 : (차) 830.소모품비 　　　300,000 　/ 　(대) 173.소모품 　　　900,000
　　　　　　　(차) 530.소모품비 　　　600,000

18 12월 31일 : (차) 293.장기차입금 　50,000,000 　/ 　(대) 264.유동성장기부채 　50,000,000
　　　　　　　　(거래처 : 신한은행) 　　　　　　　　　(거래처 : 신한은행)
　　* 장기차입금 중 만기가 보고기간 종료일로부터 1년 이내에 도래하는 것은 유동성장기부채 계정으로 대체한다.

19 12월 31일 : (차) 257.가수금 　　　3,000,000 　/ 　(대) 259.선수금 　　　500,000
　　　　　　　　　　　　　　　　　　　　　　(거래처 : ㈜영구상사)
　　　　　　　　　　　　　　　　　　　　(대) 108.외상매출금 　　　2,500,000
　　　　　　　　　　　　　　　　　　　　　　(거래처 : ㈜영구상사)

제4절 결산자료입력

[결산자료입력] 메뉴는 결산정리사항의 금액을 각각의 해당란에 입력하고 상단 툴바의 F3 전표추가 를 클릭하면, 결산정리분개를 결산일자에 자동으로 발생시켜 결산작업을 쉽게 할 수 있도록 도와주는 기능을 한다. 다만, 본 메뉴 작업 전에 본 메뉴에서 자동으로 결산정리분개를 해 주지 못하는 사항, 즉 입력할 수 없는 결산정리사항을 확인하여 [재무회계]>[전표입력]>[일반전표입력]에서 결산일자로 분개를 추가하는 작업이 선행되어야 한다.

> **먼저 수동분개 해야 할 사항**
> ① 대손예상액보다 대손충당금 잔액이 큰 경우 대손충당금 환입
> ② 유가증권의 평가 및 외화자산·부채의 평가
> ③ 수익·비용의 발생 및 이연
> ④ 소모품의 정리
> ⑤ 현금과부족 계정의 정리
> ⑥ 가지급금 및 가수금 계정의 정리

KcLep 길라잡이

- [재무회계]>[결산/재무제표]>[결산자료입력]을 선택하고 기간(1월 ~ 12월)을 입력하면 다음과 같은 화면이 나타난다.

• ㈜최대리 [결산자료입력] 화면1 •

▶ 기간

결산기간을 입력한다. 반기 결산의 경우에는 1월 ~ 6월을 입력하고, 기말 결산인 경우에는 1월 ~ 12월을 입력한다. 자격시험에서는 기말 결산만이 출제된다.

[참고] 「매출원가 및 경비선택」 보조창이 나타나는 경우

[재무회계]>[전기분 재무제표]>[전기분 원가명세서]를 작업한 Data가 있는 경우에는 해당 메뉴에서 입력한 내용을 자동으로 반영시키므로 「매출원가 및 경비선택」 보조창이 나타나지 않는다. [전기분 원가명세서] 메뉴를 작업하지 않은 경우에는 「매출원가 및 경비선택」 보조창에 [전기분 원가명세서] 메뉴에서 작업하는 방식과 동일하게 입력한다. 작업 방법을 다시 설명하면 다음과 같다.

① 「매출원가 및 경비선택」 보조창에서 제조업의 매출원가코드 "455.제품매출원가"를 선택하고 편집(Tab)을 클릭한다.

② [사용여부]란에서 "1.여"를 선택하고 선택(Tab)을 클릭하고 확인(Enter)을 클릭한다.

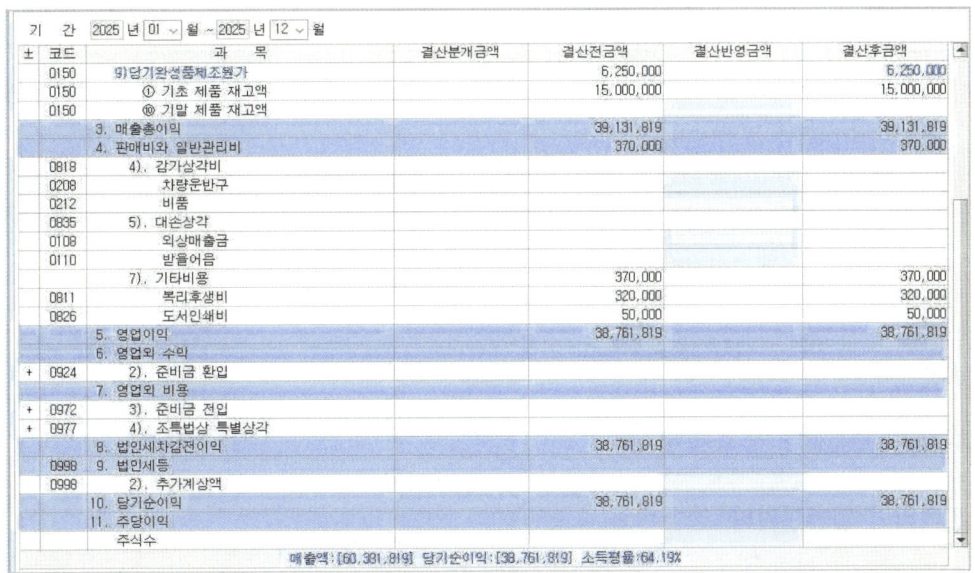

• ㈜최대리 [결산자료입력] 화면2 •

[한마디] … [결산자료입력] 메뉴 화면에 자동으로 보여지는 내용들은 [재무회계] 메뉴에 해당 내용과 관련된 자료가 입력된 경우에만 표시되도록 구성되어 있다. 이하에서 설명하는 메뉴의 내용은 일반적으로 나타날 수 있는 모든 메뉴를 설명하고 있으며, 이들 중 ㈜최대리의 [재무회계] 메뉴에 해당 자료가 없어 표시되지 않는 내용이 있을 수 있다는 것을 이해하기 바란다.

✳ 결산반영금액 입력

키보드의 [Enter↵] 키를 치면서 진행하다가 입력해야 할 내용이 있으면 [결산반영금액]란에 해당 금액을 직접 입력하는 방식으로 진행한다.

▶ 제품매출

[재무회계]>[전표입력]>[일반전표입력] 및 [매입매출전표입력]에서 입력한 자료가 자동 반영되므로 입력이 불가하다.

▶ 제품매출원가

- **기말원재료재고액** : 기말원재료 미사용액을 입력한다. 입력하지 않으면 기본적으로 "0"으로 인식한다(이하 모두 동일).
- **퇴직급여(전입액)** : 제품매출원가를 구성하는 생산직 사원에 대한 당기 설정 퇴직급여를 입력한다.
- **일반감가상각비** : 제품매출원가를 구성하는 감가상각비로서, 유형자산별로 감가상각비를 각각 입력한다.
- **기말재공품재고액** : 기말재공품재고액을 입력한다.
- **기말제품재고액** : 기말제품재고액을 입력한다.

▶ 매출총이익

매출액 - 매출원가 = 매출총이익

▶ 판매비와 일반관리비

- **퇴직급여(전입액)** : 판매비와관리비에 해당하는 사무직 사원에 대한 당기 설정 퇴직급여를 입력한다.
- **감가상각비** : 판매비와관리비를 구성하는 감가상각비로서, 유형자산별로 감가상각비를 각각 입력한다.
- **대손상각** : 기말 매출채권 등에 대한 대손충당금 추가설정액을 각 채권별로 입력한다.
- **무형자산상각비** : 무형자산상각비를 각 무형자산별로 입력한다.

▶ 영업이익

매출총이익 - 판매비와 일반관리비 = 영업이익

▶ **영업외 수익**

[재무회계]>[전표입력]>[일반전표입력] 및 [매입매출전표입력]에서 입력한 자료가 자동 반영되므로 입력이 불가하다.

▶ **영업외 비용**

[재무회계]>[전표입력]>[일반전표입력] 및 [매입매출전표입력]에서 입력한 자료가 자동 반영되므로 입력이 불가하다.

▶ **법인세차감전이익**

영업이익 + 영업외수익 - 영업외비용 = 법인세차감전이익

▶ **법인세등**

- **선납세금** : 선납세금 계정의 금액이 [결산전금액]란에 자동 반영되는데, 해당 금액을 [결산반영금액]란에 입력한다.
- **추가계상액** : 법인세추산액에서 선납세금을 차감한 금액을 입력한다.

▶ F3 **전표추가**

작업이 완료되면 상단 툴바의 F3전표추가 를 클릭하여 대화창에서 예(Y) 를 클릭한다. 이는 입력된 결산정리사항을 [일반전표입력] 메뉴에 추가하여 자동분개를 발생시켜 주는 기능으로, 이 작업이 이루어져야 비로소 결산의 예비절차 작업이 완료되는 것이다.

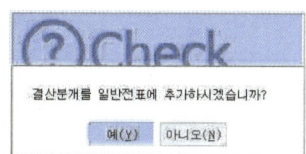

 **KcLep 따라하기**

결산자료입력 따라하기

다음의 기말정리사항에 의하여 ㈜최대리(코드 : 3001)의 결산을 완료하시오.

(1) 재고자산의 기말재고액은 다음과 같다.
- 원재료 1,000,000원
- 재공품 500,000원
- 제품 5,000,000원

(2) 감가상각비는 다음과 같다.
- 공장 차량   1,000,000원
- 공장 비품   500,000원
- 사무실 차량 2,000,000원
- 사무실 비품 1,000,000원

(3) 외상매출금에 대한 대손충당금 추가설정액은 761,819원이다.

코드	과 목	결산분개금액	결산전금액	결산반영금액	결산후금액
	1. 매출액		60,381,819		60,381,819
0404	제품매출		60,381,819		60,381,819
	2. 매출원가		21,250,000		16,250,000
0455	제품매출원가				16,250,000
	1)원재료비		5,650,000		4,650,000
0501	원재료비		5,650,000		4,650,000
0153	① 기초 원재료 재고액		5,000,000		5,000,000
0153	② 당기 원재료 매입액		650,000		650,000
0153	⑩ 기말 원재료 재고액			② 1,000,000	1,000,000
	7)경 비			1,500,000	1,500,000
0518	2). 일반감가상각비			1,500,000	1,500,000
0208	차량운반구			③ 1,000,000	1,000,000
0212	비품			500,000	500,000
0455	8)당기 총제조비용		5,650,000		6,150,000
0169	① 기초 재공품 재고액		600,000		600,000
0169	⑩ 기말 재공품 재고액			④ 500,000	500,000
0150	9)당기완성품제조원가		6,250,000		6,250,000
0150	① 기초 제품 재고액		15,000,000		15,000,000
0150	⑩ 기말 제품 재고액			⑤ 5,000,000	5,000,000
	3. 매출총이익		39,131,819	5,000,000	44,131,819

① [기간]란에 "1월 ~ 12월"을 입력한다.
② [기말원재료재고액]란에 "1,000,000"을 입력한다.
③ 2)일반감가상각비의 [차량운반구]란에 "1,000,000"을 입력하고 [비품]란에 "500,000"을 입력한다.
④ [기말재공품재고액]란에 "500,000"을 입력한다.
⑤ [기말제품재고액]란에 "5,000,000"을 입력한다.

	4. 판매비와 일반관리비		370,000	3,761,819	4,131,819
0818	4). 감가상각비			3,000,000	3,000,000
0208	차량운반구		⑥	2,000,000	2,000,000
0212	비품			1,000,000	1,000,000
0835	5). 대손상각			761,819	761,819
0108	외상매출금		⑦	761,819	761,819
0110	받을어음				
	7). 기타비용		370,000		370,000
0811	복리후생비		320,000		320,000
0826	도서인쇄비		50,000		50,000
	5. 영업이익		38,761,819	1,238,181	40,000,000
	6. 영업외 수익				
0924	2). 준비금 환입				
	7. 영업외 비용				
0972	3). 준비금 전입				
0977	4). 조특법상 특별상각				
	8. 법인세차감전이익		38,761,819	1,238,181	40,000,000
0998	9. 법인세등				
0998	2). 추가계상액				
	10. 당기순이익		38,761,819	1,238,181	40,000,000
	11. 주당이익				
	주식수				

매출액:[60,381,819] 당기순이익:[40,000,000] 소득평률:66.25%

⑥ 4)감가상각비의 [차량운반구]란에 "2,000,000"을 입력하고, [비품]란에 "1,000,000"을 입력한다.

⑦ 5)대손상각의 [외상매출금]란에 "761,819"을 입력한다.

⑧ 입력이 완료되면 상단 툴바의 [F3 전표추가]를 클릭한다.

⑨ "결산분개를 일반전표에 추가하시겠습니까?" 대화창에서 [예(Y)]를 클릭한다.

한마디 … 이 과정이 생략되면 결산을 하지 않는 것이 되므로 자격시험에서 반드시 [F3 전표추가]를 클릭하는 것을 잊지 않도록 하여야 한다.

◉ 확인 및 수정 절차

[재무회계]>[전표입력]>[일반전표입력] 메뉴에서 12월을 선택하면 아래와 같이 결산자동분개의 내용을 확인할 수 있다.

일	번호	구분	계정과목	거래처	적요	차변	대변
31	00001	결차	0501 원재료비		1 원재료사용분 재료비대체	4,650,000	
31	00001	결대	0153 원재료		5 원재료비 대체		4,650,000
31	00002	결차	0169 재공품			4,650,000	
31	00002	결대	0501 원재료비		2 재료비 제조원가로 대체		4,650,000
31	00003	결차	0518 감가상각비		1 당기말 감가상각비 계상	1,000,000	
31	00003	결대	0209 감가상각누계액		4 당기 감가상각누계액 설		1,000,000
31	00004	결차	0518 감가상각비		1 당기말 감가상각비 계상	500,000	
31	00004	결대	0213 감가상각누계액		4 당기감가상각누계액 설정		500,000
31	00005	결차	0169 재공품			1,500,000	
31	00005	결대	0518 감가상각비		8 제조원가로 대체		1,500,000
31	00006	결차	0150 제품		1 제조원가 제품대체	6,250,000	
31	00006	결대	0169 재공품				6,250,000
31	00007	결차	0455 제품매출원가		1 제품매출원가 대체	16,250,000	
31	00007	결대	0150 제품				16,250,000
31	00008	결차	0818 감가상각비			3,000,000	
31	00008	결대	0209 감가상각누계액				2,000,000
31	00008	결대	0213 감가상각누계액				1,000,000
31	00009	결차	0835 대손상각비			761,819	
31	00009	결대	0109 대손충당금				761,819
		합	계			38,561,819	38,561,819

한편, 위 작업이 모두 완료된 후 [일반전표입력] 및 [매입매출전표입력] 메뉴에 또는 [결산자료입력] 메뉴에 누락사항이 있거나, 입력된 내용 중 오류가 있어 다시 추가 및 수정하고자 하는 경우에는 다음과 같이 진행한다.

① [재무회계]>[결산/재무제표]>[결산자료입력] 메뉴에서 [기간]란에 "1월 ~ 12월"을 입력한다.

② "전(前)에 입력한 데이터가 존재합니다. 전(前)에 입력한 데이터를 불러오시겠습니까?" 대화창에서 예(Y)를 클릭한다.

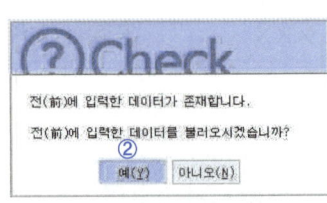

③ 상단 툴바의 CF5결산분개삭제를 클릭하고 "일반전표의 자동 결산 분개를 삭제합니다. 계속 하시겠습니까?" 대화창에서 예(Y)를 클릭한다.

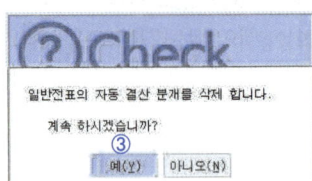

④ [일반전표입력] 및 [매입매출전표입력] 메뉴에서 누락사항을 입력하거나 오류사항을 수정한다.

⑤ [재무회계]>[결산/재무제표]>[결산자료입력] 메뉴에서 [기간]란에 "1월 ~ 12월"을 입력한다. "전(前)에 입력한 데이터가 존재합니다. 전(前)에 입력한 데이터를 불러오시겠습니까?" 대화창에서 예(Y)를 클릭하면, 수정한 데이터와 전(前)에 입력한 데이터를 다시 불러다 준다.

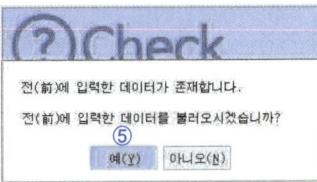

⑥ 전(前)에 입력된 자료 중 오류 및 누락사항을 수정 또는 추가입력하고 상단 툴바의 F3 전표추가를 클릭한다.

⑦ "결산분개를 일반전표에 추가하시겠습니까?" 대화창에서 예(Y)를 클릭한다.

제3장 결산의 본절차

제1절 손익 계정의 설정

손익(또는 집합손익) 계정은 순손익을 산출하기 위하여 결산시에 설정하는 경과계정이다. 손익 계정의 차변에는 비용계정의 잔액이 집계되고, 대변에는 수익계정의 잔액이 집계된다. 손익 계정의 잔액이 대변인 경우 순이익을 나타내며, 잔액이 차변인 경우 순손실을 나타낸다.

손 익			
매출원가 ×××		매출액 ×××	
판매비와관리비 ×××			
영업외비용 ×××			
순이익을 나타냄		영업외수익 ×××	

손 익			
매출원가 ×××		매출액 ×××	
판매비와관리비 ×××		영업외수익 ×××	
영업외비용 ×××		순손실을 나타냄	

제2절 수익·비용 계정의 마감

1. 수익 계정의 마감 (자동분개)

모든 수익 계정은 그 잔액이 대변에 발생하며, 이러한 계정잔액을 손익 계정 대변에 대체하여 마감한다.

  (차) 매출액   ××× / (대) 손익   ×××
     영업외수익   ×××

> **한마디** … *자동분개*란 [재무회계]>[결산/재무제표]>[이익잉여금처분계산서]에 이익잉여금처분내역을 입력하고 상단 툴바의 F6전표추가 를 클릭하면 해당 분개가 자동으로 발생한다는 의미이다.

2. 비용 계정의 마감 (자동분개)

모든 비용 계정은 그 잔액이 차변에 발생하며, 이러한 계정잔액을 손익 계정 차변에 대체하여 마감한다.

  (차) 손익   ××× / (대) 매출원가   ×××
                 판매비와관리비 ×××
                 영업외비용 ×××

비 용		손 익		수 익	
매출원가	손익	매출원가	매출액	손익	매출액
판매관리비		판매관리비			
영업외비용		영업외비용	영업외수익		영업외수익
		순이익			

제3절 순손익의 자본 계정 대체

수익과 비용 계정의 잔액을 손익 계정에 대체하면, 손익 계정의 차변합계는 비용총액이 되고, 대변합계는 수익총액이 된다. 따라서 손익 계정의 대변합계가 차변합계보다 크면 순이익이 되고, 대변합계가 차변합계보다 작으면 순손실이 된다. 이러한 순손익은 자본의 증감사항이므로 손익 계정의 잔액은 다음과 같이 분개하여 자본 계정으로 대체되고 손익 계정은 마감된다.

1. 잔액이 대변인 경우 회계처리

(차) 손익　　　　　　　　　×××　／　(대) 미처분이익잉여금　　×××

한대디 … 프로그램에서는 위 분개를 다음과 같이 자동 발생시킨다.
(차) 400.손익　　　　　×××　／　(대) 377.미처분이익잉여금　×××
(차) 377.미처분이익잉여금　×××　／　(대) 375.이월이익잉여금　×××

2. 잔액이 차변인 경우 회계처리

(차) 미처리결손금　　　　　×××　／　(대) 손익　　　　　　　×××

한대디 … 프로그램에서는 위 분개를 다음과 같이 자동 발생시킨다.
(차) 378.미처리결손금　×××　／　(대) 400.손익　　　　　×××
(차) 376.이월결손금　　×××　／　(대) 378.미처리결손금　×××

손 익				손 익			
매출원가	×××	매출액	×××	매출원가	×××	매출액	×××
판매비와관리비	×××			판매비와관리비	×××	영업외수익	×××
영업외비용	×××			영업외비용	×××	미처리결손금	
미처분이익잉여금		영업외수익	×××				

이익잉여금처분계산서 따라하기

다음의 자료에 의하여 ㈜최대리의 [이익잉여금처분계산서]를 작성하시오.

- 처분예정일 : 당기 2026년 2월 25일(전기 처분확정일 2025년 2월 25일)
- 처분내역 : 현금배당 9,000,000원, 이익준비금 900,000원, 주식배당 8,740,000원

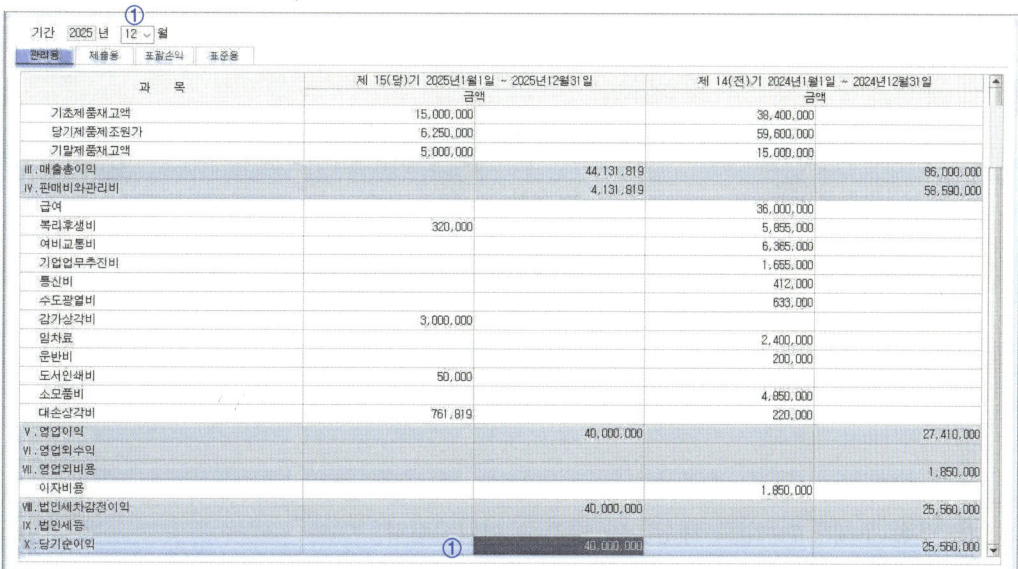

① [재무회계]>[결산/재무제표]>[손익계산서]를 선택하고, [기간]란에 "12월"을 입력하고 당기순이익 "40,000,000"을 확인한다(생략 가능).

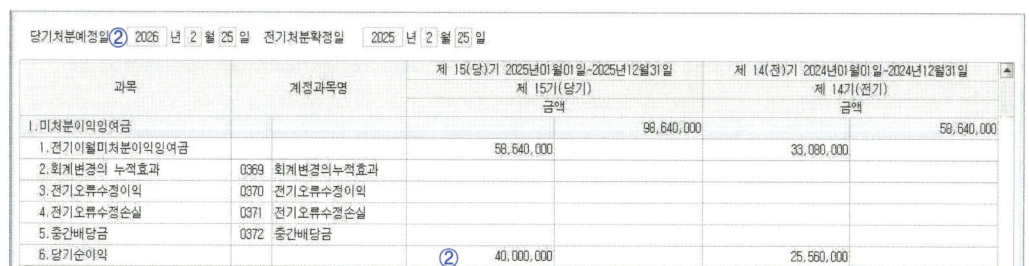

② [재무회계]>[결산/재무제표]>[이익잉여금처분계산서]를 선택하고, 당기의 처분예정일을 입력하고 [당기순이익]란의 금액 "40,000,000"을 확인한다.

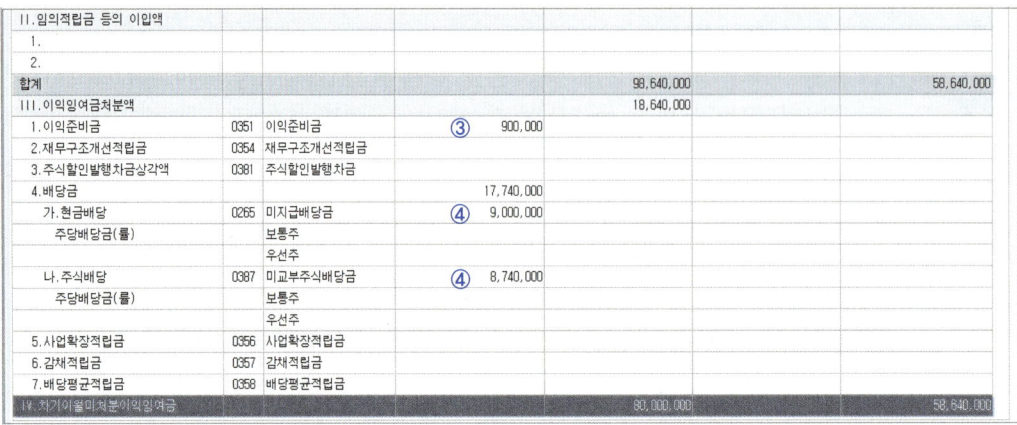

③ "Ⅲ.이익잉여금처분액"의 [이익준비금]란에 "900,000"을 입력한다.

④ [현금배당]란에 "9,000,000"을 입력하고 [주식배당]란에 "8,740,000"을 입력한다.

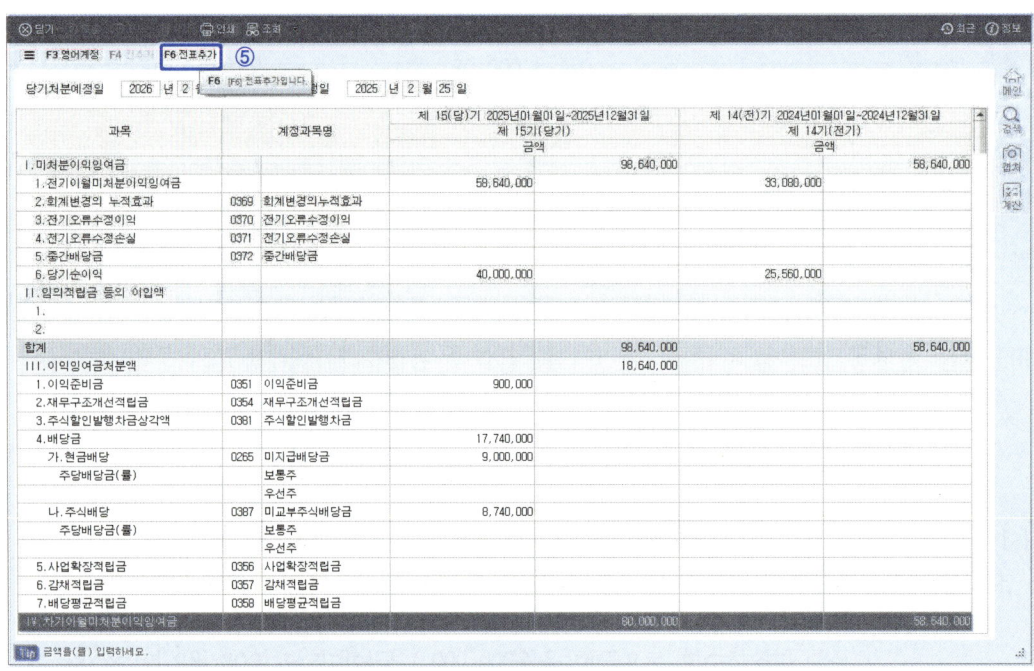

⑤ 상단 툴바의 F6 전표추가 를 클릭하고 대화창에서 확인 을 클릭한다.

제4절 재무상태표 계정의 마감

1. 자산 계정의 마감

자산에 속하는 계정은 차변에 잔액이 남게 되므로 대변에 차변잔액 만큼을 차기이월이라 기입하여 차변과 대변을 일치시켜 마감시킨 뒤에 그 잔액 만큼을 다음 회계연도에 차변에 기입하여 이월시킨다.

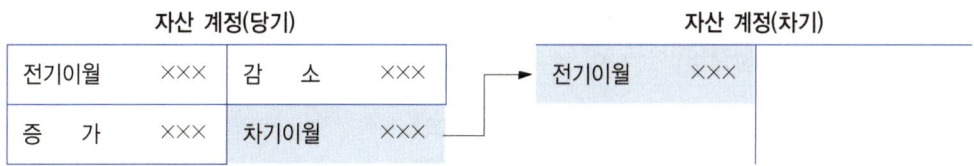

2. 부채·자본 계정의 마감

부채와 자본에 속하는 계정은 대변에 잔액이 남게 되므로 차변에 대변잔액 만큼을 차기이월이라 기입하여 차변과 대변을 일치시켜 마감시킨 뒤에 그 잔액 만큼을 다음 회계연도에 대변에 기입하여 이월시킨다.

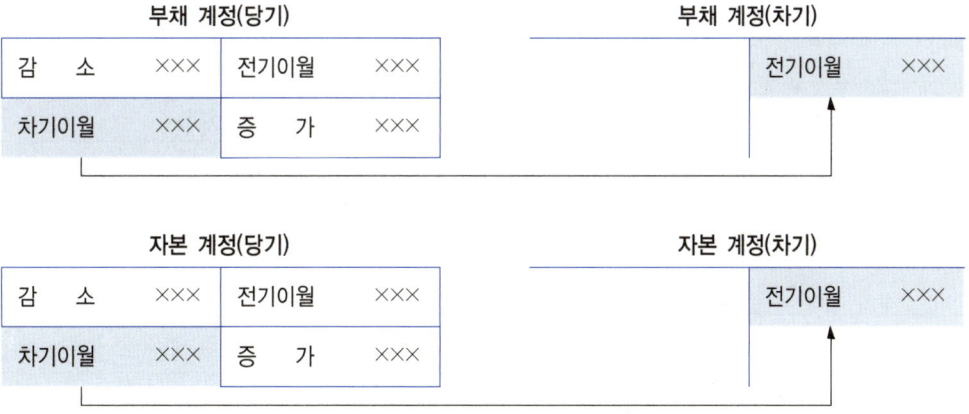

기/출/문/제 (필기)

01 다음 중 결산 순서가 옳게 표시된 것은?

> 1.거래의 발생   2. 시산표 작성   3. 총계정원장 기록   4. 재무제표 작성

① 1 ➡ 2 ➡ 3 ➡ 4
② 1 ➡ 2 ➡ 4 ➡ 3
③ 1 ➡ 3 ➡ 2 ➡ 4
④ 1 ➡ 4 ➡ 2 ➡ 3

02 다음 중 이론상 회계순환과정의 순서가 가장 맞는 것은?

① 기말수정분개 → 수정후시산표 → 수익·비용계정 마감 → 집합손익계정 마감 → 자산·부채·자본계정 마감 → 재무제표 작성
② 기말수정분개 → 수정후시산표 → 자산·부채·자본계정 마감 → 집합손익계정 마감 → 수익·비용계정 마감 → 재무제표 작성
③ 수정후시산표 → 기말수정분개 → 수익·비용계정 마감 → 집합손익계정 마감 → 자산·부채·자본계정 마감 → 재무제표 작성
④ 수정후시산표 → 기말수정분개 → 자산·부채·자본계정 마감 → 수익·비용계정 마감 → 집합손익계정 마감 → 재무제표 작성

[풀이] 거래 → 분개 → 전기 → 수정전시산표 작성 → 기말수정분개 → 수정후시산표 → 수익·비용계정 마감 → 집합손익계정의 마감 → 자산·부채·자본계정 마감 → 재무제표 작성

03 다음 결산절차 중 가장 마지막에 수행하는 절차는?

① 결산수정분개
② 손익계산서 계정의 마감
③ 재무상태표 계정의 마감
④ 수정전시산표의 작성

[풀이] 수정전시산표의 작성 → 결산수정분개 → 손익계산서계정의 마감 → 재무상태표계정의 마감

04 다음 중 시산표에서 발견할 수 없는 오류가 아닌 것은?

① 대차 양편에 틀린 금액을 같이 전기
② 대차 반대로 전기한 금액
③ 전기를 누락하거나 이중 전기
④ 대차 어느 한 쪽의 전기를 누락

[풀이] 대차 어느 한 쪽의 전기를 누락한 경우에는 차변과 대변의 합계금액이 일치하지 않기 때문에 발견할 수 있는 오류이다.

05 시산표의 대차가 서로 일치하지 않는 경우 그 원인으로서 가장 적절한 것은?

① 기말재고조사오류
② 현금출납장의 기입오류
③ 매출처원장의 기입오류
④ 총계정원장으로의 전기오류

[풀이] 시산표란 총계정원장의 전기가 정확한지를 검증하기 위하여 원장의 각 계정잔액을 모아 작성하는 표이므로 전기가 잘못된 경우에는 대차가 서로 일치하지 않는다.

06 다음 중 시산표 등식으로 맞는 것은?

① 기말자산 + 총비용 = 기말부채 + 기말자본 + 총수익
② 기말자산 + 총비용 = 기말부채 + 기초자본 + 총수익
③ 기말자산 + 총비용 = 기말부채 + 기초자본 + 총수익 − 순손실
④ 기말자산 + 총비용 + 순이익 = 기말부채 + 기초자본 + 총수익

07 다음 중 결산분개와 가장 관련이 없는 것은?

① 선수임대료의 계상
② 법인세비용의 계상
③ 대손충당금의 설정
④ 단기매매증권의 취득

08 결산시 대손충당금을 과소설정 하였다. 정상적으로 설정한 경우와 비교할 때, 어떠한 차이가 있는가?

① 당기순이익이 많아진다.
② 당기순이익이 적어진다.
③ 자본이 과소표시 된다.
④ 자산이 과소표시 된다.

[풀이] 비용(대손상각비)이 계상되지 않았으므로 당기순이익이 많아진다. 순이익이 많아지면 자본이 과대표시 된다. 대손충당금(자산차감 항목)이 과소설정 되었으므로 자산이 과대표시 된다.

09 손익의 정리시 수익과 비용의 이연에 속하지 않는 계정과목은 어느 것인가?

① 선급금
② 선급보험료
③ 선수임대료
④ 선수이자

[풀이] 수익의 이연은 선수수익(선수임대료, 선수이자)이고, 비용의 이연은 선급비용(선급보험료)이다.

10 다음 중 기말 결산정리 분개시 나타나지 않는 계정과목은?

① 선수수익
② 미지급비용
③ 미지급수익
④ 선급비용

11 미지급이자비용을 당기에 계상하지 않을 경우 당기에 어떤 영향을 미치는가?

① 부채가 과대평가 된다.
② 자산이 과소평가 된다.
③ 이익이 과대평가 된다.
④ 순이익이 적어진다.

[풀이] (차) 이자비용   ××× / (대) 미지급비용   ×××
위 회계처리를 결산시에 하지 않게 되면, 비용이 과소계상 되어 이익이 과대평가 된다. 또한 미지급비용이란 부채를 계상하지 않아 부채가 과소평가 되며, 이로 인하여 결국엔 자본이 과대평가 되는 결과가 된다.

12 다음 중 빈칸의 내용으로 가장 적합한 것은?

- 선급비용이 (㉠)되어 있다면 당기순이익은 과대계상 된다.
- 미수수익이 (㉡)되어 있다면 당기순이익은 과대계상 된다.

	㉠	㉡		㉠	㉡
①	과대계상	과소계상	②	과소계상	과소계상
③	과소계상	과대계상	④	과대계상	과대계상

[풀이] 선급비용이 과대계상 되면 그 만큼 취소되는 비용이 커져 당기의 비용이 과소계상 된다. 따라서 당기순이익은 과대계상 된다.
(차) 선급비용 ××× / (대) 이자비용 ×××
미수수익이 과대계상 되면 그 만큼 수익이 과대계상 된다. 따라서 당기순이익은 과대계상 된다.
(차) 미수수익 ××× / (대) 이자수익 ×××

13 ×1년 9월 1일 건물의 화재보험료 6개월분 180,000원을 현금으로 지급한 경우 결산시 자산 계정에 대체되는 보험료는 얼마인가? (월할 계산할 것)

① 120,000원   ② 60,000원   ③ 100,000원   ④ 80,000원

[풀이] (차) 선급비용(자산) 60,000 / (대) 보험료 60,000
180,000 × (내년 2개월/총 6개월) = 60,000원

14 다음 중에서 재무제표 작성시 미지급비용이나, 선급비용, 각종 충당금설정 등에 대한 수정분개를 정당화시키는 회계개념과 가장 가까운 개념은?

① 계속기업의 전제(공준)   ② 회계기간의 전제(공준)
③ 비교가능성   ④ 기업실체의 공준

[풀이] 한 기업의 존속기간을 인위적으로 분할하여 각 기간별로 재무제표를 작성하는 것을 회계기간의 전제(공준)이라 한다. 비교가능성은 회계정보가 정보이용자의 의사결정에 유용한 정보가 되기 위하여 갖추어야 할 회계정보의 질적특성 중의 하나이다.

정답

1. ③   2. ①   3. ③   4. ④   5. ④   6. ②   7. ④   8. ①   9. ①   10. ③
11. ③   12. ④   13. ②   14. ②

제 4 장 재무제표 작성

기업은 일정한 시점의 재무상태와 일정기간 동안의 경영성과 등의 회계자료를 기업의 이해관계자인 주주, 채권자, 투자자, 정부 등에게 전달하여야 한다. 이러한 기업의 재무상태와 경영성과 등의 회계정보를 보고하기 위한 각종의 보고서를 결산보고서 또는 재무제표라 한다. 일반기업회계기준에서 규정하고 있는 재무제표는 다음과 같다.

① 재무상태표
② 손익계산서
③ 현금흐름표
④ 자본변동표
⑤ 주석 - 이익잉여금처분계산서(또는 결손금처리계산서)

손익계산서와 재무상태표는 수정 후 잔액시산표를 기초로 하여 작성하게 된다. 잔액시산표의 수익·비용 계정의 잔액을 기초로 손익계산서를 작성하고, 잔액시산표의 자산·부채·자본계정을 기초로 재무상태표를 작성한다.

잔액시산표		손익계산서		재무상태표	
자산	부채	비용	수익	자산	부채
	자본	당기순이익			자본
					(당기순이익)
비용	수익				

본서에서는 전산회계 1급의 출제 범위인 법인기업의 재무상태표와 손익계산서에 대하여 프로그램에 의한 작성방법에 대하여 설명하기로 한다.

> **법인기업의 재무제표 확정 작업순서**
>
> 결산정리사항을 [일반전표입력]에 결산일자로 입력하고, [결산자료입력]에서 해당 내용을 입력하고 F3 전표추가 를 클릭하여 결산을 완료하였으면 다음과 같은 순서로 재무제표를 확정한다.
> ① 제조원가명세서 : 원가확정(생략가능)
> ② 손익계산서 : 당기순손익 확정(생략가능)
> ③ 이익잉여금처분계산서 : 미처분이익잉여금 확정 ☞ F6 전표추가 (순손익의 자본 계정 대체분개)
> ④ 재무상태표 : 미처분이익잉여금 반영

제1절 제조원가명세서

원가명세서는 손익계산서의 매출원가가 어떻게 산출된 것인지 그 내역을 기록한 재무제표 부속명세서로서 제조업인 경우에는 제조원가명세서를 작성한다.

 **KcLep 길라잡이**

- [재무회계]>[결산/재무제표]>[제조원가명세서]를 선택하고 기간(12월)을 입력하면 다음과 같은 화면이 나타난다.
- [일반전표입력] 및 [매입매출전표입력] 메뉴에서 입력된 "500.번대 : 제조경비"의 자료와 [재무회계]>[결산/재무제표]>[결산자료입력]에서 입력된 결산정리사항의 자동분개에 의하여 제조원가명세서가 자동 작성된다.

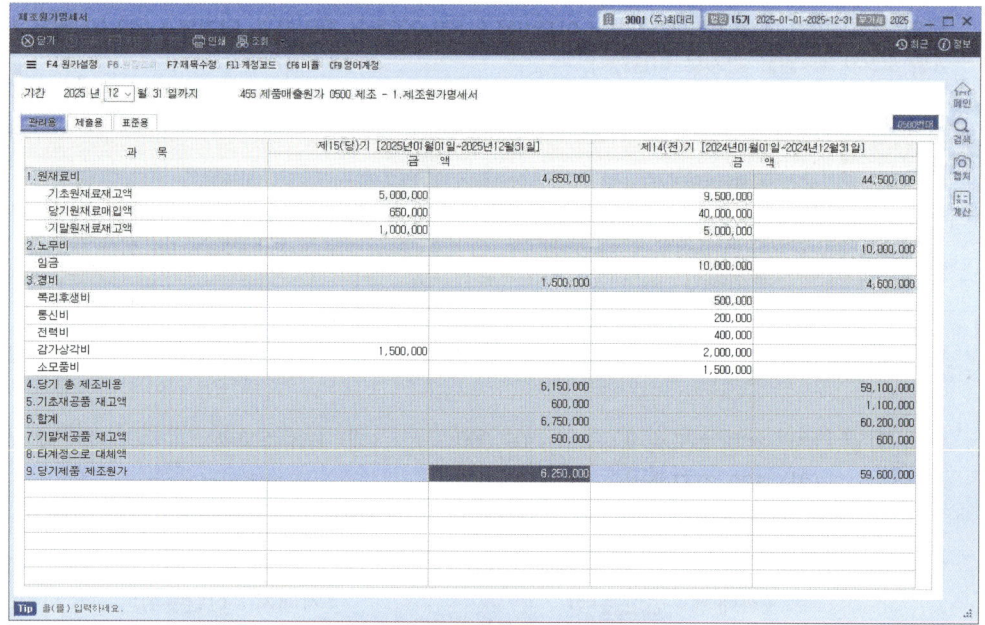

• ㈜최대리 [제조원가명세서] 화면 •

제2절 손익계산서

일정기간 동안의 기업의 경영성과를 나타낸 일람표를 손익계산서라 한다.

 **KcLep 길라잡이**

- [재무회계]>[결산/재무제표]>[손익계산서]를 선택하고 기간(12월)을 입력하면 다음과 같은 화면이 나타난다.
- [일반전표입력] 및 [매입매출전표입력] 메뉴에서 입력된 "800.번대 : 판매비와관리비"의 자료와 [재무회계]>[결산/재무제표]>[결산자료입력]에서 입력된 결산정리사항의 자동분개에 의하여 손익계산서가 자동 작성된다.

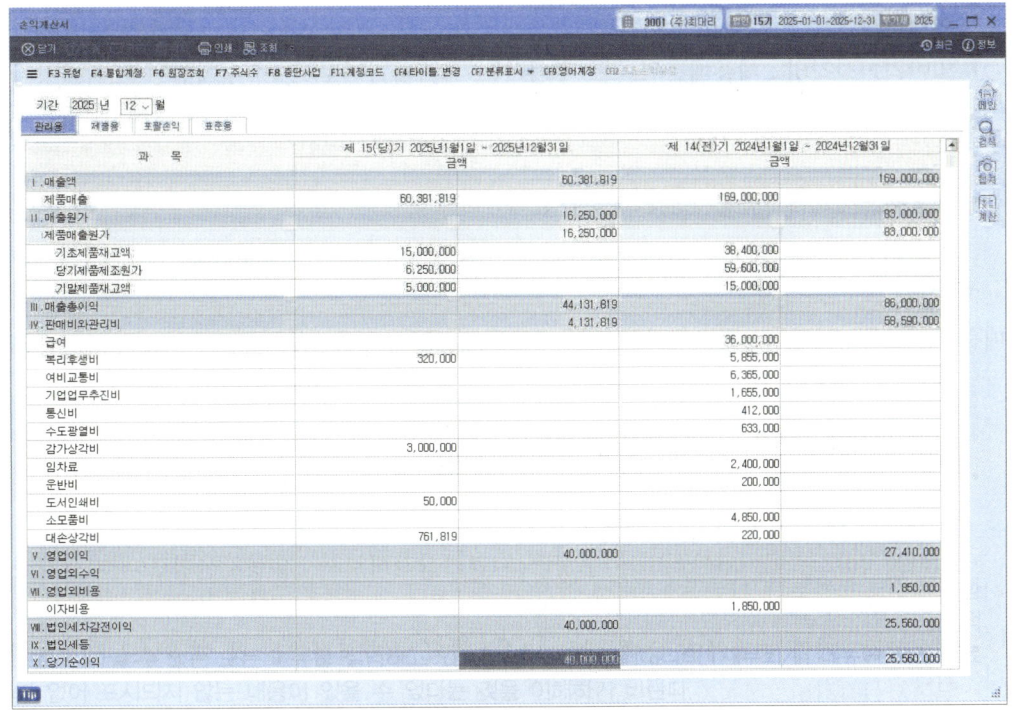

• ㈜최대리 [손익계산서] 화면 •

제3절 이익잉여금처분계산서

이익잉여금처분계산서는 이익잉여금의 처분내용을 표시한 서식이다.

 KcLep 길라잡이

- [재무회계]>[결산/재무제표]>[이익잉여금처분계산서]를 선택하면 다음과 같은 화면이 나타난다.

• ㈜최대리 [이익잉여금처분계산서] 화면 •

▶ 당기처분예정일 / 전기처분확정일

이익잉여금처분계산서 당기분 처분예정일을 입력한다. [전기처분확정일]란은 [재무회계]>[전기분 재무제표]>[전기분 잉여금처분계산서]의 [처분확정일자]란에 입력한 내용이 자동 반영된다.

▶ 1.전기이월미처분이익잉여금

[재무회계]>[전기분 재무제표]>[전기분 잉여금처분계산서]의 [Ⅳ.차기이월미처분이익잉여금]란의 금액이 자동 반영된다.

▶ 6.당기순이익(당기순손실)

[재무회계]>[결산/재무제표]>[손익계산서]의 [Ⅹ.당기순이익]란의 금액이 자동 반영된다. 그러므로 본 작업 이전에 반드시 [손익계산서]를 먼저 작업하여 당기순손익을 프로그램에 인식시켜 주어야 한다(생략 가능).

▶ Ⅱ.임의적립금 등의 이입액

임의적립금 등을 이입한 내역과 금액을 입력한다.

▶ Ⅲ.이익잉여금처분액

이익잉여금 처분내역을 입력한다.

▶ F6 전표추가

F6 전표추가 의 세부적인 내용은 다음과 같다.
① 수익 계정을 손익 계정에 대체
② 비용 계정을 손익 계정에 대체
③ 당기순이익을 "377.미처분이익잉여금" 계정에 대체
④ 375.(전기)이월이익잉여금을 "377.미처분이익잉여금" 계정에 대체
⑤ 미처분이익잉여금의 처분내역은 재무상태표에 표시하지 않는다. 즉, 재무상태표에는 이익잉여금 처분 전의 재무상태를 표시한다. 따라서 미처분이익잉여금의 처분내역에 대한 분개는 하지 않는다.
⑥ 377.미처분이익잉여금을 "375.(차기)이월이익잉여금" 계정으로 대체. 이런 프로그램의 특성 때문에 [전기분 재무상태표] 작업시 미처분이익잉여금을 "375.이월이익잉여금" 으로 입력한 것이다(P.44 하단 참고 의 ⑤번과 연결).

제4절 재무상태표

기업의 재무상태를 명확히 보고하기 위하여 일정 시점의 모든 자산, 부채, 자본의 상태를 나타내는 일람표를 재무상태표라고 한다.

 **KcLep 길라잡이**

- [재무회계]>[결산/재무제표]>[재무상태표]를 선택하고 기간(12월)을 입력하면 다음과 같은 화면이 나타난다.

과 목	제 15(당)기 2025년1월1일 ~ 2025년12월31일 금액		제 14(전)기 2024년1월1일 ~ 2024년12월31일 금액	
자산				
Ⅰ.유동자산		136,908,181		89,940,000
① 당좌자산		130,408,181		69,340,000
현금		28,700,000		4,500,000
보통예금		49,850,000		50,000,000
외상매출금	50,200,000		12,500,000	
대손충당금	981,819	49,218,181	220,000	12,280,000
받을어음		2,560,000		2,560,000
부가세대급금		80,000		
② 재고자산		6,500,000		20,600,000
제품		5,000,000		15,000,000
원재료		1,000,000		5,000,000
재공품		500,000		600,000
Ⅱ.비유동자산		31,500,000		33,500,000
① 투자자산				
② 유형자산		16,500,000		18,500,000
차량운반구	17,200,000		15,000,000	
감가상각누계액	13,500,000	3,700,000	10,500,000	4,500,000
비품	14,300,000		14,000,000	
감가상각누계액	1,500,000	12,800,000		14,000,000
③ 무형자산				
④ 기타비유동자산		15,000,000		15,000,000
임차보증금		15,000,000		15,000,000
자산총계		168,408,181		123,440,000
부채				
Ⅰ.유동부채		59,768,181		54,800,000
외상매입금		12,700,000		12,300,000
미지급금		15,030,000		12,500,000
부가세예수금		2,038,181		
단기차입금		30,000,000		30,000,000
Ⅱ.비유동부채				
부채총계		59,768,181		54,800,000
자본				
Ⅰ.자본금		10,000,000		10,000,000
자본금		10,000,000		10,000,000
Ⅱ.자본잉여금				
Ⅲ.자본조정				
Ⅳ.기타포괄손익누계액				
Ⅴ.이익잉여금		98,640,000		58,640,000
미처분이익잉여금		98,640,000		58,640,000
(당기순이익)				
당기: 40,000,000				
전기: 25,560,000				
자본총계		108,640,000		68,640,000
부채와자본총계		168,408,181		123,440,000

- ㈜최대리 [재무상태표] 화면 -

제 5 장 마감후 이월

본 메뉴는 실무에서 기중 모든 거래 자료 입력이 완료되고 결산이 종료된 이후에 실행하는 메뉴이다. 결산의 모든 절차가 완료되면 다음연도로 자료 및 거래처를 이월시켜야 하고 작업이 종료된 데이터는 더 이상 타인이 수정하지 못하도록 안전조치를 취해야 할 것이다. 이러한 기능을 수행하는 것이 [마감후 이월]이다. 그러므로 기중에 실수로 마감을 하게 되면 자료의 입력 및 수정이 불가능하게 되므로 기중에는 마감을 하지 않도록 해야 한다. 만약 실수로 마감을 했다면 해당 메뉴의 상단 툴바의 를 클릭한다. 동 메뉴는 자격시험과 무관하므로 이러한 절차를 자격시험 중에는 진행하지 않아야 한다.

KcLep 길라잡이

- [재무회계]>[전기분 재무제표]>[마감후 이월]을 선택하면 다음과 같은 화면이 나타난다.
- 상단 툴바의 F6 마감실행을 클릭하면 장부가 마감되어 다음연도의 초기이월로 자동 반영된다.

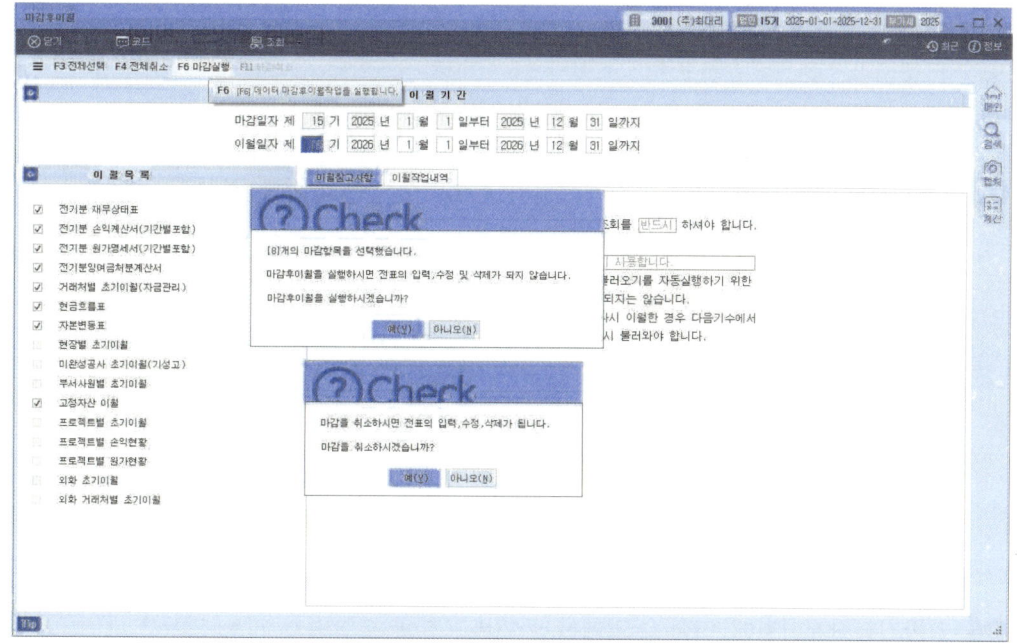

• ㈜최대리 [마감후 이월] 화면 •

기/출/문/제 (필기)

01 다음 중 제조기업의 재무제표를 작성하는 순서로 가장 올바른 것은?

> ㉠ 제조원가명세서   ㉡ 손익계산서   ㉢ 이익잉여금처분계산서   ㉣ 재무상태표

① ㉠ → ㉢ → ㉣ → ㉡
② ㉡ → ㉢ → ㉣ → ㉠
③ ㉠ → ㉡ → ㉢ → ㉣
④ ㉢ → ㉣ → ㉠ → ㉡

[풀이] 제조원가명세서의 당기제품제조원가가 결정되어야 손익계산서의 매출원가가 결정되고, 손익계산서의 당기순이익이 결정되어야 이익잉여금처분계산서의 미처분이익잉여금이 결정된다. 그리고 이익잉여금처분계산서의 미처분이익잉여금이 결정되어야 재무상태표의 이익잉여금이 결정된다.

02 다음 중 손익계산서에 대한 설명으로 틀린 것은?

① 일정기간 동안의 경영성과에 대한 정보를 제공한다.
② 수익과 비용은 순액으로 보고하는 것을 원칙으로 한다.
③ 판매비와관리비는 당해 비용을 표시하는 적절한 항목으로 구분하여 표시하거나 일괄 표시할 수 있다.
④ 영업손익은 매출총손익에서 판매비와관리비를 차감하여 산출한다.

[풀이] 수익과 비용은 각각 총액으로 보고하는 것을 원칙으로 한다.

03 일반기업회계기준에 의한 손익계산서의 작성기준으로 올바른 것은?

① 손익계산서상 수익과 비용은 순액에 의해 기재함을 원칙으로 한다.
② 손익계산서상 영업손익은 매출액에서 매출원가를 차감하여 표시한다.
③ 손익계산서상 매출액은 총매출액에서 매출할인, 매출환입 및 매출에누리를 차감한 금액이다.
④ 손익계산서상 매출원가는 기초상품재고액에서 당기순매입액을 가산한 금액에서 기말상품재고액을 가산한 금액이다.

[풀이] 매출액에서 매출원가를 차감하면 매출총손익이며, 매출총손익에서 판매비와관리비를 차감하면 영업손익이다. 매출원가는 기초상품재고액에서 당기순매입액을 가산한 금액에서 기말상품재고액을 차감한 금액이다.

04 일반기업회계기준에 의한 손익계산서 기본구조에 포함되지 않는 것은?

① 매출액 및 매출원가
② 판매비와관리비
③ 특별이익과 특별손실
④ 영업외수익 및 영업외비용

05 다음 중 손익계산서에 반영되는 이익에 해당하는 것은?

① 자기주식처분이익　　② 감자차익
③ 매도가능증권평가이익　　④ 단기매매증권처분이익

[풀이] 자기주식처분이익과 감자차익은 자본잉여금으로, 매도가능증권평가이익은 기타포괄손익누계액으로 재무상태표에 반영된다. 단기매매증권처분이익은 영업외수익으로 손익계산서에 반영된다.

06 다음 중 이익잉여금처분계산서에 나타나지 않는 항목은?

① 이익준비금　　② 임의적립금
③ 주식배당　　④ 자본잉여금

07 이익잉여금처분계산서에서 확인할 수 없는 항목은 무엇인가?

① 기타법정적립금　　② 배당금
③ 주식할인발행차금　　④ 당기순이익

08 다음은 재무상태표의 기본구조에 대한 설명이다. 틀린 것은?

① 유동자산은 당좌자산과 재고자산으로 구분한다.
② 비유동자산은 투자자산, 유형자산, 무형자산, 기타비유동자산으로 구분한다.
③ 자산과 부채는 유동성이 작은 항목부터 배열하는 것을 원칙으로 한다.
④ 자본은 자본금, 자본잉여금, 자본조정, 기타포괄손익누계액 및 이익잉여금으로 구분한다.

[풀이] 자산과 부채는 유동성이 큰 항목부터 배열하는 것을 원칙으로 한다.

09 유동성배열법에 의한 재무상태표 작성시 가장 나중에 배열되는 항목은?

① 장기차입금　　② 미지급법인세
③ 미지급비용　　④ 매입채무

[풀이] 매입채무, 미지급법인세, 미지급비용은 유동부채이고 장기차입금은 비유동부채이므로 장기차입금이 가장 나중에 배열된다.

10 다음 중 재무상태표에 직접적으로 나타나지 않는 계정은?

① 자기주식처분이익　　② 감자차익
③ 선급비용　　④ 유형자산처분이익

[풀이] 자기주식처분이익과 감자차익은 자본잉여금이며, 선급비용은 자산으로 재무상태표에 직접적으로 나타난다. 유형자산처분이익은 손익계산서 계정으로 직접적으로 재무상태표에 나타나지는 않는 계정이나 결국은 (집합)손익 계정으로 마감되어 미처분이익잉여금 계정으로 대체되어 재무상태표에 나타난다.

11 다음 계정과목 중 재무상태표에 기록될 수 없는 계정과목은?

① 예수금 ② 가수금
③ 선수금 ④ 미수금

[풀이] 가수금은 임시계정으로서 재무상태표에 기록될 수 없다.

12 다음 중 재무제표에 계상되는 적절한 계정과목이 아닌 것은?

① 미수수익 ② 선수수익
③ 미지급수익 ④ 선급비용

13 재무상태표 항목의 구분과 통합표시에 대한 설명이다. 가장 틀린 것은?

① 중요한 항목은 재무상태표 본문에 별도 항목으로 구분하여 표시한다.
② 현금및현금성자산은 별도 항목으로 구분하여 표시한다.
③ 자본잉여금은 법정적립금, 임의적립금으로 구분하여 표시한다.
④ 자본금은 보통주자본금과 우선주자본금으로 구분하여 표시한다.

[풀이] 자본잉여금은 주식발행초과금과 기타자본잉여금으로 구분하여 표시한다.

14 재무상태표에 대한 설명 중 틀리게 말하고 있는 것은?

① 일정기간 동안 기업의 경영성과에 대한 정보를 제공하는 재무보고서이다.
② 자산은 유동자산과 비유동자산으로 구분한다.
③ 비유동자산은 투자자산, 유형자산, 무형자산 및 기타 비유동자산으로 구분한다.
④ 자본은 자본금, 자본잉여금, 자본조정, 기타포괄손익누계액 및 이익잉여금(또는 결손금)으로 구분한다.

[풀이] 일정기간 동안 기업의 경영성과에 대한 정보를 제공하는 재무보고서는 손익계산서이다.

15 재무상태표와 손익계산서의 작성기준에 대한 설명이다. 가장 틀린 것은?

① 자산·부채는 유동·비유동으로 구분표시하고 유동성이 높은 것부터 배열한다.
② 자본은 자본활동과 손익활동에서 발생한 잉여금을 구분하여 표시하여야 한다.
③ 손익계산서에 수익은 원칙적으로 실현주의에 의하여 인식한다.
④ 손익계산서에 비용은 관련된 수익을 인식하였을 때만 비용으로 인식한다.

[풀이] 비용을 인식하는 방법에는 세 가지(①원인과 결과의 직접 대응, ②기간배분, ③즉시 인식)가 있으며 그 중 하나가 수익을 인식하였을 때 비용으로 인식하는 것이다.

16 다음 중 재무상태표가 제공할 수 있는 정보로서 가장 적합하지 않은 것은?

① 경제적 자원에 관한 정보 ② 경영성과에 관한 정보
③ 유동성에 관한 정보 ④ 지급능력에 관한 정보

[풀이] 재무상태표는 일정 시점 현재 기업이 보유하고 있는 경제적 자원인 자산과 경제적 의무인 부채, 그리고 자본에 대한 정보를 제공하는 재무보고서로서, 정보이용자들이 기업의 유동성, 재무적 탄력성, 수익성과 위험 등을 평가하는 데 유용한 정보를 제공한다. 일정 기간 동안 기업의 경영성과에 대한 정보를 제공하는 재무보고서는 손익계산서이다.

17 다음 중 재무상태표에 관련 자산 또는 부채에서 차감하는 형식으로 표시되는 것이 아닌 것은?

① 퇴직급여충당부채
② 퇴직보험예치금
③ 감가상각누계액
④ 대손충당금

[풀이] 감가상각누계액과 대손충당금은 자산에서 차감하는 형식으로 표시되고, 퇴직보험예치금은 퇴직급여충당부채에서 차감하는 형식으로 표시된다.

18 기말재고자산가액을 실제보다 높게 계상한 경우 재무제표에 미치는 영향으로 잘못된 것은?

① 매출원가가 실제보다 감소한다.
② 매출총이익이 실제보다 증가한다.
③ 당기순이익이 실제보다 증가한다.
④ 자본총계가 실제보다 감소한다.

[풀이] 기말재고자산을 실제보다 높게 계상하면 매출원가는 감소하고, 그 결과 매출총이익과 당기순이익이 증가한다. 당기순이익이 증가하면 자본 총계도 증가한다.

19 ㈜한국은 1,500,000원의 가구를 구입하고, 이를 수선비로 잘못 회계처리 하였다. 이로 인해 재무상태표 및 손익계산서에 미치는 영향은 무엇인가?

① 자산은 증가하고 비용은 감소하게 된다.
② 자산은 감소하고 비용은 증가하게 된다.
③ 자산과 비용 모두 변화가 없게 된다.
④ 자산은 감소하나 비용은 변화가 없게 된다.

[풀이] 가구(자산)를 구입하고 수선비(비용)로 처리하게 되면, 자산이 과소계상(감소)되고 비용이 과대계상(증가)하게 된다.

20 재무제표를 작성하고 표시할 때 따라야 할 일반원칙이 아닌 것은?

① 경영진은 재무제표를 작성함에 있어서 특수한 상황에 처한 경우를 제외하고는 기업이 계속 존속하리라는 것을 전제로 한다.
② 재무제표의 작성과 표시에 대한 책임은 회계담당자에게 있다.
③ 재무제표는 기업의 재무상태, 경영성과, 자본변동 및 현금흐름을 공정하게 표시하여야 한다.
④ 재무제표가 일반기업회계기준에 따라 작성된 경우에는 그러한 사실을 주석으로 기재하여야 한다.

[풀이] 재무제표의 작성과 표시에 대한 책임은 경영진에게 있다

21 다음 중 일반기업회계기준에 의한 재무제표가 아닌 것은?

① 재무상태표　　　　　　② 손익계산서
③ 시산표　　　　　　　　④ 현금흐름표

[풀이] 재무제표는 재무상태표, 손익계산서, 현금흐름표, 자본변동표로 구성되며, 주석을 포함한다.

22 다음 중에서 재무제표에 해당하는 것은?

① 주석　　　　　　　　　② 이익잉여금처분계산서
③ 결손금처리계산서　　　④ 주기

23 각 재무제표의 명칭과 함께 기재해야 할 사항으로 틀린 것은?

① 기업명　　　　　　　　② 보고기간종료일
③ 금액단위　　　　　　　④ 기능통화

[풀이] 다음의 사항을 각 재무제표의 명칭과 함께 기재한다.
　　　① 기업명, ② 보고기간종료일 또는 회계기간, ③ 보고통화 및 금액단위

24 재무제표를 통해 제공되는 정보에 관한 내용 중 올바르지 않은 것은?

① 화폐단위로 측정된 정보를 주로 제공한다.
② 특정기업실체에 관한 정보를 제공하며, 산업 또는 경제 전반에 관한 정보를 제공하지는 않는다.
③ 대부분 과거에 발생한 거래나 사건에 대한 정보를 나타낸다.
④ 추정에 의한 측정치는 포함하지 않는다.

[풀이] 재무제표는 추정에 의한 측정치를 포함하고 있다.

정답

1. ③　2. ②　3. ③　4. ③　5. ④　6. ④　7. ③　8. ③　9. ①　10. ④
11. ②　12. ③　13. ③　14. ①　15. ④　16. ②　17. ①　18. ④　19. ②　20. ②
21. ③　22. ①　23. ④　24. ④

기/출/문/제 (실기)

㈜세희상사(코드 : 3003)의 결산정리사항은 다음과 같다. 해당 메뉴에 입력하시오.

01 단기차입금 중에는 ㈜미국소피아의 외화단기차입금 12,000,000원(미화 $10,000)이 포함되어 있다(회계기간 종료일 현재 적용환율 : 미화 $1당 1,300원).

02 거래은행인 대한은행에 예금된 정기예금에 대하여 당기분 경과이자를 인식하다(예금금액 100,000,000원, 가입연월일 : 당기 4월 1일, 연이자율 10%, 만기일 : 차기 3월 31일, 월할 계산으로 할 것).

03 결산일 현재 차입금이자 3,560,000원이 발생하였으며, 이자지급일은 내년 1월 29일이다.

04 9월 1일 일시적으로 건물 중 일부를 임대(임대기간 : 당기 9월 1일 ~ 차기 8월 31일)하면서 1년분 임대료 6,000,000원을 현금으로 받고 선수수익으로 회계처리 하였다. 월할 계산하여 기말수정분개를 하시오.

05 6월 1일 전액 비용으로 회계처리된 보험료(제조부문 1,320,000원, 본사 관리부문 1,440,000원)는 1년분에 해당하므로 차년도분에 대한 회계처리를 하시오. 당기분과 차기분에 대한 계산은 월단위로 계산한다.

06 장부상 현금보다 실제 현금이 부족하여 현금과부족으로 계상하였던 금액 50,000원에 대하여 결산일 현재에도 그 원인을 알 수 없어 당기 비용(영업외비용)으로 처리하다.

07 기말 시점 영업부에서 보관 중인 소모품은 850,000원이다. 기중에 소모품 8,790,420원을 구입하면서 모두 비용으로 처리하였다.

08 전기에 국민은행으로부터 차입한 장기차입금 중 5,000,000원은 내년 1월 20일 만기가 도래하고 회사는 이를 상환할 계획이다.

09 결산일 현재 재고자산의 기말재고액은 다음과 같다.

- 원재료 : 8,000,000원
- 재공품 : 12,000,000원
- 제 품 : 24,000,000원(위탁판매목적 출고분 중 미판매분 2,000,000원 미포함)

10 기말 현재 보유하고 있는 감가상각 대상자산은 다음과 같다. 제시된 자료외 감가상각 대상자산은 없다고 가정한다.

계정과목	취득원가	잔존가치 / 내용연수	전기말 감가상각누계액	취득연월일	상각방법	상각률
본사 건물	100,000,000	0 / 20년	2,500,000	전기 7월 2일	정액법	0.05
공장 기계장치	35,000,000	취득원가의 5% / 5년	15,750,000	전기 1월 4일	정률법	0.451

11 결산일 현재 무형자산인 소프트웨어의 전기말 상각 후 미상각잔액은 24,000,000원이다. 내용연수는 5년이며, 전기 1월에 구입하였다. 당기말 무형자산을 상각하시오.

12 당사는 기말에 외상매출금과 받을어음에 대하여 매년 1%의 대손충당금을 보충법에 의해 설정한다.

13 당사는 일반기업회계기준에 의하여 퇴직급여충당부채를 설정하고 있으며, 기말 현재 퇴직급여추계액 및 당기 퇴직급여충당부채 설정 전의 퇴직급여충당부채 잔액은 다음과 같다. 결산시 회계처리를 하시오.

부 서	퇴직급여추계액	퇴직급여충당부채 잔액
생산부	30,000,000원	25,000,000원
관리부	50,000,000원	39,000,000원

14 당해연도 법인세등은 35,000,000원이며, 중간예납세액 12,000,000원과 이자소득에 대한 원천징수세액 840,000원은 선납세금으로 계상되어 있다(이외의 다른 자료는 무시한다).

15 당기분 이익잉여금 처분명세는 다음과 같다.

① 처분확정일 : 2026년 2월 25일(전기 : 2025년 2월 25일)
② 이익잉여금에 대하여 12,000,000원을 현금배당하기로 결의하였으며, 현금배당액의 10%에 상당하는 금액을 이익준비금으로 처분한다.

KcLep 도우미

해설

(1) 일반전표입력

먼저 [재무회계]>[결산/재무제표]>[결산자료입력]에서 입력받지 않는 항목에 대한 분개를 [재무회계]>[전표입력]>[일반전표입력]에서 결산일자인 12월 31일자로 입력한다.

① 외화채무의 평가

일	번호	구분	계정과목	거래처	적요	차변	대변
31	00001	대변	0260 단기차입금	00200 (주)미국소피아			1,000,000
31	00001	차변	0955 외화환산손실			1,000,000	

[해설] 12,000,000 − ($10,000 × 1,300/$) = −1,000,000원(환산손실)

② 수익의 발생

일	번호	구분	계정과목	거래처	적요	차변	대변
31	00002	대변	0901 이자수익				7,500,000
31	00002	차변	0116 미수수익	98000 대한은행		7,500,000	

[해설] 경과이자 : (100,000,000 × 10%) × (당기 9개월/12개월) = 7,500,000원

③ 비용의 발생

일	번호	구분	계정과목	거래처	적요	차변	대변
31	00003	차변	0951 이자비용			3,560,000	
31	00003	대변	0262 미지급비용				3,560,000

④ 수익의 이연

일	번호	구분	계정과목	거래처	적요	차변	대변
31	00004	대변	0904 임대료				2,000,000
31	00004	차변	0263 선수수익			2,000,000	

[해설] 당기 수익에 해당하는 금액 : 6,000,000 × (당기 4개월/총 12개월) = 2,000,000원

⑤ 비용의 이연

일	번호	구분	계정과목	거래처	적요	차변	대변
31	00005	대변	0521 보험료				550,000
31	00005	대변	0821 보험료				600,000
31	00005	차변	0133 선급비용			1,150,000	

[해설] 제조부문 보험료 선급분 : 1,320,000 × (차기 5개월/총 12개월) = 550,000원
관리부문 보험료 선급분 : 1,440,000 × (차기 5개월/총 12개월) = 600,000원

⑥ 현금과부족 계정 정리

일	번호	구분	계정과목	거래처	적요	차변	대변
31	00006	대변	0141 현금과부족				50,000
31	00006	차변	0980 잡손실			50,000	

⑦ 소모품 계정 정리

일	번호	구분	계정과목	거래처	적요	차변	대변
31	00007	대변	0830 소모품비				850,000
31	00007	차변	0173 소모품			850,000	

⑧ 유동성 대체

일	번호	구분	계정과목	거래처	적요	차변	대변
31	00008	차변	0293 장기차입금	98001 국민은행		5,000,000	
31	00008	대변	0264 유동성장기부채	98001 국민은행			5,000,000

[해설] 장기차입금 중 만기가 보고기간 종료일로부터 1년 이내에 도래하는 것은 유동성장기부채로 대체한다.

(2) 결산자료입력

[재무회계]>[결산/재무제표]>[결산자료입력]에서 기간(1월 ~ 12월)을 입력하고 제시된 금액을 해당란에 입력한다.

① 재고자산의 기말재고액 입력
- ▶ 기말 원재료 재고액 : 8,000,000원
- ▶ 기말 재공품 재고액 : 12,000,000원
- ▶ 기말 제품 재고액 : 26,000,000원

[해설] 위탁판매목적 출고분 중 미판매분은 기말재고금액에 포함시킨다.

② 감가상각비 입력 : 제조경비와 판매비와일반관리비를 구분하여 입력한다.
- ▶ 일반감가상각비 : [기계장치 8,681,750원] (제조경비)
- ▶ 감가상각비 : [건물 5,000,000원] (판매비와일반관리비)

[해설] ㉠ 건물 : (100,000,000 - 0) × 1/20년 = 5,000,000원
㉡ 기계장치 : (35,000,000 - 15,750,000) × 0.451 = 8,681,750원

③ 무형자산상각비 입력
- ▶ 소프트웨어 : 6,000,000원

[해설] 미상각잔액(24,000,000) ÷ 잔여 내용연수(4년) = 6,000,000원

④ 매출채권에 대한 대손충당금 설정
- 대손상각 : [외상매출금 2,580,860원] [받을어음 1,961,000원]

매출채권 잔액 263,086,000	822,806,000	외 상 매 출 금	559,720,000	
		대 손 충 당 금	50,000	대손충당금 잔액 50,000
매출채권 잔액 206,100,000	206,200,000	받 을 어 음	100,000	
		대 손 충 당 금	100,000	대손충당금 잔액 100,000

[해설] [재무회계] > [결산/재무제표] > [합계잔액시산표]에서 12월을 조회하여 매출채권(외상매출금과 받을어음) 계정의 차변잔액과 동 대손충당금 대변잔액을 확인한다. 당기 대손충당금 설정액은 매출채권잔액의 1% 이므로 당기설정액 1%에서 기 설정된 충당금잔액을 차감한 금액을 추가로 입력한다.

  ㉠ 외상매출금 : (263,086,000 × 1%) − 50,000 = 2,580,860원
  ㉡ 받을어음 : (206,100,000 × 1%) − 100,000 = 1,961,000원

[참고] F8 대손상각 기능키 이용하기

상단 툴바의 F8 대손상각을 클릭하면 「대손상각」 보조창에 대손충당금 설정대상 채권의 잔액과 대손충당금 설정전 충당금 잔액이 표시되며, [추가설정액]란이 대손율(%)에 맞게 자동 표시된다. 대손율(%)이 다른 경우 수정하고 설정대상이 아닌 채권의 [추가설정액]란은 삭제한 후 결산반영 을 클릭하여 입력할 수도 있다.

⑤ 퇴직급여충당부채 입력 : 제조경비와 판매비와일반관리비를 구분하여 입력한다.
- 퇴직급여(전입액) : 5,000,000원 ☜(생산부)
- 퇴직급여(전입액) : 11,000,000원 ☜(관리부)

[해설] ㉠ 생산부 : (30,000,000 − 25,000,000) = 5,000,000원
  ㉡ 관리부 : (50,000,000 − 39,000,000) = 11,000,000원

⑥ 법인세 등 입력
- 1)선납세금 : 12,840,000원
- 2)추가계상액 : 22,160,000원

[해설] 1)선납세금의 [결산전금액]란에 자동 표시된 금액(12,840,000원)을 [결산반영금액]란에 동일하게 입력하고, 나머지를 2)추가계상액의 [결산반영금액]란에 입력하여 9.법인세등이 35,000,000원이 되도록 한다.

⑦ [일반전표입력] 메뉴에 전표추가 : 입력이 완료되면 상단 툴바의 F3 전표추가를 클릭하여 [일반전표입력] 메뉴에 전표를 추가한다.

기 간 2025 년 01 월 ~ 2025 년 12 월

±	코드	과 목	결산분개금액	결산전금액	결산반영금액	결산후금액
		1. 매출액		2,347,900,641		2,347,900,641
	0401	상품매출		963,919,640		963,919,640
	0404	제품매출		1,383,981,001		1,383,981,001
		2. 매출원가		865,984,270		833,666,020
	0451	상품매출원가				5,000,000
	0146	② 당기 상품 매입액		5,000,000		5,000,000
	0146	⑩ 기말 상품 재고액				
	0455	제품매출원가				828,666,020
		1) 원재료비		707,529,000		699,529,000
	0501	원재료비		707,529,000		699,529,000
	0153	① 기초 원재료 재고액		3,500,000		3,500,000
	0153	② 당기 원재료 매입액		704,329,000		704,329,000
	0153	⑧ 타계정으로 대체액		300,000		300,000
	0153	⑩ 기말 원재료 재고액			① 8,000,000	8,000,000
		3) 노 무 비		54,820,000	5,000,000	59,820,000
		1). 임금 외		54,820,000		54,820,000
	0504	임금		54,820,000		54,820,000
	0508	2). 퇴직급여(전입액)			⑤ 5,000,000	5,000,000
	0550	3). 퇴직연금충당금전입액				
		7) 경 비		81,135,270	8,681,750	89,817,020
		1). 복리후생비 외		81,135,270		81,135,270
	0511	복리후생비		4,822,500		4,822,500
	0512	여비교통비		961,150		961,150
	0513	기업업무추진비		565,000		565,000
	0514	통신비		221,000		221,000
	0515	가스수도료		653,220		653,220
	0516	전력비		4,927,700		4,927,700
	0517	세금과공과		9,542,600		9,542,600
	0519	임차료		500,000		500,000
	0520	수선비		4,900,000		4,900,000
	0521	보험료		770,000		770,000
	0522	차량유지비		4,120,000		4,120,000
	0526	도서인쇄비		250,000		250,000
	0530	소모품비		1,211,100		1,211,100
	0533	외주가공비		47,405,000		47,405,000
	0536	잡비		286,000		286,000
	0518	2). 일반감가상각비			8,681,750	8,681,750
	0202	건물				
	0206	기계장치			② 8,681,750	8,681,750
	0208	차량운반구				
	0212	비품				
	0455	8) 당기 총제조비용		843,484,270		849,166,020
	0169	① 기초 재공품 재고액		7,000,000		7,000,000
	0169	⑩ 기말 재공품 재고액			① 12,000,000	12,000,000
	0150	9) 당기완성품제조원가		850,484,270		844,166,020
	0150	① 기초 제품 재고액		10,500,000		10,500,000
	0150	⑩ 기말 제품 재고액			① 26,000,000	26,000,000
		3. 매출총이익		1,481,916,371	32,318,250	1,514,234,621
		4. 판매비와 일반관리비		153,015,940	26,541,860	179,557,800
		1). 급여 외		60,700,000		60,700,000
	0801	급여		60,700,000		60,700,000
	0806	2). 퇴직급여(전입액)			⑤ 11,000,000	11,000,000
	0850	3). 퇴직연금충당금전입액				
	0818	4). 감가상각비			5,000,000	5,000,000
	0202	건물			② 5,000,000	5,000,000
	0206	기계장치				
	0208	차량운반구				
	0212	비품				
	0835	5). 대손상각			4,541,860	4,541,860
	0108	외상매출금			2,580,860	2,580,860
	0110	받을어음			④ 1,961,000	1,961,000
	0840	6). 무형자산상각비			6,000,000	6,000,000
	0227	소프트웨어			③ 6,000,000	6,000,000
		7). 기타비용		92,315,940		92,315,940
	0811	복리후생비		13,469,200		13,469,200
	0812	여비교통비		409,800		409,800
	0813	기업업무추진비		39,479,500		39,479,500
	0814	통신비		1,272,610		1,272,610
	0815	수도광열비		774,200		774,200
	0817	세금과공과		993,000		993,000
	0819	임차료		2,750,000		2,750,000
	0820	수선비		7,591,000		7,591,000
	0821	보험료		4,176,000		4,176,000
	0822	차량유지비		2,998,210		2,998,210
	0824	운반비		782,000		782,000

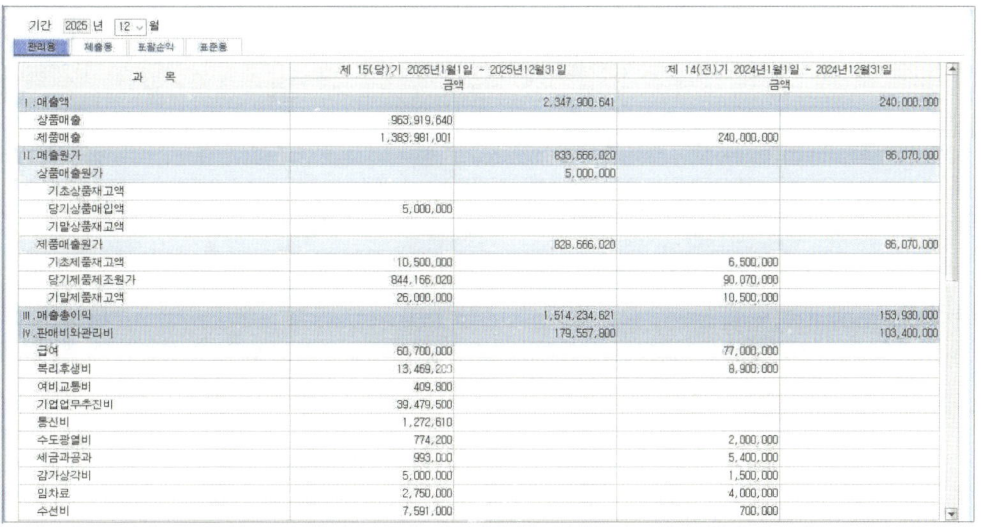

(3) 손익계산서

[손익계산서]에서 기간(12월)을 입력하고 당기순이익을 확인한다(생략 가능).

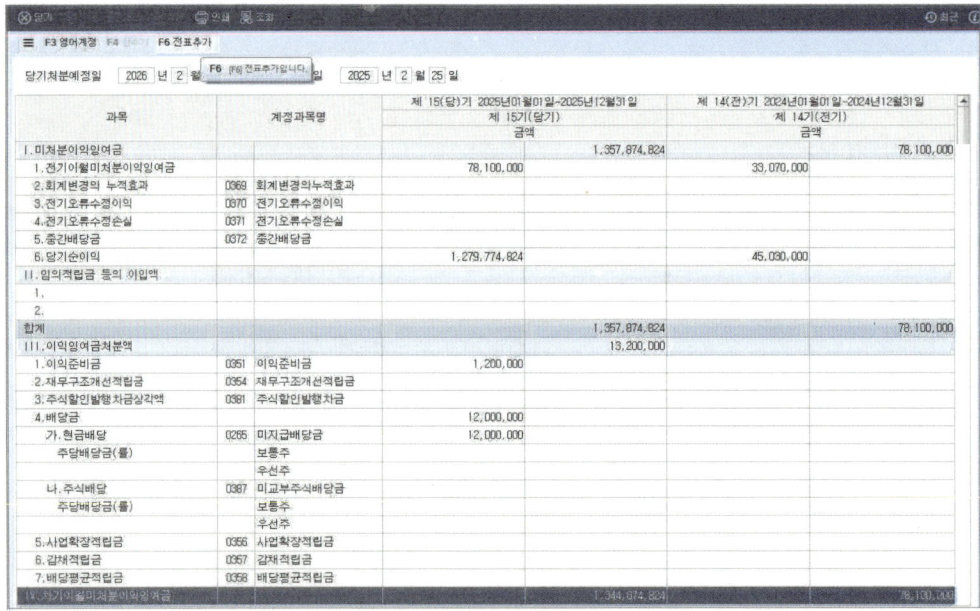

(4) 이익잉여금처분계산서

당기의 처분예정일을 입력하고 당기순이익 "1,279,774,824원"을 확인한다. 이익잉여금 처분내역을 입력하고 상단 툴바의 F6전표추가를 클릭하고 대화창에서 확인을 클릭한다.

제5부

제 장부의 조회

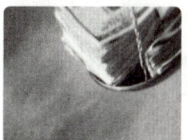

↘ 제1장 현금출납장

↘ 제2장 계정별원장

↘ 제3장 거래처원장

↘ 제4장 일계표(월계표)

↘ 제5장 합계잔액시산표

↘ 제6장 총계정원장

↘ 제7장 분개장

↘ 제8장 매입매출장

부기는 기업의 경영 활동을 기록·분류·요약하여 기업의 외부 이해관계자들에게 그 기업의 재무상태와 경영성과를 보고하는 일련의 절차이다. 이를 위해서는 거래의 발생에 따라 회계장부를 기입하고, 최종적으로 회계보고서인 재무제표를 작성한다. 따라서 회계장부는 기업에서 일어나는 모든 거래를 계산·정리하여 재무제표 작성의 근거가 된다.

일반적으로 회계장부는 주요부와 보조부로 구분한다.
"주요부"는 기업에서 발생하는 모든 거래를 기록하는 장부로서, 복식부기의 구조에서는 필수적인 장부이다. 주요부에는 거래를 발생 순서대로 분개하여 기록하는 분개장과 거래를 계정과목별로 분류하여 기입하는 총계정원장이 있다.
"보조부"는 거래의 명세를 기록하여 주요부의 기록을 보충하는 장부로서, 분개장과 총계정원장을 보조한다. 보조부는 "보조기입장"과 "보조원장"으로 구분할 수 있는데 보조기입장은 거래가 빈번하게 발생하는 특정 계정에 대하여 거래를 발생 순서별로 기입하는 보조부이고, 보조원장은 총계정원장의 어떤 계정의 거래내용을 각 계산 단위별로 분해하여 기입하는 보조부이다.

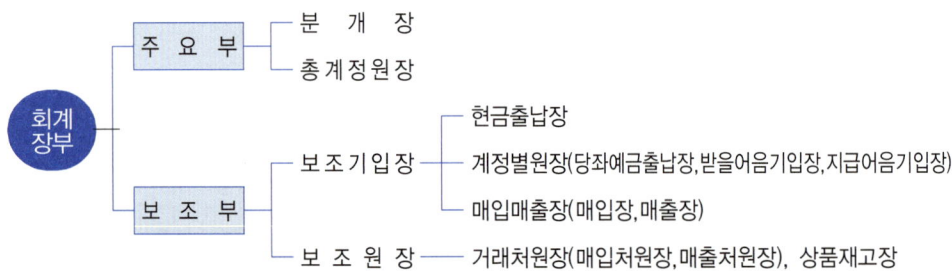

본 프로그램을 통하여 회계자료를 입력하면 그 거래의 내용은 각종 회계장부에 자동적으로 반영된다. 따라서 본 프로그램을 이용하는 경우에는 제 장부의 작성이 아닌 자동 작성된 회계장부를 보고 이해할 수 있는 능력을 필요로 한다. 따라서 자격시험에서도 이러한 능력을 검증하기 위하여 제시된 요구에 따라 가장 적합한 장부를 조회하여 해당 금액을 찾아보도록 하고 있는 것이다.

제1장 현금출납장

현금출납장이란 현금의 입금과 출금의 내용을 상세히 기록하는 보조기입장으로서 현금의 입·출금 거래내역이 날짜순으로 기록되어 조회 또는 출력된다.

KcLep 길라잡이

- [재무회계]>[장부관리]>[현금출납장]을 선택하면 다음과 같은 화면이 나타난다.

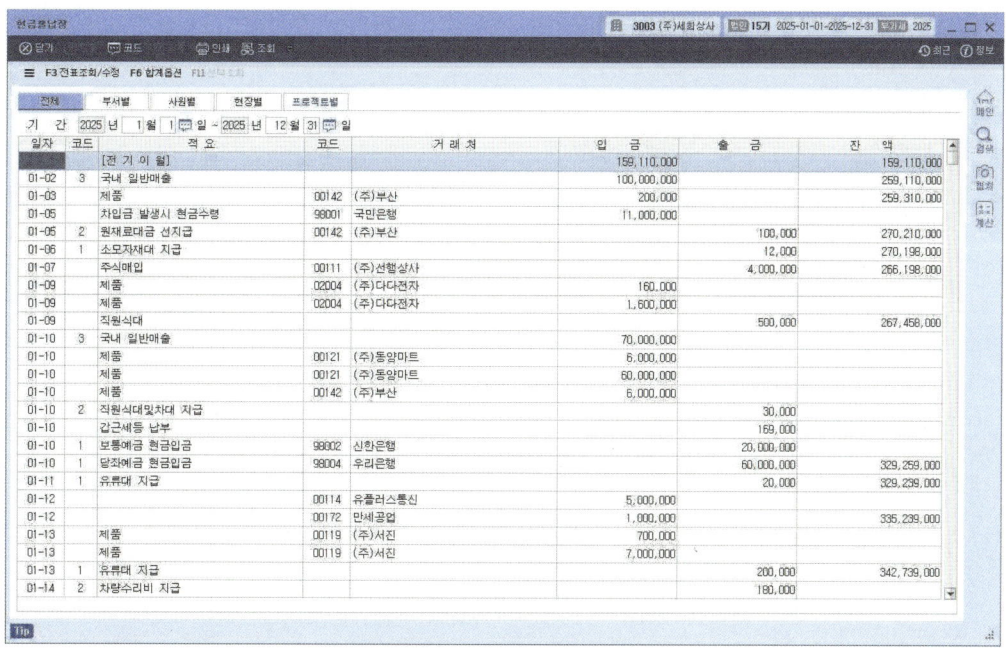

- ㈜세희상사 [현금출납장] 화면 -

▶ 기간

조회 및 출력하고자 하는 기간을 입력한다.

▶ F3 전표조회/수정

자료 조회시 잘못된 내용이 발견되면 키보드의 F3 키를 눌러 잘못된 전표를 직접 수정하는 기능이다.

제 2 장 계정별원장

계정별원장은 거래가 빈번하게 발생하는 특정 계정에 대하여 거래를 발생순서별로 기입하는 보조기입장이다. 단, 현금 계정의 조회는 보조기입장인 [현금출납장]에서만 조회 가능하다.

KcLep 길라잡이

- [재무회계]>[장부관리]>[계정별원장]을 선택하면 다음과 같은 화면이 나타난다.

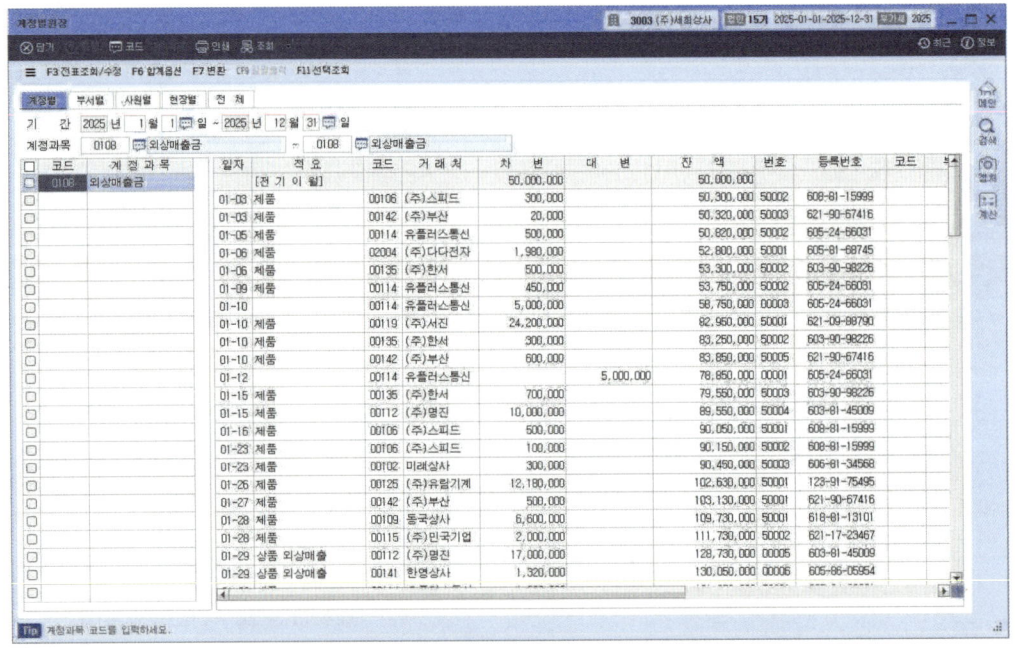

• ㈜세희상사 [계정별원장(외상매출금)] 화면 •

▶ 기간 / 계정과목

조회 및 출력하고자 하는 기간을 입력하고 계정과목 코드를 입력한다.

▶ F3 전표조회/수정

자료 조회시 잘못된 내용이 발견되면 키보드의 F3 키를 눌러 잘못된 전표를 직접 수정하는 기능이다.

제 3 장 거래처원장

거래처원장은 총계정원장의 어떤 계정의 거래내용을 각 거래처별로 기입하는 보조원장이다.

- [재무회계]>[장부관리]>[거래처원장]을 선택하면 다음과 같은 화면이 나타난다.

❶ 『잔액』 탭

선택한 기간 동안에 하나의 계정과목에 대하여 선택한 거래처의 계정잔액을 보고자 할 때 사용한다.

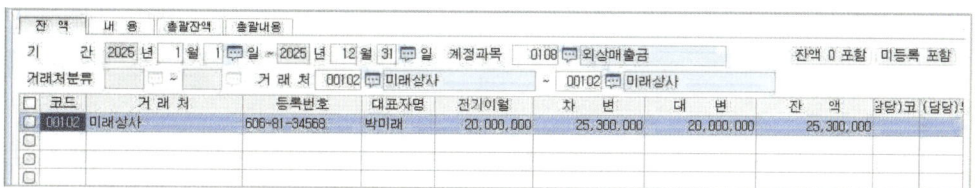

• ㈜세희상사 [거래처원장(미래상사)] 화면 •

❷ 『내용』 탭

선택한 기간 동안에 하나의 계정과목에 대하여 선택한 거래처의 거래내용을 보고자 할 때 사용한다.

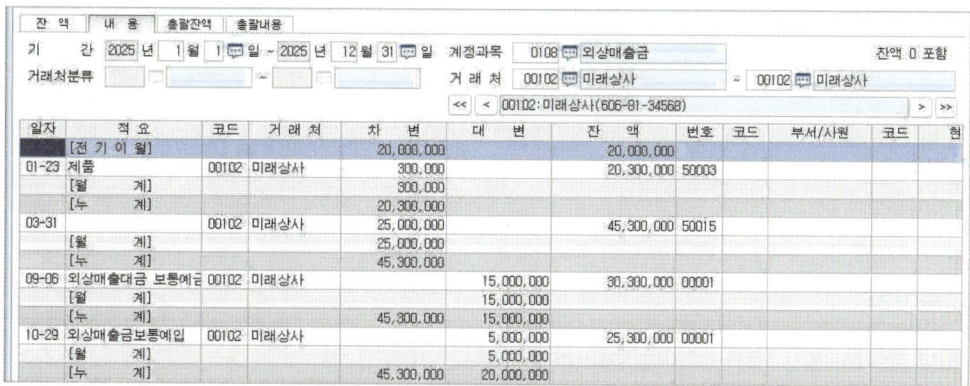

• ㈜세희상사 [거래처원장(미래상사)] 화면 •

제 4 장 일계표 (월계표)

원장에 전기를 정확하게 하기 위하여 전표에서 직접 원장에 전기하지 않고 일계표를 작성하여 원장에 전기한다. 일계표는 하루의 거래금액을 계정과목별로 총괄적으로 일람할 수 있다. 일계표는 거래량에 따라 매주 또는 매월에 작성하기도 하는데 매월 단위로 작성하는 것이 월계표이다.

 **KcLep 길라잡이**

- [재무회계]>[장부관리]>[일계표(월계표)]를 선택하면 다음과 같은 화면이 나타난다.

❶ 『일계표』 탭

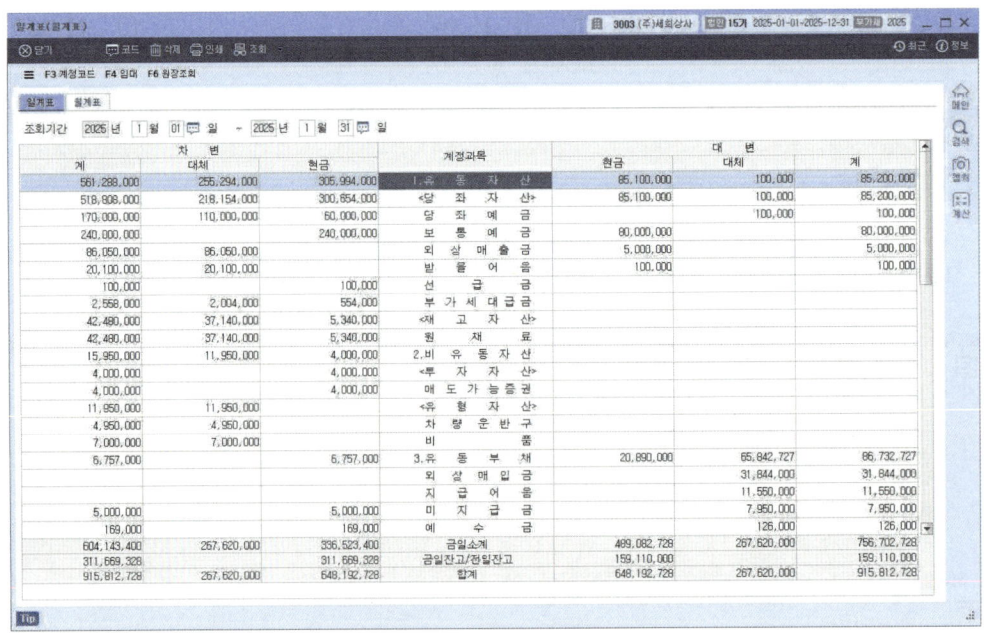

• ㈜세희상사 [일계표] 화면 •

▶ 조회기간

조회 및 출력하고자 하는 기간을 입력한다.

▶ F6 원장조회

조회하고자 하는 계정과목에 커서를 위치한 후 더블클릭을 하거나 키보드의 F6 키를 누르면 해당기간의 계정별원장이 조회된다.

❷ 『월계표』 탭

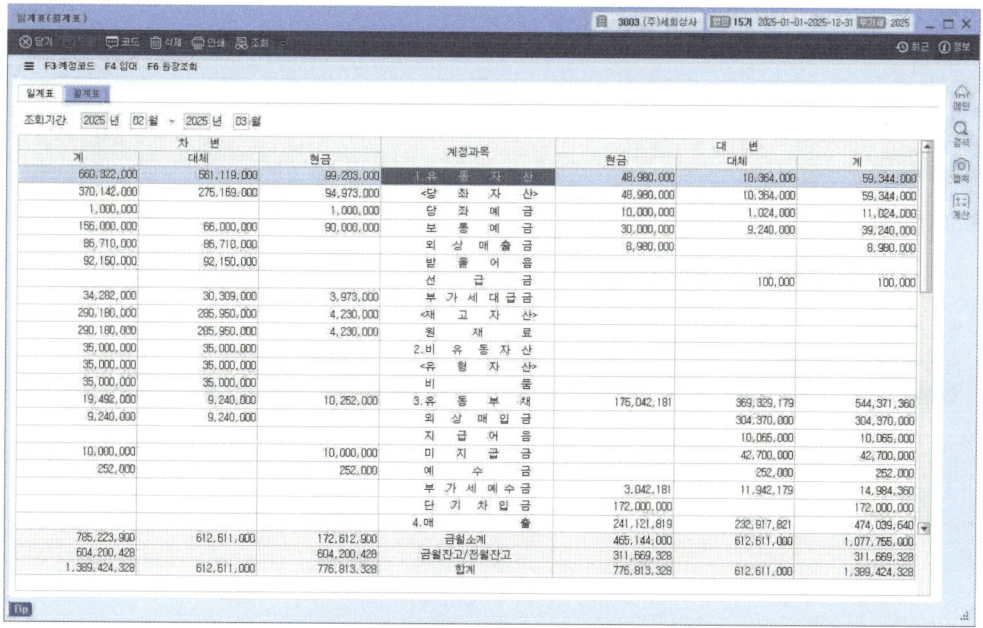

• ㈜세희상사 [월계표] 화면 •

▶ 조회기간

조회 및 출력하고자 하는 기간을 입력한다.

▶ F6 원장조회

조회하고자 하는 계정과목에 커서를 위치한 후 더블클릭을 하거나 키보드의 F6 키를 누르면 해당기간의 계정별원장이 조회된다.

제 5 장 합계잔액시산표

복식부기에서는 거래가 발생하면 분개장에 기입한 후 원장의 각 계정 계좌에 전기한다. 이와 같은 원리에서 원장의 전기가 정확한지를 검증하기 위하여 원장의 각 계정금액을 모아 작성하는 표를 시산표라 한다. 합계잔액시산표는 원장 각 계정 차변과 대변 합계액과 그 잔액을 모아서 작성하는 표를 말한다.

KcLep 길라잡이

- [재무회계]>[결산/재무제표]>[합계잔액시산표]를 선택하면 다음과 같은 화면이 나타난다.

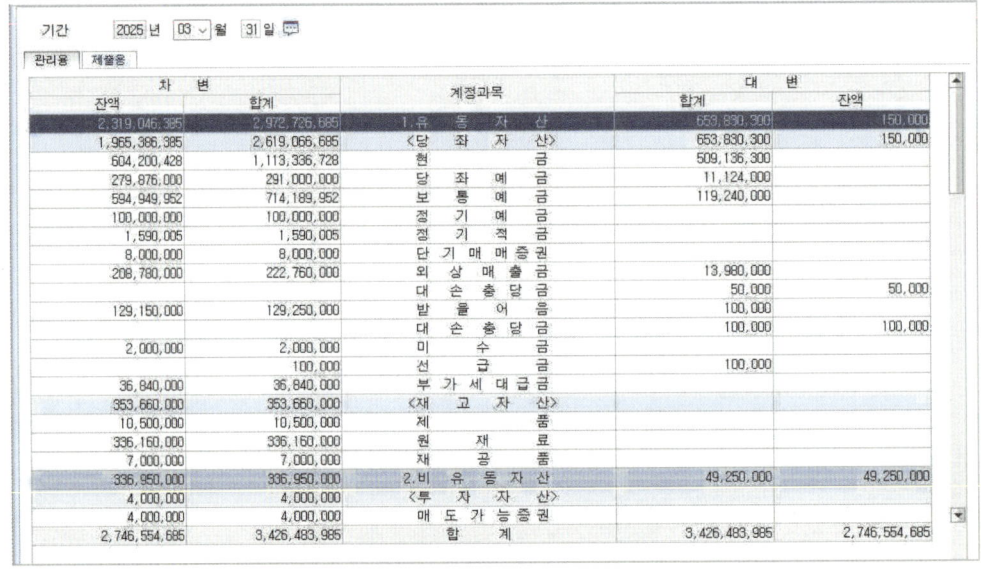

• ㈜세희상사 [합계잔액시산표] 화면 •

▶ 기간

조회 및 출력하고자 하는 기간을 입력한다.

▶ F6 원장조회

조회하고자 하는 계정과목에 커서를 위치한 후 더블클릭을 하거나 키보드의 F6 키를 누르면 해당기간의 계정별원장이 조회된다.

제 6 장 총계정원장

분개장에 분개 기입이 끝나면 해당 계정에 옮겨 적어야 하는데, 이들 자산, 부채, 자본 및 수익, 비용 계정이 설정되어 있는 장부를 총계정원장이라 한다.

 **KcLep 길라잡이**

- [재무회계]>[장부관리]>[총계정원장]을 선택하면 다음과 같은 화면이 나타난다.

❶ 「월별」 탭

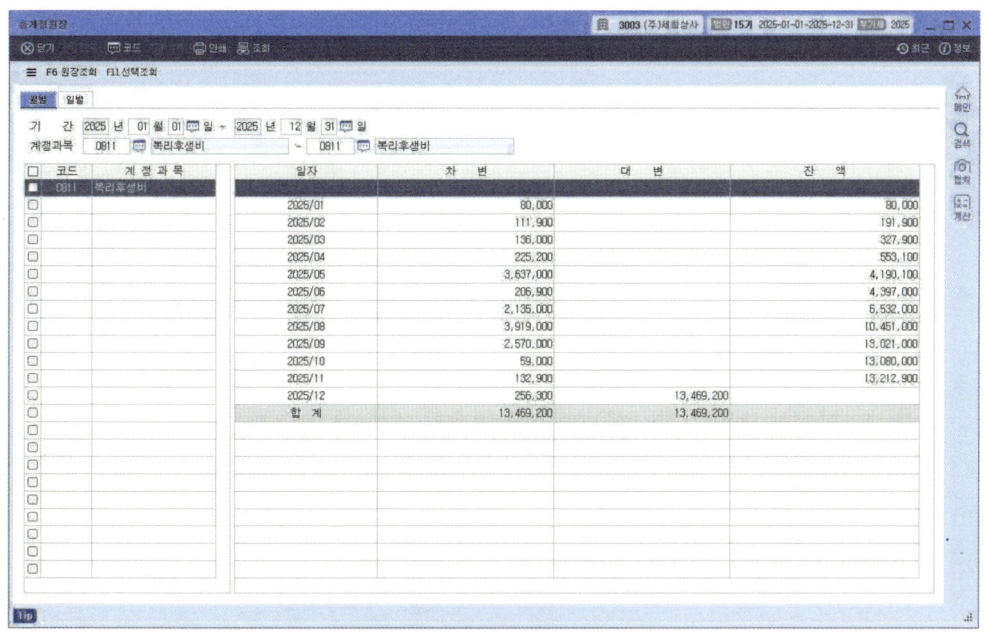

• ㈜세희상사 [총계정원장(월별)] 화면 •

▶ 기간

조회 및 출력하고자 하는 기간을 입력한다.

▶ 계정과목

조회 및 출력하고자 하는 계정과목 코드를 입력한다.

▶ F6 원장조회

조회하고자 하는 계정과목에 커서를 위치한 후 더블클릭을 하거나 키보드의 F6 키를 누르면 해당기간의 계정별원장이 조회된다.

❷ 『일별』 탭

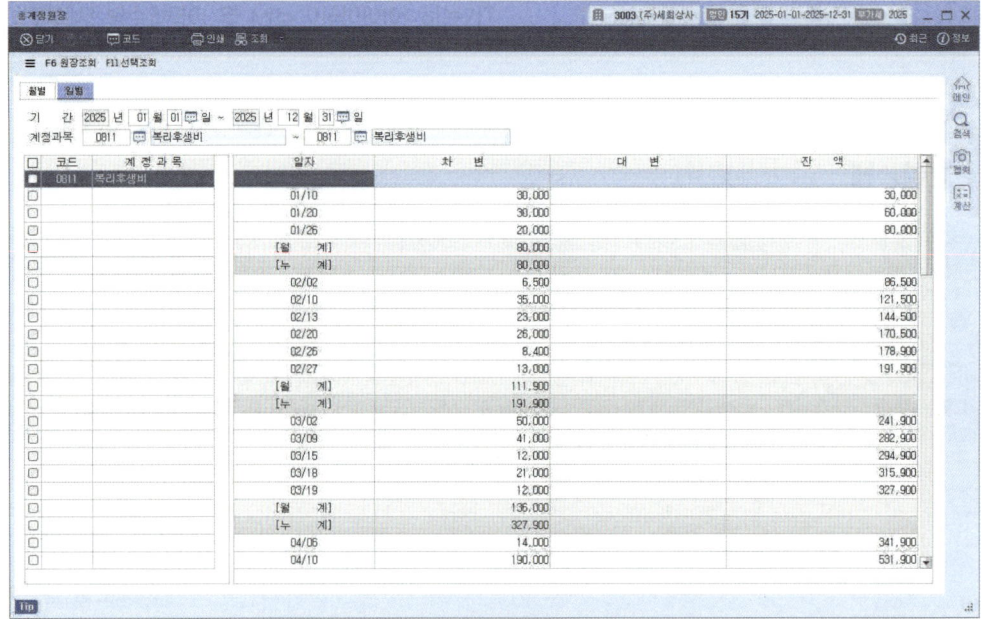

• ㈜세희상사 [총계정원장(일별)] 화면 •

▶ 기간

조회 및 출력하고자 하는 기간을 입력한다.

▶ 계정과목

조회 및 출력하고자 하는 계정과목 코드를 입력한다.

제 7 장 분개장

분개장이란 분개를 기록하는 장부를 말한다. 분개장은 거래가 발생한 순서대로 기록하는 장부이며, 거래를 계정계좌에 전기하기 위한 중개수단이 된다.

 **KcLep 길라잡이**

- [재무회계]>[장부관리]>[분개장]을 선택하면 다음과 같은 화면이 나타난다.

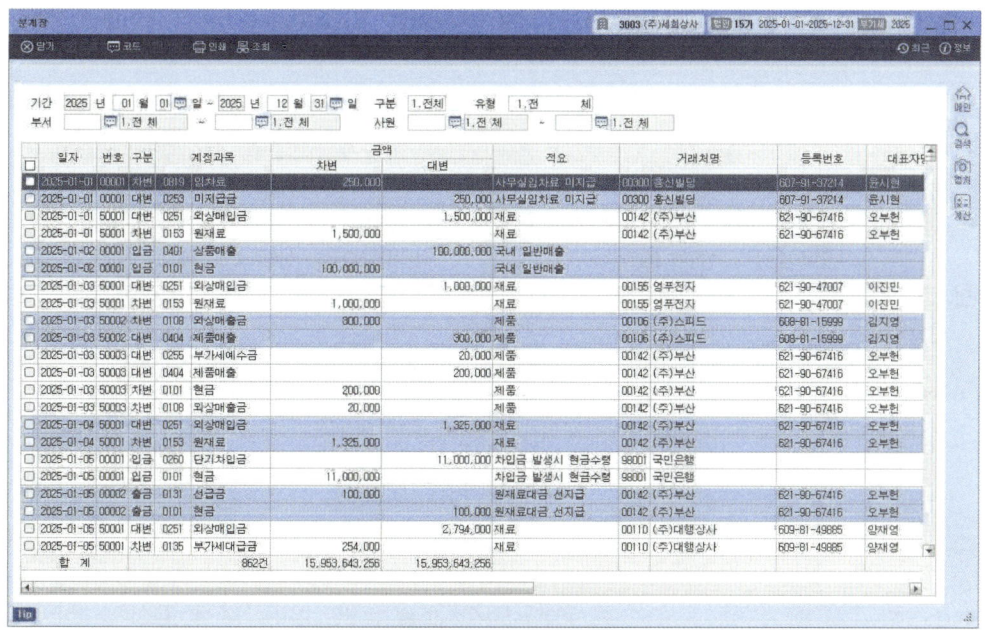

• ㈜세희상사 [분개장] 화면 •

▶ 기간

조회 및 출력하고자 하는 기간을 입력한다.

▶ 구분 / 유형

조회 및 출력할 전표의 구분(1.전체/ 2.출금/ 3.입금/ 4.대체) 및 유형(1.전체/ 2.일반전표/ 3.매입매출전표)을 선택한다.

제8장 매입매출장

매입매출장은 부가가치세와 관련된 거래 내역을 기록한 보조기입장이다. 본 메뉴는 [재무회계]>[전표입력]>[매입매출전표입력]에서 상단에 입력된 자료에 의해 자동 작성된다.

 KcLep 길라잡이

- [재무회계]>[장부관리]>[매입매출장]을 선택하면 다음과 같은 화면이 나타난다.

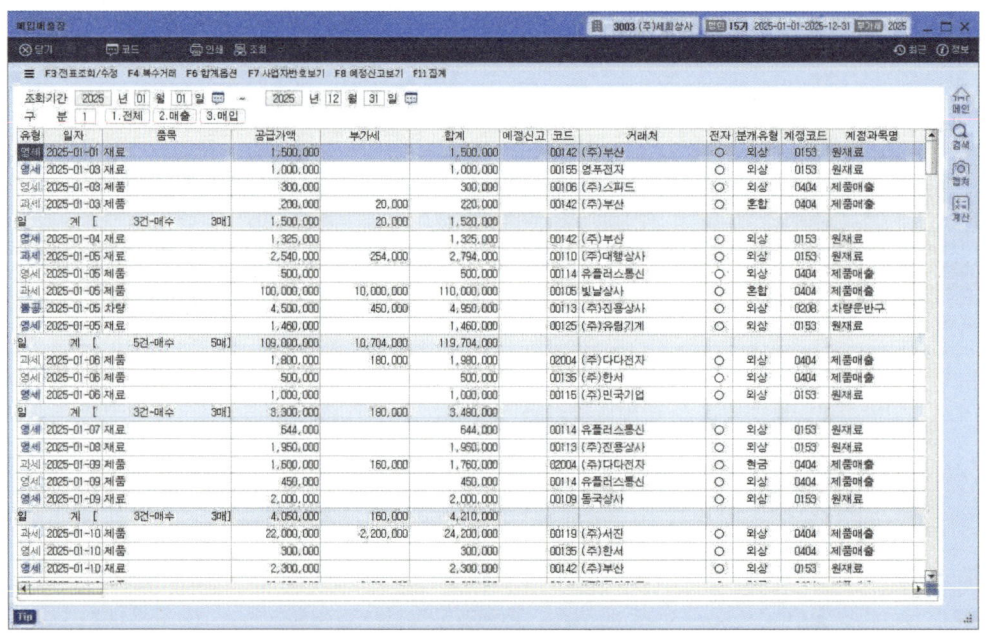

• ㈜세희상사 [매입매출장] 화면 •

▶ 조회기간

조회 및 출력하고자 하는 기간을 입력한다.

▶ 구분 / 유형

1. 전체 : 한 화면에서 매입장과 매출장을 조회한다.
2. 매출 : 매출에 대한 자료를 유형별(11.과세/ 12.영세/ 13.면세 등)로 조회한다.
3. 매입 : 매입에 대한 자료를 유형별(51.과세/ 52.영세/ 53.면세 등)로 조회한다.

기/출/문/제 (실기)

㈜세희상사(회사코드 : 3003)의 입력된 자료를 검토하여 다음 사항을 조회하시오.

01 5월과 6월 두 달 동안의 총 현금유입액은 얼마인가?

02 1월부터 3월까지의 누적 현금지급액은 얼마인가?

03 1월 중 현금유입액과 현금유출액의 차이는 얼마인가?

04 4월 28일 현재 현금시재액은 얼마인가?

05 4월부터 6월까지 증가한 받을어음 금액은 얼마인가?

06 4월부터 6월까지의 원재료 매입액은 얼마인가?

07 1월부터 6월까지 제품매출액은 얼마인가?

08 4월부터 6월까지 제조경비에 해당되는 복리후생비 발생액은 얼마인가?

09 5월 중 한영상사에서 외상매출금을 수령한 금액은 얼마인가?

10 4월 중 ㈜부산에게 외상매입금을 지급한 금액은 얼마인가?

11 5월 31일 현재 외상매출금 잔액이 가장 많은 거래처와 금액은 얼마인가?

12 1월부터 3월까지 외상매출금을 가장 많이 회수한 거래처코드와 금액은 얼마인가?

13 1월부터 5월까지 영업외비용은 얼마인가?

14 1월부터 3월까지 투입된 제조원가의 제조경비는 얼마인가?

15 6월 한 달 동안 판매비와관리비 지출금액은 총 얼마인가?

16 4월부터 6월까지의 제품제조관련 노무비 발생액은 얼마인가?

17 2월의 판매비와관리비 중 비용계상이 두 번째로 큰 계정과목은?

18 5월 중 현금으로 지급한 판매비와관리비는 얼마인가?

19 1월부터 3월까지 현금으로 지출한 복리후생비는 모두 얼마인가?

20 5월의 재고자산에 대한 대체거래와 현금거래간의 금액의 차이는 얼마인가?

21 1월부터 3월까지 판매비와관리비가 가장 큰 월과 금액은 얼마인가?

22 4월부터 6월까지 제조원가가 가장 큰 월과 금액은 얼마인가?

23 6월 30일 현재 유동자산과 유동부채간의 금액 차이는 얼마인가?

24 전기말과 비교하여 5월 31일 현재 유동자산 증가액은 얼마인가?

25 1기 예정신고기간 중 영세율 세금계산서를 발행한 금액은 얼마인가?

26 제1기 부가가치세 확정신고기간(4월 ~ 6월) 중 매출한 거래 중 현금영수증을 발급한 공급대가는 얼마인가?

27 1월의 매입 중 영세율세금계산서 매입액과 매수는 얼마인가?

28 제1기 부가가치세 확정신고기간(4월 ~ 6월) 중 계산서를 수취하여 매입한 금액은 얼마인가?

29 제1기 예정 신고기간(1월 ~ 3월)의 매입세액이 불공제되는 세금계산서의 공급가액은 얼마인가?

30 제1기 예정신고기간(1월 ~ 3월) 중 수입세금계산서 수취금액(공급가액)은 얼마인가?

31 제1기 예정신고기간 중 신용카드 사용에 따른 매입세액공제액은 얼마인가?

KcLep 도우미

01 [재무회계]>[장부관리]>[현금출납장]에서 기간(5월 1일 ~ 6월 30일)을 입력하고 [입금]란의 월계를 확인한다.

> 답안 : 278,374,003원

[해설] 5월 입금액(205,256,000) + 6월 입금액(73,118,003) = 278,374,003원

02 [현금출납장]에서 기간(1월 1일 ~ 3월 31일)을 입력하고 [출금]란의 누계를 확인한다.

> 답안 : 509,136,300원

03 [현금출납장]에서 기간(1월 1일 ~ 1월 31일)을 입력하고 [입금]란의 월계와 [출금]란의 월계를 확인한다.

> 답안 : 152,559,328원

[해설] 입금 월계(489,082,728) - 출금 월계(336,523,400) = 152,559,328원

04 [현금출납장]에서 기간(4월 1일 ~ 4월 28일)을 입력하고 [잔액]란의 금액을 확인한다.

> 답안 : 726,148,365원

05 [장부관리]>[계정별원장]에서 기간(4월 1일 ~ 6월 30일) / 계정과목(110.받을어음 ~ 110.받을어음)을 입력하고 [차변]란의 월계를 확인한다.

> 답안 : 10,000,000원

06 [계정별원장]에서 기간(4월 1일 ~ 6월 30일) / 계정과목(153.원재료 ~ 153.원재료)을 입력하고 [차변]란의 누계와 전월이월을 확인한다.

> 답안 : 106,995,000원

[해설] 누계(443,155,000) - 전월이월(336,160,000) = 106,995,000원
[장부관리]>[일계표(월계표)]에서 『월계표』를 선택하고 조회기간(4월 ~ 6월)을 입력하고 원재료 계정의 차변 [계]란의 금액을 확인할 수 도 있다.

07 [계정별원장]에서 기간(1월 1일 ~ 6월 30일) / 계정과목(404.제품매출 ~ 404.제품매출)을 입력하고 [대변]란의 누계를 확인한다.

> 답안 : 874,976,001원

[해설] [결산/재무제표]>[합계잔액시산표]에서 기간(6월 30일)을 입력하고 제품매출 계정의 대변 [잔액]란의 금액을 확인할 수도 있다.

08 [계정별원장]에서 기간(4월 1일 ~ 6월 30일) / 계정과목(511.복리후생비 ~ 511.복리후생비)을 입력하고 [차변]란의 누계와 전월이월을 확인한다.

> 답안 : 1,050,000원

[해설] 누계(3,022,900) - 전월이월(1,972,900) = 1,050,000원

[장부관리]>[일계표(월계표)]에서 『월계표』를 선택하고 조회기간(4월 ~ 6월)을 입력하고 〈제조경비〉의 복리후생비 계정의 차변 [계]란의 금액을 확인할 수 도 있다.

09 [거래처원장]에서 『잔액』 탭을 선택하고 기간(5월 1일 ~ 5월 31일) / 계정과목(108.외상매출금) / 거래처(141.한영상사 ~ 141.한영상사)를 입력하고 [대변]란의 금액을 확인한다.

> 답안 : 106,000,000원

10 [거래처원장]에서 『잔액』 탭을 선택하고 기간(4월 1일 ~ 4월 30일) / 계정과목(251.외상매입금) / 거래처(142.㈜부산 ~ 142.㈜부산)를 입력하고 [차변]란의 금액을 확인한다.

> 답안 : 4,000,000원

11 [거래처원장]에서 『잔액』 탭을 선택하고 기간(1월 1일 ~ 5월 31일) / 계정과목(108.외상매출금) / 거래처(모든 거래처)를 입력하고 [잔액]란의 금액을 확인한다.

> 답안 : 102.미래상사 45,300,000원

12 [거래처원장]에서 『잔액』 탭을 선택하고 기간(1월 1일 ~ 3월 31일) / 계정과목(108.외상매출금) / 거래처(모든 거래처)를 입력하고 [대변]란의 금액을 확인한다.

> 답안 : 114.유플러스통신 6,500,000원

13 [결산/재무제표]>[합계잔액시산표]에서 기간(5월 31일)을 입력하고 영업외비용의 차변 [잔액]란의 금액을 확인한다.

> 답안: 638,000원

14 [합계잔액시산표]에서 기간(3월 31일)을 입력하고 〈제조경비〉의 차변 [계]란의 금액을 확인한다.

> 답안: 6,744,200원

15 [장부관리]>[일계표(월계표)]에서 『월계표』 탭을 선택하고 조회기간(6월 ~ 6월)을 입력하고 판매비및일반관리비의 차변 [계]란의 금액을 확인한다.

> 답안: 11,715,600원

16 [일계표(월계표)]에서 『월계표』 탭을 선택하고 조회기간(4월 ~ 6월)을 입력하고 〈노무비〉의 차변 [계]란의 금액을 확인한다.

> 답안: 16,450,000원

17 [일계표(월계표)]에서 『월계표』 탭을 선택하고 조회기간(2월 ~ 2월)을 입력하고 판매비및일반관리비 구성 항목들의 차변 [계]란의 금액을 확인한다.

> 답안: 821. 보험료

18 [일계표(월계표)]에서 『월계표』 탭을 선택하고 조회기간(5월 ~ 5월)을 입력하고 판매비및일반관리비의 차변 [현금]란의 금액을 확인한다.

> 답안: 6,993,390원

19 [일계표(월계표)]에서 『월계표』 탭을 선택하고 조회기간(1월 ~ 3월)을 입력하고, 〈제조경비〉의 복리후생비 계정 차변 [현금]란의 금액과 판매비및일반관리비의 복리후생비 계정 차변 [현금]란의 금액을 확인한다.

> 답안: 2,300,800원

[해설] 제조경비의 복리후생비(1,972,900) + 판매비및일반관리비의 복리후생비(327,900) = 2,300,800원

20 [일계표(월계표)]에서 『월계표』 탭을 선택하고 조회기간(5월 ~ 5월)을 입력하고 〈재고자산〉의 차변 [대체]란과 [현금]란의 금액을 확인한다.

> 답안 : 3,100,000원

[해설] 대체거래(27,000,000) - 현금거래(23,900,000) = 3,100,000원

21 [일계표(월계표)]에서 『월계표』 탭을 선택하고 조회기간(1월 ~ 1월), (2월 ~ 2월), (3월 ~ 3월)을 각각 입력하고 판매비및일반관리비의 차변 [계]란의 금액을 확인한다.

> 답안 : 3월, 49,822,500원

[해설] 판매비및일반관리비 : 1월 11,791,200원, 2월 7,774,400원, 3월 49,822,500원

22 [일계표(월계표)]에서 『월계표』 탭을 선택하고 조회기간(4월 ~ 4월), (5월 ~ 5월), (6월 ~ 6월)을 각각 입력하고 제조원가의 차변 [계]란의 금액을 확인한다.

> 답안 : 6월, 51,989,300원

[해설] 4월 제조원가 7,755,600원, 5월 제조원가 6,222,500원, 6월 제조원가 51,989,300원

23 [결산/재무제표]>[재무상태표]에서 『관리용』 탭을 선택하고 기간(6월)을 입력하고 [유동자산]란과 [유동부채]란의 금액을 확인한다.

> 답안 : 1,706,994,354원

[해설] 유동자산(2,592,366,035) - 유동부채(885,371,681) = 1,706,994,354원

24 [재무상태표]에서 『관리용』 탭을 선택하고 기간(5월)을 입력하고 제10(당)기와 제9(전)기의 [유동자산]란의 금액을 확인한다.

> 답안 : 1,711,782,475원

[해설] 당기 유동자산(2,508,522,432) - 전기 유동자산(796,739,957) = 1,711,782,475원

25 [장부관리]>[매입매출장]에서 조회기간(1월 1일 ~ 3월 31일) / 구분(2.매출) / 유형(12.영세/⓪전체)을 입력하고 [공급가액]란의 분기누계를 확인한다.

> 답안 : 47,822,728원

26 [매입매출장]에서 조회기간(4월 1일 ~ 6월 30일) / 구분(2.매출) / 유형(22.현과)을 입력하고 [합계]란의 분기누계를 확인한다.

> ● 답안 : 2,970,000원

27 [매입매출장]에서 조회기간(1월 1일 ~ 1월 31일) / 구분(3.매입) / 유형(52.영세/⓪전체)을 입력하고 [공급가액]란의 월계와 매수를 확인한다.

> ● 답안 : 24,100,000원, 15매

28 [매입매출장]에서 조회기간(4월 1일 ~ 6월 30일) / 구분(3.매입) / 유형(53.면세/⓪전체)을 입력하고 [공급가액]란의 분기누계를 확인한다.

> ● 답안 : 5,000,000원

29 [매입매출장]에서 조회기간(1월 1일 ~ 3월 31일) / 구분(3.매입) / 유형(54.불공/⓪전체)을 입력하고 [공급가액]란의 분기누계를 확인한다.

> ● 답안 : 34,800,000원

30 [매입매출장]에서 조회기간(1월 1일 ~ 3월 31일) / 구분(3.매입) / 유형(55.수입)을 입력하고 [공급가액]란의 분기누계를 확인한다.

> ● 답안 : 10,240,000원

31 [매입매출장]에서 조회기간(1월 1일 ~ 3월 31일) / 구분(3.매입) / 유형(57.카과)을 입력하고 [부가세]란의 분기누계를 확인한다.

> ● 답안 : 4,550,000원

제2편 원가회계

제1장 원가계산의 기초

제2장 요소별 원가계산

제3장 부문별 원가계산

제4장 제품별 원가계산

memo

제1장 원가계산의 기초

제1절 회계의 의의와 분류

1. 회계의 의의

회계란 정보이용자들이 기업에 관해 합리적 의사결정을 할 수 있도록 기업의 경제적 활동을 화폐액으로 측정·기록·분류하여 정보이용자에게 전달하는 정보시스템이다.

2. 회계의 분류

회계는 정보이용자의 유형에 따라 재무회계와 관리회계로 분류할 수 있다.

(1) 재무회계

재무회계란 기업외부의 정보이용자(주주, 채권자, 정부기관 등)에게 기업의 재무상태, 경영성과 및 미래현금흐름의 변동에 관한 유용한 정보를 제공하는 분야이다. 이러한 재무회계의 목적은 회계보고서를 통해서 기업외부 정보이용자의 합리적 의사결정에 유용한 정보를 제공하는 것이다.

(2) 관리회계

관리회계란 기업내부의 정보이용자(경영자)에게 경제적 의사결정에 유용한 정보를 제공하는 분야이다. 이러한 관리회계의 목적은 특수목적의 보고서를 통해서 기업내부 정보이용자의 의사결정에 유용한 정보를 제공하는 것이다.

[참고] 재무회계와 관리회계의 비교

구 분	재 무 회 계	관 리 회 계
정보이용자	외부정보이용자	내부정보이용자
목 적	외부정보이용자의 경제적 의사결정에 유용한 정보의 제공	내부정보이용자의 경제적 의사결정에 유용한 정보의 제공
보고수단	재무제표	특수목적의 보고서
정보의 특성	과거지향적인 재무적(화폐적) 정보	미래지향적인 재무적·비재무적 정보
보고주기	정기적	비정기적

제2절 원가회계의 의의와 목적

1. 원가회계의 의의

상기업의 경영활동은 구매과정과 판매과정으로 이루어지는 반면, 제조기업의 경영활동은 구매과정, 제조과정, 판매과정으로 이루어진다. 상기업의 경우 구매과정에서 지불한 금액이 상품의 원가이며 이 중 판매분에 대한 금액은 매출원가가 되고 미판매분에 대한 금액은 재고자산이 된다. 한편 제조기업의 경우에는 원재료를 구매하여 제조기술과 결합시켜 제품을 직접 생산하기 때문에 판매한 제품의 원가 또는 현재 보유하고 있는 제품의 원가를 알기 위해서는 이들 제품을 제조하는데 소비된 원가를 집계하여야 한다. 이와 같이, **제조기업에서 원가정보를 획득하기 위하여 제품의 생산에 소비된 원가를 기록 · 계산 · 집계하는 회계분야를 "원가회계"라 한다.**

현대에는 원가회계와 관리회계의 영역구분이 모호하여 혼용해서 사용하는 경향이 많으며, 차이점이 있다면 **원가회계는 제품의 생산에 소비된 원가를 기록 · 계산 · 집계하는 분야를 강**조하는 반면, **관리회계는 집계된 원가자료를 계획수립이나 통제 및 특수의사결정에 이용하**는 것을 강조한다는 것이다.

2. 원가회계의 목적

원가회계는 재무제표를 작성하는데 필요한 원가자료를 제공하고, 경영자의 다양한 의사결정에 필요한 원가정보를 제공하는 것 등을 목적으로 하고 있다.

① **재무제표의 작성에 필요한 원가정보의 제공** : 기업의 경영성과와 재무상태를 파악하는데 필요한 원가정보를 제공한다.
② **원가통제에 필요한 원가정보의 제공** : 원가가 과대 또는 과소하게 발생하거나 또는 불필요하게 낭비되는 것을 통제, 관리하는데 필요한 정보를 제공한다.
③ **경영의사결정에 필요한 원가정보의 제공** : 경영자의 가격결정, 예산편성 등 다양한 경영의사결정을 하는데 필요한 정보를 제공한다.

[참고] 원가회계 정보의 용도

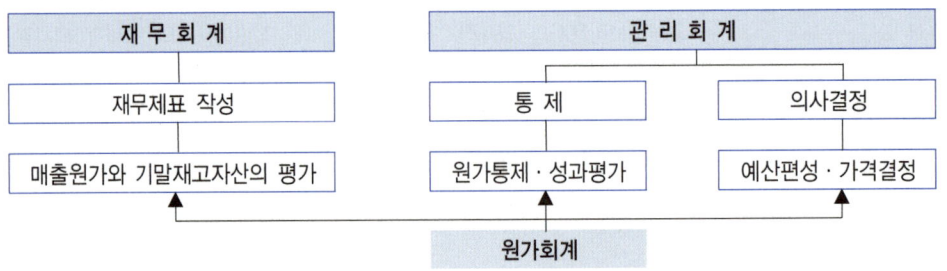

기/출/문/제 (필기)

— 회계의 분류 —

01 다음 중 원가관리회계에 대한 설명으로 가장 거리가 먼 것은?

① 도·소매업 등에서 매출원가 정보 등을 획득하기 위한 회계과정이다.
② 경영활동의 계획과 통제를 위해 필요한 회계과정이다.
③ 미래 의사결정을 위한 성과평가시 유용한 정보를 제공한다.
④ 외부 이해관계자보다 내부 경영자를 위한 회계이다.

[풀이] 원가관리회계는 제조기업에서 매출원가 정보 등을 획득하기 위한 회계과정이다.

02 다음 원가관리회계에 관한 설명 중 가장 거리가 먼 항목은?

① 제품원가계산을 위한 원가정보를 제공한다.
② 경영계획수립과 통제를 위한 원가정보를 제공한다.
③ 예산과 실제 간의 차이분석을 위한 원가정보를 제공한다.
④ 외부 이해관계자들에게 기업분석을 위한 원가정보를 제공한다.

[풀이] 원가관리회계의 목적은 특수목적의 보고서를 통해서 기업내부 정보이용자의 의사결정에 유용한 정보를 제공하는 것이다.

— 원가회계의 목적 —

03 다음 중 원가회계의 목적으로 적합하지 않은 것은?

① 매출원가의 계산
② 제품원가의 통제
③ 매출액의 계산
④ 재고자산의 평가

04 다음 중에서 원가회계 목적과 관련이 가장 적은 것은?

① 재무제표의 작성에 유용한 원가정보를 제공한다.
② 원가통제에 대한 유용한 원가정보를 제공한다.
③ 경영자에게 경영의사결정에 유용한 원가정보를 제공한다.
④ 투자자에게 합리적인 의사결정에 관한 정보제공을 목적으로 한다.

[풀이] 투자자의 합리적인 의사결정에 관한 정보제공을 목적으로 하는 것은 재무회계이다.

05 다음 중 원가회계의 일반적인 특성이 아닌 것은?

① 제품제조원가계산을 위한 원가자료의 제공
② 기업의 외부정보이용자에게 정보제공
③ 기업의 경영통제를 위한 원가자료의 제공
④ 특수의사결정을 위한 원가정보의 제공

[풀이] 기업의 외부정보자에게 정보를 제공하는 것은 재무회계의 특성이다.

06 다음 중 원가회계의 특징으로 가장 틀린 것은?

① 손익계산서의 제품매출원가를 결정하기 위하여 제품생산에 소비된 원가를 집계
② 재무상태표에 표시되는 재공품과 제품 등의 재고자산의 가액을 결정
③ 기업의 경영계획 및 통제, 의사결정에 필요한 원가자료를 제공
④ 주로 외부 이해관계자에게 의사결정에 대한 유용한 정보제공

[풀이] 원가회계는 기업 내부 이해관계자의 의사결정에 대한 유용한 정보를 제공한다.

[한마디] … 원가회계편의 기/출/문/제 [필기]의 객관식 문제는 지난 20년간 출제된 문제를 소단위별로 정리하였습니다. 그리고 중복되어 출제되는 문제는 본문에서 제외하고, 그 출제 빈도를 확인 할 수 있도록 ★표로 그 출제회수를 제시하고 있습니다. ☆는 1문제, ★는 5문제를 의미합니다.

정답

1. ① 2. ④ 3. ③ 4. ④ 5. ② 6. ④

제3절 원가의 개념과 분류

1. 원가의 개념

원가(cost)란 재화나 용역을 생산하는 과정에서 소비되는 모든 경제적 가치를 말한다. 즉, 원가는 제조기업이 재화나 용역을 생산하는데 사용한 모든 원재료, 노동력, 생산설비 등의 소비액을 말한다.

(1) 원가와 비용의 관계

원가와 비용은 다 같이 기업의 경영활동을 위하여 소비되는 경제적 가치이기는 하지만, 원가는 재화나 용역의 생산을 위하여 소비되는 경제적 가치인데 비해, 비용은 일정기간의 수익을 얻기 위하여 소비되는 경제적 가치라는 점에서 차이가 있다. 예를 들면, 완성된 제품 중에서 판매된 것의 원가는 수익을 창출하는 데 기여하였으므로 매출원가로서 비용이 되고, 판매되지 않고 남아 있는 기말제품 또는 재공품의 원가는 재무상태표에 자산으로 기록된다.

(2) 원가항목과 비원가항목

원가는 정상적인 제조과정에서 발생하는 것만 포함된다. 비록, 기업의 경영활동을 위하여 소비되는 경제적 가치라 할지라도 비원가항목은 전액을 발생기간의 비용 또는 손실로 계상해야 한다. 비원가항목의 예를 들면 다음과 같다.

① 제조활동과 관련없는 가치의 감소 : 판매활동에서 발생하는 광고선전비와 관리활동에서 발생하는 기획실 직원의 급여와 같은 항목은 원가에 포함되지 않는다.
② 제조활동과 관계가 있으나 비정상적인 상태에서 발생하는 경제적 가치의 감소 : 기계고장이나 파업기간의 임금, 갑작스런 정전시에 발생하는 불량품의 제조원가 등은 원가에 포함되지 않는다.
③ 기업 목적과 무관한 가치의 감소 : 화재나 도난 등에 의한 원재료나 제품의 감소액은 원가에 포함되지 않는다.

2. 원가의 분류

원가는 분류기준에 따라 다음과 같이 여러 가지로 분류할 수 있다.

(1) 재료비 · 노무비 · 제조경비 ← 발생형태에 따른 분류(원가의 3요소)

① 재료비 : 제품의 제조를 위한 재료의 소비액을 말한다. 따라서 재료의 매입액 전체 금액이 재료비가 되는 것이 아니고, 제품의 제조를 위하여 소비된 재료의 원가만이 재료비가 되며, 소비되지 않은 재료는 자산으로서 차기로 이월된다.

② **노무비** : 제품의 제조를 위해 투입된 인간 노동력의 소비로 인하여 발생하는 원가를 말하며 임금, 급여 등이 이에 속한다.
③ **제조경비** : 재료비와 노무비를 제외한 기타의 모든 제조원가요소를 말하는 것으로 공장의 감가상각비, 가스수도료, 전력비, 수선유지비, 보험료 등이 이에 속한다.

(2) 직접비 · 간접비 ← 제품 및 부문에의 추적가능성에 따른 분류

① **직접비** : 특정 제품의 제조를 위해서만 소비되어 직접 그 특정 제품에 부과할 수 있는 원가요소로서 직접재료비, 직접노무비, 직접제조경비가 이에 해당한다. 예를 들면, 자동차 제조업에서 자동차 타이어의 원가는 각 자동차별로 추적 가능한 원가이므로 직접비가 된다.
② **간접비** : 여러 제품의 제조를 위하여 공통적으로 소비된 것이기 때문에 특정 제품에 직접 부과할 수 없는 원가요소로서 간접재료비, 간접노무비, 간접제조경비가 이에 해당한다. 예를 들면, 한 공장 안에서 여러 종류의 제품을 제조하는 경우에 발생하는 전기사용료, 수도사용료, 경비원급료 등은 특정 제품에 직접적으로 추적하기가 어렵기 때문에 간접비로 분류된다.

(3) 직접재료비 · 직접노무비 · 제조간접비 ← 발생형태 + 추적가능성에 따른 분류

원가는 발생형태와 추적가능성이라는 2개의 복합적 기준에 따라 직접재료비 · 직접노무비 · 직접제조경비 · 간접재료비 · 간접노무비 · 간접제조경비로 분류된다. 이론상으로는 재료비 · 노무비 · 제조경비는 각각 직접비와 간접비로 분류되나, 실제로 재료비와 노무비의 대부분은 직접비에 해당하고, 제조경비의 대부분은 간접비에 해당하므로 현실적으로는 직접재료비 · 직접노무비 · 제조간접비(간접재료비+간접노무비+제조경비)로 분류한다.

① **직접재료비** : 특정 제품에 직접 추적가능한 재료비를 말한다.
② **직접노무비** : 특정 제품에 직접 추적가능한 노무비를 말한다.
③ **제조간접비** : 직접재료비와 직접노무비를 제외한 모든 제조원가를 말한다.

[참고] 제조간접비와 판매관리비의 비교

제조간접비	판매비와관리비
① 공장 관리자 및 사원의 급여	① 본사 사무실 관리자 및 사원의 급여
② 공장 사무실의 운영비	② 본사 사무실의 운영비
③ 공장 사무실의 소모품비	③ 본사 사무실의 소모품비
④ 공장의 전력비, 가스수도료	④ 본사 사무실의 전력비, 가스수도료
⑤ 공장 기계장치의 감가상각비	⑤ 사무실 차량운반구의 감가상각비
⑥ 공장 건물의 보험료 및 감가상각비	⑥ 사무실 건물의 보험료 및 감가상각비

(4) 변동비 · 고정비 ← 원가행태에 따른 분류

원가는 조업도의 변화에 대하여 어떤 반응을 보이느냐에 따라 고정비와 변동비로 분류된다. 여기서 조업도란 생산활동의 활발한 정도를 나타내는 지표로서 생산량 · 직접노동시간 · 기계운전시간 등으로 표시된다.

① 변동비 : 조업도 수준이 변동함에 따라 직접적으로 비례하여 변동하는 원가로서 조업이 중단되었을 경우에는 전혀 발생하지 않는 원가를 말한다. 변동비에는 직접재료비, 직접노무비 등이 있다.

② 고정비 : 조업도 수준의 변동에 관계없이 관련범위 내에서는 항상 원가총액이 일정하게 발생하는 원가를 말한다. 그러므로 제품단위당 고정비 부담액은 생산량이 증가하면 할수록 감소하게 된다. 고정비에는 감가상각비, 재산세, 임차료 등이 있다.

③ 준변동비(혼합원가) : 고정비와 변동비의 성격을 동시에 갖고 있는 원가를 말한다. 준변동비에는 전력비, 통신비 등이 있다.

④ 준고정비(계단원가) : 일정한 수준의 조업도(관련범위) 범위 내에서는 원가총액이 일정하지만 그 범위를 벗어나면 총원가가 변동하는 형태의 원가를 말한다. 준고정비에는 공장의 임대면적 증가에 따른 임차료 등이 있다.

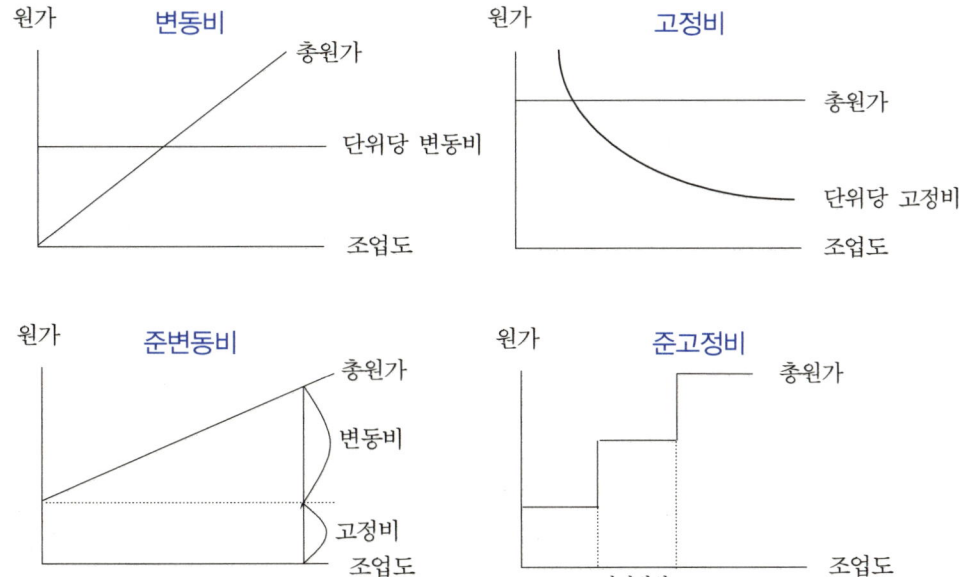

(5) 기초원가 · 가공비

① 기초원가 : 직접재료비와 직접노무비를 합한 금액을 말하며 기본원가라고도 한다. 기초원가라는 용어를 사용하는 이유는 특정 제품을 제조하는데 기본적으로 발생되는 원가이기 때문이다.

② **가공비** : 제품을 제조하는 과정에서 발생하는 직접노무비와 제조간접비를 합한 금액을 말한다. 직접재료를 가공하여 완제품을 생산하는 과정에서 소요되는 원가라는 의미에서 가공비라고 하며, 직접재료를 완제품으로 전환시키는데 소비된 원가라는 의미에서 전환원가라고도 한다.

기초원가	직접재료비	
	직접노무비	가공비
	제조간접비	

(6) 의사결정과의 관련성 등에 따른 분류

① **매몰원가** : 매몰원가(sunk cost)란 과거의 의사결정으로부터 이미 발생한 원가로서 현재 또는 미래에 어떤 의사결정을 하더라도 회수할 수 없는 원가를 말한다. 매몰원가는 의사결정에 고려할 필요가 없다.

② **기회비용(기회원가)** : 기회비용이란 자원을 현재 용도 이외에 다른 용도로 사용했을 경우에 얻을 수 있는 최대금액을 말한다. 즉, 여러 대체안 중에서 어느 하나를 선택함으로 인하여 상실하게 되는 최대의 경제적 효익을 말한다. 기회비용은 의사결정에 고려해야 한다.

③ **관련원가와 비관련원가** : 관련원가란 경영자의 의사결정과 직접적으로 관련이 있는 원가를 말하는 것으로, 고려중인 대체안 간의 차이가 있는 미래의 원가(예 대부분의 변동비)를 말한다. 반면 매몰원가는 과거의 의사결정 결과로 이미 발생된 원가로 미래의 의사결정에 의해서 변경될 수 없는 원가이므로 비관련원가가 된다.

④ **회피가능원가와 회피불가능원가** : 회피가능원가란 의사결정에 따라 발생하지 않을 수도 있는 원가(예 조업도 수준이 감소한다면 절감될 수 있는 원가로 변동원가에 해당)를 말하며, 회피불가능원가란 어떤 의사결정을 하던지 계속해서 발생하는 원가(예 과거, 현재, 미래에도 계속 발생할 수 있는 원가로 고정원가에 해당)를 말한다.

⑤ **통제가능원가와 통제불능원가** : 통제가능원가란 경영자의 의사 결정과 행동에 영향을 받는 원가(예 재료비, 노무비, 광고비 등)를 말한다. 이는 통제가능성에 따른 분류에 해당한다.

⑥ **제품원가와 기간원가** : 제품원가는 특정한 생산물에 집계되어 자산으로 남아 있다가 제품이 판매되는 시점에서 비용으로 처리되는 원가를 말하며, 기간원가는 발생 즉시 비용으로 처리되는 원가를 말한다. 이는 자산화 여부에 따른 분류에 해당한다.

⑦ **미소멸원가와 소멸원가** : 기업에 미래의 경제적 효익을 가져다 줄 수 있는 자산의 취득원가는 미소멸원가에 해당하며, 이 자산의 감가상각비는 미래의 경제적 효익을 가져다 줄 수 없는 소멸원가에 해당한다. 이는 경제적 효익에 따른 분류에 해당한다.

기/출/문/제 (필기)

― 발생형태에 따른 분류 ― ☆

01 제조원가의 3요소에 해당하지 않은 것은?
① 재료비　　　　　　　　② 노무비
③ 가공비　　　　　　　　④ 제조경비

― 추적가능성에 따른 분류 ― ☆☆

02 다음 원가 중 제조과정에서 원가와의 추적가능성에 따라 분류한 것은?
① 재료비, 노무비, 경비　　② 직접비와 간접비
③ 변동비와 고정비　　　　④ 제품원가와 기간원가

03 다음의 원가분류 중 추적가능성에 따른 분류가 아닌 항목은?
① 직접재료비　　　　　　② 간접재료비
③ 직접노무비　　　　　　④ 제조경비

― 발생형태 + 추적가능성에 따른 분류 ― ☆☆☆☆

04 다음 중 제조간접비에 포함되는 항목에 대한 설명으로 가장 적합한 것은?
① 직접재료비와 직접노무비를 제외한 모든 제조원가가 포함된다.
② 간접노무비는 포함되지만 간접재료비는 포함되지 않는다.
③ 모든 제조원가가 포함된다.
④ 간접재료비는 포함되지만 간접노무비는 포함되지 않는다.

05 다음 중 제조간접비로 집계되는 항목이 아닌 것은?
① 공장 감가상각비　　　　② 공장 임차료
③ 원재료 구입 운반비　　　④ 공장 전력비
[풀이] 원재료 구입시 발생하는 운반비는 원재료의 원가에 가산한다.

― 원가행태에 따른 분류 ― ☆☆

06 다음 중 원가행태에 따른 원가분류로 가장 옳은 것은?
① 직접비, 간접비　　　　　② 재료비, 노무비
③ 실제원가, 표준원가　　　④ 변동비, 고정비

— 변동비 — ☆☆☆

07 변동원가에 대한 설명으로 틀린 것은?

① 조업도가 증가해도 단위당 원가는 변함이 없다.
② 직접재료비는 대표적인 변동원가이다.
③ 변동원가는 일반적으로 단위당 변동원가에 조업도를 곱하여 계산한다.
④ 조업도가 증가하면 총원가는 일정하다.

[풀이] 조업도가 증가하면 총원가는 증가한다.

08 일반적으로 조업도수준이 증가할수록 원가총액이 증가하고, 조업도수준이 감소할수록 원가총액이 감소하는 원가행태를 나타내는 것은?

① 영업사원에게 지급하는 영업수당
② 공장건물에 대한 감가상각비
③ 생산직관리자에 대한 상여금
④ 개별제품을 제조하기 위한 원재료 투입비용

[풀이] 개별제품을 제조하기 위한 원재료 투입비용은 재료비로 변동원가에 해당한다.

09 다음 그래프의 원가행태를 모두 만족하는 원가는 무엇인가?

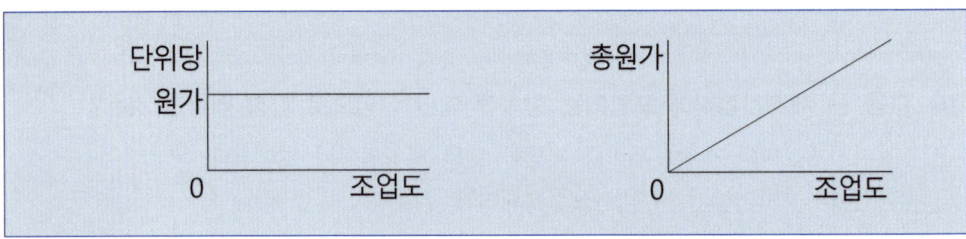

① 직접재료비　　　　　　　② 관련범위 내의 제조간접비
③ 계단원가　　　　　　　　④ 공장건물 감가상각비

[풀이] 변동비 그래프로 직접재료비가 변동비에 해당한다.

— 고정비 — ★☆☆

10 다음에서 설명하고 있는 원가를 원가행태에 따라 분류하고자 할 때 가장 적절한 것은?

> 관련범위 내에서 조업도의 변동에 관계없이 총원가가 일정하고, 조업도가 증가함에 따라 단위당 원가는 감소한다.

① 변동원가　　② 고정원가　　③ 준변동원가　　④ 준고정원가

[풀이] 고정원가에 대한 설명이다.

11 다음의 설명에 해당하는 것은?

> 일반적으로 관련범위 내에서 조업도의 변동과 관계없이 발생원가 총액이 일정하다.

① 개별 제품에 대한 포장비용   ② 기계사용에 대한 전력비용
③ 공장 건물에 대한 화재보험료   ④ 제품 생산에 대한 원재료비

[풀이] 고정비에 대한 설명으로 공장 건물에 대한 화재보험료가 고정비에 해당한다.

12 제조원가 중 원가행태가 다음과 같은 원가의 예로 가장 부적합한 것은?

생산량	1,000개	2,000개	2,500개
총원가	1,000,000원	1,000,000원	1,000,000원

① 공장 화재보험료   ② 임차료
③ 정액법에 따른 감가상각비   ④ 제품 포장비용

[풀이] 조업도의 변동에 관계없이 총원가가 일정하므로 고정비에 해당한다.

13 다음 자료의 원가행태를 모두 만족하는 것은 무엇인가?

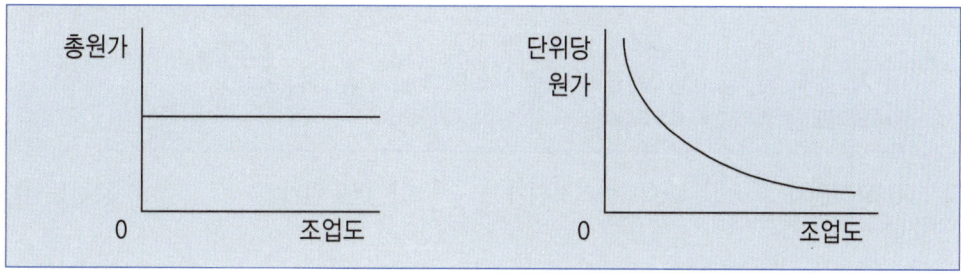

① 준변동원가   ② 관련범위 내의 감가상각비
③ 계단원가   ④ 직접재료비

[풀이] 고정비 그래프로 감가상각비가 고정비에 해당한다.

― 변동비와 고정비의 비교 ― ★☆

14 조업도 감소에 따른 고정비 및 변동비와 관련한 원가행태를 틀리게 나타낸 것은?

① 총고정비는 일정하다.   ② 단위당 고정비는 감소한다.
③ 총변동비는 감소한다.   ④ 단위당 변동비는 일정하다.

[풀이] 조업도가 감소하면 단위당 고정비는 증가한다.

15 다음 변동비와 고정비에 대한 설명 중 옳은 것은?

① 관련범위 내에서 조업도가 증가하더라도 단위당 변동비는 일정하다.
② 관련범위 내에서 조업도가 증가하더라도 단위당 고정비는 일정하다.
③ 관련범위 내에서 조업도가 증가함에 따라 총 변동비는 감소한다.
④ 관련범위 내에서 조업도가 증가함에 따라 총 고정비는 증가한다.

[풀이] ② 관련범위 내에서 조업도가 증가하면 단위당 고정비는 감소한다.
③ 관련범위 내에서 조업도가 증가함에 따라 총 변동비는 증가한다.
④ 관련범위 내에서 조업도가 증가함에 따라 총 고정비는 일정하다.

− 준변동비 − ☆

16 원가행태에 따라 다음의 설명에 해당되는 것은 무엇인가?

> 수도요금의 원가행태는 사용량이 없는 경우에도 발생하는 기본요금과 조업도(사용량)이 증가함에 따라 비례적으로 납부금액이 증가하는 추가요금으로 구성되어 있다.

① 준고정비   ② 고정비   ③ 변동비   ④ 준변동비

[풀이] 준변동비(준변동원가)는 고정비와 변동비의 성격을 동시에 갖고 있는 원가를 말한다.

17 다음은 공장 전기요금고지서의 내용이다. 원가 행태상의 분류로 옳은 것은?

> • 기 본 요 금 : 1,000,000원 (사용량과 무관)
> • 사 용 요 금 : 3,120,000원 (사용량 : 48,000kw, kw당 65원)
> • 전기요금 합계 : 4,120,000원

① 고정원가   ② 준고정원가   ③ 변동원가   ④ 준변동원가

18 다음은 어떠한 원가의 행태를 나타내는 그림인가?

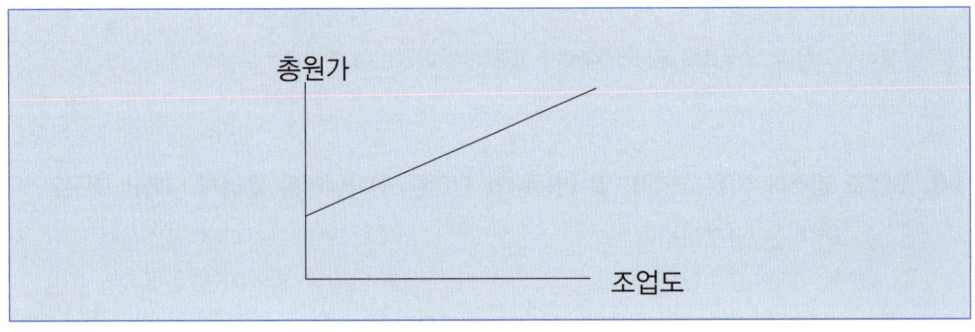

① 변동비   ② 준변동비   ③ 고정비   ④ 준고정비

— 준고정비 — ☆☆

19 다음에서 설명하고 있는 원가행태는 무엇인가?

> 특정범위의 조업도 수준(관련범위)에서는 일정한 금액이 발생하지만, 관련범위를 벗어나면 원가총액이 일정액만큼 증가 또는 감소하는 원가를 말한다.

① 준변동비(준변동원가)　　　② 변동비(변동원가)
③ 고정비(고정원가)　　　　　④ 준고정비(준고정원가)

[풀이] 준고정비(준고정원가)에 대한 설명이다.

20 기계장치 1대를 매월 1,000,000원에 임차하여 사용 중이며, 월 최대생산량은 500단위이다. 당월에 생산해야 할 물량이 총 800대로 책정되어 추가로 1대의 기계장치를 임차하기로 결정하였다. 이 기계장치에 대한 임차료의 원가행태는 무엇인가?

① 변동원가　　② 준변동원가　　③ 고정원가　　④ 준고정원가

[풀이] 일정한 수준의 조업도 범위 내에서는 원가총액이 일정하지만 그 범위(500단위)를 벗어나면 총원가가 변동하는 준고정원가에 해당한다.

21 다음은 원가행태를 조업도에 따라 나타낸 그래프이다. 그래프와 원가 종류가 바르게 연결된 것은?

① 〈변동원가〉
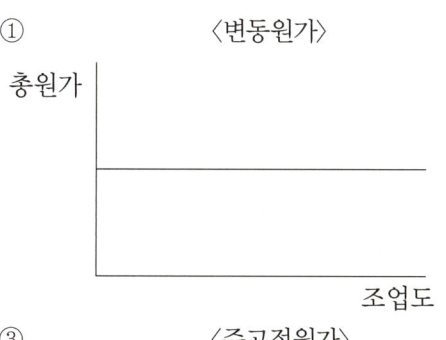

② 〈고정원가〉
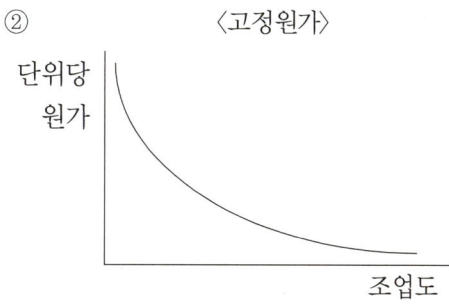

③ 〈준고정원가〉
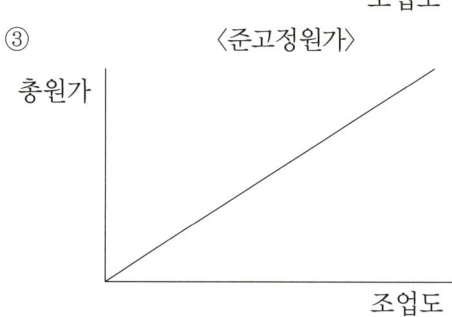

④ 〈준변동원가〉
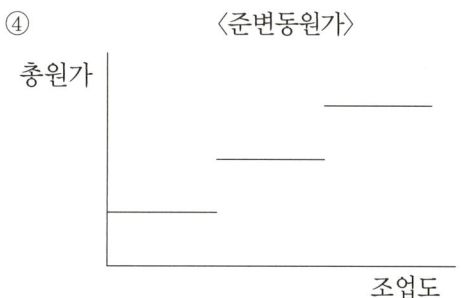

[풀이] ①은 고정원가, ③은 변동원가, ④는 준고정원가 그래프이다.

— 기초원가 · 가공비 — ☆

22 다음 중 기본원가(prime costs)를 구성하는 것으로 맞는 것은?

① 직접재료비 + 직접노무비
② 직접노무비 + 제조간접비
③ 직접재료비 + 직접노무비 + 제조간접비
④ 직접재료비 + 직접노무비 + 변동제조간접비

23 가공원가에 대한 설명 중 옳은 것은?

① 제조과정에서 발생하는 모든 원가
② 이미 발생하여 의사결정에 영향을 주지 못하는 원가
③ 직접노무비와 제조간접비의 합계
④ 미래에 발생할 것이 예상되는 원가

24 다음 중 기초원가이면서 가공비에도 해당하는 원가는?

① 직접재료비   ② 직접노무비
③ 간접재료비   ④ 간접노무비

[풀이] 직접노무비는 기초원가와 가공비 모두에 해당된다.

— 기초원가 · 가공비 계산문제 — ★★

25 다음의 자료를 근거로 가공비 금액을 계산하면 얼마인가?

| • 직접재료비 | 250,000원 | • 직접노무비 | 500,000원 |
| • 변동제조간접비 | 400,000원 | • 고정제조간접비 | 350,000원 |

① 750,000원   ② 900,000원   ③ 1,250,000원   ④ 1,500,000원

[풀이] 직접노무비 + (변동제조간접비 + 고정제조간접비) = 가공비
└ 500,000 + (400,000 + 350,000) = 1,250,000원

26 다음 자료를 통해 알 수 있는 가공원가는 얼마인가?

• 직접재료비	2,000,000원	• 간접재료비	300,000원
• 직접노무비	1,000,000원	• 간접노무비	300,000원
• 간접제조경비	300,000원		

① 1,300,000원   ② 1,600,000원   ③ 1,900,000원   ④ 3,000,000원

[풀이] 직접노무비 + 제조간접비(간접재료비, 간접노무비, 간접제조경비) = 가공비
└ 1,000,000 + (300,000 + 300,000 + 300,000) = 1,900,000원

27 다음의 자료를 이용하여 기초원가와 가공원가를 계산한 것으로 옳은 것은?

구 분	직접비	간접비
재료비	100,000원	50,000원
노무비	200,000원	100,000원
제조경비	0원	50,000원

	기초원가	가공원가			기초원가	가공원가
①	300,000원	200,000원		②	200,000원	250,000원
③	300,000원	400,000원		④	450,000원	50,000원

[풀이] 직접재료비 + 직접노무비 = 기초원가
    └ 100,000 + 200,000 = 300,000원

직접노무비 + 제조간접비(간접재료비, 간접노무비, 간접제조경비) = 가공원가
    └ 200,000 + (50,000 + 100,000 + 50,000) = 400,000원

28 당기 직접재료비는 60,000원이고, 제조간접비는 99,000원이다. 직접노무비는 가공비의 10%에 해당하는 경우, 당기의 직접노무비는 얼마인가?

① 9,000원   ② 10,000원   ③ 11,000원   ④ 12,000원

[풀이] 직접노무비(Y) = 가공비(직접노무비 + 제조간접비) × 10%
직접노무비(Y) = (Y + 99,000) × 0.1
Y = 0.1Y + 9,900   &   0.9Y = 9,900   ∴ 직접노무비(Y) 11,000원

— 원가의 분류 혼합문제 — ★☆

29 다음 중 원가에 대한 설명으로 틀린 것은?

① 직접노무비는 기본원가에도 속하고 가공원가에도 속한다.
② 조업도가 감소함에 따라 단위당 고정비는 감소하고 단위당 변동비는 일정하다.
③ 조업도가 증가함에 따라 변동비 총액은 증가하고 고정비 총액은 일정하다.
④ 원가의 추적가능성에 따라 직접원가와 간접원가로 분류한다.

[풀이] 조업도가 감소함에 따라 단위당 고정비는 증가하고 단위당 변동비는 일정하다.

30 다음 중 원가회계에 대한 설명으로 옳지 않은 것은?

① 원가 발생행태에 따라 고정비와 변동비로 나눌 수 있다.
② 원가 추적가능성에 따라 직접비와 간접비로 나눌 수 있다.
③ 직접재료비와 직접노무비를 합하여 가공원가라고 한다.
④ 조업도의 변동에 비례하여 총원가가 일정하게 발생하는 원가를 고정비라고 한다.

[풀이] 직접재료비와 직접노무비를 합한 금액을 기초원가라고 하고, 직접노무비와 제조간접비를 합한 금액을 가공원가라고 한다.

— 매몰원가 — ★★☆

31 다음은 의사결정과 관련된 원가의 분류 중 하나에 대한 설명이다. 가장 밀접한 관련이 있는 것은?

> 과거의 의사결정과 관련하여 이미 발생한 원가로 현재나 미래의 의사결정과는 관련이 없는 원가

① 매몰원가 ② 차액원가 ③ 기회비용 ④ 회피가능원가

32 다음은 원가 개념에 대한 설명이다. 공인중개사 수험서 구입비 50,000원은 어떤 원가를 의미하는가?

> 공인중개사 자격시험을 위해 관련 수험서를 50,000원에 구입하여 공부하다가, 진로를 세무회계 분야로 전환하면서 전산세무회계 자격증 수험서를 40,000원에 새로 구입하였다.

① 전환원가 ② 매몰원가 ③ 미래원가 ④ 대체원가

[풀이] 공인중개사 수험서 구입비는 매몰원가에 해당한다.

33 ㈜한세는 제품 A의 공손품 10개를 보유하고 있다. 이 공손품의 생산에는 단위당 직접재료비 1,000원, 단위당 변동가공원가 1,200원, 단위당 고정원가 800원이 투입되었다. 정상적인 제품 A의 판매가격은 5,000원이다. 공손품을 외부에 단위당 3,500원에 판매한다면 단위당 운반비 300원이 발생한다고 한다. 다음 중 매몰원가가 아닌 것은?

① 단위당 직접재료비 1,000원 ② 단위당 변동가공원가 1,200원
③ 단위당 고정원가 800원 ④ 단위당 운반비 300원

[풀이] 과거의 의사결정으로 이미 발생한 직접재료비, 변동가공원가, 고정원가는 매몰원가이다.

34 공장에서 사용하던 밀링머신이 파손되어 처분하려 한다. 취득원가는 3,000,000원이며 파손시점까지 감가상각누계액은 1,500,000원이다. 동 기계를 바로 처분하는 경우 1,000,000원을 받을 수 있고, 200,000원을 추가로 지출하여 수리하는 경우 1,300,000원을 받을 수 있다. 이때 매몰원가는 얼마인가?

① 1,500,000원 ② 1,300,000원 ③ 1,000,000원 ④ 200,000원

[풀이] 매몰원가는 과거의 의사결정으로부터 이미 발생한 원가(즉, 취득원가 - 감가상각누계액 = 장부가액 1,500,000원)로서 현재 또는 미래에 어떤 의사결정을 하더라도 회수할 수 없는 원가로서 의사결정에 고려할 필요가 없다.

35 원가에 대한 다음의 설명 중 틀린 것은?

① 직접재료비, 직접노무비는 모두 직접원가에 해당한다.
② 직접비와 간접비는 추적가능성에 따른 분류이다.
③ 제품생산량이 증가함에 따라 단위당 고정비는 감소한다.
④ 매몰원가는 이미 지출된 원가로 현재의 의사결정에 반드시 고려되어야 한다.

[풀이] 매몰원가는 이미 지출된 원가로 현재의 의사결정에 고려할 필요가 없다.

— 기회비용 — ☆☆

36 다음은 원가에 대한 설명이다. 틀린 것은?

① 직접노무비와 제조간접비를 합하여 가공원가라 한다.
② 조업도와 관련성 여부에 따라 변동비와 고정비로 구분할 수 있다.
③ 의사결정과 관련성 여부에 따라 관련원가와 비관련원가로 구분할 수 있다.
④ 기회비용이란 특정행위의 선택으로 인해 포기해야 하는 것들의 가치평균액을 말한다.

[풀이] 기회비용은 특정 행위의 선택으로 인해 포기해야 하는 것들 중 가장 가치가 큰 것을 말한다.

— 관련원가 — ☆☆

37 다음 중 원가개념의 설명으로 틀린 것은?

① 직접원가란 특정제품의 제조에만 소비되어 특정제품에 직접 추적하여 부과할 수 있는 원가이다.
② 관련원가란 의사결정에 영향을 미치는 원가로서 여러 대안 사이에 차이가 나는 과거의 원가이다.
③ 원가행태란 조업도수준이 변화함에 따라 총원가발생액이 일정한 형태로 변화할 때 그 변화하는 형태를 말한다.
④ 매몰원가는 과거의 의사결정의 결과로 이미 발생된 원가로서 현재의 의사결정에는 아무런 영향을 미치지 못하는 원가이다.

[풀이] 관련원가란 특정의 의사결정과 직접 관련이 있는 원가를 말하는 것으로, 고려중인 대체안 간의 차이가 있는 미래의 원가를 말한다.

— 제품원가와 기간원가 —

38 원가는 여러 가지 방법을 통해서 분류할 수 있다. 다음 중 원가분류에 대한 설명으로 옳지 않은 것은?

① 자산화 여부에 따라 제품원가와 기간원가로 분류한다.
② 원가행태에 따라 기초원가와 가공원가로 분류한다.
③ 의사결정의 관련성에 따라 관련원가와 비관련원가로 분류한다.
④ 제조활동과의 관련성에 따라 제조원가와 비제조원가로 분류한다.

[풀이] 원가행태에 따라 변동원가와 고정원가로 분류한다.

– 회피가능원가 – ☆

39 다음 중 의사결정과 관련한 원가에 대한 설명으로 옳지 않은 것은?

① 관련원가란 특정 의사결정과 직접적으로 관련 있는 원가로 선택 가능한 대안 사이에 발생할 수 있는 미래의 원가차이를 의미한다.
② 매몰원가란 과거의 의사결정의 결과로 인해 이미 발생된 원가로, 현재의 의사결정에는 아무런 영향을 미치지 못하는 원가를 말한다.
③ 기회원가란 자원을 다른 대체적인 용도로 사용할 경우 발생할 수 있는 최대손실을 의미한다.
④ 회피가능원가란 의사결정에 따라 절약할 수 있는 원가로 관련원가에 해당한다.

[풀이] 기회원가란 자원을 다른 대체적인 용도로 사용할 경우 발생할 수 있는 최대이익을 의미한다.

– 통제가능원가 – ☆

40 다음 중 원가의 분류 방법과 종류가 잘못 짝지어진 것은?

① 원가의 행태에 따른 분류 : 변동원가와 고정원가
② 통제가능성에 따른 분류 : 역사적원가와 예정원가
③ 추적가능성에 따른 분류 : 직접원가와 간접원가
④ 의사결정과의 관련성에 따른 분류 : 관련원가와 매몰원가

[풀이] 통제가능성에 따라 통제가능원가와 통제불능원가로 분류한다.

정답

1. ③	2. ②	3. ④	4. ①	5. ③	6. ④	7. ④	8. ④	9. ①	10. ②
11. ③	12. ④	13. ②	14. ②	15. ①	16. ④	17. ④	18. ②	19. ④	20. ④
21. ②	22. ①	23. ③	24. ②	25. ③	26. ③	27. ③	28. ③	29. ②	30. ③
31. ①	32. ②	33. ④	34. ①	35. ④	36. ④	37. ②	38. ②	39. ③	40. ②

제4절 원가의 구성

1. 직접원가

직접원가란 직접비로만 구성된 것으로서, 특정 제품의 제조를 위하여 소비된 직접재료비, 직접노무비, 직접제조경비의 합계액이다.

> 직접원가 = 직접재료비 + 직접노무비 + 직접제조경비

2. 제조원가

제조원가란 직접원가에다 간접원가(간접재료비, 간접노무비, 간접제조경비)를 가산한 것으로서, 제조과정에서 발생하는 모든 원가를 말한다.

> 제조원가 = 직접원가 + 간접원가

3. 총원가

총원가란 제조원가에다 판매비와관리비를 합한 금액으로써, 제품의 제조 및 판매를 위하여 발생한 모든 원가요소를 포함하는 것이다. 총원가는 제품의 판매가격을 결정하는 기초가 되므로 이것을 판매원가라고도 한다.

> 총원가 = 제조원가 + 판매비와관리비

4. 판매가격

판매가격이란 총원가에 판매이익을 가산한 것으로서 제품이 매출되는 가격이다.

> 판매가격 = 총원가 + 판매이익

[원가구성도]

			판매이익	판매가격
		판매비와관리비	총원가 (판매원가)	
	간접원가	제조원가		
직접재료비 직접노무비 직접제조경비	직접원가			

기/출/문/제 (필기)

— 제조원가 — ★☆

01 다음 중 제조원가에 산입되는 항목으로만 나타낸 것은?

① 공장 수도광열비, 광고비, 작업감독자 급료
② 공장 건물 감가상각비, 공장장 급료, 기계 수선비
③ 작업감독자 급료, 영업부 사원 급료, 공원 피복비
④ 공원 피복비, 기계 수선비, 기획이사 급료

[풀이] 광고비, 영업부 사원 급료, 기획이사 급료는 판매비와관리비에 해당한다.

02 다음 중 제조원가 항목에 해당하는 것은?

① 관리부 경리사원 급여
② 공장 차량운반구의 감가상각비
③ 영업사원 복리후생비
④ 마케팅부서 기업업무추진비

[풀이] 공장 차량운반구의 감가상각비는 제조원가에 해당한다.

03 원가 및 비용의 분류 중 제조원가에 해당하는 것은?

① 원재료 운반용 차량의 처분손실
② 영업용 차량의 처분손실
③ 생산부 건물 경비원의 인건비
④ 영업부 사무실의 소모품비

[풀이] 생산부 건물 경비원의 인건비는 제조원가에 해당한다.

04 다음 중 제조원가에 속하지 않는 것은?

① 원재료비
② 공장 건물의 감가상각비
③ 영업부 직원의 급여
④ 공장의 전력비

[풀이] 영업부 직원의 급여는 판매비와관리비에 해당한다.

05 다음 중 제조원가 항목에 해당하지 않는 것은?

① 생산직 관리자의 급료
② 판매부서의 운영비
③ 공장 소모품비
④ 기계장치의 감가상각비

[풀이] 판매부서의 운영비 판매비와관리비에 해당한다.

06 다음 중 제조원가로 분류할 수 없는 것은?

① 공장 건물의 재산세 ② 제품에 대한 광고선전비
③ 공장 기계의 감가상각비 ④ 공장 근로자 회사부담분 국민연금

[풀이] 제품에 대한 광고선전비는 판매비와관리비로 분류한다.

07 제조과정에 있는 작업자에게 제공하는 작업복과 관련된 비용은 어느 원가에 해당하는가?

	기본원가	가공원가	제품제조원가	판매비와관리비
①	포함	포함	포함	미포함
②	포함	미포함	포함	포함
③	미포함	포함	포함	미포함
④	미포함	미포함	미포함	포함

[풀이] 제조과정에 있는 작업자에게 제공하는 작업복은 제조간접비로 가공원가(직접노무비 + 제조간접비)와 제품제조원가(직접재료비 + 직접노무비 + 제조간접비)에 해당한다.

08 다음 자료에 의하여 제조원가에 포함될 금액은 얼마인가?

• 간접재료비	100,000원	• 공장보험료	20,000원
• 영업사원 급료	15,000원	• 제조 외주가공비	13,000원
• 본사 건물 보험료	5,000원	• 공장장 급료	10,000원

① 143,000원 ② 148,000원 ③ 133,000원 ④ 163,000원

[풀이] 간접재료비 + 공장보험료 + 제조 외주가공비 + 공장장 급료 = 제조원가
   └ 100,000 + 20,000 + 13,000 + 10,000 = 143,000원

정답

1. ② 2. ② 3. ③ 4. ③ 5. ② 6. ② 7. ③ 8. ①

제5절 원가의 흐름

제조기업의 경영활동은 각종 원재료, 노동력 및 생산설비 등을 구입하는 구매활동, 구입된 각종 원재료 등을 이용하여 제품을 제조하는 제조활동 및 제조가 완료된 제품을 판매하는 판매활동이라는 일련의 과정을 거치게 된다. 따라서 제조기업은 이러한 일련의 과정을 회계처리하게 되는데 이를 원가의 흐름이라고 한다.

[원가의 흐름]

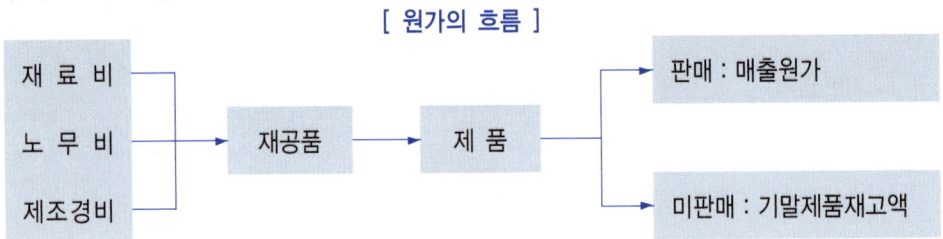

1. 원가요소 계정

(1) 재료비 계정

재료비 계정은 재료의 소비액을 기록하는 계정이다.

① **재료 구입시** : 재료를 구입하면 재료 계정의 차변에 기록한다.
 (차) 재료　　　　　　　　100,000　/　(대) 현금　　　　　　　　100,000

② **재료 소비시** : 재료가 제품의 제조를 위하여 소비되면 재료 계정의 대변에 기록하고 재료비 계정의 차변에 기록한다. 재료비 계정 차변에 기입된 당월소비액 중 직접재료비는 재공품 계정 차변에 대체하고, 간접재료비는 제조간접비 계정 차변에 대체한다.
 (차) 재료비　　　　　　　 60,000　/　(대) 재료　　　　　　　　 60,000

 (차) 재공품A　　　　　　　50,000　/　(대) 재료비　　　　　　　 60,000
 (차) 제조간접비　　　　　　10,000

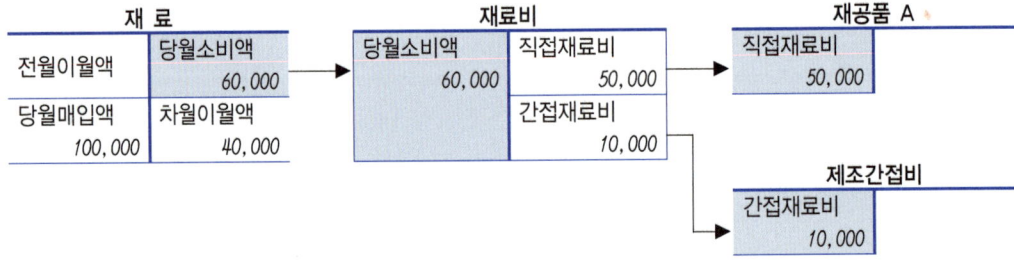

(2) 노무비 계정

노무비 계정은 노무비의 발생액을 기록하는 계정이다.

① **노무비 지급시** : 임금 · 상여 · 수당 등 노무비 지급시에는 임금 계정을 설정하여 그 차변에 당월 지급액을 기록한다.

(차) 임금 100,000 / (대) 현금 100,000

② **노무비 집계** : 노무비의 당월 발생액을 계산하여 임금 계정의 대변과 노무비 계정 차변에 기록한다. 노무비 계정 차변에 기입된 당월 노무비 발생액 중에서 직접노무비는 재공품 계정 차변에 대체하고, 간접노무비는 제조간접비 계정 차변에 대체한다.

(차) 노무비 100,000 / (대) 임금 100,000

(차) 재공품A 80,000 / (대) 노무비 100,000
(차) 제조간접비 20,000

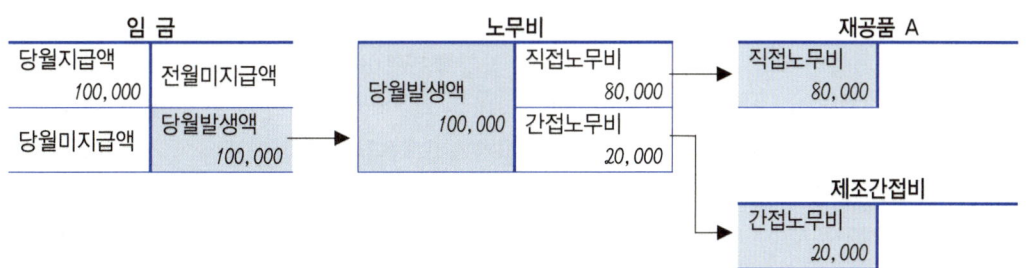

(3) 제조경비 계정

제조경비 계정은 생산설비에 대한 감가상각비, 화재보험료, 임차료, 수선비, 전력비, 가스수도료, 운임, 교통비 등과 같이 제조과정에서 발생한 경비의 소비액을 기록하는 계정이다.

① **제조경비 발생시** : 제조경비가 발생하면 경비 항목의 내용에 따라 보험료 계정, 임차료 계정 등의 차변에 기록한다.

(차) 보험료 20,000 / (대) 현금 100,000
(차) 임차료 80,000

② **제조경비 집계** : 당월의 제조경비 총 발생액을 집계하기 위하여 제조와 관련된 당해 원가 요소의 발생액을 제조경비 계정의 차변에 대체한다. 그리고 제조경비 계정 차변에 기입된 당월 제조경비 발생액 중에서 직접제조경비는 재공품 계정 차변에 대체하고, 간접제조경비는 제조간접비 계정 차변에 대체한다.

(차) 제조경비 100,000 / (대) 보험료 20,000
                          (대) 임차료 80,000

(차) 재공품A 40,000 / (대) 제조경비 100,000
(차) 제조간접비 60,000

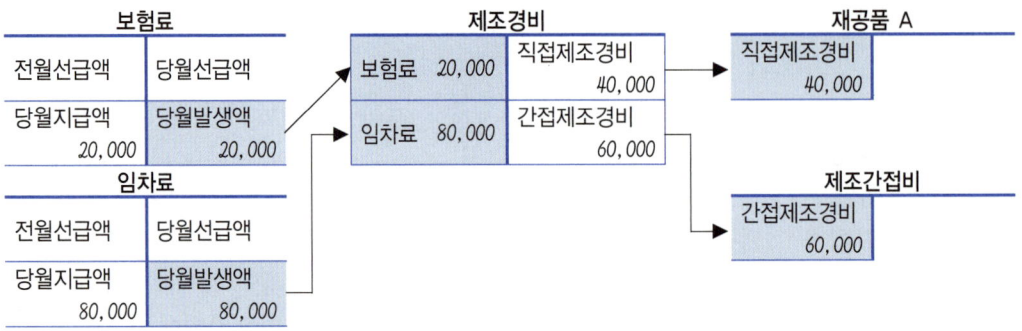

2. 원가계산 계정

(1) 제조간접비 계정

기업이 여러 종류의 제품을 제조하는 경우에는 각 제품의 종류별로 재공품 계정을 설정한다. 이때 추적이 가능한 직접재료비, 직접노무비, 직접제조경비는 각각의 재공품 계정의 차변에 기록하고 간접재료비·간접노무비·간접제조경비는 각 제품에 추적이 되지 않기 때문에 제조간접비 계정을 설정하여 집계한다. 그리고 원가계산 기말에 그 합계액을 일정한 기준에 따라 각 제품의 재공품 계정에 나누어 주어야 하는데 이를 배부라고 한다.

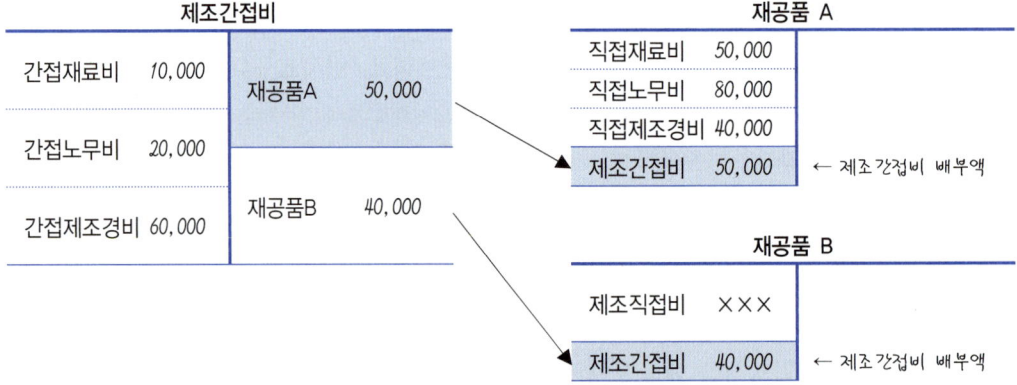

(2) 재공품 계정

재공품 계정은 특정 제품을 제조하는 과정에서 소비된 모든 원가를 기록하는 계정이다. 재공품 계정의 차변에는 직접재료비·직접노무비·직접제조경비와 제조간접비 배부액을 기록한다. 그 후 제품이 완성되면 완성품의 제조원가를 재공품 계정 대변에 기록하여 재공품을 감소시키고 이를 제품 계정의 차변에 대체한다.

(차) 재공품A	220,000	/	(대) 직접재료비	50,000
			(대) 직접노무비	80,000
			(대) 직접제조경비	40,000
			(대) 제조간접비	50,000
(차) 제품	220,000	/	(대) 재공품A	220,000

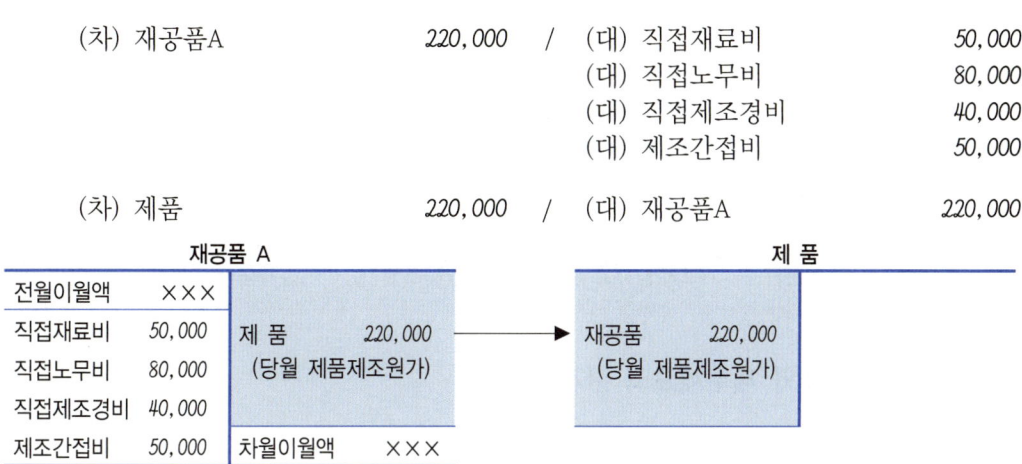

(3) 제품 계정

제품 계정은 제조공정을 완전히 마친 완성품의 증가와 감소를 기록하는 계정이다. 제품 계정의 차변에는 재공품에서 대체된 완성된 제품의 제조원가를 기록한다. 이후에 제품이 판매되면 판매된 제품의 제조원가를 제품 계정의 대변에 기록하여 제품을 감소시키고 이를 매출원가 계정 차변에 대체한다.

(차) 제품	220,000	/	(대) 재공품A	220,000
(차) 매출원가	200,000	/	(대) 제품	200,000

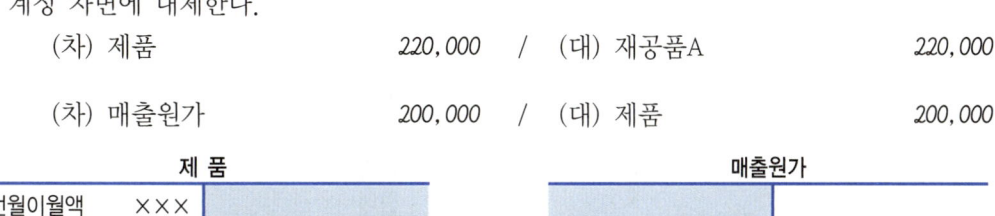

3. 원가의 계산

(1) 직접재료비의 계산

직접재료비 = 기초재료재고액 + 당기재료매입액 - 기말재료재고액

(2) 당기총제조원가의 계산

당기총제조원가 = 직접재료비 + 직접노무비 + 제조간접비

(3) 당기제품제조원가의 계산

> 당기제품제조원가 = 기초재공품재고액 + 당기총제조원가 − 기말재공품재고액

(4) 매출원가의 계산

> 매출원가 = 기초제품재고액 + 당기제품제조원가 − 기말제품재고액

4. 제조원가명세서와 재무제표의 관계

제조원가명세서는 완성된 제품의 제조원가를 상세히 나타내기 위한 보고서로서, 재무상태표와 손익계산서의 작성에 필요한 원가정보를 제공한다. 즉, 제조원가명세서는 재무상태표에 표시되는 원재료, 재공품, 제품 등의 재고자산가액과 손익계산서에 표시되는 매출원가를 결정하기 위한 정보를 제공한다.

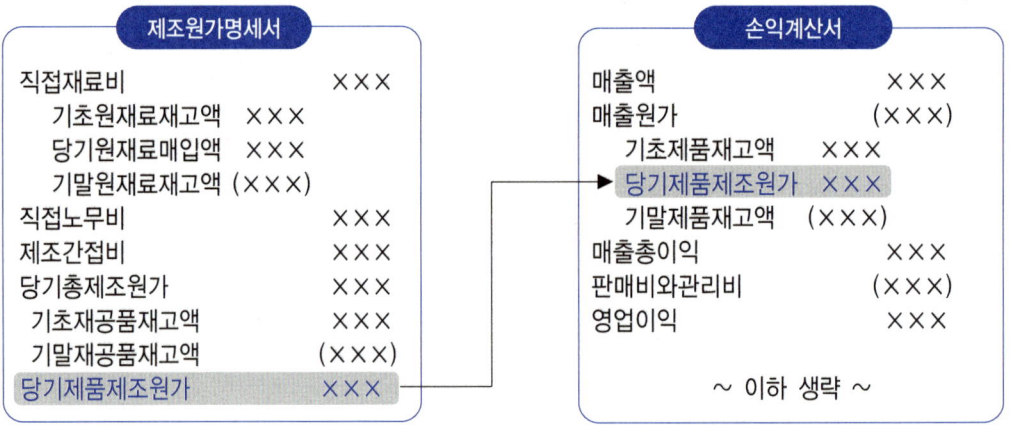

기/출/문/제 [필기]

— 원가의 흐름 — ☆☆☆

01 다음 중 원가의 흐름으로 올바른 것은?

① 원재료 → 제 품 → 재공품　　② 원재료 → 재공품 → 제 품
③ 재공품 → 제 품 → 원재료　　④ 제 품 → 재공품 → 원재료

02 다음 중 원가집계 계정의 흐름으로 가장 옳은 것은?

① 매출원가 → 재공품 → 재료비 → 제품　　② 재료비 → 매출원가 → 재공품 → 제품
③ 매출원가 → 재료비 → 재공품 → 제품　　④ 재료비 → 재공품 → 제품 → 매출원가

03 직접재료비가 증가하더라도 영향을 받지 않는 항목은?

① 재공품　　② 제품
③ 매출원가　　④ 제조간접비

— 원가요소 계정 — ☆

04 직접재료비 200,000원을 제품 제조에 부과하였을 때 맞는 분개는?

① 직접재료비　　200,000원　/　재 공 품　　200,000원
② 재 공 품　　　200,000원　/　제조간접비　200,000원
③ 재 공 품　　　200,000원　/　직접재료비　200,000원
④ 제조간접비　　200,000원　/　재 공 품　　200,000원

05 제조부문에서 발생하는 노무비에 대한 설명으로 옳지 않은 것은?

① 직접비와 간접비로 나뉜다.
② 직접노무비는 기초원가와 가공원가 모두에 해당한다.
③ 간접노무비는 제조간접비에 반영된다.
④ 발생된 노무비 중 미지급된 노무비는 원가에 반영되지 않는다.

[풀이] 발생된 노무비라면 미지급 되었더라도 원가에 포함한다.

06 다음 자료에 의하여 노무비 소비액을 계산하면?

- 전월 미지급액 120,000원　　• 당월 지급액 800,000원　　• 당월 미지급액 85,000원

① 805,000원　　② 815,000원　　③ 965,000원　　④ 765,000원

[풀이] 당월 지급액 + 당월 미지급액 − 전월 미지급액 = 당월 노무비 소비(발생)액
└ 800,000 + 85,000 − 120,000 = 765,000원

07 다음 자료에 의하여 당월의 노무비 지급액은?

| • 당월 노무비 발생액 | 500,000원 | • 전월말 노무비 미지급액 | 20,000원 |
| • 당월말 노무비 미지급액 | 60,000원 | | |

① 540,000원 ② 520,000원 ③ 460,000원 ④ 440,000원

[풀이] 당월 지급액 + 당월 미지급액 − 전월 미지급액 = 당월 노무비 발생액
당월 지급액 + 60,000 − 20,000 = 500,000원
∴ 당월 지급액 460,000원

− 원가계산 계정 − ☆☆☆☆

08 다음 중 재공품 계정의 차변에 기입될 수 없는 것은?

① 직접재료비 ② 제품제조원가
③ 직접노무비 ④ 제조간접비

09 다음 중 재공품 계정의 대변에 기입되는 사항은?

① 제조간접비 배부액 ② 직접재료비 소비액
③ 당기제품제조원가 ④ 재공품 전기이월액

10 다음 중 제조원가계산을 위한 재공품 계정에 표시될 수 없는 것은?

① 당기 총제조원가 ② 기초 재공품 재고액
③ 당기 제품제조원가 ④ 기말 원재료 재고액

11 개별원가계산에서 재공품 계정의 대변에서 제품 계정의 차변으로 대체되는 금액은 무엇을 의미하는가?

① 당기에 지급된 모든 작업의 원가 ② 당기에 발생된 모든 작업의 원가
③ 당기에 투입된 모든 작업의 원가 ④ 당기에 완성된 모든 작업의 원가

[풀이]

재공품		제품	
전기이월액 ×××	제 품 60,000	재공품 60,000	
직접재료비 10,000	(당기제품제조원가)	(당기제품제조원가)	
직접노무비 20,000			
제조간접비 30,000	차기이월액 ×××		
(당기총제조원가)			

12 다음 중 원가집계 계정의 흐름으로 가장 맞는 것은?

① 당기총제조비용은 제품 계정 차변으로 대체
② 당기제품제조원가는 재공품 계정 차변으로 대체
③ 당기매출원가는 상품매출원가 계정 차변으로 대체
④ 당기재료비소비액은 재료비 계정 차변으로 대체

[풀이]

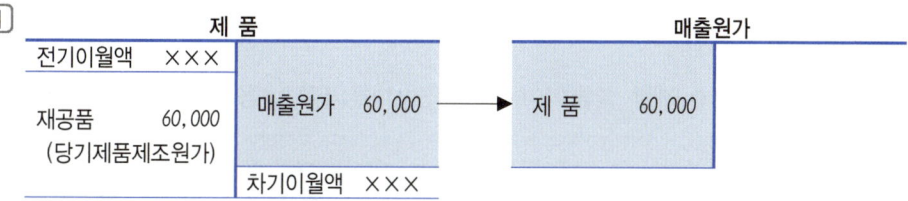

① 당기총제조비용은 재공품 계정 차변으로 대체
② 당기제품제조원가는 제품 계정 차변으로 대체
③ 당기매출원가는 제품매출원가 계정 차변으로 대체

― 원가의 계산 ― ★☆☆☆☆

13 다음 중 원가에 대한 설명으로 가장 옳지 않은 것은?

① 제조원가는 직접재료원가, 직접노무원가, 제조간접원가를 말한다.
② 직접재료원가는 기초원재료재고액과 당기원재료매입액의 합계에서 기말원재료재고액을 차감한 금액을 말한다.
③ 제품생산량이 증가하여도 관련 범위 내에서 제품 단위당 고정원가는 일정하다.
④ 혼합원가는 조업도의 증감에 관계없이 발생하는 고정비와 조업도의 변화에 따라 일정 비율로 증가하는 변동비로 구성된 원가이다.

[풀이] 제품생산량이 증가하면 관련범위 내에서 제품 단위당 고정원가는 감소한다.

14 다음 중 당기총제조원가를 구성하지 않는 것은?

① 직접재료비 ② 직접노무비
③ 제조간접비 ④ 기초재공품

15 다음 중 당기총제조원가에 대한 설명으로 가장 옳지 않은 것은?

① 직접재료원가, 직접노무원가, 제조간접원가로 구성된다.
② 당기에 제조과정에 투입된 원재료의 원가를 직접재료원가라고 한다.
③ 당기의 판매직 근로자의 급여를 직접노무원가라고 한다.
④ 당기에 제조과정에 투입된 모든 제조원가를 당기총제조원가라고 한다.

[풀이] 당기의 판매직 근로자의 급여는 판매비와관리비에 해당한다.

16 당기총제조원가가 당기제품제조원가보다 더 큰 경우 다음 중 맞는 설명은?

① 당기제품제조원가가 제품매출원가보다 반드시 더 크다.
② 기초제품재고액이 기말제품재고액보다 더 작다.
③ 기초재공품액이 기말재공품액보다 더 크다.
④ 기초재공품액이 기말재공품액보다 더 작다.

[풀이] 당기총제조원가(90) + 기초재공품액(小) − 기말재공품액(大) = 당기제품제조원가(80)

17 재공품 계정에 대한 설명이다. 괄호 안에 들어갈 내용으로 맞는 것은?

> 기말재공품재고액이 기초재공품재고액보다 크다면 당기총제조비용이 당기제품제조원가보다 ( ).

① 크다　　② 작다　　③ 같다　　④ 알 수 없다

[풀이] 당기총제조비용(大) + 기초재공품액(10) − 기말재공품액(20) = 당기제품제조원가(小)

18 다음 중 원가와 관련된 설명으로 옳지 않은 것은?

① 당기총제조원가는 직접재료비, 직접노무비, 제조간접비의 합계이다.
② 재공품의 기초, 기말재고가 없는 경우 당기총제조원가는 당기제품제조원가와 같다.
③ 매몰원가는 의사결정을 할 때 고려되지 않는 과거에 발생한 원가의 합계이다.
④ 기회원가는 여러 대안에 대한 의사결정을 하였을 때, 선택하지 않은 대안의 기대치 합계이다.

[풀이] 기회원가(비용)이란 자원을 현재 용도 이외에 다른 용도로 사용했을 경우에 얻을 수 있는 최대금액을 말한다.

19 다음 중에서 당기제품제조원가와 매출원가가 동일해지는 경우는 어느 경우인가?

① 기초제품재고금액과 당기제품제조원가 금액이 동일한 경우
② 기말제품재고금액과 당기제품제조원가 금액이 동일한 경우
③ 기초제품재고금액과 기말제품재고금액이 동일한 경우
④ 기초제품재고금액과 매출원가금액이 변동없이 동일한 경우

[풀이] 당기제품제조원가 + 기초제품재고액 − 기말제품재고액 = 매출원가

20 다음은 제조기업의 원가계산과 관련된 산식이다. 틀린 것은?

① 당기총제조원가 = 직접재료비 + 직접노무비 − 제조간접비
② 직접재료비 = 기초원재료재고액 + 당기원재료매입액 − 기말원재료재고액
③ 당기제품제조원가 = 기초재공품재고액 + 당기총제조원가 − 기말재공품재고액
④ 매출원가 = 기초제품재고액 + 당기제품제조원가 − 기말제품재고액

[풀이] 당기총제조원가 = 직접재료비 + 직접노무비 + 제조간접비

21 원재료의 사용액을 과소하게 계상한 경우 제조원가와 재무제표에 미치는 영향으로 틀린 것은? (단, 기말재공품과 기말제품은 존재하지 않는다고 가정한다.)

① 당기총제조원가 과소계상 ② 당기제품제조원가 과소계상
③ 제품매출원가 과소계상 ④ 당기순이익 과소계상

[풀이] 원재료비가 과소계상 되면 당기총제조원가 과소계상 → 당기제품제조원가 과소계상 → 제품매출원가 과소계상 → 당기순이익 과대계상

— 직접재료비의 계산 — ☆

22 당기의 재료매입액이 30,000원이다. 기말의 재료재고액이 기초의 재료재고액에 비하여 5,000원 감소하였다면 재공품으로 대체될 당기의 재료원가는 얼마인가?

① 25,000원 ② 30,000원 ③ 35,000원 ④ 40,000원

[풀이] 기초재료재고액(x) + 당기재료매입액 − 기말재료재고액(x − 5,000) = 당기의 재료원가
└ x + 30,000 − (x − 5,000) = 35,000원

— 당기총제조원가 — ★☆☆☆☆

23 다음 자료에 의하여 당기총제조원가를 구하시오.

| • 기본원가 570,000원 | • 가공원가 520,000원 | • 제조간접비 200,000원 |

① 770,000원 ② 1,070,000원 ③ 720,000원 ④ 1,270,000원

[풀이] 기본원가 + 제조간접비 = 당기총제조원가
└ 570,000 + 200,000 = 770,000원

24 다음은 ㈜부산에서 발생한 원가자료이다. 당기총제조비용은 얼마인가? 단, 제조간접비는 직접노무비의 50%를 배부한다.

| • 직접재료비 10,000,000원 | • 직접노무비 8,050,000원 |
| • 제조간접비 − | • 판매비와관리비 5,000,000원 |

① 18,050,000원 ② 22,075,000원 ③ 26,100,000원 ④ 27,075,000원

[풀이] 직접재료비 + 직접노무비 + 제조간접비 = 당기총제조비용
└ 10,000,000 + 8,050,000 + (8,050,000×50%) = 22,075,000원

25 다음 자료를 참고하여 당기총제조원가를 구하시오.

| • 직접재료비 : 500,000원 | • 직접노무비 : 400,000원 | • 직접제조경비 : 100,000원 |
| • 제조간접비 : 200,000원 | • 광고선전비 : 300,000원 | |

① 1,000,000원 ② 1,200,000원 ③ 1,500,000원 ④ 1,800,000원

[풀이] 직접재료비 + 직접노무비 + (직접제조경비 + 제조간접비) = 당기총제조원가
└ 500,000 + 400,000 + (100,000 + 200,000) = 1,200,000원

26 다음 자료에 의하면 당기총제조원가는 얼마인가?

- 기초원가   1,500,000원
- 직접노무비   600,000원
- 간접노무비   200,000원
- 공장세금과공과 150,000원
- 공장임차료   150,000원
- 기계감가상각비 100,000원
- 공장전력비   100,000원

① 2,000,000원 ② 2,200,000원 ③ 2,600,000원 ④ 3,100,000원

[풀이] 기초원가 + 제조간접비(간접노무비, 공장세금과공과, 공장임차료, 기계감가상각비, 공장전력비) = 당기총제조원가
　　　└ 1,500,000 + (200,000 + 150,000 + 150,000 + 100,000 + 100,000) = 2,200,000원

27 다음 자료에 의하여 당기총제조원가를 계산하면 얼마인가?

- 기초원재료 : 100,000원
- 당기매입원재료 : 500,000원
- 기말원재료 : 100,000원
- 직접노무비 : 3,500,000원
- 제조간접비 : (원재료비 + 직접노무비) × 20%

① 4,020,000원 ② 4,220,000원 ③ 4,300,000원 ④ 4,800,000원

[풀이] 기초원재료 + 당기매입원재료 − 기말원재료 = 원재료비
　　　└ 100,000 + 500,000 − 100,000 = 500,000원

　　　원재료비 + 직접노무비 + {(원재료비 + 직접노무비)×20%} = 당기총제조원가
　　　└ 500,000 + 3,500,000 + {(500,000 + 3,500,000)×20%} = 4,800,000원

28 다음의 원가자료에서 기초원가, 가공원가, (당기총)제조원가의 금액의 순으로 옳게 연결된 항목은?

- 원재료매입액 : 350,000원
- 직접재료비 : 400,000원
- 간접재료비 : 50,000원
- 직접노무비 : 250,000원
- 공장전력비 : 150,000원
- 공장건물 임차료 : 50,000원

① 400,000원, 250,000원, 900,000원 ② 400,000원, 500,000원, 900,000원
③ 650,000원, 500,000원, 900,000원 ④ 650,000원, 500,000원, 1,250,000원

[풀이] 직접재료비 + 직접노무비 = 기초원가
　　　└ 400,000 + 250,000 = 650,000원

　　　직접노무비 + 제조간접비(간접재료비, 공장전력비, 공장건물 임차료) = 가공원가
　　　└ 250,000 + (50,000 + 150,000 + 50,000) = 500,000원

　　　직접재료비 + 가공원가 = 당기총제조원가
　　　└ 400,000 + 500,000 = 900,000원

29 원가자료가 다음과 같을 때 당기의 직접재료비를 계산하면 얼마인가?

> • 당기총제조원가는 5,204,000원이다.
> • 제조간접비는 직접노무비의 75%이다.
> • 제조간접비는 당기총제조원가의 24%이다.

① 2,009,600원　　② 2,289,760원　　③ 2,825,360원　　④ 3,955,040원

[풀이] 당기총제조원가(5,204,000) × 24% = 제조간접비 1,248,960원
제조간접비(1,248,960) ÷ 75% = 직접노무비 1,665,280원
직접재료비 + 직접노무비 + 제조간접비 = 당기총제조원가
└ 직접재료비 + 1,665,280 + 1,248,960 = 5,204,000원
∴ 직접재료비 2,289,760원

30 ㈜한국은 4월 중 50,000원의 직접재료를 구입하였다. 직접재료의 4월초 재고는 10,000원이고, 4월말 재고는 20,000원이다. 4월 총제조원가는 200,000원이고, 제조간접원가가 30,000원이면 4월 직접노무원가는 얼마인가?

① 120,000원　　② 130,000원　　③ 150,000원　　④ 170,000원

[풀이] 4월초 직접재료재고 + 4월 중 직접재료매입 − 4월말 직접재료재고 = 직접재료비
└ 10,000 + 50,000 − 20,000 = 40,000원
직접재료비 + 직접노무비 + 제조간접비 = 총제조원가
└ 40,000 + 직접노무비 + 30,000 = 200,000원
∴ 4월 직접노무원가 130,000원

31 회사의 10월 중 당월총제조원가는 600,000원이다. 10월초 원재료재고액이 80,000원이고, 10월 중 원재료구입액이 350,000원 그리고 가공원가가 300,000원이라면 10월 말의 원재료재고액은 얼마인가?

① 110,000원　　② 120,000원　　③ 130,000원　　④ 140,000원

[풀이] 직접재료비 + 가공원가(300,000) = 당월총제조원가 600,000원
∴ 직접재료비 300,000원
10월초 원재료재고액 + 10월 중 원재료구입액 − 10월말 원재료재고액 = 직접재료비
└ 80,000 + 350,000 − 10월말 원재료 재고액 = 300,000원
∴ 10월말 원재료 재고액 130,000원

― 당기제품제조원가 ― ★★★☆

32 다음 주어진 자료를 이용하여 제조간접비를 계산하면 얼마인가?

• 기초재공품재고액	1,000,000원	• 기말원재료재고액	500,000원
• 기말재공품재고액	2,000,000원	• 당기제품제조원가	10,000,000원
• 당기 기초(기본)원가	7,000,000원		

① 1,000,000원   ② 4,000,000원   ③ 4,500,000원   ④ 1,500,000원

[풀이] 당기총제조원가 + 기초재공품재고액 – 기말재공품재고액 = 당기제품제조원가
└ 당기총제조원가 + 1,000,000 – 2,000,000 = 10,000,000원
∴ 당기총제조원가 11,000,000원
기초원가(7,000,000) + 제조간접비 = 당기총제조원가(11,000,000)
∴ 제조간접비 4,000,000원

33 기말재공품은 기초재공품에 비하여 800,000원 증가하였다. 또한 공정에 투입한 직접재료비, 직접노무비와 제조간접비의 비율이 1 : 2 : 3 이었다. 당기제품제조원가가 1,000,000원이라면, 직접재료비는 얼마인가?

① 300,000원   ② 600,000원   ③ 900,000원   ④ 1,800,000원

[풀이] 당기총제조원가 + 기초재공품(Y) – 기말재공품(Y + 800,000) = 당기제품제조원가
└ 당기총제조원가 + Y – (Y + 800,000) = 1,000,000원
∴ 당기총제조원가 1,800,000원
당기총제조원가(1,800,000) × {직접재료비(1) ÷ 전체(1+2+3)} = 300,000원

34 다음은 제조원가와 관련된 자료이다. 당기제품제조원가는 얼마인가?

• 직접재료비	1,000,000원	• 직접노무비	500,000원
• 제조간접비	700,000원	• 기초재공품	300,000원
• 기말재공품	600,000원	• 기초제품	800,000원

① 1,100,000원   ② 1,900,000원   ③ 2,500,000원   ④ 2,700,000원

[풀이] 직접재료비 + 직접노무비 + 제조간접비 = 당기총제조원가
└ 1,000,000 + 500,000 + 700,000 = 2,200,000원
당기총제조원가 + 기초재공품 – 기말재공품 = 당기제품제조원가
└ 2,200,000 + 300,000 – 600,000 = 1,900,000원

35 다음 자료에 의해 당기제품제조원가를 계산하면 얼마인가?

• 기초원재료재고	150,000원	• 직접노무비	450,000원
• 기말원재료재고	90,000원	• 제조간접비	300,000원
• 당기원재료매입	230,000원	• 기초재공품재고	200,000원
• 기초제품재고	60,000원	• 기말재공품재고	240,000원

① 290,000원　　② 1,000,000원　　③ 1,040,000원　　④ 1,100,000원

[풀이] 기초원재료재고 + 당기원재료매입 - 기말원재료재고 = 직접재료비
　　└ 150,000 + 230,000 - 90,000 = 290,000원

직접재료비 + 직접노무비 + 제조간접비 = 당기총제조원가
　└ 290,000 + 450,000 + 300,000 = 1,040,000원

당기총제조원가 + 기초재공품재고 - 기말재공품재고 = 당기제품제조원가
　└ 1,040,000 + 200,000 - 240,000 = 1,000,000원

36 다음은 제조원가와 관련된 자료이다. 기말재공품은 얼마인가?

• 직접재료비	5,000,000원	• 직접노무비	1,500,000원
• 제조간접비	7,000,000원	• 기초재공품	500,000원
• 당기제품제조원가	12,000,000원	• 기초제품	500,000원

① 2,000,000원　　② 800,000원　　③ 1,000,000원　　④ 900,000원

[풀이] 직접재료비 + 직접노무비 + 제조간접비 = 당기총제조원가
　　└ 5,000,000 + 1,500,000 + 7,000,000 = 13,500,000원

당기총제조원가 + 기초재공품 - 기말재공품 = 당기제품제조원가
　└ 13,500,000 + 500,000 - 기말재공품 = 12,000,000원

∴ 기말재공품 2,000,000원

— 매출원가 — ★★☆☆

37 다음 자료를 이용하여 당기제품제조원가를 구하시오.

• 기초제품재고액	90,000원	• 기말제품재고액	70,000원
• 당기총제조비용	1,220,000원	• 매출원가	1,300,000원

① 1,280,000원　　② 1,400,000원　　③ 2,680,000원　　④ 2,860,000원

[풀이] 당기제품제조원가 + 기초제품재고액 - 기말제품재고액 = 매출원가
　　└ 당기제품제조원가 + 90,000 - 70,000 = 1,300,000원

∴ 당기제품제조원가 1,280,000원

38 다음의 자료를 근거로 매출원가를 계산하면 얼마인가?

- 기초재공품재고액 100,000원
- 당기총제조원가 350,000원
- 기말재공품재고액 130,000원
- 기초제품재고액 300,000원
- 기말제품재고액 280,000원

① 160,000원 ② 220,000원 ③ 290,000원 ④ 340,000원

[풀이] 당기총제조원가 + 기초재공품재고액 − 기말재공품재고액 = 당기제품제조원가
└ 350,000 + 100,000 − 130,000 = 320,000원

당기제품제조원가 + 기초제품재고액 − 기말제품재고액 = 매출원가
└ 320,000 + 300,000 − 280,000 = 340,000원

39 다음의 자료를 근거로 당기총제조원가를 계산하면 얼마인가?

- 기초재공품재고액 20,000원
- 기초제품재고액 50,000원
- 매출원가 500,000원
- 기말재공품재고액 35,000원
- 기말제품재고액 40,000원

① 475,000원 ② 490,000원 ③ 505,000원 ④ 510,000원

[풀이] 당기제품제조원가 + 기초제품재고액 − 기말제품재고액 = 매출원가
└ 당기제품제조원가 + 50,000 − 40,000 = 500,000원
∴ 당기제품제조원가 490,000원

당기총제조원가 + 기초재공품재고액 − 기말재공품재고액 = 당기제품제조원가
└ 당기총제조원가 + 20,000 − 35,000 = 490,000원
∴ 당기총제조원가 505,000원

− 제조원가명세서와 재무제표의 관계 − ★★★☆☆

40 제조기업의 당기제품제조원가 계산과정을 나타내는 명세서로서 제조기업에서는 반드시 작성해야하는 필수적 부속명세서이며 재공품 계정의 변동사항이 모두 표시된 것은?

① 손익계산서 ② 제조원가명세서
③ 매출원가명세서 ④ 합계잔액시산표

41 다음 중 제조원가명세서에서 확인할 수 없는 것은?

① 기말원재료재고액 ② 기초재공품재고액
③ 당기제품제조원가 ④ 기말제품재고액

[풀이] 기말제품재고액은 손익계산서에서 확인할 수 있다.

42 다음 중 제조원가명세서에 표시되지 않는 것은?

① 직접재료비, 직접노무비, 제조간접비 ② 당기총제조원가
③ 당기제품제조원가   ④ 제품매출원가

[풀이] 제품매출원가는 손익계산서에 표시된다.

43 다음 중 제조원가명세서에 포함되는 항목으로만 짝지어진 것은?

┌───┐
│ ㉠ 기말원재료재고액   ㉡ 기말제품재고액   ㉢ 기말재공품재고액 │
│ ㉣ 당기제품제조원가   ㉤ 당기총제조원가   ㉥ 당기제품매출원가 │
└───┘

① ㉠, ㉢, ㉣, ㉤   ② ㉠, ㉡, ㉣, ㉤
③ ㉡, ㉢, ㉣, ㉤   ④ ㉢, ㉣, ㉤, ㉥

44 제조원가명세서에서 산출된 당기제품제조원가는 손익계산서 작성시 어떤 항목을 계산하는데 사용되는가?

① 영업외수익   ② 매출원가
③ 매출액   ④ 판매비와관리비

정답

1.②	2.④	3.④	4.③	5.④	6.④	7.③	8.②	9.③	10.④
11.④	12.④	13.③	14.④	15.③	16.④	17.①	18.④	19.③	20.①
21.④	22.③	23.①	24.②	25.②	26.②	27.④	28.③	29.②	30.②
31.③	32.②	33.①	34.②	35.②	36.①	37.①	38.④	39.③	40.②
41.④	42.④	43.①	44.②						

제6절 원가계산

1. 원가계산의 절차

원가계산이란, 제품 또는 용역의 생산에 소비된 원가를 집계하는 원가회계의 분야이다. 제품의 단위당 원가는 원칙적으로 다음과 같은 세 단계를 거쳐서 계산된다.

요소별 원가계산 ⇨ 부문별 원가계산 ⇨ 제품별 원가계산

(1) 요소별 원가계산

요소별 원가계산은 제품의 원가를 계산하기 위한 첫 단계로, 원가를 발생 형태에 따라 재료비, 노무비, 제조경비의 세 가지 원가요소로 분류하여 집계하는 것이다. 요소별 원가계산 단계에서는 원가의 요소별 집계 외에도 각 원가요소를 추적가능성에 따라 직접비와 간접비로 구분하여 파악하지만 재료비와 노무비의 대부분은 직접비에 해당하고, 제조경비의 대부분은 간접비에 해당하므로 현실적으로는 원가를 직접재료비·직접노무비·제조간접비로 분류하여 집계한다.

(2) 부문별 원가계산

부문별 원가계산은 요소별 원가계산에서 집계된 원가 중에서 제조간접비를 그 발생 장소인 원가 부문별로 구분하여 집계하는 절차이다. 요소별 원가계산에서 집계된 원가 중에서 직접재료비·직접노무비는 해당 제품에 직접 부과하여 제품의 원가를 집계할 수 있다. 그러나 제조간접비는 여러 제품의 제조를 위하여 공통적으로 발생한 것이기 때문에 특정 제품에 직접 부과할 수 없다. 그러므로 제조간접비는 일단 그것이 발생한 장소(부문)별로 구분하여 집계해 두었다가, 다음에 일정한 기준에 따라 해당 제품에 배부하는 절차를 밟도록 해야 한다.

> [참고] 부과와 배부
> 직접재료비와 직접노무비를 특정 제품에 집계하는 것을 부과라 하고, 제조간접비를 일정한 기준에 따라 각 제품에 인위적으로 할당하는 것을 배부라 한다.

(3) 제품별 원가계산

요소별 원가계산에서 집계한 직접재료비, 직접노무비를 해당 제품에 직접 부과하는 동시에, 부문별 원가계산에서 집계한 제조간접비를 일정한 기준에 따라 각 제품별로 배부하고, 마지막으로 이 두 가지 원가를 합계함으로써 각 제품의 원가를 계산하는 것을 제품별 원가계산이라 한다.

2. 원가계산 방법의 분류

(1) 원가의 집계방법(또는 생산형태)에 따른 분류

원가의 집계방법(또는 생산형태)에 따라 원가계산 방법을 분류하면 개별원가계산과 종합원가계산으로 분류할 수 있다.

① **개별원가계산** : 개별원가계산이란 "개별생산형태"의 기업에서 채용하는 원가계산 방식으로, 원가를 개별작업별로 구분하여 집계하는 방법이다. 이 경우 개별생산형태란 종류·모양·크기 등이 서로 다른 제품을 주문 등에 의하여 개별적으로 생산하는 형태를 말하며, 개별원가계산은 기계제작업·조선업·건설업·항공기제조업 등에서 주로 채택되는 방법이다.

② **종합원가계산** : 종합원가계산이란 "연속생산형태"의 기업에서 채용하는 원가계산 방식으로, 일정한 원가계산 기간별로 발생된 원가를 제조공정별로 구분하여 집계하는 방법이다. 이 경우 연속생산형태란 규격이 통일된 제품을 연속적으로 반복 생산하는 대량생산형태를 말하며, 종합원가계산은 화학공업·제지업·제당업 등에서 주로 채택되는 방법이다.

(2) 원가의 측정방법에 따른 분류

원가의 측정방법에 따라 원가계산 방법을 분류하면 실제원가계산, 정상원가계산, 표준원가계산으로 분류할 수 있다.

① **실제원가계산** : 모든 원가요소(직접재료비·직접노무비·제조간접비)를 제조과정에서 실제로 발생한 원가를 집계하여 제품원가를 측정하는 방법이다. 재무제표를 작성할 때에는 실제원가계산을 이용하여 계산한 금액으로 제품과 재공품의 가액 및 매출원가를 기록해야 한다.

② **정상(평준화)원가계산** : 직접재료비와 직접노무비는 실제 발생한 원가로, 제조간접비는 미리 정해놓은 제조간접비예정배부율에 의하여 결정된 원가로 제품의 원가를 측정하는 방법이다.

③ **표준원가계산** : 모든 원가요소를 미리 정해놓은 표준원가로 제품의 원가를 측정하는 방법이다.

원가요소	실제원가계산	정상원가계산	표준원가계산
직접재료비	실제원가	실제원가	표준원가
직접노무비	실제원가	실제원가	표준원가
제조간접비	실제원가	예정원가	표준원가

(3) 원가계산 범위에 따른 분류

원가계산 방법은 고정제조간접비를 제품원가로 처리하느냐 아니면 기간비용으로 처리하느냐에 따라 전부원가계산과 변동원가계산으로 구분할 수 있다.

① **전부원가계산** : 직접재료비, 직접노무비, 변동제조간접비 및 고정제조간접비 모두를 제품의 원가에 포함시키는 원가계산 방법이다. 기업 외부에 공표하는 재무제표를 작성할 때에는 전부원가계산을 사용하여 계산한 원가자료를 이용하여야 하며, 일반적으로 원가계산이라 하면 전부원가계산을 뜻한다.

② **변동원가계산** : 직접재료비, 직접노무비 및 변동제조간접비를 제품원가에 포함시키고, 고정제조간접비는 기간비용으로 처리하는 원가계산 방법이다.

기/출/문/제 (필기)

— 원가계산의 절차 — ☆

01 다음 중 일반적인 제조기업의 원가계산흐름을 바르게 설명한 것은?

① 부문별 원가계산 → 요소별 원가계산 → 제품별 원가계산
② 부문별 원가계산 → 제품별 원가계산 → 요소별 원가계산
③ 요소별 원가계산 → 부문별 원가계산 → 제품별 원가계산
④ 요소별 원가계산 → 제품별 원가계산 → 부문별 원가계산

02 원가의 발생형태에 따라 제품의 원가를 계산하기 위한 방법 중 요소별 원가계산의 범위에 속하지 않는 것은?

① 재료비 계산
② 재공품 계산
③ 제조경비 계산
④ 노무비 계산

[풀이] 요소별 원가계산은 제품의 원가를 계산하기 위한 첫 단계로, 원가를 발생 형태에 따라 재료비, 노무비, 제조경비의 세 가지 원가요소로 분류하여 집계하는 것이다.

— 원가의 집계방법에 따른 분류 — ★☆

03 특정 제품을 주문 생산하는 업종인 건설업, 조선업 등에 적절한 제품원가 계산방법은 어느 것인가?

① 요소별원가계산
② 부문별원가계산
③ 개별원가계산
④ 종합원가계산

04 다음 중 개별원가계산을 적용하기에 가장 적합하지 않은 것은?

① 비행기 제조업
② 선박 제조업
③ 주문용 소프트웨어 제작
④ 휴대폰 생산

05 다음 중 개별원가계산을 주로 사용하는 업종이 아닌 것은?

① 항공기 제조업
② 건설업
③ 화학공업
④ 조선업

06 동일의 제품을 단일의 생산공정에서 대량으로 생산하는 경우에 적합한 원가계산제도는?

① 개별원가계산제도
② 종합원가계산제도
③ 변동원가계산제도
④ 전부원가계산제도

07 석유화학산업, 제지업, 시멘트제조업, 식품가공업 등과 같이 표준화된 작업공정을 통해 주로 동종제품을 대량생산하는 제조환경에서 사용하는 생산형태에 따른 원가계산방법은?

① 개별원가계산 ② 표준원가계산
③ 종합원가계산 ④ 실제원가계산

08 다음 중 종합원가계산에 가장 적합하지 않은 품목은?

① 축구공 ② 맥주
③ 휴대폰 ④ 비행기

— 원가의 측정방법에 따른 분류 —

09 원가계산 방법에 대한 설명 중 틀린 것은?

① 실제원가계산은 직접재료비, 직접노무비, 제조간접비를 실제원가로 측정하는 방법이다.
② 정상원가계산은 직접재료비는 실제원가로 측정하고, 직접노무비와 제조간접비를 합한 가공원가는 예정배부율에 의해 결정된 금액으로 측정하는 방법이다.
③ 표준원가계산은 직접재료비, 직접노무비, 제조간접비를 표준원가로 측정하는 방법이다.
④ 원가의 집계방식에 따라 제품원가를 개별작업별로 구분하여 집계하는 개별원가계산과 제조공정별로 집계하는 종합원가계산으로 구분할 수 있다.

[풀이] 정상원가계산은 직접재료비와 직접노무비는 실제 발생한 원가로, 제조간접비는 미리 정해놓은 제조간접비예정배부율에 의해 결정된 원가로 제품의 원가를 측정하는 방법이다.

— 원가계산 범위에 따른 분류 —

10 원가회계와 관련하여 다음 설명 중 가장 적절치 않은 것은 어느 것인가?

① 제품원가에 고정제조간접비를 포함하는지의 여부에 따라 전부원가계산과 종합원가계산으로 구분된다.
② 제품생산의 형태에 따라 개별원가계산과 종합원가계산으로 구분된다.
③ 원가는 제품과의 관련성(추적가능성)에 따라 직접비와 간접비로 구분된다.
④ 원가는 조업도의 증감에 따라 원가총액이 변동하는 변동비와 일정한 고정비로 분류할 수 있다.

[풀이] 제품원가에 고정제조간접비를 포함하는지의 여부에 따라 전부원가계산과 변동원가계산으로 구분된다.

정답

1. ③ 2. ② 3. ③ 4. ④ 5. ③ 6. ② 7. ③ 8. ④ 9. ② 10. ①

제 2 장 요소별 원가계산

제1절 재료비

1. 재료비의 뜻

기업이 제품의 제조에 사용할 목적으로 외부로부터 매입한 물품을 재료라 하고, 재료비는 제품의 제조과정에서 소비된 재료의 가치로서 원가요소 중의 하나이다.

2. 재료비의 계산

재료비는 재료의 소비량에 소비단가를 곱하여 다음과 같이 계산한다.

$$\text{재료비} = \text{재료의 소비량} \times \text{재료의 소비단가}$$

(1) 재료의 소비량 결정

재료 소비량을 파악하는 방법에는 계속기록법과 실지재고조사법이 있다.

① **계속기록법** : 재료의 입고와 출고가 이루어질 때마다 장부에 계속적으로 그 사실을 기록함으로써, 장부기록에 의해 당월의 재료소비량을 파악하는 방법이다.

$$\text{당월소비량} = \text{장부상 출고란에 기록된 수량의 합계}$$

또한 원가계산시에 실지재고조사법과 병행하여 사용하면, 장부상재고량과 실제재고량을 모두 알 수 있기 때문에 보관 중에 발생한 재고감모량을 쉽게 계산할 수 있다.

$$\text{재고감모량} = \text{장부상의 재고량} - \text{실제재고량}$$

② **실지재고조사법** : 재료의 입고시에는 장부에 기록하고 출고시에는 장부에 기록하지 않고 원가계산시에 창고에 들어가 재고조사를 실시하여 소비량을 결정하는 방법으로 재고감모량을 파악할 수 없는 것이 단점이다.

$$\text{당월소비량} = (\text{월초재고량} + \text{당월매입량}) - \text{월말실제재고량}$$

(2) 재료의 소비단가 결정

재료의 소비단가를 결정하는 방법에는 개별법, 선입선출법, 후입선출법, 총평균법, 이동평균법 등이 있다.

① 선입선출법(first-in, first-out method : FIFO method) : 먼저 매입한 재료가 먼저 출고되는 것으로 가정하여 소비단가를 결정하는 방법이다.

② 후입선출법(last-in, first-out method : LIFO method) : 가장 최근에 매입한 재료부터 출고되는 것으로 가정하여 소비단가를 결정하는 방법이다.

③ 총평균법(total average method) : 당월에 소비된 재료는 모두 동일한 단가라는 가정하에 재료의 소비단가를 결정하는 방법이다. 총평균법을 사용할 때에는 매월말에 재료의 월초재고액과 당월매입액의 합계액을 월초재고 수량과 당월매입수량의 합계로 나누어 총평균단가를 계산하고, 이 총평균 단가를 당월재료 소비량에 곱하여 재료 소비액을 계산한다.

$$총평균단가 = \frac{월초재고액 + 당월매입액}{월초재고수량 + 당월매입수량}$$

$$재료소비액 = 재료소비량 \times 총평균단가$$

④ 이동평균법(moving average method) : 재료가 출고되는 시점에서의 평균단가로 재료의 소비단가를 결정하는 방법이다. 이동평균법을 사용할 때에는 재료를 매입할 때마다 직전 재고액과 금번 매입액의 합계액을 매입 직전 재고 수량과 금번 매입 수량의 합계로 나누어 평균 단가를 계산해 두었다가, 이후에 출고되는 재료의 소비단가로 사용한다.

$$이동평균단가 = \frac{매입\ 직전의\ 재고액 + 금번의\ 매입액}{매입\ 직전의\ 재고수량 + 금번의\ 매입수량}$$

$$재료소비액 = 재료소비량 \times 이동평균단가$$

제2절 노무비

1. 노무비의 뜻

노무비란 제품의 제조를 위하여 인간의 노동력을 소비함으로써 발생하는 원가요소를 말한다.

따라서, 제품의 제조와 관계없는 본사의 임·직원이나 영업소의 판매사원 등에 대한 보수는 노무비로 분류하지 않고 판매비와관리비로 분류한다.

2. 노무비의 계산

(1) 시간급제에 의한 노무비의 계산

시간급제는 작업시간에 비례하여 기본임금을 결정하는 제도이다. 시간급제에서는 1시간을 단위로 하여 임률을 정하고, 이를 종업원의 작업시간에 곱하여 기본임금을 계산한다.

> 기본임금 = 작업시간수 × 작업 1시간당 임률

(2) 성과급에 의한 노무비의 계산

성과급제는 작업량에 따라 기본임금을 결정하는 제도로서 능률급제라고도 하며, 생산량에 제품 1단위당 임률을 곱하여 기본임금을 계산한다.

> 기본임금 = 생산량 × 제품 1단위당 임률

제3절 제조경비

1. 제조경비의 뜻

제조경비란 제품의 제조를 위하여 소비되는 원가 중에서 재료비와 노무비를 제외한 기타의 모든 원가요소를 말한다.

2. 제조경비의 계산

제조경비는 제조원가에 산입하는 방법에 따라 월할제조경비, 측정제조경비, 지급제조경비, 발생제조경비로 분류된다.

(1) 월할제조경비

월할제조경비란, 1년 또는 일정 기간분을 총괄하여 일시에 지급하는 제조경비를 말한다(예 보험료, 임차료, 감가상각비 등).

> 당월소비액 = 발생금액 ÷ 해당 개월수

(2) 측정제조경비

측정제조경비란, 계량기에 의해 소비액을 측정할 수 있는 제조경비를 말한다(ⓔ 전기사용료, 가스·수도사용료 등).

> 당월소비액 = 당월 사용량 × 단위당 가격

(3) 지급제조경비

지급제조경비란, 매월의 소비액을 그 달에 지급하는 제조경비를 말한다. 그러나 때로는 전월 선급액이나 당월 미지급액이 있을 수 있는데, 이 때에는 다음의 식을 이용하여 계산한 금액을 당월의 소비액으로 계상해야 한다(ⓔ 수선비, 운반비, 잡비 등).

> 당월소비액 = 당월지급액 - 당월선급액 - 전월미지급액 + 전월선급액 + 당월미지급액

다음은 2월말 경비에 대한 자료이다. 제조비용에 포함될 2월의 경비소비액을 구하시오.

- 당월 지급액   500,000원
- 당월 선급액   50,000원
- 당월 미지급액   20,000원
- 전월 선급액   30,000원
- 전월 미지급액   60,000원

해설 당월소비액 = 500,000 - 50,000 - 60,000 + 30,000 + 20,000 = 440,000원

(4) 발생제조경비

발생제조경비란, 재료감모손실 등과 같이 현금의 지출이 없이 발생하는 제조경비를 말한다. 재료감모손실은 재료의 장부상재고액과 실제재고액과의 차이로서, 정상적인 재료감모손실은 제조원가에 산입시키고, 비정상적인 재료감모손실은 영업외비용으로 처리한다.

기/출/문/제 (필기)

— 제조경비의 계산 — ☆

01 다음 중 월할경비에 해당하지 아니하는 것은?

① 보험료　　　　　　　　② 감가상각비
③ 가스수도료　　　　　　④ 특허권사용료

[풀이] 가스수도료는 측정제조경비에 해당한다.

02 다음의 제조경비 항목 중 당기 원가의 계산방식이 다른 하나는?

① 수선비　　　　　　　　② 운반비
③ 외주가공비　　　　　　④ 감가상각비

[풀이] 감가상각비는 월할제조경비에 해당하며, 나머지는 지급제조경비에 해당한다.
　　• 월할제조경비 당월소비액 = 발생금액 ÷ 해당 개월수

03 수도광열비에 대한 자료가 다음과 같다. 당월의 수도광열비 소비액은 얼마인가?

• 당월지급액	5,000원	• 당월미지급액	4,000원
• 당월선급액	3,000원	• 전월선급액	2,000원
• 전월미지급액	1,000원		

① 4,000원　　② 5,000원　　③ 6,000원　　④ 7,000원

[풀이] 당월지급액 − 당월선급액 − 전월미지급액 + 전월선급액 + 당월미지급액 = 당월소비액
　　└ 5,000 − 3,000 − 1,000 + 2,000 + 4,000 = 7,000원

04 제조공장에서의 전력비에 대한 자료가 다음과 같을 경우 4월에 발생한 전력비 금액은 얼마인가?

• 4월 지급액 : 1,300,000원　　• 4월 선급액 : 230,000원　　• 4월 미지급액 : 360,000원

① 710,000원　　② 1,170,000원　　③ 1,430,000원　　④ 1,890,000원

[풀이] 당월 지급액 − 당월 선급액 + 당월 미지급액 = 당월 발생액
　　└ 1,300,000 − 230,000 + 360,000 = 1,430,000원

05 ㈜세무는 7월에 근로자 A에게 노무비 100,000원을 현금 지급하였고, 근로자 B에게는 노무비 30,000원을 미지급하였다. 근로자 A에게 지급한 노무비 중 선급노무비 50,000원이 포함되어 있다면 ㈜세무가 7월에 인식해야 할 회사 전체 노무비 발생액은 얼마인가?

① 20,000원　　② 120,000원　　③ 80,000원　　④ 180,000원

[풀이] 당월 지급액 − 당월 선급액 + 당월 미지급액 = 노무비 발생액
└ 100,000 − 50,000 + 30,000 = 80,000원

06 다음 자료를 이용하여 5월 노무비 발생액을 계산하면 얼마인가?

> • 노무비 전월 선급액 : 500,000원　　• 노무비 당월 지급액 : 200,000원
> • 당월 선급액과 당월 미지급액은 없다.

① 100,000원　　② 300,000원　　③ 400,000원　　④ 700,000원

[풀이] 당월 지급액 + 전월 선급액 = 노무비 발생액
└ 200,000 + 500,000 = 700,000원

정답

1. ③　2. ④　3. ④　4. ③　5. ③　6. ④

제4절 제조간접비의 배부

제조간접비는 두 종류이상의 제품을 제조하기 위하여 공통적으로 발생하는 원가요소를 말한다. 제조간접비는 각 제품별로 추적하여 부과할 수 없기 때문에 일정한 배부기준에 따라 집계된 제조간접비를 여러 제품에 배부하게 된다. 제조간접비의 배부 방법에는 실제배부법과 예정배부법이 있다.

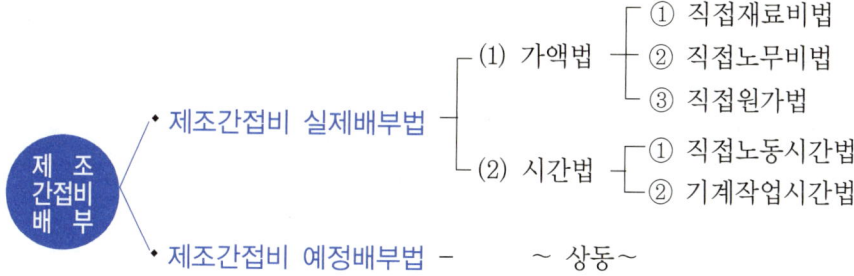

1. 실제배부법

실제배부법이란 원가계산 기말에 실제로 발생한 제조간접비를 각 제품에 배부하는 방법을 말한다.

(1) 가액법

가액법이란, 각 제품의 제조에 소비된 직접비를 기준으로 제조간접비를 배부하는 방법으로, 직접재료비법, 직접노무비법, 직접원가법 세 가지가 있다.

① **직접재료비법** : 직접재료비법이란 총 제조간접비를 배부할 때 각 제품의 제조에 소비된 직접재료비를 배부기준으로 삼는 방법이다. 일정기간의 제조간접비 총액을 같은 기간의 직접재료비 총액으로 나누어 직접재료비 1원당 제조간접비 배부율을 산정하고, 이것을 각 제품의 직접재료비에 곱하여 각 제품별 제조간접비 배부액을 계산한다.

$$제조간접비\ 배부율 = \frac{1개월\ 간의\ 제조간접비\ 총액}{동\ 기간의\ 직접재료비\ 총액}$$

$$제조간접비\ 배부액 = 특정\ 제품의\ 직접재료비 \times 배부율$$

② **직접노무비법** : 직접노무비법이란 총 제조간접비를 배부할 때 각 제품의 제조에 소비된 직접노무비를 배부기준으로 삼는 방법이다. 일정기간의 제조간접비 총액을 같은 기간의 직접노무비 총액으로 나누어 직접노무비 1원당 제조간접비 배부율을 산정하고, 이것을 각 제품의 직접노무비에 곱하여 각 제품별 제조간접비 배부액을 계산한다.

$$\text{제조간접비 배부율} = \frac{\text{1개월 간의 제조간접비 총액}}{\text{동 기간의 직접노무비 총액}}$$

$$\text{제조간접비 배부액} = \text{특정 제품의 직접노무비} \times \text{배부율}$$

③ **직접원가법** : 직접원가법이란 총 제조간접비를 배부할 때 각 제품의 제조에 소비된 직접비(직접재료비+직접노무비)를 배부기준으로 삼는 방법이다. 일정기간의 제조간접비 총액을 같은 기간의 직접비 총액으로 나누어 직접비 1원당 제조간접비 배부율을 산정하고, 이것을 각 제품의 직접비에 곱하여 각 제품별 제조간접비 배부액을 계산한다.

$$\text{제조간접비 배부율} = \frac{\text{1개월 간의 제조간접비 총액}}{\text{동 기간의 직접 원가총액}}$$

$$\text{제조간접비 배부액} = \text{특정 제품의 직접비(직접원가)} \times \text{배부율}$$

예제1

㈜세연의 1월달에 발생한 제조간접비총액은 900,000원이며, 동기간의 직접재료비총액은 1,000,000원, 직접노무비총액은 2,000,000원이다. 당월에 생산된 제품의 직접재료비와 직접노무비는 다음과 같다. 제조간접비를 (1)직접재료비법, (2)직접노무비법, (3)직접원가법에 따라 각 제품에 배부한다고 할 때 각 제품별 제조간접비 배부액을 계산하시오.

제 품	직접재료비	직접노무비
A제품	600,000원	800,000원
B제품	400,000원	1,200,000원
계	1,000,000원	2,000,000원

해설

(1) 직접재료비법
  ① 제조간접비 배부율 : 900,000 ÷ 1,000,000 = 0.9(직접재료비 1원당 제조간접비배부율)
  ② 각 제품의 제조간접비 배부액
    • A제품 : 600,000 × 0.9 = 540,000원
    • B제품 : 400,000 × 0.9 = 360,000원

(2) 직접노무비법
  ① 제조간접비 배부율 : 900,000 ÷ 2,000,000 = 0.45(직접노무비 1원당 제조간접비배부율)
  ② 각 제품의 제조간접비 배부액
    • A제품 :   800,000 × 0.45 = 360,000원
    • B제품 : 1,200,000 × 0.45 = 540,000원

(3) 직접원가법
① 제조간접비 배부율 : 900,000÷3,000,000 = 0.3(직접원가 1원당 제조간접비배부율)
② 각 제품의 제조간접비 배부액
 • A제품 : 1,400,000×0.3 = 420,000원
 • B제품 : 1,600,000×0.3 = 480,000원

(2) 시간법

시간법이란 각 제품의 제조에 소비된 시간을 기준으로 제조간접비를 배부하는 방법이다. 감가상각비, 보험료 등과 같은 제조간접비의 상당 부분은 시간 또는 기간을 기초로 하여 발생하므로 제조간접비 배부 방법으로는 시간법이 가액법에 비하여 더 합리적일 수 있다.

① **직접노동시간법** : 직접노동시간법이란 총 제조간접비를 각 제품의 제조에 투입된 직접노동시간을 배부기준으로 삼는 방법이다. 직접노동시간법을 이용하는 경우에는, 일정기간의 제조간접비 총액을 같은 기간의 직접노동 총시간수로 나누어 직접노동 1시간당 제조간접비 배부율을 산정하고, 이것을 각 제품의 직접노동시간에 곱하여 제품별 제조간접비 배부액을 계산한다.

$$제조간접비\ 배부율 = \frac{1개월\ 간의\ 제조간접비\ 총액}{동\ 기간의\ 직접노동\ 총시간수}$$

$$제조간접비\ 배부액 = 특정\ 제품의\ 직접노동시간\ 수 \times 배부율$$

② **기계작업시간법** : 기계작업시간법이란 총 제조간접비를 배부할 때 각 제품의 제조를 위하여 사용된 기계의 운전시간을 배부기준으로 삼는 방법이다. 기계작업시간법은 일정기간의 제조간접비 총액을 같은 기간의 기계작업총시간수로 나누어 기계작업 1시간당 제조간접비 배부율을 산정하고, 이것을 각 제품의 기계작업시간 수에 곱하여 제품별 제조간접비 배부액을 계산한다.

$$제조간접비\ 배부율 = \frac{1개월\ 간의\ 제조간접비\ 총액}{동\ 기간의\ 기계작업\ 총시간수}$$

$$제조간접비\ 배부액 = 특정\ 제품의\ 기계작업\ 시간\ 수 \times 배부율$$

예제2

㈜세연의 1월달에 발생한 제조간접비총액은 900,000원이며, 동기간의 총 직접노동시간은 5,000시간이며, 총 기계작업시간은 10,000시간이다. 각 제품별 직접노동시간과 기계작업시간은 다음과 같다. 제조간접비를 (1)직접노동시간, (2)기계작업시간에 따라 각 제품에 배부한다고 할 때 각 제품별 제조간접비 배부액을 계산하시오.

제 품	직접노동시간	기계작업시간
A제품	2,000시간	6,000시간
B제품	3,000시간	4,000시간
계	5,000시간	10,000시간

> **해설**
>
> (1) 직접노동시간법
>   ① 제조간접비 배부율 : 900,000÷5,000시간 = 180(직접노동 1시간당 제조간접비배부율)
>   ② 각 제품의 제조간접비 배부액
>   • A제품 : 2,000시간×180 = 360,000원
>   • B제품 : 3,000시간×180 = 540,000원
>
> (2) 기계작업시간법
>   ① 제조간접비 배부율 : 900,000÷10,000시간 = 90(기계작업 1시간당 제조간접비배부율)
>   ② 각 제품의 제조간접비 배부액
>   • A제품 : 6,000시간×90 = 540,000원
>   • B제품 : 4,000시간×90 = 360,000원

실제배부법의 문제점

첫째, 제조간접비의 실제 발생 총액은 월말에야 집계되므로, 제조간접비 실제 발생액을 이용하여 제조간접비를 배부하면, 월말이 지나야만 원가계산을 할 수 있다. 따라서 월중에 제품이 완성되더라도 월말까지 기다려야만 그 제품의 제조원가를 계산할 수 있어 원가계산 시점이 지연된다.

둘째, 제조간접비는 조업도에 상관없이 일정하게 발생하는 고정비가 많다. 즉, 보험료, 임차료 등처럼 생산량의 크기에 상관없이 매기간 또는 매월 일정한 금액으로 발생하는 것이 많다. 따라서 월별 또는 계절별로 제품의 생산량에 큰 차이가 있는 경우에는, 동일한 제품임에도 불구하고 제조간접비의 제품당 배부액이 달라져서, 제품의 단위당 원가가 매월 또는 계절마다 다르게 계산된다.

2. 예정배부법

예정배부법이란 실제배부율 대신에 제조간접비 예정배부율을 연초에 미리 산정해 두었다가, 제품이 완성되면 이 예정배부율을 사용하여 제품에 배부할 제조간접비 배부액을 결정하는 방법이다. 제조간접비를 예정배부하는 경우의 계산 방법은 실제배부법을 적용하는 방법과 같다. 예정배부법에서는 1년 동안 사용할 예정배부율을 다음과 같이 계산한다.

$$\text{제조간접비 예정배부율} = \frac{\text{제조간접비 연간예상액}}{\text{배부기준의 연간예상액}}$$

$$\text{제조간접비 예정배부액} = \text{제품별 배부기준의 실제발생액} \times \text{예정배부율}$$

여기서 분모인 "배부기준의 연간 예상액"이란 제조간접비 배부방법으로 직접재료비법을 사용할 때에는 직접재료비의 연간 예상액이 되고, 직접노동시간법을 사용하는 경우에는 직접노동의 연간 예상시간이 된다.

예제3

다음 자료로 A, B 두 종류의 제품이 부담할 제조간접비를 계산하시오.

① 1년 동안의 제조간접비 예정총액 : 12,000,000원
② 1년 동안의 직접노무비 예정총액 : 24,000,000원
③ 1월 중 각 제품에 실제 소비된 직접노무비
   A제품 : 800,000원   B제품 : 1,200,000원
④ 제조간접비 배부기준은 직접노무비법을 사용한다.

해설

(1) 제조간접비 예정배부율 : 12,000,000 ÷ 24,000,000 = 0.5 (직접노무비 1원당 제조간접비예정배부율)
(2) 각 제품의 제조간접비 예정배부액
   • A제품 : 800,000 × 0.5 = 400,000원
   • B제품 : 1,200,000 × 0.5 = 600,000원

3. 제조간접비 배부차이의 조정

제조간접비를 예정배부하게 되면 한 회계기간 동안에 배부된 제조간접비가 그 기간 동안에 실제 발생한 제조간접비와 일치하지 않는데 이 차이를 "제조간접비 배부차이"라 한다. 제조간접비 예정배부액이 실제발생액보다 작은 경우를 과소배부라 하고, 예정배부액이 실제발생액보다 많은 경우를 과대배부라 한다.

제조간접비 실제발생액 > 제조간접비 예정배부액 ⇨ 과소배부
제조간접비 실제발생액 < 제조간접비 예정배부액 ⇨ 과대배부

외부보고 목적의 재무회계에서는 실제원가계산을 적용한 제품원가를 계산할 것을 요구하고 있으므로 제조간접비를 예정배부한 경우에는 예정배부액과 실제발생액과의 차액인 제조간접비 배부차이를 조정해야 한다.

즉, 제조간접비 배부차이가 발생하면 제조간접비 배부차이 계정을 설정하여 대체해 두었다가 회계연도 말에 비례배분법, 매출원가조정법, 영업외손익법으로 배부차이를 조정하여 실제원가로 표시되도록 한다.

(1) 비례배분법

비례배분법은 제조간접비 배부차이를 기말재공품, 기말제품, 연간매출원가의 상대적 비율에 비례하여 배분하는 방법이다. 이 방법은 제조간접비 배부차이가 금액적으로 크고 중요한 경우에 사용된다.

(2) 매출원가조정법

매출원가조정법은 제조간접비 배부차이를 매출원가에 가감하는 방법으로 과소배부액은 매출원가에 가산하고 과대배부액은 매출원가에서 차감한다. 이 방법은 제조간접비 배부차이가 적고 중요하지 않은 경우이거나, 매출원가에 비하여 기말 재고자산의 금액이 적을 경우에 사용된다.

(3) 영업외손익법

영업외손익법은 제조간접비 배부차이를 영업외손익으로 처리하는 방법으로 과소배부액은 영업외비용으로 처리하고 과대배부액은 영업외수익으로 처리한다. 이 방법은 제조간접비 배부차이가 비정상적인 사건으로 인하여 발생한 경우에 사용된다.

기/출/문/제 (필기)

— 실제배부법 — ☆☆

01 다음 자료에 의할 때 제조지시서#1의 제조간접비는 얼마인가? 단, 제조간접비는 직접재료비를 기준으로 배분한다.

분 류	제조지시서#1	총원가
직접재료비	50,000원	140,000원
직접노무비	30,000원	70,000원
제조간접비	( )	280,000원

① 15,000원   ② 50,000원   ③ 70,000원   ④ 100,000원

[풀이] 제조간접비 총원가 × (제조지시서#1 직접재료비 ÷ 직접재료비 총원가) = 제조간접비 배부액
└ 280,000 × (50,000 ÷ 140,000) = 100,000원

02 ㈜대한산업은 직접노무비를 기준으로 제조간접비를 배부한다. 다음 자료에 의하여 갑제품에 배부되어야 할 제조간접비를 계산하면 얼마인가?

• 제조간접비 총액	700,000원	• 직접노무비 총액	500,000원
• 갑제품 직접노무비	300,000원	• 을제품 직접노무비	200,000원

① 300,000원   ② 420,000원   ③ 500,000원   ④ 700,000원

[풀이] 제조간접비 총액 × (갑제품 직접노무비 ÷ 직접노무비 총액) = 제조간접비 배부액
└ 700,000 × (300,000 ÷ 500,000) = 420,000원

03 ㈜세무는 직접원가를 기준으로 제조간접비를 배부한다. 다음 자료에 의해 작업지시서 No.1의 제조간접비 배부액은 얼마인가?

	공장전체발생원가	작업지시서 No.1
직접재료비	1,000,000원	300,000원
직접노무비	1,500,000원	400,000원
기계시간	150시간	15시간
제조간접비	7,500,000원	( )

① 700,000원   ② 2,100,000원   ③ 3,000,000원   ④ 3,651,310원

[풀이] 제조간접비 × (작업지시서 No1 직접원가 ÷ 직접원가 총액) = 제조간접비 배부액
└ 7,500,000 × (700,000 ÷ 2,500,000) = 2,100,000원

04 당월 중 제조간접비 발생액은 *1,600,000*원이고 실제 직접노동시간은 10,000시간이었으며, 이 중 제조지시서 NO.1의 제조에 투입된 시간은 520시간이었다. 회사가 제조간접원가를 직접노동시간에 기준하여 실제 배부하는 경우, 제조지시서 NO.1에 배부될 제조간접원가는 얼마인가?

① *100,000*원　　② *83,200*원　　③ *80,000*원　　④ *40,000*원

[풀이] 제조간접비 × (제조지시서 No1 직접노동시간 ÷ 직접노동시간) = 제조간접비 배부액
　　　└ 1,600,000 × (520시간 ÷ 10,000시간) = 83,200원

05 ㈜성창의 제품 A와 제품 B에 대한 제조원가 자료는 다음과 같다. 실제개별원가계산 방법에 따라 기계시간을 기준으로 제조간접비를 배부하였을 때 제품 A에 배부될 제조간접비는?

구 분	제품 A	제품 B	합 계
직접재료비	5,000,000원	10,000,000원	15,000,000원
직접노무비	4,000,000원	6,000,000원	10,000,000원
제조간접비(실제)	?	?	10,500,000원
기계시간	500시간	1,000시간	1,500시간

① *10,500,000*원　　② *5,250,000*원　　③ *3,500,000*원　　④ *7,000,000*원

[풀이] 제조간접비 합계 × (제품A 기계시간 ÷ 기계시간 합계) = 제조간접비 배부액
　　　└ 10,500,000 × (500시간 ÷ 1,500시간) = 3,500,000원

06 ㈜한결의 선박 제작과 관련하여 9월 중에 발생한 원가 자료는 다음과 같다. A선박의 당기총제조원가는 얼마인가? 단, 9월 중 제조간접비 발생액은 *160,000*원이며, 직접노무비를 기준으로 제조간접비를 배부한다.

구 분	A선박	B선박	합 계
직접재료비	30,000원	70,000원	100,000원
직접노무비	60,000원	140,000원	200,000원

① *102,000*원　　② *110,000*원　　③ *138,000*원　　④ *158,000*원

[풀이] 제조간접비 × (A선박 직접노무비 ÷ 직접노무비 합계액) = 제조간접비 배부액
　　　└ 160,000 × (60,000 ÷ 200,000) = 48,000원
　　　직접재료비 + 직접노무비 + 제조간접비 배부액 = A선박 당기총제조원가
　　　└ 30,000 + 60,000 + 48,000 = 138,000원

07 갑사의 제품 A와 제품 B에 대한 제조원가 자료는 다음과 같다. 실제개별원가계산 방법에 따라 기계시간을 기준으로 제조간접비를 배부하였을 때 제품 A의 제조원가는 얼마인가?

구 분	제품 A	제품 B	합 계
직접재료비	7,000,000원	3,000,000원	10,000,000원
직접노무비	4,000,000원	1,000,000원	5,000,000원
제조간접비(실제)	?	?	3,000,000원
기계시간	600시간	400시간	1,000시간
노무시간	400시간	100시간	500시간

① 5,200,000원 ② 12,200,000원 ③ 12,800,000원 ④ 13,400,000원

[풀이] 제조간접비 합계 × (제품A 기계시간 ÷ 기계시간 합계) = 제조간접비 배부액
└ 3,000,000 × (600시간 ÷ 1,000시간) = 1,800,000원

직접재료비 + 직접노무비 + 제조간접비 배부액 = 제품 A의 제조원가
└ 7,000,000 + 4,000,000 + 1,800,000 = 12,800,000원

08 다음 자료에 의할 때 제조지시서 #2의 직접재료비는 얼마인가? 단, 제조간접비는 직접재료비를 기준으로 배분한다.

분 류	제조지시서 #2	총원가
직접재료비	( )원	1,500,000원
직접노무비	1,500,000원	2,200,000원
제조간접비	1,000,000원	3,000,000원

① 500,000원 ② 1,000,000원 ③ 1,250,000원 ④ 1,500,000원

[풀이] 제조간접비 총원가 ÷ 직접재료비 총원가 = 제조간접비 배부율
└ 3,000,000 ÷ 1,500,000 = 2원

제조지시서#2의 직접재료비 × 제조간접비 배부율 = 제조간접비 배부액
└ 제조지시서#2의 직접재료비 × 2원 = 1,000,000원
∴ 제조지시서#2의 직접재료비 500,000원

09 직접 노무비의 70%를 제조간접비로 배부하는 경우, 만일 특정 작업에 배부된 제조간접비가 35,000원이라면 그 작업에 소요된 직접노무비는 얼마인가?

① 40,000원 ② 45,000원 ③ 50,000원 ④ 55,000원

[풀이] 직접노무비 × 제조간접비 배부율 = 제조간접비 배부액
└ 직접노무비 × 70% = 35,000원
∴ 직접노무비 50,000원

10 다음 중 제조간접비에 대한 설명으로 틀린 것은?

① 배부방법에는 실제배부법과 예정배부법이 있다.
② 실제배부법은 계절별 생산량이 큰 차이가 있는 경우에 적합한 배부법이다.
③ 여러 제품에 공통으로 발생하는 원가이기에 각 제품별로 집계하기 어렵다.
④ 일반적으로 제조부문의 임차료, 보험료, 감가상각비 등이 이에 해당된다.

[풀이] 실제배부법은 계절별 생산량이 큰 차이가 있는 경우에 제품의 단위당 원가가 계절별로 다르게 되는 문제점이 있다.

— 예정배부법 — ★☆

11 직접재료원가와 직접노무원가는 실제원가로, 제조간접원가는 예정배부율로 계산하는 방법인 정상개별원가계산에 의하여 제조간접비를 예정배부하는 경우 예정배부액 계산식으로 옳은 것은?

① 배부기준의 예정조업도 × 예정배부율
② 배부기준의 실제조업도 × 실제배부율
③ 배부기준의 예정조업도 × 실제배부율
④ 배부기준의 실제조업도 × 예정배부율

12 다음 중 실제개별원가계산과 정상개별원가계산에 대한 설명으로 틀린 것은?

① 실제개별원가계산은 분자에 실제제조간접비 합계액을, 분모에 실제조업도(실제배부기준)을 사용하여 제조간접비 배부율을 구한다.
② 정상개별원가계산은 분자에 예정제조간접비 합계액을, 분모에 예정조업도(예정배부기준)을 사용하여 제조간접비 배부율을 구한다.
③ 실제개별원가계산에서 실제제조간접비 배부는 개별제품 등의 실제조업도(실제배부기준) × 제조간접비실제배부율을 사용한다.
④ 정상개별원가계산에서 예정제조간접비 배부는 개별제품 등의 예정조업도(예정배부기준) × 제조간접비예정배부율을 사용한다.

[풀이] 정상개별원가계산에서 예정제조간접비 배부는 개별제품 등의 실제조업도(실제배부기준) × 제조간접비 예정배부율을 사용한다.

13 직접작업시간법으로 계산한 제조지시서 #101의 제조간접비 예정배부액은 얼마인가?

- 연간 예정제조간접비총액 : 100,000원
- 연간 예정직접작업시간 : 1,000시간
- 제조지시서별 실제작업시간 : #101 – 500시간, #201 – 300시간

① 20,000원   ② 30,000원   ③ 50,000원   ④ 100,000원

[풀이] 연간 예정제조간접비 총액 ÷ 연간 예정직접작업시간 = 제조간접비 예정배부율
└ 100,000 ÷ 1,000시간 = 100원
배부기준의 실제조업도 × 예정배부율 = 제조간접비 예정배부액
└ 500시간 × 100원 = 50,000원

— 배부차이(예정배부액) —

14 제조간접비 관련 자료가 다음과 같을 경우 제조간접비 예정배부액은 얼마인가?

- 제조간접비 실제발생액 : 25,000,000원
- 제조지시서의 기계작업시간 : 500시간
- 제조간접비 실제배부율 : 기계작업시간당 50,000원
- 제조간접비 과소배부 : 1,500,000원

① 23,500,000원 ② 25,000,000원 ③ 26,500,000원 ④ 27,500,000원

[풀이] 제조간접비 실제발생액 − 과소배부 = 제조간접비 예정배부액
   └ 25,000,000 − 1,500,000 = 23,500,000원

— 배부차이(실제발생액) — ☆☆☆

15 제조간접비 관련 자료가 다음과 같을 경우 제조간접비 실제발생액은 얼마인가?

- 제조간접비 기계작업시간당 예정배부율 : 300원
- 제조지시서의 기계 작업시간 : 40,000시간
- 제조간접비 과소배부 : 250,000원

① 10,000,000원 ② 11,750,000원 ③ 12,250,000원 ④ 12,500,000원

[풀이] 배부기준의 실제발생액 × 예정배부율 = 제조간접비 예정배부액
   └ 40,000시간 × 300원 = 12,000,000원

   제조간접비 예정배부액 + 과소배부 = 제조간접비 실제발생액
   └ 12,000,000 + 250,000 = 12,250,000원

16 제조간접비 예정배부율은 기계작업시간당 80원이고, 실제 기계작업시간이 50,000시간일 때 제조간접비 배부차이가 130,000원 과대배부인 경우 제조간접비 실제발생액은 얼마인가?

① 2,500,000원 ② 3,870,000원 ③ 4,000,000원 ④ 4,130,000원

[풀이] 배부기준의 실제발생액 × 예정배부율 = 제조간접비 예정배부액
   └ 50,000시간 × 80원 = 4,000,000원

   제조간접비 예정배부액 − 과대배부 = 제조간접비 실제발생액
   └ 4,000,000 − 130,000 = 3,870,000원

— 배부차이(예정배부율) — ☆☆☆

17 ㈜한국전자는 제조간접원가를 배부할 때 직접노무시간을 기준으로 배부하고 있다. 당기 제조간접원가 배부차이는 100,000원 과대배부이다. 당기말 실제 제조간접원가 발생액은 400,000원이고, 실제 직접노무시간이 2,000시간일 경우 직접노무시간당 제조간접원가 예정배부율은 얼마인가?

① 200원/직접노무시간 ② 250원/직접노무시간
③ 300원/직접노무시간 ④ 350원/직접노무시간

[풀이] 실제 제조간접비 발생액 + 과대배부 = 제조간접비 예정배부액
└ 400,000 + 100,000 = 500,000원
배부기준의 실제발생액 × 예정배부율 = 제조간접비 예정배부액
└ 2,000시간 × 예정배부율 = 500,000원
∴ 예정배부율 250원/직접노무시간

18 제조간접비와 관련한 자료가 다음과 같을 경우 제조간접비 기계작업시간당 예정배부율은 얼마인가?

- 제조간접비 실제발생액 : 23,500,000원
- 실제 기계작업시간 : 500시간
- 제조간접비 과대배부 : 1,500,000원

① 44,000원 ② 47,000원 ③ 50,000원 ④ 53,000원

[풀이] 제조간접비 실제발생액 + 과대배부 = 제조간접비 예정배부액
└ 23,500,000 + 1,500,000 = 25,000,000원
배부기준의 실제발생액 × 예정배부율 = 제조간접비 예정배부액
└ 500시간 × 예정배부율 = 25,000,000원
∴ 예정배부율 50,000원

— 배부차이(과대/과소) — ☆☆☆

19 다음 자료에 의하면 10월 중 제조간접비 실제 발생액과 예정배부액 간의 배부차이로 올바른 것은?

- 10월 중 제조간접비 실제 발생액은 600,000원이다.
- 10월 중 실제 직접노동시간 : 1,000시간
- 10월 중 예정 직접노동시간 : 1,200시간
- 제조간접비 예정배부율은 직접노동시간당 550원이다

① 50,000원 과소배부 ② 50,000원 과대배부
③ 60,000원 과소배부 ④ 60,000원 과대배부

[풀이] 배부기준의 실제조업도 × 예정배부율 = 제조간접비 예정배부액
└ 1,000시간 × 550원 = 550,000원
실제발생액(600,000) - 예정배부액(550,000) = 50,000원(과소배부)

20 ㈜거제산업은 제조간접비를 직접노동시간을 기준으로 하여 배부하고 있다. 다음 자료에 의하여 10월의 제조간접비 배부차이를 구하면?

- 제조간접비 예산 : 6,000,000원
- 10월 직접노동시간 : 15,000시간
- 예상직접노동시간 : 120,000시간
- 10월 실제 제조간접비 발생액 : 1,000,000원

① 250,000원 과대배부 ② 250,000원 과소배부
③ 300,000원 과대배부 ④ 300,000원 과소배부

[풀이] 제조간접비 예산 ÷ 예상직접노동시간 = 제조간접비 예정배부율
└ 6,000,000 ÷ 120,000시간 = 50원
배부기준의 실제조업도 × 예정배부율 = 제조간접비 예정배부액
└ 15,000시간 × 50원 = 750,000원
실제발생액(1,000,000) − 예정배부액(750,000) = 250,000원(과소배부)

− 제조간접비 배부차이의 조정 − ☆

21 정상개별원가계산에서 제조간접비의 배부차이를 조정하는 일반적인 방법이 아닌 것은?

① 매출원가조정법 ② 비례배분법
③ 순실현가치법   ④ 영업외손익법

[풀이] 제조간접비 배부차이가 발생하면 제조간접비 배부차이 계정을 설정하여 대체해 두었다가 회계연도 말에 비례배분법, 매출원가조정법, 영업외손익법으로 배부차이를 조정하여 실제원가로 표시되도록 한다.

정답

1. ④ 2. ② 3. ② 4. ② 5. ③ 6. ③ 7. ③ 8. ① 9. ③ 10. ②
11. ④ 12. ④ 13. ③ 14. ① 15. ③ 16. ② 17. ② 18. ③ 19. ① 20. ②
21. ③

제 3 장 부문별 원가계산

제1절 부문별 원가계산의 기초

1. 부문별 원가계산의 뜻

제품의 원가를 계산하기 위해서는 제조과정에서 소비된 원가요소 중 직접재료비와 직접노무비는 개별제품에 직접 부과하고, 제조간접비는 그의 발생과 밀접한 관련을 가지고 있는 배부기준에 따라 각 제품에 배부하는 절차가 필요하다. 즉, 부문별 원가계산은 제조간접비의 배부를 보다 엄격하게 하기 위하여 제조간접비를 그 발생 장소별로 분류·집계하는 절차이다. 이 때 발생 장소별로 분류·집계된 원가를 부문비라 하며, 이것이 발생한 장소를 "원가부문"이라 한다.

2. 원가부문의 설정

원가가 발생하는 장소를 원가부문이라 한다. 원가부문은 기업의 규모나 제품의 특성에 따라 다르게 설정될 수 있으나, 일반적으로 제조활동에 직접 참여하는 제조부문과, 이들 제조부문에 전력, 공업용수 등의 용역을 제공할 뿐 제조활동에는 직접 참여하지 않는 보조부문으로 구성되는 것이 보통인데, 원가부문도 이에 맞추어 제조부문과 보조부문으로 나누어 설정되고 있다.

(1) 제조부문
제조부문은 제품의 제조 활동을 직접 담당하는 부문으로, 예를 들면 제조 단계에 따라 존재하는 절단부문, 조립부문 등이 있다.

(2) 보조부문
보조부문은 제품의 제조에는 직접 참여하지 않고, 다만 제조부문의 제조 활동을 돕기 위해 여러 가지 용역을 제공하는 부문으로, 예를 들면 동력부문, 수선부문 등이 있다.

3. 원가의 배분

(1) 원가배분의 개요
원가배분이란 공통적으로 발생한 원가 또는 간접원가를 집계하여 합리적인 배부기준에 따라 제품 또는 부문 등의 원가대상에 대응시키는 과정을 말한다.

(2) 원가배분 기준

원가배분기준은 원가배분을 수행하는 주된 목적과 부합하도록 설정되어야 하는데 공정성과 공평성이 전제되어야 원가배분의 목적이 달성가능하다고 볼 수 있다.

① 인과관계기준 : 배분하려는 원가와 원가대상 사이에 추적 가능한 명확한 인과관계가 존재하는 경우에 그 인과관계를 배분기준으로 하여 원가를 배분하는 방법으로 가장 이상적인 원가배분기준이다. 그러나 인과관계를 파악하기 어려운 경우에는 다른 원가배분기준을 사용할 수 밖에 없다.

② 수혜기준 : 배분하려는 원가로부터 원가대상에 제공한 경제적 효익을 측정할 수 있는 경우 이러한 경제적 효익의 크기에 비례하여 원가를 배분하는 기준이다.

③ 부담능력기준 : 원가부담능력이 큰 원가대상에 더 많은 원가를 배분하는 것이다. 즉, 이익이 많은 제품이 적은 제품보다 더 많은 원가를 배분받는 것이다.

제2절 부문별 원가계산의 절차

제조부문과 보조부문이 있는 제조기업에서 부문별 원가계산을 하는 절차는 다음과 같이 4단계로 나누어진다.

> 제1단계 : 부문직접비를 각 부문에 부과
> 제2단계 : 부문간접비를 각 부문에 배분
> 제3단계 : 보조부문비를 제조부문에 배분 (직접배분법, 단계배분법, 상호배분법)
> 제4단계 : 제조부문비를 각 제품에 배부

1. 부문직접비의 부과

부문직접비란 특정 부문에서 개별적으로 발생하는 원가로서 비록 개별 제품에는 추적이 어려운 제조간접비이지만 특정 부문에는 추적 가능한 원가를 말한다. 부문직접비는 부문개별비라고도 한다. 부문 직접비의 예로는 특정 부문 책임자의 급료나 특정 부문에서만 사용하는 기계의 감가상각비 등을 들 수 있다.

2. 부문간접비의 배분

부문직접비를 부과한 다음에는 부문간접비를 제조부문과 보조부문에 배분하여야 하는데, 부문간접비는 각 부문에 직접 추적할 수 없는 제조간접비로서 부문공통비라고도 한다. 예를 들면, 공장장의 급료, 여러 부문이 공동으로 사용하는 기계의 감가상각비 등이 이에 속한다. 이러한 원가들은 개별 제품에도 추적할 수 없고, 특정 부문에도 추적할 수 없는 간접비로서, 일정한 기준에 따라 인위적으로 제조부문과 보조부문에 배분하여야 한다. 부문간접비를 각 제조부문과 보조부문에 배분할 때 적용하는 배분기준에는 여러 가지가 있는데, 항목별로 예를 들면 다음과 같다.

부문간접비	배분기준
① 감가상각비	• 기계의 경우 : 각 부문의 기계사용시간 • 건물의 경우 : 각 부문이 차지하는 면적
② 전기사용료	각 부문의 전기소비량 　또는 각 부문의 기계마력수 × 운전시간
③ 수선비	각 부문의 수선횟수
④ 가스수도사용료	각 부문의 수도 가스 사용량
⑤ 운반비	각 부문의 운반물품의 무게, 운반거리, 운반 횟수 등
⑥ 복리후생비	각 부문의 종업원수
⑦ 임차료, 재산세, 화재보험료	각 부문이 차지하는 면적 또는 기계의 가격

3. 보조부문비의 배분

부문직접비를 부과하고 부문간접비를 배분하면, 보조부문의 부문비 발생액을 알 수 있다. 그러나 보조부문에는 제품이 직접 통과하지 않으므로, 보조부문비를 각 제품에 직접 배부할 수가 없다. 따라서 보조부문비를 제조부문에 배분하는 절차가 필요하다. 보조부문의 원가를 제조부문에 배분하는 방법에는 직접배분법, 단계배분법, 상호배분법 세 가지가 있으며, 이때 보조부문원가를 제조부문에 배분하기 위한 배분기준은 보조부문이 제공한 용역을 정확하게 반영할 수 있는 것으로서 항목별로 예를 들면 다음과 같다.

보조부문원가	배분기준
① 건물관리부문	면적(m^2)
② 공장인사관리부문	종업원 인원수
③ 동력부문	전력사용량(kwh)
④ 수선유지부문	작업시간
⑤ 식당부문	종업원 인원수
⑥ 구매부문	주문횟수와 주문내용
⑦ 종업원후생부문	종업원 인원수
⑧ 창고부문	재료의 사용량

(1) 직접배분법

직접배분법은 보조부문 상호간에 용역을 주고받는 관계를 완전히 무시하고, 모든 보조부문비를 제조부문에 제공하는 용역비율에 따라 제조부문에만 직접배분하는 방법이다. 직접배분법을 이용하면 배분절차는 매우 간단하나, 보조부문 상호간의 용역 수수관계가 많은 경우에는 부정확한 원가 배부가 될 수 있다.

(2) 단계배분법

단계배분법은 보조부문들 간에 일정한 배분 순서를 정한 다음 그 배분 순서에 따라 보조부문비를 단계적으로 다른 보조부문과 제조부문에 배분하는 방법이다. 단계배분법에서는 일단 특정 보조부문비가 다른 보조부문에 배분된 다음에는 다른 보조부문의 부문비가 역으로 그 특정 보조부문에 재 배분되지는 않는다. 따라서, 단계배분법은 보조부문 상호간의 용역 수수관계를 일부만 반영하는 방법이라고 할 수 있다.

(3) 상호배분법

상호배분법은 보조부문 상호간의 용역 수수관계를 완전하게 고려하는 방법으로, 보조부문비를 제조부문뿐만 아니라, 보조부문 상호간에 배분하는 방법이다.

예제

㈜세연의 공장에는 두 개의 제조부문과 두 개의 보조부문이 있다. 각 부분의 용역 수수관계와 제조간접비 발생원가는 다음과 같다.

적 요	제조부문		보조부문		합 계
	절단부문	조립부문	동력부문	수선부문	
자기부문 발생액	350,000원	400,000원	100,000원	50,000원	900,000원
[제공한 용역]					
(1) 동력부문	80kw/h	20kw/h	–	300kw/h	400kw/h
(2) 수선부문	10회	10회	20회	–	40회

(1) 보조부문비를 직접배분법을 이용하여 제조부문에 배분하시오.

(2) 보조부문비를 단계배분법(동력부문의 원가를 우선배분)을 이용하여 제조부문에 배분하시오.

(3) 보조부문비를 상호배분법을 이용하여 제조부문에 배분하시오.

해설

(1) 직접배분법
　① 동력부문(100,000)
　　　• 절단부문(80kw/h/100kw/h) = 80,000원
　　　• 조립부문(20kw/h/100kw/h) = 20,000원
　② 수선부문(50,000)
　　　• 절단부문(10회/20회) = 25,000원
　　　• 조립부문(10회/20회) = 25,000원

(2) 단계배분법
　① 동력부문(100,000)
　　　• 절단부문(80kw/h/400kw/h) = 20,000원
　　　• 조립부문(20kw/h/400kw/h) = 5,000원
　　　• 수선부문(300kw/h/400kw/h) = 75,000원
　② 수선부문(50,000+75,000 = 125,000원)
　　　• 절단부문(10회/20회) = 62,500원
　　　• 조립부문(10회/20회) = 62,500원

(3) 상호배분법
　동력부문(X), 수선부문(Y)라 하고 연립방정식을 수립하면 다음과 같다. 원
　　㉠ X = 100,000 + 0.5Y　　　　　　　㉡ Y = 50,000 + 0.75X
　　연립방정식 풀이
　　X = 100,000 + 0.5(50,000 + 0.75X)　　X = 100,000 + 25,000 + 0.375X
　　X − 0.375X = 125,000　　　　　　　　0.625X = 125,000
　　∴ 동력부문(X) = 200,000　　　　　　수선부문(Y) = 200,000
　① 동력부문(200,000)
　　　• 절단부문(80kw/h/400kw/h) = 40,000원
　　　• 조립부문(20kw/h/400kw/h) = 10,000원
　② 수선부문(200,000)
　　　• 절단부문(10회/40회) = 50,000원
　　　• 조립부문(10회/40회) = 50,000원

4. 제조부문비의 배부

보조부문비를 제조부문에 배분하면 제조부문비 계정에는 자기부문 발생액과 보조부문으로부터 배분받은 금액이 함께 기록되며, 이 합계액을 각 제품에 배부하여 제품원가를 계산하게 된다. 즉, 각 제조부문에 집계된 제조부문비는 적절한 배부기준에 따라 당해 제조부문을 통과한 각 제품에 적절히 배부하여야 한다. 제조부문비를 제품에 배부하는 기준으로는 가액법(직접재료법, 직접노무비법 등)이나 시간법(직접노동시간법, 기계작업시간법)을 사용한다.

기/출/문/제 (필기)

— 부문별 원가계산의 기초 — ☆☆

01 다음의 괄호에 들어갈 적당한 말은?

> (   )이란 원가집합에 집계된 공통원가 또는 간접원가를 합리적인 배부기준에 따라 원가대상에 대응시키는 과정을 말한다.

① 원가대상　　② 원가배분　　③ 원가집합　　④ 원가대응

— 부문직접비의 부과 —

02 원가계산의 일반원칙에 대한 설명으로 틀린 것은?

① 제조원가는 일정한 제품의 생산량과 관련시켜 집계하고 계산한다.
② 제조원가는 신뢰할 수 있는 객관적인 자료와 증거에 의하여 계산한다.
③ 제조원가는 직접원가와 판매비와관리비를 더한 것을 말한다.
④ 제조원가는 그 발생의 경제적 효익 또는 인과관계에 비례하여 관련제품 또는 원가부문에 직접부과하고, 직접부과가 곤란한 경우에는 합리적인 배부기준을 설정하여 배부한다.

[풀이] 제조원가는 직접원가(직접재료비, 직접노무비, 직접제조경비)와 간접원가(간접재료비, 간접노무비, 간접제조경비)를 더한 것을 말한다.

— 부문간접비의 배분기준 — ☆☆☆

03 기계장치 감가상각비를 각 부문에 배분하는 기준으로 가장 적당한 것은?

① 작업인원수　　　　　　② 기계장치작업시간
③ 전력사용량　　　　　　④ 재료투입비율

[풀이] 기계장치 감가상각비의 경우 각 부문의 기계사용시간으로 배분하는 것이 가장 적당하다.

04 부문공통비인 건물의 감가상각비 배분기준으로 가장 적합한 것은?

① 각 부문의 인원수　　　② 각 부문의 면적
③ 각 부문의 작업시간　　④ 각 부문의 노무비

[풀이] 건물 감가상각비의 경우 각 부문이 차지하는 면적으로 배분하는 것이 가장 적합하다.

05 다음 중 공장의 임차료를 각 제품제조원가에 배부하는 가장 적합한 배부방법은 무엇인가?

① 각 제품생산라인의 연면적비율　　② 공장에서 발생하는 직접원가비율
③ 기계장치의 수선비용　　　　　　④ 생산직 근로자의 임금비율

06 다음 중 공장건물의 재산세를 각 제품제조원가에 배부하는 가장 적합한 배부기준은 무엇인가?

① 각 제품생산라인의 연면적비율
② 공장에서 발생하는 직접원가비율
③ 기계장치의 수선비용
④ 생산직 근로자의 임금비율

– 보조부문비의 배분기준 –

07 다음은 보조부문비의 배부기준이다. 가장 적절하지 않은 배부기준은?

① 구매부문 : 주문횟수, 주문비용
② 동력부문 : 사용전력량, 전기용량
③ 노무관리부문 : 수선횟수, 수선유지기간
④ 검사부문 : 검사수량, 검사시간

[풀이] 노무관리부문은 종업원수로 배부하는 것이 가장 적절하다.

– 보조부문비의 배분방법 – ★☆☆☆☆

08 다음 중 보조부문비 배부 방법이 아닌 것은?

① 총원가비례법(요소별비례법)
② 단계배부법
③ 직접배부법
④ 상호배부법

[풀이] 보조부문비 배부 방법에는 직접배부법, 단계배부법, 상호배부법이 있다.

09 다음 중 보조부문원가를 제조부문에 배부하는 방법에 속하지 않는 것은?

① 단계배부법
② 직접배부법
③ 간접배부법
④ 상호배부법

10 다음 중 보조부문원가의 배분방법이 아닌 것은?

① 직접배분법
② 비례배분법
③ 상호배분법
④ 단계배분법

11 다음 중 보조부문원가를 제조부문에 배분하는 방법 중 직접배분법에 대한 설명으로 맞는 것은?

① 보조부문원가의 배분순서를 정한다.
② 보조부문 상호간에 행해지는 용역의 수수를 무시한다.
③ 보조부문간의 용역수수관계를 완전히 고려한다.
④ 이론적으로 가장 타당하지만 계산이 매우 복잡하다.

[풀이] 직접배분법은 보조부문 상호간에 용역수수 관계를 전혀 고려하지 않는 방법이다.

12 보조부문비를 제조부문에 배분하는 방법 중 보조부문 상호간의 용역수수관계가 중요하지 않는 경우에 가장 시간과 비용을 절약할 수 있는 원가배분 방법은?

① 직접배분법　　　　　　　　② 단계배분법
③ 상호배분법　　　　　　　　④ 간접배분법

13 다음은 보조부문원가를 제조부문에 배부하는 내용이다. 무엇에 대한 설명인가?

> 보조부문원가를 보조부문의 배부순서를 정하여 한 번만 다른 보조부문과 제조부문에 배부한다.

① 직접배부법　　② 단계배부법　　③ 상호배부법　　④ 개별배부법

14 보조부문원가의 배부방법 중 단계배부법에 대한 설명으로 틀린 것은?

① 최초 배부되는 부문의 경우 자신을 제외한 다른 모든 부문에 배부된다.
② 보조부문간의 배부순서에 따라 순차적으로 다른 보조부문과 제조부문에 배부하는 방법이다.
③ 보조부문의 배부순서에 따라 배부액이 달라질 수 있다.
④ 보조부문 상호 간의 용역수수를 완전히 고려하므로 이론적으로 가장 타당하다.

[풀이] 보조부문 상호 간의 용역수수를 완전히 고려하는 방법은 상호배부법이다.

15 다음 중 보조부문의 원가를 용역 수수관계를 고려하여 배분하는 방법으로 묶어진 것은?

A. 단계배부법　　　　B. 상호배부법　　　　C. 직접배부법

① A, C　　　　② B, C　　　　③ A, B　　　　④ A, B, C

[풀이] 보조부문 상호간에 용역 수수관계를 단계배부법은 일부만 고려하고, 상호배부법은 완전히 고려하는 방법이다.

− 배분방법들 간의 상호비교 − ★★★☆☆

16 보조부문비의 배부방법 중 정확도가 높은 방법부터 올바르게 배열한 것은?

① 직접배부법 〉 상호배부법 〉 단계배부법　　② 직접배부법 〉 단계배부법 〉 상호배부법
③ 상호배부법 〉 단계배부법 〉 직접배부법　　④ 단계배부법 〉 상호배부법 〉 직접배부법

17 다음 보조부문의 제조간접비 배부방법 중 계산방법이 가장 단순한 방법과 배부금액의 정확도가 가장 높은 방법을 순서대로 나열한 것은?

① 직접배분법, 단계배분법
② 단계배분법, 상호배분법
③ 상호배분법, 단계배분법
④ 직접배분법, 상호배분법

[풀이] 계산방법의 난이도 및 배부금액의 정확도 : 상호배분법 > 단계배분법 > 직접배분법

18 다음 중 보조부문원가의 배분방법에 대한 설명으로 옳지 않은 것은?

① 상호배분법은 가장 정확성이 높은 배분방법이다.
② 직접배분법은 배분순위를 고려하지 않는 가장 단순한 방법이다.
③ 직접배분법은 단계배분법에 비해 순이익을 높게 계상하는 배분방법이다.
④ 보조부문원가 배분방법 중 배분순위를 고려하여 배분하는 것은 단계배분법이다.

[풀이] 어떤 배분방법을 선택해도 순이익은 동일하다.

19 다음 중 보조부문의 원가를 배부하는 방법에 대한 설명으로 옳지 않은 것은?

① 상호배분법은 보조부문 상호간의 용역제공 관계를 완전히 고려하여 배부하므로 사전에 배부금액을 결정하는 방법이다.
② 단계배분법은 보조부문 상호간의 용역제공 관계에 대해 우선순위를 정하고 배부하는 방법이다.
③ 직접배분법은 보조부문 상호간의 용역제공 관계를 무시하고 배부하는 방법이다.
④ 원가계산의 정확성은 상호배분법 > 단계배분법 > 직접배분법 순이다.

[풀이] 상호배분법은 보조부문 상호간의 용역 수수관계를 완전하게 고려하는 방법으로, 실제 발생한 보조부문비를 제조부문뿐만 아니라, 보조부문 상호간에 배분하는 방법이다.

− 이중배분율법 − ☆☆

20 다음은 보조부문비와 관련된 설명이다. 가장 틀린 것은?

① 이중배분율법(dual allocation method)에 직접배분법, 단계배분법, 상호배분법을 적용할 수 없다.
② 원가행태에 의한 배분방법으로 단일배분율법과 이중배분율법이 있다.
③ 상호배분법은 보조부문비를 용역수수관계에 따라 다른 보조부문과 제조부문에 배부하는 방법이다.
④ 이중배분율법은 원가행태에 따라 배부기준을 달리 적용한다.

[풀이] 이중배분율법은 보조부문원가를 변동비와 고정비로 구분하여 각각 별개의 배분기준을 사용하여 배분하는 방법으로서 변동비는 실제사용량을 기준으로, 고정비는 최대사용가능량을 기준으로 배분한다. 이중배분율법도 단일배분율법과 같이 직접배분법, 단계배분법, 상호배분법을 적용할 수 있다.

21 다음 중 보조부문의 원가를 배부하는 방법과 관련된 내용으로 틀린 것은?

① 직접배부법은 보조부문 상호 간의 용역제공관계를 무시하므로 계산이 가장 간단한 방법이다.
② 단계배부법과 상호배부법은 보조부문 상호 간의 용역제공관계를 고려한다.
③ 원가계산의 정확성은 상호배부법 > 단계배부법 > 직접배부법 순이다.
④ 단일배분율법은 보조부문원가를 변동원가와 고정원가로 구분하여 각각 다른 배분기준을 적용하여 배분한다.

[풀이] 단일배분율법은 보조부문원가를 변동비와 고정비로 구분하지 않고 모든 원가를 단일배분기준을 사용하여 배분하는 방법이다.

― 직접배분법 계산문제 ― ☆☆

22 다음은 부문별 원가에 대한 자료이다. 보조부문의 제조간접비를 다른 보조부문에는 배부하지 않고 제조부문에만 직접 배부할 경우, 수선부문에서 조립부문으로 배부될 제조간접비로 옳은 것은?

구 분		보조부문		제조부문	
		수선부문	관리부문	조립부문	절삭부문
제조간접비		80,000원	60,000원		
부문별배부율	수선부문		20%	40%	40%
	관리부문	40%		30%	30%

① 16,000원　② 24,000원　③ 32,000원　④ 40,000원

[풀이] 수선부문 → 조립부문 배부액 : 80,000 × {0.4 ÷ (0.4 + 0.4)} = 40,000원

23 ㈜세원은 A, B 제조부문과 X, Y의 보조부문이 있다. 각 부문의 용역수수관계와 제조간접비 발생원가가 다음과 같다. 직접배부법에 의해 보조부문의 제조간접비를 배부한다면 B제조부문의 총제조간접비는 얼마인가?

	보조부문		제조부문		합 계
	X	Y	A	B	
자기부문발생액	150,000원	250,000원	300,000원	200,000원	900,000원
[제공한 횟수]					
X		200회	300회	700회	1,200회
Y	500회	―	500회	1,500회	2,500회

① 200,000원　② 292,500원　③ 492,500원　④ 600,000원

[풀이] X부문 → B부문 배부액 : 150,000 × {700회 ÷ (300회 + 700회)} = 105,000원
　　　Y부문 → B부문 배부액 : 250,000 × {1,500회 ÷ (500회 + 1,500회)} = 187,500원
　　　B제조부문 총제조간접비 : 200,000 + (105,000 + 187,500) = 492,500원

– 단계배분법 계산문제 – ☆

24 단계배부법을 이용하여 보조부문 제조간접비를 제조부문에 배부하고자 한다. 다음 자료를 이용하여 전력부문에서 연마부문으로 배부될 제조간접비를 계산하면 얼마인가? (단, 전력부문부터 배부할 것)

구 분	제조부문		보조부문	
	조립부문	연마부문	전력부문	포장부문
자기부문별 제조간접비	300,000원	200,000원	300,000원	150,000원
〈 부분별배부율 〉				
전력부문 동력공급(kw)	150	50	–	200
포장부문 용역공급(시간)	20	30	50	–

① 37,500원 ② 75,000원 ③ 150,000원 ④ 180,000원

[풀이] 전력부문 ➡ 연마부문 배부액 : 300,000 × {(50 ÷ (150+50+200)} = 37,500원

25 다음 자료를 이용하여 제조부문 Y에 배부되는 보조부문의 제조간접비 총액을 계산하면 얼마인가? (단, 단계배분법을 사용하고, A부문을 먼저 배분할 것)

	보조부문		제조부문	
	A부문	B부문	X부문	Y부문
A부문	–	40%	20%	40%
B부문	20%	–	30%	50%
발생원가	300,000원	400,000원	400,000원	600,000원

① 120,000원 ② 315,000원 ③ 325,000원 ④ 445,000원

[풀이] A부문 ➡ B부문 배부액 : 300,000 × {(0.4 ÷ (0.4+0.2+0.4)} = 120,000원
A부문 ➡ Y부문 배부액 : 300,000 × {(0.4 ÷ (0.4+0.2+0.4)} = 120,000원
B부문 ➡ Y부문 배부액 : (400,000 + 120,000) × {(0.5 ÷ (0.3+0.5)} = 325,000원
Y부문에 배부되는 보조부문의 제조간접비 총액 : 120,000 + 325,000 = 445,000원

정답

1. ② 2. ③ 3. ② 4. ② 5. ① 6. ① 7. ③ 8. ① 9. ③ 10. ②
11. ② 12. ① 13. ② 14. ④ 15. ③ 16. ③ 17. ④ 18. ③ 19. ① 20. ①
21. ④ 22. ④ 23. ③ 24. ① 25. ④

제 4 장 제품별 원가계산

제1절 개별원가계산

1. 개별원가계산의 의의 및 절차

(1) 의의

개별원가계산이란 각 개별 작업별로 원가를 집계하여 제품별 원가계산을 하는 방법이다. 이 방법은 성능, 규격, 품질 등이 서로 다른 여러 종류의 제품을 주로 고객의 주문에 의하여 소량씩 개별적으로 생산하는 건설업, 조선업, 항공기 제조업, 주문에 의한 가구 및 기계 제조업 등에서 사용한다.

(2) 제조지시서

제조지시서란 고객이 주문한 특정 제품의 제조를 작업현장에 명령하는 문서를 말한다. 고객으로부터 제품의 주문을 받은 영업부서는 고객이 요구한 제품의 규격, 수량, 인도기일 등을 제조부서에 통보한다. 제조부서는 이에 따라 구체적인 작업명세를 문서로 작성하여 작업현장에 보냄으로써 제품의 제조를 지시하게 되는데, 바로 이 문서가 제조지시서이다.

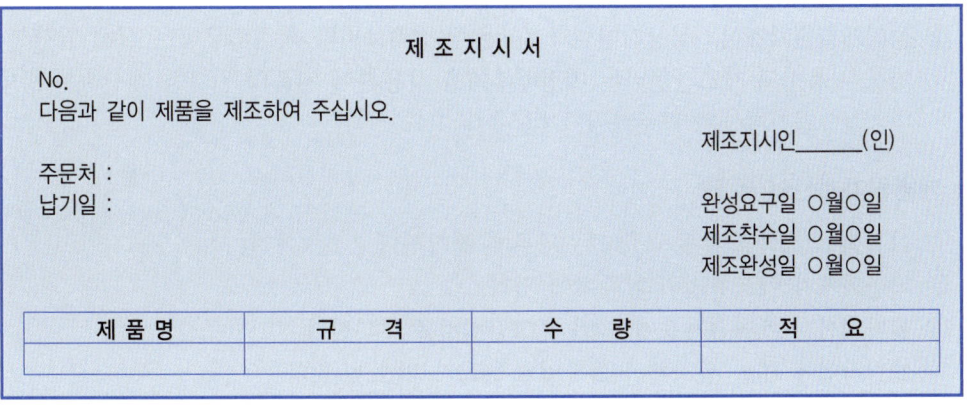

(3) 원가계산표(작업원가표)

원가계산 부서는 제조부서로부터 제조지시서 사본을 받으면 당해 작업의 원가를 집계하기 위하여 원가계산표를 준비한다. 원가계산표는 각 제품의 제조과정에서 발생하는 제조원가를 집계하기 위한 명세서로서 기본적으로 세 가지 유형의 원가가 있는 데 여기에는 직접재료비, 직접노무비, 제조간접비가 상세히 기록된다.

원 가 계 산 표			
비 목	제조지시서#1	제조지시서#2	합 계
직접 재료비	×××	×××	×××
직접 노무비	×××	×××	×××
제조 간접비	×××	×××	×××
제 조 원 가	×××	×××	×××

(4) 개별원가계산의 절차

① 제1단계 : 원가를 직접재료비, 직접노무비, 제조간접비로 분류하여 집계한다.
② 제2단계 : 직접재료비와 직접노무비는 각 제품에 부과하고 제조간접비는 각 부문에 부과 또는 배분한다. 보조부문의 제조간접비를 제조부문으로 배분하고 제조부문의 제조간접비를 각 지시서별 원가계산표에 기입한다.
③ 제3단계 : 각 제품의 생산이 완료되면 원가계산표(작업원가표)를 마감한다.
④ 제4단계 : 원가계산표에 집계된 금액을 재공품 계정에 대체하고 이 중 완성된 것은 제품계정에 대체한다. 미완성된 것은 이월하여 차월의 월초재공품으로 분류한다.
⑤ 제5단계 : 판매된 제품의 원가를 매출원가계정으로 대체한다.

2. 개별원가계산의 종류 및 특징

(1) 개별원가계산의 종류

① **실제개별원가계산** : 실제개별원가계산은 실제 발생한 직접재료비, 직접노무비, 제조간접비를 사용하여 제품의 원가를 계산하는 방법이다.
② **정상개별원가계산** : 정상개별원가계산은 직접재료비와 직접노무비는 실제 발생한 원가를 사용하고 제조간접비는 예정배부액을 사용하여 제품의 원가를 계산하는 방법이다. 정상원가계산은 평준화원가계산 이라고도 한다.

(2) 개별원가계산의 특징

① 이질적인 제품을 주문생산하는 경우에 적합하다.
② 핵심과제가 제조간접비의 배부에 있다.
③ 원가계산시 개별원가표에 의해 제조간접비를 부과한다.
④ 개별작업에 대한 원가계산표(작업원가표)가 기초가 된다.
⑤ 주문에 따라 제품을 생산하는 주문생산 업종에 적합하다.
⑥ 원가계산이 용이하다.
⑦ 제품별로 손익분석 및 계산이 용이하다.

기/출/문/제 (필기)

— 개별원가계산의 의의 및 절차 — ☆

01 다음은 어떤 원가 계산에 대한 설명인가?

> 제품 단위별로 제조되는 제품 수량과 형태에 관해 제조지시서에 기입된 것을 근간으로 제조지시서별로 개별적인 원가를 집계하여 계산하는 방법이다. 이것은 다품종소량생산의 경우 가능한 방법이며, 주문생산이나 반복적이지 않은 제품의 생산방식에 적용한다.

① 개별원가계산 ② 표준원가계산 ③ 종합원가계산 ④ 변동원가계산

02 다음은 개별원가계산에 대한 설명이다. 옳지 않은 설명은?

① 제품원가를 제조공정별로 집계한 다음 이를 그 공정의 생산량으로 나누어서 단위당 원가를 계산한다.
② 고객의 주문에 따라 제품을 생산하는 주문생산형태에 적합한 원가계산방법이다.
③ 제조직접비와 제조간접비의 구분이 중요하다.
④ 작업원가표를 기초로 하여 원가계산이 이루어진다.

[풀이] 제품원가를 제조공정별로 집계한 다음 이를 그 공정의 생산량으로 나누어서 단위당 원가를 계산하는 것은 종합원가계산에 대한 설명이다.

03 개별원가계산제도에 있어 각 작업별 직접재료비, 직접노무비, 제조간접비를 집계, 기록되는 장소는?

① 작업원가표 ② 제조지시서
③ 세금계산서 ④ 매입주문서

[풀이] 개별원가계산에서 각 제품의 제조과정에서 발생하는 제조원가를 집계하기 위한 명세서는 작업원가표(원가계산표)이다.

04 다음 중 개별원가계산에 대한 설명으로 옳지 않은 것은?

① 선박, 비행기 제조에 사용하기에 적당하다.
② 제지업에 사용하기에는 적합하지 않다.
③ 모든 제조원가를 작업별로 직접 추적한다.
④ 작업원가표를 사용하며, 제조간접비는 배부하는 절차를 따른다.

[풀이] 개별원가계산에서는 추적이 가능한 직접재료비와 직접노무비는 각 제품에 부과하고 추적이 불가능한 제조간접비는 각 부문에 부과 또는 배분한다.

05 다음 내용의 개별원가계산 절차를 순서대로 바르게 나열한 것은?

> 가. 개별작업과 관련하여 발생한 제조간접원가를 파악한다.
> 나. 제조간접원가를 원가대상에 배부하기 위해 배부기준을 선정해야 한다.
> 다. 원가계산대상이 되는 개별작업을 파악하고, 개별작업에 대한 직접원가를 계산한다.
> 라. 원가배부 기준에 따라 제조간접원가배부율을 계산하여 제조간접원가를 배부한다.

① 가 → 나 → 다 → 라
② 다 → 가 → 나 → 라
③ 다 → 라 → 나 → 가
④ 가 → 다 → 나 → 라

― 개별원가계산의 특징 ― ☆☆☆☆☆

06 다음 중 개별원가계산에 대한 설명으로 틀린 것은?

① 개별원가계산은 시장생산 형태보다 주문생산 형태에 적합하다.
② 개별원가계산은 다품종 제품생산에 적합하다.
③ 개별원가계산은 개별작업별로 구분하여 집계한다.
④ 개별원가계산은 제조간접비의 제품별 직접 추적이 가능하다.

[풀이] 개별원가계산에서는 제조간접비의 제품별 직접 추적이 불가능하기 때문에 일정한 기준(직접재료비법, 직접노무비법 등)으로 각 제품에 배부한다.

07 개별원가계산에 대한 다음 설명 중 가장 적합하지 않은 것은?

① 주문식 맞춤 생산방식에 적합한 원가계산 방법이다.
② 제조간접원가의 작업별, 제품별 배부계산이 중요하다.
③ 공정별로 규격화된 제품의 원가계산에 적합한 방법이다.
④ 다품종 소량생산에 적합하며 주로 건설업, 조선업 등에서 사용된다.

[풀이] 공정별로 규격화된 제품의 원가계산에 적합한 방법은 종합원가계산이다.

08 다음 중 개별원가계산에 대한 설명으로 가장 잘못된 것은?

① 개별작업에 대한 원가의 추적가능성 여부에 따라 원가를 직접원가와 제조간접원가로 분류한다.
② 직접원가는 실제원가를 제품별로 직접 대응시킨다.
③ 제조간접원가는 실제원가 또는 예정원가를 각 제품에 배부한다.
④ 개별원가계산은 종합원가계산과 비교하여 소품종 대량생산을 하는 기업에 더 적합한 원가계산방법이다.

[풀이] 개별원가계산은 종합원가계산과 비교하여 다품종 소량생산을 하는 기업에 더 적합한 원가계산방법이다.

09 다음 중 개별원가계산에 대한 설명으로 옳지 않은 것은?

① 다양한 제품을 주문 생산하는 경우에 적합하다.
② 제조지시서별 원가계산표를 통해 원가를 집계한다.
③ 작업별로 원가를 집계함으로 원가계산의 시간과 비용이 절감된다.
④ 생산하기 이전에 수주 작업별 채산성을 검토하여 작업여부를 결정한다.

[풀이] 개별원가계산은 각 개별작업별로 원가를 집계해야 하므로 종합원가계산에 비해 원가계산에 따른 시간과 비용이 많이 소요된다.

10 다음 중 개별원가계산에 관한 설명으로 옳지 않은 것은?

① 직접비와 제조간접비의 구분이 중요하다.
② 건설업, 조선업 등 다품종소량생산 업종에서 주로 사용되는 원가계산 방법이다.
③ 제품별로 원가계산을 하게 되므로 원가를 직접비와 간접비로 구분하여 공통원가인 간접비는 합리적인 방법에 의하여 제품별로 배부한다.
④ 완성품환산량의 계산이 원가계산의 핵심과제이다.

[풀이] 개별원가계산의 핵심과제는 제조간접비의 배부이고, 종합원가계산의 핵심과제는 완성품환산량의 계산이다.

11 다음 중 개별원가계산에 대한 설명으로 옳지 않은 것은?

① 다품종 소량생산 또는 주문생산에 적합하다.
② 실제개별원가계산에서 제조간접비는 예정배부액을 사용하여 원가를 계산한다.
③ 제조간접비의 배부가 가장 중요한 과제이다.
④ 제품별로 손익분석 및 계산이 용이하다.

[풀이] 실제개별원가계산은 실제 발생한 직접재료비, 직접노무비, 제조간접비를 사용하여 제품의 원가를 계산하는 방법이다.

12 다음 중 개별원가계산에 대한 설명으로 가장 옳지 않은 것은?

① 개별원가계산은 주문생산 형태에 적합하다.
② 개별원가계산은 제품의 소품종 대량생산에 적합하다.
③ 개별원가계산은 개별작업별로 구분하여 집계한다.
④ 개별원가계산은 제조간접비의 제품별 직접 추적이 불가능하다.

[풀이] 개별원가계산은 제품의 다품종 소량생산에 적합하다.

정답

1. ① 2. ① 3. ① 4. ③ 5. ② 6. ④ 7. ③ 8. ④ 9. ③ 10. ④
11. ② 12. ②

제2절 종합원가계산

1. 종합원가계산의 의의 및 절차

(1) 의의

서로 다른 여러 종류의 제품을 생산하는 경우에는 개별 제품 또는 개별작업별로 원가를 구분하여 계산하는 개별원가계산방법을 사용한다. 그러나 한 종류의 제품만을 대량으로 생산하는 경우에는 원가계산의 대상이 되는 제품이 한 종류밖에 없기 때문에 제품별로 원가를 계산한다는 것이 무의미하다. 따라서 이 경우에는 일정한 원가계산기간에 발생한 제조원가총액을 집계한 다음, 이 제조원가 총액을 같은 기간의 완성품 수량으로 나누어 단위당 제조원가를 계산하는 것이 보다 간편하고 능률적이다. 이와 같이, 일정 원가계산기간(통상 1개월)에 발생한 제조원가 총액을 집계한 다음, 이를 같은 기간 완성품 수량으로 나누어 제품의 단위당 원가를 계산하는 방법을 종합원가계산이라 한다.

(2) 제조원가보고서

종합원가계산에서는 제조원가보고서를 작성하여 공정별 원가자료 및 생산량을 파악하여 이를 토대로 당월 완성품원가와 월말 재공품원가를 계산한다.

제조원가보고서(평균법)			
	물량단위	재료비	가공비
월초 재공품 (완성도25%)	100 단위		
당월 착수량	400 단위		
합 계	500 단위		
당월 완성량	300 단위	300 단위	300 단위
월말 재공품 (완성도50%)	200 단위	200 단위	100 단위
합 계	500 단위	500 단위	400 단위
월초 재공품원가		5,000 원	1,000 원
당월 총 제조비용		16,000 원	30,000 원
당월 총 제조원가		21,000 원	31,000 원
완성품환산량		500 단위	400 단위
완성품환산량단위당원가		@42 원	@77.5 원
완성품원가	(300 단위 × @42 원) + (300 단위 × @77.5 원) = 35,850 원		
월말 재공품원가	(200 단위 × @42 원) + (100 단위 × @77.5 원) = 16,150 원		

(3) 종합원가계산의 절차

① 제1단계 : 일정 기간에 발생한 총 제조원가를 집계한다.
② 제2단계 : 당월 총 제조원가에 월초 재공품원가를 가산하고 월말 재공품원가를 차감하여 당월 제품제조원가를 산출한다.
③ 제3단계 : 당월 제품제조원가를 당월 완성품수량으로 나누어 제품의 단위당 원가를 계산한다.

2. 완성품 환산량 및 재공품의 평가방법

(1) 완성품 환산량

완성품 환산량이란 생산활동에 투입된 모든 노력을 제품을 완성하는 데에만 투입하였다면 완성되었을 완성품의 수량으로 환산한 것이다.

예를 들면, 재료비가 공정초기에 전량 투입되는 경우라면 당월에 착수되어 완성된 제품의 재료비에 대한 완성품 환산량은 1개이며, 당월에 착수되어 공정진척도가 50%인 월말 재공품의 경우에도 완성품의 환산량은 1개이다. 반면 가공비가 공정전반에 걸쳐 고르게 발생되는 경우라면 당월에 착수되어 완성된 제품의 가공비에 대한 완성품 환산량은 1개이며, 당월에 착수되어 공정진척도가 50%인 월말 재공품의 완성품의 환산량은 0.5개(1×50%)이다.

> **완성품환산량 = 물량(수량) × 완성도(진척도)**

(2) 재공품의 평가방법

종합원가계산에서 월말 재공품의 원가 및 당월 완성된 제품의 원가를 계산하기 위해서 많이 사용하는 방법은 선입선출법과 평균법이다.

① 선입선출법 : 선입선출법은 먼저 제조에 착수된 것이 먼저 완성된다는 가정하에 월말 재공품의 원가와 당월 완성된 제품의 원가를 계산하는 방법이다. 즉, 월초 재공품이 모두 완성이 되고 나서 새로운 제조활동이 다시 착수된다고 본다. 따라서 월초 재공품의 원가는 모두 당월 완성된 제품에 부과하고, 당월 투입원가는 당월 완성된 제품과 월말 재공품에 배부한다.
② 평균법 : 평균법은 당월에 완성된 제품은 모두 당월에 착수되어 당월에 완성된다는 가정하에 월말 재공품의 원가와 당월 완성된 제품의 원가를 계산하는 방법이다. 즉, 월초 재공품도 당월에 착수되어 당월에 완성된 것으로 본다. 따라서 월초 재공품의 원가와 당월 투입원가 모두를 당월 완성된 제품과 월말 재공품에 배부한다.

예제

㈜세연은 단일 제품을 대량으로 생산하고 있다. 원재료는 공정 초기에 전량 투입되고, 가공비는 공정전반에 걸쳐 균등하게 발생한다. 2월의 원가계산에 대한 자료는 다음과 같다.

- 월초 재공품 100개 (완성도 25%)
- 당월 완성량 300개
- 월초재공품(재료비 5,000원 / 가공비 1,000원)
- 당월 발생원가(재료비 16,000원 / 가공비 30,000원)
- 당월착수량 400개
- 월말 재공품 200개 (완성도 50%)

(1) 선입선출법에 의한 완성품원가와 기말재공품원가를 구하시오.

(2) 평균법에 의한 완성품원가와 기말재공품원가를 구하시오.

해설 1 _____선입선출법

▶ 1단계 : 물량흐름 파악

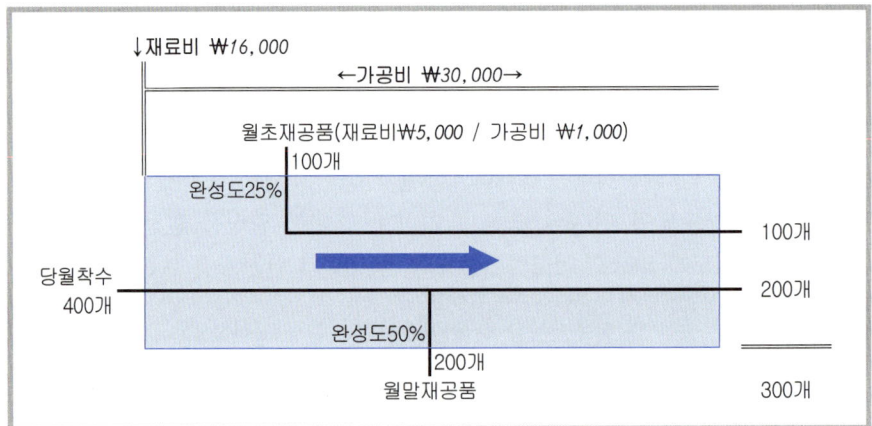

▶ 2단계 : 완성품환산량 계산

(1) 재료비 : ① 당 월 완성 : 200개{월초재공품 0개 + 당월착수 200개}
　　　　　　② 월말재공품 : 200개
　　　　　　　합　　　계 : 400개

(2) 가공비 : ① 당 월 완성 : 275개{월초재공품 75개(100개×75%)+당월착수 200개}
　　　　　　② 월말재공품 : 100개(200개×50%)
　　　　　　　합　　　계 : 375개

▶ 3단계 : 배분할 원가를 요약

(1) 재료비 : 16,000원 (당월발생원가 16,000원)

(2) 가공비 : 30,000원 (당월발생원가 30,000원)

　　☞ 선입선출법에서는 월초재공품의 원가를 완성품에만 가산한다.

▶ 4단계 : 완성품환산량 단위당 원가

(1) 재료비 : 16,000원 ÷ 400개(완성품환산량) = @40

(2) 가공비 : 30,000원 ÷ 375개(완성품환산량) = @80

▶ 5단계 : 원가의 배분
(1) 당월완성품원가 : 월초재공품(5,000+1,000)
          + 재료비(200개×@40) + 가공비(275개×@80) = 36,000원
(2) 월말재공품원가 : 재료비(200개×@40) + 가공비(100개×@80) = 16,000원

해설 2 평균법

▶ 1단계 : 물량흐름 파악

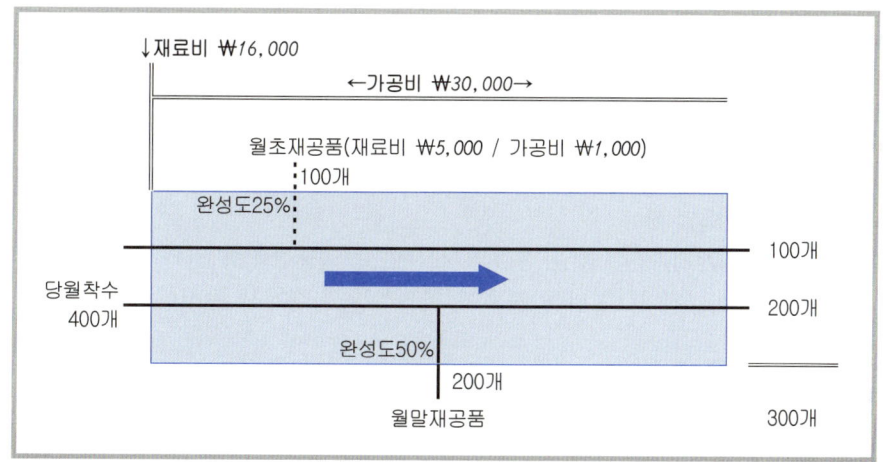

▶ 2단계 : 완성품환산량 계산
(1) 재료비 : ① 당 월 완 성 : 300개{월초재공품 100개 + 당월착수 200개}
          ② 월말재공품 : 200개
          합   계 : 500개
(2) 가공비 : ① 당 월 완 성 : 300개{월초재공품 100개 + 당월착수 200개}
          ② 월말재공품 : 100개(200개×50%)
          합   계 : 400개

▶ 3단계 : 배분할 원가요약
(1) 재료비 : 21,000원 (월초재공품원가 5,000원 + 당월발생원가 16,000원)
(2) 가공비 : 31,000원 (월초재공품원가 1,000원 + 당월발생원가 30,000원)

▶ 4단계 : 완성품환산량 단위당 원가
(1) 재료비 : 21,000원 ÷ 500개(완성품환산량) = @42
(2) 가공비 : 31,000원 ÷ 400개(완성품환산량) = @77.5

▶ 5단계 : 원가의 배분
(1) 당월완성품원가 : 재료비(300개×@42) + 가공비(300개×@77.5) = 35,850원
(2) 월말재공품원가 : 재료비(200개×@42) + 가공비(100개×@77.5) = 16,150원

3. 종합원가계산의 종류 및 특징

(1) 종합원가계산의 종류

① 단일 종합원가계산 : 단 하나의 공정만을 가지고 있는 단순한 제조형태의 기업에서 적용하는 원가계산 방식이다. ⑩ 제빙업, 제염업 등
② 공정별 종합원가계산 : 제조공정이 2 이상의 연속되는 공정으로 구분되고 각 공정별로 당해 공정제품의 제조원가를 계산할 경우에 적용하는 원가계산 방식이다. ⑩ 화학공업, 제지업, 제당업 등
③ 조별 종합원가계산 : 다른 종류의 제품을 조별(반별)로 연속하여 생산하는 생산형태에 적용하는 원가계산 방식이다. ⑩ 식료품제조업, 제과업, 직물업 등
④ 연산품 종합원가계산 : 동일한 재료로 동일공정에서 생산되는 다른 종류의 제품으로서 주산물과 부산물을 명확히 구분하기 곤란한 경우에 적용하는 원가계산 방식이다. ⑩ 정유업, 정육업 등
⑤ 등급별 종합원가계산 : 동일 종류의 제품이 동일공정에서 연속적으로 생산되나 그 제품의 품질과 규격 등이 다른 경우에 적용하는 원가계산 방식이다. ⑩ 제화업, 제분업 등

(2) 종합원가계산의 특징

① 동일공정의 제품은 동질적이라는 가정에 따라 단위당 제품원가는 평균화과정에 기초하여 균등하다.
② 연속적 대량생산의 형태이므로 기간개념이 중시된다.
③ 원가의 분류가 재료비와 가공비로 단순화 되어 있다.
④ 원가계산이 복잡하지 않아 보다 경제적이다.
⑤ 제조원가는 각 공정별로 집계되며 그 공정을 통과한 제품단위에 원가를 배분한다.
⑥ 공정별 원가 통제가 용이하므로 책임회계에 적합하다.

4. 공손품과 작업폐물

(1) 공손품

공손품(spoilage)이란 품질이나 규격이 회사에서 정한 일정수준에 미달하는 불합격품으로 재작업을 하여도 양품이 될 수 없는 것을 말한다. 반면, 불량품(defective units)은 재작업을 수행하면 양품이 될 수 있는 것을 말한다.

① 정상공손 : 정상공손이란 제조과정에서 불가피하게 발생하는 공손으로서, 제품을 생산하기 위하여 반드시 필요한 원가의 성질을 갖는 것이므로 재공품 및 제품의 원가에 포함시킨다.
② 비정상공손 : 비정상공손이란 효율적인 생산이 이루어질 경우 그 발생을 막을 수 있는 것이므로 공손이 발생한 기간의 영업외비용으로 처리한다.

(2) 작업폐물

작업폐물(scrap)이란 제품의 제조과정에서 발생하는 원재료의 부스러기를 말한다. 가구 제조업에서의 나무토막이나, 기계제작업에서의 철판조각이나 쇳가루 등이 이에 속한다. 작업폐물이 발생하면 작업폐물의 평가액 만큼 제조원가를 감소시켜야 하는데, 작업폐물이 특정 작업과 관련하여 발생한 경우에는 개별작업의 제조원가, 즉 직접재료비에서 작업폐물의 평가액을 차감하고 작업폐물이 여러 제품의 제조과정에서 발생하면 제조간접비에서 작업폐물의 평가액을 차감한다.

기/출/문/제 (필기)

– 종합원가계산의 의의 및 절차 –

01 다음의 괄호에 들어갈 적당한 말을 고르시오.

> (　　)은 완성품환산량이라고 하는 인위적 배부기준에 따라 원가배부를 통하여 완성품원가와 기말재공품원가의 계산이 이루어진다.

① 요소별원가계산　② 부문별원가계산　③ 개별원가계산　④ 종합원가계산

02 다음 중 종합원가계산에 대한 설명으로 옳지 않은 것은?

① 제조원가는 각 작업별로 집계되며 그 작업에서 생산된 제품단위에 원가를 배분한다.
② 단일 종류의 제품을 연속적으로 대량생산하는 업종에 적합한 원가계산방법이다.
③ 각 제조공정에 대한 제조원가보고서가 종합원가계산의 기초가 된다.
④ 화학공업, 식품가공업, 제지업 등과 같은 산업분야에 적용된다.

[풀이] 제조원가를 각 작업별로 구분하여 집계하여 그 작업에서 생산된 제품단위에 배분하는 것은 개별원가계산이다.

03 다음은 종합원가계산에서 원가를 기말재공품과 완성품에 배부하기 위한 절차이다. 올바른 순서는?

> ⓐ 완성품환산량 단위당 원가의 계산　　ⓑ 완성품과 기말재공품의 원가계산
> ⓒ 물량흐름의 파악　　　　　　　　　　ⓓ 배부될 원가의 요약
> ⓔ 완성품환산량의 계산

① ⓔ-ⓐ-ⓒ-ⓓ-ⓑ　　　　　　　　② ⓒ-ⓔ-ⓓ-ⓐ-ⓑ
③ ⓓ-ⓔ-ⓐ-ⓒ-ⓑ　　　　　　　　④ ⓓ-ⓒ-ⓔ-ⓐ-ⓑ

– 재공품의 평가방법 – ☆☆☆☆

04 종합원가계산에서는 원가흐름 또는 물량흐름의 가정에 따라 완성품환산량이 다르게 계산된다. 선입선출법을 적용하는 경우에 대한 설명으로 옳지 않은 것은?

① 전기와 당기 발생원가를 구분하지 않고 모두 당기 발생원가로 가정하여 계산한다.
② 기초재공품이 없는 경우 제조원가는 평균법과 동일하게 계산된다.
③ 완성품환산량은 당기 작업량을 의미한다.
④ 먼저 제조에 착수된 것이 먼저 완성된다고 가정한다.

[풀이] 전기와 당기 발생원가를 구분하지 않고 모두 당기 발생원가로 가정하여 계산하는 것은 평균법에 대한 설명이다.

05 종합원가계산에서 원가흐름 또는 물량흐름에 대해 어떤 가정을 하느냐에 따라 완성품환산량이 다르게 계산된다. 다음 중 평균법에 대한 설명으로 틀린 것은?

① 전기와 당기발생원가를 구분하지 않고 모두 당기발생원가로 가정하여 계산한다.
② 계산방법이 상대적으로 간편하다.
③ 원가통제 등에 보다 더 유용한 정보를 제공한다.
④ 완성품환산량 단위당 원가는 총원가를 기준으로 계산된다.

> [풀이] 선입선출법은 전기와 당기발생원가를 각각 구분하여 완성품환산량을 계산하기 때문에 보다 정확한 원가계산이 가능하고 원가통제 등에 더 유용한 정보를 제공하는 물량흐름의 가정이다.

06 종합원가계산에서 평균법을 적용하여 완성품환산량의 원가를 계산할 때 고려해야 할 원가는?

① 당기총제조비용
② 당기총제조비용과 기말재공품재고액의 합계
③ 당기총제조비용과 기말재공품재고액의 차액
④ 당기총제조비용과 기초재공품재고액의 합계

> [풀이] 평균법은 기초재공품의 원가와 당기발생원가(당기총제조비용)를 합한 금액으로 완성품환산량 단위당 원가를 계산한다.

07 종합원가계산하에서 기말재공품 평가시 평균법과 선입선출법에 대한 설명 중 틀린 것은?

① 선입선출법은 평균법에 비해 원가계산이 간단하여 정확하지 않다.
② 선입선출법은 기초재공품원가가 먼저 완성되는 것으로 가정하여 당기투입원가가 배분대상원가이다.
③ 평균법은 기초재공품을 당기투입원가와 같이 당기에 투입한 것으로 보므로 기초재공품에 대하여 완성도를 적용할 필요가 없다.
④ 평균법상 완성품환산량은 당기완성수량 + 기말재공품환산량이다.

> [풀이] 선입선출법은 평균법에 비해 원가계산이 더 복잡하며 정확성도 더 높다.

08 종합원가계산은 원가흐름에 대한 가정에 따라 완성품환산량에 차이가 있다. 이에 관한 설명 중 옳지 않은 것은?

① 평균법은 기초재공품원가와 당기투입원가를 구분하지 않고 모두 당기 발생원가로 가정한다.
② 선입선출법은 기초재공품부터 먼저 완성되고 난 후, 당기 투입분을 완성시킨다고 가정한다.
③ 기초재공품이 없을 경우 선입선출법과 평균법의 완성품환산량은 동일하다.
④ 재료비의 경우 공정초에 투입된다고 가정할 경우와 공정전반에 걸쳐 균등하게 발생한다고 가정할 경우에 기말재공품의 완성품환산량은 차이가 없다.

[풀이] 재료비의 경우 공정초에 투입된다고 가정할 경우와 공정전반에 걸쳐 균등하게 발생한다고 가정할 경우에 기말재공품의 미완성도 만큼 완성품환산량에 차이가 발생한다.

09 종합원가계산시 선입선출법에 의한 환산량이 평균법에 의한 환산량과 동일한 경우에 해당하는 것은?

① 기초재공품이 전혀없는 경우
② 기초제품이 전혀없는 경우
③ 기말재공품이 전혀없는 경우
④ 기말제품이 전혀없는 경우

[풀이] 선입선출법과 평균법의 완성품환산량 차이는 기초재공품에 있으므로, 기초재공품이 전혀 없는 경우에는 선입선출법과 평균법의 완성품환산량은 동일하다.

- 종합원가계산의 특징 - ★☆☆☆

10 다음 중 종합원가계산의 특징과 가장 관련이 있는 것은?

① 작업원가표
② 주문생산업종에 적합
③ 완성품환산량
④ 원가를 개별작업별로 집계

[풀이] 종합원가계산의 핵심은 완성품환산량을 계산하는데 있다.

11 종합원가계산에 관한 다음 설명 중 가장 옳은 것은?

① 항공기 제조와 같은 주문제작 업종에 적합하다.
② 다품종 소량생산에 유용하다.
③ 제조공정별로 원가를 집계한다.
④ 작업원가표에 의해 원가를 집계한다.

[풀이] 종합원가계산은 제조공정별로 원가를 집계한다.

12 다음 중 종합원가계산의 특징으로 옳지 않은 것은?

① 다양한 종류의 제품을 소량 생산하는 경우에 적합한 방법이다.
② 일반적으로 직접원가와 간접원가로 나누어 계산하지 않는다.
③ 기말시점에는 공정별로 재공품이 존재한다.
④ 개별원가계산에 비해 상대적으로 적은 운영비용이 소요된다.

13 다음 중 종합원가계산의 특징으로 가장 옳은 것은?

① 직접원가와 간접원가로 나누어 계산한다.
② 단일 종류의 제품을 연속적으로 대량 생산하는 경우에 적용한다.
③ 고객의 주문이나 고객이 원하는 형태의 제품을 생산할 때 사용되는 방법이다.
④ 제조간접원가는 원가대상에 직접 추적할 수 없으므로 배부기준을 정하여 배부율을 계산하여야 한다.

[풀이] 종합원가계산은 단일 종류의 제품을 연속적으로 대량 생산하는 경우에 적용하는 방법이다.

— 재공품의 평가방법(선입선출법) — ☆

14 선입선출법에 의한 직접재료비의 완성품환산량을 계산하면 얼마인가?

- 기초재공품 : 15,000단위(완성도 : 40%)
- 당기착수량 : 35,000단위
- 기말재공품 : 10,000단위(완성도 : 60%)
- 완성품수량 : 40,000단위
- 직접재료비는 공정초기에 전량 투입되고, 가공비는 공정전반에 걸쳐 균등하게 발생함

① 35,000단위 ② 40,000단위 ③ 46,000단위 ④ 50,000단위

풀이 [1단계] 물량흐름 파악(선입선출법)

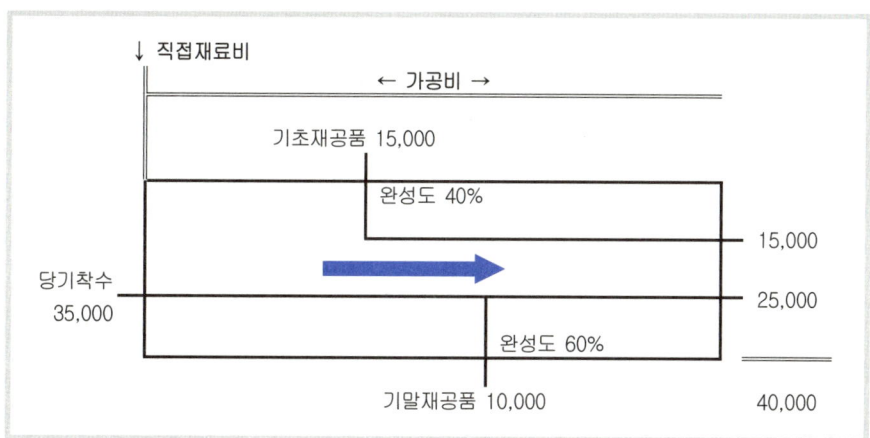

[2단계] 완성품환산량 계산
직접재료비 : 당 기 완 성 : 25,000개 (기초재공품 0개 + 당기착수 25,000개)
            기말재공품 : 10,000개 (10,000개)
            합   계 : 35,000개

15 종합원가계산을 이용하는 기업의 가공비 완성품환산량을 계산하면 얼마인가?

- 기초재공품 : 2,000개(완성도 30%)
- 당기완성품 : 7,000개
- 당기착수량 : 8,000개
- 기말재공품 : 3,000개(완성도 30%)
- 재료는 공정초에 전량 투입되고, 가공비는 공정전반에 걸쳐 균등하게 투입된다.
- 원가흐름에 대한 가정으로 선입선출법을 사용하고 있다.

① 7,300개 ② 7,400개 ③ 7,500개 ④ 8,000개

풀이 [1단계] 물량흐름 파악(선입선출법) — P.616 참조 —
[2단계] 완성품환산량 계산
가공비 : 당 기 완 성 : 6,400개 {(기초재공품 2,000개×70%) + (당기착수 5,000개×100%)}
      기말재공품 :   900개 (3,000개×30%)
      합   계 : 7,300개

16 다음 자료를 활용하여 선입선출법에 의한 재료비와 가공비의 완성품환산량을 계산하면 얼마인가?

- 기초재공품 : 500개(완성도 20%)
- 당기착수량 : 2,000개
- 기말재공품 : 300개(완성도 50%)
- 재료는 공정초에 전량 투입되고, 가공비는 공정전반에 걸쳐 균등하게 투입된다.

① 재료비 2,000개, 가공비 2,250개 ② 재료비 2,200개, 가공비 1,990개
③ 재료비 1,500개, 가공비 1,740개 ④ 재료비 1,500개, 가공비 1,990개

[풀이] [1단계] 물량흐름 파악(선입선출법) - P.617 참조 -
[2단계] 완성품환산량 계산
(1) 재료비 : 당 기 완성 : 1,700개 {기초재공품 0개 + 당기착수 1,700개}
  기말재공품 :   300개
  합   계 : 2,000개
(2) 가공비 : 당 기 완성 : 2,100개 {(기초재공품 500개×80%) + (당기착수 1,700개×100%)}
  기말재공품 :   150개 (300개×50%)
  합   계 : 2,250개

17 다음 자료를 보고 선입선출법에 의한 직접재료비 및 가공비 각각 완성품환산량을 계산하면 얼마인가?

- 기초재공품 : 10,000단위 (완성도 60%)
- 기말재공품 : 20,000단위 (완성도 40%)
- 당기착수량 : 40,000단위
- 완성품수량 : 30,000단위
- 직접재료비는 공정 50% 시점에서 전량 투입되고, 가공비는 공정전반에 걸쳐 균등하게 발생한다.

	직접재료비	가공비		직접재료비	가공비
①	40,000단위	32,000단위	②	32,000단위	40,000단위
③	20,000단위	32,000단위	④	38,000단위	50,000단위

[풀이] [1단계] 물량흐름 파악(선입선출법) - P.617 참조 -
[2단계] 완성품환산량 계산
(1) 재료비 : 당 기 완성 : 20,000개 {기초재공품 0개 + 당기착수 20,000개}
  기말재공품 :   0개
  합   계 : 20,000개
(2) 가공비 : 당 기 완성 : 24,000개 {(기초재공품 10,000개×40%) + (당기착수 20,000개×100%)}
  기말재공품 : 8,000개 (20,000개×40%)
  합   계 : 32,000개
※ 직접재료비가 공정 50% 시점에 전량 투입된다는 것에 주의해야 한다.

— 재공품의 평가방법(평균법) — ★☆☆☆

18 재료비는 공정 초기에 모두 발생되고 가공비는 공정이 진행됨에 따라 균등하게 발생할 경우, 다음 자료에 의한 재료비의 완성품 환산량은?

- 기초재공품 : 2,000개 (완성도 30%)
- 당기완성품수량 : 4,000개
- 기말재공품 : 1,000개 (완성도 40%)
- 평균법을 적용하여 기말재공품을 평가한다.

① 3,600개　　② 4,200개　　③ 5,000개　　④ 6,000개

[풀이] [1단계] 물량흐름 파악(평균법)

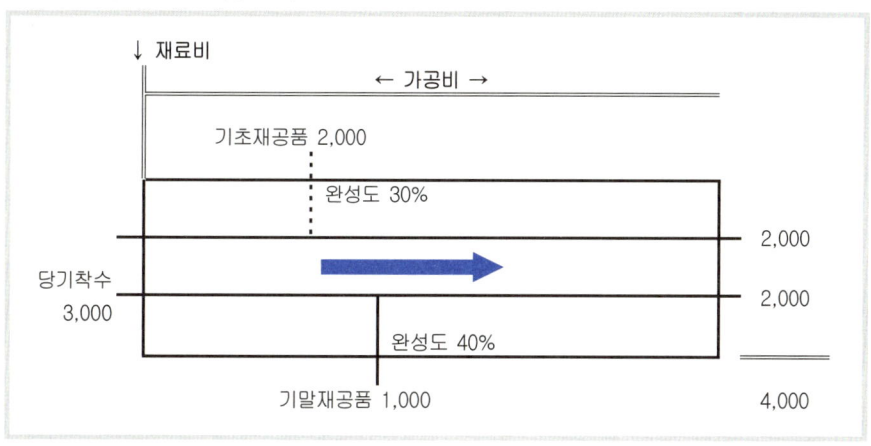

[2단계] 완성품환산량 계산
재료비 : 당 기 완 성 : 4,000개 {기초재공품 2,000개 + 당기착수 2,000개}
　　　　기말재공품 : 1,000개
　　　　합　　　계 : 5,000개

19 다음 자료를 보고 평균법에 의한 재료비의 완성품환산량을 계산하면 얼마인가?

- 기초재공품 : 400개(완성도 60%)
- 당기완성품 : 1,200개
- 당기착수량 : 1,000개
- 기말재공품 : 200개(완성도 40%)
- 재료는 공정초에 전량 투입되고, 가공비는 공정전반에 걸쳐 균등하게 투입된다.

① 1,000개　　② 1,040개　　③ 1,280개　　④ 1,400개

[풀이] [1단계] 물량흐름 파악(평균법) – P.617 참조 –
[2단계] 완성품환산량 계산
재료비 : 당 기 완 성 : 1,200개 {기초재공품 400개 + 당기착수 800개}
　　　　기말재공품 :　 200개
　　　　합　　　계 : 1,400개

20 다음 자료를 보고 평균법에 의한 재료비의 완성품환산량을 계산하면 얼마인가?

> - 기초재공품 : 12,000단위 (완성도 : 60%)
> - 기말재공품 : 24,000단위 (완성도 : 40%)
> - 착 수 량 : 32,000단위
> - 완성품수량 : 20,000단위
> - 원재료와 가공비는 공정전반에 걸쳐 균등하게 발생한다.

① 25,600단위   ② 29,600단위   ③ 34,000단위   ④ 54,000단위

[풀이] [1단계] 물량흐름 파악(평균법) – P.618 참조 –
[2단계] 완성품환산량 계산
재료비 : 당 기 완성 : 20,000개 {(기초재공품 12,000개×100%) + (당기착수 8,000개×100%)}
기말재공품 : 9,600개 (24,000개×40%)
합   계 : 29,600개

21 기초재공품 20,000개(완성도 30%), 당기완성품 수량은 130,000개, 기말재공품은 50,000개(완성도 10%)이다. 평균법하에서 가공비에 대한 완성품 환산량은 얼마인가? (단, 재료는 공정 초에 전량 투입되고, 가공비는 공정 전반에 걸쳐 균등하게 투입됨)

① 110,000개   ② 129,000개   ③ 135,000개   ④ 180,000개

[풀이] [1단계] 물량흐름 파악(평균법) – P.618 참조 –
[2단계] 완성품환산량 계산
가공비 : 당 기 완성 : 130,000개 {(기초재공품 20,000개×100%) + (당기착수 110,000개×100%)}
기말재공품 :   5,000개 (50,000개×10%)
합   계 : 135,000개

22 다음 자료를 보고 평균법에 의한 가공비 완성품환산량을 계산하시오. 단, 재료비는 공정 초기에 전량 투입되며, 가공비는 공정 전반에 걸쳐 균등하게 발생한다.

> - 기초재공품 수량 : 400개(완성도 20%)   - 당기완성품 수량 : 800개
> - 당기착수 수량 : 450개   - 기말재공품 수량 : 50개(완성도 40%)

① 450개   ② 800개   ③ 820개   ④ 850개

[풀이] [1단계] 물량흐름 파악(평균법) – P.618 참조 –
[2단계] 완성품환산량 계산
가공비 : 당 기 완성 : 800개 {(기초재공품 400개×100%) + (당기착수 400개×100%)}
기말재공품 : 20개 (50개×40%)
합   계 : 820개

23 다음은 당기에 영업을 시작한 ㈜합격의 자료이다. 다음의 자료를 이용하여 재료비와 가공비의 완성품환산량을 계산하면 각각 얼마인가? (단, 원재료는 초기에 전량 투입되고 가공비는 공정전체에 걸쳐 균등하게 발생함)

- 당기착수량 : 500개
- 당기완성품 수량 : 300개
- 기말재공품 수량 : 200개(완성도 50%)

	재료비	가공비		재료비	가공비
①	300	300	②	300	400
③	500	300	④	500	400

[풀이] [1단계] 물량흐름 파악 – P.619 참조 –
[2] 완성품환산량 계산
 (1) 재료비 : 당 기 완성 : 300개 (당기착수 300개)
  기말재공품 : 200개
  합 계 : 500개
 (2) 가공비 : 당 기 완성 : 300개 (당기착수 300개×100%)
  기말재공품 : 100개 (200개×50%)
  합 계 : 400개

24 ㈜도봉회사는 종합원가계산에 의하여 제품을 생산한다. 재료는 공정의 초기단계에 투입되며, 가공원가는 전체 공정에 고르게 투입된다. 다음 자료에서 평균법에 의한 재료비와 가공비의 당기 완성품 환산량은 얼마인가?

- 기초재공품 : 5,000개 (완성도 50%)
- 당기착수량 : 35,000개
- 당기완성품 : 30,000개
- 기말재공품의 완성도 : 40%

① 재료비 : 35,000개 가공비 : 31,500개 ② 재료비 : 40,000개 가공비 : 34,000개
③ 재료비 : 40,000개 가공비 : 40,000개 ④ 재료비 : 35,000개 가공비 : 34,000개

[풀이] [1단계] 물량흐름 파악(평균법) – P.619 참조 –
[2단계] 완성품환산량 계산
 (1) 재료비 : 당 기 완성 : 30,000개 {기초재공품 5,000개 + 당기착수 25,000개}
  기말재공품 : 10,000개
  합 계 : 40,000개
 (2) 가공비 : 당 기 완성 : 30,000개 {(기초재공품 5,000개×100%) + (당기착수 25,000개×100%)}
  기말재공품 : 4,000개 (10,000개×40%)
  합 계 : 34,000개

25 다음 자료를 통해 평균법에 의한 재료비와 가공비의 완성품환산량을 계산하면 얼마인가?

- 기초재공품 : 100개(완성도 30%)
- 당기완성품 : 700개
- 당기착수량 : 900개
- 기말재공품 : 300개(완성도 50%)
- 재료는 공정초에 전량 투입되고, 가공비는 공정전반에 걸쳐 균등하게 투입된다.

① 재료비 700개, 가공비 850개
② 재료비 700개, 가공비 1,000개
③ 재료비 1,000개, 가공비 850개
④ 재료비 1,000개, 가공비 1,000개

[풀이] [1단계] 물량흐름 파악(평균법) - P.619 참조 -
　　　[2단계] 완성품환산량 계산
　　　　(1) 재료비 : 당 기 완 성 :　700개 {기초재공품 100개 + 당기착수 600개}
　　　　　　　　　　기말재공품 :　300개
　　　　　　　　　　합　　　계 : 1,000개
　　　　(2) 가공비 : 당 기 완 성 :　700개 {(기초재공품 100개×100%) + (당기착수 600개×100%)}
　　　　　　　　　　기말재공품 :　150개 (300개×50%)
　　　　　　　　　　합　　　계 :　850개

26 다음 자료에 의하여 평균법에 따른 재료비와 가공비의 완성품환산량을 구하시오.

- 기초재공품 : 100개 (완성도 25%)
- 기말재공품 : 200개 (완성도 50%)
- 당기착수 : 400개
- 당기완성 : 300개
- 재료는 공정 초기에 투입되며, 가공비는 공정 전반에 걸쳐 균등하게 발생한다.

	재료비	가공비		재료비	가공비
①	475개	300개	②	475개	400개
③	500개	400개	④	500개	300개

[풀이] [1단계] 물량흐름 파악(평균법) - P.620 참조 -
　　　[2단계] 완성품환산량 계산
　　　　(1) 재료비 : 당 기 완 성 : 300개 {기초재공품 100개 + 당기착수 200개}
　　　　　　　　　　기말재공품 : 200개
　　　　　　　　　　합　　　계 : 500개
　　　　(2) 가공비 : 당 기 완 성 : 300개 {(기초재공품 100개×100%) + (당기착수 200개×100%)}
　　　　　　　　　　기말재공품 : 100개 (200개×50%)
　　　　　　　　　　합　　　계 : 400개

— 완성품환산량 차이 — ☆☆☆

27 다음 자료를 이용하여 선입선출법과 평균법에 의한 재료비의 완성품환산량 차이는 얼마인가?

- 기초재공품 : 200개 (완성도 50%)
- 기말재공품 : 500개 (완성도 40%)
- 완성품수량 : 2,600개
- 원재료는 공정초에 전량 투입되고, 가공비는 공정전반에 걸쳐 균등하게 발생한다.

① 100개　　② 200개　　③ 300개　　④ 400개

[풀이] 선입선출법과 평균법 가정의 차이는 기초재공품에 있으므로 기초재공품의 완성도 만큼 가공비의 완성품 환산량(200개 × 50% = 100개)에 차이가 발생한다.

— 기말재공품 원가(선입선출법) — ☆

28 당사는 선입선출법으로 종합원가계산을 하고 있다. 다음 자료를 보고 기말재공품의 원가를 계산하면 얼마인가?

- 완성품환산량 단위당 재료비 : 500원
- 완성품환산량 단위당 가공비 : 400원
- 기말재공품 수량 : 700개(재료비는 공정초기에 모두 투입되었으며 가공비는 60%를 투입한 상태임)

① 419,000원　　② 518,000원　　③ 610,000원　　④ 710,000원

[풀이] 기말재공품 (1) 재료비 : 완성품환산량 700개
　　　　　　　　(2) 가공비 : 완성품환산량 420개 (700개 × 60%)
　　　　기말재공품 원가 : 재료비(700개×500원) + 가공비(420개×400원) = 518,000원

— 기말재공품 원가(평균법) — ☆☆

29 평균법으로 종합원가계산을 하고 있다. 기말재공품은 200개(재료비는 공정초기에 모두 투입되고, 가공비는 70%를 투입)이며 만일 완성품환산량 단위당 재료비와 가공비가 각각 350원, 200원이라면 기말재공품의 원가는 얼마인가?

① 96,000원　　② 98,000원　　③ 100,000원　　④ 102,000원

[풀이] 기말재공품 (1) 재료비 : 완성품환산량 200개
　　　　　　　　(2) 가공비 : 완성품환산량 140개 (200개 × 70%)
　　　　기말재공품 원가 : 재료비(200개×350원) + 가공비(140개×200원) = 98,000원

– 개별원가계산과 종합원가계산의 비교 – ★☆

30 개별원가계산과 종합원가계산의 차이점을 설명한 것 중 틀린 것은?

① 개별원가계산은 다품종 소량주문생산, 종합원가계산은 동종의 유사제품을 대량생산하는 업종에 적합하다.
② 개별원가계산은 각 작업별로 원가를 집계하나, 종합원가계산은 공정별로 원가를 집계한다.
③ 개별원가계산은 건설업, 조선업에 적합하며 종합원가계산은 정유업, 시멘트산업에 적합하다.
④ 개별원가계산은 완성품환산량을 기준으로 원가를 배분하며, 종합원가계산은 작업원가표에 의하여 배분한다.

[풀이] 개별원가계산은 작업원가표에 의하여 원가를 배분하며, 종합원가계산은 완성품환산량을 기준으로 원가를 배분한다.

31 다음 중 개별원가계산과 종합원가계산에 대한 설명으로 틀린 것은?

① 개별원가계산은 제품원가를 개별작업별로 구분하여 집계한 다음, 이를 그 작업의 생산량으로 나누어서 제품 단위당 원가를 계산한다.
② 종합원가계산은 원가계산이 간편하고 경제적이며, 개별원가계산에 비해 정확한 원가계산이 가능하다.
③ 종합원가계산의 핵심과제는 완성품환산량을 계산하는 것이다.
④ 개별원가계산은 다품종 소량 주문생산하는 업종에 적합하다.

[풀이] 개별원가계산이 종합원가계산 비해 정확한 원가계산이 가능하다.

32 개별원가계산과 종합원가계산의 차이점을 설명한 것 중 틀린 것은?

① 종합원가계산은 동종제품을 연속적으로 대량 생산하는 업종에 적합한 방법이다.
② 개별원가계산은 종합원가계산에 비해 제품별 정확한 원가계산이 가능하다.
③ 개별원가계산은 직접비, 간접비의 구분과 제조간접비의 배부가 중요한 방식이다.
④ 종합원가계산은 작업원가표에 의해 원가를 배부한다.

[풀이] 개별원가계산은 작업원가표에 의해 원가를 배부한다.

33 개별원가계산과 종합원가계산의 차이점을 설명한 것 중 틀린 것은?

① 종합원가계산은 동종 제품의 연속 대량생산형태에 적합하다.
② 종합원가계산의 핵심과제는 완성품환산량을 계산하는 것이다.
③ 개별원가계산은 공정별로 원가를 집계한다.
④ 개별원가계산은 종합원가계산에 비해 제품별 정확한 원가계산이 가능하다.

[풀이] 개별원가계산은 개별작업별로 원가를 집계한다.

34 개별원가계산과 종합원가계산의 차이점을 설명한 것 중 옳지 않은 것은?

① 개별원가계산은 다품종 소량주문 생산, 종합원가계산은 동종제품을 연속적으로 대량 생산하는 업종에 적합한 방법이다.
② 개별원가계산은 종합원가계산에 비해 제품별 정확한 원가계산이 가능하나 원가계산 비용이 많이 소요되는 단점이 있다.
③ 종합원가계산은 제조지시서별 원가계산을 위하여 직접비, 간접비의 구분과 제조간접비의 배부가 중요한 방식이다.
④ 종합원가계산은 완성품환산량을 기준으로 원가를 완성품과 기말재공품에 배부하며, 개별원가계산은 작업원가표에 의해 원가를 배부한다.

[풀이] 제조지시서별 원가계산을 위하여 직접비, 간접비의 구분과 제조간접비의 배부가 중요한 방식은 개별원가계산이다.

35 다음 중 종합원가계산방법과 개별원가계산방법에 대한 내용으로 올바르게 연결된 것은?

	구분	종합원가계산방법	개별원가계산방법
①	핵심과제 :	제조간접비 배분	완성품환산량 계산
②	업 종 :	건설업	식품제조업
③	원가집계 :	공정 및 부문별 집계	개별작업별 집계
④	장 점 :	정확한 원가계산	경제성 및 편리함

[풀이]

구 분	종합원가계산방법	개별원가계산방법
① 핵심과제	완성품환산량 계산	제조간접비 배분
② 업종	식품제조업, 화학공업, 제지업	건설업, 조선업, 기계제작업
③ 원가집계	공정 및 부문별 집계	개별작업별 집계
④ 장점	경제성 및 편리함	정확한 원가계산

36 다음 중 개별원가계산과 종합원가계산의 차이점에 관한 내용으로 가장 옳지 않은 것은?

	개별원가계산	종합원가계산
①	선박 3척일 경우, 각각 별도로 원가를 집계	자동차 100대일 경우, 모두 묶어서 원가를 집계
②	제조간접비 배부의 정확성이 중요	기말재공품 평가의 정확성이 중요
③	여러 가지 개별제품의 주문생산일 경우 적합	단일제품의 연속대량생산일 경우 적합
④	직접재료비와 가공비로 분류하여 집계	직접비와 제조간접비로 분류하여 집계

[풀이] 개별원가계산은 원가를 직접재료비, 직접노무비와 제조간접비로 분류하여 집계하고, 종합원가계산은 원가를 직접재료비와 가공비로 분류하여 집계한다.

37 다음 중 개별원가계산과 종합원가계산에 대한 설명으로 옳은 것은?

① 개별원가계산은 표준화된 제품을 연속적이며 대량으로 생산하는 기업에 적합하다.
② 종합원가계산은 직접재료비와 직접노무비의 실제로 발생한 원가를 각 제품별로 대응시킨다.
③ 개별원가계산은 종합원가계산에 비해 각 제품별 정확한 원가계산이 가능하다.
④ 종합원가계산은 특정제조지시서를 사용한다.

[풀이] 개별원가계산은 종합원가계산에 비해 각 제품별 정확한 원가계산이 가능하다.
① 종합원가계산은 표준화된 제품을 연속적이며 대량으로 생산하는 기업에 적합하다.
② 개별원가계산은 직접재료비와 직접노무비를 각 제품별로 대응시킨다.
④ 개별원가계산은 고객이 주문한 특정 제품의 제조를 작업현장에 지시하는 문서인 제조지시서를 사용한다.

38 종합원가계산과 개별원가계산에 대한 설명이다. 옳지 않은 것을 고르시오.

① 다품종 주문생산에 적합한 원가계산방법은 개별원가계산이다.
② 정유업, 제당업, 제분업은 종합원가계산이 적합하다.
③ 건설업, 주문에 의한 기계제조업, 항공기제조업은 개별원가계산이 적합하다.
④ 상대적으로 정확한 제품원가계산이 가능한 방법은 종합원가계산이다.

[풀이] 상대적으로 정확한 제품원가계산이 가능한 방법은 개별원가계산이다.

39 다음 중 개별원가계산과 종합원가계산의 비교 내용으로 잘못된 것은?

① 종합원가계산은 소품종 대량생산의 경우에 주로 사용된다.
② 종합원가계산은 원가를 제조공정별로 집계한다.
③ 개별원가계산은 원가보고서를 개별작업별로 작성한다.
④ 개별원가계산이 사용되는 산업은 정유업, 화학업, 제지업 등이 대표적이다.

[풀이] 개별원가계산이 사용되는 산업은 기계제작업, 조선업, 건설업 등이 대표적이다.

– 공손품과 작업폐물 – ☆☆☆

40 다음은 공손에 대한 설명이다. ( ) 안에 들어갈 말은?

• 정상공손 : 제품을 생산하는데 불가피하게 발생한 것으로 (㉠)에 포함한다.
• 비정상공손 : 비효율적 생산관리로 인하여 발생한 것으로 (㉡)로 처리한다.

① ㉠ 영업외비용, ㉡ 판매관리비
② ㉠ 제품제조원가, ㉡ 영업외비용
③ ㉠ 영업외비용, ㉡ 제품제조원가
④ ㉠ 판매관리비, ㉡ 영업외비용

[풀이] 정상공손원가는 제조원가에 포함시키고, 비정상공손원가는 영업외비용으로 처리한다.

41 제품 생산 과정에서 정상적인 원인으로 원재료가 장부상 수량보다 실제 수량이 부족함이 발견되었다. 이 차액의 회계 처리방법은?

① 제품제조원가에 가산한다.
② 제품제조원가에서 차감한다.
③ 판매비와관리비로 계상한다.
④ 영업외비용으로 계상한다.

[풀이] 제품 생산과정에서 정상적으로 발생한 재고자산감모손실은 제품제조원가에 가산한다.

42 다음은 공손에 대한 설명이다. 틀린 것은?

① 정상 공손이란 효율적인 생산과정에서도 발생하는 공손을 말한다.
② 정상 및 비정상공손품의 원가는 발생기간의 손실로 영업외비용으로 처리한다.
③ 공손품은 정상품에 비하여 품질이나 규격이 미달되는 불합격품을 말한다.
④ 공손품은 원재료의 불량, 작업자의 부주의 등의 원인에 의해 발생한다.

[풀이] 정상공손원가는 제조원가에 포함시키고, 비정상공손원가는 영업외비용으로 처리한다.

43 다음 중 공손에 대한 설명으로 틀린 것은?

① 정상공손은 원가에 포함한다.
② 공손품은 일정수준에 미달하는 불합격품을 말한다.
③ 작업폐물은 공손품으로 분류한다.
④ 비정상공손은 영업외비용으로 처리한다.

[풀이] 공손품(spoilage)이란 품질이나 규격이 회사에서 정한 일정수준에 미달하는 불합격품을 말하며, 작업폐물(scrap)이란 제품의 제조과정에서 발생하는 원재료의 부스러기를 말한다.

44 다음 중 공손품에 대한 설명으로 가장 옳지 않은 것은?

① 정상공손의 원가는 제품제조원가에 포함된다.
② 비정상공손원가는 영업비용으로 처리해야 한다.
③ 정상공손은 제품을 생산하는 과정에서 불가피하게 발생한다.
④ 비정상공손은 비효율적인 생산관리로 인해 발생한다.

[풀이] 비정상공손원가는 영업외비용으로 처리한다.

45 다음 중 공손과 관련한 설명으로 틀린 것은?

① 비정상공손품에 투입된 제조원가는 영업외비용으로 처리한다.
② 제조과정에서 불가피하게 발생한 공손은 제조원가에 포함시킨다.
③ 공손품이라도 추가적인 작업을 수행하면 정상품이 될 수 있다.
④ 제조활동을 효율적으로 수행하였다면 방지할 수 있는 공손을 비정상공손이라고 한다.

[풀이] 공손품(spoilage)이란 품질이나 규격이 회사에서 정한 일정수준에 미달하는 불합격품으로 재작업을 하여도 양품이 될 수 없는 것을 말한다. 반면, 불량품(defective units)은 재작업을 수행하면 양품이 될 수 있는 것을 말한다.

46 다음 중 공손에 대한 설명으로 옳지 않은 것은?

① 공손품은 정상품에 비하여 품질이나 규격이 미달하는 불합격품을 말한다.
② 공손품은 원재료의 불량, 작업자의 부주의 등의 원인에 의해 발생한다.
③ 정상공손이란 효율적인 생산과정에서도 발생하는 공손을 말한다.
④ 정상 및 비정상 공손품의 원가는 발생한 기간의 손실로서 영업외비용으로 처리한다.

[풀이] 정상공손원가는 제조원가에 포함시키고, 비정상공손원가는 영업외비용으로 처리한다.

15 [풀이] [1단계] 물량흐름 파악(선입선출법)

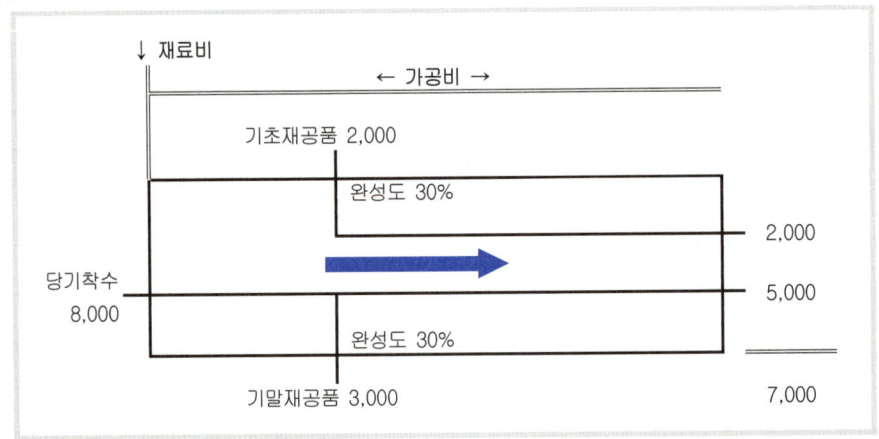

16 [1단계] 물량흐름 파악(선입선출법)

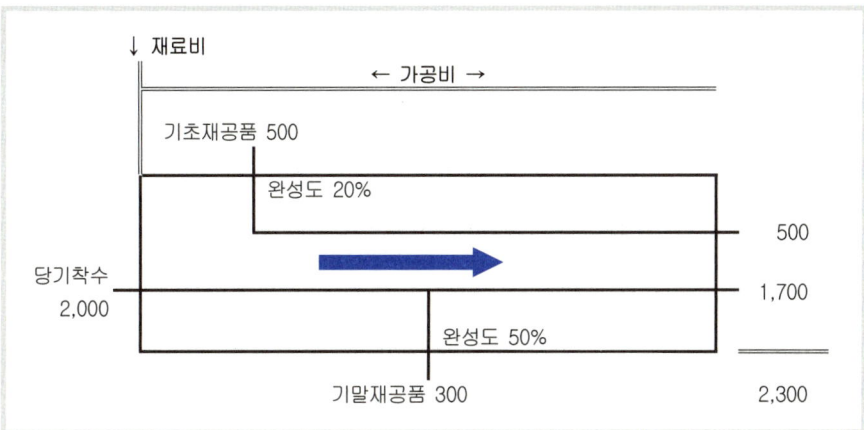

17 [1단계] 물량흐름 파악(선입선출법)

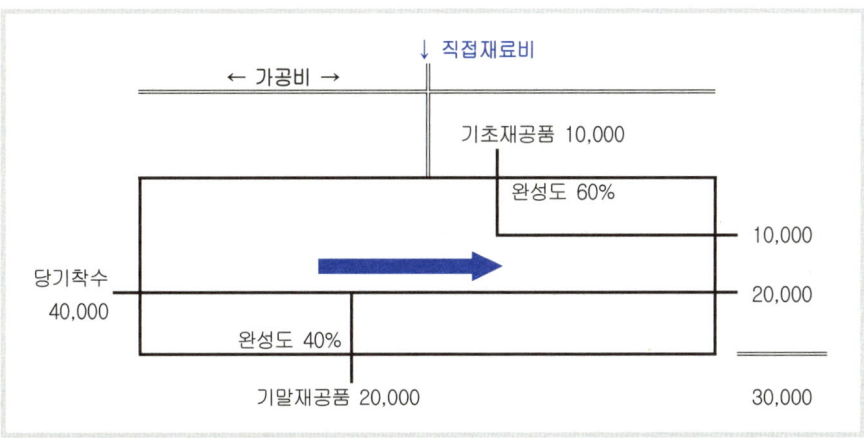

19 [1단계] 물량흐름 파악(평균법)

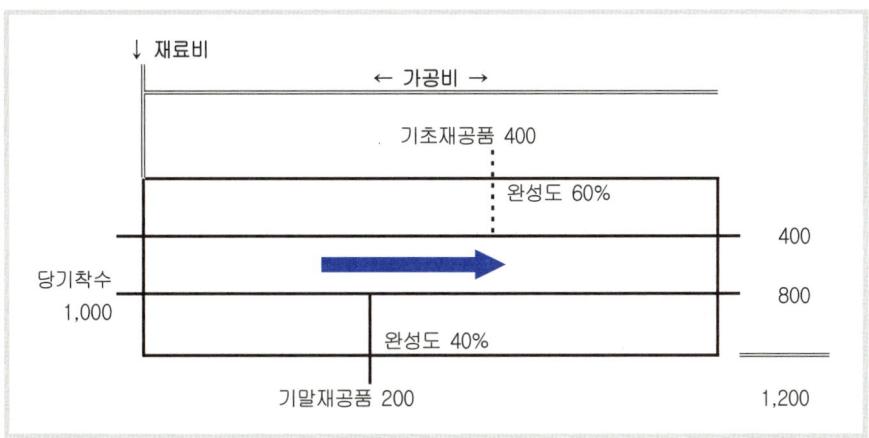

20 [1단계] 물량흐름 파악(평균법)

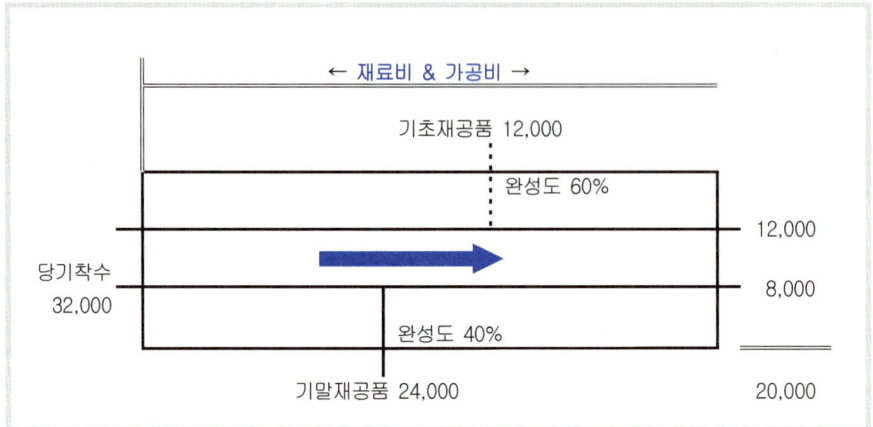

21 [1단계] 물량흐름 파악(평균법)

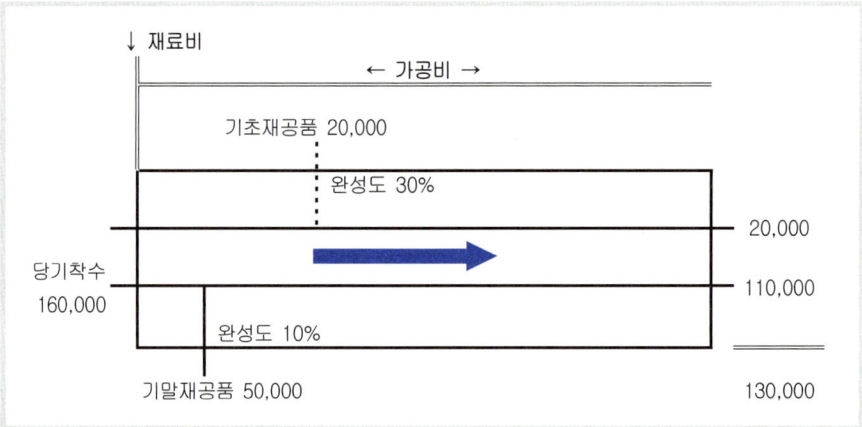

22 [1단계] 물량흐름 파악(평균법)

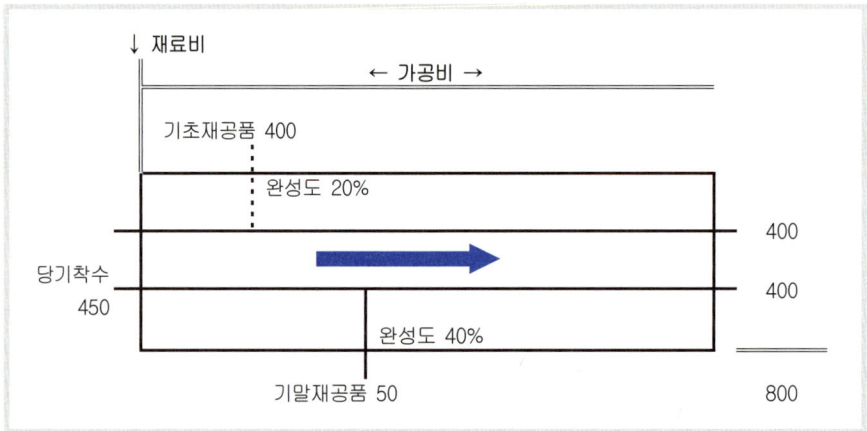

23 [1단계] 물량흐름 파악

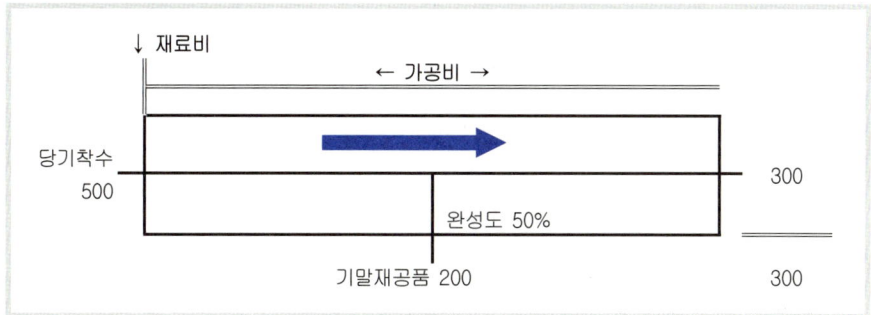

24 [1단계] 물량흐름 파악(평균법)

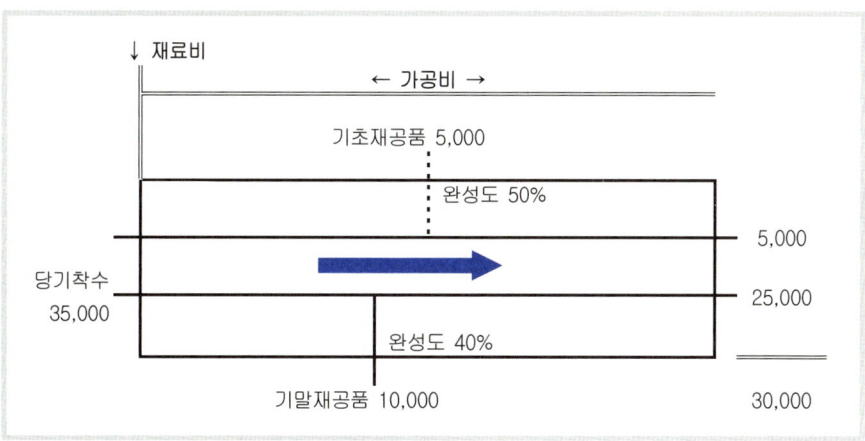

25 [1단계] 물량흐름 파악(평균법)

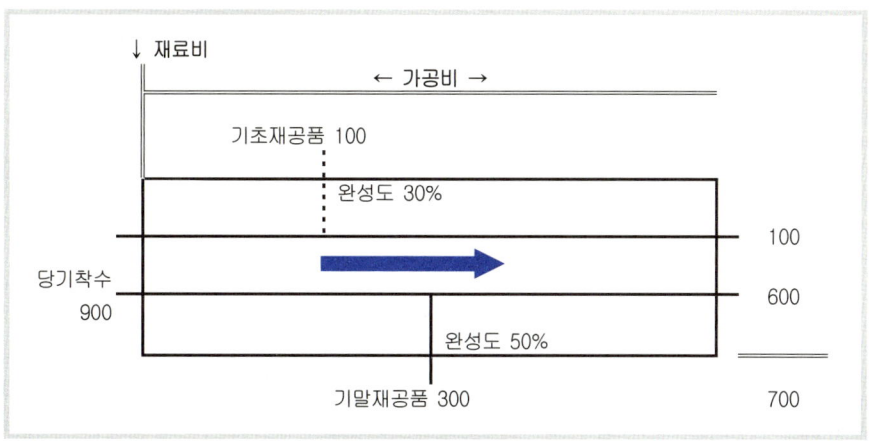

26 [1단계] 물량흐름 파악(평균법)

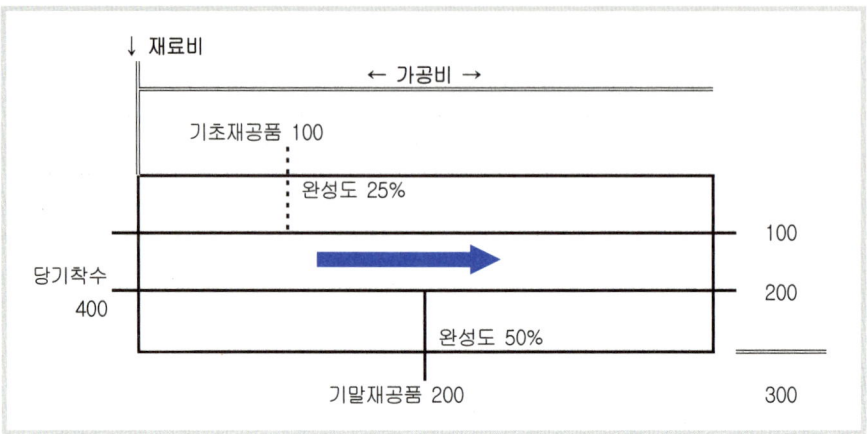

정답

1. ④ 2. ① 3. ② 4. ① 5. ③ 6. ④ 7. ① 8. ④ 9. ① 10. ③
11. ③ 12. ① 13. ② 14. ① 15. ① 16. ① 17. ③ 18. ③ 19. ④ 20. ②
21. ③ 22. ③ 23. ④ 24. ② 25. ③ 26. ③ 27. ① 28. ② 29. ② 30. ④
31. ② 32. ④ 33. ③ 34. ③ 35. ③ 36. ④ 37. ③ 38. ④ 39. ④ 40. ②
41. ① 42. ② 43. ③ 44. ② 45. ③ 46. ④

[부록] 기출모의고사

데이터 설치요령

KcLep 길라잡이

❶ 네이버 카페(http://cafe.naver.com/choidairi)에 접속한다.

❷ [도서출판 최대리]>[DATA 자료실] 게시판에서 "[2025] 최대리 전산회계1급(실기+필기) 부록 Data"의 첨부파일(1)을 바탕화면(또는 본인이 원하는 위치)에 다운받는다.

❸ 다운받은 파일을 마우스 오른쪽 클릭하고 보조창에서 "2025 최대리 전산회계1급(실기+필기...."에 압축풀기(W)를 클릭한다.

❹ 압축이 풀린 폴더를 더블클릭하고 그 속에 숫자 4자리 폴더(3980과 3981)를 복사해서 로컬 디스크(C:)에 KcLepDB > KcLep 폴더 속에 붙여 넣는다.

❺ 케이렙 프로그램을 실행하고 [로그인] 화면에서 [종목선택]란에 "전산회계1급", [드라이브]란에 "C:KcLepDB", [회사코드]란에서 "3001.㈜최대리"를 선택하고 확인(Enter)을 클릭한다.

❻ [재무회계]>[기초정보관리]>[회사등록] 메뉴에서 상단 툴바의 F4 회사코드재생성 버튼을 클릭한다.

❼ [전체메뉴]로 돌아와서 우측 상단에 회사 버튼을 클릭한다. 「회사변경」 보조창에서 기출문제의 회차에 맞는 회사코드를 선택하고 변경을 클릭한다.

※ 도서출판 최대리 홈페이지(http://www.choidairi.co.kr)의 [자료실]>[데이터 자료실]에서도 다운 받을 수 있습니다.

한마디 … 본서의 기출 모의고사는 자격시험 원본 데이터의 내용 중 꼭 필요한 부분만을 2025년에 맞게 직접 입력하여 재 구성한 문제이다. 따라서 문제 풀이 중에 보이는 화면의 내용은 원본과 동일하게 작업되어 있어 자격시험에 적응력을 높이도록 하였다. 채점 프로그램이 공급되지 않으므로 [이론시험]은 교재에 답을 표시하고 답안과 비교하고, [실무시험]은 프로그램에 입력한 내용을 답안과 비교하여 채점하도록 한다.

두마디 … 다 풀어본 후 다시 풀어보고자 할 경우에는 위 ❹번부터 작업을 다시하면 된다.

데이터 설치요령이 잘 안되시는 분은 네이버 카페의 [도서출판 최대리]>[DATA 자료실] 게시판에서 "[2025] 최대리 전산회계1급(실기+필기) 데이터 설치하기" 동영상을 수강하세요.

제 1 회

기출 모의고사

↘ 회사코드 : 3980

↘ 회 사 명 : ㈜동진상사

↘ 제한시간 : 60분

이 론 시 험

다음 문제를 보고 알맞은 것을 골라 [이론문제 답안작성] 메뉴에 입력하시오. (※ 객관식 문항당 2점)

01 다음은 재무회계 개념체계에 대한 설명이다. 회계정보의 질적특성 중 목적적합성과 관련이 없는 것은?

① 적시성 ② 중립성
③ 예측가치 ④ 피드백가치

02 다음 중 현금및현금성자산 금액을 모두 합하면 얼마인가?

- 선일자수표 : 500,000원
- 타인발행 당좌수표 : 400,000원
- 당좌예금 : 500,000원
- 차용증서 : 800,000원
- 취득 당시 만기가 2개월인 양도성예금증서 : 600,000원

① 800,000원 ② 1,100,000원 ③ 1,200,000원 ④ 1,500,000원

03 부산의 5월초 상품재고액은 500,000원이며, 5월의 상품매입액은 350,000원, 5월의 매출액은 600,000원이다. 매출총이익률이 20%라고 한다면, 5월말 상품재고액은 얼마인가?

① 250,000원 ② 370,000원 ③ 480,000원 ④ 620,000원

04 결산마감시 당기분 감가상각누계액으로 4,000,000원을 계상하였다. 재무제표에 미치는 영향을 바르게 설명한 것은?

① 자본이 4,000,000원 감소한다. ② 자산이 4,000,000원 증가한다.
③ 당기순이익이 4,000,000원 증가한다. ④ 부채가 4,000,000원 증가한다.

05 다음 중 무형자산의 인식 및 최초측정에 대한 설명으로 가장 틀린 것은?

① 무형자산을 최초로 인식할 때에는 원가로 측정한다.
② 다른 종류의 무형자산이나 다른 자산과의 교환으로 무형자산을 취득하는 경우에는 무형자산의 원가를 교환으로 제공한 자산의 공정가치로 측정한다.
③ 무형자산을 창출하기 위한 내부 프로젝트를 연구단계와 개발단계로 구분할 수 없는 경우에는 그 프로젝트에서 발생한 지출은 모두 개발단계에서 발생한 것으로 본다.
④ 내부적으로 창출한 무형자산의 원가는 그 자산의 창출, 제조, 사용준비에 직접 관련된 지출과 합리적이고 일관성있게 배분된 간접 지출을 모두 포함한다.

06 다음 중 유가증권의 분류에 대한 설명으로 가장 틀린 것은?

① 유가증권은 취득한 후에 만기보유증권, 단기매매증권, 그리고 매도가능증권 중의 하나로 분류한다.
② 만기가 확정된 채무증권으로서 상환금액이 확정되었거나 확정이 가능한 채무증권을 만기까지 보유할 적극적인 의도와 능력이 있는 경우에는 매도가능증권으로 분류한다.
③ 지분증권과 만기보유증권으로 분류되지 아니하는 채무증권은 단기매매증권과 매도가능증권 중의 하나로 분류한다.
④ 단기매매증권은 주로 단기간 내의 매매차익을 목적으로 취득한 유가증권으로서 매수와 매도가 적극적이고 빈번하게 이루어지는 것을 말한다.

07 다음은 충당부채와 우발부채에 대한 설명이다. 일반기업회계기준으로 판단했을 때 적합한 설명이 아닌 것은?

① 퇴직급여충당부채는 충당부채에 해당한다.
② 우발부채는 일반기업회계기준상 재무제표에 부채로 인식하여야 한다.
③ 충당부채는 당해 의무를 이행하기 위한 자원유출 가능성이 매우 높아야 한다.
④ 충당부채는 그 의무 이행에 소요되는 금액을 신뢰성 있게 추정할 수 있어야 한다.

08 다음 중 일반기업회계기준에 의한 수익인식기준으로 맞는 것은?

① 상품권 판매 : 상품권을 판매한 시점
② 할부판매 : 고객이 매입의사표시를 한 시점
③ 위탁판매 : 수탁자가 제3자에게 판매한 시점
④ 시용판매 : 상품 인도시점

09 다음 중 종합원가계산의 특징으로 가장 옳은 것은?

① 직접원가와 간접원가로 나누어 계산한다.
② 단일 종류의 제품을 연속적으로 대량 생산하는 경우에 적용한다.
③ 고객의 주문이나 고객이 원하는 형태의 제품을 생산할 때 사용되는 방법이다.
④ 제조간접원가는 원가대상에 직접 추적할 수 없으므로 배부기준을 정하여 배부율을 계산하여야 한다.

10 다음은 당기에 영업을 시작한 ㈜합격의 자료이다. 다음의 자료를 이용하여 재료비와 가공비의 완성품환산량을 계산하면 각각 얼마인가? (단, 원재료는 초기에 전량 투입되고 가공비는 공정전체에 걸쳐 균등하게 발생함)

| • 당기착수량 : 500개 | • 당기완성품 수량 : 300개 |
| • 기말재공품 수량 : 200개(완성도 50%) | |

	재료비	가공비		재료비	가공비
①	300	300	②	300	400
③	500	300	④	500	400

11 다음은 원가의 행태에 대한 그래프이다. 변동비와 관계있는 도표로 알맞게 짝지어진 것은?

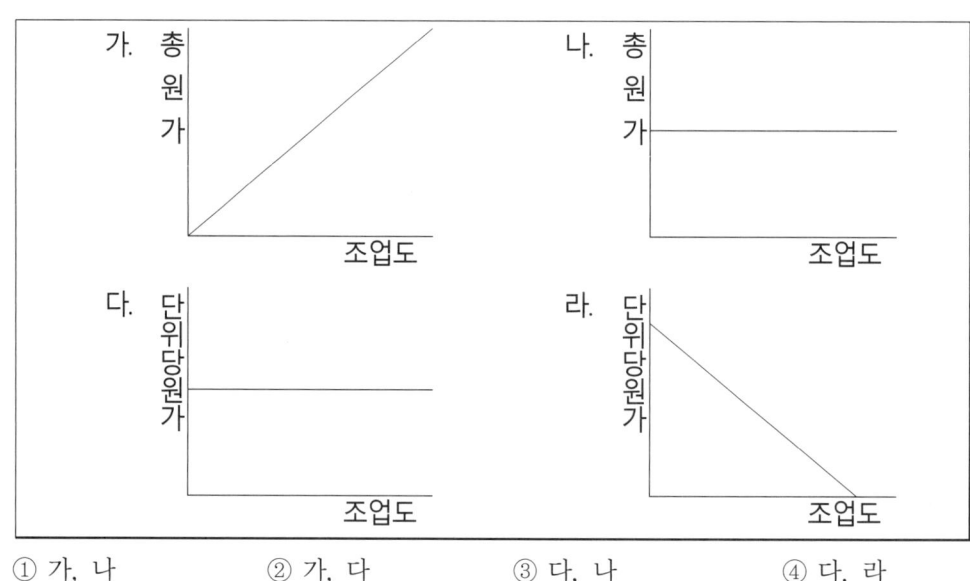

① 가, 나   ② 가, 다   ③ 다, 나   ④ 다, 라

12 다음 중 보조부문원가 배분방법에 대한 설명으로 가장 옳은 것은?

① 단계배분법은 보조부문의 배분순서와 상관없이 원가를 계산한다.
② 상호배분법은 보조부문간의 용역수수관계를 고려하는 배분방법이다.
③ 직접배분법은 정확한 계산 방법이지만, 계산이 매우 복잡하다.
④ 단계배분법은 각 보조부문에서 발생한 원가를 제조부문에 직접배분하는 방법이다.

13 우리나라 부가가치세의 특징과 가장 관련이 없는 것은?

① 국세　　　　　　　　　　② 간접세
③ 개별소비세　　　　　　　④ 소비지국 과세원칙

14 다음은 부가가치세법상 면세포기와 관련된 설명이다. 맞게 설명한 것은?

① 면세포기는 관할세무서장의 승인을 얻어야 한다.
② 면세사업자는 면세포기 신고일로부터 3년간은 부가가치세를 면제받지 못한다.
③ 면세사업자는 모든 재화, 용역에 대하여 면세포기가 가능하다.
④ 면세사업자가 면세를 포기해도 매입세액공제가 불가능하다.

15 다음은 ㈜한국의 과세자료이다. 부가가치세 과세표준은 얼마인가? 단, 거래금액에는 부가가치세가 포함되어 있지 않다.

- 외상판매액 : 2,000,000원
- 대표이사 개인목적으로 사용한 제품(원가 80,000원, 시가 120,000원) : 80,000원
- 비영업용 소형승용차(2,000cc) 매각대금 : 100,000원
- 화재로 인하여 소실된 제품 : 200,000원

① 2,080,000원　② 2,120,000원　③ 2,220,000원　④ 2,380,000원

실 무 시 험

㈜동진상사(회사코드 : 3980)은 스포츠의류를 제조하여 판매하는 중소기업이며, 당기(제10기) 회계기간은 2025.1.1. ~ 2025.12.31.이다. 전산세무회계 수험용 프로그램을 이용하여 다음 물음에 답하시오.

문제1 다음은 기초정보관리 및 전기분 재무제표에 대한 자료이다. 각각의 요구사항에 대하여 답하시오. (10점)

1. 다음 자료를 보고 [거래처등록] 메뉴에 등록하시오. (3점)

- 거래처코드 : 01212
- 사업자등록번호 : 206-86-31522
- 종목 : 가전제품
- 거래처명 : ㈜세무전자
- 대표자 : 김기태
- 사업장주소 : 서울시 강남구 양재대로 55길 19
- 유형 : 동시
- 업태 : 도소매

※ 주소입력시 우편번호 입력은 생략해도 무방함.

2. 거래처별 초기이월 채권과 채무 잔액은 다음과 같다. 자료에 맞게 추가입력이나 정정 및 삭제하시오. (3점)

계정과목	거래처	잔액	계
단기대여금	우진상사	7,500,000원	12,000,000원
	㈜가나상사	3,200,000원	
	다라상사	1,300,000원	
단기차입금	마바상사	5,500,000원	16,000,000원
	자차상사	10,500,000원	

3. 전기분 손익계산서를 검토한 결과 다음과 같은 오류가 발견되었다. 전기분 손익계산서, 전기분 잉여금처분계산서, 전기분 재무상태표 중 관련된 부분을 수정하시오. (4점)

계정과목	틀린 금액	올바른 금액	내용
상여금(803)	5,000,000원	3,400,000원	입력오류

문제2 다음 거래 자료를 [일반전표입력] 메뉴에 추가 입력하시오(일반전표입력의 모든 거래는 부가가치세를 고려하지 말 것). (18점)

입력시 유의사항

- 일반적인 적요의 입력은 생략하지만, 타계정 대체거래는 적요번호를 선택하여 입력한다.
- 채권·채무와 관련된 거래는 별도의 요구가 없는 한 반드시 기 등록되어 있는 거래처코드를 선택하는 방법으로 거래처명을 입력한다.
- 제조경비는 500번대 계정코드를 판매비와관리비는 800번대 계정코드를 사용한다.
- 회계처리과목은 별도제시가 없는 한 등록되어 있는 계정과목 중 가장 적절한 과목으로 한다.
---

1. 7월 12일 ㈜우리서점에서 영업부 업무관련 도서를 70,000원에 구입하고 보통예금으로 지급하였다. (3점)

2. 7월 28일 ㈜해운에 대한 외상매출금 4,700,000원과 외상매입금 5,800,000원을 상계처리하기로 하고 나머지 잔액은 당사의 당좌수표를 발행하여 지급하였다. (3점)

3. 7월 31일 지난 3월 단기 시세차익을 목적으로 취득하였던 ㈜한국의 주식 2,000주(1주당 액면가 5,000원, 1주당 구입가 10,000원)를 24,000,000원에 처분하고 보통예금으로 입금 받았다. (3점)

4. 8월 1일 당사는 본사건물 신축을 위한 차입금의 이자비용 7,000,000원을 현금으로 지급하고, 금융비용은 전액 자본화하기로 하였다. 이 건물의 착공일은 전전기 1월 13일이며, 완공일은 당기 11월 30일이다. (3점)

5. 9월 30일 제2기 예정 부가가치세 신고를 위해 부가세대급금 8,000,000원과 부가세예수금 11,300,000원을 상계처리하고 관련 회계처리를 하시오(단, 거래처입력은 생략하고, 총액을 상계처리). (3점)

6. 12월 19일 제품 생산에 필요한 원재료를 매입하기 위해서 ㈜우리공장과 계약을 체결하고, 계약금 2,000,000원을 보통예금에서 지급하였다. (3점)

문제3 다음 거래 자료를 [매입매출전표입력] 메뉴에 입력하시오. (18점)

입력시 유의사항

- 일반적인 적요의 입력은 생략하지만, 타계정 대체거래는 적요번호를 선택하여 입력한다.
- 채권, 채무와 관련된 거래는 별도의 요구가 없는 한 기 등록되어 있는 거래처코드를 선택하는 방법으로 거래처명을 입력한다.
- 제조경비는 500번대 계정코드를 판매비와관리비는 800번대 계정코드를 사용한다.
- 회계처리시 계정과목은 별도제시가 없는 한 등록되어 있는 계정과목 중 가장 적절한 과목으로 한다.
- 입력화면 하단의 분개까지 처리하고, 전자세금계산서는 전자입력으로 반영한다.

---

1. 7월 21일 비사업자인 이순옥씨에게 제품을 99,000원(부가가치세 포함)에 현금 매출하고 현금영수증을 발급하지 않았다. (3점)

2. 9월 4일 원재료 매입처의 사무실 이전을 축하하기 위해 프리티화원에서 200,000원의 축하화환을 주문하고, 보통예금계좌에서 이체하고 현금영수증(지출증빙용)을 발급받았다. (3점)

```
                    프리티화원
            114-91-21113              김화원
서울 송파구 문정동 101-2  TEL : 3289-8085
홈페이지 http : //www.kacpta.or.kr
              현금(지출증빙)
구매 2025/09/04/13 : 06   거래번호 : 0004-0027
     상품명              수량           금액
     축하화환              1          200,000원
    2041815650198
                      물 품 가 액     200,000원
                      부  가  세           0원
     합   계                        200,000원
     받은금액                        200,000원
```

3. 9월 15일 당사는 제품을 제조하기 위해 ㈜한국에서 기계장치를 50,000,000원(부가가치세 별도)에 10개월 할부로 구매하고 전자세금계산서를 발급받았다. 할부대금은 다음 달부터 지급한다. (3점)

4. 10월 10일 ㈜광고에 제품을 15,000,000원(부가가치세 별도)에 판매하고 전자세금계산서를 발급하였다. 제품에 대한 판매대금은 보통예금계좌로 입금 받았다. (3점)

5. 10월 18일 업무용 비품으로 사용하던 냉장고(취득가액 2,800,000원, 처분시 감가상각누계액 1,600,000원)를 ㈜미래에 현금 1,100,000원(부가가치세 포함)을 받아 처분하고 전자세금계산서를 발급하였다. (3점)

6. 11월 28일 본사 신축을 위해 구입하는 토지 취득에 대한 법률자문 및 등기대행 용역을 ㈜국민개발로부터 제공받았다. 용역에 대한 수수료 3,000,000원(부가가치세 별도)은 현금으로 지급하고 전자세금계산서를 발급받았다. (3점)

[문제4] [일반전표입력] 및 [매입매출전표입력] 메뉴에 입력된 내용 중 다음과 같은 오류가 발견되었다. 입력된 내용을 확인하여 정정하시오. (6점)

1. 7월 10일 세금과공과로 처리한 금액(100,000원)은 임직원들에게 6월 15일에 급여를 지급하면서 원천징수한 소득세를 납부한 것으로 확인되었다. (3점)

2. 9월 27일 본사업무에 사용하는 개별소비세 과세대상 자동차(2,500cc)에 대해 ㈜가제트수리에서 수리하면서 550,000원(부가가치세 포함)을 현금으로 결제하고 전자세금계산서를 발급받았다. 해당 금액에 대하여 매입세액공제대상으로 처리하였다. (3점)

[문제5] 결산정리사항은 다음과 같다. 해당 메뉴에 입력하시오. (9점)

1. 구입 당시 자산으로 계상한 공장 소모품(단가 50,000원, 20개) 중 기말 현재 6개가 재고로 남아 있다(사용분에 대해 비용처리 할 것). (3점)

2. 기말 현재 보유하고 있는 감가상각대상자산은 다음과 같다. 해당 자산을 [고정자산등록] 메뉴에 등록하고 계산된 상각범위액을 감가상각비로 반영하시오. (3점)

   - 계정과목 : 기계장치
   - 코드번호 : 101
   - 전기말감가상각누계액 : 9,000,000원
   - 내용연수 : 5년
   - 취득년월일 : 2023년 7월 27일
   - 취득원가 : 30,000,000원
   - 경비구분 : 제조
   - 감가상각방법 : 정률법

3. 당기 법인세비용을 7,000,000원으로 가정하여 계상한다(단, 법인세 중간예납세액은 조회하여 입력할 것). (3점)

문제6 다음 사항을 조회하여 답안을 [이론문제 답안작성] 메뉴에 입력하시오. (9점)

1. 1기 확정(4월 ~ 6월) 부가가치세 신고기간 중 카드로 매출된 공급대가는 얼마인가? (3점)

2. 상반기(1월 ~ 6월)에 기업업무추진비(판매비와관리비)가 가장 많이 발생한 월과 금액은? (3점)

3. 5월말 현재 외상매입금 잔액이 가장 큰 거래처명과 그 금액은 얼마인가? (3점)

제 2 회

기출 모의고사

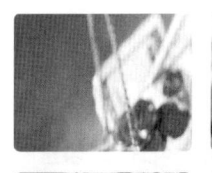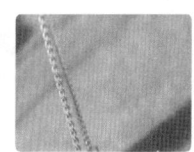
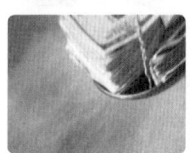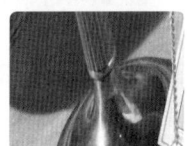

↘ 회사코드 : 3981

↘ 회 사 명 : 금정가구㈜

↘ 제한시간 : 60분

이 론 시 험

다음 문제를 보고 알맞은 것을 골라 [이론문제 답안작성] 메뉴에 입력하시오. (※ 객관식 문항당 2점)

01 다음 중 재무상태표에 대한 설명으로 가장 적절한 것은?

① 기업의 자산, 부채, 자본을 보여주며 유동성이 큰 항목부터 배열한다.
② 자산과 부채의 유동성과 비유동성을 구분하지 않는다.
③ 자산과 부채는 상계하여 처리하는 것을 원칙으로 한다.
④ 일정기간 동안의 기업에 대한 경영성과를 나타내는 보고서이다.

02 다음 중 물가가 지속적으로 상승하는 경우 매출총이익 및 기말재고자산 금액이 가장 높게 평가되는 재고자산평가방법으로 올바른 것은? (단, 기초재고자산 수량과 기말재고자산 수량은 동일하다고 가정함)

	매출총이익	기말재고자산금액		매출총이익	기말재고자산금액
①	후입선출법	선입선출법	②	선입선출법	후입선출법
③	후입선출법	후입선출법	④	선입선출법	선입선출법

03 다음 중 유형자산의 취득원가에 포함되는 항목이 아닌 것은?

① 취득세
② 설치원가 및 조립원가
③ 설계와 관련하여 전문가에게 지급하는 수수료
④ 관리 및 기타 일반간접원가

04 시장성 있는 ㈜진성의 주식 10주를 장기투자 목적으로 1주당 50,000원에 매입하고 거래수수료 5,000원을 포함하여 보통예금으로 결제하였다. 기말 공정가치는 1주당 52,000원이다. 일반기업회계기준에 따라 회계처리 하는 경우 다음 중 맞는 것은?

① 매도가능증권의 취득가액은 500,000원이다.
② 매도가능증권의 취득시점 분개는 아래와 같다.
   (차) 매도가능증권   505,000원 / (대) 보통예금   505,000원
③ 매도가능증권평가이익은 20,000원이다.
④ 매도가능증권평가손익은 당기손익에 반영한다.

05 다음 퇴직급여와 관련하여 당기에 인식할 퇴직급여 비용은?

> ㈜전산은 퇴직금추계액의 100%를 퇴직급여충당금부채로 설정하는 법인으로 전기말 5,000,000원을 퇴직급여충당부채로 설정하였으며, 당기 7월 30일에 7,000,000원의 퇴직급여를 지급하였으며, 기말 현재 종업원의 퇴직으로 지급해야할 퇴직금추계액은 8,000,000원이다.

① 8,000,000원　　② 10,000,000원　　③ 12,000,000원　　④ 15,000,000원

06 다음 중 자본에 대한 설명으로 가장 옳지 않은 것은?
① 이익잉여금은 기업과 주주간의 자본거래에서 발생한 이익을 말한다.
② 현물출자로 취득한 자산은 공정가치를 취득원가로 한다.
③ 자본조정은 자본에 차감하거나 가산하여야 하는 임시적 계정을 말한다.
④ 주식의 발행은 할증발행, 액면발행 및 할인발행이 있으며, 어떠한 발행을 하여도 자본금은 동일하다.

07 다음 중 수익적 지출을 자본적 지출로 회계처리한 경우의 효과로 옳지 않은 것은?
① 자산과소　　　　　　　　② 비용과소
③ 이익과대　　　　　　　　④ 자본과대

08 다음 중 회계상의 거래와 가장 관련이 없는 것은?
① 화재, 도난에 의한 자산의 소멸　　② 채권, 채무의 발생
③ 자산의 가치 감소　　　　　　　　④ 종업원의 고용계약

09 제조원가 중 원가행태가 다음과 같은 원가의 예로 가장 부적합한 것은?

생산량	1,000개	2,000개	2,500개
총원가	1,000,000원	1,000,000원	1,000,000원

① 공장 화재보험료 ② 임차료
③ 정액법에 따른 감가상각비 ④ 제품 포장비용

10 다음 중 보조부문원가의 배분방법에 대한 설명으로 가장 옳지 않은 것은?
① 상호배분법은 계산과정이 복잡한 단점이 있다.
② 상호배분법은 보조부문원가 배분방법 중 가장 정확성이 높은 방법이다.
③ 단계배분법은 보조부문원가 배분방법 중 배분순위를 고려하여 배분한다.
④ 직접배분법은 보조부문 상호간의 용역 수수를 완전히 고려하여 배분한다.

11 다음은 어떤 원가 계산에 대한 설명인가?

> 제품 단위별로 제조되는 제품 수량과 형태에 관해 제조지시서에 기입된 것을 근간으로 제조지시서별로 개별적인 원가를 집계하여 계산하는 방법이다. 이것은 다품종소량생산의 경우 가능한 방법이며, 주문생산이나 반복적이지 않은 제품의 생산방식에 적용한다.

① 개별원가계산 ② 표준원가계산 ③ 종합원가계산 ④ 변동원가계산

12 다음 자료에서 선입선출법에 의한 직접재료비의 완성품환산량을 계산하면 얼마인가?

- 기초재공품 : 15,000단위(완성도 : 40%)
- 기말재공품 : 10,000단위(완성도 : 60%)
- 당기착수량 : 35,000단위
- 완성품수량 : 40,000단위
- 직접재료비는 공정초기에 전량 투입되고, 가공비는 공정전반에 걸쳐 균등하게 발생함

① 35,000단위 ② 40,000단위 ③ 46,000단위 ④ 50,000단위

13 다음은 부가가치세법상 납세의무자에 대한 설명이다. 가장 옳은 것은?

① 간이과세자는 직전 1역년 공급대가가 8,000만원 미만인 법인사업자를 말한다.
② 영리를 추구하지 않는다면 재화 또는 용역을 공급하여도 사업자에 해당하지 않는다.
③ 사업자가 아니라면 재화를 수입하는 경우 부가가치세 납세의무가 발생하지 않는다.
④ 영세율을 적용받는 사업자도 납세의무자에 해당된다.

14 다음 자료에서 부가가치세법상 일반과세자의 부가가치세 과세표준은 얼마인가? 단, 다음의 금액에는 부가가치세액이 포함되어있지 않다.

| · 총매출액 | 5,000,000원 | · 매출환입액 | 500,000원 |
| · 총매입액 | 3,000,000원 | · 금전지급 판매장려금 | 200,000원 |

① 4,500,000원   ② 4,300,000원   ③ 3,600,000원   ④ 1,700,000원

15 다음 간이과세자 중 세금계산서 발급의무가 있는 사업자는?

① 직전 연도의 공급대가의 합계액이 5,000만원인 목욕탕업을 운영하는 간이과세자
② 직전 연도의 공급대가의 합계액이 3,000만원인 여관업을 운영하는 간이과세자
③ 직전 연도의 공급대가의 합계액이 7,000만원인 제조업을 운영하는 간이과세자
④ 직전 연도의 공급대가의 합계액이 4,000만원인 미용실을 운영하는 간이과세자

실 무 시 험

금정가구㈜(회사코드 : 3981)는 사무용가구등을 제조·판매하는 중소기업이며, 당기(제12기) 회계기간은 2025.1.1. ~ 2025.12.31.이다. 전산세무회계 수험용 프로그램을 이용하여 다음 물음에 답하시오.

문제1 다음은 기초정보관리 및 전기분 재무제표에 대한 자료이다. 각각의 요구사항에 대하여 답하시오. (10점)

1. 해외 진출을 위해 ㈜로즈퍼니처와 협약을 맺었다. 다음의 내용을 [거래처등록] 메뉴에 등록하시오. (3점)

- 코드 : 1200
- 구분 : 매출
- 거래처명 : ㈜로즈퍼니처
- 대표자명 : 박장미
- 사업자등록번호 : 128-81-42248
- 업태 : 도소매
- 종목 : 가구
- 주소 : 서울 중구 남대문로 112 (우편번호 주소 생략)

2. 전기말 거래처별 채권·채무의 잔액은 다음과 같다. [거래처별초기이월] 메뉴에 수정·추가입력 하시오. (3점)

계정과목	거래처	금액
외상매출금	㈜성신	30,000,000원
	㈜유은	45,000,000원
외상매입금	㈜시티	25,000,000원
	㈜민국	23,000,000원

3. 전기분 손익계산서의 임차료 10,000,000원은 제조공장 임차료로 판명되었다. 전기분 원가명세서 및 전기분 손익계산서를 수정하시오. (4점)

문제2 다음 거래 자료를 [일반전표입력] 메뉴에 추가 입력하시오(일반전표입력의 모든 거래는 부가가치세를 고려하지 말 것). (18점)

1. 8월 7일 매출거래처 ㈜대들보의 사업장 이전행사에 참석하여 200,000원의 축의금을 현금으로 지급하였다. (3점)

2. 9월 1일 1주당 액면금액이 5,000원인 보통주를 주당 6,000원씩 1,000주를 발행하고 대금은 현금으로 받았다. 주식발행비로 200,000원을 현금 지급하였다(기존 주식할인발행차금 300,000원이 존재함). (3점)

3. 9월 10일 다음과 같이 8월분 국민연금보험료를 보통예금에서 이체하여 납부하였다. (3점)

   - 회사부담분 : 400,000원(영업부직원), 700,000원(생산부직원)
   - 종업원부담분 : 1,100,000원(급여지급시 이 금액을 차감하고 지급함)
   - 회사부담분 국민연금보험료는 세금과공과로 회계처리 한다.

4. 9월 30일 이자수익 900,000원 중 원천징수세액 138,600원을 제외한 나머지 금액이 보통예금계좌에 입금되었다(단, 원천징수세액은 자산으로 처리할 것). (3점)

5. 10월 13일 제품창고에 보관중인 제품 1단위(원가 40,000원)를 공장(생산시설) 경비 직원의 생일선물로 무상 제공하였다. (3점)

6. 10월 15일 거래처인 ㈜서울기업으로부터 받아 보관 중인 받을어음 3,000,000원을 거래은행인 대한은행에 할인하고 할인료 100,000원을 제외한 금액은 받은 즉시 보통예금에 입금하였다(매각거래로 회계처리 할 것). (3점)

문제3 다음 거래 자료를 [매입매출전표입력] 메뉴에 입력하시오. (18점)

1. 7월 16일 ㈜세무에 판매한 제품에 하자가 있어 환입 받고 수정전자세금계산서를 발급하였다. 대금은 전액 외상매출금과 상계처리 하였다. (단, 외상매출금 계정과 제품매출 계정에서 (-)의 금액으로 상계처리 한다.) (3점)

품명	환입수량	단가	공급가액	부가가치세
제품	10	20,000원	200,000원	20,000원

2. 9월 7일 업무용 승용차(2,500cc) 사고로 인해 중부정비소에서 엔진을 교체하였다. 이는 자본적 지출에 해당하는 것으로 엔진교체비용 4,400,000원(부가가치세 별도)은 당사 발행 약속어음을 지급하고 전자세금계산서를 발급받았다. (3점)

3. 10월 3일 양촌통상㈜에 제품을 판매하고 다음의 전자세금계산서를 발급하였다. 대금은 9월 27일에 현금으로 수령한 계약금을 제외하고, 잔액 중 2,000,000원은 동사가 발행한 수표로, 나머지는 외상으로 하였다. (3점)

전자세금계산서(공급자 보관용)

승인번호	xxxxxxxx

	공급자				공급받는자			
등록번호	621-87-12342			등록번호	114-81-81238			
상호(법인명)	금정가구㈜	성명(대표자)	금나라	상호(법인명)	양촌통상㈜	성명(대표자)	남상오	
사업장주소	부산 금정구 금정로 219번길 3			사업장주소	서울 송파구 거마로 6			
업태	제조업	종목	가구외	업태	제조	종목	전자부품	
이메일				이메일				

작성일자	공급가액	세액	수정사유
2025. 10. 3.	5,000,000	500,000	

월	일	품목	규격	수량	단가	공급가액	세액	비고
10	3	제품A		50	100,000	5,000,000	500,000	

합계금액	현금	수표	어음	외상미수금	이 금액을	영수/청구 함
5,500,000	500,000	2,000,000		3,000,000		

4. 10월 5일 공장에서 사용하던 실험용 기계(취득원가 15,000,000원, 감가상각누계액 10,470,750원)를 한진통상㈜에 5,500,000원(부가가치세 별도)에 매각하고 전자세금계산서를 발급하였다. 대금 중 1,050,000원은 현금으로 받고 나머지 잔액은 1개월 후에 받기로 하였다. (3점)

5. 10월 17일 다음과 같이 ㈜해피가구에 제품을 판매하였다. 외상매출금 중 현금으로 받지 못한 부분은 기존 해피가구에게 지급하여야 할 외상매입금과 상계하기로 하였다. (3점)

전자세금계산서(공급자 보관용)						승인번호		xxxxxxxxx	
공급자	등록번호	621-87-12342			공급받는자	등록번호	621-87-25639		
	상호(법인명)	금정가구㈜	성명(대표자)	금나라		상호(법인명)	㈜해피가구	성명(대표자)	김빛나
	사업장주소	부산 금정구 금정로 219번길 3				사업장주소	서울시 마포구 상암로 331		
	업태	제조업	종목	가구외		업태	도매업	종목	가구
	이메일					이메일			
작성일자		공급가액		세액		수정사유			
2025. 10. 17.		5,000,000		500,000					
월	일	품목	규격	수량	단가	공급가액	세액	비고	
10	17	의자		100	50,000	5,000,000	500,000		
합계금액		현금		수표		어음	외상미수금	이 금액을	영수/청구 함
5,500,000		3,3000,000					2,200,000		

6. 10월 30일 매출거래처 직원 신수빈씨의 결혼식을 축하하기 위해 플라워화원에서 화환(공급가액 110,000원)을 구입하고 전자계산서를 발급받았다. 대금은 다음 달에 지급하기로 하였다. (3점)

문제4 [일반전표입력] 및 [매입매출전표입력] 메뉴에 입력된 내용 중 다음과 같은 오류가 발견되었다. 입력된 내용을 확인하여 정정하시오.(6점)

1. 8월 14일 비품 구입에 대해 ㈜삼성에서 프린터를 구입하면서 330,000원(부가가치세 포함)을 전자세금계산서를 발급받고 자기앞수표로 지급하였으나 당좌수표를 발행하여 지급한 것으로 잘못 처리하였다. (3점)

2. 8월 20일 영업부 건물 출입구 대형 유리문이 파손되어 ㈜현대유리에서 수리한 뒤 수리비(공급가액 4,500,000원, 부가가치세 별도)를 보통예금에서 이체 지급하고 전자세금계산서를 발급받았다. 회계처리시 수익적 지출로 해야 할 것을 자본적 지출로 잘못 처리하였다. (3점)

문제5 결산정리사항은 다음과 같다. 해당 메뉴에 입력하시오. (9점)

1. 기말 현재 당사가 장기투자목적으로 보유한 매도가능증권 ㈜각각오 주식의 취득원가, 전년도말 및 당해연도말 공정가액은 다음과 같다. (3점)

주식명	계정과목	전기 취득원가	전기말 공정가액	당기말 공정가액
㈜각각오	매도가능증권	5,000,000원	4,000,000원	6,600,000원

2. 무형자산인 특허권에 대한 당기 상각비는 3,000,000원이다. (3점)

3. 퇴직급여추계액이 다음과 같을 때 퇴직급여충당부채를 설정하시오, 회사는 퇴직급여추계액의 100%를 퇴직급여충당부채로 설정하고 있다. (3점)

구분	퇴직금추계액	설정 전 퇴직급여충당부채 잔액
생산팀	100,000,000원	20,000,000원
관리팀	200,000,000원	50,000,000원

문제6 다음 사항을 조회하여 답안을 [이론문제 답안작성] 메뉴에 입력하시오. (9점)

1. 상반기(1월 ~ 6월) 중 원재료 매입액이 가장 큰 달과 가장 적은 달의 차액은 얼마인가? (3점)

2. 부가가치세 1기 확정(4월 ~ 6월) 신고기간의 납부세액 혹은 환급세액은 얼마인가? (3점)

3. 제1기 부가가치세 예정신고기간(1월 ~ 3월)의 과세표준 금액은 얼마인가? (3점)

답안 및 해설

✓ 이론시험 답안 및 해설 (제1회)

답안					
	1. ②	2. ④	3. ②	4. ①	5. ③
	6. ②	7. ②	8. ③	9. ②	10. ④
	11. ②	12. ②	13. ③	14. ②	15. ③

01 회계정보의 질적특성 중 목적적합성과 관련 있는 것은 ㉠ 예측가치, ㉡ 피드백가치, ㉢ 적시성이며, 신뢰성과 관련 있는 것은 ⓐ 검증가능성, ⓑ 중립성, ⓒ 표현의 충실성이다.

02 현금및현금성자산은 현금(통화, 통화대용증권)과 예금(당좌예금, 보통예금) 및 현금성자산(취득 당시 만기일이 3개월 이내인 금융상품)으로 한다. 타인발행 당좌수표는 통화대용증권에 해당한다.
타인발행 당좌수표 + 당좌예금 + 만기 2개월인 양도성예금증서 = 현금및현금성자산
└ 400,000 + 500,000 + 600,000 = 1,500,000원

[해설] 선일자수표는 수표에 기재된 발행일(예 2월 1일)이 실제 발행일(예 1월 1일)보다 앞선 수표를 말하며, 이는 거래의 성격에 따라 매출채권(받을어음) 또는 미수금으로 처리한다.

03 매출총이익(매출액 − 매출원가) ÷ 매출액 = 매출총이익률(%)
└ (600,000 − 매출원가) ÷ 600,000 = 0.2
└ (600,000 − 매출원가) = 0.2 × 600,000
└ 600,000 − 120,000 = 매출원가   ∴ 매출원가는 480,000원
5월초 상품재고액 + 5월의 상품매입액 − 5월말 상품재고액 = 매출원가
└ 500,000 + 350,000 − 5월말 상품재고액 = 480,000원
∴ 5월말 상품재고액은 370,000원

04 분개 : (차) 감가상각비   4,000,000 / (대) 감가상각누계액   4,000,000
            (비용의 증가)   (자산 차감항목)

[해설] 비용이 증가하여 당기순이익이 감소하고, 자산이 감소하여 자본이 감소한다. 부채에는 변동이 없다.

05 무형자산을 창출하기 위한 내부 프로젝트를 연구단계와 개발단계로 구분할 수 없는 경우에는 그 프로젝트에서 발생한 지출은 모두 연구단계에서 발생한 것으로 본다.

[해설] 일반기업회계기준 제11장 무형자산
11.10 무형자산을 최초로 인식할 때에는 원가로 측정한다.
11.14 다른 종류의 무형자산이나 다른 자산과의 교환으로 무형자산을 취득하는 경우에는 무형자산의 원가를 교환으로 제공한 자산의 공정가치로 측정한다.
11.18 무형자산을 창출하기 위한 내부 프로젝트를 연구단계와 개발단계로 구분할 수 없는 경우에는 그

프로젝트에서 발생한 지출은 모두 연구단계에서 발생한 것으로 본다.
11.22 내부적으로 창출한 무형자산의 원가는 그 자산의 창출, 제조, 사용준비에 직접 관련된 지출과 합리적이고 일관성있게 배분된 간접 지출을 모두 포함한다.

06 만기가 확정된 채무증권으로서 상환금액이 확정되었거나 확정이 가능한 채무증권을 만기까지 보유할 적극적인 의도와 능력이 있는 경우에는 만기보유증권으로 분류한다.

[해설]

구 분	당좌자산	투자자산	
	단기매매증권	매도가능증권	만기보유증권
지분증권	○	○	×
채무증권	○	○	○

07 우발부채는 일반기업회계기준상 재무제표에 부채로 인식하지 않는다.

[해설] 일반기업회계기준 제14장 충당부채, 우발부채 및 우발자산

14.3 충당부채는 과거사건이나 거래의 결과에 의한 현재의무로서, 지출의 시기 또는 금액이 불확실하지만 그 의무를 이행하기 위하여 자원이 유출될 가능성이 매우 높고 또한 당해 금액을 신뢰성 있게 추정할 수 있는 의무를 말한다.

14.4 충당부채는 다음의 요건을 모두 충족하는 경우에 인식한다.
  (1) 과거사건이나 거래의 결과로 현재의무가 존재한다.
  (2) 당해 의무를 이행하기 위하여 자원이 유출될 가능성이 매우 높다.
  (3) 그 의무의 이행에 소요되는 금액을 신뢰성 있게 추정할 수 있다.

14.5 우발부채는 부채로 인식하지 아니한다. 의무를 이행하기 위하여 자원이 유출될 가능성이 아주 낮지 않는 한, 우발부채를 주석에 기재한다.

08 위탁판매 : 위탁자는 수탁자가 해당 재화를 제3자에게 판매한 시점에 수익을 인식한다.

[해설] ① 상품권 판매의 매출수익 : 물품 등을 제공 또는 판매하여 상품권을 회수한 때에 인식하며, 상품권 판매시는 선수금으로 처리한다.
② 대가가 분할되어 수취되는 할부판매 : 이자부분을 제외한 판매가격에 해당하는 수익을 판매시점에 인식한다.
④ 시용판매 : 매입자가 매입의사표시를 한 날에 수익을 인식한다.

09 ①, ③, ④는 개별원가계산에 대한 설명이다.

10 [1] 물량흐름 파악

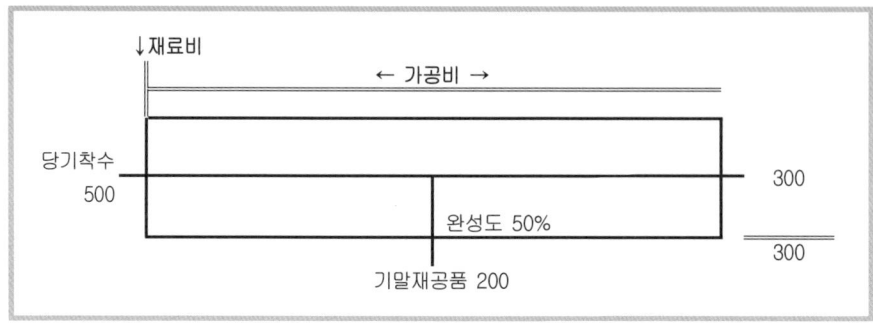

[2] 완성품환산량 계산
(1) 재료비 : 당 기 완성 : 300개 (기초재공품 0개 + 당기착수 300개)
　　　　　기말재공품 : 200개
　　　　　합　　　계 : 500개
(2) 가공비 : 당 기 완성 : 300개 {(기초재공품 0개) + (당기착수 300개×100%)}
　　　　　기말재공품 : 100개 (200개×50%)
　　　　　합　　　계 : 400개

11 가.는 변동비 그래프, 다.는 단위당변동비 그래프, 나.는 고정비 그래프이다.

12 ① 단계배분법은 보조부문의 배분순서에 따라 원가를 계산한다.
　③ 직접배분법은 부정확한 계산방법이지만, 계산이 간편하다.
　④ 각 보조부문에서 발생한 원가를 제조부문에 직접배분하는 방법은 직접배분법이다.

13 부가가치세는 일반소비세이다.

14 ① 면세포기는 승인을 요하지 않는다.
　③ 면세포기는 ㉠영세율의 적용 대상이 되는 것과 ㉡학술 등 연구단체가 그 연구와 관련하여 실비 또는 무상으로 공급하는 재화 또는 용역의 공급의 경우에 한하여 가능하다.
　④ 면세포기를 하면 거래징수당한 매입세액을 공제받을 수 있게 된다.

15 외상판매액 + 개인적 공급(시가) + 소형승용차 매각대금 = 과세표준
　└ 2,000,000 + 120,000 + 100,000 = 2,220,000원
　　[해설] 제품을 재해로 인하여 소실한 경우에는 재화의 공급으로 보지 않는다.

실무시험 답안 및 해설 (제1회)

문제1 기초정보관리

1. 거래처등록
[기초정보관리]>[거래처등록]에서 『일반거래처』 탭을 선택하고, 코드 1212번으로 거래처를 등록한다.

2. 거래처별 초기이월
[전기분재무제표]>[거래처별초기이월]에서 화면 좌측에 "단기대여금·단기차입금"을 각각 선택하고, 화면 우측에 다음과 같이 입력한다.
① 단기대여금 : 119.㈜가나상사 2,200,000원 ➡ 3,200,000원으로 수정 입력
② 단기차입금 : 130.자차상사 10,000,000원 ➡ 10,500,000원으로 수정 입력

3. 전기이월작업
① [전기분손익계산서]에서 [803.상여금]란을 3,400,000원으로 수정 입력하고, [당기순이익]란 88,700,000원을 확인한다.
② [전기분잉여금처분계산서]에서 상단 툴바의 [F6 불러오기]를 클릭하고, [당기순이익]란 88,700,000원과 [미처분이익잉여금]란 126,600,000원을 확인한다.
③ [전기분재무상태표]에서 [375.이월이익잉여금]란을 126,600,000원으로 수정 입력한다.

문제2 일반전표입력

1. 7월 12일 : (차) 826.도서인쇄비   70,000   /   (대) 103.보통예금   70,000

2. 7월 28일 : (차) 251.외상매입금   5,800,000   /   (대) 108.외상매출금   4,700,000
                    (거래처 : ㈜해운)   (거래처 : ㈜해운)
                                                        (대) 102.당좌예금   1,100,000

3. 7월 31일 : (차) 103.보통예금   24,000,000 /   (대) 107.단기매매증권 20,000,000
                                                        (대) 906.단기투자자산처분이익 4,000,000

[단]따[대] … 2025년 프로그램 개정과목 기본값이 아래와 같이 변경되었습니다.

* 905.단기매매증권평가이익 ⇨ 905.단기투자자산평가이익
* 906.단기매매증권처분이익 ⇨ 906.단기투자자산처분이익
* 957.단기매매증권평가손실 ⇨ 957.단기투자자산평가손실
* 958.단기매매증권처분손실 ⇨ 958.단기투자자산처분손실

4. 8월 1일 : (차) 214.건설중인자산   7,000,000 / (대) 101.현금   7,000,000

[해설] 이자비용을 자본화 한다는 의미는 당기비용으로 처리하지 않고 해당 자산의 취득원가로 처리한다는 의미이다. 따라서 본사건물 신축을 위한 차입금의 이자비용은 건설중인자산 계정으로 처리한다.

5. 9월 30일 : (차) 255.부가세예수금   11,300,000 / (대) 135.부가세대급금   8,000,000
                                                    (대) 261.미지급세금   3,300,000

[출제위원] 물품 등을 매입하고 대금을 미지급한 것은 아니므로, 납세의무가 확정되었으나 아직 납부하지 아니한 세금에 대해서는 미지급세금 계정으로 회계처리 하는 것이 맞습니다.

6. 12월 19일 : (차) 131.선급금   2,000,000 / (대) 103.보통예금   2,000,000
            (거래처 : ㈜우리공장)

문제3 매입매출전표입력

1. 7월 21일 : 유형(14.건별)/ 품목(제품)/ 수량( )/ 단가( ) 공급가액(90,000)/ 부가세(9,000)/ 공급처명(이순옥)/ 분개(1.현금)
   (입금) 255.부가세예수금   9,000
   (입금) 404.제품매출   90,000

   [해설] 공급가액란에 공급대가(99,000원)를 입력하면 공급가액과 세액이 자동으로 분리되어 입력된다.

2. 9월 4일 : 유형(62.현면)/ 품목(축하화환)/ 수량( )/ 단가( )/ 공급가액(200,000)/ 부가세( )/ 공급처명(프리티화원)/ 분개(3.혼합)
   (차변) 513.기업업무추진비   200,000
   (대변) 103.보통예금   200,000

3. 9월 15일 : 유형(51.과세)/ 품목(기계장치)/ 수량( )/ 단가( )/ 공급가액(50,000,000)/ 부가세(5,000,000)/ 공급처명(㈜한국)/ 전자(1 : 여)/ 분개(3.혼합)
   (차변) 135.부가세대급금   5,000,000
   (차변) 206.기계장치   50,000,000
   (대변) 253.미지급금   55,000,000

4. 10월 10일 : 유형(11.과세)/ 품목(제품)/ 수량( )/ 단가( )/ 공급가액(15,000,000)/ 부가세(1,500,000)/ 공급처명(㈜광고)/ 전자(1 : 여)/ 분개(3.혼합)

(대변) 255.부가세예수금　　　　　　　　　　　　1,500,000
(대변) 404.제품매출　　　　　　　　　　　　　　15,000,000
(차변) 103.보통예금　　　　　　　16,500,000

5. 10월 18일 : 유형(11.과세)/ 품목(냉장고)/ 수량( )/ 단가( )/ 공급가액(1,000,000)/ 부가세(100,000)/ 공급처명(㈜미래)/ 전자(1 : 여)/ 분개(3.혼합)
(대변) 255.부가세예수금　　　　　　　　　　　　100,000
(대변) 212.비품　　　　　　　　　　　　　　　　2,800,000
(차변) 213.감가상각누계액　　　1,600,000
(차변) 101.현금　　　　　　　　1,100,000
(차변) 970.유형자산처분손실　　200,000

6. 11월 28일 : 유형(54.불공)/ 품목(수수료)/ 수량( )/ 단가( )/ 공급가액(3,000,000)/ 부가세(300,000)/ 공급처명(㈜국민개발)/ 전자(1 : 여)/ 불공제사유(6)/ 분개(1.현금)
(출금) 201.토지　　　　　　　　3,300,000

[해설] 토지 조성 등을 위한 자본적 지출에 관련된 매입세액으로서 다음 중 어느 하나에 해당하는 것은 공제되지 않는다.
① 토지의 취득 및 형질변경, 공장부지 및 택지의 조성 등에 관련된 매입세액
② 건축물이 있는 토지를 취득하여 그 건축물을 철거하고 토지만을 사용하는 경우에는 철거한 건축물의 취득 및 철거비용에 관련된 매입세액
③ 토지의 가치를 현실적으로 증가시켜 토지의 취득원가를 구성하는 비용에 관련된 매입세액

문제4 오류수정

1. [전표입력]>[일반전표입력]에서 7월 10일 전표를 다음과 같이 수정 입력한다.
수정 전 : (차) 817.세금과공과　　100,000　/　(대) 101.현금　　100,000
수정 후 : (차) 254.예수금　　　　100,000　/　(대) 101.현금　　100,000

2. [매입매출전표입력]에서 9월 27일 전표를 다음과 같이 수정 입력한다.
수정 전 : 유형(51.과세)/ 품목( )/ 수량( )/ 단가( )/ 공급가액(500,000)/ 부가세(50,000)/ 공급처명(㈜가제트수리)/ 전자(1 : 여)/ 분개(1.현금)
(출금) 135.부가세대급금　　　　50,000
(출금) 822.차량유지비　　　　　500,000

수정 후 : 유형(54.불공)/ 품목( )/ 수량( )/ 단가( )/ 공급가액(500,000)/ 부가세(50,000)/ 공급처명(㈜가제트수리)/ 전자(1 : 여)/ 불공제사유(3)/ 분개(1.현금)
(출금) 822.차량유지비　　　　　550,000

[해설] 비영업용 소형승용자동차의 구입과 임차 및 유지비용은 매입세액이 공제되지 않는다.

문제5 결산정리

1단계 [일반전표입력] 메뉴에서 수동분개
[전표입력]>[일반전표입력]에서 결산일자(12월 31일)로 수동분개를 한다.

1. 12월 31일 : (차) 530.소모품비   700,000 / (대) 173.소모품   700,000
   [해설] 소모품 사용액 : 50,000원 × (20개 – 6개) = 700,000원

2. [고정자산및감가상각]>[고정자산등록]에서 기계장치를 등록하고 [12.상각범위액]란의 금액 9,471,000원을 확인한다.

2단계 [결산자료입력] 메뉴에서 해당란에 입력
[결산/재무제표]>[결산자료입력]에서 기간(1월 ~ 12월)을 입력한다.
- 일반감가상각비 : [기계장치 9,471,000원] 제(제조경비)
- 법인세등 : [선납세금 1,000,000원] [추가계상액 6,000,000원]

3단계 [일반전표입력] 메뉴에 결산분개 추가
입력이 완료되면 상단 툴바의 F3전표추가를 클릭하고 대화창에서 예(Y)를 클릭하여, [일반전표입력]에 결산분개를 추가한다.

문제6 장부조회

1. [장부관리]>[매입매출장]에서 조회기간(4월 1일 ~ 6월 30일)/ 구분(2.매출)/ 유형(17.카과)을 입력하고 [합계]란의 분기누계를 확인한다.

   > 답안 : 2,200,000원

2. [총계정원장]에서 『월별』탭을 선택하고 기간(1월 1일 ~ 6월 30일)/ 계정과목(813.기업업무추진비 ~ 813.기업업무추진비)을 입력하고 [차변]란의 금액을 확인한다.

   > 답안 : 2월, 22,100,000원

3. [거래처원장]에서 『잔액』탭을 선택하고 기간(5월 1일 ~ 5월 31일)/ 계정과목(251.외상매입금)/ 거래처(모든 거래처)를 입력하고 [차변]란의 금액을 확인한다.

   > 답안 : 사랑상사, 63,000,000원

이론시험 답안 및 해설 (제2회)

답안					
	1. ①	2. ④	3. ④	4. ②	5. ②
	6. ①	7. ①	8. ④	9. ④	10. ④
	11. ①	12. ①	13. ④	14. ①	15. ③

01 ② 자산은 1년을 기준으로 유동자산과 비유동자산으로 분류하고, 부채는 1년을 기준으로 유동부채와 비유동부채로 분류한다.
③ 자산과 부채는 원칙적으로 상계하여 표시하지 않는다.
④ 일정기간 동안 기업의 경영성과에 대한 정보를 제공하는 재무보고서는 손익계산서이다.

02 물가상승시 기말재고자산 크기 : 선입선출법 〉이동평균법 〉총평균법 〉후입선출법
물가상승시 매출총이익 크기 : 선입선출법 〉이동평균법 〉총평균법 〉후입선출법

03 관리 및 기타 일반간접원가는 유형자산의 취득원가에 포함되지 않는다.

04 매도가능증권은 계약당사자가 되는 때(매매일) 재무상태표에 인식하며, 최초 인식시 공정가치로 측정한다. 이때 취득과 직접 관련되는 거래원가는 최초 인식하는 공정가치에 가산한다.
[해설] ① 매도가능증권의 취득가액은 505,000원이다.
③ 매도가능증권평가이익 : 520,000 - 505,000 = 15,000원
④ 매도가능증권평가손익은 자본(기타포괄손익누계액) 항목으로 분류한다.

05 7월 30일 : (차) 퇴직급여충당부채   5,000,000 / (대) 자산   7,000,000
            퇴직급여   2,000,000
기말분개 : (차) 퇴직급여   8,000,000 / (대) 퇴직급여충당부채 8,000,000
[해설] ● 퇴직금을 지급할 경우에는 퇴직급여충당부채에서 지급하는 것으로 처리하고, 퇴직급여충당부채를 초과하여 지급하는 경우 그 초과액은 퇴직급여로 처리한다.
● 퇴직금추계액(8,000,000) - 퇴직급여충당금 잔액(0) = 기말설정액 8,000,000원

06 이익잉여금이란 손익계산서에 보고된 손익과 다른 자본 항목에서 이입된 금액의 합계액에서 주주에 대한 배당, 자본금으로의 전입 및 자본조정 항목의 상각 등으로 처분된 금액을 차감한 잔액이다.
[해설] ① 자본잉여금은 기업과 주주간의 자본거래에서 발생한 이익을 말한다.

07 수익적 지출(비용으로 처리)을 자본적 지출(자산으로 처리)로 잘못 처리한 경우, 자산이 과대계상 되고 비용이 과소계상 된다. 자산이 과대계상 되면 자본이 과대계상 되고, 비용이 과소계상 되면 당기순이익이 과대계상 된다.

08 종업원의 고용계약은 회계상의 거래에 해당하지 않는다.

09 조업도(생산량) 수준의 변동에 관계없이 관련범위 내에서는 항상 원가총액이 일정하게 발생하는 원가는 고정원가이다.

[해설] ④ 제품 포장비용의 경우 제품 생산량에 따라 직접적으로 비례하여 변동하는 원가이다.

10 직접배분법은 보조부문 상호간에 용역을 주고받은 관계를 완전히 무시하고, 모든 보조부문비를 제조부문에 제공하는 용역비율에 따라 제조부문에만 직접배분하는 방법이다.

[해설] ④ 보조부문 상호간의 용역 수수를 완전히 고려하여 배분하는 방법은 상호배분법이다.

11 개별원가계산에 대한 설명이다.

12 [1] 물량흐름 파악(선입선출법)

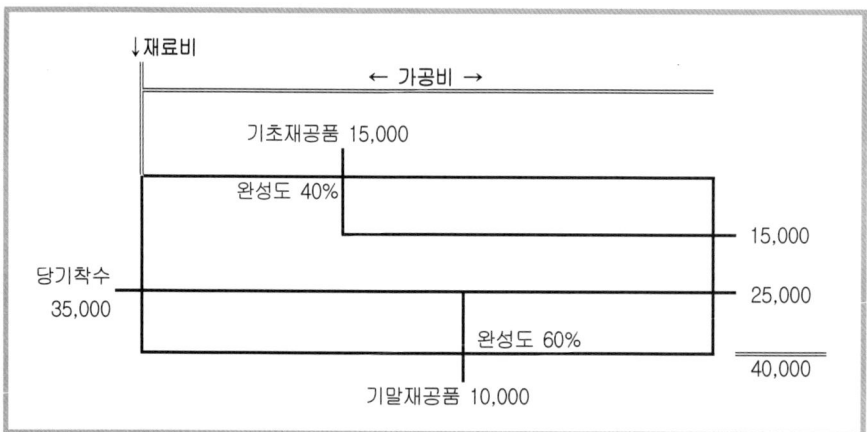

[2] 완성품환산량 계산
　　재료비 : 당 기 완 성 : 25,000단위 (기초재공품 0단위 + 당기착수 25,000단위)
　　　　　　기말재공품 : 10,000단위
　　　　　　합　　　계 : 35,000단위

13 ① 간이과세자는 직전 1역년 공급대가가 8,000만원 미만인 개인사업자를 말한다.
　　② 사업목적이 영리이든 비영리이든 관계없이 사업자에 해당한다.
　　③ 재화를 수입하는 자는 사업자가 아니라도 납세의무가 있다.

14. 총매출액 - 매출환입액 = 과세표준
└ 5,000,000 - 500,000 = 4,500,000원

[해설] 환입된 재화의 가액(매출환입액)은 과세표준에 포함하지 않으므로 총매출액에서 차감하고, 금전지급 판매장려금은 과세표준에서 공제하지 않으므로 총매출액에서 차감하지 않는다.

15. 직전 연도 공급대가의 합계액이 4,800만원 이상인 간이과세자로서 영수증만을 발급해야 하는 자(소매업, 음식점업, 숙박업, 미용, 욕탕 및 유사서비스업 등)가 아닌 경우에는 세금계산서 발급의무가 면제되지 않는다.

실무시험 답안 및 해설 (제2회)

문제1 기초정보관리

1. **거래처등록**
   [기초정보관리]>[거래처등록]에서 『일반거래처』 탭을 선택하고, 코드 1200번으로 거래처를 등록한다.

2. **거래처별 초기이월**
   [전기분재무제표]>[거래처별초기이월]에서 화면 좌측에 "외상매출금·외상매입금"을 각각 선택하고, 화면 우측에 다음과 같이 입력한다.
   ① 외상매출금 : 107.㈜성신 20,000,000원 ➡ 30,000,000원으로 수정 입력
                   114.㈜유은 35,000,000원 ➡ 45,000,000원으로 수정 입력
   ② 외상매입금 : 102.㈜시티 5,000,000원 ➡ 25,000,000원으로 수정 입력
                   109.㈜민국 23,000,000원 추가 입력

3. **전기이월작업**
   ① [전기분원가명세서]에서 "519.임차료 10,000,000원"을 입력하고, [당기제품제조원가]란 295,622,500원을 확인한다.
   ② [전기분손익계산서]에서 [455.제품매출원가]란에 커서를 놓고 키보드의 Enter↵ 키를 치고 「매출원가」 보조창의 [당기제품제조원가]란을 295,622,500원으로 수정 입력한다. "819.임차료 10,000,000원"을 삭제하고, [당기순이익]란 21,750,000원을 확인한다.
   ③ [전기분잉여금처분계산서]에서 [당기순이익]란 21,750,000원을 확인하고, [미처분이익잉여금]란 236,600,000원을 확인한다.
   ④ [전기분재무상태표]에서 [375.이월이익잉여금]란 236,600,000원을 확인한다.

문제2 일반전표입력

1. 8월 7일 : (차) 813.기업업무추진비   200,000 / (대) 101.현금   200,000

2. 9월 1일 : (차) 101.현금   6,000,000 / (대) 331.자본금   5,000,000
   (대) 101.현금   200,000
   (대) 381.주식할인발행차금   300,000
   (대) 341.주식발행초과금   500,000

   [해설] 주식발행초과금이 발생할 당시에 장부상 주식할인발행차금 미상각액이 존재하는 경우에는 발생된 주식발행초과금의 범위 내에서 주식할인발행차금 미상각액을 우선 상계한다.

   또는 : (차) 101.현금   5,800,000 / (대) 331.자본금   5,000,000
   (대) 381.주식할인발행차금   300,000
   (대) 341.주식발행초과금   500,000

   [출제위원] 문제의 지문에서 총액 또는 순액으로 인식하여야 한다는 별도의 제시가 없으므로 차변과 대변의 현금을 상계하지 아니하고 총액으로 구분하여 인식한 분개도 정답으로 인정합니다.

3. 9월 10일 : (차) 254.예수금   1,100,000 / (대) 103.보통예금   2,200,000
   (차) 817.세금과공과   400,000
   (차) 517.세금과공과   700,000

4. 9월 30일 : (차) 136.선납세금   138,600 / (대) 901.이자수익   900,000
   (차) 103.보통예금   761,400

5. 10월 13일 : (차) 511.복리후생비   40,000 / (대) 150.제품   40,000
   (적요 : 8.타계정으로 대체액)

   [해설] 제품이 판매되지 않고 다른 용도로 사용되었으므로 반드시 적요(8)를 입력하고, 다른 용도로 사용된 제품의 원가를 장부에서 제거한다.

6. 10월 15일 : (차) 956.매출채권처분손실   100,000 / (대) 110.받을어음   3,000,000
   (차) 103.보통예금   2,900,000   (거래처 : ㈜서울기업)

문제3 매입매출전표입력

1. 7월 16일 : 유형(11.과세)/ 품목(제품)/ 수량(-10)/ 단가(20,000)/ 공급가액(-200,000)/ 부가세(-20,000)/ 공급처명(㈜세무)/ 전자(1 : 여)/ 분개(2.외상)

(차변) 108.외상매출금　　　　　　　-220,000
(대변) 255.부가세예수금　　　　　　　　　　　-20,000
(대변) 404.제품매출　　　　　　　　　　　　　-200,000

2. 9월 7일 : 유형(54.불공)/ 품목(엔진교체비용)/ 수량( )/ 단가( )/ 공급가액(4,400,000)/ 부가세(440,000)/ 공급처명(중부정비소)/ 전자(1 : 여)/ 불공제사유(3)/ 분개(3.혼합)
(차변) 208.차량운반구　　　　　　　4,840,000
(대변) 253.미지급금　　　　　　　　　　　　　4,840,000
[해설] 비영업용 소형승용자동차의 구입과 임차 및 유지비용은 매입세액이 공제되지 않는다.

3. 10월 3일 : 유형(11.과세)/ 품목(제품A)/ 수량(50)/ 단가(100,000)/ 공급가액(5,000,000)/ 부가세(500,000)/ 공급처명(양촌통상㈜)/ 전자(1 : 여)/ 분개(3.혼합)
(대변) 255.부가세예수금　　　　　　　　　　　500,000
(대변) 404.제품매출　　　　　　　　　　　　　5,000,000
(차변) 259.선수금　　　　　　　　500,000
(차변) 101.현금　　　　　　　　　2,000,000
(차변) 108.외상매출금　　　　　　3,000,000

4. 10월 5일 : 유형(11.과세)/ 품목(실험용 기계)/ 수량( )/ 단가( )/ 공급가액(5,500,000)/ 부가세(550,000)/ 공급처명(한진통상㈜)/ 전자(1 : 여)/ 분개(3.혼합)
(대변) 255.부가세예수금　　　　　　　　　　　550,000
(대변) 206.기계장치　　　　　　　　　　　　　15,000,000
(차변) 207.감가상각누계액　　　　10,470,750
(차변) 101.현금　　　　　　　　　1,050,000
(차변) 120.미수금　　　　　　　　5,000,000
(대변) 914.유형자산처분이익　　　　　　　　　970,750

5. 10월 17일 : 유형(11.과세)/ 품목(의자)/ 수량(100)/ 단가(50,000)/ 공급가액(5,000,000)/ 부가세(500,000)/ 공급처명(㈜해피가구)/ 전자(1 : 여)/ 분개(3.혼합)
(대변) 255.부가세예수금　　　　　　　　　　　500,000
(대변) 404.제품매출　　　　　　　　　　　　　5,000,000
(차변) 101.현금　　　　　　　　　3,300,000
(차변) 251.외상매입금　　　　　　2,200,000

6. 10월 30일 : 유형(53.면세)/ 품목(화환)/ 수량( )/ 단가( )/ 공급가액(110,000)/ 부가세( )/ 공급처명(플라워화원)/ 전자(1 : 여)/ 분개(3.혼합)
(차변) 813.기업업무추진비　　　　110,000
(대변) 253.미지급금　　　　　　　　　　　　　110,000

문제4 오류수정

1. [전표입력]>[매입매출전표입력]에서 8월 14일 전표를 다음과 같이 수정 입력한다.
   수정 전 : 유형(51.과세)/ 품목(프린터)/ 수량( )/ 단가( )/ 공급가액(300,000)/ 부가세(30,000)/ 공급처명(㈜삼성)/ 전자(1 : 여)/ 분개(3.혼합)
   (차변) 135.부가세대급금   30,000
   (차변) 212.비품   300,000
   (대변) 102.당좌예금   330,000

   수정 후 : 유형(51.과세)/ 품목(프린터)/ 수량( )/ 단가( )/ 공급가액(300,000)/ 부가세(30,000)/ 공급처명(㈜삼성)/ 전자(1 : 여)/ 분개(1.현금)
   (출금) 135.부가세대급금   30,000
   (출금) 212.비품   300,000

2. [매입매출전표입력]에서 8월 20일 전표를 다음과 같이 수정 입력한다.
   수정 전 : 유형(51.과세)/ 품목(본사 출입문수리)/ 수량( )/ 단가( ) 공급가액(4,500,000)/ 부가세(450,000)/ 공급처명(㈜현대유리)/ 전자(1 : 여)/ 분개(3.혼합)
   (차변) 135.부가세대급금   450,000
   (차변) 202.건물   4,500,000
   (대변) 103.보통예금   4,950,000   (거래처 : 국민은행)

   수정 후 : 유형(51.과세)/ 품목(본사 출입문수리)/ 수량( )/ 단가( )/ 공급가액(4,500,000)/ 부가세(450,000)/ 공급처명(㈜현대유리)/ 전자(1 : 여)/ 분개(3.혼합)
   (차변) 135.부가세대급금   450,000
   (차변) 820.수선비   4,500,000
   (대변) 103.보통예금   4,950,000   (거래처 : 국민은행)

문제5 결산정리

1단계 [일반전표입력] 메뉴에서 수동분개

[전표입력]>[일반전표입력]에서 결산일자(12월 31일)로 수동분개를 한다.

12월 31일 : (차) 178.매도가능증권   2,600,000 / (대) 395.매도가능증권평가손실 1,000,000
                                            (대) 394.매도가능증권평가이익 1,600,000

[해설] 매도가능증권평가이익이 발생할 당시 매도가능증권평가손실이 존재하는 경우 우선 상계한다.
당기 : 6,600,000 - 4,000,000 = 2,600,000원(매도가능증권평가이익)
전기 : 4,000,000 - 5,000,000 = -1,000,000원(매도가능증권평가손실)

2단계 [결산자료입력] 메뉴에서 해당란에 입력

[결산/재무제표]>[결산자료입력]에서 기간(1월 ~ 12월)을 입력한다.

▶ 퇴직급여(전입액) : 80,000,000원 (생산팀)

[해설] 생산팀 : 100,000,000 - 20,000,000 = 80,000,000원

▶ 퇴직급여(전입액) : 150,000,000원 (관리팀)

[해설] 관리팀 : 200,000,000 - 50,000,000 = 150,000,000원

▶ 무형자산상각비 : [특허권 3,000,000원]

3단계 [일반전표입력] 메뉴에 결산분개 추가

입력이 완료되면 상단 툴바의 를 클릭하고 대화창에서 를 클릭하여, [일반전표입력]에 결산분개를 추가한다.

문제6 장부조회

1. [장부관리]>[총계정원장]에서 『월별』 탭을 선택하고 기간(1월 1일 ~ 6월 30일)/ 계정과목 (153.원재료 ~ 153.원재료)을 입력하고 [차변]란의 금액을 확인한다.

   ● 답안 : 58,000,000원

   [해설] 2월(71,400,000) - 6월(13,400,000) = 58,000,000원

2. [부가가치]>[신고서/부속명세]>[부가가치세신고서]에서 『일반과세』 탭을 선택하고 조회기간(4월 1일 ~ 6월 30일)을 입력하고 [차가감하여 납부할세액(27)]란의 세액을 확인한다.

   ● 답안 : 2,855,100원

3. [부가가치세신고서]에서 『일반과세』 탭을 선택하고 조회기간(1월 1일 ~ 3월 31일)을 입력하고 과세표준 및 매출세액 [합계(9)]란의 금액을 확인한다.

   ● 답안 : 340,666,365원

NCS 국가직무능력표준 적용표
(LM0203020101_14V2)

능력단위 : 전표관리	전산회계 2급	전산회계 1급
능력단위 요소 : 1. 회계상 거래 인식하기		
1.1 회계상 거래를 인식하기 위하여 회계상 거래와 일상생활에서의 거래를 구분할 수 있다.	○	○
1.2 회계상 거래를 구성 요소별로 파악하여 거래의 결합 관계를 차변 요소와 대변 요소로 구분할 수 있다.	○	○
1.3 회계상 거래의 결합관계를 통해 거래 종류별로 구분하여 파악할 수 있다.	○	○
1.4 거래의 이중성에 따라 기입된 내용의 분석을 통해 대차평균의 원리를 파악할 수 있다.	○	○
능력단위 요소 : 2. 전표 작성하기		
2.1 회계상 거래를 현금거래 유무에 따라 사용되는 입금전표, 출금전표, 대체전표로 구분할 수 있다.	○	○
2.2 현금의 수입 거래를 파악하여 입금전표를 작성할 수 있다.	○	○
2.3 현금의 지출 거래를 파악하여 출금전표를 작성할 수 있다.	○	○
2.4 현금의 수입과 지출이 없는 거래를 파악하여 대체전표를 작성할 수 있다.	○	○
능력단위 요소 : 3. 증빙서류 관리하기		
3.1 발생한 거래에 따라 필요한 서류 등을 확인하여 증빙여부를 검토할 수 있다.		
3.2 발생한 거래에 따라 관련 규정을 준수하여 증빙서류를 구분·대조할 수 있다.		
3.3 증빙서류 관련 규정에 따라 제 증빙자료를 관리할 수 있다.		

능력단위 : 자금관리	전산회계 2급	전산회계 1급
능력단위 요소 : 1. 현금시재 관리하기		
1.1 회계 관련 규정에 따라 당일 현금 수입금을 수입일보에 기재하고 금융기관에 입금할 수 있다.		
1.2 회계 관련 규정에 따라 출금시 증빙서류의 적정성 여부를 판단할 수 있다.		
1.3 출금할 때 정액자금 전도제에 따라 소액현금을 지급·관리할 수 있다.		
1.4 회계 관련 규정에 따라 입·출금전표 및 현금출납부를 작성하고 현금시재를 일치시키는 작업을 할 수 있다.		
능력단위 요소 : 2. 예금 관리하기		
2.1 회계 관련 규정에 따라 예·적금을 구분·관리할 수 있다.	○	○
2.2 자금운용을 위한 예·적금 계좌를 예치기관별·종류별로 구분·관리할 수 있다.	○	○
2.3 은행업무시간 종료 후 회계 관련 규정에 따라 은행잔고를 대조·확인할 수 있다.		
2.4 은행잔고의 차이 발생시 그 원인을 규명할 수 있다.		
능력단위 요소 : 3. 법인카드 관리하기		
3.1 회계 관련 규정에 따라 금융기관으로부터 법인카드를 발급·해지할 수 있다.		
3.2 회계 관련 규정에 따라 법인카드 관리대장을 작성·관리할 수 있다.	○	○
3.3 법인카드의 사용범위를 파악하고 결제일 이전에 대금이 정산될 수 있도록 회계처리할 수 있다.	○	○
능력단위 요소 : 4. 어음·수표 관리하기		
4.1 관련 규정에 따라 수령한 어음·수표의 진위 여부를 식별할 수 있다.		
4.2 관련 규정에 따라 수령한 어음·수표를 금융기관에 입금·예탁할 수 있다.		
4.3 관련 규정에 따라 어음·수표를 발행·수령할 때 회계처리하고 어음관리대장에 기록·관리할 수 있다.		
4.4 관련 규정에 따라 어음·수표의 분실 및 부도가 발생한 때 대처하여 해결방안을 수립할 수 있다.		

능력단위 : 원가계산	전산회계 2급	전산회계 1급
능력단위 요소 : 1. 원가요소 분류하기		
1.1 회계 관련 규정에 따라 원가와 비용을 구분할 수 있다.		○
1.2 회계 관련 규정에 따라 제조원가의 계정흐름에 대해 분개할 수 있다.		○
1.3 회계 관련 규정에 따라 원가를 다양한 관점으로 분류할 수 있다.		○
능력단위 요소 : 2. 원가배부하기		
2.1 원가계산 대상에 따라 직접원가와 간접원가를 구분할 수 있다.		○
2.2 원가계산 대상에 따라 합리적인 원가배부기준을 적용할 수 있다.		○
2.3 보조부문의 개별원가와 공통원가를 집계할 수 있다.		○
2.4 보조부문의 개별원가와 공통원가를 배부할 수 있다.		○
능력단위 요소 : 3. 원가계산하기		
3.1 원가계산시스템의 종류에 따라 원가계산방법을 선택할 수 있다.		○
3.2 업종 특성에 따라 개별원가계산을 할 수 있다.		○
3.3 업종 특성에 따라 종합원가계산을 할 수 있다.		○
3.4 업종 특성에 따라 표준원가계산을 할 수 있다.		
능력단위 요소 : 4. 원가정보 활용하기		
4.1 회계 관련 규정에 따라 재무제표 작성에 필요한 원가정보를 제공할 수 있다.		○
4.2 원가계산방법에 따라 달라지는 원가정보를 제공할 수 있다.		
4.3 경영진의 의사결정에 필요할 때 원가분석 정보를 제공할 수 있다.		

능력단위 : 결산관리	전산회계 2급	전산회계 1급
능력단위 요소 : 1. 결산분개하기		
1.1 회계 관련 규정에 따라 제반서류를 준비할 수 있다.	○	○
1.2 손익계정에 관한 결산정리사항을 분개할 수 있다.	○	○
1.3 자산·부채 계정에 관한 결산정리사항을 분개할 수 있다.	○	○
능력단위 요소 : 2. 장부마감하기		
2.1 회계 관련 규정에 따라 주요장부를 마감할 수 있다.	○	○
2.2 회계 관련 규정에 따라 보조장부를 마감할 수 있다.	○	○
2.3 회계 관련 규정에 따라 각 장부의 오류를 수정할 수 있다.	○	○
2.4 자본거래를 파악하여 자본의 증감여부를 확인할 수 있다.		○
능력단위 요소 : 3. 재무제표 작성하기		
3.1 회계 관련 규정에 따라 재무상태표를 작성할 수 있다.	○	○
3.2 회계 관련 규정에 따라 손익계산서를 작성할 수 있다.	○	○
3.3 회계 관련 규정에 따라 자본변동표를 작성할 수 있다.		
3.4 회계 관련 규정에 따라 현금흐름표를 작성할 수 있다.		
3.5 회계 관련 규정에 따라 재무제표에 대한 주석사항을 표시할 수 있다.		

능력단위 : 회계정보시스템 운용	전산회계 2급	전산회계 1급
능력단위 요소 : 1. 회계관련 DB마스터 관리하기		
1.1 DB마스터 매뉴얼에 따라 계정과목 및 거래처를 관리할 수 있다.	○	○
1.2 DB마스터 매뉴얼에 따라 비유동 자산의 변경 내용을 관리할 수 있다.		○
1.3 DB마스터 매뉴얼에 따라 개정된 회계 관련 규정을 적용하여 관리할 수 있다.		
능력단위 요소 : 2. 회계프로그램 운용하기		
2.1 회계프로그램 매뉴얼에 따라 프로그램 운용에 필요한 기초 정보를 입력·수정할 수 있다.	○	○
2.2 회계프로그램 매뉴얼에 따라 정보산출에 필요한 자료를 입력·수정할 수 있다.	○	○
2.3 회계프로그램 매뉴얼에 따라 기간별·시점별로 작성한 각종 장부를 검색·출력할 수 있다.	○	○
2.4 회계프로그램 매뉴얼에 따라 결산 작업 후 재무제표를 검색·출력할 수 있다.	○	○
능력단위 요소 : 3. 회계정보 활용하기		
3.1 회계 관련 규정에 따라 회계정보를 활용하여 재무 안정성을 판단할 수 있는 자료를 산출할 수 있다.		
3.2 회계 관련 규정에 따라 회계정보를 활용하여 수익성과 위험도를 판단할 수 있는 자료를 산출할 수 있다.		
3.3 경영진 요청시 회계정보를 제공할 수 있다.		

능력단위 : 재무분석	전산회계 2급	전산회계 1급
능력단위 요소 : 1. 재무비율 분석하기		
1.1 재무제표를 이용하여 재무성과를 나타내는 수익성을 분석할 수 있다.		
1.2 재무제표를 이용하여 재무적 위험을 분석할 수 있다.		
1.3 재무제표를 이용하여 성장성을 분석할 수 있다.		
1.4 재무제표를 이용하여 기타 재무비율을 분석할 수 있다.		
능력단위 요소 : 2. CVP 분석하기		
2.1 원가·조업도·이익의 상호 연관성을 분석할 수 있다.		
2.2 원가·조업도·이익의 상호 연관성에 따라 손익분기점을 산출할 수 있다.		
2.3 원가·조업도·이익의 상호 연관성에 따라 목표이익을 분석할 수 있다.		
2.4 원가·조업도·이익의 상호 연관성에 따라 레버리지효과를 측정할 수 있다.		
능력단위 요소 : 3. 경영의사결정 정보 제공하기		
3.1 가격결정에 필요한 재무적 분석정보를 제공할 수 있다.		
3.2 예산편성에 필요한 재무적 분석정보를 제공할 수 있다.		
3.3 예산편성에 필요한 재무적 분석정보를 제공할 수 있다.		
3.4 산업·경제분석자료를 활용하여 경영의사결정 보고서를 작성할 수 있다.		

- ■ 편 저 자   최 남 규

- ■ 주 요 약 력
  광주고등학교 졸업
  조선대학교 경영학과 졸업
  홍익대학교 세무대학원 졸업
  前 세무사 오기현 사무소
  　㈜더존디지털웨어 강남지점 세무회계팀
  　㈜더존디지털웨어 강사
  　신구대학 세무회계과 겸임교수
  　웅지세무대학교 겸임교수
  現 ㈜유비온 금융교육팀 교수

- ■ 출 간 목 록
  최대리 전산회계 2급(실기+필기)　　(도서출판 最大利)
  최대리 전산회계 1급(기출문제)　　　(도서출판 最大利)
  최대리 전산세무 2급(실기+필기)　　(도서출판 最大利)
  최대리 전산세무 2급(기출문제)　　　(도서출판 最大利)
  최대리 전산세무 1급(실기+필기)　　(도서출판 最大利)
  최대리 전산세무 1급(법인조정)　　　(도서출판 最大利)

- ■ 네이버 카페   http://cafe.naver.com/choidairi (최대리 전산회계)
- ■ 온라인 강좌   http://www.wowpass.com (와우패스)
- ■ 홈 페 이 지   http://www.choidairi.co.kr (도서출판 최대리)
- ■ 문 의 전 화   (031) 942-4596   FAX : (031) 943-4598

최대리 전산회계1급 (실기 + 필기)

2005년 8월 20일 초판 1쇄 펴냄	편저자　최남규
2025년 2월 20일 21판 1쇄 펴냄	발행인　최남규
	발행처　도서출판 최대리
저자와의 합의하에 인지를 생략함	반송처　경기도 일산동구 장항동 856-2 파크프라자 903호
	등　록　2005.4.1(등록번호 제313-2005-60호)
	학습문의　http://cafe.naver.com/choidairi

ISBN 979-11-94230-01-4 13320   정가 30,000원

본서의 독창적인 부분에 대한 무단 인용·전재·복제를 금합니다.
이 책에 실려 있는 내용은 모두 저자에게 저작권이 있습니다. 저자의 서면 허락없이 이 책의 내용의 일부 또는 전부를 무단 인용·전재·복제하면 저작권 침해로서 5년 이하의 징역 또는 5천만원 이하의 벌금에 처하거나 이를 병과할 수 있습니다.